# From Crossbow to H-Bomb

# 무기가 바꾼 세계사
## - 석궁에서 수소폭탄까지

버나드 & 폰 브로디 지음    김승규 번역

YANG 양문 MOON

# 무기가 바꾼 세계사
## – 석궁에서 수소폭탄까지

초판 1쇄 발행일 2023년 8월 1일

저자 | 버나드 & 폰 브로디
번역 | 김승규
펴낸이 | 김현중
디자인 | 박정미
책임 편집 | 황인희
관리 | 위영희

펴낸 곳 | ㈜양문
주소 | 01405 서울 도봉구 노해로 341, 902호(창동 신원베르텔)
전화 | 02-742-2563
팩스 | 02-742-2566
이메일 | ymbook@nate.com
출판 등록 | 1996년 8월 7일(제1-1975호)

ISBN  978-89-94025-97-1  03900
* 잘못된 책은 구입하신 서점에서 교환해 드립니다.

# 무기가 바꾼 세계사

## - 석궁에서 수소폭탄까지

이 책은 무기 체계의 발달을 단순하게 나열하는 것이 아니라, 기원전의 전쟁부터 1970년대의 핵 냉전 시기까지 전쟁에서 무기 체계가 어떻게 활용되었는지, 세계사의 변화 속에서 과학 기술과 사람, 산업과 함께 어떻게 발전해 왔는지를 보여주는 책입니다. 공군 장교로서 전쟁의 억제와 승리에 대해 고민하고 연구하던 석사과정 시절 이 책을 읽으면서 군 간부들과 밀리터리 마니아들뿐만 아니라 역사와 인간에 대해 관심이 있는 일반인들에게도 매우 흥미롭고 유용한 책이라고 생각했습니다.

하지만 원서에는 각주가 전혀 없습니다. 서양사와 무기 체계에 정통하지 않다면 이해하기 어려운 이야기가 많습니다. 모든 각주는 역자가 책의 이해를 돕기 위해 추가한 것입니다. 번역은 최대한 의미를 전달하기 위한 경우가 아니면 의역은 피했습니다. 독자 여러분이 전쟁과 무기에 대한 한층 더 깊은 이해를 하는 데 도움이 되기를 희망합니다.

# 추천사

과학 기술의 급격한 발전은 무기 체계의 혁명적인 진보를 이끌어냈습니다. 첨단 무기 체계들은 전쟁의 '마찰과 안개'와 같은 제한 요소를 극복하는 데 도움을 주었고, 클라우제비츠가 언급한 '군사적 천재'의 존재 못지않게 전쟁의 승패를 결정짓는 중요한 요소로 부각되었습니다.

이 책은 고대 그리스·로마 시대의 투석기로부터 인류의 최종 병기라 할 수 있는 핵과 탄도미사일까지, 무기 체계 발전의 역사를 총망라하면서 인류 전쟁의 변혁을 조명하고 있습니다. 군의 지휘관과 참모에게는 무기 체계의 진화와 그로 인해 펼쳐질 새로운 가능성에 대한 통찰력을 주고, 학술적 측면에서도 전쟁 연구에 대한 새로운 접근법을 제시할 수 있으리라 생각합니다.

우리 군이 '국방혁신4.0'을 통해 과학 기술 중심의 강군으로 거듭나기 위해 노력하는 이 시기에 《무기가 바꾼 세계사 - 석궁에서 수소폭탄까지》의 발간은 매우 시의적절하다고 생각합니다. 이 책은 전쟁을 연구하는 학자들이나 전쟁사에 관심이 있는 일반 독자들에게 무기의 역사에 대한 새로운 관점을 제시할 것입니다. 아울러 국방정책을 입안하는 정부와 군의 관계관들에게도 국방혁신 추진에 필요한 영감과 아이디어를 줄 수 있으리라 생각하며 일독을 권합니다.

윤병호(공군사관학교 교장, 공군 중장)

# 추천사

　김승규 대한항공 기장이 미국 랜드연구소 출신 버나드 브로디와 그의 부인 폰 브로디의 대작인《석궁에서 수소폭탄까지From Crossbow to H-Bomb》을 한글로 번역했다는 사실은 두 가지 측면에서 나를 경탄하게 만들었다.

　첫째는 김승규 기장이 이 책을 완전히 이해하고 한글로 완판 번역했다는 점에 놀라움을 금할 수 없었다. 내가 1988년에 미국 랜드연구소에서 안보정책학 박사과정 때 공부하였던 미국 핵전략의 아버지로 불리는 브로디의 책은 보통 사람이 이해하기에 매우 어려운 책이고 이 분야를 오래 공부한 교수도 번역하기 힘든 책으로 알려져 있었는데 말이다. 둘째는 김 기장이 이 책을 완전히 이해했을 뿐만 아니라, 독자들이 이 책의 내용을 잘 이해할 수 있도록 하기 위해 원래 책에도 없는 각주를 1,023개나 찾아서 정성스럽게 달아놓았다는 사실이다.

　나는 김승규 기장이 왜 이 책을 번역하려고 마음먹었으며, 이 책을 번역할 만큼 실력과 전문성을 어떻게 갖추게 되었을까 궁금해졌다. 그는 공군사관학교를 졸업한 공군 장교로서 군사적으로 필요한 기본 지식을 갖추었으나, 군사전략과 무기 체계의 상관성을 더 공부하고자 공군 소령 때에 국방대학교 군사전략학과에 진학하여 석사학위를 받았다. 또 중령으로 현역을 제대하고 민간 항공사에 취업한 후에도, 본업에서 시간을 쪼개어 군사 분야 원서를 지속적으로 탐독했으며, 때때로 우리 사회의 군사 분야에 대한 오해를 바로잡고, 올바른 지식과 정보, 판단력을 향상시키기 위해 많은 SNS 활동을 해 오면서 그의 군사 분야에 대한 공부를 계속해 왔다고 한다.

현대전은 총력전이고 전후방을 구별할 수 없으며, 특히 북한이 핵과 미사일로 한국의 안보를 위협하고 있는 지금, 우리 국민의 국방과 과학 기술, 전략과 무기 체계에 대한 지식과 이해, 안보 의식이 높아지지 않으면 북한 핵미사일의 위협에 제대로 대응할 수 없음을 김 기장은 깨달았다고 한다. 따라서 국방과 과학 기술, 산업, 전략과 무기 체계 발달의 상호 관계에 대한 결정판인 브로디의 책을 번역해야 하겠다는 일종의 사명감을 느꼈다고 한다.

나는 김 기장의 의견에 전적으로 동의하면서, 우리 시대의 모든 한국인이 이 책을 일독하기를 권하고 싶다. 이 책을 일독함으로써 국민들의 과학적 사고 능력, 국가의 과학 기술과 산업 능력, 정부와 군의 전쟁 수행 능력, 과거를 통찰하고 올바른 교훈을 얻어 미래에 대비하는 정치가다운 리더십, 이 모든 것이 종합적으로 발전하여 한국의 국가 안보가 철저히 준비될 수 있는 하나의 계기가 마련될 수 있기를 바라는 마음이 간절하다.

한용섭(경남대 초빙교수, 전 국방대 부총장)

# 서문

이 책은 전쟁에 응용된 과학의 역사에 관한 것이다. 제목에 '석궁'이라는 용어를 사용한 것은 오랜 과거부터 시작됨을 강조하기 위한 것이다. 사실상, 중세의 석궁이 사용된 시기가 아니라 고대의 거대 석궁이나 'ballista-투석기'가 사용된 시기로 거슬러 올라갈 텐데, 이야기를 풀어나가기 위해서 세밀히 어느 시점부터 시작할 것인지, 혹은 어떤 무기를 가지고 이야기할 것인지 하는 문제는 전적으로 작가의 마음에 달린 문제이다. 독자는 고대에서 중세에 이르기까지 각각의 장章으로 구성된 부분을 읽고 우리가 살고 있는 시대와 비교해서 전쟁의 도구가 얼마나 느리게 변화되었는지, 그 변화가 과학과 거의 상관없이 이루어졌다는 것을 알 수 있을 것이다.

만일 과학자들이 사용하듯이 감각적으로 '과학'이란 용어를 사용하고자 한다면, 과학 자체가 새로운 것이므로 전쟁에 응용된 과학도 새로운 것이라고 말해야 할 것이다. 수학을 떼어놓고 얘기하면 현대의 표준 척도로 볼 때 고대와 중세에 과학이 응용되었다고 볼만한 특이점을 찾기가 힘들다.

과학자들은 자연의 섭리를 설명하는 근본 원리를 규명하는 데 관심을 기울였다. 그러한 원리원칙들은 반복된 실험이나 적절한 관찰을 통해서 규명되는 것들이었다. 과학의 발전은 귀납적인 방법에 의해서 이루어졌는데, 지식의 축적이나 현존하는 원리들을 수정하면서 성장하였다. 반면, 기계에 응용된 과학은 연역적인 방법으로 이루어졌는데 원칙이나 결과에서 시작하여 기계에 적용되었다.

그러므로 만일 우리가 '과학'이라는 용어의 정의를 과학자들이 기대하는 정도로 엄격하게 규정짓는다면 고대의 석궁에서 과학적 의미를 찾으려는 것과 같이 출발점을 찾기가 곤란할 것이다. 그러나 우리는 장인의 작품이나 우리가 모르는 어떤 이유로 인해서 탄생된 훌륭한 발명품을 만들어낸 직관적인 발명가들에게 관심을 기울이고자 한다. 예를 들어, 화약은 적어도 14세기 전반에 이미 유럽에서 알려지고 사용되어왔으나, 당시에는 화약에 질산염을 첨가하여 다른 원소들이 빨리 발화하도록 산소를 공급하는 역할로만 사용하였으므로 그 뒤로도 거의 5세기 동안 화약에 대해 완전히 이해하지 못했다고 할 수 있다.

그러므로 이어지는 본문 중에서 전쟁에 과학이 응용되었다고 말할 때(사용하는 말의 뜻이 정확히 전달되기를 바라면서), 시대별로 각기 다른 의미로 사용할 것이다. 그 의미들은 일반적으로 함축된 의미를 내포하며 새로운 군사 무기를 발명하였을 경우에도 실험적으로 사용할 수 있고, 현존하는 무기를 개선했을 경우에도 사용할 수 있다는 것이다. 따라서 과학자들은 책임감 있는 존재로서 상상력이 풍부한 기술자이면서 장인이 될 수도 있는 것이다. 그러나 우리가 위에서 언급하였던 과학이라는 용어의 특별한 의미의 중요성에 대해서도 민감하게 인식하고 있으며 과학이 등장할 때마다 나타났던 그 혁명적 결과에 대해서도 간과하지 않을 것이다.

19세기 이전의 무기 발달 진행은 느렸지만 20세기에 와서는 이에 대해 별도로 설명해야 한다. 어떠한 과학 기술이 적용되었는지, 어떤 재능이 발명에 응용되었는지, 새로운 무기를 만드는 것보다 다른 분야에 기여하였는지, 아니면 그 분야에서 회피되었는지 하는 것 말이다. 서문을 통해서 과학 기술이 이용되지 않고 회피되는 이유에 대해서 몇 가지를 제안하고자 하지만 그 문제에 있어서는 우리도 지식의 한계가 있음을 우선 밝히는 바이다. 왜냐하면 현재 '최고의 수준'이라고 말할 수 있는 진보를 가져왔던 과거의 대부분의 위대한 인물은 이름조차 알 수 없기 때문이다. 이러한 경향은 오늘날에도 나타나고 있는데 이는 진보를 이룬 인물들이 그러한 진보를 이룬 다수의 기술자/과학자 속에 포함되어 있기 때문이라기보다 그들 각 개인의 기여도를 추적하기가 곤란하기 때문이다. 고대와 중세의 뛰어난 발명품 -복잡한 투석기, 이동식 탑, 공성포, 초기의 소총과 포 등-의 고안자들 이름은 우리가 기억할 수 없다. 많은 발명품이 전장에서의 즉각적인 요구에 따라 군인들에 의해 고안되었으며 기타 발명품들은 평화 시기에 야금술과 같은 분야의 새로운 발전과 더불어 부산물로서 고안된 것들이다.

가장 최근까지 소총의 발전 대부분은 사람을 해치기 위해서가 아니라 수렵용 무기에서 이루어졌었다는 것은 알아둘 만한 일이다. 사냥꾼들은 대개 사회에서 군인들보다 훨씬 부자이면서 존경받는 신사이거나 귀족들이었다. 예술적인 사냥을 즐기는 왕자들이 사용하는 값비싼 회전 격발식Wheel-lock 화승총[1]은 자신들이 거느린 병사들이 사용하는 수세대 동안 유럽에서 보병 전투의 주요 무기로 사용된 값싸고 성능이 떨어지는 점화식<sup>matchlock</sup>[2] 화승총과는 다르다고 생각했다.

과학자들은, 순수과학을 대표하지 못하는 발명에 대해 경멸하는 선구자들의 풍토에 감사해야 할 것이다. 예를 들면, 아르키메데스<sup>Archimedes</sup>는 고대에서 가장 뛰어난 수학자였는데, 그의 천재적인 발명 재능은 전쟁에서 단 한 번 사용했을 뿐이다. 기원전 215년에 그의 조국인 시라큐스<sup>Syracuse</sup>가 로마군에 의해 포위 공격당했을 때였다. 플루타크<sup>Plutarch</sup>가 그의 서사시에서 말했듯이, 아르키메데스는 816kg의 돌을 로마군의 갤리선까지 날릴 수 있는 거대한 투석기를 설계함으로써 당시 로마군의 지휘관이었던 마르셀루스<sup>Marcellus</sup>가 "아르키메데스는 진정 백 개의 손을 가진 신화 속 거인을 만든 인물"이라고 칭찬하며 퇴각하게 만들었다. 로마군은 3년이 지나서야 시라큐스를 함락할 수 있었고 아르키메데스는 함락 이후에 처형당한 사람 가운데 한 명이었다.

아르키메데스는 죽을 때까지 단지 발명품이었을 뿐인 자신의 전쟁 무기에 대해 별 관심을 갖지 않았다. 그것은 자연법칙의 새로운 원리를 창조한 것이 아니라 단지 그 법칙을 시연한 것에 불과하다고 보았기 때문이다. 그래서 그는 똑똑했지만 기계에 적용할 수 있는 원리와는 거리가 먼, 새로운 원칙 발견에 언제나 더 큰 의미를 부여했다. 그래서 현대의 과학자들에게 존경받는 자신의 수학적 발견에 더욱 자부심을 갖고 있었다.

현대에도 유능한 핵 과학자들이 그들의 재능을 발휘하여 만들어내고 처음엔 통제하려고 노력하다가 나중엔 자신의 창조물로부터 멀어지려고 노력하

---

1 방아쇠를 당기면 우둘투둘한 철제 바퀴가 돌아가면서 황철광 조각과 마찰해 발생하는 스파크로 불을 붙이는 방식의 총. 이런 발사 장치는 복잡하고 비쌌기 때문에 보통 화승총이나 머스킷에는 사용되지 않음.
2 서서히 타들어가는 화승(심지)을 이용하여 화약을 발화시키는 초창기 방식

는 섬뜩한 현상을 볼 수 있다. 원자폭탄은 파괴력이 매우 뛰어난 수단이지만 그 사용에는 통찰력이 필요하다. 인류는 항상 자신들이 살아온 시기에 괴멸적 파괴력을 가진 무기를 추구해 왔다. 하지만 현명한 조상들은 더욱 복종적인 경향을 가졌거나 혹은 적어도 도덕적이고 기독교적인 원리에 더욱 충실하려는 태도를 지녔다고 할 수 있다.

로저 베이컨[3]은 비행 기계 및 기계적으로 추진되는 배와 콜럼버스가 아메리카를 발견하기 250년 전에 세계 일주를 하는 것 등에 대해 깊이 연구했다. 그는 1248년에 화약제조에 사용될 수 있는 공식을 고안하였으나 그는 이 공식을 암호화하여 감추었다. 레오나르도 다빈치는 세부적인 내용은 비밀에 부쳤지만 책을 쓰면서 세간에 알려진 잠수함에 대한 설계와 같이 자신이 제안한 많은 도구로 인해 자연이 손상되는 것을 원하지 않았다. 그는 "나는 사악한 사람들에 의해서 바다 깊은 곳에서 배 밑바닥을 파괴하여 그 배에 타고 있는 승무원을 수장할 수 있는 암살 수법을 알려주고 싶지 않다"라고 그의 책에서 밝혔다.

현대 탄도학의 아버지인 니콜로 타타글리아[4]도 비슷한 태도로 망설였다. 처

---

3 로저 베이컨(Roger Bacon, 1219~1292). 영국의 철학자·자연과학자. 프란체스코회 수도사로서 탁월한 선견지명이 있었기 때문에 근대과학의 선구자로 평가되어 '경이(驚異)의 박사'로 불리었다. 옥스퍼드와 파리 양 대학교에서 수학하고 옥스퍼드대학교에서 강의하였다. 아우구스티누스의 조명설(照明說)에 영향을 받아 인식의 원천으로서의 신적(神的) 조명을 중요시하였는데, 한편으로는 권위는 지식을 줄 수 없다고 하여, 학문상의 확실한 지식으로서의 수학을 중시하고 광학(光學)을 사랑하였다. 동시에 공론(空論)에 빠지는 것을 경계하여 경험의 의의를 높이 평가하여, 그 방법으로서 경험적 방법, 실험적 방법을 중시하였으며, 철학에 경험적 방법을 도입하여 철학을 신학으로부터 구별하였다. 그는 또 연금술·점성술 등 근대과학의 전신에 대한 관심이 많아, 공학·역법(曆法)에 관한 독창적 견해를 발표하였다. 또한 그의 언어 연구의 중요성은 성서의 비판적 연구의 선구가 되었다.

4 니콜로 폰타나 타타글리아(Niccolò Fontana Tartaglia, 1499/1500~1557), 본명은 니콜라 폰타나. 이탈리아 수학자, 요새 설계 기술자, 측량사 및 당시 베니스 공화국의 경리였다. 어린 시절에 프랑스 병사의 칼로 혀에 부상을 입고 말더듬이가 되어 자기 이름을 타타글리아

음에 그는 탄도의 궤적에 대한 계산 결과를 비밀에 부치기로 결심하였는데 그 이유는 "이것은 비난받을 일이고 부끄럽고 잔인하며, 인류와 신 앞에서 가혹한 처벌을 받을 일이고 인류에게 파멸적 파괴를 가져다주며 그들의 이웃에게 완전히 예술이 손상되는 것을 가능하게 하는 일"이라고 스스로 판단하였으며 또한 "무덤까지 가져갈 죄악이요, 영혼의 파멸"을 가져오는 일이라고 결정했기 때문이다.

그러나 무신론자인 투르크 인들의 이탈리아 침공이 임박해지자 그는 마음을 바꿨다. 그가 "사나운 늑대의 무리가 우리를 정복하려고 하고 우리의 정신적 지도자들이 국가 방어를 위해 민심을 결집하는 이 시기에, 나는 더 이상 이것들을 감출 만한 적당한 이유를 알지 못하니 이를 출판하기로 결심하였다. 그래서 이는 우리의 적들을 공격하든지, 그들의 공격에 대항하여 방어하든지 보다 나은 국가를 건설하는 데 기여할 것이다"라고 하였다.

레판토Lepanto[5]의 치열한 해전에서 왼손이 불구가 된 세르반테스Cervantes는

(tartaglia, 말더듬이)라 하였다. 순전히 독학으로 수학을 공부하여 밀라노의 거리에 '수학 상담사' 점포를 열고 포술사(砲術師)·상인·침몰선 인양업자 등 온갖 방면으로부터의 수학상의 질문을 풀어주는 것으로 생계를 이었다.

그는 아르키메데스와 유클리드의 첫 이탈리아 어학 번역과 수학의 찬사를 받는 편집 등 많은 책을 출판했다. 타타글리아는 노바 대포의 탄도를 분석하는 데 수학을 최초로 적용한 사람이다. 그는 또한 침몰한 배를 인양하는 것에 관한 논문을 발표했다. 삼차방정식의 해법을 둘러싸고 카르다노와 그 선취권을 다투었다. 그러나 이것은 카르다노가 타타글리아에게 공식적으로 공표하지 않는다는 약속 하에 배운 것이었다. 그 약속을 깨고 자신의 저서에 게재했기 때문에 카르다노의 공식이라고 부르게 되었다.

5 그리스 나팍토스(Nafpaktos)를 중세기 이탈리아에서 부르던 명칭이다. 나팍토스는 그리스 남서부 모노스 강 입구로부터 2mile(3km) 서쪽, 고린도 만의 북쪽 해안에 위치한 마을로, 고린도 만으로의 접근을 통제하는 고대로부터 전략적 요충지였다. 15세기에 베네치아의 통제 아래 있었고, 그 이름의 베네치아 형태인 레판토로 알려졌다. 1499년 오스만제국에 점령되어 16세기 오스만 해군이 해군 기지로 사용했으며, 레판토 해전은 1571년 10월 7일 베네치아공화국, 교황령, 스페인 왕국과 제노바공화국, 사보이공국, 몰타 기사단 등이 연합한 신성동맹 함대와 오스만제국이 벌인 해상 전투로 오스만이 참패하였다. 레판토는 1687~1699

돈키호테의 입을 통해 확실히 미쳤다고 할 수 없는 소감을 다음과 같이 피력하였다.

"누군가에 의해 발명된 악마의 도구인 포병의 무서운 분노에 대해 생소하게 느끼는, 행복한 시대에 살게 하신 신께 감사하라. 이 저주받은 발명품의 보상을 받아 지금 지옥에 있는 나는 만족한다."

대수학을 발명하였던 스코틀랜드 수학자 존 네이피어[6]는 스페인의 무적함대Armada[7]가 영국을 침공하려고 위협할 때 전쟁 기구를 만들겠다고 마음을 바꾸었는데, 독실한 캘빈교도였던 그는 신교의 영국이 가톨릭 전제국가에 넘어가도록 내버려둘 수 없었기 때문이다. 그러나 스페인의 위협이 사라지고 나서는 자신의 다양한 발명의 비밀을 고수하려고 최선을 다하였다. 임종을 앞두고 그 비밀을 공개하도록 압력을 받았을 때, 그는 저항의 의지로 "인간을 황폐화하고 파괴하기 위한 너무 많은 장치가 이미 수없이 만들어졌으며 인류는

---

년에 베네치아의 통치 기간을 제외하고, 1829년 그리스가 독립할 때까지 오스만제국의 지배 하에 있었다.

6 존 네이피어(John Napier, 1550~1617). 스코틀랜드 출신의 로그를 고안한 수학자이다. 수학·신학·점성술 등을 좋아하였는데, 특히 40여 년에 걸친 수학 연구로 산술·대수(代數)·삼각법 등의 단순화·계열화를 꾀하였으며, 연구 영역이 '네이피어 로드' 등 계산 기계의 고안에까지 미쳤다. 그 중 계산의 간편화를 목적으로 한 로그의 발명은 수학사상 커다란 업적이었다.

7 위대하고 가장 축복받은 함대(Grande y Felicísima Armada) 혹은 무적함대(Armada Invencible)는 1588년 Medina Sidonia 공작의 지휘 하에 영국 상대로 출항했던 에스파냐의 함대이다. 스페인령 네덜란드의 일부인 네덜란드공화국에 대한 영국의 지원을 억제하고, 신세계에 있는 스페인령 영토와 대서양 보물 선단에 대한 영국의 공격을 차단하기 위해 펠리페 2세가 파병하였다. 스페인 왕립 해군 소속 전함 22척과 개조한 상선 108척이 출발했다. 이 함대는 영국 해협을 지나 플랑드르 연안에 정박해서 스페인 지상군을 승선시킬 예정이었다. 그곳에서 지상군의 연락을 기다리다가 영국군의 화선(fire ship) 공격을 받아 대열을 잃고 흩어지게 되었으며, 이후 197척에 달하는 영국 함대의 공격을 받았다. 뒤이어 벌어진 그레벨링건 전투(Battle of Gravelines)에서도 소수의 함선을 더 잃었으며, 이 결과 스페인은 파르마군과 집결을 포기하게 된다. 사실 이 해전에서 손실한 배는 세 척에 불과하다. 나머지 배들은 퇴각 과정에서 영국을 스코틀랜드 위까지 크게 반시계 방향으로 돌아 본국으로 퇴각하는 과정에서 태풍으로 인해 24척 이상이 침몰했다.

이런 위험을 줄일 수 있다면 응당 그렇게 하려고 노력하여야 한다. 인류의 마음속에 자리한 악의와 증오의 뿌리를 찾는 활동은 축소되게 해서는 안 되며, 대다수 인류가 새로운 자부심에 의하지 않고서는 결코 더 만들려고 해서는 안 될 것이다"라고 주장하였다.

인류가 수세기 동안 지속해왔던 무장의 과정이 바로 이러한 감정에 의해서 실질적으로 늦춰질 수 있을까? 아마도 그렇지 않을 것이다. 왜냐하면 최근의 발전은 너무나 많이 현대 과학에 의존해 있기 때문이다. 그러나 레오나르도, 타타글리아, 네이피어가 표현한 것과 같은 견해의 확산은 의심의 여지 없이 군사術에 특정한 발명이 없었던 이유를 설명하고 있다.

현재의 사고방식으로는 이해하기 힘든 다른 요인 하나가 더 있다. 오늘날 우리는 전쟁터가 아닌 적절한 곳 혹은 예술적인 장소에서 우리의 미적 감각을 표출하려는 열정을 갖고 있다. 그러나 이는 예술과 무기를 통합된 것으로 인식하며 근본적으로 동일시하였던 르네상스 시대의 신사들이 갖던 사고방식과는 거리가 멀다. 오늘날 보통 박물관에서 흔히 볼 수 있는 아름답고 가격이 비싼 공예 갑옷, 소총, 검들은 그러한 점들을 입증한다. 르네상스 시대에 이루어진 미美에 대한 관심이 기술적 과정에 영향을 미치지 못하도록 하였는가 하는 것은 판단하기가 곤란하고 과장되기 쉽다. 다만 가격에 영향을 받았다고 볼 수 있는데 가격이란 언제나 제한적인 요소이다. 막대한 국방 예산이 부담스러운 오늘날, 미사일 등에 장식을 위해 조각을 하거나 하는 부가적인 지출을 하지 않아도 되니 그나마 다행이라 할 수 있다.

서문을 마무리하며 중요한 언급을 한다면, 눈에 보이지 않으나 본의 아니게 인간을 평소 익숙해진 행동과 사고를 하지 못하도록 만드는 강력한 군대에 대한 유혹은 오랜 속담처럼 '관습의 덩어리cake of custom'가 되었다는 것이다. 장군들은 일반적으로 보수성을 띠는 특징을 가졌는데, 이는 통상 불의에 가깝기에 비난을 받아왔다. 본문에서 확인할 수 있겠지만 가끔, 그들은 시간이 지난 이후에 인류의 발전 과정의 중요한 이정표로 평가받게 된 변화에 대항하여 몇 가지 타당성을 내세운다. 그리고 가끔 어리석게도 다른 직업보다, 이를테면 의약품의 역사에서 나타나는 것보다 주의를 끌지 못할 정도로 수준 낮은 기록을 남겼을 뿐이다.

오늘날 우리는 특별한 상황에 직면해 있다. 전략 수립과 무기 체계 선택은 과거에 해왔던 것보다 훨씬 어려운 일일 뿐만 아니라 인간의 의식에까지 영향을 미치는 깊고도 근본적인 의문을 포함한다. 1935년에 리델하트 대위[8]는 오늘날 우리가 알고 있는 것보다 전략적으로 더 단순해지는 것과는 거리가 멀어질 것이라며 다음과 같이 언급했다.

"전략과 무기 체계에 대해 논하는 것은 장군들이나 해군 제독들만 할 수 있는 것이 아니며, 그 과업은 이미 그들의 수준을 넘어섰다. 그들의 한계는 - 환상을 버린 대중이 가정하기 쉬운- 그들의 어리석음 때문이 아니라 그들의 기술 수준을 뒤흔든 과학의 눈부신 성장에 기인한다고 할 수 있다. 과학적 사고의 습관은 군대의 교육과 훈련 과정에서 마지막 과제로 훈육된다. 아마도 군인들이 감성적인 사람으로 군대에 남아 있고자 한다면 거의 살아남을 수 없을 것이기에 선택의 여지가 없었을 것이다."

이는 매우 훌륭하고 지각력 있을 뿐만 아니라 예지력이 있는 표현이라 할 수 있다. 왜냐하면 감성이란 리더십과 헌신이 매우 필요한 것으로서 대부분 군대의 역사는 여기에서 비롯된 것이기 때문이다. 다음에 이어지는 우리의

---

8 바실 헨리 리델 하트 경(Sir Basil Henry Liddell Hart, 1895~1970). 영국의 군인, 군사역사학자, 군사이론가이다. 기갑전의 발달에 큰 영향을 미쳤다는 것이 통설이다.

노력은 군대 역사의 스펙트럼에서 반대편 끝에 위치한다. 이것은 감성과는 상관이 없으며 심지어 전쟁의 문제에 지식 -전장 그 자체로 표현되는 것이 아닌 지식-을 엄격하게 적용하는 것과 조용히 연구하거나 혹은 실험실에서 하는 것과는 거리가 먼, 위대한 장군들의 역사에 이를 적용하고자 하는 숭고한 감정에 해당된다고 하겠다.

# 목 차

005    추천사

006    추천사

008    서문


019    제1장  고대古代

041    제2장  중세中世

064    제3장  화약의 충격

121    제4장  17세기의 전쟁과 과학

166    제5장  18세기와 나폴레옹 시대의 전쟁

221    제6장  19세기

328    제7장  제1차 세계대전, 과학의 사용과 미사용

384    제8장  제2차 세계대전

442    제9장  핵 혁명

503    제10장  작전과 체계 분석, 전략적 선택의 과학

518    제11장  최근의 무기 체계 변화(1962~1972)


570    역자 후기

573    참고 문헌

# 제**1**장 고대古代

전쟁에서 사용된 과학 기술의 역사에서 위대한 발명품은 단번에 등장하거나 혹은 시간이 좀 걸리기도 하고 그런 다음에 폐기되거나 잊히게 된다. 기존의 투석기가 유럽 전 지역에서 사용된 것에 비하면, 아르키메데스가 고안한 거대 투석기와 물건을 잡아 걸어서 들어올리는 크레인 장치 등은 다른 지역에서 사용되지 않은 것으로 보인다.

고대에 군대가 이룩한 가장 위대한 업적 가운데 하나는 그리스 헬레스폰트 Hellespont, Dardanelles[1]의 옛 명칭의 가교이다. 이것은 기원전 481년에 페르시아의 왕

---

1 튀르키예 서부, 마르마라해와 지중해를 연결하는 해협, 길이 60km. 폭 1~6km. 평균 수심 약 54m(중앙부에서는 약 90m). 고대에는 '그리스의 문호'라는 뜻으로 헬레스폰투스(Helles-pontus) 또는 헬레스폰트라고 하였다. 동쪽의 소아시아 연안과 서쪽의 유럽으로 돌출된 갈리폴리 반도 사이에 끼어 있다. 보스포루스 해협과 함께 예로부터 유럽과 아시아, 지중해와 흑해를 연결하는 전략 요충지로 고대 그리스의 도시 트로이도 동쪽 해안에 위치하여 번영을 누렸다. 그 후에도 이 해협은 흑해 연안의 식민 도시와 그리스 본토를 연결하는 상업상의 요로(要路)를 이루었다.
15세기 이후에는 튀르크가 이 해협의 항행권을 독점하고 있었으나 18세기에 흑해로부터 남하해온 러시아와 이것을 저지하려는 영국·프랑스 사이에 항행권을 둘러싸고 '해협 문제'가 일어났다. 1841년 런던조약에 따라 이 해협은 모든 나라의 상선에 개방되었다. 그러나 제1차 세계대전에서 튀르크가 독일 쪽에 가담했기 때문에 연합국은 해협을 점령하기 위하여 격렬한 전투를 벌였다(갈리폴리상륙작전). 제2차 세계대전에서는 튀르키예가 중립을 유지했기 때문에 분쟁은 일어나지 않았다. 현재 해협 남쪽 입구에 있는 임로즈섬과 테네도스섬은 튀르키예령으로서 요새화되어 있다.

인 크세르크세스Xerxes[2]가 침공할 때, 재능을 인정받아 페르시아군에 부역했던 그리스의 기술자 하팔루스[3]가 세운 것이다. 하팔루스는 각 오십 개의 노가 달린 갤리선을 띄워 만든 두 개의 부교배를 연결해서 만든 다리를 설계했다. 배들은 여섯 가닥의 케이블과 두 가닥의 아마 섬유, 네 가닥의 파피루스로 묶였다. 서쪽의 부교에는 314척의 배가, 동쪽은 360척이 사용되었다. 현대의 표준 기술로 보아도 매우 인상적인 이 부교는 크세르크세스의 군수 지원 문제를 해결하였으며 그리스로의 침공을 가능하게 했다.

정교한 화학무기인 '그리스의 불'은 오늘날의 네이팜과 같은 특성을 갖는데 매우 효과적인 성능을 발휘하였다. 그러나 실제 사용된 사례는 드물었고 곧 폐기되었다. 이것은 시리아 건축가인 헬리오폴리스Heliopolis[4]의 칼리노코스 Kallinokos[5]가 만든 것인데, 칼리노코스는 673년에 콘스탄티노플이 사라센제국

---

2 크세르크세스 1세. 페르시아제국 제4대 왕(재위 BC 486~BC 465). 다리우스 1세의 아들. 크세르크세스 대왕이라고도 한다. 선왕 때부터 끌어온 이집트·바빌로니아의 반란을 진압하였다. BC 483년 이후로는 아토스곶(岬)의 지협(地峽)에 운하를 만들고 또 다르다넬스 해협에 선교(船橋)를 가설하는 등 그리스원정(제3차 페르시아전쟁) 준비를 하였다. BC 480년 봄 육해군을 이끌고 사르디스를 출발하여 각지에서 승리를 거두었으나, 살라미스 해전에서 그리스군에 패배하자 급거 귀국하였다. 이듬해 마르도니우스가 이끄는 페르시아군이 플라타이아이 전투에서 대패하고, 나아가 미카레에서도 패배하였으나 페르시아 영토 그 자체는 손해를 입지 않아 국위는 여전히 융성하였다. 만년에 왕궁에서 하렘의 음모에 휘말리어 신하에게 암살당하였다.

3 마차타스(Machatas)의 아들 하팔루스(Harpalus, ?~B.C. 323). 마케도니아(Macedon)의 귀족이자 BC 4세기 알렉산더 대왕의 소년 시절 친구였다. 하팔루스는 다리가 불구여서 군 복무를 면제받았기 때문에 페르시아제국 내에서 알렉산더를 따라가지 않았지만 소아시아에서 관직을 받았다.

4 헬리오폴리스는 두 곳이 있다. 카이로의 북동쪽 교외에 있는 고대 이집트의 종교 도시 유적과 레바논의 고대 도시 유적인 발베크다. 이 책에서 나오는 헬리오폴리스는 레바논에 있는 헬리오폴리스로 추정된다.

5 칼리니코스 또는 라틴화된 칼리니쿠스(Callinicus, 중세 그리스, 650AD)는 비잔틴 건축가이자 화학자였다. 콘스탄틴 포르피로게니투스에 따르면 칼리니쿠스는 콘스탄틴 4세 시대에 비잔티움에 도착한 시리아 헬리오폴리스 출신의 난민이었다.

에 의해 포위되었을 때, 유황과 피치(원유, 콜타르 따위를 증류시킨 뒤에 남는 찌꺼기), 질산, 석유, 생석회 등으로 섞어 만든 비밀 공식을 콘스탄틴 포코나투스Con-stantine Pogonatus[6] 황제에게 주었던 인물이다. 콘스탄틴은 적의 배 안으로 '그리스의 불Greek Fire'을 쏠 수 있는 발사관을 자신의 갤리선에 갖추었다. 이 불은 어떤 물건에든 달라붙어 불을 붙게 하고 잘 꺼지지 않아서 쉽게 승리로 이끌 수 있는 무기로 알려져 있었다. 식초나 포도주, 모래 등으로 불을 끌 수 있었음에도 무서운 무기로 효용성이 강화되었을 것이라고 볼 수 있다.

500년이 지난 1190년, 아크레Acre[7]가 기독교도들에 의해 포위 공격을 당하고 있을 때, 이슬람교도들은 십자군의 일원이었던 프랑크 인들이 도시의 방벽에 이동식 공성탑을 갖다 대자 다마스커스의 기술자들이 만든 '그리스의 불'을 넣은 단지를 던져 십자군의 공성 무기들을 모두 불태웠다. 만수라Mansura[8]에 있는 사라센인들은 거대한 석궁arbalest[9]에 화염을 묻혀 쏘아댔다. 프랑스의

6 콘스탄틴 4세(Constantinus IV, 650~685). 포고나투스(Pogonatus)는 수염이라는 뜻으로 콘스탄틴 4세의 별명이었다(재위 668~685). 7세기 비잔티움제국을 지배한 헤라클리우스 왕조의 황제로 674~678년에 걸친 이슬람군의 공격을 물리쳤으며, 680년 제3차 콘스탄티노플 공의회를 소집하였다. 663년 콘스탄스 2세는 이탈리아 남부를 원정하며 이슬람의 침공에 대비해 제국의 수도를 시칠리아의 시라쿠사로 옮기려는 계획을 추진하였지만, 콘스탄티누스 4세는 원로원의 반대로 콘스탄티노플(지금의 튀르키예 이스탄불)에 남았다. 668년 콘스탄스 2세가 암살되자, 콘스탄티누스 4세는 황위에 올라 직접 함대를 이끌고 시칠리아를 원정하여 미시시우스의 반란을 진압하였다.

7 아크레, 히브리어로 '아코(Akko)'라고 불리는 아크레는 이스라엘 북서부 갈릴리강 서안에 위치한 항구 도시로 중세와 근대의 역사적 건축물과 도시를 둘러싼 성벽이 잘 보존되어 있는 역사적 장소이다. 아크레에 대해 현존하는 기록 중 가장 오래된 것은 BC 1504년 이집트 파라오 투트모스 3세(Thutmose III, 1504~1450 BC 재위) 당시의 기록이다. 페니키아 시대부터 항구로 발전해왔으며, 한때는 그 규모가 동지중해의 대표 항구 도시인 알렉산드리아나 콘스탄티노플 등에 비길 정도였다. 군사적 요충지에 위치하고 있으므로 여러 제국과 민족이 아크레를 점령하고자 했다.

8 정식 명칭은 엘만수라(El Mansura). 이집트 공화국 동북부, 나일강 삼각주에 있는 도시로 1250년 이집트의 마멜루케스(Mamelukes)에게 십자군이 패배하여, 루이 9세(Louis IX)가 붙잡힌 곳이다.

역사 기록가인 주앵빌Joinville은 그 발사체에 대해, "큰 술통처럼 생겼으며 커다란 창과 같은 긴 꼬리를 가졌고, 천둥소리와 같은 소리를 내며, 거대한 불을 뿜는 용이 하늘을 날아오르는 모습이었다. 또 대낮에도 주둔지에서 확실히 식별이 가능할 정도로 밝은 빛을 발하는 물체"라고 설명했다. 그 발사체가 떨어지면 사방으로 액체가 흩어지고 화염이 훑고 지나간 자리, 그것이 닿는 곳이면 어디든지 불이 붙었다.

이런 강력한 화염 무기들의 사용이 왜 확산되지 않았으며, 이를 제조하는 비법이 왜 수세기 동안 전해지지 않았거나 폐기되었는지에 대해서는 알려진 바가 없다. 이러한 이야기는 대부분 초창기 화학에 대해 제대로 짜이지 않은 줄거리만을 제공하기 때문에 과장되었고, 같은 사회나 국가에 속해 있다 할지라도 다음 세대로 잘 제작된 장비의 제작비법을 전수하는 수단으로 사용되지 못하였다.

또 다른 별개의 화학전이 있었다. 그리스는 기원전 424년에 델리엄[10]을 공격할 때에 유황 향을 이용한 가스 공격을 하였다. 물론 선사시대에도 사용했을 만큼 단순한 가연성 물질인 불화살, 끓는 기름 솥, 석유 등을 사용하였다. 액체로 된 화염은 아시리아인들의 부조 양각bas-relief에 잘 나타나 있다. 그러

---

9 13세기 이탈리아에서 전성기를 맞은 석궁의 일종이다. 십자군에 의해 일부 도입된 이 획기적인 병기는 다른 유럽 제국에서는 유행하지 못했지만, 이탈리아의 도시국가에서는 다른 나라들보다 빨리 이 무기를 대량으로 도입했다. 유럽에서는 제노바인이 아버리스트를 사용하는 용병으로 알려졌으며, 1340년의 프랑스에서는 2만 명이나 고용했다고 한다. 크레시 전투에서는 롱 보우보다도 유리하다고 생각하여 전위에 제노바인 용병을 배치했지만 그 결과는 참담했다. 그러나 프랑스군은 낙담하지 않고 화약 무기가 등장할 때까지 이 무기를 계속 사용했다.

10 델리엄(Delium). 그리스 남동부 코린토스만 동북쪽에 있는 보이오티아(Boeotia)에 있던 고대 항구 도시이다. 기원전 424년의 펠로폰네소스전쟁 때 여기서 보이오티아군이 아테네군을 격파했다 .

나 야금술에 관계된 것을 제외하고 최근까지 화학 분야에 있어서의 과학은 거의 명맥만 유지되는 초보적인 수준이었다. 1600년대 유럽에서 사용된 화약을 제조하는 화학 공식이나 1860년에 미국에서 사용되었던 것들은 모두, 중국인들이 1232년에 타타르족[11]과의 전투 시 원시적인 로켓에 사용하였던 것과 크게 다르지 않았다.[12]

야금술 분야에서는 지속적으로 상당한 진척이 있었고 화학 분야보다 과학에 많이 가까웠다. 고대 전반을 통해서 야금술은 장인들에 의해서 완전히 발전되어온 것으로 보인다. 그들의 비법은 스승으로부터 도제에게 구전으로 전달되었다. 많은 발명품이 세계 각지에서 독립적으로 완성되었다. 전쟁 무기와

---

11 타타르는 12세기 몽골 고원의 5대 부족 연맹체(몽골, 케레이트, 메르키트, 나이만, 타타르) 중 하나였다. 타타르인들은 5세기, 고비 사막 북동쪽에 살다가 10세기 거란의 요나라에 신하로서 따랐다. 이 시기 타타르는 후룬강과 부이르강 유역의 비옥한 지대에서 유목을 했으며, 중국으로 가는 무역길을 장악하고 있었다. 요나라가 멸망하자 여진족의 금나라의 지배를 받았으며, 금나라는 타타르가 다른 몽골·투르크계 부족 연맹들과 싸우도록 뒤에서 조종했다. 그 결과 타타르는 카묵 몽골의 제2대 칸인 암바카이칸이 금나라에 잡혀가 죽임을 당하게 했고, 이 때문에 카묵 몽골과 원수지간이 되고 말았다. 몽골제국이 성립된 뒤 타타르는 몽골의 일부로 흡수되었다. 이후 칭기스칸의 손자 바투칸이 타타르인들을 데리고 서쪽으로 이동했다. 그 결과 몽골의 침략을 받은 서양, 특히 루스 서부의 우크라이나에서는 몽골을 통틀러 '타타르'라고 부르게 되었다. 그리고 오늘날에는 '타타르족'이라 하면 12세기의 타타르 연맹과는 상관없이 오늘날의 러시아와 우크라이나 지역에 정착한 튀르크계 무슬림을 가리키는 말이 되었다.

12 몽골과 금나라가 싸운 개봉 공성전에서 사용된 진천뢰(震天雷)를 가리킨다. 여진족이 세운 금나라는 1120년대부터 화약 무기를 사용했다. 병법서에 화약에 대한 언급이 나온 것은 《무경총요》가 처음이다. 그러나 둔황에서 나온 10세기 중반의 그림에 이미 원시적인 화약 장치인 손으로 던지는 폭탄과 화창(火槍)이 그려져 있다. 개봉 공성전에서는 진천뢰가 사용되었다. 진천뢰는 초석의 비율을 75%로 하여 철제 통에 담은 것이다. 1221년 금나라가 송나라 기주를 공격했을 때 처음 사용하였다. 당시 정사에서는 "엄청난 폭발이 일어나 약 100리(40km) 밖에서도 폭음을 들을 수 있었고, 폭탄을 맞으면 강철 갑옷도 뚫어지며 공격하던 병사들이 모두 산산조각나 흔적조차 남지 않았다"라고 언급하고 있다. 폭탄 한 발이 미치는 범위는 약 15평(50㎡)에 이르렀다고 한다. 진천뢰는 성을 수비하는 쪽에서 쇠사슬 등에 달아서 공성군의 토루를 공격했다고 한다. -《전쟁으로 보는 중국사》크리스 피어스 저, 황보종우 옮김, 2005. 4. 2. 서울, 도서출판 수막새 174~175쪽

갑옷의 발전과 그 과정은 상당히 느리게 진행되었고 오랜 기간 침체에 빠져 있었다. 만일 누군가가 기원전 약 2550년에 이웃 도시국가와의 전쟁에서 승리한 우르Ur[13]의 왕 에안나툼[14]을 기념하기 위한 루브르박물관의 석조물-독수리들의 비석The Stele of the Vultures을 연구해보면, 굴곡이 있는 사각의 보호용 방패를 가진, 헬멧을 쓴 바빌론의 창병들과 거의 3,000년 이후에 나타나는 그리스의 방진 대형이나 로마 군단에 속한 병사들의 모습이 거의 다르지 않다는 것을 알 수 있을 것이다.

역사상 최초의 전사라고 할 수 있는 사람들은 칼데아인[15]들과 아시리아인[16]

---

13 수메르인들이 B.C. 3000년경 건립한 고대 메소포타미아 문명의 도시국가. 이라크의 수도 바그다드 남동쪽 350km, 유프라테스강 하류에 위치한다.

14 에안나툼(Eannatum). 수메르 초기 왕조 시대 B.C. 26세기경의 라가시(현대명, 텔로)의 지배자. 루브르박물관에 있는 텔로 출토의 에안나툼의 전승비(戰勝碑)인 '하게다가의 비'로 유명하다. 석회암으로 만들었고, 여러 곳이 깨어져 있으며 크기가 일정하지 않다. 표면에는 닝기르스 신(神)과 포로들을 넣은 그물이, 뒷면에는 에안나툼과 적의 시체를 밟고 전진하는 그의 군대와 전차 위에 서 있는 에안나툼이 부조되어 있다. 수메르 예술 중 가장 훌륭한 작품의 하나이다. [네이버 지식백과] 에안나툼 [Eannatum] (미술대사전(인명편), 1998, 한국사전연구사)

15 서아시아 지역에 거주하던 샘 계통의 유목 민족. 대도시 바빌론을 기반으로 주변 세력과 연합하여 신아시리아제국을 무너뜨리고 신바빌로니아제국을 건설했다. 기원전 10세기~기원전 9세기경에 메소포타미아 지역으로 이주한 것으로 보인다. 고대 헬레니즘 및 로마 시대에는 칼데아인이 마법사, 마술사의 대명사로 통했다. 고대에는 천문학과 점성술이 밀접하게 연관되어 있었고 신바빌로니아가 고대 천문학 발전을 선도하던 중심지였기 때문으로 보인다.

16 아시리아인은 주로 이라크 북부와 시리아 북동부, 이란 북서부, 튀르키예 동남부에 거주하는 나라 없는 민족이다. 이 지역은 쿠르드족이 사는 쿠르디스탄과 겹치고 있다. 아시리아인의 역사는 기원전 25세기경부터 시작되었다고 추정되며, 북부 메소포타미아에 고대 메소포타미아 문명의 일부인 아시리아제국을 건설하였다. 아시리아는 티그리스강 상류를 중심으로 번성한 고대 국가로서, 그 명칭은 중심 도시였던 아수르(Assur)에서 유래한다. 크게 BC 20~15세기의 초기, BC 15~10세기의 중기, BC 911년~BC 612년의 신아시리아의 세 시기로 구분한다. 기원전 612년에 신아시리아제국이 멸망하면서 이후 신바빌로니아와 페르시아 등의 지배를 받았다. 이후 로마제국의 지배를 받으면서 기독교가 전래되었다. 그 다음에는 아랍, 티무르, 오스만제국의 지배를 받으며 박해를 받았다. 1932년에는 새롭게 독립한 이라크왕국의 일부가 되었다. 2003년에 발발한 이라크전쟁 이후로 이슬람 원리주의자

들이다. 그들은 창, 전투용 도끼, 갈고리가 달
린 철퇴, 활과 화살 및 방패로 무장하였다. 그
들의 갑옷은 얇지만 질긴 것을 사용하였다. 아
시리아인들은 보다 두꺼운 갑옷을 착용하였는
데 가죽 재킷에 작은 금속 조각들을 기워 만
든 것이었으며 금속 조각들이 차곡차곡 겹쳐
지게 되어 있었다. 이러한 형태의 갑옷은 올리
버 크롬웰[17] 시대까지 계속 사용되었다. 최초의
칼데아인들은 말을 이용하거나 고대의 전차[18]
를 타고 싸움을 하기도 하였다. 그러나 고대시
대 전반을 통해볼 때 보병이야말로 전쟁에서
최고의 지위를 누렸다고 할 수 있다. 가벼운 갑

**그림1-1** 그리스의 장갑 보병Hoplite

옷을 입은, 잘 훈련되고 거친 보병들은 용기와 인내심으로 위대한 업적을 일
구어냈다. 알렉산더 대왕의 병사들은 두 주간에 무려 400mile$^{544km}$를 행군
할 수 있었으며, 한번은 사흘을 쉬지 않고 걸어 135mile$^{217km}$를 행군하기도
하였다.

그리스의 보병 혹은 장갑 보병은 약 10ft$^{3m}$ 길이의 창과 자르고 찌를 수 있

---

들의 공격을 받게 되었으며, 현재 이라크에서 아시리아인이 사는 지역은 쿠르드족 정권 하
에 있으며 쿠르드 지역 정부 수립을 위해 협조하는 형태를 취하고 있지만, 동시에 아시리아
인의 자치권 청구도 활발하게 진행되고 있다.

17 올리버 크롬웰(Oliver Cromwell, 1599~1658). 영국의 정치가이자 군인으로, 1642~1651년의
청교도혁명에서 왕당파를 물리치고 공화국을 세우는 데 큰 공을 세웠다. 1653년에 통치장
전(統治章典)을 발표하고 호국경(護國卿)에 올라 전권(專權)을 행사했다.

18 전차(戰車). 한 마리 또는 다수의 말이 끄는 수레에 군사가 타고 기동 및 공격을 하던 고대
무기.

**그림1-2** 고대 로마의 군단병과 백부장

는 단검, 원형 방패를 휴대하였다(그림1-1). 이들의 갑옷과 무기들은 70lbs[31.75kg] 정도였으며, 가장 큰 짐은 식량 징발을 하던 노예가 짊어졌다.

로마인들은 던지거나 찌를 수 있는 길이 7ft[2.1m]의 창[pilum][19]과 무겁고 두꺼운 면으로 이루어진 자르고 찌를 수 있는 길이 20in[51cm]의 검 글라디우스[gladius][20]를 사용하였다(그림1-2).

19 필룸은 고대 로마군이 흔히 사용했던 창이다. 일반적으로 전체 길이가 약 2m였으며 피라미드형의 뾰족한 머리가 있는 직경 약 7mm, 길이 60cm의 철봉(iron shank)이 나무 봉 앞에 붙어 있다. 〈그림2〉의 병사가 들고 있는 창이 필룸이다.

20 글라디우스는 라틴어로 '검'을 의미하는 말로 BC 7~AD 4세기까지 로마군이 사용했던 길이 50~75cm, 무게 0.9~1.1kg의 칼이다. 로마 시대를 다룬 영화에서 흔히 보이는 칼이다. 그러나 일반적으로는 보병들이 사용한 검을 지칭한다. 글라디우스는 폭이 넓고 날 끝이 뾰족한 양날의 검으로, 한쪽에만 날이 있는 도와는 구분이 된다. 손잡이는 가드·그립·폼멜의 세 부분으로 이루어져 있다. 날 부분에는 슴베가 있으며, 가드와 그립을 통해 폼멜에 이르러 고정된다. 그립에는 여러 가지 골이 파여 있기 때문에 매우 잡기 쉬우며, 손에 금방 익숙

이러한 무기는 이전의 무기들보다 월등한 것들이었다. 일반적으로 전투는 은밀하거나 기습 시도 없이 치러졌다. 기병은 보병이 중앙에서 직사각형의 대형을 이루어 나가면 그 날개 부분에 위치하였으며, 고대의 전차들은 그 뒤를 따랐다. 전투는 궁수들이 일제히 화살을 쏘아대고 나면 보병들의 대격돌로 진행되었고, 동시에 기병들은 적의 옆 방향을 뚫으려고 최선을 다하게 된다.

고대의 전투에서 말들은 기병이 타는 형태보다는 전차를 이용한 전투에서 주로 사용되었다. 10세기에 이르기까지 효율적인 마구馬具가 설계되지 못해 단지 짐을 나르는 용도로만 사용될 뿐이었다. 말이 옮기지 못하는 짐은 노예들이 실어날랐다. 말은 귀족들만이 소유할 수 있는 것으로 여겨지기도 했다. 로마의 웅변가인 키케로[21]는 자신의 저서 《On Duty》에서, 풍랑을 만나 배를 가볍게 하기 위해 말과 노예 중 하나를 버려야 한다면 노예를 버린다고 말하기도 하였다.

초기 무기를 고안하고 개선하였던 금속 장인들은 재능 있는 수제자 한사람에게만 비법을 전수하였다. 그들은 금속을 두드리면 더욱 단단해진다는 사실을 발견하였고, 부서지기 쉬운 성질을 없애기 위해 차갑게 했다 다시 불리는 식의 담금질을 반복함으로써 만든 청동 검보다 적을 무찌르는 데 더 나은 것

해지고 사용하기 편리하도록 고려했다는 것을 알 수 있다. 국방대학교 석좌교수인 허남성 박사에 의하면 전 세계에서 유사 이래 가장 많은 사람을 죽인 무기가 글라디우스라고 한다. 하지만 AK-47이 가장 많은 사람을 죽인 무기라는 설도 있다.

21 마르쿠스 툴리우스 키케로(Marcus Tullius Cicero, B.C 106~B.C 43). 로마 시대의 정치가 겸 웅변가, 문학가, 철학자이다. 기원전 49년 폼페이우스와 율리우스 카이사르 사이에 벌어진 로마공화정의 내전에서 키케로는 원로원파인 폼페이우스 진영에 가담했으나, 카이사르는 로마로 입성한 후 키케로를 사면해주면서 로마를 위해 계속 정치 활동을 해줄 것을 권고했다. 그러나 주로 철학을 주제로 한 책을 쓰는 데 시간을 보내다가, 카이사르가 암살된 후 키케로는 공화정을 되살리고자 하는 작은 희망으로 특히 마르쿠스 안토니우스를 탄핵하는 필리피카이를 발표하여 일인 독재와 폭력 정치를 규탄하다가 안토니우스의 사주를 받은 부하에 의해 암살되었다.

이 없다는 것을 배웠다. 이것은 수천 년 동안 지속된 기술이었고 청동 검이 거의 강철처럼 단단한 날을 갖게 될 때까지 그들의 예술은 완벽하게 발전했다. X-선 촬영을 통해 철을 두드리면 결정 조직이 재배열돼 단단해진다는 사실이 밝혀지기 전까지 금속을 두드리면 왜 단단해지는지 아무지 알지 못했다.

연철[22]을 만드는 비법은 기원전 2500년경에 발견되었으나, 천 년 이상을 단지 신기한 일로만 남아 있었다. 기원전 1400년경에 아르메니아 산악 지대에

~~~~~~~~~~

22 鍊鐵(wrought iron). 단철(鍛鐵)이라고도 한다. 0.05~0.25% 정도의 탄소와 1~2%의 슬래그를 포함하는, 강철에 비해 탄소 함량이 매우 낮은 철 합금이다. BC 2000년 무렵부터 청동을 대신하여 생산된 철의 가장 오래된 형태로 철기 시대의 명칭이 여기에서 유래했으며, 사람들이 일반적으로 이야기하는 철이다. BC 3세기에는 중국, 인도 등에서 농업용 기구에 이용하거나 전쟁용 무기 및 갑옷 제조에 사용되었다. 철광석을 기반으로 하는 세 개의 주요 광물 중 하나이다. 용광로(고로) 제철법이 일반화되기 전에 널리 이용된 제철법인 수로(竪爐, Bloomery)에서 주로 생산되어서 효율적인 강철 제법이 발견되기 전까지는 연철이 주로 사용된 철이었다. 연철을 정제한 형태로 생산하기 위해서는 석탄과 철광석에 충분한 열을 가하여 산화철이 녹지 않고 철로 환원되게 만든다. 이렇게 생성된 결과물에는 슬래그와 기타 불순물이 포함되어 있어 부식을 막는다. 15세기에 서유럽에서 용광로가 급증하면서 연철의 생산량도 증가했지만, 그보다 조금 더 후에 등장한 주철(鑄鐵, 오늘날 파이프, 기계나 자동차 부품에 사용되는 연성적인 형태)의 인기가 더 높아졌다. 19세기에 이르러 연철의 제조법은 철광석을 저온에서 환원(還元)하여 직접적으로 만드는 것과, 선철이나 고철을 원료로 하여 교련(攪鍊, puddling)법 등을 사용해 간접적으로 만드는 것의 두 가지 방법이 나왔다. 오늘날에는 주로 후자가 사용된다. 높은 온도의 용광로에서 철을 만들면 반응 온도가 높기 때문에 철은 탄소를 충분히 흡수하여 선철이 된다. 선철은 단단하여 부러지기 쉽기 때문에 단련 등의 가공을 할 수 없다. 그러므로 제강로에 넣어서 탄소를 빼내어 순철(강)으로 만든다. 이런 간접적인 연철 제조법에는 스웨덴에서 시작된 숯을 쓰는 방법과, H. 코트가 개발한 교련법이 있다. 교련법은 석탄을 연료로 하는 반사로 속에 선철을 넣고, 뒤집어서 반죽하는 조작을 되풀이하여 연철 또는 연강을 만드는 방법이다.
오늘날 연철은 역사적 철 제품을 복원하거나 고품질의 의뢰품을 제작하는 데 주로 사용된다. 철의 세 번째 형태인 강철은 탄소의 함량이 더 높고 훨씬 더 단단하다. 19세기에는 돌이나 나무를 대신하여 건축 구조물에 이용되고, 헨리 베서머가 개발한 연강(軟鋼)은 더욱 강력할 뿐만 아니라 제작비도 저렴했다. 강철이 등장하면서 연철은 점점 사라졌다. 강철에 비해 강도가 떨어지지만 연성이 있고 용접이 쉽다. 물러서 해머로 때리거나 프레스로 눌러서 모양을 잡기 쉬워 단조에 쓰이고, 압출해서 길게 늘이기 쉬워 철사나 철봉 등에도 쓰였지만 이제는 연강으로 대체되어 거의 쓰이지 않는다. 자성을 띠기 쉽기 때문에 전자석, 나침반 제조에 사용된다.

사는 샬리베스<sup>Chalybes</sup>족<sup>23</sup>은 연철을 어떻게 숯불에 달구고 망치질해서 표면을 강철로 만드는지 알고 있었다. 그렇게 만들어진 철은 겉은 강철로 둘러싸이고 중심은 연철로 구성되는 형태였다. 이러한 탄화법 혹은 삼탄법의 제련 방법은 철을 더욱 단단하게 하였고 더욱 유용하게 만들었다. 게다가 용광로에서 철광 원석에 석회석을 첨가하여 용재를 제거하거나, 덩어리로 된 괴철을 다루거나 쇠를 불리고 식히는 등의 담금질 기술이 모두 전해졌다. 히타이트<sup>Hittite</sup><sup>24</sup> 부족은 자신들의 왕국을 세우고 난 후 새로운 철을 만드는 기술을 각지에 전파하였고, 기원전 1200년경에는 철로 만든 칼, 가위, 도끼, 무기, 쟁기 등의 제품이 근동지역<sup>25</sup>까지 퍼지게 되었다. 인도인들은 강철 제련을 세계에서 가장 잘하는 것으로 유명하게 되었다.

아메리카 대륙에서는 구리와 청동을 제련할 줄 아는 부족이 더러 있었지만, 그들은 철을 정련하거나 강철로 무기를 만드는 등의 발전을 이루지 못했으며 콜럼버스가 대륙을 발견할 때까지도 돌로 화살촉과 창을 만들어 사용하였다. 심지어 유럽, 아시아, 아프리카 등에서도 프랑스의 노르만족이 8세기 후반까지 돌화살촉과 석창을 만들어 사용하였던 것만 보더라도 사람들이 기대하는 것만큼 석기의 사용이 완전히 사라지지 않았다고 할 수 있다.

고대의 전쟁 기술에 진정한 충격을 주었던 과학은 오로지 수학과 물리학이

---

23 샬리베스인은 호메로스 등 고대 그리스 작가들에 의해 언급된다. 현재 튀르키예의 아나톨리아와 카파도키아, 아르메니아에 거주했던 것으로 알려져 있다. 고대 그리스어로 강철을 의미한다. 일부 현대 역사가들은 그들이 현대의 조지아인들의 선조라고 생각한다.

24 소아시아 시리아 북부를 무대로 하여 BC 2000년 무렵 활약했던 인도 유럽계의 민족, 그 언어 및 국가의 명칭이다.

25 근동(近東 : Near East)은 아나톨리아와 레반트, 메소포타미아 등 유럽과 가까운 서아시아 지역을 부르는 말이다. 근동은 원래 오스만제국(1299~1922)의 최대 영토(1683년)를 가리키는 말이었으나 현대 고고학과 역사학에서 정의하는 근동은 대체로 이보다 좁은 지역이다.

었다고 할 수 있다. 좀 더 적절히 표현하면 이론적 기계학이라 할 수 있다. 후에 이것들은 유능한 기술자들의 엄청난 노력에 의해 요새화된 도시를 공격하는 공성 무기를 발명하고 설계하는 데 응용되었다. 고대의 수많은 축성술은 오늘날에 와서도 그 표준화된 설계가 매우 훌륭한 것으로 여겨진다. 기원전 2000년에 세워진 (아시리아의 옛 수도인) 니네베[26]는 길이 50mile$^{80.5km}$에 높이 120ft$^{36.5m}$, 두께 30ft$^{9.15m}$에 달하는 석벽으로 둘러싸여 있었다. 기원전 200년에 세워진 중국의 만리장성은 20ft$^{6.1m}$ 높이의 장벽이 1,400mile$^{2,253km}$에 걸쳐 이어진다.[27] 이러한 경이적인 작업은 로마인들의 위대한 업적을 능가한다.

아시리아인들은 요새화된 도시를 건설하는 것뿐만 아니라 이를 공격하여 파괴하는 데에도 일가견이 있었다. 기원전 10세기경, 그들은 이미 기동성 있는 군대를 훈련하였고, 바퀴가 달리고 전면은 금속판으로 보호되는 나무로 만든 탑에 연결되어 성벽을 파괴하도록 만든 공성 추를 만들어 사용하기도 하였다. 바빌로니아인들은 공성추 끝에 금속을 입힌 거대한 창을 바퀴에 실어 사용하기도 하였다. 구약성서에 나오는 기원전 8세기의 웃시야[Uzziah][28] 왕은 "탑 위에서나 혹은 성채의 보루 위에서 화살과 거대한 돌을 동시에 쏘아댈 수 있는" 장치를 한 투석기를 사용했던 것으로 보인다.

대부분의 요새를 파괴할 수 있는 놀라운 공성 무기를 개발하였던 고대의 사람들은 그리스와 로마인들이었다. 게다가 지붕이 있는 몸체로부터 전체가 나무로 구성된 굴대 축에, 머리 끝 부분은 철로 된 공성추를 사용하였으며

---

26 니네베(Nineveh)는 고대 아시리아의 수도이다. 티그리스강의 동쪽 유역에 위치한다. 니네베 유적지는 현재의 이라크 모술과 티그리스강을 사이에 두고 맞은편에 있다.
27 자료에 따라 다르지만 만리장성의 지도상 길이는 약 2,700km, 중간에 갈라져 나온 지선들까지 합치면 5,000~6,000km이고, 높이 6~9m, 평균 폭은 하부 9m, 상부 4.5m라고 한다.
28 성서에 나오는 유대 최고 전성기의 왕. Amaziah의 아들이다.

**그림1-3** 전투용 탑과 성벽 파괴용 공성추

가장 높은 도시 방벽도 올라갈 수 있도록 꼭대기에 도개용<sup>跳開用, 들어올릴 수 있는</sup> 다리 다리가 있는 이동식 탑을 만들어 사용하기도 하였다(그림1-3). 또 고대의 포병 무기로 각종 투석기<sup>ballista, onager, catapult</sup>가[29]가 있었다.

    장력의 원리를 응용한 그리스의 투석기 발리스타<sup>ballista</sup>는 중세의 작은 석궁과 모양이 비슷했다(그림1-4).

---

29 활의 원리를 이용하여, 큰 목제의 틀에 동물의 힘줄·말의 털·여자의 머리털 등으로 만든 시위를 걸고 그 장력(張力)을 이용해서 돌·나무 탄알·화살·창 등을 날리도록 만든 장치이다. 동양에서 발명되었다고 하며, BC 400년경에 그리스에서 사용되기 시작했다. 큰 것은 22kg 무게의 돌을 270~370m까지 날릴 수 있었으며, 두 명의 병사가 운반할 수 있는 것에서부터 거치(据置)해서 사용하는 반고정식까지 있었음. 로마 시대에는 작은 것을 캐터펄트(catapult), 대형의 것을 발리스타라 했고, 석탄 전용을 오나거(onager)라 하였다.

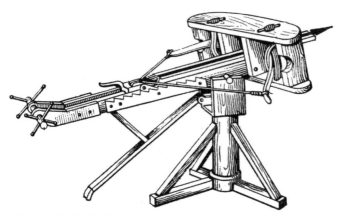

**그림1-4** 그리스의 투석기

　이 투석기는 기원전 400년에 카르타고와의 전쟁에서 시라쿠사[30]의 디오니시우스에 의해 사용되었다. 그 석궁의 장력은 활 자체의 탄력을 이용하였으므로 한계가 있었다. 석궁은 가옥들과 군 요새지까지 불화살을 날릴 수 있었으며 심지어는 성벽을 뚫기도 하였다. 놀랍게도 이 석궁의 발전은 한 세기 동안 손으로 사용하는 석궁에서 비롯된 것이다.

　그 후 로마의 투석기는 쇠뇌catapult와 닮았으며 이것은 비틀리는 힘인 인장력을 이용하는데, 꼬여 있는 두꺼운 실타래 두 개를 안에 넣어 비틀리는 힘을

---

30　시라쿠스(Syracuse, 이탈리아어 : Siracusa, 시칠리아어 : Sarausa) 시칠리아섬 남동쪽 구석, 이오니아해가 옆에 있는 시라쿠사만에 있는 2,700년이 된 옛 도시이자 이탈리아 시라쿠사도의 현도이다. 시라쿠사는 풍부한 그리스 역사, 문화, 원형극장, 건축물과 더불어 아르키메데스의 출생지로 유명하다. 고대 그리스의 코린토스인과 테네아인들이 도시를 세웠고 강력한 도시국가가 되었다. 시라쿠사는 스파르타와 코린토스와 동맹을 맺었고 마그나 그라이키아 전체에 영향력을 미쳤던 가장 중심 도시였다. 키케로가 "모든 그리스인의 도시 중 가장 크고 가장 아름다운 도시"라고 묘사했으며 기원전 5세기에 아테네와 규모가 같았다. 이후 로마공화정과 비잔티움제국의 영토가 되었다. 콘스탄스 2세 때는 비잔티움제국의 수도(663~669) 역할을 하기도 했다. 이후에 팔레르모가 시칠리아 왕국의 수도가 되면서 시라쿠사가 쇠퇴했다.

내도록 만든 것이다(그림1-5).

The Ballista
c50 BC

돌이 발사될 때 투석기 뒷부분이 땅을 내리찍는다고 해서 '야생 당나귀'란 의미를 가진 투석기 아너저onager는 보다 단순한 장비였다. 이것은 아주 두껍게 꼬인 실타래를 사용해서 기어가 달린 윈치로 단단하게 감아야 했으며 아주 빠르게 발사되었다(그림1-6). 현대에 이 장비를 다시 만들어 보았는

**그림1-5** 로마의 투석기

데 줄의 탄력성을 유지하는 비법은 재현하지 못했다고 한다.

여러 개의 지레와 윈치, 평형추를 사용한 중세의 전투용 투석기mangonel는 무게 60lbs$^{27kg}$의 돌을 약 500yd$^{457m}$까지 비교적 정확하게 던질 수 있었다. 에드윈 투니스Edwin Tunis는 삽화를 넣어 만든 전쟁 무기의 역사에 관한 자신의 저서에서, "미국의 혁명적인 해군 함포는 중세의 전투용 투석기에 비해 사정

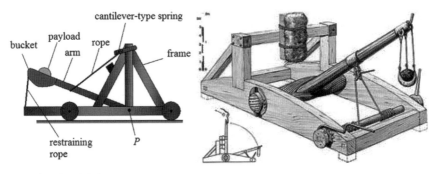

cantilever-type spring

bucket    payload    rope
              arm                frame

restraining    P
rope

**그림1-6** 로마의 아너저

거리는 조금 더 길었고, 포탄의 무게는 절반에 불과했지만 정확도는 조금 더 나았다"라고 지적했다. 보다 작은 투석기들은 통상 무게가 약 3kg 정도 나가는 짧은 투창을 발사하였으며 정확도도 상당히 높았다.

그리스와 로마의 기계 기술자들은 지레와 쐐기의 원리를 완전히 이해하였으며 압력을 가하기 위해서 나선형 도구를 사용하기도 하였다. 전투용 탑은 수백 명이 조작하는 지레의 힘으로 전투 지역으로 이동되었다. 알렉산더 대왕이 죽은 뒤 14년 뒤에 로도스Rhodes[31]를 공격하였을 때, 역사상 가장 거대한 전투용 탑이 사용되었는데, 이 탑을 성벽으로 이동시키는 데 무려 3,400명이, 180ft[55m] 길이의 공성추를 사용하는 데 1,000여 명의 사람이 동원되었다고 한다. 그러나 로도스는 6년 동안 버텼고, 마침내 바다를 건너 온 동맹국에 의해 구원을 받았다.

고대인들은 일반적으로 건축술뿐만 아니라 공성용 무기 및 축성술을 발전시켰는데, 특히 로마인들은 헬레니즘 문화의 기하학에서 지혜를 얻었을 뿐만 아니라 과학적 재능의 축적에서 탄생한 유일한 순수과학의 발현에 은혜를 입었다고 할 수 있다. 이는 기원전 332년에 알렉산드리아에서 알렉산더 대왕에 의해 마련된 과학과 예술을 연구하는 풍토에서 비롯된 것이다. 또한 수세기 동안 이집트의 군주들은 실험에 온 정력을 쏟았으며, 이를 위해 거대한 실험실 및 동물원, 식물원, 병원 등을 짓도록 하였다. 도서관은 파괴될 당시에 무

---

31 그리스 아카이아 지방 도데카니소스주의 주도(州都). 에게해 남동쪽 해상 로도스섬 북동쪽 끝에 있다. BC 407년 로도스 도시국가의 수도로서 건설되어 지중해 무역의 중심지로서 번영했다. BC 285년에는 항구 어귀에 높이 30m에 이르는 아폴로상(像)이 세워져서 로도스의 거상(巨像)으로 알려졌으나 BC 224년 지진으로 파괴되었고, BC 2세기경부터는 로마의 발전과 더불어 점차 쇠퇴하였다. 현재의 도시는 키프로스에서 이주해온 사람들에 의해 건설되었다.

려 필사본 40만 권을 보관하고 있을 만큼 거대하였다.[32]

　이러한 굉장한 지식 가운데에서 천문학, 수학, 의학이 눈부시게 발전하였다. 알렉산드리아의 영웅들은 기계공학 이론의 중요한 단서를 맨 먼저 발견하였는데 이론적으로는 그 후로 약 1,000년 이상 실질적인 발전이 없었다. 이집트인들은 물을 끌어올리기 위해 사용한 셰두프[33] 속에 길이가 서로 다른 저울대를 사용해서 균형을 맞추고, 기름과 포도주를 짜는 압축기에는 지레와 나사를 사용하기 위하여, 이미 1,000년이 넘는 동안 기계의 연구를 통해 발전되어 온 이론 중 많은 것을 사용하였다. 수많은 새로운 기계가 발명되었고 그것들을 작동시키기 위한 이론적 개념들이 발견되었다. 이는 동력 펌프, 기어 장치, 피스톤 저울piston weights, 수차, 풍차, 회전 분쇄기, 가변 밸브flap valve, 반발식 증기 터빈과 같은 것들이다. 자동판매기는 세라페리온[34]에서 발명되어 성수를

~~~~~~~~~~~~~~~~~~~~

32　프톨레미우스 1세에 의해 박물관으로 건립되고, 프톨레미우스 2세 때는 새로 건립된 박물관의 기능 중에서 도서관이라는 한 부분만 담당하게 되었다. 이후의 통치자들도 더 많은 예술, 과학, 문학 작품과 자료를 수집하였다. 당시 이 도서관에는 여러 장의 파피루스 두루마리로 만들어진 서적 20만 권에서 49만 권이 소장되었다고 하며, 사본을 뺀 진본만 12만 권 이상이 소장되었던 것으로 추정된다. 당시 세계 최대의 도서관이었던 알렉산드리아 도서관은 헬레니즘 문화의 개화에 가장 중요한 기반이 되어주었고, 클레오파트라 치세 때는 무려 70만 권 가량의 두루마리 책을 보유했으며, 이것은 그 후 1,500년 후에 타자기가 발명되기 전, 유럽 전체가 보유하고 있던 전체 도서량의 열 배에 달하는 것이었다. 프톨레마이오스 왕조는 알렉산드리아 도서관의 학문적 위치를 높이기 위해 한때 파피루스 지의 수출을 중단해서, 이집트가 아닌 다른 나라의 학자들은 양피지에 글을 쓰기 시작했는데, 양피지는 둘둘 말기보다는 쌓기가 훨씬 수월해, 현대식 책이 만들어지는 계기가 되었다. 4세기 말 로마의 황제 테오도시우스 1세는 단지 기독교에 반하는 '이교'라는 이유만으로 이 도서관의 중요 부속 건물인 세라피스 신전을 불사르도록 했는데, 이때 약 20만 부의 귀중한 두루마리 책이 타버렸으며, 그나마 남은 책들은 서기 640년에 알렉산드리아를 침입했던 아랍인들이 땔감으로 써버렸다고도 한다. 그런데 이 이야기는 아랍과 이슬람을 적대시하던 후대의 서구 작가들에 의해 조작된 것 같다고 한다.

33　셰두프(shadoof). 이집트의 관개용 방아두레박

34　세라페이온(Serapeum) : 알렉산드리아에 있었던 그리스·이집트의 신 세라피스(Serapis)의 신전과 주위의 성역

판매하는 데 이용되었다. 어떤 것들은 대단히 정교한 우수한 장비였지만 실제 대부분의 기계는 작업하기 위해 만들었다기보다 어떤 동작을 하도록 고안되었을 뿐, 극소수만 생산성이 있는 곳에 사용되었다.

한 가지 인상적인 장치는 바로 기원전 283~247년 통치한 이집트의 프톨레마이오스 2세의 기간에 크니도스[35]의 소스트라투스Sostratus에 의해 건축된 파로스Pharos 등대이다. 이 등대는 500ft[152m] 높이의 탑으로 꼭대기에는 불을 지필 수 있도록 되어 있었으며, 그곳의 특수 거울은 불빛을 반사하여 지중해 건너 30mile[48.3km]까지 비출 수 있었다고 한다. 그 탑은 지진으로 무너지기 전인 1375년까지 온전히 보존되었다.

일부 사람들이 만든 무기는 전쟁의 수단으로 직접 기여했던 것으로 보인다. 알렉산드리아의 디오니시우스는 마치 기관총과 같이 연속적으로 화살을 쏘아댈 수 있는 폴리볼로스polybolos를 제작하였다. 이것의 활은 회전하는 바퀴에 의해서 당겨지고, 처음과 끝이 연결된 무한 체인에 의해서 화살이 재장전됨과 동시에 자동으로 발사되었다. 같은 도시에 살았던 기계 기술자인 크테시비우스Ctesibius[36]는 압축 공기가 채워진 실린더 안에서 피스톤이 움직이는 쇠뇌의 팔이 기어 작용에 의해 활이 장전되도록 만드는 데 성공하였다. 그러나 이런 것 중 어느 것도 전투에 사용되지 못하였다.

아르키메데스는 유클리드의 제자들과 교류하며 알렉산드리아의 과학자들과 함께 일했던 것으로 보인다. 그 당시 이론적으로 현대의 것과 비교해도 손색이 없을 정도로 완전히 성숙하였던 수학의 사용으로 정역학과 유체역학에

---

35 크니도스(Cnidus) : 소아시아 서남부, 카리아(Caria)의 고대 도시

36 크테시비우스(Ctesibius 또는 Ktesibios Tesibius, 그리스어로는 $K\tau\eta\sigma\iota\beta\iota o\varsigma$, 285~222 BC) 그리스의 발명가이자 프톨레마이우스 시대의 이집트 알렉산드리아에 살던 기술자. 압축 공기에 대한 과학과 그것을 펌프(심지어 대포에까지)에 이용하는 방법에 대해 기술했다.

대한 그의 이론들을 발전시켰다. 이 이론들이, 반대로 돌았을 때 밀리는 것이 아니라 밀어내는 성질로 인해 대양에서 배를 항해하도록 하는 데 사용하는 나선형 스크루가 발명되는 데 응용되기까지 2,000년이 걸렸다.

그러나 지레의 원리를 설명하는 그의 이론은 그가 살았던 당시에는 상당히 실용성이 있는 것이었다. 이는 기술자들이 군사 분야를 포함해서 모든 종류의 일을 수행하는 데 소요되는 지레의 치수를 손쉽게 계산하도록 해주었다. 이를 통해 사람들은 시간을 절약하고 사고를 예방할 수 있었다. 그의 이론은 1586년까지 전혀 발전되지 않았다. 이상하게도 그의 후계자들의 연구 실적은 거의 소용이 없었다.

일반적으로 무기를 개발하는 발명가들은 설계에 어떤 계산을 사용하든 그들에게는 모두 이용할 수 있는 것들이었다. 투석기를 제작하는 데도 고대인들이 사용하던 지침서가 있었으며 그 가운데에는 탄환의 무게와 엔진 직경 간의 상관관계에 대한 공식이 있는 크테시비우스의 《빌로포에시아*Belopoecia*》라는 책도 있었다.

로마인들은 순수과학의 발전에는 거의 기여하지 못했다. 그들의 가장 위대한 천부적 특기는 건축술이었으며, 이 부문에서 엄청난 성취를 이룸으로써 과학을 응용하는 능력은 충분히 입증되었다. 판테온 신전을 지을 때, 그들은 우연히 시멘트 공식을 발견하였는데 그 찬란한 업적은 무려 2,000년 이상이나 지속되고 있다. 그러나 그들은 혼합물로 들어가는 규토와 알루미늄, 철 산화물의 정확한 비율을 알지 못하였다.

로마 최고의 엔지니어들이 가장 관심을 가졌던 분야가 바로 수학이라는 확실한 증거도 있다. 건축술에 관한 마르쿠스 비트루비우스[37]와 수로학에 관한

37 마르쿠스 비트루비우스 폴리오(Marcus Vitruvius Pollio). 이탈리아의 베로나 출신. 기원전 1

섹스투스 줄리우스 프론티누스[38]의 저서에서는 그들의 기계공학적 활동에 함축적인 과학 이론을 접목시키려는 의식적인 노력을 엿볼 수 있다.

로마인들은 수준기水準器와 다림추[39]를 사용하였으며 연구용 도구로 정확성이 높은 계측기, 수차, 1800년대에 화력 장치에 사용되었을 만큼 효용성이 있는 청동 펌프도 사용하였다. 그들은 심지어 이동식 탑에 장착되어, 인화 물질이 쌓이면 그것에 물을 끼얹기 위해 청동 펌프와 호스관용으로 가축의 내장을 사용하는 원시적인 화력 통제 장치도 개발하였다. 그들은 위대한 알렉산드리아인들의 등대를 모방하여 카르타고[40]와 오스티아[41]에 그와 비슷한 등대

세기 카이사르와 아우구스투스 황제 시대에 활약했고,《건축서》(전10권)를 저술했다. 그의 이론은 건축가로서의 경험과 동시에 고대 그리스, 특히 헬레니즘의 문헌에 근거한 것이 많다. 이 책은 르네상스의 고전 연구에 따라 1415년경에 재발견되었으며, 1484년에 로마에서 초판이 간행되었다. 그 후로 유럽 건축가에게 커다란 영향을 주었으며, 오늘날에도 고대 건축 연구상의 귀중한 자료가 되고 있다. 비트루비우스가 신전 건축의 규준을 설명하는 기록 중에 "인체는 비례의 모범형이다. 왜냐하면 팔과 다리를 뻗음으로써 완벽한 기하 형태인 정방형과 원에 딱 들어맞기 때문이다", "이처럼 자연이 낸 인체의 중심은 배꼽이다. 등을 대고 누워서 팔 다리를 뻗은 다음 컴퍼스 중심을 배꼽에 맞추고 원을 돌리면 두 팔의 손가락 끝과 두 발의 발가락 끝이 원에 붙는다. 정사각형으로도 된다. 사람 키를 발바닥에서 정수리까지 잰 길이는 두 팔을 가로 벌린 너비와 같기 때문이다"라고 했던 말은 르네상스 미술 시대에 많은 영향을 끼쳤다. 소위 '비트루비우스적 인간'이라 불리는 인체상은 레오나르도 다빈치의 그림으로 인해 명성이 높아졌다.

38 섹스투스 줄리우스 프론티누스(Sextus Julius Frontinus, A.D. 30?~104?). 고대 로마의 군인·정치가·문인. 콘술을 3회 역임하고 수년간 브리타니아 총독으로서 활약했으며 수도감독관을 역임했다. 그의 저서 중 로마 군인에게 그리스·로마의 병법을 해설한《전술론》과 로마 시의 수도 시설과 그 연혁을 서술한《로마 수도론》이 현존한다.

39 수직으로 바로 섰는가를 살펴보기 위해 늘어뜨리는 줄의 끝에 다는 추

40 카르타고(Carthage : 새로운 도시라는 뜻) : 아프리카 튀니지 부근에 있었던 고대 도시국가로 명장 한니발이 태어난 곳이다. 기원전 814년에 페니키아인들에 의해 세워진 카르타고는 급속도로 부유한 항구이자 무역 중심지가 되었으며, 지중해의 주요 세력이자 로마의 라이벌이 될 정도로 발전을 이룩했다. 기원전 3세기에서 2세기에 걸친 포에니전쟁 동안, 카르타고의 한니발은 로마를 위협했으나, 기원전 146년 로마군에 정복당해 폐허가 되었다. 그 다음 세기 후반에 로마 식민지가 세워졌고, 후에 한동안 반달족에게 지배를 받다가 533년 비잔틴제국에 복속되었다. 705년에는 아랍인에게 정복당했다. 그 이후로 카르타고는 새로운 도시인 튀니스의 위성 도시로, 부유한 튀니스 교외 지구가 되었다.

**그림1-7** 로마의 투석기 캐터펄트Catapult

두 개를 건설하였다.

전쟁에 기계 장치가 출현했을 때, 로마 기술자들은 놀랍게도 모든 고대의 장비를 효율적으로 활용하는 데 매우 유능했다. 게다가 그들은 쇠뇌, 투석기 〈그림1-7〉뿐만 아니라 방어용 차폐물, 처마, 탑, 제방, 계단형 절단지, 공성추, 구덩이, 지뢰와 같은 것들도 제작하도록 고용되었다. 카르타고를 공격했을 때, 6,000명이나 되는 기술자들이 고용되어 하나의 거대한 공성추를 위해 단일

---

**41** 오스티아(Ostia) : 이탈리아 로마 서남쪽 약 20㎞ 지점, 테베레강(옛 이름은 티베리스) 하구 근처의 충적평야에 자리잡고 있다. '오스티아'라는 이름은 '하구'를 뜻하는 오스티움(osti-um)에서 유래하였다. 해안선이 이동함으로써 약간 내륙으로 들어온 곳에 요새 유적이 있는데, BC 4세기 중엽의 것으로 연속적으로 길게 뻗은 로마의 해안 식민지들 가운데 최초의 것이었다. 현재 오스티아는 테베레강에 의한 퇴적 작용 때문에 항만으로서의 기능을 완전히 상실하여 겨우 피우미치노에 어항이 있을 뿐이다. 그러나 고대 로마 시대에 만든 가로는 지금도 간선 도로로 이용되어 로마가 중부 이탈리아 도로망의 중심이 되고 있다. 로마 공화정 시대에는 곡물 무역에서 중요한 역할을 하는 항구였으며, 로마 해군이 창설되면서 해군 기지가 되었다. 포에니전쟁(BC 264~BC 201) 때는 이탈리아 서해안에서 가장 큰 군항이었으며, 로마가 지중해를 장악한 뒤에는 많은 곡물과 사치품을 수입하는 물자 수입항으로 이용되었다. 제정 시대에는 상업 중심지로서 로마에 곡물을 공급하는 기지이자 저장소였다.

포상砲床을 짓고 처마를 설치하는 일을 하였다. 4세기 동안 로마의 군단에는 보병 100명에 한 개의 비율로 공성용 기계 장치가 배당되었고, 나폴레옹의 사단은 기껏해야 1,000명당 세 문의 대포를 가졌을 뿐이었다.

로마인들이 사용한 무기의 효용성과 발명 능력은 그 당시의 선진 수학 및 기계 기술과 직접 관련이 있다. 카이사르Caesar가 살던 시대는 축성술과 공성술에 있어서 경쟁자가 없었다고 할 수 있다. 그 시대 단순히 땅을 파는 분야는 어디에도 뒤지지 않는다고 할 수 있다. 기원전 52년에 알레시아[42] 공격 시 카이사르의 부하들은 200만㎥의 흙을 퍼내어 참호를 팠다. 로마의 다른 장군인 크라수스[43]는 이탈리아 반도의 끝부분을 따라서 깊이 15ft[4.6m], 너비 15ft[4.6m], 길이 34mile[55km]의 참호를 팠다.

로마제국의 멸망과 함께 로마인들의 자세한 이론과 기계 장치 제작 기술은 무용지물이 되었으며 수세기 동안 모두 사라져갔다.

---

42 알레시아(Alesia) : 골(Gaul)의 고대 도시로 요새. 기원전 52년에 카이사르가 베르킨게토릭스(Vercingetorix)를 사로잡은 곳

43 마르쿠스 리시니우스 크라수스(Marcus Licinius Crassus, BC 115~BC 53). 로마 공화정 말기의 정치가이자 장군. 스파르타쿠스 반란을 토벌하고 콘술을 지냈으며 폼페이우스 및 시저와 3두 정치를 하였다. BC 55년 다시 콘술이 된 후 속주(屬州) 장관으로서 시리아에 부임하였으나, BC 53년 파르티아인과의 싸움에서 패배 후에 사망하였다. 그의 사망 후 시저와 폼페이우스 간에 내전(BC 49~BC 45)이 일어났다.

# 제**2**장 중세 中世

　서부 유럽은 야만과 혼란의 시대로 접어들었다. 과학이라고 말할 수 없는 로마의 기술조차도 대부분 잊혔고 전쟁은 거의 원시 상태로 되돌아갔다. 이 시기에는 전쟁용 축성술이나 공성술까지도 잃어버렸다. 북유럽에서 살던 침략자들이 이곳저곳에서 무기를 개량하였을 뿐이며, 프랑크족[1]은 프랑시스카[2]를 사용하여 로마인들의 튼튼한 방패와 투구를 쉽게 부숴버릴 수 있었다. 이

---

1 로마의 역사가인 타키투스가 《게르마니아(Germania)》를 쓴 1, 2세기경에는 프랑크인의 존재조차 알려지지 않았고, 3세기에 들어서 겨우 문헌으로 그 존재를 알 수 있는 정도였다. 원래는 다수의 부족으로 구성된 사리족 출신의 클로비스(Clovis, 465~511)가 강경하게 부족을 통일하여 프랑크왕국을 건설했으며, 그 왕국의 주체가 된 부족을 프랑크족(인)이라고 칭한다.

2 프랑시스카(francisca , francisc , francisque) : 무거운 머리에 안쪽으로 오목한 형태의 단면(單面) 도끼. 프랑크인이 사용한 비교적 손잡이가 짧은, 던지는 도끼이다. 전체 길이는 대개 50 ㎝ 전후이며 도끼 부분의 무게는 평균 0.6㎏이며 손잡이를 포함한 본체의 총 무게는 1.4㎏이다. 도끼 부분은 철제이며 초기에는 소켓 모양이었고, 일상적으로 사용된 손도끼처럼 관통식은 아니었다. 손잡이 길이는 도끼 무게와 균형이 잡히도록 길고 두껍다. 손잡이 위쪽으로는 넓은 각도로 구부러진 도끼날이 달려서 적에게 던졌을 때 상대를 꿰뚫도록 고안되어 있다. 프랑시스카는 사정거리가 짧기 때문에(15m 범위내 표적을 정확하게 명중) 적에게 충분히 다가가서 던진 후에 빠른 속도로 접근하여 검 등으로 공격하는, 상대의 기세를 딴 곳으로 돌리는 데 사용되었다. 이것은 중투척 무기에서 볼 수 있는 전형적인 사용법이다. 물론 접근전에서도 충분한 위력을 지니고 있다. 프랑시스카는 메로빙거 왕조와 그에 이은 샤를마뉴 시대까지 사용되었지만 군대의 기병화와 더불어 사라져갔다. 활을 잘 사용하지 못했던 프랑크인들은 일반 투척 무기로 프랑시스카를 사용했기 때문에 대륙뿐만 아니라 영국에서도 발견될 정도로 보급률이 높았다.

**그림2-1** 프랑시스카 실물(파리 앵발리드 군사박물관)

런 무기는 로마인과 싸울 때, 서로 말을 타고 대결할 때 가장 유리하게 쓰였다.

로마인들은 주로 사통팔달로 연결된 로마의 도로망을 이용해서 경이적인 기동력을 발휘하였던 보병에 의존하였다. 이 도로망은 벨록[3]이 언급한 것처럼 "정복된 지역까지 관통되어" 있는 체계였다. 378년에 아드리아노플[4]에서 로마군단이 고트Goths족[5]의 기병에 패배당한 이후에 로마인들은 뒤늦게 기병 전력을 강화하려고 시도하였다. 그러나 북쪽의 이민족들은 더 좋은 방목장을 가졌기 때문인지 로마인보다 우수한 종마를 보유하였던 것 같다. 그래서 비록 등자가 발명되기 전이었지만 기병은 로마보다 우세하였던 것으로 보인다.

---

3 힐레어 벨록(Hilaire Belloc, 1870~1953). 영국 시인 겸 역사가, 수필가. 하원의원. 친구인 G.K.체스터턴과 함께 20세기 초반의 영국 가톨릭 사상의 계몽과 가톨릭 문학의 부흥에 신기원을 이룩하였다. 저서에는《운문과 소네트》,《악동을 위한 동물 우화집》등이 있다.

4 아드리아노플(Adrianople) : 튀르키예 북서쪽 그리스 국경 근처에 있는 도시. 옛날 트라키아 시대 건설된 것으로 우스쿠다마라고도 불렸다. 125년경 로마 황제 하드리아누스가 재건한 뒤 아드리아노플이라고 개명했다. 현재 이곳은 에디르네라고 불리운다.

5 고트족(Goths) 타키투스 시대(55~120경)에 바이크셀강 하류에 정주하던 동(東)게르만계 부족이다. 이후 동남쪽으로 이동하여 3세기경에는 흑해 서북쪽 해안에 정착한 동고트족과 도나우강 하류 북쪽 기슭에 정주한 서고트족으로 나누어졌다. 4세기에는 사제 울필라의 선교로 아리우스파 기독교로 개종하고, 동고트는 국왕을 중심으로 통일 왕국을 형성하여 헤르만리크 왕 때 전성기를 이루나, 서고트는 몇 개 키비타스로 갈라져 통일되지 않았다. 370년경 훈족의 침입으로 동고트왕국은 멸망하고 그 지배하에 들어갔다. 서고트는 376년 로마 영내로 이주, 그리스로부터 이탈리아·남(南)갈리아를 거쳐, 5세기에는 에스파냐에 서고트 왕국을 세웠다. 동고트는 훈족의 왕 아틸라가 죽은 뒤 독립하여 로마령인 파노니아로 이주하였으며, 5세기 말에 테오도리쿠스왕의 지도로 이탈리아에 침입, 동고트왕국을 세웠다.

말 재갈이 청동기시대부터 사용되어왔던 것에 비해 등자는 뒤늦게 등장하였다. 그리스와 로마인들은 말을 부리기 편한 마구를 설계하려 시도한 적이 한 번도 없었다. 다만 언제나 많은 짐을 실어 나르기 위해 목둘레 높이까지 짐을 쌓기만 하였고 철제 말굽을 제작하는 데도 실패하였다. 중국인들은 기원전 약 200년에 성능 좋은 휘어진 안장을 만들어 사용하였으나 유럽에서는 서기 4세기에 이르기까지 그와 유사한 것들이 전혀 알려지지 않았던 것이다.[6]

등자는 서기 600년경에 등장한 중국의 발명품이었다.[7] 이는 몽골 유목민들의 군사적 효용성을 크게 증대시켰고 그들에 의해 유럽으로 신속하게 전파되었다. 등자는 무장을 한 사람이 말을 타고 기습 공격을 할 때, 전투 중에 발생하는 각종 충격에도 견딜 수 있게 해주었다.

로마의 쇠락과 함께 정의의 심판자요, 힘의 상징이었던 로마 보병의 위치가 중장갑의 기사들에게 넘어가게 되었다. 북방의 이민족 족장들은 군인들에게 정규 급료를 주었던 로마의 제도를 적용하지 않았고, 전투원들은 자신의 생계를 꾸려나갈 수 있도록 전리품의 획득을 위해 전투를 하였기 때문에 그들은 정복자라기보다 약탈자에 가까웠다. 전술이나 전략도 퇴보하였다. 중세시대 위대한 전쟁 역사가인 채드윅 오만[8]이 "6세기경에 마지막 남은 로마의 전쟁 기술이 서유럽에서 사라져갔다. 대도시의 성벽에 꼴사나운 형태로 남아 있

---

6  스키타이족은 BC 4세기경에 우수한 가죽 제품의 안장을 만들었다. 그리스·로마 시대에는 전륜(前輪)·후륜(後輪) 등으로 구분되는 현대의 서양식 안장이 출현하였다. 저자가 잘못 알고 있는 것으로 판단된다.

7  제대로 된 등자는 4세기 후반, 5호 16국시대 선비족 왕조인 후연의 분묘에서 발견되는데, 등자는 선비족 등의 중국 북방의 유목민들이 중국에 등자를 전한 것으로 보인다.

8  찰스 윌리엄 채드윅 오만(Charles William Chadwick Oman, 1860~1946). 영국의 전쟁사학자이자 정치가이다. 중세 전투에 대한 연대기들이 남긴 단편적이고 왜곡된 설명을 재구성한 것은 혁신적이었다. 때때로 그의 해석은 도전을 받았으며, 특히 영국군이 화력만으로 나폴레옹 군을 물리 쳤다는 그의 논문은 널리 퍼져나갔다.

는 것을 제외하고는 어떤 흔적도 남아 있지 않다"라고 한 말에서 그 의미를 되새겨볼 수 있다. 축성술 또한 퇴보하였다. 대부분의 민족 지도자는 땅 위에 말뚝을 둘러치거나 간단한 흙벽을 쌓는 정도로 만족하였고, 단지 몇몇 고대 로마의 도시 -베로나[9], 로마, 나르본[10]-이 성곽을 보수하여 유지하는 정도였다.

반면에 서유럽의 혼란 상태와 대조적으로 안정적인 통치 체제를 갖춰온 비잔틴제국은 돌로 성곽을 쌓는 축성술을 계속 유지하였고, 투르크와 사라센제국[11]은 축성술을 고도의 예술로 발전시켰다. 당시에 철학과 성선설로 조합된 훌륭한 비잔틴의 전쟁 이론인 마우리키우스 황제[12]의 〈Strategicon〉과 현명왕 레오[13]의 〈Tactica〉가 가장 위대한 군사 교범의 하나였다. 당시엔 교묘한 술책

---

9 베로나는 이탈리아 북부 베네토주 아디제강 유역에 위치해 있는 도시이다. 또한 베로나는 전통 미술품과 건축물, 공연예술 문화가 많이 남아 있는 북이탈리아의 주요 관광지이다.

10 나르본(Narbonne)은 프랑스 남부에 위치한 도시로, 행정 구역상으로는 랑그도크루시용 오드주에 속하며 지중해 연안에서 15km 정도 떨어진 곳에 위치한다.

11 7세기에서 동쪽은 13세기 중반까지, 서쪽은 15세기 말까지 서아시아를 중심으로 인도 서부에서 이베리아 반도까지의 지역을 무대로 흥망한 이슬람 여러 왕조의 총칭이다. 사라센이라는 국호를 가진 왕조가 존재한 것은 아니며, 이슬람제국 또는 이슬람교주국(敎主國)의 별명이었다. 사라센이란 말은 1세기경부터 그리스인과 로마인이 사용한 아라비아인에 대한 호칭인 사라세니(Saraceni)에서 유래하였다. 처음에는 특정 부족만의 호칭이었으나, 뒤에는 아랍족과 이슬람교도까지도 뜻하게 되었다. 이슬람제국은 마호메트의 후계자에 의해서 세워진 우마이야 왕조와 압바스 왕조를 가리키지만, 좁은 뜻으로는 압바스 왕조만을 가리킨다. 이슬람제국의 수학·물리학·화학 등은 유럽에 전해져 근대 과학 발달의 기초가 되었다.

12 마우리키우스(Mauricius Flavius Tiberius, 562~602). 동로마제국의 황제(재위 582~602). 578년 군 지휘관이 되어 페르시아인과의 전투에서 황제 테베리우스 2세의 눈에 들어 그의 양자가 되었으며, 582년 즉위하였다. 페르시아에 대항하여 국경을 굳게 지켰으며, 호스로 2세를 즉위를 도와서 평화협정을 체결하였다. 이후에는 북방으로 슬라브족과 아바르족 유목민을 공격하였으며, 로마와 라벤나 및 아프리카에 총독을 임명 영토를 확보하였다. 그러나 대외 전쟁으로 인한 재정 고갈과 무리한 징세(徵稅)로 하급 장교들의 반란이 일어나 그와 그의 일족이 피살되었다.

13 현명왕 레오(Leo the Wise, the Philosopher, 886~911)는 비잔틴 황제 Leo 6세의 별명이다. 870년부터 공동 황제였고 886년부터는 단독으로 제국을 다스렸다. 그가 만든 그리스어 법률들은 비잔틴제국의 법전이 되었다. 아랍인과 불가리아인들에 대항하는 외교 정책을 주로 폈다. 발칸 반도에서 전쟁을 수행했고, 비잔틴은 902년 아랍인에게 시칠리아를 빼앗겼

이 자주 쓰이고, 교활한 음모가 장군의 지휘 덕목으로 여겨지면서 전투는 종종 회피되었고 무의미한 죽음이 발생하는 것을 꺼려하였다. 무엇보다도 전쟁은 실용적이어야 했으며 위험을 무릅쓰는 영웅적인 행동이 아니라고 생각하였다.

서유럽에서는 봉건제도가 점차로 확산되면서 전투는 완전히 국지전화 되었다. 전투는 그들이 모시는 기사의 운명을 따라가는 종자들의 시중을 받는 중장갑을 한 창기병[14]에 의해 수행되었다. 창[15]과 활로 무장한 보병들은 일반적

---

고 테살로니카를 트리폴리의 레오에게 약탈당하는 등 서유럽에서 계속 패배했다. 또 무방비 상태인 에게해를 끊임없이 공격하는 아랍 해적들을 해군력을 강화해 908년, 에게해에서 물리쳤으나 911~912년 비잔틴 해상 원정대는 트리폴리의 레오에게 패배했다. 북쪽에서 반목 상태에 있던 불가리아의 통치자 시메온과 894년 무역을 둘러싸고 사이가 더욱 나빠지자 레오는 도나우-드네프르 지역에 있는 마자르족의 원조를 받아 강제로 시메온이 휴전협정에 동의하도록 했다. 그러나 시메온은 유목민 페체네그족의 도움을 받아 896년 비잔틴인들에게 복수하고 매년 공물을 바치도록 강요했다. 레오는 군인이라기보다 학자였다. 법전을 완성하고 종교 문제와 세속 문제들을 폭넓게 다룬 여러 권의 개정 칙령을 썼으며 그 밖에 부왕(父王) 바실리우스를 찬양하는 추도사, 예배용 시(詩), 설교문, 연설문, 세속 시류(詩類), 군사학 논문들도 썼다.

14 창기병(槍騎兵, Lancer)은 랜스라는 창으로 싸우는 기병이다. 랜스를 이용한 기병 돌격을 주 전술로, 기병의 장점인 엄청난 충격력을 극대화하여 적의 보병 방진을 붕괴시키는 역할을 하였다. 기원전 700년 초 아시리아인들이 기마전에서 사용했고 그 후에 그리스, 마케도니아, 페르시아, 갈리아, 로마 기병에 의해 쓰였다. 랜스는 중세와 르네상스 시대 중갑 기병에 의해 유럽에서 넓은 범위에서 쓰였으며 동유럽에서 좀 더 얇고, 더 긴 랜스가 주로 쓰였다. 이후 16, 17세기 무렵부터 총기의 발달로 인해 총기병이 만들어지면서 기병 돌격이 서서히 어려워지자 결국 쇠퇴 끝에 사라지게 된다. 제1차 세계대전 때인 1914년 프랑스와 벨기에에서, 이후 서부 전선에서 드물게 이용되곤 하였다. 동부 전선 기병들은 여전히 전쟁에서 그들의 역할을 충분히 발휘하고 있었으며 랜스는 러시아, 독일, 오스트리아 군대에 의해 제한적으로 사용되곤 하였다. 1920년대에 랜스는 예식상에서나 쓰였고 대부분 국가에서 무기로는 쓰지 않았다. 그러나 폴란드 기병은 1934년까지 랜스를 무기로 사용하였으며 독일의 폴란드 침공 시에도 운용되었다.

15 파이크(pike) : 스피어(spear, 창)의 일종. 5~7m의 긴 손잡이에 나뭇잎 모양의 25cm 가량의 창이 달려 있으며 무게는 3.5~5kg으로 보병의 대(對) 기병용 무기. 상대를 찌르는 것이지만 적을 위협하는 데 가장 효과적인 수단으로 사용되었고, 특히 기병에 대한 효과는 절대적이었다. 역사상 가장 오래 된 파이크는 기원전 300년경 지중해에서 막강한 힘을 지녔던 알렉산더

으로 경멸의 대상이 되었고, 무장하고 전투를 벌이는 전장에서 중요한 역할은 모두 기사들이나 잠재적 기사들에게 부여되었다. 패배한 보병 병사들은 승리한 적에 의해 사지가 절단되는 비참한 죽음을 맞았지만 기사들은 그들의 몸값을 받아내기 위한 인질로 살아남을 수 있었다. 이처럼 몸값을 요구하는 방법은 전쟁의 명분과 전술에 모두 영향을 미쳐 중세 전쟁의 일반적인 형태가 되었다. 시어도어 롭[16]은 당시 상황을, "친척이나 친구로부터 보복당할 수 있는 죽은 사람보다는 몸값을 챙길 수 있는 산 사람을 선호하였다"라고 전한다.

전투는 겨울에는 거의 치러지지 않았으며, 전쟁술은 점점 더 정형화되었다. 도시와 성곽을 건축하기 위해 평민들이 과중한 세금에 시달리고 있었지만, 겨울에는 병사들을 동원하는 경우가 없어 일자리가 없는 병사들은 주민들을

---

대왕의 마케도니아군이 사용한 사리사(sarissa)라고 할 수 있는데, 이것은 정식으로 파이크를 사용했던 르네상스 시대의 무기와 직접적인 관계는 없다. 파이크가 무기로 등장한 것은 1422년 6월 30일, 밀라노공과 스위스군이 벌인 알베드 전투로 스위스군이 유럽에서 처음으로 사용했다. 당시 보병의 창을 프랑스어로 피크(pique)라고 부른 데서 이름이 유래한다. 이 전투에서 이탈리아 최고의 군대였던 밀라노 기병을 격퇴하며 파이크는 주요 병기가 되었으며, 당시 스위스군은 유럽 최강의 군대가 되었다. 파이크를 사용하는 병사가 기존의 군대와 전술상 다른 점은 바로 이 공격력에 있다. 파이크의 손잡이는 상당히 길어서 상대가 기병일 때뿐만 아니라 보병일 때도 큰 효과를 발휘했다. 보병과 싸울 때 파이크를 갖고 있는 병사들은 횡대로 사선(斜線)의 진을 짜서 전진했다. 상대가 기병일 때 그들은 왼손에 파이크를 들고 끝 부분을 왼쪽 무릎에 대고 오른발을 이에 맞춰 무릎 높이에 고정하고, 공격해 오는 상대편 기병에게 파이크의 끝을 겨누며 대항하였다. 파이크 병사들은 전쟁터에서 유리한 점을 많이 갖고 있었기 때문에 종종 퇴각하거나 형태를 바꾸려는 아군 기병이나 파이크 이외의 무기를 쓰는 보병을 엄호하는 임무를 맡았다. 총과 포가 전쟁터에 등장한 뒤에도 파이크 병사들은 머스킷 총을 가진 부대가 탄환을 다시 채우거나 형태를 바꾸는 사이에 그들을 계속 엄호했다. 17세기 말경까지 파이크는 유럽에서 중요한 보병용 무기였지만 군대의 주요 병기였던 머스킷 총구에 단검을 달아 사용하는 총검이 발명되면서 사라졌다.

16 시어도어 롭(Theodore Ropp, 1911~2000). 군사 및 해군 역사에 정통한 미국 민간 학자 중한 명이다. 하버드 대학 석/박사, 하버드대 초빙교수, 미 해군대학 교수, 듀크대 역사학 교수, 현대사 저널 편집위원, 미국 대학교수 연합회운영위원, 미국 군사연구소장, 역사평가연구기구 회장 등을 역임했다. 저서로는《현세계의 역사적 배경》,《현대의 전쟁》,《현대 전략의 역사적 배경》등 다수가 있다.

약탈하는 일이 잦았다. 그래서 사람들은 오랜 기간 잔인한 결과를 낳는 전쟁을 회피하려 노력했다. 가톨릭교회는 기독교도들간의 싸움을 강하게 저지하였다. 이러한 정책은 순례자, 농부, 상인, 여자, 성직자로 직분을 받은 모든 남자 혹은 여자들에 대한 공격뿐만 아니라 교회 재산이나 그 인근에서의 공격을 하지 않음으로써 비교적 잘 지켜졌다. 이것은 인구의 상당 부분이 세속적 의무의 면제를 위한 수단으로 이용되었음을 의미한다.

물론 전쟁을 완전히 한 지역에 국한하지 않는 예외적인 경우가 있는데 그것은 십자군전쟁으로, 종교적 열정이 다른 지역의 종교를 유린하는 것으로 교회가 승인한 전쟁이었다. 이는 엄청난 군사력이 동원될 만큼 커다란 격변이었지만 전쟁의 전술과 전략적인 측면에서는 거의 변화를 가져오지 못했다. 오만Oman이 언급하였듯이 십자군전쟁은 축성술과 장갑의 유용성에 대해 새롭게 생각하게 하는 계기를 만들어 주었지만, 그들은 십자군 원정에서 복귀한 후 전쟁에서 얻은 중요한 전략적 교훈을 발전시키지 못했다. 가장 위대하고 성공적인 전쟁은 보병과 기병이 적절한 조합을 이루어냈던 튀르크와의 전쟁이었다. 보병을 적절하게 운용하지 못했던 장군들은 언제나 패배할 수밖에 없었다. 그러나 12세기 후반과 13세기에 이르기까지 유럽에서는 중장갑의 기사들이 충돌하는 형태의 전투를 지속하였다. 갑옷을 입고 말을 탄 기사는 계속 우세한 존재였으며, 반면에 보병들은 경시되고 주변 사람들 가운데 상대적으로 희망이 없는 존재들이었다.

어쨌든 십자군은 지난 5세기 동안 외면되었던 군 축성술의 재연에 강하게 자극을 받았다. 건축가와 군인들은 누가 공격을 해도 끄떡없게 만든 니케아[17],

---

17 니케아(Nicaea)는 튀르키예 북서부에 있는 이즈니크(Iznik)의 옛 이름이다. BC 1000년경 트라키아 이민들이 건설하였다는 설과, BC 4세기 알렉산드로스 대왕의 장군 안티고노스가

안티오크[18], 예루살렘과 콘스탄티노플과 같이 거대한 성벽으로 둘러싸인 도시의 웅장함에 강한 인상을 받았다.

군 기술자의 원조元祖라고 할 수 있는 재능이 뛰어난 사자왕 리처드[19]는 근동 지방에서 사용하였던 아이디어를 원용하여 성곽을 쌓는 기술을 개선했다. 목재는 석재로 대체되었고, 직육면체 탑은 외곽 방어를 위해 성곽을 빙 둘러

창건하였다는 설이 있다. BC 333년의 이수스 전투 뒤 리시마코스가 니카이아라 명명하였고, BC 264년까지 비티니아의 주도였다. BC 74년 로마의 속주이던 아시아주에 편입되었다. 325년 콘스탄티누스 황제는 아리우스파 기독교도 비난에 관한 토의를 위해 제1회 종교회의를 이곳에서 소집하였고, 787년 성상파괴파(聖像破壞派) 비난에 관한 제7회 공의회가 개최되었다. 로마 시대의 극장, 시문(市門), 비잔틴 시대의 성벽, 하기아 소피아 대성당 등의 유적이 있다.

18 안티오크(Antioch), 안타키아(Antakya). 튀르키예 남동부에 있는 도시. 로마 시대에 번영했던 도시로 초기 기독교의 중요한 유적지이다. 고대에는 안티오크·안티오키아로 알려졌으며, 성서에는 안디옥으로 나온다. 시리아와의 국경 부근에 있는 도시로 오론테스강 좌안을 따라 지중해로부터 약 25km 상류에 있다. BC 300년경 셀레우코스 1세가 건설하여, 아버지의 이름을 따서 안티오키아라고 이름 붙였으며, 셀레우코스 왕조의 수도로서 번영하였다. 외항(外港) 셀레우키아를 통하여 지중해 각지와 연결되고, 또 동쪽으로 이어지는 대상로(隊商路)가 있어 통상·무역의 요지로서 예로부터 '동방의 여왕'이라고 하였다. BC 64년 로마 시대에는 속주 시리아의 수도가 되었고 헬레니즘·로마 시대에 번영을 이루었다. 47~55년 사도 바오로의 전도 근거지였으며, 기독교의 이방인 전도 기지로서 알려져 있다. 또한 기독교도를 처음으로 '크리스천'이라고 부른 곳도 이곳이다. 3세기 중엽 이래 아시아의 총대주교의 소재지가 되었으나, 526년의 대지진과 538년 페르시아군의 파괴로 황폐화하였다. 그 뒤 유스티니아누스 대제가 재건했으나, 예전과 같은 번영을 회복하지는 못했다. 635년 사라센인에게 점령되어 지배를 받다가 969년 동로마에 속하게 되었으며, 1084년 셀주크투르크의 지배를 받았고, 그 후 십자군에 의해 점령을 당했으며, 16세기 전반에는 오스만 튀르크가 장악하였다. 1920~1939년까지는 시리아가 지배했다.

19 사자왕 리처드(Richard Coeur de Lion, 獅子王, 1157~1199). 잉글랜드의 플랜태제네트(Plantagenet) 조의 왕(재위 : 1189~1199). 헨리 2세의 3남이다. 3차 십자군 원정에 참가(1189), 프랑스왕 필립 2세와 협동하여(1190) 사이프러스섬을 점령(1191), 팔레스티나에서 살라딘과 싸웠다(1192). 귀국 도중 오스트리아공 레오폴트 5세(1157-1194)에 포로가 된 후, 황제 하인리히 6세에 인도되고, 거액의 대금을 지급 후 귀국했다(1194). 프랑스에 가서 필립 2세와 전쟁을 벌이다, 리모즈(Limoges) 부근에서 전사했다. 치세의 대부분을 외국에서 보내고, 통치자로서는 무능했으나 용감·관용을 갖춘, 중세에 있어서의 전형적 기사였다. 소설 로빈후드의 등장인물이기도 하다.

**그림2-2** 모르겐슈테른모닝스타[20]

서 설치되었으며 해자와 장애물도 설치되었다. 12세기에 괄목할 만한 성장을 이룬 성곽 건축술은 13세기에 이르러서는 완벽해졌다. 런던탑이나 카르카송[21]과 같은 고대 건축물은 동심원 형태의 매우 튼튼한 성으로 리모델링되었다.

　　모든 마을은 원형의 벽체를 갖춘 형태로 축성되었고, 1300년대에는 공성용 무기가 거의 없는 상태에서 단순한 무기로 공격하는 것에 비해 방어가 유

20 모르겐슈테른(morgenstern) : 모르겐슈테른은 독일에서 발명된 메이스의 일종으로 중세를 통해 기사나 병사들이 가장 애용했던 무기로 알려져 있다. 머리 부분은 공 모양이나 원주 모양 또는 타원형이고 여러 개의 가시가 방사형으로 돌출되어 있다. 이렇게 머리 부분이 별 모양인 무기를 영어로 '모닝스타(morning star)'라고 부르며, 메이스뿐만 아니라 모든 무기에 대해서 적용할 수 있는데 실제로는 메이스의 또 다른 명칭이다. 모르겐슈테른의 전체 길이는 대개 50~80㎝이고 무게는 2~2.5㎏가량이다.

21 프랑스 랑그도크루시용(Languedoc-Roussillon)주 오드(Aude)현의 카르카송(Carcassonne) 성채. 프랑스 파리에서 남쪽으로 700km 가량 떨어진 곳으로, 툴루즈와 몽펠리에, 스페인의 바르셀로나를 꼭짓점으로 하는 삼각형의 중앙에 있다. 유럽에서 가장 규모가 크고 잘 보존된 중세시대의 요새 도시이자 유네스코 세계문화유산이다. 완벽하게 보존된 1,650m에 달하는 외곽의 원형 성벽 앞에 서면 중세시대에 온 듯한 착각에 빠진다. 도시를 가로지르는 오드강을 사이에 두고 카르카송은 성벽에 둘러싸인 시테 지역과 바둑판 모양의 번화가 지역으로 나뉜다. 요새는 원형의 이중 성벽에 의해 둘러싸여 있고, 외벽 앞에는 외부의 침입을 막기 위한 해자가 설치되어 있다. 외벽의 길이는 1,650m, 내벽의 길이는 1,250m다. 성벽에는 두 개의 탑이 설치되어 있다. 성벽 내부, 시테 지역에는 요새인 샤토 콩탈이 있고, 로마네스크 양식으로 지어진 생나제르 대성당, 13세기에 지어진 생 미셸 대성당 등이 있다.

리하였다. 게다가 약탈에 보다 관심이 많았던 군대는 1년 가까이 소요되는 공성 작전을 수행할 만한 여건이 되지 않아서 공격을 통한 작전의 성공은 거의 기대하지 않았다.

이러한 장기간에 걸친 과학의 침체와 몰락은 별다른 증거가 필요하지 않을 정도이다. 가톨릭교회는 과학에 대해 적대적인 태도로 일관했고, 신학자들이나 고대 철학자들의 권위는 여전히 드높았다. 심지어 관찰과 실험이 즉시 실행되는 의학의 경우도 대학교에서 배우는 것은 완전히 암기하는 것뿐이었다. 그리스의 의사인 갈레누스[22]의 후예들은 사실이 밝혀지기 전까지 인간이 아닌 원숭이가 묘사된 해부체로 1,200년 동안 해부학을 가르쳤다. 당시에는 남자가 여자보다 갈비뼈 하나가 부족하지 않다는 사실을 감히 지적할만한 해부학자를 거의 찾아볼 수 없었다. 크라우더[23]의 빈정대는 듯한 표현에 의하면, 극소수의 학자만이 자신의 견해를 고수하기 위해 결사적인 자세를 취했을 뿐인데 이는 지성이 원래 냉철함을 따르기 때문에 순교를 결심할 사람이 적어서였다는 것이다.

또한 중세의 대성당 건축가들도 분석에 의해서라기보다 경험에 의해서 자신들의 위대한 업적을 이루었다. 진보는 완전히 경험에 의해 이루어졌다. 보베[24]

---

22 갈레누스(Claudius Galenus , Galenos, Galen, BC 131~BC 201). 소아시아의 페르가몬 태생의 그리스인 의사. 로마에서 명의의 평판을 얻고 황제 마르크스 아우렐리우스의 어의로 뒤에 왕자 콘모도우스가 황제의 자리를 이을 때까지 봉사했다. 고대 의학의 연구를 집대성하여 그의 의학 대계는 오랫동안 유럽, 아랍의 의학을 지배했다.
23 크라우더(James Gerald Crowther, 1899~1983). 영국의 과학사학자이자 과학 저널리스트로 사회주의 사회의 과학 기술 연구, 교육의 현황과 정책을 소개한《소비에트 과학》등을 펴냈다. 영국과학노동자국가조합의 간부, 세계과학노동자연맹의 초대 서기장을 지냈으며 세계평화평의회의 활동적 인물로도 주목받았다.
24 보베(Beauvais) : 프랑스 피카르디주 우아즈의 수도로 갈리아 시대부터 있는 옛 도시이다. 파리에서 북서쪽으로 74km 떨어진 테랭강과 아블롱강의 합류점에 위치한다. 주교좌(主敎座)의 소재지이며, 생피에르 대성당은 고딕 건축의 걸작(1247년 건설 개시)으로 알려져 있

에서 대성당 건축가들이 둥근 아치 모양의 높은 천장을 훌륭하게 만들려고 할 때, 완성을 못하고 건물을 두 번이나 무너뜨리는 대담한 시도를 하였을 정도였다.

중세의 천부적인 실용주의 기술자들과 건축가들은 과학적 탐구 정신에서 비롯된 것은 아니지만 매우 가치가 있는 많은 방법을 그냥 흘려보냈다. 한동안 비잔틴제국에서 그리스의 과학이 보존되고 교육되었으나, 결국은 교회의 적대감이 비정통파 과학자들의 감정에 실려, 하란[25], 바그다드, 군데샤프르[26]와 같이 그리스의 유산이 전수되고 있는 중심 지역인 근동 지역에 전달되었

---

다. 생피에르 대성당은 1227년에 기공, 1272년에 본전이 완성되었으나 1284년에 궁륭(穹窿)이 붕괴된 후 재건되어 16세기에 수랑(袖廊)이 완성되었다. 그 교차부의 탑은 153m로 당시 가장 높았으나, 1573년에 붕괴되고 그 후 탑은 재건되지 않은 채 수랑이 수복되었다. 본당의 부분에는 10세기의 오래된 성당이 그대로 남아 있다. 이 미완의 대성당은 궁륭의 높이가 48여m가 되며 고딕 양식의 건물로서는 최고이지만 기술의 한계를 보인 것이라 할 수 있다. 그리고 9~10세기의 본당은 서쪽 벽과 함께 그대로 남아 있으며, 카롤링 조의 유구로서 귀중하다.

25 하란(Haran) : 튀르키예 남동부 우르파주에 있는 마을. 이스탄불에서 남동쪽으로 1,320㎞, 우르파에서 남쪽으로 44㎞ 떨어져 있다. 시리아와 경계를 이루는 국경 마을로, 지금은 작은 마을이지만, 지구에서 가장 오랜 주거 역사를 가진 곳이다. 원래 이름은 아람나하라임(Aramnaharaim)으로, 동쪽의 티그리스강과 서쪽의 유프라테스강 사이에 있는 아람인의 땅이라는 뜻이다. 하란은 뒤에 붙여진 이름으로 '길·통로·대상'을 뜻하며, 현지에서는 알틴바삭(Altinbasak : 황금 빛 이삭)으로 부른다. BC 2000년 이전부터 사람들이 살기 시작해 고도의 문명을 자랑했던 고대 상업 도시이며, 구약성서에 등장하는 아브라함과 그의 가족이 정착한 곳이다. 1259년 몽골의 침입 당시 거의 모든 건물과 유적들이 파괴되어 폐허가 된 이래 오늘날까지 폐허 상태로 남아 있다. 대표적인 유적으로는 넓은 평원에 건설된 고대의 성벽, 고대 하란인들의 돌무덤, 8세기경에 만들어진 것으로 추정되는 모스크, 야곱의 우물, 로마 시대의 대학 터, 천문 관측대 등이 있다.

26 군데샤푸르(Gundeshapur)는 페르시아 중부의 사산제국 시절인 기원후 3세기에 건설된 도시이다. 현재는 이란 쿠제스탄주 데즈풀(Dezful)의 고원에 위치한 마을로 샤하바드 남쪽에 있다. '웨 안디오크 샤부르'라고도 불린다. 사산제국의 지적 중심지이자 사산왕 샤푸르 1세(Shapur I)가 설립한 군디샤푸르 아카데미의 본거지였다. 군데샤푸르에는 병원, 도서관과 고등 교육의 중심지가 있었다. 이 도시는 638년에 항복한 페르시아의 이슬람 정복 이후 쇠퇴했다.

다. 바스라, 쿠파[27], 카이로, 톨레도[28], 코르도바[29] 등지에 아랍의 대학교들이 설립되었다. 아랍의 대학은 로마제국의 몰락으로부터 수학을 건져냈으며, 거기에 인도에서 건너온 것을 자기 문화로 소화해낸 아랍식 표기 방법과 대수학적 사고방식 등이 첨가되었다. 특히 아랍의 과학자인 무하마드 이븐 무사 알콰리지미Mohammed ibn-Musa Abu al-Kohwarizimi[30]는 바그다드의 알-마문al-Mamun 도서관의 사서였는데, 그는 830년에 유명한 《Al-jebr Wa'l-muqabalah》라는 책을 썼는데, 이 책 덕분에 대수학이 그 명칭을 갖게 되었고 인도 숫자와 십진법 체계가 유럽으로 전파되는 매개체가 되었다.

27 쿠파(Kūfah) : 이라크의 중세 도시. 유프라테스강 오른쪽 기슭에 있다. 638년 우마르 1세의 명에 의하여 군사 도시로 건설되었고, 그 후 급속히 상공업이 발달하여 651~661년까지는 알리의 서울이었다. 749년 아바스 왕조의 초대 칼리프인 사파르는 쿠파에서 즉위하였고, 만수르도 이곳을 수도로 삼았다. 762년 바그다드가 건설되면서 정치적 중요성은 희박해졌으나, 10세기 말엽까지는 바스라와 더불어 이라크의 학문의 중심지였다.

28 톨레도(Toledo) : 에스파냐 톨레도주의 주도. 1986년 세계문화유산으로 지정되었다. 수도 마드리드 남서쪽 70km 지점에 위치하는 관광 도시이다. 타호강 연안에 있으며 역사·미술적으로는 마드리드를 능가하기도 한다. BC 2세기에 로마의 식민 도시가 되었고 8~11세기에 고트족의 중심지로서 발전하였다. 이슬람 세력의 침입 이후에는 톨레도 왕국의 수도로서 상공업 중심지가 되었다. 그 뒤 카스티야 왕국의 문화·정치의 중심지로서 더욱 발전하였으나, 1560년 펠리프 2세의 마드리드 천도로 정치적 중심지로서의 지위를 상실하였다.

29 코르도바(Cordoba) : 에스파냐 남부 코르도바주의 주도. 과달키비르강 중류, 안달루시아 지방의 중앙에 위치한다. 8세기에 세워진 이슬람교 대사원이 상징하는 바와 같이 중세에는 이슬람의 지배를 받았기 때문에 오늘날에도 이슬람교 색채가 남아 있다. 북쪽의 시에라모레나 산맥과 남쪽의 시에라네바다 산맥 사이를 차지하는 안달루시아 저지는 개발의 역사도 오래되고, 이슬람교도가 전한 관개·농경 기술에도 힘입어 농업 지대로서 알려졌으며, 코르도바는 그 농산물 집산지이다. 전통 산업으로 이슬람 시대 이래의 피혁 제품과 각종 금속 가공이 있다. 그밖에 주위의 산지에 납 광산도 있어서 공업도 활발하다.

30 아부 자파르 무하마드 이븐 무사 알-콰리지미(Abu Ja'far Muhammad ibn Musa Al-Khwarizmi, 800~850년경) : 아랍에서 인도와 힌두의 수 체계를 서구에 전했고, 대수학을 폭넓게 발전시킨 대표적인 인물로 서구에 영향을 끼쳤다. 그의 무카발라(Al-jabr wa'l muqabala; Completion and Balancing)는 기초 대수 기술을 포함하고 있었다. 대수학(Algebra)라는 용어는 그의 알-자브르(al-jabr)에서 유래하였고, 알고리즘(algorithm)은 그의 이름과 지명을 의미하는 알-콰리지미(Al-Khwarizmi)가 변한 것이라고 한다.

아랍인들은 '도가니 강鋼[31]'을 만드는 비법을 인도인들로부터 배웠고, 다마스커스와 톨레도에 야금술 센터를 건립하였다. 이 도시에서 제작된 것은 '다마스크 강철damascene'이라 불리며 금속 면에 금은을 상감해 넣은 물결 모양의 기법으로 아직도 유명하다. 알-킨디[32]는 전쟁용 철과 강철 생산에 대한 처리 방법을 시리즈물로 발간하였다. 아랍인들은 풍차를 개발하였고, 십자군 원정 시 이 발명품들은 유럽인들의 눈에 띄어 유럽으로 전파되었다. 아랍인들은, 지중해와 인도양에서 유럽인들이 단지 호기심으로 바라보기만 하였던 나침반을 제작해 사용하고 있었던 것이다.

아랍의 과학, 수학과 천문학은 무어인들의 스페인과 북아프리카를 거쳐 유럽으로 전파되었다. 톨레도의 무어인, 유대인, 스페인 사람들은 아랍어와 라틴어를 모두 할 수 있었다. 스페인 코르도바Cordoba에 있는 도서관에는 서기 900년 초에 60만 본本에 달하는 필사본을 소장하고 있었다. 1300년의 프랑스 국왕 도서관에는 채 400본이 안되었다.

12세기가 될 때까지 유럽에서는 아랍의 과학이 던진 진정한 충격을 느끼지 못했다. 그때 가서야 유클리드와 아르키메데스의 업적에 대한 연구가 유행했다. 13세기에 이르러 아랍의 화학자들은 회취법[33]에 정통하였고, 질산을 이용

---

31 도가니 강(crucible steel) : 도가니로(爐)로 용제(培製)한 강. 도가니에서는 다만 용융할 뿐이고 정련(精鍊)이 이루어지지 않으므로 처음부터 좋은 원료를 배합하여 장입한다.

32 알-킨디(Abú Yúsuf Yaqúb al-Kindi, ?~880 추정). 아랍의 철학자. 자연 과학을 철학의 중요한 바탕으로 생각하고 플라톤과 아리스토텔레스의 생각을 새 플라톤 양식으로 합치려고 힘썼다. 그는 또한 이슬람 철학 연구 이외에 음악·천문학·기하학·의학 등에도 뛰어났으며, 그의 많은 저서는 라틴어로 번역되어 유럽에도 큰 영향을 주었다.

33 회취법(灰吹法, cupellation) : 금속공학에서 광석이나 합금을 고온에서 용해하여 금이나 은과 같은 귀금속을 분리해내는 정제 방법이다. 광석 속에 존재하는 납, 구리, 아연, 비소, 안티모나 비스무트 등의 비철금속을 이용한다. 1. 금광석에 납을 해합한 뒤 화력을 올려 녹인다. 2. 납과 은의 합금을 만들고, 재와 함께 쇠 냄비에 넣어 녹인다. 3. 융점이 낮은 납은 녹아서 재로 스며들고, 순도 높은 은이 재위에 남는다

하여 금과 은을 분리하였으며, 수은을 사용하여 아말감[34]화함으로써 은을 추출하고, 금과 은을 합금하는 것에 대한 양을 분석하였다. 그러나 이러한 화학은 유럽으로 건너가 연금술로 변해버렸다. 그리고 조금이라도 진보가 이루어진 곳이라면 사기와 미신이라고 억압받았다. 알프레드 루퍼트 헐[35]의 "모든 연금술에 대한 저작 중에 가장 중요한 특징은 작가가 그 자신도 참과 거짓을 완전히 구분하기 힘들다고 스스로 입증하는 것이다"라는 언급에서 알 수 있다. 이런 경향은 화학자들이 실질적인 진보를 이룬 17세기경에 사라졌다.

연금술사들은 자신들을 단지 철을 가지고 실험하는 수준을 넘어선 전문가적인 존재로 인식했다. 그리고 유용한 요소를 만들어내는 야금술의 발전은 재능의 한계와 신분상의 제약에도 불구하고 놀라운 업적을 이루어낸 대장장이들의 손에서 벗어나 자신들의 손에 달렸다고 생각했다. 1300년경의 유럽 대장장이들은 철을 주조하는 기술에 능통해 있었다. 그것은 철에 고온의 열을 가해 녹여서 진흙으로 만든 주조틀 속으로 흘려 넣는 기법이었다. 그런 작업으로 도가니 강鋼을 만들어낸 것이다. 제철을 위한 동력을 만들기 위해 대장장이들은 수차를 이용하였고, 이 수차는 곡물을 갈거나 목공소의 톱질에도 사용되었다. 풀무를 이용해 강한 공기를 불어넣는데 수차를 이용하지 않고서는 주철을 만들지 못했던 것이다.

13세기에 이르러서는 화학을 연구하는 데 놀라운 관심을 보이기 시작하였다. 온갖 원시적인 기계를 만드는 방법을 서술한 기계공학과 야금술에 대한

---

34 수은과 다른 금속의 합금. 그리스어로 '무른 것'이라는 말이 어원이라 한다. 수은을 많이 넣으면 액체 상태, 적게 넣으면 고체 상태가 된다. 아무튼 약간만 가열하면 무르게 되기에 매우 세공하기 쉽다. 금과 달리 혀에 닿으면 쓴맛이 느껴진다. 치과용 충전재, 거울의 후면 반사용 재료로 사용된다.

35 알프레드 루퍼트 헐(Alfred Rupert Hall, 1920~2009)은 아이작 뉴턴의 미발표 과학 논문 모음집(1962)과 뉴턴의 서신 모음집(1977) 편집자로 알려진 저명한 영국 과학사가이다.

교재가 봇물처럼 쏟아졌다. 크랭크가 발명되었고 캠과 기어가 엄청나게 진보되었다. 19세기에 이르기까지 유용하게 사용되었던 많은 야금술 기법도 중세 후반에 이르러 발전하였다.

중세의 위대한 발명품은 수적으로 많진 않지만 그냥 한 순간에 이루어진 것은 아니다. 그 첫 번째로 당연히 인쇄술을 꼽을 수 있다. 인류와 전쟁술에 커다란 의미를 가져다준 다른 두 개는 방향타와 나침반이다. 신뢰성은 좀 떨어지지만 콜럼버스는 아메리카 대륙을 발견하는 데 이슬람교도들의 천문학과 삼각법에 기초한 경도 측정 방법에 의존하였고 이 두 가지에 영향을 받았다고 할 수 있다. 구식 천문관측의인 아스트롤라베[36]는 유럽에서 3세기부터 계속 사용되었지만 르네상스 시대에 이르기까지 불완전한 상태였다. 나침반은 서구에서 사용되는 데 오랜 기간이 소요되었다. 그 이유는 철로 된 못을 박아 넣은 배가 나침반을 갖고 항해를 하면 자성을 띤 산으로 유도하여 배가 난파될지 모른다는 믿음이 널리 퍼져있었기 때문이다.

중세기를 통틀어서 축성술이 잘 발달하였음에도 불구하고 무기 분야에서 혹은 공격 수단에서는 약간의 진보만 있었다고 볼 수 있다. 대장장이와 갑옷 장인들은 월등한 재능을 보여주었고 전쟁 무기 분야에서 최고 권위자였지만 그들은 창조성이 부족하였다. 1300년경에 사용되었던 공성 무기는 2,000년 전에 사용되었던 것과 특별히 다르지 않았던 것이다. 로마 시대 이후 실제로 단 한 번의 진보가 있었을 뿐인데, 그것은 서기 1100년경에 만들어진 중세 투

---

36 아스트롤라베(astrolabe) : 천문관측의(天文觀測儀)는 고대부터 만들어져 발전되어온 정교한 천문 도구로서, 태양, 달, 행성, 별의 위치를 관측하는 기능을 하였다. 현지 시간, 위도, 측량과 같은 실용적인 도구여서 천문학자와 항해가들에게도 널리 사용되었다. 처음 발명되었을 당시 목적은 해와 달, 별의 고도를 측정하는 것이었지만 천문학, 수학의 발달로 더 많은 정보가 천문관측의에 입력되면서 기능이 추가되었다. '별을 붙잡는 것'이라는 뜻을 가진 그리스어 아스트롤라본(astrolabon)이 어원이다.

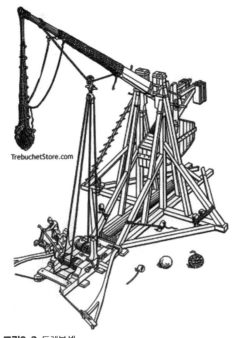

**그림2-3** 트레뷰셋

석기 트레뷰셋[37]이다.

이 장치는 비틀림 힘에 의한 것이 아니라 장력에 의해 작동하는 것이었는데, 평형추를 이용해서 갑자기 장력을 해제시켜 무거운 물체를 던지는 장치였다. 이것은 똑바로 선 주 회전축이 지탱하는 균형 잡힌 긴 막대기로 구성되어 있었다. 막대기의 긴 부분은 당겨져서 땅바닥에 고정되고 던져질 물체가 연결되었다. 이는 밧줄이나 윈치로 당겨져서 나무로 된 고리에 연결된다. 그러는 동안 막대기의 짧은 부분에는 무거운 물체로 채워진다. 막대기가 고리에서 풀려 장력이 해제되면 물체는 예상 거리만큼 날아가게 된다(그림2-3). 13세기 말경에는 몇 종류의 투석기가 사용되었다.

중세에 등장한 무기 중에 가장 중요한 것은 석궁일 것이다. 석궁은 10세기에 독립적으로 발전하였는데, 실질적으로 그리스인들에 의해 개발된 공성용 투석기 발리스타ballista의 축소형이었다. 처음에 활은 뿔, 심줄과 나무로 만들

---

37 트레뷰셋(trebuchet) : 13~15세기 유럽에서 사용하던 투석기. 길이 8~10m, 무게 500~1,000kg. 트레뷰셋은 중세 유럽에서 화약 병기가 위세를 떨치기 전까지 공성전에 사용되었던 무기이다. 지렛대의 원리를 이용하였는데 사람의 힘으로 돌을 던지는 인력 투석기와 달리, 모래나 돌 등으로 무겁게 만든 추를 매달아 놓아서 그 추를 놓을 때 추가 내려가면서 반대쪽의 투석구를 빠르게 들어 올려 돌을 던지도록 되어 있었다.

어졌다. 활시위는 등자가 붙어 있는 활의 앞부분을 땅 쪽에 향하게 하고, 등자에 발을 걸고 궁수의 벨트에 있는 고리로 활줄을 걸어 위로 잡아당겨 개머리판 앞 끝에 연결하는 동작으로 당겨졌다.

이 석궁을 처음으로 광범위하게 사용한 이탈리아인들은 석궁을 사용하는 기술로 점차 유명해졌다. 석궁의 가장 큰 장점은 미리 활을 당겨둘 수 있었고, 조준하는 동안 궁수가 육체적인 힘을 쓰지 않고도 계속 당겨진 채로 조준할 수 있다는 점이다. 또 활과 다르게 비교적 훈련이 덜 된 사람도 효과적으로 사용할 수 있었다. 그래서 석궁은 단숨에 해전용 무기와 기병용 무기로 적용되었다.

석궁은 너무도 치명적인 무기인지라 이 위력을 알게 된 로마 교황 이노센트 2세[38]는 1139년에 이의 사용을 금지하였고, "신에게 저주받은, 기독교인들에게 부적절한 물건"이라고 비난하였다. 나중에 이 칙령은 기독교인들이 이슬람교도를 대상으로 사용하는 것을 허용하는 쪽으로 수정되었고, 곧 사람들은 무제한으로 서로 사용하게 되었다. 사자왕 리처드는 석궁의 화살에 입은 상처가 괴저[39]되어 사망하였다.

1370년경에 석궁은 염소 다리 모양의 레버Goat's-Foot lever가 있거나(그림2-4), 윈치로 감아올리거나 혹은 크레인퀸cranequin[40]으로 감아올리는 식의 기계적

---

38 교황 이노센트 2세(Innocentius PP. II)는 제164대 교황(재위 : 1130~1143)이다. 본명은 그레고리오 파파레치(Gregorio Papareschi)이다. 그의 선출은 논란의 대상이 되어, 재임 첫 8년은 대립 교황 아나클레토 2세의 지지자들에 맞서 교황으로서의 합법성을 인정받기 위한 투쟁으로 흘러갔다. 그는 신성로마제국 황제 로타르 3세의 지지를 얻었으며, 제2차 라테라노 공의회를 주재하였다.

39 괴저(gangrene, 壞疽) : 광범위한 부분에까지 퍼지며 일반적으로 혈액 공급 중단과 관련이 있고 세균의 침입과 부패가 수반되는 조직의 사멸 상태이다.

40 무릎으로 석궁을 받치고, 도르래의 갈고리를 활줄에 걸고, 톱니가 나 있는 자의 끝부분에 끈을 달아 석궁에 고정시킨 후 도르래를 돌려 활줄을 당기는 구조

**그림2-4** 고트-풋 레버가 달린 군용 석궁

으로 활을 구부릴 수 있는 활대가 강철로 만들어진 것을 사용하였다. 석궁의 걸쇠는 영리하게 설계되었는데 단지 방아쇠만 당기면 발사가 되었다. 이러한 개선은 1460년과 1470년 사이, 권총이 그 자리를 대신하기 전까지 강철 석궁을 한 세기 동안 가장 강한 전쟁 무기로 만들어 주었다. 석궁의 주된 단점은 무겁고 발사하는 데 속도가 느리다는 점이다.

파이크pike는 스위스 보병에 의해서 전술적으로 사용되었는데, 이 또한 갑옷 입은 기사에 대항하기 유용한 무기였다. 스위스 군대는 날카로운 파이크 끝을 땅을 향해 겨누어, 위협적인 기병의 돌격에 대항하는, 현대의 대전차 장벽과 비슷한 장애물을 만들었다. 말을 타지 않은 기사들에 대항하기 위해서 창병들은 서로 어깨를 맞대고 조금 수그린 자세로 대적했다. 그러나 이러한 조합에도 불구하고 석궁과 창병들은 중세 전쟁의 주류를 점하고 있던 장갑 기병들에게 충분한 도움이 되지 못하였다.

기사들의 갑옷은 쇠미늘 갑옷으로 시작하여 장갑판 조각을 이어 붙여 만든 갑옷으로 개선되었고 그들은 석궁을 사용하였다. 갑옷이 점차로 무거워지자 기사들은 더욱 크고 강한 말을 요구하였다. 그러나 말 자체가 워낙 취약점이 많아 기사들뿐만 아니라 말에게도 갑옷이 필요하였다. 이런 과정을 거쳐 기사들은 정말 무거운 갑옷을 걸치게 되었으며 기사들은 말을 타고 있을 때

**그림2-5** 판 장갑으로 만든 갑옷(파리 앵발리드 군사박물관)

를 제외하면 전투에서 무용지물이 되었다(그림2-5). 결국 이러한 모든 발전은 거대한 모순덩어리가 되었는데, 이 사실은 당시 많은 사람이 완벽하게 인식하고 있었다. 나중에 영국의 제임스 1세는 아이러니컬하게도 장갑이 두 가지 방호를 제공해 준다고 말했는데, 그 첫 번째는 기사를 부상에서 보호해주며, 두 번째는 기사들이 다른 사람들을 다치게 하지 못하게 한다는 것이다.

갑옷을 입고 말을 탄 기사들의 권위에 대한 첫 번째 심각한 위협은 일반적으로 생각하듯이 총의 발명에서 시작된 것이 아니다. 이는 수세기 동안 사용되어왔던 활의 간단한 설계 변경에서 비롯되었다. 웨일즈에서는 사냥용 무기로 우수한 장궁longbow이 개발되었는데, 이것은 에드워드 3세에 의해서 처음 군대용 무기로서의 가능성이 발견되어 1337년에 프랑스 침략 시 사용하기 위해 장궁수 부대로 훈련되었던 것이다. 장궁은 "사람의 키 만한 길이"로 만들어졌는데 6ft~6ft 7in$^{1.8m~2.1m}$ 사이의 크기로 다양했으며, 주로 주목으로 만들어졌다. 나무에는 전부 초가 발라졌고, 활줄은 가느다란 아마포[41]줄을 촘촘히 감은 대마로 만들었다. 장궁의 장점은 시위를 많이 잡아당기면 멀리 날릴 수 있다는 것이다. 힘센 사람이 이 활을 사용하면 200yd[183m] 거리에서 37in[0.94m] 화살로 사슬 갑옷을 관통하거나 말을 죽일 수 있을 정도이다. 더 짧은 사거리에서는 궁수가 보통의 판 장갑이나 두 겹의 쇠미늘 갑옷, 튼튼한 떡갈나무로 만든 문을 관통시킬 수도 있었다. 당길 때 그렇게 무겁지 않더라도, 장궁은 석궁이 내는 사거리보다 훨씬 많이 날아갔으며 사격 속도도 네댓 배 정도로 우수하였다.

　장궁은 백년전쟁 때, 더비[Derby] 백작이 1337년 성 마틴의 날[42] 전야에 플란더스 지방[43]에 상륙한 후 첫 전투에서 그 우수성을 드러냈다. 그는 사거리가 짧은 석궁을 사용하는 플랑드르 궁수들이 방파제에 의지하여 사격할 때, 이를 제압하기 위해 장궁 화살을 우박같이 쏟아부으며 군대를 상륙시켰던 것이

---

41 아마포(亞麻布)는 아마의 섬유로 만든 직물로, 리넨(linen)이라고도 한다. 섬유의 길이가 15~100cm 정도인 아마의 목질 부분을 주로 이용한다. 열전도율이 크고 뻣뻣하기 때문에 입으면 시원하고 편하므로 여름철 옷감으로 인기가 높지만 쉽게 구겨지는 단점이 있다.

42 11월 11일. 유럽 국가들의 명절 중 하나. 로마군 소속으로 추운 겨울 전장에 투입된 마르티노가 알몸으로 주변을 지나던 거지에게 자신의 망토의 반을 잘라 건넸는데, 다음날 밤 그리스도가 망토를 입고 꿈에 나타나 고마움을 표했다는 일화에서 유래한 명절이다. 비(非)가톨릭 신자였던 마르티노는 이후 독실한 신자가 됐고, 어려운 이웃을 도우며 신망을 쌓았다. 이에 자신을 가톨릭 주교로 임명하려는 움직임이 일자 거위 헛간에 몸을 숨겼지만, 거위떼가 우는 바람에 들켰다는 이야기가 전해진다. 성 마틴의 날에 거위요리를 먹는 이유이기도 하다.

43 플란더스(Flanders), 플랑드르(Flandre). 벨기에 동플랑드르와 서플랑드르 두 주를 중심으로 한 북해 연안의 저지대로 스헬데(에스코)강이 동쪽 경계를 이룬다. 벨기에어로는 '블렌데렌(Vleanderen)', 영어로는 '플랜더스(Flanders)'라고 한다. 역사의 변천을 따라 플랑드르 지방의 경계도 크게 변하여, 한때는 네덜란드 남부에서 프랑스 북동부 일대를 통틀어 지칭한 일도 있었다. 북해에 임하여 북유럽과 지중해, 영국과 라인 지방을 잇는 교통의 십자로에 위치하기 때문에 브뤼주를 중심으로 하여 통과 무역이 번창하였고, 유럽 최대로 알려진 모직공업도 이루어졌다. 전략상 중요한 지역이었기 때문에 전쟁으로 자주 지배자가 바뀌었다.

다. 그러나 프랑스인들은 1346
년 8월 26일 크레시<sup>Crecy</sup>[44] 전
투에서 패배할 때까지 장궁
을 주의깊게 여기지 않았다.
프랑스군은 1만 2,000명의 무
장 병력에 석궁수 6,000명, 민
병 2만 명으로 구성되어 있어
3,900명의 무장 병력에 장궁

**그림2-6** 장궁(longbow)을 사용하는 영국군 궁수

수 1만 1,000명과 웨일즈 경보병 5,000명으로 구성된 영국군에 비해 병력상
우위를 두 배까지 점하고 있었다.

유럽에서 가장 잘 훈련된 군대로는 제노바인들로 구성된 석궁수를 꼽을 수
있는데, 폭풍우가 지나간 후 이들은 반대편 언덕 경사지에 말에서 내려 모여
있는 영국군 무장병들을 향해 경멸을 퍼붓고 고함을 지르면서 계곡으로 내려
가게 되었다. 그들은 세 개의 제대<sup>division</sup> 혹은 전투<sup>battles</sup>로 나뉘게 되었고, 영
국 장궁수들에게 양 측면이 노출되었다. 햇볕 때문에 눈부신 가운데 석궁수
들은 영국군에게 화살을 쏘았지만 얼마 날아가지 않고 떨어지기 일쑤였다. 영
국 장궁수들은 제노바인들의 전방 제대를 향해 경사 위쪽에서 아래쪽으로
치명적인 일제사격을 하였다(그림2-6).

석궁수들은 언덕을 되돌아 올라갔지만 아군 보병이 겁에 질린 것에 격분하
여 언덕을 달려 내려와 돌격하는 기사들에 의해 짓밟힘을 당했다. 일찍이 역

---

44 크레시-앙-퐁티외(Crécy-en-Ponthieu)는 프랑스 북부 피카르디 솜주에 위치한 도시로 솜
므와 칼레 남쪽에 있는 마을이다.

사 기록자들은 알렝송 백작[45]의 경멸 섞인 울부짖음을 다음과 같이 기록했다.

"이런 겁 많은 오합지졸을 쓸어버려라. 그들은 우리의 전진을 가로막는 방해물일 뿐이다."

영국 궁수들은 기사들을 향해 화살을 쏘아댔다. 전투에 참가했던 어떤 이는 이 상황을, "모든 화살은 말이나 기사에게 명중했고 기사들의 머리나 팔, 다리에 꽂혔으며, 말들을 미쳐 날뛰게 만들었다"라고 표현했다. 프랑스인들은 아군 기사들과 말이 궁수들에 의해 쓰러지고 있다는 사실을 인정하고 싶지 않았거나 그럴 겨를이 없었던 것처럼 보인다. 말을 타고 달려드는 영국 기사들에게 너무 집중한 나머지 많은 병사가 창spear으로 대항하는 방식만 고집하다가 뜻밖의 상황에서 우왕좌왕하였다. 그들은 모두 16개의 제대로 분리되었고 무모하고 지휘가 제대로 안 된 전투를 계속하였다. 자정에 이르러 전투가 종료되었을 때, 프랑스군은 1,542명의 영주와 기사, 1만 명 정도의 '좋은 가문의 혈통이 아닌 사람들'이 전사했다. 영국군은 기사 두 명과 종자 한 명, 전투병 40명과 궁수, '수십 명의 웨일즈 경보병'을 잃었을 뿐이었다.

프랑스는 이런 결정적인 전투에서 영국을 본받아 기사들을 말에서 내리게 하고 말들은 후방으로 보냄으로써 교훈을 얻었던 것 같다. 그러나 그들은 정말 중요한 단서를 놓치고 말았는데, 그것은 기본적으로 새로운 전술의 조합 능력이었다. 에드워드 3세는 궁수들의 화력과 견고한 창병들을 효율적으로

---

**45** 알렝송의 샤를르 2세(1297~1346) : 알렝송과 페르체(Perche)의 백작(Count of Alençon, 1325~1346)이자 샤르트르(Chartres)와 조지니(Joigny)의 백작(1335~1336)이었다. 그의 동생 필립은 1328년에 프랑스의 왕이 되었지만, 영국의 에드워드 3세는 자신이 왕임을 주장하고 경의를 표하기를 거부했다. 필립은 샤를르 2세 백작을 지휘관으로 임명하고 영국군을 제압하도록 하였다. 찰스는 1340년 영국 왕위계승전쟁에 참전하여 크레시 전투에서 전사했다.

조합하는 방법을 배웠다. 이날 이후 앞으로 – 특히 푸아티에[46]와 아쟁쿠르[47]에서의 영국 궁수들의 승리 이후– 로마 군단에 의해 붕괴되어 상실된 옛 보병의 중요성을 다시 회복할 수 있었다.

---

**46** 푸아티에(Poitiers) : 파리 남서쪽 340km 지점, 클랭강 연안에 있다. 옛 푸아투주의 주도로 교구청·고등법원·대학교 등이 있다. 지난날에는 농·목축업의 중심지였으나 최근에는 기계·전기·요업 등의 공업이 발달하였다. 일찍부터 개발된 곳으로 선사시대, 갈리아·로마 시대의 유적이 있다. 732년 카를 마르텔이 이곳에서 이슬람교도의 침입을 저지한 바 있다. 중세에는 종교상의 일대 중심지가 되어 도처에 로마네스크 양식의 교회들이 세워졌다. 백년전쟁 초기의 '푸아티에 전투'(1356)에서는 국왕 에드워드 3세의 아들 에드워드 흑태자가 지휘하는 경보병 영국군이 모펠튜이의 언덕 위에 진을 치고 병력이 더 많고 중무장한 프랑스군 기병을 격파하였다. 프랑스왕 장 2세(Jean II)와 그의 넷째아들 필립(후일의 부르고뉴공, 별명은 강용공)은 포로가 되어 굴욕적인 브레티니화약(1360)을 맺었다.

**47** 아쟁쿠르 전투 : 백년전쟁 중인 1415년 10월 25일 프랑스군이 북프랑스의 작은 마을인 아쟁쿠르에서 영국군에게 대패한 전투. 이 해 노르망디에 상륙하여 칼레를 향하여 북상한 헨리 5세의 영국군과 이를 저지하려는 프랑스군과의 전투로, 병력은 영국군 약 6,000명, 프랑스군 약 2만 명으로 추정된다. 먼저 영국군이 프랑스 기병대에 도전하고, 프랑스군이 이에 대응하여 전면으로 진출했을 때 영국의 궁노수(弓弩手)가 공격하여 기병들을 말에서 떨어뜨리고 보병이 돌격함으로써 영국군은 병력이 우세한 프랑스군에게 큰 승리를 거두었다. 프랑스군의 전사자와 포로가 약 7,000명인 데 비하여 영국군은 1,600명이었다. 이 전투 뒤에 영국군은 칼레를 점령하였고, 프랑스 황태자 샤를(뒤의 샤를 7세)을 옹립하려는 아르마냐크파(派)의 세력은 쇠퇴하였으며, 북프랑스는 영국의 지배하에 들어갔다. "우리, 비록 수는 적으나 그렇기에 행복한 우리, 우리는 모두 한 형제(band of brothers)다." 윌리엄 셰익스피어의 희곡 '헨리 5세'에서 아쟁쿠르 전투를 앞두고 행한 연설로 유명하다.

# 제3장 화약의 충격

오늘날에도 화약의 발명이 봉건제도의 종말을 앞당기고, 전쟁술의 변혁을 가져왔다고 하는 상투적인 표현은 가능하다. 그러나 그것이 얼마나 천천히 진행되어왔는지 일반인들은 잘 알지 못 한다. 옛 무기와 갑옷류는 상당 기간 사용되었다. 비록 화약을 사용하는 수많은 공성 무기와 몇 종류의 소총이 15세기에 등장하기는 하였지만 같은 기간 판금 흉갑body-plate[1] 갑옷을 만드는 일은 사라지지 않고 계속되었고 특별한 예술로 발전되었다. 네프[2] 교수가 '기쁨에

---

1 기사별로 고유한 인체 모양에 맞추어 제작되던 금속제 갑옷. 머리를 보호하기 위해 착용하는 투구(armet), 어깨를 보호하도록 거푸집에 넣어 만든 쇄갑(pauldron), 가슴을 보호하도록 거푸집에 넣어 만든 흉갑(breastplate), 복부와 상둔부를 보호하도록 거푸집에 넣어 만든 스커트(skirt), 허벅지를 보호하도록 거푸집에 넣어 만든 넓적다리싸개(tasset), 손을 보호하도록 거푸집에 넣어 만든 건틀릿(gauntlet), 무릎을 보호하도록 거푸집에 넣어 만든 무릎받이(poleyn), 발을 보호하도록 거푸집에 넣어 만든 쇠구두(sabaton), 쇠구두의 끝을 이루는 가늘고 긴 금속 돌출부인 철조(poulaine), 다리를 보호하도록 거푸집에 넣어 만든 정강이받이(greave), 넓적다리를 보호하도록 거푸집에 넣어 만든 넓적다리가리개(cuisse), 가슴과 머리를 보호하기 위해 금속 고리로 만든 소매와 모자가 달린 긴 셔츠인 쇠사슬갑옷(chain mail), 팔뚝을 보호하도록 거푸집에 넣어 만든 호구(vambrace), 팔꿈치를 보호하도록 거푸집에 넣어 만든 팔꿈치가리개(couter), 팔을 보호하도록 거푸집에 넣어 만든 상완갑(rerebrace), 얼굴 아랫부분을 보호하는 투구의 일부인 턱가리개(beaver), 면갑이 내려졌을 때 볼 수 있도록 열린 틈인 바이저(vision slit) 등으로 구성된다.

2 존 울릭 네프(John Ulric Nef, 1899~1988). 미국 경제역사학자이자 시카고 대학교 사회사상위원회 부설립자이다. 시카고 대학에서 50년 동안 근무하였고 1941년 이 위원회를 설립했다.

그림3-1 말과 기사의 갑옷(파리 앵발리드 박물관)

대한 요구'라고 이름 붙인 '미적 감각'은 르네상스 시대의 장인들에게 유용성
만큼이나 중요한 요소였다.

해군에서는 전함과 돛대, 깃발이 화려하게 장식되었다. 17세기 중엽까지 함
대의 기함들은 양각을 하고 금박과 화려한 색칠을 해서 장식을 하였다. 축성
술도 공략하기 어렵게 만드는 것뿐만 아니라 미적으로도 아름답게 설계되었
다. 르네상스 시대의 검객들은 자신의 무기에 사용되는 철의 품질뿐만 아니라
손잡이에 우아한 장식을 하는 것에 관심을 기울였다. 중重갑옷은 17세기까지
설계되었으며 부분적으로 화승총musket³의 화력에 대한 필사적인 방어 수단
으로 사용되었다(그림3-1). 그러나 장갑 때문에 가격이 매우 비쌌으며 그것으로

---

3 머스킷(Musket)은 원시적 화승총인 아쿼버스의 개량형으로, 보다 긴 총신을 가진 전장식 화
기이며 총신은 후대의 라이플과 달리 강선이 없는 활강식이다. 일반적으로 머스킷은 라이플
로 대체된 것으로 알려져 있으나, 18세기 후반부터 사용된 전장식이면서 강선이 있는 총기
를 라이플머스킷으로 불렀던 만큼 강선의 유무가 머스킷이나 라이플이냐를 구분하는 척도
는 아니다.

신분을 나타냈다. 그래서 귀족들은《돈키호테》가 출판된 이후에도 갑옷을 버리기 싫어하였다.

갑옷보다 칼과 창lance은 신분의 상징으로서, 기병들의 특별한 무기로서 더욱 오랫동안 사용되었다. 1937년까지 영국 육군에서는 공식 교범에 "전쟁에서 칼을 사용하는 법"에 대한 장章을 만들어 23쪽에 달하는 분량을 할애하여 칼과 창을 다루는 법을 설명하고 있다. 이 교범이 과거 50년 동안 사장되어 왔던 두 무기에 대한 꾸준한 신뢰를 강조하는 것인지, 아니면 전쟁에서 화약이 처음 등장한 이래 450년이 지난 지금도 자신들은 여전히 창과 칼을 신뢰성 있는 무기로 여기고 있다는 것을 보여주기 위한 것인지 알 수 없을 정도이다.

초기의 원시적인 화약 무기들은 사용 방법이 천천히 개선되었다. 터치홀touchholes, 점화구(총열/포열 안의 작약을 기폭시키도록 불이 붙은 화승이 약실로 통하게 작게 뚫어 놓은 구멍)에서 매치록matchlock, 화승[4]으로, 휠록wheellocks, 차륜식 점화 장치[5], 플린트락flintlocks, 부싯돌 점화 장치[6], 퍼커션 캡percussion cap, 뇌홍[7]을 갖춘 총으로 발전하기

~~~~~~~~~~~~~~~~~~~~~~~~~~~~~~~~~~~~

4 15세기에 등장한 초기 소총인 아퀴버스(Arquebus)에 사용되던 점화·격발 장치에서 유래한 명칭이다. 네덜란드어로 갈고리를 의미하는 '하아크(haak)'와 화약 무기를 의미하는 '뷔스(bus)'의 합성어. 불이 붙은 화승(match)을 갈고리처럼 생긴 장치에 물려놓아 방아쇠를 당기면 화승이 화약이 담긴 발화 접시에 닿아 격발하는 원리였다. 이 장치가 당시의 자물쇠(lock)와 매우 유사해서 '매치록(matchlock)'이라고 부르게 되었으며, 우리말로 번역한 것이 '화승' 즉 '화승총'이 된다.

5 비가 오거나 바람이 부는 날에는 사용하기 힘들었던 화승총의 단점을 극복하기 위해 개발된 방식이다. 차륜식 방아틀 총은 따로 불씨가 필요하지 않고 총 자체에 있는 황철석과 차륜을 마찰시켜 불을 만들어내 화약을 점화하기 때문에 악천후에도 사용할 수 있었다.

6 황철석 대신 부싯돌을 사용하여 화약을 점화하는 방식. 격침(擊針)과 약실이 결합된 형태로, 방아쇠를 당기면 용수철의 작용으로 격침이 불심지 대신 들어 있던 부싯돌을 때리면서 약실에 담겨 있는 화약에 불꽃을 일으키는 방식으로 작동하였다.

7 뇌홍(雷汞) 또는 뇌산수은은 수은의 뇌산염으로, 담청색의 사방형 결정이며, 시안산수은의 이성질체이다. 마찰과 충격에 매우 민감한 일차 폭발물로, 뇌관 속에 사용되어 다른 폭발물

까지는 수세기가 걸렸다. 대포의 설계도 15세기 말의 주물 청동 파이프 형태에서 시작하여 19세기 중반까지 큰 변화는 없었다.

소화기의 활용을 확산시키는 데 기여한, 구리와 철을 사용하는 기본적인 야금술의 발견은 1490년 이전부터 이미 세상에 널리 알려졌다. 중세 유럽은 그리스와 로마인들 사이에서도 알려지지 않았던 범위까지 수력의 힘을 이용한 기계 체계를 발전시켰다. 11세기에는 단순히 곡물을 갈거나 천을 축융[8]하는 데 사용되었다. 12세기 후반과 13세기 동안에는 수력의 이용이 야금술 영역까지 확장되었다. 중부 유럽에서는 수력을 이용하여 풀무질과 망치질을 함으로써 고대의 장인들이 하였던 것과 똑같이 철광석을 바로 연철로 만들어냈다. 망치와 풀무는 점차 대형화되었고, 마침내 14세기에 이르러서는 심장 모양의 풀무가 발명되어 철광석을 녹일 만큼 맹렬한 불꽃을 만들어 낼 수 있었다. 이는 청동 주물에서 철 주물로의 기술적 변화를 가능하게 했다. 철의 값이 더 저렴했으므로 철은 곧 널리 사용되었다. 물론 구리의 사용 또한 요한센 푼켄Johannsen Funcken이 은을 포함하는 구리 광석에서 납을 이용하여 은을 분리해내는 방법이 개발된 1450년 이후 급격히 증가하였다.

비록 구리와 철의 새로운 기술 발달이 소화기 제작에 널리 이용되었어도

---

들의 폭발을 일으키는 기폭제로 사용된다. 1830년대부터 구리로 만든 뇌관 껍질 속에 채워 사용했으며, 이후 뇌관총은 수발총을 빠르게 대체하여 전장식 흑색 화약 화기의 주류로 자리잡게 되었다. 이후 19세기와 20세기 들어 총기의 대세가 후장식으로 바뀐 뒤에도 염소산칼륨과 함께 탄약 기폭제로 널리 사용되었다. 뇌홍은 부식성이 없다는 점에서 염소산칼륨보다 뛰어나지만, 시간이 지나면 위력이 약해진다. 또한 수은이 재료이기 때문에 독성이 강하고 환경오염을 일으킬 우려가 있어서, 최근에는 부식성도 없고 시간에 대해 안정적인 아지드화납, 스티프화납, 테트라젠 유도물 등에 의해 대체되고 있다.

8 축융(縮絨) : 비누 용액과 알칼리 용액을 섞은 것에 서로 겹쳐진 양모를 적셔 열이나 압력을 가하고 마찰한 뒤에, 털을 서로 엉키게 하여 조직을 조밀하게 만드는 모직물 가공의 한 공정. 모포, 플란넬 따위의 방모 직물에 쓴다.

전쟁 도구로서 활, 창, 검을 대신하기에는 충분하지 않았다. 일반적인 과학이 군사 기술의 발전을 촉진하지는 않았다. 오랫동안 총과 같은 형태의 초기 화약 무기들을 사용하는 것은 매우 성가시거나 혹은 골치 아픈 일이었다.

게다가 무기의 진보에 대한 압력은 거세지 않았다. 군인들은 자신들이 가지고 있는 무기에 어느 정도 만족했으며 오히려 혁신을 두려워했다. 세습 군주들은 군사비 지출이 증가하는 것을 싫어하였으며, 새로운 무기의 가격에 기겁할 뿐이었다. 먼 거리에서 사람을 죽인다는 것은 품위가 없는 행동이라고 여기는 전통은 놀라우리만큼 오랫동안 전술에 영향을 주었다.

## 초기의 포병

처음으로 화약을 발전시킨 사람들은 화약을 주로 무엇을 불태우거나 보여주기 위한 목적으로 사용한 금나라 사람들이었다. 그들이 13세기 초 원시적인 로켓을 개발했고[9] 그것을 1232년 몽골군과의 전투에서 사용했다고 한다.[10] 로켓에 대한 아이디어는 빠르게 몽골, 인도, 아랍, 유럽까지 퍼졌다. 이탈리아인들은 1281년 초 포를리지금의 에밀리아 Emilia[11]에서 로켓 실험을 했다고 한다. 보고서에 따르면 1314년에 헨트[12]에서, 1324년에 메스[13]에서 실험하였으며, 영국

---

9  이것은 화전(火箭)을 지칭하는 듯하다. 화전은 활과 같은 발사기가 아닌 살에 부착된 화약통 내부의 화약이 연소할 때 발생하는 가스의 힘으로 목표까지 날아가는 로켓 화살이다. 최초의 화전은 길이 70~140cm, 무게 0.5~1kg 내외로 유효 사거리 500m, 최대 사거리는 800m 정도였다. 정확한 개발 연대는 알 수 없다. 조선 시대의 신기전도 같은 유형의 무기이다.
10  1232년에 몽골과 금나라 사이에 있었던 주요 전투는 개봉 공성전이었다. 이 당시 진천뢰와 함께 사용된 것으로 판단된다.
11  포를리(Forli)는 이탈리아 북부 에밀리아 로마냐주에 있는 도시이다.
12  헨트(Ghent)는 벨기에 오스트플란데런주의 주도이자 가장 큰 도시로 플랑드르에 있다.

에서는 1327년에 행해졌다고 한다. 몽골의 정복자 티무르[14]는 1399년에 델리 Delhi 전투에서 로켓을 성공적으로 사용하였다고 전해진다. 그러나 원시적인 로켓은 본래 통제가 어렵고, 부정확하며, 위험하여 19세기까지 간헐적으로 사용한 인도를 제외하고 모든 지역에서 빠르게 포로 대체되었다.

첫 번째 '대포'는 아마도 아랍인인 매드파Madfaa가 나무로 된 깊은 사발에 화약을 넣고 폭발시켜 포구 끝에 올려진 대포알을 발사시켰던 것으로 추정된다. 프랑스인들은 포-드-페Pot-de-Fer[15]로 이 대포를 발전시켰는데, 이 대포의 최초 설계도는 1326년 발견되었으며, 지금은 옥스퍼드의 예수교회에 보관 중인 채색 사본에 잘 나타나 있다. 이 대포는 에드워드 3세가 1327년 스코틀랜드에서 사용하였다고 한다. 포-드-페는 초석과 유황이 섞여 있는 철제 용기인데, 목 부분을 가죽으로 동여맨 철 화살을 집어넣을 수 있게 만들어졌다. 새빨갛게 달구어진 철사가 바닥에서 점화구까지 연결되어 폭발시키는 형태를 갖추고 있다.

후에 개발된 진정한 대포는 한쪽 끝이 막힌 목재 파이프로 만들어졌다. 이 대포는 지름 약 3cm의 돌이나 납으로 만든 공, 또는 석궁용 화살을 발사했다. 대포를 옮길 수 있는 장치가 없어 대포들은 포구를 위로 향하도록 한 채 지표상의 고지에 설치되었다. 실제로 크기가 작아 별 효과는 없었기에 얼마지

---

13 메스(프랑스어: Metz, 독일어: Metz 메츠)는 프랑스 동북부 모젤주에 있는 도시로, 로렌 지방의 주도이다. 로렌 지방의 중앙부, 모젤강과 세유강의 합류점에 위치한다. 독일·룩셈부르크 국경과 가깝고, 예로부터 여러 지방으로 통하는 교통로의 요지로 발전하였다.

14 티무르(帖木兒, 크레겐, 티무르 이랑, Tamerlane, 1336~1405). 중앙아시아 티무르제국의 건설자(재위 1369~1405). 해마다 사방으로 원정하여 코라즘을 병합하였고 동차가타이한국을 복종시켰으며 카르토 왕조를 멸망시키고 인도에 침입하여 델리를 점령하였다. 학자·문인을 보호하고 산업을 장려하였다.

15 철로 만든 냄비라는 뜻.

**그림3-2** 단구경 사석포

나지 않아 커다란 돌을 발사할 수 있는 매우 큰 규모의 사석포<sup>bombard</sup>[16]로 교체되었다. 포신이 짧은 사석포들은 포미 부분이 포구 끝 부분보다 작았고, 포신이 긴 사석포들은 맥주통 모양과 같이 쇠테로 묶인 평행한 철틀의 형태를 갖추고 있다(그림3-2).

스코틀랜드 에딘버러성에 만들어진 유명한 몬즈 메그<sup>Mons Meg</sup> 사석포[17]는 쇠테가 붙어 있으며 몇 개의 마디를 나사식으로 돌려 연결함으로써 길이를 길게 할 수 있다. 가끔 사석포가 발사한 돌이 산산이 부서지자 돌을 철테로 묶어서 사용함으로써 부서지는 것을 막았다. 1331년에 독일인들은 이탈리아의 치비달레<sup>Cividale</sup>[18] 성을 공격할 때 포와 같은 종류의 무기를 사용하였다고

---

16 길이가 15~20ft(4.5~6m)로 청동이나 철로 주조된 짧은 포신의 대포

17 브루고뉴공 필립 3세의 명령으로 만들어진 거대한 대포. 몬즈 메그라는 명칭은 대포를 시험한 장소인 벨기에의 몬즈(Mons)와 스코틀랜드의 제임스 3세의 여왕 이름 마가렛의 애칭인 메그(Meg)에서 따오게 되었다는 설이 있다. 1449년 6월에 포가 완성되었을 당시 세계에서 가장 큰 대포였다. 실제 전쟁에 사용된 것은 1453년 5월이었다. 몬즈 메그의 구경은 56cm였으며, 사용하는 탄환의 무게는 180kg로 하루에 8~10번밖에 발사할 수 없었다. 포를 옮기는 데만 백여 명이 필요할 정도로 거대하여 수상으로밖에 운반할 수 없다는 결점이 있었다.

18 Cividale del Friuli- Venezia Giulia. 프리울리베네치아줄리아주 우디네현의 치비달레 델

전해지며, 1346년에는 영국이 크레시 전투에서 포를 사용하였다는 증거도 있다. 바퀴가 달린 공성용 포의 사용은, 얀 지슈카[19]에 의해서 제안된 것을 1419~1424년 후스파Hussite[20]가 사용하면서 비롯되었다.

**그림3-3** 몬즈 메그 사석포

이미 오래 전에 거대한 도시 요새가 쓸모없어졌지만 사석포의 발명으로 중세 성곽의 강력한 방어는 옛

---

프리울리(Cividale del Friuli). 이탈리아 최북단. 오스트리아와는 60Km, 슬로베니아와는 겨우 8Km 의 거리에 경계 분기점을 둔 지역이다.

19 얀 지슈카 즈 트로츠노바 아 칼리하(Jan Žižka z Trocnova a Kalicha, 1360~1424). 체코의 장군이자 후스파의 지도자로서, 부르주아 가문 출신으로 보헤미아에서 태어났다. 로마 가톨릭교회 교황 마르티노 5세와 헝가리의 왕 지기스문트의 십자군을 농민군과 신출귀몰한 전략으로 대파하여 체코의 종교개혁을 지켜낸 인물이다. 1378년에 연대기 작가 에네아 실비오 피콜로미니(교황 비오 2세)의 기록된 공식적 기록에 따르면 지슈카라는 별명이 척안(隻眼, 애꾸눈)을 의미하며, 얀이 한쪽 눈을 잃게 된 이유는 어린 시절의 싸움 때문이라고 한다.

20 후스파는 종교 개혁의 선구자인 체코 보헤미아 출신의 얀 후스(1369~1415)의 가르침을 따르던 기독교 교파이다. 후스는 가톨릭교회 성직자들의 타락상을 비난하면서, 교회의 기초는 베드로가 아닌 그리스도이고 성경이 최고 권위이며, 성경의 권위에 복종하지 않는 교황에게는 복종할 필요가 없고, 하느님과 인간 사이에는 예수 이외의 중재자는 없다고 했다. 그의 주장은 체코 전역에 널리 확산되었고 그의 추종자들을 '후스파(Hussites)'라고 불렀다. 후스를 이단으로 단죄한 로마 가톨릭교회의 콘스탄츠공의회 이후 체코 정부는 후스에게 신변상의 안전을 보장하겠다는 서신을 보내 속여서 체포한 다음 화형시켰다. 후스의 처형 소식이 전해지자 보헤미아 사람들은 그를 순교자로 추앙하였다. 종교적 정치적 문제를 이유로 후스파를 토벌하기 위한 후스전쟁(1420~1434)이 발발하였고 이후 후스파는 종교의 자유를 쟁취했다. 그러나 17세기 30년전쟁이 발발하고 신성로마제국군이 승리하면서 합스부르크는 대부분의 보헤미아인을 다시 가톨릭으로 개종시켰으며, 이후 후스파는 체코에서 극소수의 신도만 믿는 교파가 되었다.

말이 되었다. 윈스턴 처칠은 자신의 저서인《영어를 구사하는 민족의 역사History of the English Speaking Peoples》라는 책에서 헨리 7세[21]가 영국을 통치하던 시기 아일랜드 정복에 대해 다음과 같이 기술하였다.

"대포cannons라는 단어는 아일랜드인들에게는 쉽게 이해되는 표현이었다. 그러나 대포는 영국으로부터 유래하였다. 아일랜드인들은 그것을 사용할 수는 있으나 만들지는 못한다. 여기에 헨리 7세부터 영국이 아일랜드를 통치하기 시작한 열쇠가 있는 것이다."

사석포 효율성의 가장 극적인 실험은 1451년 오스만제국[22]의 술탄이자 근동에서 마지막 기독교인들의 근거지를 점령하려고 결심했던 메흐메트 2세[23]

---

21  헨리 7세(Henry VII, 1457~1509). 최초의 튜더 왕가 출신 잉글랜드 왕국의 국왕이다(재위 1485~1509). 1485년 망명지인 프랑스로부터 귀국하여 리처드 3세가 보즈워스 전투에서 전사한 후 즉위하였고, 에드워드 4세의 딸 엘리자베스와 결혼하여 요크, 랭커스터가 대립한 장미전쟁을 종결지었다. 요크파 귀족의 영지를 몰수하여 왕령지를 확대하였고, 봉건 귀족의 세력을 억압하였으며, 사회 질서의 회복과 왕권의 강화에 노력하였다. 또한 상공업을 보호 장려하였으며 왕실의 재정을 튼튼히 하는 등 잉글랜드의 절대주의 기초를 확립하였다.

22  튀르키예의 오스만제국 시대(1299~1922). 오스만제국 또는 오스만튀르크(Osman Turk, Ottoman Empire). 1299년에 오스만 1세가 셀주크제국을 무너뜨리고 소아시아(아나톨리아)에 세운 이슬람제국으로 제1차 세계대전 뒤 1922년에 튀르키예의 국민혁명으로 멸망하였다. 1354년 오스만제국은 유럽에 진출하기 시작했고, 1453년 5월 29일 술탄 모하메드 2세(Sultan Mehmet II)가 콘스탄티노플을 정복하여 비잔틴제국을 멸망시키고 이스탄불로 수도를 옮겼다. 16세기에는 에게해와 흑해를 오스만제국의 내해로, 이디오피아, 예멘, 크리미아를 국경으로 삼았으며, 비엔나까지 영토가 확장되었다. 오스만제국은 17세기부터 쇠퇴하기 시작했으며, 1912년~1913년 발칸전쟁 때 불가리아의 마리차강까지 후퇴하면서 그 영토가 축소되었다. 제1차 세계대전 때는 패전국인 독일 측에 가담하여, 1920년 8월 연합국과 세브르(Sèvre) 강화 조약을 체결하였다. 이로 인해 콘스탄티노플의 배후지와 튀르키예의 발생지인 아나톨리아 고원만을 보유하게 되었다. 그러나 케말 파샤가 세브르조약을 무효화하고 실지 회복 운동을 일으킴으로써 이 조약은 비준되지 않았다. 케말 파샤는 1923년 7월 연합국과 로잔느조약을 체결하여 세브르조약으로 상실했던 아나톨리아 반도의 대부분 지역을 회복하고 터어키 공화국을 선포하였다.

23  메흐메트 2세(터키어: II. Mehmet, 1432~1481). 오스만제국의 제7대 술탄이며, 처음으로 카이사르와 칼리프의 칭호를 썼다. 1444년부터 1446년까지 통치하다가 퇴위되고 1451년 재

**그림3-4** 프루아사르Froissart 포, 1390년

의 콘스탄티노플 공격 시 실시되었다. 콘스탄티노플은 거대한 자연 요새와 공격탑으로 포위되었다. 21세 때에 이미 가학자, 성도착자라는 평판이 있던 모하메드 2세는 이 전투에서 자신을 증명하고자 하였으며 뉴만[24]은 그를 "위대하면서, 신중하고 완고한 전략가"라고 평가했다.

모하메드 2세는 비잔틴으로부터 냉대받은 천재적인 헝가리 기술자 우르반[25]

즉위하여 1481년 죽을 때까지 집권하였다. 그는 젊은 나이에 콘스탄티노플을 함락, 동로마 제국을 멸망시켰으며 오스만제국의 판도를 크게 넓혀 '정복자(Fatih)'란 별명을 얻었다.

24 제임스 로이 뉴먼(James Roy Newman, 1907~1966). 미국의 수학자이자 변호사이다. 제2차 세계대전 중과 이후에는 런던 주재 미국 대사관의 최고 정보 책임자, 전쟁 차관이자 미국 상원 원자력위원회 고문. 후자의 자격으로 그는 1946년 원자력법 초안을 작성하는 데 도움을 주었다. 그는 1948년부터 〈Scientific American〉의 편집위원이 되었다.

25 오르반(Orban) 또는 우르반(Urban. 헝가리어: Orbán, ?~1453)은 헝가리 왕국령 트란실바니아 브라소(Brassó, 현재 루마니아 브라쇼브)의 주물 기술자로, 그가 제작한 거포가 1453년 오스만제국이 콘스탄티노플을 함락시키는 데 큰 역할을 하였다. 그는 오스만제국이 콘스탄티노플을 공격하기 1년 전인 1452년에 동로마에 자신이 제작한 거포를 제공하려 했지만, 동로마 황제 콘스탄티노스 11세는 우르반이 요구한 높은 봉급을 감당할 수 없었고, 당시 동로마는 대규모 공성 대포를 만드는 데 필요한 재료를 마련하지 못했다. 결국 우르반은 콘스탄티노플을 떠나 그 도시를 포위할 채비를 하고 있던 오스만의 술탄 메흐메드 2세에게 풍부한 자금과 재료를 지원받았다. 아드리아노플(Adrianople)에서 3개월 만에 거대한 대포를 만들어냈으며, 60마리의 황소가 이 대포를 콘스탄티노플로 끌고 갔다. 오르반은 포위 공격 중 자신의 대포 중 하나가 폭발했을 때 인근에 있던 다른 사람들과 함께 사망한 것으로 보인다.

을 기용하여 거대한 공성용 전차의 건설을 감독하였다. 그것은 56문의 대포와, 쇠로 테두리를 두르고 36in$^{91.4cm}$의 구경을 가지고 있는 바실리카$^{Basilica}$라고 불리는 초대형 사석포 1문을 포함하여 12문의 거대한 사석포로 구성되어 있었다. 이것들은 너무 무거워 이를 옮기는 데 60마리의 황소와 200명의 인원이 필요하였다. 탄환의 무게는 1,600lbs$^{726kg}$였으며 1mile$^{1.6km}$ 이상 사격이 가능하였다. 바실리카는 장전하는 데 한 시간 이상이 소모되었고 하루에 일곱 번 이상을 사격할 수 없었다. 바실리카는 처음 몇 번의 발사로 수비대에게 두려움을 준 후에 포신이 깨져버렸다. 그러나 작은 대포들은 좀 나은 편이었다.

콘스탄티누스 11세[26] 황제는 매우 조악한 대포들을 성벽에 설치했는데, 발사 반동에 의하여 성벽이 약해지거나 무너지는 것을 발견하였다. 정면 공격에 두 번 실패하고 소수의 투르크 병사만이 성문 방어에 취약한 후방으로 공격했다. 그 병사들은 결국 전사했지만 도시의 방어자들에게 공황을 가져다주기엔 충분하였다. 문란하기로 유명한 모하메드는 자신의 공격부대를 다그쳐가며 세 번째의 공격을 시도하였으며 마침내 성공하였다. 콘스탄틴은 전사했지만 투르크인들은 2,000여 명의 주민을 학살하고 도시 인구 10만 명 중 6만 명을 노예로 팔아넘겼다.

투르크인들은 비잔틴제국을 붕괴시키는 데 큰 공헌을 한 사석포를 자랑스러워하였다. 그리고 점령한 도시에 그 괴물 같은 야포들을 배치했다. 그 야포 중 일부는 약 354년이 지난 후인 1807년 영국군의 침략을 막는 데 사용되었다. 발사된 700lbs$^{318kg}$의 돌은 덕워스 제독[27]의 범선 주 돛대를 부숴버렸으

---

26 콘스탄틴 팔레오로구스(Constantine Paleologus, 1404~1453). 비잔틴제국의 마지막 황제이다. 콘스탄티노플을 수호하다가 1453년 5월 29일 도시 성벽을 뚫고 들어온 투르크군과 맞서 싸우다 죽임을 당했다.
27 덕워스(Sir John Thomas Duckworth, 1748~1817) 제독은 영국 해군 장교로, 1812년 전쟁 당

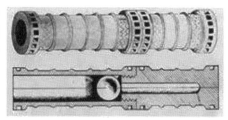

**그림3-5** 1453년 다르다넬스 대포dardanelles gun

며, 두 번째 발사 시 60여 명의 사상자를 발생시켰다(그림3-5).

사석포는 중세 투석기보다 명백하게 우월했다. 14세기 말에 이르러서야 사석포는 투석기의 포위 공격 방식을 잊게 했다. 사석포가 중세시대에 돌덩이를 집어던지는 장비인 투석기를 완전히 대신하기 전까지 매우 긴 시간이 소요되었음을 알 수 있다. 적은 비용으로 만들 수 있고, 보다 빠른 발사율을 가지고 있는 투석기는 이후 200년간 지속적으로 사용되었다.

14세기 초에 교회의 종을 주조하는 데 사용되는 것과 같은 방법으로 총을 주조하는 방법이 발견되었다. 주석과 구리로 녹인 액체 금속을 속이 빈 원통 모양의 주물에 흘려 넣어 청동포를 만들었다. 네프 교수가 서술한 바에 따르면 "스웨덴과 폴란드에서 스페인까지, 아일랜드로부터 발칸까지 영원한 평화의 메시지를 울리던 종을 만들던 초기의 주물 기술자들이, 의도치 않게 인간이 만든 가장 끔찍한 무기 중 하나를 만드는데 기여"하였던 것이다. 최초의 주철 박격포를 발명한 사람은 메르클린 가스트Merklin Gast이다. 그는 최초의 실용적인 소화기小火器를 만들었고, 아우크스부르크[28]를 총으로 유명하게 만드는데

시 뉴펀들랜드 주지사, 영국 하원의원이었으며, 7년전쟁, 미국 독립전쟁, 프랑스혁명 및 나폴레옹전쟁 중에 복무했다.
28 아우크스부르크(Augsburg)는 독일 바이에른주 남서쪽에 있는 고대 로마 시대에 건설된 고도(古都)이다.

기여했다.

　총기 주조 기술은 종 주조 기술자들의 기술을 능가할 만큼 많이 발전하지 못했다. 종을 만든 사람들은 각각의 종에 특별한 거푸집을 사용하고, 한번 사용하고 나면 그것을 부숴버렸는데 총기 주조 기술자들도 똑같은 방법을 사용하였다. 이런 비경제적인 관습은 -매우 커다란 장점인- 모든 종류의 대포가 같은 거푸집에서 생산될 수 있고, 모든 대포가 동일 규격의 포탄을 사용할 수 있다는 것을 뒤늦게 깨달을 때까지 200년 간 지속되었다.

　초기 과학자들이 야금술을 많이 연구했다고는 하지만, 실용적인 야금술은 금속 기술자들이 갖고 있는 경험에서 비롯된 예술이었다. 금속 광석으로부터의 금속 추출이나 합금의 비율, 혹은 주철의 제련된 철 또는 강철로 가공하는 데에 과학적 설명 같은 것은 존재하지 않았다. 심지어 로저 베이컨Roger Bacon, 알베르투스 마그누스[29], 레이먼드 룰리Raymond Lully와 뱅상 드 보베[30]와 같이 화학자로서 유명했던 사람들의 논문에도, 아랍 화학자들의 논문을 다시 쓰게 할 만큼의 혁신적인 것이 없었다.

　'광물학의 아버지'라 불리는 위대한 독일 학자 게오르기우스 아그리콜라 게오르기우스[31]는 주로 중부 유럽을 여행하며 광부들, 야금학자, 유리 세공

---

**29** 알베르투스 마그누스(Albertus Magnus, 1193?~1280) : 독일의 스콜라 철학자. 신학자이면서 동시에 수학·자연학·형이상학 등에 관하여 폭넓은 교양을 지녔다. 아리스토텔레스 사상을 라틴 사람들에게 이해시키려 하였다. 즉 신학과 철학 사이에 명백한 경계선을 그음으로써 철학이 지니는 자율적인 가치를 분명히 하였다.

**30** 뱅상 드 보베(Vincent de Beauvais, 1190?~1264) : 프랑스의 스콜라 철학자, 보베의 도미니코회 수도사. 당시의 신학 사상, 자연 철학을 종합한 백과사전적 대저《Speculum Majus(커다란 거울)》(1244년경) 80권을 썼다.《자연의 거울》,《교양의 거울》,《역사의 거울》의 3부로 이루어 졌으나 14세기 초 그의 후계자들에 의해서《도덕의 거울》이 추가되었다.

**31** 아그리콜라(Georgius Agricola, 1494~1555) : 독일 르네상스 시대의 광산학자. 광산학의 기초를 닦았고 저서《데 레 메탈리카》에서 탐광, 채광, 광석의 운반, 갱내의 환기와 배수 펌프의 장치, 야금 기술, 광부의 조직·급료·건강관리 등을 정확하게 관찰 기록하였다.

업자들이 무엇을 만드는가
를 관찰함으로써 그의 유명
한 논문 〈De Re Metallica
(1556)〉을 위한 자료를 수집
하였다. 그는 장기간의 광석
연구 및 금속과 염류에 대
한 조사를 기반으로 지질학
적 조성과 채광 기계, 화학

**그림3-6** 후에 성 바울(St. Paul)이라고 이름붙은 대포

적 변화 과정에 대한 상세한 기술을 만들었다. 그는 금을 추출하는 아말감 제
련법[32]에 대한 자신의 실험과 다양한 물질에 대한 연소 실험을 기록하였다. 그
는 혁신가라기보다는 주로 자료 편집자였지만 연금술이 마술사나 군주들의
장난감이었던 시대에 진정한 과학자로서 주목할 만하였다.

총기의 제작은 고도로 숙련된 기술을 습득할 때까지 계속되었다. 대부분
의 대포는 주방의 솥과 같이 생긴 커다란 단일 거푸집에서 주조되었다. 표준
이란 없었다. 모든 대포는 제각각이었으며, 많은 것이 청동 조각품처럼 간주되
었고, 갑옷과 같이 화려한 장식으로 마무리되었다. 르네상스 시대조차도 예외
였을 정도로 뛰어난 대포 조각 작품은 오늘날 이탈리아 플로렌스의 바르젤로
Bargello박물관에서 볼 수 있다(그림3-6).

가장 큰 대포에는 3~4톤의 청동이 사용되었다. 목재로 만들어진 포가砲架
는 철제 밴드와 무거운 철제 볼트, 쇠사슬과 튼튼한 철제 고리로 차축 위에
고정되어 내리막길에서도 미끄러지지 않게 하였다. 포가에 사용된 철의 무게
는 2톤 이상으로 거의 대포의 청동 무게와 같았다. 몇몇 대포의 이름은 성 바

~~~~~~~~~~~~~~~~~~~~
32 수은을 넣어 아말감을 만들고 목적하는 금속을 채취하는 야금법이다

바라[33]처럼 자신들의 수호성인으로 성자의 이름을 붙여서 포수들이 명명했다. 포수들은 높은 보수에 고용되었고, 전쟁 중에는 왕족이 아닌 자신들을 고용한 고용주의 지시만 받았다. 그들은 점차 독립 집단이 되었고, 만일 전투가 치열해지면 주로 자신들의 화기를 보호하는 데만 관심을 두었다. 몇몇 왕자는 포수들이 도주하는 것을 방지하기 위하여 보병들을 추가로 고용하기도 하였다.

초기 대포의 신관은 믿을 수 없었고 포탄이 어디로 날아갈지 예측할 수 없었다. 반동으로 포 위치가 바뀌었고, 이런 단점은 19세기 후반까지도 시정되지 못했다. 비가 오면 화포를 사용할 수 없었다. 페르난도와 이사벨라가[34] 철

---

33 대포와 화약을 다루는 군사공학자, 총기 기술자, 광부, 장갑병들의 수호 성인이다.

34 페르난도 2세(Fernando II, 1452~1516). 아라곤 왕. 별칭은 가톨릭 왕 페르난도(Fernando el Católico). 1479년부터 여왕 이사벨라 1세(이사벨 1세 데 카스티야 이 아라곤, Isabel I de Castilla y Aragón, 1451~1504)와 공동 군주로서 카스티야의 왕(페르난도 5세)과 이탈리아 남부를 다스린 스페인 통치자를 겸했다(나폴리에서는 페르디난도 3세, 시칠리아에서는 페르디난도 2세로 불렸다). 그는 스페인을 통일하였고, 단일 국가로서 스페인은 이후로 근대 제국주의 팽창기로 들어서기 시작했다. 그는 1469년 카스티야의 이사벨라 공주와 정략 결혼했다. 아라곤과 카스티야의 결혼은 정략적 성격을 띠고 있었지만 페르난도는 이사벨라를 진심으로 사랑했다.
카스티야의 엔리케 4세가 왕위 계승자를 확정하지 않은 채 1474년 세상을 떠나자, 이사벨라는 세고비아에서 스스로 카스티야의 여왕임을 선언했다. 이사벨라는 1479년 포르투갈의 아폰수 5세와 벌인 왕위 계승 전쟁에서 승리한 뒤 페르난도를 명실상부한 왕으로 인정했다. 같은 해 아라곤의 후안 2세가 죽자, 페르난도는 아라곤의 왕위를 계승하여 제도적으로 근대 스페인의 기초가 된 두 왕국의 연합이 이루어졌다. 이 기간 페르난도는 이사벨라와 함께 아라곤 왕국의 제도에서 차용한 새로운 제도적 틀을 이용하여 카스티야 왕국을 정치적으로 변모시켰다. 한편, 가톨릭 이외의 종교를 금지하여서 스페인 종교재판소 설치(1478)와 유대인 추방(1492)으로 강화된 교회는 왕을 지지하게 되었다.
1492년에는 그라나다의 항복을 받아내어 스페인 영토 내에서 이슬람 세력을 완전 축출하고 수세기에 걸친 레콩키스타(Reconquista)에 종지부를 찍었다. 이후 이사벨라는 콜럼버스를 지원하여 신대륙을 발견하는데 기여하였다. 교황 알렉산데르 6세는 페르난도에게 1496년 '가톨릭 왕'이라는 명예 칭호를 주었다. 1504년 이사벨라 여왕이 죽자 페르난도는 자신의 지위 보장을 위해, 1505년 프랑스 왕 루이 12세의 조카인 제르멘 드 푸아와 결혼하고, 카스티야로 돌아온 페르난도는 지중해 지역과 아프리카에 대한 팽창주의를 달성하고자

로 된 관을 철제 볼트와 고리로 결합해 대리석 탄환을 발사하도록 만들어 사용이 곤란한 포를 발사하려고 애쓰는 부하 지휘관들을 보고 알았던 것처럼, 대포는 만들기도 비싸고 이동이나 조준도 힘들었다. 그래도 이때까지 대포는 오래된 공성 무기보다 효과적이었고, 포의 맹렬한 공격 앞에 전 유럽의 성채들이 함락당했다. 프랑스의 샤를 7세[35]는 포병을 이용하여 1449~1450년에 노르망디를 재정복했다. 그는 16개월간 60회의 성공적인 공성 작전을 수행했다. 장미전쟁[36] 동안 영국에서는 대포가 공성전의 가장 강력한 주요 무기가 되었다.

대포는 프랑스의 뷔로 형제[37]가 대포의 내경과 밀착되고 돌보다 더 단단한

---

하는 정책을 추진했다.

35 프랑스 왕 샤를 7세(Charles Ⅶ, 1403~1461, 재위 : 1422~1461). 백년전쟁을 다시 일으켜, 처음에는 잉글랜드군에게 오를레앙에서 포위당하였으나 포위망을 뚫고 나와 1422년 왕위에 올랐다. 그 후 잉글랜드군을 무찔러 영토를 다시 회복하고 전쟁을 끝냈다. 그는 귀족의 반란을 평정하고 왕권을 확립하는 데 노력하였다. 잔다르크에 의해 구원받고 정치적 이해에 따라 그녀를 버린 것으로도 유명하다.

36 장미전쟁(Wars of the Roses, 1455~1485)은 붉은 장미를 표시로 삼은 랭커스터 왕가와 흰 장미를 표시로 삼은 요크 왕가 사이의 왕위 쟁탈전이었다. 정신이상이 된 헨리 6세를 요크 가의 리처드가 섭정하자 이를 위험하게 여긴 왕비가 리처드를 추방했는데 그가 돌아와서 장미전쟁이 시작되었다. 랭커스터군은 요크군을 격파하고 리처드가 전사했으나, 아들인 에드워드가 랭커스터군을 무찌르고 왕위에 올랐다.
에드워드 4세가 사망했을 때 두 명의 젊은 왕자와 왕녀가 있었으나, 의회는 왕자를 서자라고 선언하고 섭정이었던 리처드가 왕위에 올랐다. 이에 어머니 계통으로 왕실에 연결된 랭카스터가의 유일한 왕위 요구자인 헨리 튜더가 프랑스의 루이 11세의 지원을 받아 리처드 3세를 격파하고 헨리 7세로 즉위하였다. 이로써 장미전쟁은 끝나고 튜더 왕조가 열리게 되었다.

37 장 뷔로(Jean Bureau, 1390~1463)와 가스파르 뷔로(Gaspard Bureau, 1393~1469) 형제는 프랑스 포병 화기를 발전시킨 사람들이다. 장과 가스파르는 1436년 샤를 7세의 프랑스 군대에 합류했다. 뷔로 형제는 프랑스의 야전 포들을 개발하여 구경을 표준화하고 포신의 재료를 연철에서 주철로 전환했다. 이것은 프랑스 군대가 영국군에 비해 결정적인 이점을 갖게 해주었고 백년전쟁을 종식시키는 데 도움이 되었다. 가스파르는 1442년에 포병의 임시 우두머리가 되었고, 1444년 왕립 포병의 그랜드 마스터(grand master)가 되었다.

철제 포탄을 개발했던 15세기 중반에 위력이 더욱 강해졌다. 현재의 미사일처럼, 던져지는 것이 아니라 발사되는 것으로 변화된 것이다. 화약은 정련된 초석[38]에서 생산되어 더 순수해졌다. 초기의 사석포bombard들이 가끔 폭발함에 따라 포신은 더 두꺼워지고 포 자체의 크기는 작아지는 경향이 나타났다. 독일인들은 사람의 머리보다 더 큰 철제 탄환을 주조하는 방법을 완성했다. 그들은 속이 빈 강철구 안에 화약을 충전한 초기의 포탄을 만들었으나, 그것이 대포 안에서 폭발되지 않은 채 발사하는 방법이 발명된 것은 한 세기가 지난 후였다.

15세기 말로 접어들기 직전, 화포는 말에 의해 견인되는 포차와 결합하여 처음으로 진정한 기동성을 획득하게 되었다. 위대한 프랑스의 정복왕인 샤를 8세[39]는 말이 끄는 긴 포병 행렬을 이용하여 1494~1495년에 이탈리아를 침공했다. 그의 군대는 최초의 현대적인 군대였다. 포수들은 청동이나 납탄 대신 철제 포탄을 발사했으며, 최초로 보병과의 간격을 유지하여 비교적 재빠르게 발사하도록 운영되었다. 이 시기 전까지의 구식 황동이나 철제 사석포들은 발

---

38 색깔은 무색·백색·회색. 화학 성분은 KNO3이다. 결정 구조는 아라고나이트(aragonite)와 같다. 보통 모상(毛狀) 또는 침상 집합체를 이루며, 무색·백색·회색 등을 띠는데 불순물에 의해 착색되기도 한다. 면에서 쌍정(雙晶)을 이룬다. 유리 광택이 있으며 투명하다. 물에 쉽게 녹고 쓴맛이 있으며 목탄 위에서는 튀면서 탄다. 주로 동물의 시체나 배설물 등에 박테리아가 작용하여 생긴다. 또한 건조지대의 지표에서 석출되거나 비 온 후의 햇볕에 의해 지표의 토양과 섞여 만들어진다.

39 샤를 8세(Charles Ⅷ, 1483~1498). 프랑스의 왕(재위 1483~1498)이며 루이 11세의 아들이다. 13세에 왕위에 즉위하였고 22세가 될 때까지 누이 안 드보주가 섭정으로 있었다. 브르타뉴공의 딸 안과 결혼함으로써 그 영토를 확보하였고, 루이 11세가 정한(1482) 부르고뉴와의 결혼정책 파기로 빚은 오스트리아와의 불화를 해결하여 마코네 등을 영유하였다. 한편 1494년 나폴리왕의 죽음을 듣자 이탈리아 원정을 결심, 알프스를 넘어 피렌체에 입성하였다. 이어서 나폴리를 무혈 점령하였으나 독일 황제의 방해를 받고 철병하였다. 그러나 이탈리아의 도시 문화와 르네상스의 문명에 매료되어 프랑스에 인문주의(휴머니즘) 운동이 일어날 소지를 만들었다.

사 속도가 느려 종종 포격 사이 재장전 시간에 수비하는 사람들이 방벽을 수리할 수도 있었다. 도시와 성벽들은 새로운 공성 병기 앞에 무릎을 꿇었고, 고대와 중세의 가장 위대한 방벽조차도 견고하지 못하다는 것을 보여주게 되었다. 마키아벨리는 샤를 8세를 "손안의 분필로 이탈리아를 점령했다"라고 기록했는데 그의 포수들이 지도에 분필로 표시된 모든 지점을 공격했기 때문이다.

로마군단보다는 못했지만 새로운 기동성은 전쟁의 전략과 전술에 막대한 변화를 의미하는 것이었다. 채드윅 오만은 15세기의 전쟁을 "분리된 층의 …… 수많은 방수 구획으로 밀폐된 …… 거의 상호간에 교류가 없는 …… " 것으로 묘사하고 있다. 16세기의 전쟁은 하나의 거대하고 복잡한 형태로 변화했다. 이후 100년간 계속해서 사용될 새로운 전술이 1525년의 파비아<sup>Pavia</sup> 전투<sup>40</sup>에서 처음 시도되었다. 새 전술은 포병이 돌파구를 열고, 화승총을 쏘는 총병들은 파이크<sup>pike, 창병41</sup>들의 보호 아래, 창병과 검과 창을 쓰는 기병들의 진격로를 공격했다.

1520년에는 화약이 일정하게 고운 가루로 만들어지는 대신 거친 입자로

---

40 1525년 2월 24일 프랑스왕 프랑수아 1세와 신성로마제국 황제 카를 5세가 이탈리아의 파비아에서 벌인 전투이다. 이탈리아에 대한 주도권을 놓고 프랑스와 신성로마제국이 벌인 전투로, 프랑스군이 적의 포 공격을 잘 막아주는 보호처에 숨어 있으면서 너무 잘 먹고 지내다가 에스파냐의 아르크뷔지에(화승총으로 무장한 부대)의 급습에 패배하였다고 하여 굶주린 배가 승리한 전투라고 한다. 이 전투로 프랑스군 2만 8,000여 명이 거의 전멸하였을 뿐만 아니라, 프랑수아 1세는 포로가 되었으며, 이듬해 강화를 맺고 이탈리아에 대한 권리를 포기하였다.

41 15~17세기 유럽에서 사용되던 길이 5~8m, 무게 3.5~5kg으로, 긴 손잡이에 나뭇잎 모양의 창날이 달린 단순하고 뾰족한 창이다. 파이크는 기병의 랜스에 대항하기 위해 스위스에서 만들어졌다. 어원은 프랑스어로 보병 창인 '피크(pique)'에서 유래했다. 파이크는 1422년의 알베드전쟁에서 스위스군이 이탈리아 제일의 부대라고 알려진 밀라노 공의 기병을 격파하면서 화려한 데뷔를 했다. 이후에는 기병에 대한 방어 병기로서 활약했다. 기동성은 없었지만 유럽의 군대에서는 파이크를 중심으로 한 부대 대형을 고안했으며, 30년전쟁에서는 유명한 무적의 방진 대형 테르시오를 등장시켰다.

'각질화'되면 폭발은 더욱 빠르게 모든 장약으로 점화된다는 것을 발견했다. 이것은 화포의 효과를 증대시켰다. 화기의 디자인은 변하지 않았지만 주조 기술과 화기의 구경은 비약적으로 발전하였다. 발명가들은 여전히 포미를 단단하게 고정시키는 데 실패했기 때문에, 후미 장전은 포기하고 포구 장전을 선호하였다. 후미 장전 방식은 폭발로 인해 발생하는 가스가 새어나가지 않게 하기 위해 단조강鍛造鋼이나 기계 가공된 강철을 사용해 '밀폐 장치'를 만드는 기술이 개발된 19세기 후반까지 사용되지 못했다.

최초의 단일 주조된 철제 화기는 영국에서 생산되었다. 헨리 8세[42]는 외국산 황동을 수입할 돈이 부족하자, 1543년에 프랑스 야금학자 보데[43]를 초빙하여, 공 모양求刑 탄환을 생산하는 서섹스Sussex 지방의 철기 주물공장으로 보냈다. 보데가 송풍용광로와 청동 및 철강 주물공장의 세부 사항까지 묘사된 자신의 논문 〈De la Pirotechnia(1540)〉에 기술한 것을 보면 확실히 반노초 비링구초[44]의 주조 기술을 사용했던 것을 알 수 있다. 보데는 최초의 철제 화기

---

**42** 헨리 8세(Henry VIII, 1491~1547)는 잉글랜드의 국왕(재위 1509~1547)이자 아일랜드의 영주(재위 1541~1547)였다. 청년 시절은 르네상스 군주로 알려졌으며 1509년 4월 21일부터 사망할 때까지 아일랜드와 프랑스의 왕위 소유권을 주장하였다. 그의 아버지 헨리 7세의 둘째 아들로 형이 요절하자 왕이 된 튜더 왕가 출신의 두 번째 왕이다. 형수인 왕비 캐서린과의 사이에 아들이 없었기 때문에, 1527년경부터 궁녀 앤 볼린과 결혼하려고 하였으나 로마 교황이 이를 인정하지 않으므로 가톨릭교회와 결별할 것을 꾀하여, 1534년 수장령(首長令)으로 영국 국교회(國敎會)를 설립하였다. 이어 1536, 1539년에 수도원을 해산하고 그 소령(所領)을 몰수하였다. 종교정책 이외에도 왕권 강화에 힘썼으며, 웨일스·아일랜드·스코틀랜드 등의 지배와 방비를 강화하고, 당시의 복잡한 국제 정세 속에서도 몇 차례나 대륙에 출병하였다. 여섯 왕비 중 두 왕비와 울지, T.크롬웰, T.모어 등의 공신(功臣)을 처형하는 등 잔학한 점도 있었으나, 그 통치는 국민의 이익을 크게 반하지 않았으며 부왕이 쌓은 절대 왕정을 더욱 강화하였다.

**43** 피터 보데(Peter Baude)는 포와 종 제작자이다. 1514~1515년에 영국으로 와서 1528년까지 일했다.

**44** 반노초 비링구초(Vannoccio Biringuccio, 1480~1539?). 이탈리아 시에나 출생. 시에나의 P.페트루치의 지원으로 이탈리아·독일을 여행하며 기술을 익혔다. 시에나시(市) 내분에 휘말

를 주조하는 데 성공하였고, 이는 위대한 영국의 병기 산업이 시작되는 기초가 되었다.

실제로 철제 화기는 황동 화기보다 우월하지 않았고 좀 더 자주 폭발하는 경향이 있었지만 그 발명은 주목할 만한 것이었다. 처음으로 영국이 차지한 야금학의 우세는 19세기 말까지 지속되었다. 서섹스 지방의 철강 공업은 막대한 경제적, 정치적 의미를 갖게 되었다. 그것은 강력한 군사력의 원천이 상업에 종사하는 신교도 세력의 손에 달렸다는 것을 의미한다. 이런 상황은 영국인들에게 공업의 중요성에 대한 첫 번째 자각을 일깨웠다. 엘리자베스 1세 여왕은 영국이 황동과 철을 충분히 자급자족할 수 있길 희망하면서 새로운 발전에 호의적인 관심을 보였다.

독일, 보헤미아, 헝가리, 저지대 국가들[45], 프랑스, 스페인의 철 생산량 또한 비약적으로 증가했다. 증가율은 놀랄 만했지만 후기의 표준에 기초한 실제 생산은 적었다. 1530년부터 1540년까지의 서유럽의 철과 강철의 연간 생산량은 10만~15만 톤 사이였으며, 1910년에는 6,000만 톤에 달했다.

16세기에는 움직이려면 40마리나 되는 말이 필요한 대포도 있었지만, 가장 큰 화포도 기동이 가능해졌다. 독일인들은 포신이 짧고 두꺼운 박격포를 발명하였는데, 이는 고각으로 발사하여 적의 머리 위에 포탄을 낙하시키려고 제작되었다. 네덜란드인들은 속이 빈 금속 공안에 화약을 채우고 조그만 구멍을

---

려 몇 차례 추방되기도 했으나, 포의 제작과 축성(築城)의 학식과 경험을 인정받아 1529년부터 피렌체·파르마·베네치아를 거쳐 로마에서 주조(鑄造)·조병(造兵) 기술 책임자가 되었다. 그가 죽은 후 베네치아에서 저서《신호탄에 관하여(De la pirotechnia)》(10권, 1540)가 간행되었다. 이는 G.아그리콜라의《데 레 메탈리카(De re metallica)》와 함께 당시 야금술 전반에 대한 안내서이다. 최근에 전문(全文)이 영어로 번역되어 국제적으로 유명해졌다.

45 저지대 국가들(low countries)은 유럽 북해 연안 벨기에, 네덜란드, 룩셈부르크로 구성된 지역을 일컫는다.

뚫어 거기에 뇌관을 장치한 폭탄을 박격포로 발사하는 기술을 발전시켰다. 하지만 이 포는 사고가 잦았다.

16세기 화포의 가장 놀랄만한 특징 중 하나는 계속해서 표준화가 이루어지지 않았다는 점이다. 1547~1559년 사이에 프랑스 왕 앙리 2세[46]는 너무도 다양한 규격 때문에 혼돈 상태에 있었던 화포의 규격을 여섯 가지로 제한하여 규격의 혼란을 감소시키고자 했다. 스페인은 열두 가지 규격을 사용하였으며, 영국은 열여섯 가지로, 74lbs[33.6kg] 포탄을 발사하는 4톤 무게의 대형 화포cannon royal로부터 5oz[140g]의 탄을 발사하는 300lbs[136kg]의 소형 화포rabinet에 이르기까지 다양했다. 오늘날 모든 대형 화포에 사용되는 '대포cannon'[47]라는 단어는 당시에는 일정한 크기를 가지며 주로 공성 무기로 쓰이는 유형을 가리키는 것이었다. 영국 화포는 캐논 로열[48], 캐논cannon, 캐논 서펜틴cannon serpentine, 배스터드 캐논bastard cannon, 데미-캐논[49], 페드레로pedrero, 컬버린[50],

46 앙리 2세(Henry Ⅱ)는 프랑스의 왕(재위 1547~1559). 독일·영국 등으로부터 잃은 땅을 회복하고 국내 신교도들을 억압하기 위해 에스파냐와 카토캉브레지 화약을 맺었다. 프랑스 르네상스 문화를 장려하였지만 종교개혁 운동에 대해서는 엄격하게 경계하였다.

47 대포는 그리스어 κάννα(kanna : 갈대)에서 유래한 속이 빈 튜브와 같은 물체를 의미하는 라틴어 canna에서 유래한 '큰 튜브'라는 뜻의 오래된 이탈리아어 cannone에서 파생되었다. cannon은 이탈리아에서는 1326년, 영국에서는 1418년부터 총/포를 지칭하는 데 사용되어왔다.

48 캐논 로열(cannon royal)은 구경 약 8.5in(22cm)로 일반적으로 약 66lbs(30kg)의 포탄을 발사할 수 있는 매우 큰 대포로, 일반적으로 16세기와 17세기에 사용된 대포 중 가장 크다.

49 데미-캐논(demi-cannon)은 17세기 초에 개발된 컬버린보다 크고 캐넌보다는 작은 중형 대포이다. 데미-캐논의 포신은 보통 11ft(3.4m) 정도였고, 구경은 6in(15.4cm)에 무게는 5,600lbs(2,540kg) 정도였다. 흑색 화약 8kg으로 14.5kg짜리 구형 포환을 유효 사거리 약 1,600ft(490m)까지 발사할 수 있었다. 32lbs(14.5kg) 데미-캐논 포는 18세기의 삼층 갑판 전열함에까지 사용되었다. 해군용 데미-캐논은 위력은 강력했지만 조준이 부정확하여 적함에 최대한의 파손을 가하기 위해서 현측과 현측끼리 최대한 접근해야 했다. 때로는 적함의 전투력을 상실시키기에 한쪽 현측만으로는 불충분할 때도 있었다.

50 컬버린(culverin)은 15~17세기 유럽에서 사용된 대포이다. 길이 120~300cm, 무게 1,000~3,000kg. 15세기 프랑스에서 가장 먼저 사용되기 시작하여 16세기 영국 해군에게

바실리스크<sup>51</sup>, 데미-컬버린<sup>demi-culverin</sup>, 배스터드 컬버린<sup>bastard culverin</sup>(그림3-7), 세이커<sup>52</sup>, 미니언<sup>53</sup>, 팔콘<sup>falcon</sup>, 팔코네트<sup>54</sup>, 서펜틴<sup>serpentine</sup>, 라비네트<sup>rabinet</sup> 등으로

전래된 후 17세기까지 사용된 대포이다. 컬버린이란 말의 유래가 된 라틴어 'colubrinus'는 '뱀'을 뜻하는 단어로, 당시의 대포 형태와 다르게 가늘며 긴 포신(砲身)의 모양에서 붙은 애칭이다. 포신은 받침 위에 단단히 고정되어 있어 안정적인 탄도(彈道)를 얻을 수 있었으며 포신 받침에는 바퀴가 달려 있어 쉽게 운반할 수 있도록 만들어졌다. 뿐만 아니라 사격 위치에서 조준이 끝났더라도 포신의 각도를 변화시켜 사정거리를 조정할 수 있었다. 크기에 따라 그레이트 컬버린, 배스터드 컬버린, 데미 컬버린으로 나뉘어 불렸다.

51 바실리스크(basilisk)는 중세에 사용되었던 대포의 한 종류로, 포신의 무게 약 1,800kg, 구경 약 13cm의 매우 크고 무거운 청동제 대포이다. 길이는 평균 3m 정도이다. 포의 명칭은 불을 뿜을 수 있으며 독성이 있고, 눈을 마주치는 것으로 적을 살상할 수 있다고 알려진 신화 속의 동물 바실리스크에서 비롯된 것이다. 해당 무기에서 매우 긴 사정거리 내에 발사되는 약 70kg의 포탄의 위력은 적들을 능히 공포에 질리게 할 수 있을 것으로 여겨졌다. 1588년 잉글랜드-스페인전쟁에서 스페인 무적함대는 잉글랜드를 침공할 때 공성용으로 쓰고자 바실리스크 포를 다량 준비하였다. 바실리스크 포의 거대한 크기는 오히려 보다 가벼고 명중률이 높은, 실속 있는 대포를 원하는 유럽 사령관들의 욕구에 따라 해당 포를 도태시키는 결과를 낳게 되었다. 대표적인 예로는 1607년 네덜란드에서 제작된 '몰타 포'가 있으며, 이외에도 많은 종류의 신형포가 바실리스크 포를 대체해 갔다.

52 세이커(Saker)는 컬버린보다 작고 팔코네트보다는 큰 중형 캐넌류 포이다. 16세기에 개발되었으며 영국군에서 애용하였다. 명칭은 중동 원산의 커다란 매인 세이커매(Saker Falcon)에서 유래했다. 포신 길이는 약 2.9m이고, 구경은 8.26cm, 무게는 약 860kg이었다. 약 1.8kg의 흑색 화약을 사용하여 2.4kg의 구형 포환을 약 2.3km까지 발사할 수 있었다. 폭발물을 발사하기보다, 발사체가 지면 곳곳에 튀어오르게 만들어서 피해를 유발하도록 설계되었다.

53 미니언(minion, 귀엽다는 프랑스어 단어)은 튜더 시대와 17세기 후반에 사용된 소형 대포이다. 작은 구멍(보통 3in, 76.2mm)으로 5lbs(2.3kg)의 구형 포탄을 발사했다. 미니언은 팔코네트와 함께 해적 드레이크의 골든 힌드와 같은 더 빠르고 기동성이 뛰어난 엘리자베스 여왕 시대 갤리온의 주요 무장이었다. 함대와 동행한 보급선들은 비슷한 함포를 가지고 있었지만, 신세계에서 금을 약탈한 스페인 보물 함대는 데미-컬버린(demi-culverin)이나 데미-캐논(demi cannon)과 같은 더 무거운 무장을 장착했다. 대항해 시대에는 미니언이 탑승 병력을 격퇴하는 데 사용되었지만 적의 선박을 무력화 할 수 있는 능력으로 인해 더 큰 구경의 포가 점점 인기를 얻게 되었다.

54 팔코네트(falconet)는 길이 100~150cm, 무게 80~200kg, 중세시대부터 르네상스 시대까지 유럽에서 널리 사용되던 대포의 한 종류이다. 포의 구경은 5~7cm, 포탄의 무게는 0.5kg 정도였다. 포탄 안에는 금속 조각이 들어 있었는데 이 파편은 폭파 시 더 많은 피해를 입힐 수 있도록 하였다. 컬버린 포(砲)를 소형화한 것으로 주로 야전포로 사용되었다. 대항해 시대이던 17세기에는 적재 능력이 충분하지 못했던 소형 함선의 방어력을 높이기 위해 장착

**그림3-7** 황동으로 만든 배스터드 컬버린 화포

불렀다.

영국에서 이런 화기들의 디자인과 제작은 대장장이들의 경험과 정교함에 많이 의존했다. 정부 관리들은 자신들이 이미 사용하던 것만큼 좋아야만 새로운 화포 제작을 의뢰했다. 가끔 유능한 병기 제작 전문가는 국왕의 특별한 은 전을 입기도 하였는데, 특히 그가 대륙 출신이라면 더욱 그러하였다. 그러나 영국의 찰스 2세[55] 때는 영국 출신 전문가들을 대규모로 고용하였고 그들에 게 융숭한 대접을 해주었다.

17세기에 이르러서야 왕실의 보호 아래 과학에 모든 것이 지원되었으며, 통 상적으로 화학자들이 왕의 총애를 독차지했었다. 이는 사람들이 더 강력한 폭발과 더욱 위험한 인화성 물질을 만들어낼 수 있는 사람을 단지 향상된 정 확도를 제공하는 탄도학자보다 더 많이 인정했기 때문이다.

---

되기도 하였다

55 찰스 2세(Charles Ⅱ, 1630~1685). 영국 스튜어트 왕조의 제3대 왕(재위 1660~1685). 크롬웰 이 사망하고 호민관 정치가 붕괴하자 프랑스에서 귀국하여 왕정복고를 실현하였다. 가톨 릭 부활을 위한 전제 정치를 펼쳤고 의회는 심사율·인신보호법을 제정하여 이에 대항하 였다.

## 소총의 발전

　최초의 '소총hand gonne'은 작은 금속관에 둥그런 목제 개머리판을 붙여서 오른팔 아래에 올려놓고 도화선에 불을 붙이면 서서히 타들어가면서 점화구 안의 화약을 폭발시켜 납탄을 발사하는 단순한 것이었다. 소총에 대해 최초로 언급된 것은 1364년이고, 1391년에는 이탈리아에서 처음 사용되었으며 성곽 뒤에서 사용하는 방어용 무기로 광범위하게 사용되었다. 몇몇 기병도 안장 앞머리에 양각대를 올리고, 초기형 소총을 얹어서 사용했지만 다루기가 매우 어려웠다. 전투 중에 쉽게 휴대할 수 있고 발사 성공을 확신할 수 있는, 만족할 만한 소화기의 개발에는 사실상 100년이라는 세월이 더 필요했다.

　스페인인들은 석궁수가 화살을 쏘듯이 방아쇠를 당겨 발사할 수 있는 최초의 기본적인 소총 발달에 기여하였던 것으로 판단된다. 15세기 후반기에 개발된 그들의 화승총Matchlock 혹은 Arquebus은 곧바로 전 유럽에 전파되었다. 더 오래된 총들과 마찬가지로 화승총Matchlock은 점화구와 프라이밍 팬priming pan[56]이 있었다. 이러한 매치록Matchlock에 현대의 공이와 같은 기능을 하는, 서펜틴 Serpentine[57]으로 잘 알려진 이동용 꺾쇠가 추가되었는데 이 꺾쇠는 총에 서서히 점화를 일으키는 작용을 하였다. 총의 방아쇠를 당기면 불이 붙은 점화

---

56 뇌관 약실 : 접시 모양의 뇌관을 뜻하는데, 총신과 화약을 담는 접시. 총신과 접시는 구멍으로 서로 이어져 있으며 화약을 담게 된다.

57 길이 100~120㎝, 무게 3~5㎏, 사정거리 50~150m. 서펜틴 록 건은 초기 아퀴버스의 터치 볼 방식에서 매치록 방식으로 변화해가는 과정에서 태어난 화기이다. 터치 볼 방식은 안정적인 조준과 탄환의 발사가 어려워서, 이 문제를 극복하기 위해 고안해낸 것이 서펜틴 방식이다. 이 방식은 서펜틴이라고 부르는 S자형의 금속 도구의 한쪽에 불씨를 붙여 그 반대쪽을 손가락으로 조작하여 점화구에 불씨를 밀어넣는 것. 이 금속 도구는 아퀴버스에 장착되었으며, 오랜 시행 착오 끝에 화승을 불씨로 사용하게 되었다. 이렇게 화승'총'이라는 형식이 탄생했다.

**그림3-8** 서펜틴록 건

선이 약실의 화약 안으로 살짝 잠기게 되어 있었다. 이런 장치의 이점은 화승총Arquebus[58] 사수가 점화구를 살펴보는 대신에 표적을 집중적으로 겨냥할 수 있다는 것이다.

초기 화승총Matchlock은 96개의 분할된 동작이 요구되었으므로 발사하기가 매우 복잡하였다. 화약은 그 양을 조절하여 총구 안으로 넣는다. 다음으로 작은 천 뭉치로 납 탄환을 꼭대기에서부터 밑으로 쑤셔 넣는다. 그런 다음 뇌관 약실을 열어 곱게 간 장약을 집어넣고 다시 약실 뚜껑을 닫는다. 도화선을 서펜틴에 연결하고 나서 약실 뚜껑을 연 다음 방아쇠를 당긴다. '약실 내에서 불꽃'만 일어날 뿐 발사되지 않을 때도 있다. 총을 발사하기 위해서는 다음 발사하기 전에 깨끗하게 청소해야 했으며, 습기가 많은 날에는 전혀 쓸모가 없었다.

아퀴버스Arquebus 사수는 총검과 더불어 커다란 상비 화약통과 보다 작은 점화용 화약통, 탄약꽂이, 흙털이개, 탄환 추출기, 청소용 천 조각, 납탄, 납탄 주조용 놋쇠 틀, 도화선을 재점화하기 위한 부싯돌과 철판 등을 휴대하였다.

---

**58** 15세기~17세기까지 전 유럽에서 널리 사용되었다. 어원은 네덜란드어로 갈고리를 뜻하는 하아크(Haak)와 화기를 뜻하는 뷔스(bus)의 합성어다. 최초로 방아쇠(록, Lock:자물쇠 구조와 비슷하게 생겼다는데서 기원)을 갖춘 개인 화기이다. 방아쇠의 생김새는 현대의 총과 달리 석궁 방아쇠인 긴 막대기를 그대로 사용했다. 길이는 102cm, 무게 5.5kg, 탄환 무게는 19g, 최대 사거리 90m, 유효 사거리 50m이었다. 총신이 길어서 양손만으로는 조작이 불가능하여 앞쪽에 총가(銃架)를 세워 거기에 총신을 의지해서 사격하였다. 당시의 모든 갑옷을 관통할 수 있었다. 다만 매치록(Matchlock)은 비 오는 날 사격이 불가능하며, 화승의 길이를 항상 같게 유지해야 하고, 재발사까지 10분 가량 걸려 야습에 불리하다는 것이 큰 단점이었다. 아퀴버스는 포르투갈 상인에 의해 일본에 건너가 일본 뎃포의 모태가 되기도 했다.

보통 이런 장비를 나르고 불꽃 점화를 도와주는 시종을 데리고 다닌 것은 놀라운 사실이 아니다. 스페인인들은 아쿼버스를 어깨에 견착하고 발사하였고, 다른 초기의 유럽인들은 그것을 가슴에 대고서 발사하였다.

아쿼버스보다 크고, 긴 형태의 머스킷Musket 화승총은 원거리에서 갑옷을 관통하기 위한 무기로 개발되었다. 그것은 너무 무거워 갈래 모양의 받침대가 필요하였다. 그래서 머스킷 사수는 만만치 않은 무게의 장비와 더불어 받침대를 가지고 다녔다(그림3-9).

**그림3-9** 머스킷 사수

초기의 화승총Arquebus은 분명히 석궁이나 활보다 정확하지 않았다. 그러나 화승총은 석궁이나 활보다 더 위협적이었으며, 갑옷을 입은 기사가 조준 당했을 때는 거의 죽음의 공포를 맛볼 정도였다. 15세기 후기에 이탈리아 지휘관 지안 파오로 비텔리[59]는 태생이 비천한 아쿼버스 사수들이 귀족들을 죽인 것에 격분하여 체포된 사수들의 손을 절단하고 눈을 뽑아내도록 명령했다.

스페인인들은 탄환의 불규칙성을 허용했고 66구경의 탄환을 쏠 수 있는 10lbs$^{4.5kg}$의 72구경 아쿼버스와 열 개 또는 여덟 개의 총열을 가진 20lbs$^{9kg}$

---

**59** 지안 파올로 비텔리(Gian Paolo Vitelli, 1461~1499)는 이탈리아의 기사이자 콘도티에로이자 몬토네의 군주였다. 피렌체 공화국의 용병으로 일했으며, 나중에 배신 혐의로 체포되어 처형되었다.

그림3-10 장궁을 사용하는 영국군 궁수

머스킷을 미 대륙으로 가져갔다. 이러한 무기는 보다 개선된 부싯돌총 플린트록Flintlock에 의해 대체되기 전에는 거의 한 세기 반 동안 미 대륙에서 사용되었다. 이러한 무기들이 인디언에게 공포를 느끼게 했지만 화승총Matchlock과 스페인 석궁은 단순하고 가벼운 인디언의 활보다 반응이 느렸다. 게다가 인디언들은 독화살을 사용하는 등

완전히 새로운 전투 기술로 대항하였다. 데 소토[60]의 부하 중 한 명은 그의 행장에서 "인디언들은 계속해서 뛰어다니고 항상 돌아다닌다. 그래서 석궁수나 아퀴버스 사수도 그들을 겨냥하지 못한다. 석궁사수가 한 발을 쏘기 전에 인디언들은 서너 발의 화살을 쏘곤 했다. 그들은 쏘려는 목표물을 맞추지 못하는 적이 없었다"라고 신랄하게 비평하기도 하였다.

그럼에도 불구하고 북미 대륙과 남미 대륙의 정복지에서는 총이 결정적인 무기임이 입증되었다. 인디언이 물물교환으로 비버 가죽을 헐값에 넘기고 총을 가까스로 획득했지만 여전히 백인들이 유리했다. 백인들은 제품의 원료를 통제하였던 것이다.

스페인인들은 유럽에서는 처음으로 보병에게 다량의 총을 사용하게 하였

---

**60** 에르난도 혹은 페르난도 데 소토(Hernando or Fernando De Soto(1500~1542). 스페인의 군인·아메리카 대륙 탐험가이다.

다. 초기 이탈리아전쟁[61]에서는 약 1/6의 스페인 병사들이 화승총-아퀴버스 또는 머스킷-을 가지고 석궁수 및 창병과 나란히 싸웠다. 발사가 느린 아퀴버스 사수들이 신속한 기병에 매우 취약했으므로 창병pikemen들은 창pike[62]을 이용해 견고한 인간 장벽을 만들어 사수들을 말 탄 기사들로부터 보호해 주었다. 그러나 창병들은 검투병swordsman들에게 매우 취약했다. 검투병들은 대열을 창병 가운데 침투시켜 현란한 기술로 창병 대열을 혼란에 빠뜨리고 살육하였다. 마키아벨리는, 1521년《전쟁술Art of War》에서, 스페인의 검투병들에게서 깊은 감명을 받았던 것을 언급하고 있다. 전쟁에서 보병의 중요성이 증가할 것이라는 판단은 매우 예리했으나, 그는 새로운 화약 무기로 창출되는 위대한 미래를 예측하지는 못했다. 그는 만약 지휘관들이 로마 보병군단의 전술과 무기로 되돌아간다면 전쟁술이 기술적으로 진보할 것이라는 생각에 사로잡혀 정반대의 진로를 선택하였던 것이다. 그는 새로운 무기 체계인 화포에 대단한 관심이 있었지만 화포가 갖는 잠재력보다는 비능률적인 면에 더욱 인상 깊었던 것으로 보인다.

자체 화력으로 발사되는 총의 필요성은 차륜식 방아쇠총 휠록Wheellock[63]이

---

61 이탈리아전쟁은 흔히 대이탈리아전쟁(Great Italian Wars) 혹은 이탈리아 대전쟁(Great Wars of Italy)으로 역사상 알려져 있는데, 주로 1494년부터 1559년까지를 포함한 일련의 투쟁을 가리킨다. 이 전쟁에는 대부분의 이탈리아의 도시국가, 교황령, 서유럽의 주요 국가인 프랑스, 스페인, 신성로마제국, 잉글랜드, 스코틀랜드, 오스만제국이 참가하였다. 원래는 나폴리 왕국과 밀라노 공국의 계승권에 관련된 갈등으로 시작되었지만, 전쟁은 순식간에 힘과 영토를 둘러싼 각국의 이익을 위한 권력 투쟁으로 번졌다. 그 때문에 시작의 단계에서부터 각국의 이해관계에 따라 동맹을 체결하거나 배신하는 역동맹이 일어났다.

62 약 3~6m의 무거운 목제 자루 끝에 예리한 금속을 입힌 긴 창을 끼운 것으로, 14세기에 스위스의 보병들이 이 무기를 사용하여 봉건 기사들을 몰락시켰다. 파이크는 총검이 도입되면서 지상전에서 자취를 감추었지만, 해군의 선내 무기로서는 19세기까지 존속되었다. 기마 투우사가 투우 때 사용하는 무기도 파이크의 일종이다.

63 머스킷 총과 같은 구식 총에서 화약에 점화하는 장치. 이 격발 장치는 불꽃 방전을 일으켜 머스킷 총의 불 접시 위에 놓인 화약에 불을 붙였다. 부싯돌 조각이나 황철광 조각을 쇠로

발명된 1515년에 뉘른베르크[64]의 독일인들에 의해서 부각되었다. 이러한 차륜식 방아쇠총 휠록은 시계처럼 '스패너' 또는 열쇠로 감아서 사용하는 거친 철 바퀴로 되어 있었다. 방아쇠가 바퀴를 풀어주면 바퀴는 부싯돌과 마찰하면서 회전하고 장약을 발화시키는 불꽃을 만들어낸다. 이러한 것은 화승총 머스킷록에 비해서 대단한 진보였으나 값비싸고 수리에 어려움이 있었다. 그러나 차륜식 방아쇠총은 아메리카 대륙의 식민지 개척자들이 머스킷록에 너무 집착한 나머지 1세기 후에 부싯돌총 플린트록Flintlock이 개발될 때까지 제대로 사용되지 못했다.

최초의 실용적인 권총은 차륜식 방아쇠총 휠록이었다. 휠록은 유럽에서는 기병들에게 매우 인기가 있었다. 말 위에서는 화승총 사용이 매우 어려웠기 때문이다. 기병은 자신의 전투 역량을 유지하기 위하여 자신의 갑옷 일부를 포기해야만 했으며, 창lance과 기병도saber 대신 권총을 획득했다. 300yd[274m] 거리에서 2oz[56.7g]의 머스킷 탄환이 적들의 갑옷을 뚫고 말들을 무능력하게 만들면서 잃어버렸던 예전의 공격력을 회복하였다.

연발총에 대한 초기의 시도가 있었는데, 1339년에 리볼데퀸[65] 또는 오르게

---

만든 톱니바퀴에 눌러 주는 고정 장치가 달려 있어 톱니바퀴가 돌면 부싯돌이나 황철광에 부딪쳐 불꽃이 튀게 되어 있었다.

64 뉘른베르크(독일어: Nürnberg, 영어: Nuremberg)는 독일 바이에른주에 있는 도시이다. 바이에른주에서는 뮌헨에 이어 두 번째로 큰 도시이다. 프랑켄 지방의 경제적, 문화적 중심지이기도 하다. 중세시대에 설립된 도시이며 독일의 통일을 주도한 호엔촐레른가가 뉘른베르크 성백을 세습했던 도시이다. 뉘른베르크의 구 시가지는 중세시대에 건립된 성곽에 둘러싸여 있다. 나치당의 전당대회가 개최되었던 도시였고 제2차 세계대전 후에는 연합국이 나치 독일 주요 인사를 대상으로 벌인 뉘른베르크 국제 군사재판이 개최되었던 도시이다.

65 리볼데퀸(Ribauldequin)은 중세의 다연발 총으로, '라발트(rabauld)', '리발트(ribault)', '리보드퀸(ribaudkin)', 또는 '오르간 포(Organ gun)'라고도 불린다. 이 무기는 소구경의 철제 다총열을 가지고 있으며, 수평의 각도로 발사 시 현대의 기관총과 같은 효과를 낼 수 있는 무기였다. 따라서 이들은 기관총의 전신, 또는 최초의 기관총이라는 평가를 받기도 한다. 이 무기를 발사하면, 여러 발의 총탄이 빠른 속도로 연속 발사되었다. 이들은 15세기 초에 중화

스Orgues가 등장했다. 최초의 기관총Mitrailleuse은 몇 개의 작은 철 튜브총열가 잘 정렬되어 동시에 사격할 수 있었다. 1387년에 베로나Verona에서 제작된 기관총은 144개의 총신이 있으며 열두 발의 탄환을 개별적으로 발사할 수 있었다.

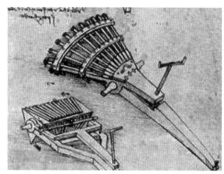

**그림3-11** 레오나르도 다빈치가 그린 리볼데퀸

이 총을 이동시키는 데에는 네 마리의 말이 필요하였다. 1512년 라벤나Ravenna 전투[66]에서 스페인의 군사공학자 페드로 나바로[67]는 다수의 화승총Arquebuses 을 실은 30대의 수레를 보병부대 전방에 배치하였다. 그러나 그 연발총은 당시 원시적인 기술력 때문에 많은 문제점을 일으켰으며 초기 후장포Breechloader 와 함께 도태되었다.

그래서 16세기의 전투는 총, 창, 검, 모든 형태와 모양의 포 등으로 수행되어 환상적인 무기의 다양함 및 조합과 함께 치명적인 살상력을 가진 게임이

---

기의 개념으로써 지속적으로 이용되었다. 최초의 리볼데퀸은 영국이 1339년 백년전쟁 중 사용하였다. 당시의 리볼데퀸에는 열두 개의 총열이 있었고 한 번에 열두 개의 총탄을 동시에 발사할 수 있었다. 후에 밀라노와 같은 부유하고 기술적으로 발전된 곳에서는 총렬 아홉 개를 가진 리볼데퀸을 사용했다.

66 라벤나 전투는 1512년 4월 11일 북이탈리아 라벤나에서 가스통 드 푸아가 이끄는 프랑스-페라라와 프랑스에 대항해 신성동맹을 맺은 스페인-교황령 군대가 맞붙은 전투였다. 이 전투에서 가스통 드 푸아는 대량의 대포를 이용한 화력전과 보병의 공격으로 교황군대를 격파했다. 하지만 승리 직전 가스통 드 푸아가 전사하는 바람에 프랑스의 사기가 크게 추락하였다. 이후 스위스와 베네치아 동맹군의 공격을 받아 패배하며 밀라노를 포기하고 퇴각하고 말았다.

67 페드로 나바로(Pedro Navarro, 1460?~1528)는 스페인 출신의 군사공학자이자 군인이다. 성벽 파괴에 유용한 지뢰와 폭탄을 만들었던 기술자이다. 1512년 라벤나 전투에서 스페인군과 교황군을 지휘했으나 프랑스에 붙잡힌 후 프랑스로 전향하여 프랑수아 1세 밑에서 복무하였다.

되었다. 병참의 문제는 실로 막대하게 복잡해졌다. 화약의 발명이 유럽 군대의 기동성을 크게 향상시켰으며, 새롭게 등장한 포병의 맹렬한 포격에 중세의 성이 허물어지자, 전쟁은 더 이상 하나 또는 몇 개의 봉건 도시 안에서만으로 제한될 수 없었다.

그러나 신무기인 총이 갖는 기동성은 로마의 보병들이 즐겨 사용한 무기보다 전술적으로 부족하였다. 로마의 병사들이 단검글라디우스, 방패, 투구, 가슴받이, 말뚝, 가래삽, 투창, 2주간의 식량을 포함해서 모두 약 80lbs$^{36.3kg}$의 짐을 운반한 데 비해, 16세기의 스페인 병사는 식량을 거의 운반할 수 없었다. 그들의 화승총$^{Musket}$, 검, 창 받치개, 꽂을대, 탄약은 로마의 무기보다 훨씬 무거웠다. 그들의 방어용 갑옷-투구, 가슴과 등 보호대-의 무게만으로도 거의 로마의 전체 휴대품 무게와 같았다. 스페인 병사들은 불가피하게 보급품 수송대에 짐을 수송하게 하였다.

로마의 군인이나 대장장이가 화살과 투창을 현장에서 수리하거나 제작하는 것에 비해 스페인의 군대는 총과 탄약을 중앙 지휘부로부터 공급받았다. 스페인 지휘관은 포병대열, 병기고, 식량 호송의 안전을 걱정해야만 했다. 스페인의 합스부르크 왕조[68]가 북이탈리아에서 네덜란드까지 영토를 확장하였을 때, 영토를 잃지 않고 유지하는 것만이 유일하고 주요한 전략적인 문제로 대두되었다. 밀라노에서 플란더스까지의 육로는 프랑스의 공격에 위태롭고, 해로는 영국이나 프랑스와의 우호 관계 없이는 개통시킬 수가 없었던 것이다.

---

**68** 합스부르크가(독일어 : Haus Habsburg) 혹은 오스트리아 가문은 유럽 왕실 가문 중 가장 영향력 있던 가문 중 하나이다. 1438년부터 1806년까지 신성로마제국의 제위는 연달아 합스부르크 가문에 돌아갔다. 특히 오스트리아 왕실을 거의 600년 동안 지배한 것으로 유명하다. 합스부르크 왕가는 프랑스 왕을 제외한 거의 대부분 유럽의 왕실과 연결되어 있었다. 프랑스 왕도 외가로는 합스부르크와 연결되어 있다.

16세기의 전투는 군대가 국가가 운영하는 상비군이 아니고, 여러 지역에서부터 소집된 병사들로 섞여 있었기 때문에 매우 복잡했다. 16세기의 가장 큰 전투인, 1557년의 생 캉탱[69] 전투에서 펠리페 2세[70]의 5만 3,000명의 병력 중에 스페인군은 단지 9,000명에 불과하였다. 그래서 반란과 탈영이 비일비재하였다. 지휘관은 끊임없이 용병의 충성을 유지해야 했으며, 군대를 따라오는 수천 명의 비전투원들 때문에 생기는 병참 문제에 직면해야 했다. 부인과 다 큰 딸들이 가끔 그들의 남편, 아버지와 동행했다.

17세기에 유럽이 '30년전쟁'[71]으로 대소동이 일어났을 때, 전선에 동행하는 비전투원의 수는 병사들 수의 4~5배로 증가하곤 했다. 만약 이런 무리가 규칙적인 식량 공급을 받지 못한다면 민간인과 병사들은 고통을 받게 된다. 그 당시 많은 피해자사상자는 무기에 의해 다치거나 죽는 고통과 비슷한, 잔혹

**69** 1557년 8월 10일~27일 프랑스 북부 피카르디의 생 캉탱(Saint-Quentin)에서 치러진 프랑스 왕국과 스페인 사보이 왕국 사이의 이탈리아전쟁(1551~1559)의 결정적인 전투였다. 사보이의 엠마누엘 필리베르트(Emmanuel Philibert) 공작이 이끄는 합스부르크 스페인군은 루이 곤자가(Louis Gonzaga) 공작이 지휘하는 프랑스 군대를 격파했다.

**70** 스페인의 펠리페 2세(스페인어 : Felipe II de Habsburgo, 1527~1598)는 합스부르크 왕가 출신의 스페인 국왕이었다. 1580년부터는 필리피 1세(포르투갈어 : Filipe I)로서 포르투갈 국왕도 겸했다. 또한 메리 1세의 배우자로서 잉글랜드의 공동 통치 국왕이기도 하였다. 스페인 최전성기의 통치자로서, 대표적인 절대군주 가운데 한 사람으로 알려져 있다.

**71** 30년전쟁(1618~1648)은 유럽에서 로마 가톨릭교회를 지지하는 국가들과 프로테스탄트교회를 지지하는 국가들 사이에서 벌어진 종교 전쟁이다. 유럽뿐만 아니라 인류의 전쟁사에서 가장 잔혹하고 사망자가 많은 전쟁 중 하나로 사망자 수는 800만 명이었다. 30년전쟁은 독일 전역을 기근과 질병으로 파괴했다. 특히 보헤미아 왕국과 남부 네덜란드를 비롯한 독일과 이탈리아에 위치한 국가들의 인구가 급감했다. 용병과 병사들 모두 기여금을 받기 위해 공헌을 위장하거나 마을을 약탈했으며 점령당한 영토 거주민들의 생활고는 심해졌다. 참전국 대부분은 파산 위기에 몰렸지만, 유럽 내부에서는 신흥 강대국들이 등장하기도 했다. 1648년 베스트팔렌조약 이후 네덜란드 공화국은 독립을 공인받은 이후 급격히 성장했다. 잉글랜드 왕국, 프랑스, 스웨덴 제국도 전쟁 이후 상당한 영토를 보유하게 되었고, 신성로마제국을 대신해 새로운 유럽의 강대국이 되었다. 이후 17세기 후반 신성로마제국의 권위는 추락하게 되었다.

한 아사餓死와 기아饑餓의 고통에 시달렸다.

16세기가 지나면서 소총수의 비율이 모든 군대에서 증가하였다. 소총수가 숙달된 석궁수보다 정확성과 발사율이 더 낮았지만 영국은 1535년 석궁을 무기 목록에서 폐기하였고 1550년 이후에는 장궁long bow의 폐기를 고려하였다. 서서히 머스킷Musket, 화승총이 아쿼버스Arquebus, 초기 화승총를 대체하였다. 1560년대에 알바 대공[72]은 아쿼버스 사수 100명마다 열다섯 명의 머스킷 사수를 배치하였다. 잘 훈련된 사수들은 1/10의 수적 열세에도 불구하고 네덜란드 시민군을 쓰러뜨렸다. 같은 시대의 포병 사수와 같이 머스킷 사수는 잘 훈련된 전문 직업군인이 되었다. 그들은 단지 사격에만 관심이 있었으며, 가능하면 창과 칼로 싸우는 근접 전투는 피하려고 하였다. 1600년에 아쿼버스를 장전하고 발사하는 데는 여전히 10~15분이 소요되었다.

스위스는 창과 할버드미늘창：창+도끼[73]를 가장 오래 사용하였다(그림3-12). 이 무

---

**72** 페르난도 알바레즈 데 톨레도 이 피멘텔, 알바 3대 공작(Fernando Álvarez de Toledo y Pimentel, 3rd Duke of Alba 1507~1582). 스페인과 포르투갈에서 알바의 대공(Gran Duque de Alba)으로 알려져 있으며, 네덜란드의 철 공작으로 알려진 스페인 군인이자 외교관이었다. 그는 샤를(Charles) 1세(신성로마제국 황제)와 그의 후계자인 필리페 2세 휘하의 식민지 총독이자 보좌관이었다.

**73** 할버드(halberd)는 15~16세기 유럽에서 주로 사용된 창(槍)의 일종이다. 한국어로는 흔히 미늘창 또는 도끼창이라고 번역된다. 어원은 막대기를 뜻하는 독일어인 '할름(Halm)'과 도끼를 의미하는 독일어 '바르테(Barte)'의 합성어인 '할베르트(Helmbarte)'이다. 머리 부분에 도끼 모양의 넓은 날이 달려 있고, 그 반대편에는 작은 갈고리 모양의 돌기가 달려 있다. 백병전 무기의 황금기인 르네상스 시대에 가장 인기가 좋았는데, 그 복잡한 모양 덕분에 이 무기 하나로 베기, 찌르기, 걸기, 갈고리로 때리기라는 네 가지 기능을 발휘할 수 있다. 머리 부분은 30~50cm이며 이것이 2~3m의 손잡이에 달려 있어 전체 길이가 2~3.5m, 무게는 2.5~3.5kg이다.
미늘창은 도끼 부분 때문에 다른 창류와 비교해 위력이 있으며 갑옷을 입은 기병을 상대로 싸우는 데 불리했던 창병의 능력을 향상시켰다. 미늘창의 갈고리 부분은 상대방에게 치명상을 입히기 위해 달린 것이다. 도끼 부분은 상대방의 머리 위에서 내려치거나 옆에서 휘두르든지, 또는 상대방의 뒤에서 다리를 절단하거나 말에 탄 적을 떨어뜨리는 등 매우 다양하게 사용할 수 있다. 16세기 중엽 이후 머스킷 소총이 등장하면서부터 전장에서 사

기들은 여러 해 동안 전투에서 커
다란 역할을 했다. 포르투갈과 스페
인 군인들은 무기 비용으로 자신의
급료가 삭감되는 것을 꺼려하였으
며, 몸에 압박을 주어 무겁고 더워
서 대부분 전투하기에 거추장스럽
다고 느꼈던 갑옷을 가장 늦게 폐
기하였다.

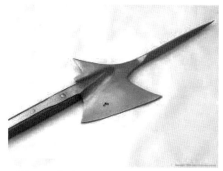

**그림3-12** 미늘창 할버드의 머리 부분

　칼은 얇고 가벼운 형태로 발전되었다. 무장했을 때 부피가 크고 단단한 기
사의 구식 칼날은 1500년에 가느다랗고 짧은 형태로, 이탈리아의 말쿠스Mal-
chus와 친퀘디아Cinquedea와 같은 무기로 대체되었다. 17세기에 이르러서야 총
검Bayonet의 도입으로 칼과 총은 하나의 무기로 결합되었으며, 프리드리히 대
왕[74]의 전투와 더불어 1740년 후에는 총검이 공격적인 무기로 광범위하게 사

<hr>

라지고, 19세기까지 군대 제식용이나 의식용으로 사용되었다.

**74** 프리드리히 2세(Friedrich II, 1712~1786)는 독일 프로이센 왕국의 제3대 프로이센 국왕이다
　(재위 : 1740~1786). 종교에 대한 관용 정책을 펼치고 재판 과정에서 고문을 근절한 계몽 군
　주였다. 국가를 통치하고 인재를 기용하는 것과 군대 조직과 군대의 지휘, 정복 전쟁 지휘
　를 직접 담당하는 등의 역할을 빈틈없이 해결했다. 뛰어난 군사적 재능과 합리적인 국가 경
　영을 발휘해 프로이센을 당시 유럽 최강의 군사 대국으로 성장시켰을 뿐만 아니라 플루트
　연주 등 예술적 재능과 관심까지 겸비한 계몽 전제 군주의 전형이다. 또한 오스트리아와의
　전쟁에서 승리를 거두어 독일제국 내 프로이센의 패권을 차지하였다. 오스트리아와 주변
　강국에 맞선 외교 전략과 전쟁을 통해 프로이센의 영토를 확장한, 특출한 군사 전략가였
　다. 그는 신성로마제국의 해체와 독일 통일을 이루는 데 주도적 역할을 했다. 또한 군사 병
　력 확충을 위해 국민징병제를 실시해 프로이센 남자들만 군 입대를 시켜 군사 훈련을 강화
　했다. 보통교육을 확대했으며 성문헌법 제정 작업에도 참여했다. 샤를마뉴, 나폴레옹과 함
　께 유럽의 위대한 지도자의 한 사람으로 꼽는다. 그 공적을 기리기 위해 후세에 독일인들로
　부터 프리드리히 대왕(Friedrich der Groβe, Friedrich the Great), 영광의 프리드리히(honor
　of Frederick) 등으로 불린다.

용되었다.

## 해군력, 범선과 대포

1600년까지 과학자들은 지상전 무기들의 발달에서와 마찬가지로 해군 무기 발전에도 거의 기여하지 못했다. 레오나르도 다빈치는 이미 잠수함의 도면을 그리고 잠수부들이 선체에 설치할 수 있는 폭파용 소형 폭탄을 언급했다는 기록이 있다. 두 가지 다 개발되지는 못했지만 기뢰<sup>mine</sup>와 수상포대<sup>floating battery</sup>는 레오나르도 다빈치와 동시대 사람인 페드로 나바로에 의해 실제로 활용되었다. 일반 선원 경력으로 시작한 스페인 사람인 나바로는 제노바의 해적선<sup>genoese corsairs</sup>과 북아프리카 회교도와의 전쟁[75]에 참가하여 강인한 용병이라는 명성뿐만 아니라 그 시대 최고의 군사 기술자라는 명성을 얻었다. 나폴리 성에 대한 기뢰 부설 작전은 1503년에 프랑스 주둔군에 의해 실시되었고, 벨레스 데 고메라<sup>Velez de Gomera</sup>[76] 점령 작전은 1508년에 수상포대<sup>floating battery</sup>를 이용하여 승리하였는데 이들은 그에게 행운을 가져다주고 명성을 유지하게 해주었다. 화학 분야 과학이 아주 느리게 발달하여서 그가 개발한 기뢰의 폭발성은 거의 400년 동안 향상되지 못했기 때문이다.

---

**75** 남미에서 금은을 실은 스페인 수송선들이 북아프리카 해적들에게 지중해에서 약탈당하는 일이 발생하곤 하였다. 이에 따라 스페인 국왕 페르난도 2세는 해적들의 거점인 북아프리카 정벌을 추진하였다. 1507년 스페인으로 돌아온 나바로는 왕명에 따라 시스네로스 추기경과 함께 북아프리카 원정에 참여했다. 1508년에 그가 고안한 수상포대를 사용하며 페뇽 데 벨레스 데 라 고메라 점령을 도왔다. 1509년에 메르스엘케비르, 베자이아, 오랑 점령전에도 참전하였다. 1510년과 1512년에는 알제리, 튀니스, 틀렘센, 트리폴리 정복 당시에는 직접 스페인군을 이끌었다. 'genoese corsairs'는 제노아 해군의 오기가 아니라면 제노아 소속 사략선으로 보인다.
**76** 아프리카 서안 스페인 영토인 카나리아 제도의 고메라 섬. 페네리페 섬 서쪽이다.

그러나 나바로의 발명품과 같은 독창적인 발명품들은 상대적으로 중요하지 않았다. 해전에서의 대혁명은 범선의 개발과 화약의 발달 후 서서히 다가왔다. 마치 인류의 정신이 개화되는 데 있어서 인쇄술의 발명과 광범위한 사용까지 기다려야 했던 것처럼, 해군력의 위대한 발전들은 대양으로 항해하기 시작할 때까지 기다려야만 했다.

해양의 정복 역사에서, 1433년부터 1460년까지의 포르투갈 왕자이자 항해사인 엔히크[77]가 일찍부터 천재성을 드러냈음을 알 수 있다. 그는 과학자는 아니었지만 수학자, 천문학자, 우주학자, 해도 작성자, 의사, 기계설계기사들과 함께 어울렸다. 그 당시 통상적인 항해는 주로 지중해와 연안 해안까지로 한정되어 있었다. 선원들은 약 1세기 동안 일반적으로 나침반을 사용했었다. 그리스인에 의해 발명된, 세계에서 가장 오래된 과학적 기계로 불리는 천측의 astrolabe는 일반 선원들이 오랫동안 사용하고 있었다. 정확성은 있었지만 출판되지는 않았던 항해 지도는 대개 선원들에 의해 주로 제작되었고, 그들은 포르톨라노 해도portolan charts[78]를 이용했었다.

리스본과 사그레스[79]에 엔히크가 세운 대학에서 아랍과 유대인 수학자들,

---

77 인판트 동 엔히크 드 아비스 드 비제우 공작(Infante Dom Henrique de Avis, Duque de Viseu, 1394-1460) 또는 엔히크 항해왕자(Henrique, o Navegador)는 포르투갈 아비스 왕가의 왕자(Infante)이며 포르투갈 제국 초창기의 인물이다. 1418년 이후 아프리카를 돌아 아시아로 가는 항로 개척을 지원하였다. 그는 세인트빈센트 곶에 천문대와 항해 연구소를 세웠으며, 사그레스의 '빌라 두 인판트(Vila do Infante, 왕자의 마을)'에 항해가와 지도업자들을 모아 이들의 후원자가 되어 포르투갈이 대항해 시대를 열 수 있게 하였다.

78 포르톨라노(이탈리아어: Portolano)는 중세에 사용된 해도이다. 주요 지점들 사이에 나침반의 32방위와 항해사들이 바다에서 관측한 거리에 따른 방사선을 그어 표시한 것이 특징이다. 13세기 이탈리아에서 처음 만들어졌으며, 15~16세기 스페인과 포르투갈에서도 높은 정확성을 보이며 애용되었다. 대항해시대 당시 포르투갈과 스페인은 각자 자국의 포르톨라노를 국가 기밀로 간주하기도 했다. https://ko.wikipedia.org/wiki/포르톨라노

79 사그레스(Sagres)는 포르투갈의 남부 알가르베(Algarve) 지방의 빌라 도 비스포(Vila do Bispo)에 있는 촌락이다. 초기 대항해시대에 발전했던 항구이다.

엔히크의 과학자들, 기술자들은 당시의 지도 제작 기술, 항해학, 선박 설계 분야를 비약적으로 발전시켰다. 태양의 좀 더 정확한 적위표table of declination[80]를 제작하기 위해 사그레스에 관측소가 세워졌다. 가장 훌륭한 점은, 새로이 정립된 학문들을 가르치기 위해 엔히크가 선장들, 함장들, 항해사들을 대학으로 데려왔다는 것이다. 탐험과 발견을 위한 자극impetus은 대단했다. 엔히크는 애국적인 열정으로 항해하도록 이끌었다.

　과학 인재들을 모으는 일은 1460년 엔히크의 죽음과 함께 중지되었다. 엔히크는 당시에도, 그 이후에도 없었던 일을 한 것이다. 엔히크의 많은 업적 중에서 한 가지는 포르투갈 카라벨caravel[81]이 가장 훌륭한 범선이 되었다는 것이다. 카라벨은 큰 돛대 한 개와 다른 세 개의 돛대, 솜씨 좋게 설계된 다섯 개 혹은 여섯 개의 돛을 달고 있어 바람을 잘 이용한 항해술을 가능하게 했다. 범선을 탄생시킨 이 예술의 개발이 없었더라면 장거리 대양 항해는 불가능했을 것이다. 상인들은 탐험에 대한 열정을 급속히 스페인, 프랑스, 영국으로 퍼져나가게 하여 대양 주도 국가들oceangoing nations을 결정적으로 변화시켰다.

---

80　경사각(Declination Angle) : 태양의 경사각은 적도와 지구의 중심으로부터 태양의 중심까지 연결한 일직선 사이의 각도이다. 회전축에 대한 지구의 기울기와 지구의 공전 때문에 경사각 δ는 계절에 따라 변한다. 만약 지구가 회전축에 대해 기울어지지 않았으면 경사각은 항상 0°이다. 그러나 지구가 23.45° 기울어져 있고, 경사각은 이 값을 중심으로 플러스 또는 마이너스로 변화한다. 단지 춘분과 추분에만 경사각이 0°이다. 지구가 태양을 중심으로 공전하는 것이 사실이지만 태양이 정지 상태에 있는 지구를 회전한다고 생각하는 것이 더 간단하다. 그러기 위해서는 좌표의 변환이 필요하다. 이 대체 좌표 시스템에서는 태양이 지구를 공전한다. 춘분과 추분(3월 22일, 9월 22일)에는 경사각이 제로이고, 북반구 여름에는 양수, 북반구 겨울에는 음수이다. 경사각은 6월 22일(북반구 하지, 남반구 동지)에 23.45°로 최대가 되고, 12월 22일(북반구 동지, 남반구 하지)에 -23.45°로 최저가 된다. 태양의 겉보기 방향각을 측정한 자료와 측정한 시각, 기점의 위도, 경도만 있으면 기선의 방위각을 계산할 수 있다.
81　15~16세기경 스페인, 포르투갈에서 쓰던 쾌속 소형 돛배

1425년부터 1525년의 한 세기는 바스코 다 가마[82], 콜럼버스[83], 마젤란[84]과 같

은 인류 역사상 가장 위대한 세 명의 항해사를 배출하였으며 지구의 절반 이

82 바스코 다 가마(Vasco da Gama, 1460년대~1524)는 포르투갈 출신 탐험가로서 1497년 7월
에 리스본을 출발하여, 바르톨로뮤 디아스가 1488년 희망봉을 발견한 이후 유럽인으로는
최초로 대서양과 아프리카 남해안을 거쳐 인도까지 항해하여 포르투갈의 숙원이던 인도
항로를 개척하였다. 이는 항해 왕자 엔히크가 대서양 탐사를 시작한 이래 80년 만에 이룬
결실이었다. 귀국할 때까지 총 2년이 걸렸고 약 4만 2,000km를 항해하였다. 신항로 개척
으로 인해, 포르투갈은 동방무역의 새로운 길이 열렸으며 유럽과 인도간 해상을 통한 직접
교역을 시작할 수 있었다. 생전에 총 세 차례에 걸쳐 인도로 항해했으며 1524년 인도 부왕
(Viceroy)으로 부임하여 활동하다가 인도 코친에서 사망하였다.

83 크리스토퍼 콜럼버스(Christopher Columbus, 1450~1506). 이탈리아 제노바 출신의 탐험가
이자 항해가이다. 일반적인 상식과는 달리 중세 유럽에서도 지구가 둥글다는 사실은 이
미 널리 알려져 있었다. 때문에 그는 대서양을 건너서 서쪽으로 가면 아시아가 나올 것이
라 생각했다. 1484년 포르투갈의 왕 주앙 2세에게 서회 항로 탐험을 제안하였으나 거절당
하자, 스페인의 카스티야 여왕 이사벨 1세와 아라곤 왕 페르난도 2세에게 탐험을 제안했다.
당시 스페인 교회의 성직자들은 포르투갈 교회에 대한 경쟁 의식으로 더 넓은 선교지가
필요했기 때문에 여왕을 설득했다. 이사벨 여왕은 콜럼버스를 해군 제독에 임명하였고, 선
박 두 척(핀타호와 니나호)을 내주었다. 이에 팔로스(Palos) 항에 사는 핀손이라는 선장이 자
기 소유의 선박 산타마리아호와 함께 참가하였다. 제1차 항해의 출범은 1492년 8월 3일이
었으며, 같은 해 10월 12일에 현재의 바하마 제도(Bahamas)에서 과나하니 섬(추정)에 도달
했고, 이 섬을 산살바도르(San Salvador, 구세주의 섬)라 칭하였다. 이어서 그는 쿠바·히스파
니올라(아이티, Haiti)에 도달하여, 이곳을 인도의 일부라고 생각하고 원주민을 인디언이라
칭하였다. 이후 항해 도중, 산타마리아호가 파손되어 한 섬에 약 40명의 선원을 남긴 후에
에스파뇰라(Española, 후 스페인)라고 이름지었다. 제1차 항해 후 1493년 3월에 귀국하였
다. 이후 그가 아메리카에서 가져온 금제품이 전 유럽에 센세이션을 일으켰고, '콜럼버스의
달걀'이란 일화도 생겨났다. 이후 세 번의 항해를 더 했다. 사망할 때까지 그는 자신이 도착
했던 땅이 인도라고 확신했다.

84 페르디난드 마젤란(Ferdinand Magellan 또는 Fernão de Magalhães, 1480~1521) : 포르투갈
태생의 스페인 탐험가로 최초로 세계 일주에 성공한 유럽인이다. 포르투갈에서 태어났으
나 스페인으로 귀화하였다. 당시 유럽은 1492년에 신대륙이 발견되고, 1498년에 새로운 동
방 무역 항로가 포르투갈에 의해 개척되면서 대항해시대가 열렸다. 서회 항로 개척을 위한
세계 일주 탐험은 스페인 왕 카를로스 1세의 지원 하에 추진되었다. 1519년 9월 20일에 다
섯 척의 배가 스페인을 출발했는데, 한 척이 탐험 중 침몰하였고 또 다른 한 척이 무단 이
탈하여 마젤란은 세 척을 이끌고 마젤란 해협을 통과한 후 태평양을 횡단하였다. 최종적으
로는 빅토리아호 한 척만이 1522년 9월 6일에 스페인 산루카항에 도착하였다. 출발할 때
승선 인원은 270명이었으나 18명만 생존하여 귀국하였다. 마젤란은 1521년 4월 필리핀 막
탄섬에서 사망하여 조국에 돌아오지 못했다.

상을 해양 탐험하였던 시기였다.

심지어 범선의 개발 그 자체로도 악티움 해전[85] 시대로부터 1453년 콘스탄티노플의 몰락까지 지중해에서 변하지 않고 남아 있던 해전의 전략과 전술을 변화시켰다. 하지만 항해와 항법의 혁명은 화약의 발명과 동시에 일어났다.

예비 동력으로 돛을 가진 갤리선galley[86]은 고대부터 해전을 지배해왔다. 주로 노를 저어 움직이는 갤리선은 가벼웠고, 200t의 르네상스 시대 갤리선은 일찍이 2,000년 전 그리스인에 의해 사용된 것들과는 좀 달랐다. 갤리선은 자신이 싣고 있는 대포보다 적함 대포의 크기가 더 커서 방어할 수 없는가에 따라 운명이 결정되었다. 더 크고 더 두꺼운 선체로 건조된 범선들이 화력, 사정거리, 방어력 면에서 갤리선보다 우수한 것으로 증명되었지만 갤리선은 오랫동안 사용되었다. 연근해에서 우수한 기동성을 제외하고는 특별히 좋은 이유가 없었음에도, 콜베트Colvert[87]는 프랑스의 루이 14세 통치 기간 갤리선을 승계하였다. 1372년 라로셸[88] 전투에서 프랑스와 스페인에 의해 사용된 소형 포

---

85 악티움 해전(기원전 31년)은 마르쿠스 안토니우스와 옥타비아누스(후의 아우구스투스) 간에 로마의 패권을 두고 겨룬 해전이다. 로마는 해전에 상당히 취약했으며, 악티움 해전의 경우도 '해전을 육전화'한 로마식의 전투로 진행되었다. 해전 자체는 옥타비아누스 측의 승리로 끝났다

86 고대 로마, 중세에 주로 지중해에서 쓰던 대형의 배로, 돛보다는 주로 노예나 죄수에게 노를 젓게 했다.

87 코르벳(Corvette)은 경무장을 한 소형 선박의 일종으로, 보통 프리깃보다는 작고 고속정이나 해안 경비정보다는 크다. 대항해시대의 코르벳은 프리깃보다는 작았고 슬루프보다는 큰 소형 전투 군함이었다. 보통은 한 겹의 포열 갑판만을 가지고 있었다. 프리깃보다 사이즈가 작으므로, 주로 해안 경비에 사용되었고 전투에 참가하는 경우는 함대를 지원하는 역할을 맡았다. 프리깃을 '호위함'이라고 번역하듯 코르벳을 '초계함'이라고 번역하기도 한다. 1650년에 처음 영국 해군에서 만든 코르벳은 '슬루프'라고 불렸으나, 1670년, 프랑스 해군에서 처음으로 '코르벳'이라는 명칭을 사용했다. 17세기의 코르벳은 보통 길이가 12~18m, 무게가 40~70t이었고, 갑판에는 4~8문의 대포를 장착하였다. 시간이 지날수록 코르벳의 크기는 커졌고, 1800년에는 무려 길이 30m, 무게 400~600t이 되었다.

88 라로셸(La Rochelle)은 프랑스 서부 푸아투샤랑트 지역의 도시로 샤랑트마리팀 주의 주도

102

들<sup>hand guns</sup>은 규모가 작은 영국군 부대를 상대로 승리하는 데 결정적인 역할을 하였다. 배에 피해를 주기보다는 승조원들을 살상하기 위해 설계된 소형 포들은 1410년 영국의 크리스토퍼 타워<sup>Christopher of the Tower</sup>호에 장착되었다. 대포<sup>Cannon</sup>는 1494년 프랑스인에 의해 최초로 배에 설치되었고 그들은 1512년 영국인들과 소규모 전투에서 이를 사용하였다. 하지만 갤리선의 유용성이 끝나는 것은 프레베자 해전[89]이 있을 때까지도 분명히 증명되지 않았다. 이 해전에서 베니스 함대는 갤레온<sup>galleon</sup>[90]으로 튀르크의 갤리선 함대에 구식 포를 쏘아대며, 노 젓는 갤리선들을 작은 성냥통처럼 날려버린 것이다. 1571년의 레판토 해전에서도 그 상황은 반복되었다.

레판토 해전[91]은 노를 저어 움직이는 배들에 의해 치러진 최후의 대전이었다. 이 전투에서 베니스, 제노바, 로마 교황령[92], 스페인에서 출동한 기독교도 함대들은 투르크인들을 결정적으로 패배시켰고, 서西지중해에서 이슬람 세력을 축출했다. 양측은 각각 약 300척의 배를 가지고 있었는데, 튀르크는 1

이다. 비스케이만과 접한 항구 도시로서 대서양과 인접한 어항이기도 하다. 12세기경부터는 무역항 역할도 수행했다. 1627년부터 1628년까지 일어난 라로셀 공성전에서 루이 13세, 리슐리외 추기경이 이끄는 프랑스 국왕군이 위그노-잉글랜드 연합군을 물리쳤다.

89 1538년 9월 28일 그리스의 북서부에 있는 프레베자(Preveza) 근해에서 교황 바오로 3세가 조직한 로마 가톨릭 동맹의 군대와 오스만 함대 간에 벌어진 전투이다.

90 15~19세기의 스페인의 전투·무역용 대형 범선이다.

91 레판토(Lepanto) 해전은 1571년 10월 7일 베네치아 공화국, (교황 비오 5세 치하의) 교황령, (나폴리와 시칠리아, 사르데냐를 포함한) 스페인 왕국과 제노바 공화국, 사보이 공국, 몰타 기사단 등이 연합한 신성 동맹의 갤리선 함대가 오스만제국과 벌인 해상 전투로 오스만의 전투용 갤리선 함대를 결정적으로 패배시켰다.

92 공식적으로 교황령(Papal States, the State of the Church : 이탈리아어 Stato della Chiesa, 라틴어 Status Ecclesiasticus)로 불리는 이 나라들은, 8세기부터 1870년 이탈리아가 통일될 때까지 교황의 직접 통치하에 있던 이탈리아 반도 안에 있던 나라들이다. 이 나라들은 현대 이탈리아의 대부분을 차지하며, Lazio(로마를 포함), Marche, Umbria, Romagna, Emilia의 일부를 포함한다. 이 지역들은 교회의 우월성과는 달리 교황의 세속적인 힘의 징표로 간주되었다.

만 5,000명의 기독교 노예에 의해 움직이는 250척의 갤리선을 가졌고, 기독교인들은 208척의 갤리선과 여덟 척의 갈레아스선<sup>galleasses</sup>[93]을 보유하고 있었다. 전체 전투 동안 가장 처절한 해전 중의 하나인 레판토해전은 양측 모두가 무수한 부상자를 발생시킨 가운데 튀르크인 2만 5,000명과 기독교인 8,000명이 사망하였다. 세르반테스<sup>cervantes</sup>도 이 전투에서 팔을 잃어 불구가 되었다.

16세기 후반 영국의 해양 세력은 포르투갈과 스페인의 거대한 해양 세력과 대등해졌다. 헨리 8세는 함대에 대한 깊은 흥미를 가지고 있었고, 그의 후원 아래 해양 세력은 급격히 성장해서 엘리자베스 여왕 시절 강력한 힘을 가지게 된 것이다. 헨리 8세는 메리 로즈[94]라는 초기 전함과 같이 독특하게 설계된 첫 번째 유형의 배들의 제작을 감독하였다. 무거운 대포들은 사격을 위해 측면현측에 구멍이 뚫린 가장 낮은 갑판에 장착되었다. 이러한 대포들은 적함들의 장비와 선체뿐만 아니라 배에 승선한 사람에게도 피해를 주려는 목적으로 장착된 것이다.

영국 해군에서 표준 전함은 바지<sup>lighter</sup> 부분과 현측<sup>broadside</sup>(그림3-13)에 주主화포들을 장착한, 두 개 혹은 세 개의 갑판이 있고 이물에서 고물에 이르기까지 신속하게 발사할 수 있도록 고안된 갤리온<sup>galleon</sup> 배가 되었다. 대형함<sup>greatships</sup>이라 불리는 300톤 이상의 무장 상선들은 갤리온 선을 보강하여 제작하였다. 또 그 배에는 컬버린 포<sup>culverins</sup>[95]와 데미-캐논<sup>demi-cannon</sup>을 장착했

---

93 15~18세기에 지중해에서 사용된 전투용 갤리선으로 중포/총포를 장착하고 사람이 노를 저어 움직이는 무거운 배이다.

94 메리 로즈(the Mary Rose, 1511년 진수)는 헨리 8세의 왕립 해군의 무장 상선(carrack-type)의 전함이다. 배수량은 500t이고 돛으로 추진하며, 승무원은 포수 30명을 포함 200명이다. 다양한 구경의 총포를 78~91문을 장착했다. 프랑스, 스코틀랜드 및 브리타니와의 여러 전쟁에서 33년 동안 참전했다. 1545년 7월 19일에 프랑스 침공 함대의 갤리선에 대한 공격을 수행하다가 침몰했다.

다. 16세기의 컬버린 포는 나중에 18세기 장포신 포long gun의 원형이 되었고, 1mile1,609m 이상의 사거리를 가졌다. 그것보다 길이가 짧은 9ft2.7m 포신에 구경 6in5.2cm인 데미-캐논은 32lbs14.5kg 탄환을 최소한 500yd457m의 유효 사거리까지 발사했다.

**그림3-13** 측면현측에 설치된 중포重砲, Heavy Cannon

스페인 함대에는 갤리선이 많았다. 그 배들은 험악한 모양의 청동 충각衝角(전투함 앞 끝부분에 붙여 적의 배와 충돌하여 파괴하도록 만든 장치)과 전방 갑판에 가득한 소형 대포로 인해 위협적으로 보였다. 하지만 그 배들은 실제로 중重형의 충각 범선에 대해 그렇게 위협적이지 못했고 단지 갤리선에 대해서만 위협적이었다. 가렛 매팅리[96]는 스페인 무적함대The Armada에 대한 연구에서 "영국 드레이크 제독[97]이 보유하고 있는 배 중 가장 거대한 일곱 척의 함선 가운데

---

95  16~17세기에 사용된 일종의 중포(重砲)

96  가렛 매팅리(Garrett Mattingly, 1900~1962)는 초기 근대 외교사를 전문으로 하는 콜롬비아 대학의 유럽 역사학 교수였다. 1960년 그는 《The Defeat of the Spanish Armada : 스페인 함대의 패배》로 퓰리처상을 수상했다.

97  프란시스 드레이크(1540~1596)는 영국의 탐험가, 선장, 해적, 노예 상인, 해군 장교, 정치인 이었다. 드레이크는 1577년~1580년까지 실시한, 단 한 번으로 세계를 한 바퀴 도는 탐험에 성공해서 유명해졌다. 이 탐험에서, 그때까지 스페인의 독점적 관심 지역이었던 태평양에 영국이 들어가게 되었고, 현재 미국 캘리포니아주인 영국의 뉴 알비온에 대한 영유권을 주장하였다. 이 탐험으로 영국은 미국 서부 해안에서 스페인과 갈등의 시대를 열었다.
엘리자베스 1세는 드레이크에게 1581년에 기사 작위를 수여했고, 같은 해 드레이크는 플리머스의 시장으로 임명되었다. 그는 1588년 스페인 함대와의 해전에서 승리할 때 해군 중장이며 영국 함대의 부사령관이었다. 푸에르토리코 산 후안을 공격하는 데 실패한 후, 그는 1596년 1월에 이질로 사망했다. 드레이크의 약탈은 그를 영국의 영웅으로 만들었지

**그림3-14** 스페인 무적함대로부터 분리된 낙오함 격침 장면
(C. M. Padday 작품)

단 한 척의, 그것도 한쪽 현측의 화력이 스페인의 돈 페드로[98] 함대의 전 갤리선들을 합친 것보다 우수하였으며, 더 멀리까지 포를 발사할 수 있었다"라고 언급했다(그림3-14).

대서양에서 가장 위대한 세력이었던 두 나라의 해군은 언젠가 전투를 통해서 그들의 힘을 겨루어야만 했다. 엘리자베스 여왕은 수년 동안 이러한 충돌을 지연시키기 위해 교묘하게 노력해왔다. 하지만 1580년 펠리페 2세는 포르투갈을 병합했고 해양 세력으로 성장하는 포르투갈인들의 갤리온선들뿐만 아니라 지중해보다는 남대서양에서 싸울 수 있는 선박 건조 기술을 가진 포르투갈 조선업자들의 능력도 아울러 얻을 수 있었다. 그때까지 영국의 선박과 비교해보면, 스페인의 갤리온선은 다루기가 힘들고 너무 높은 돛대를 달았으며, 배 바닥이 평평하여 강한 바람이 불면 기우뚱하는 경향이 있었다.

1588년 마침내 스페인 무적함대는 총 2,500문의 대포가 탑재된 130척의 배와, 총 병력 중 3분의 2가 전투병으로 구성된 3만 명의 병력으로 영국을 향

만, 그의 해적 행위로 인해 스페인은 그에게 엘 드라크(El Draque)라는 별명으로 알려진 해적이라는 이미지를 만들었다.

98 돈 페드로 데 발데즈(Don Pedro de Valdéz, 1544~1615). 스페인 제독인 발데즈는 1588년 스페인 함대의 패배 당시 안달루시아에서 함대를 지휘했다. 그의 갤리온 'Nuestra Señora del Rosario'는 다른 스페인 함선과 충돌하여 플리머스에서 프란시스 드레이크에게 포로가 되었다. 그는 나중에 스페인으로 송환 후 쿠바의 주지사가 되었다.

해 원정을 떠났다. 함대는 스무 척의 갈레온선과 마흔네 척의 무장 상선, 여덟 척의 지중해식 갤리선과 소형 선박들로 구성되었다. 스페인군 총 사령관인 메디나 세도니아Medina Sedonia 공작[99]은 적선들을 갈고리로 붙잡아서 승선하며 공격하는 낡은 지중해식 전술을 준비했다. 그의 함대는 사거리가 짧은 중포重砲에 집중했고, 약간의 장사정 컬버린 포들을 탑재하고 있었다.

영국의 조선업자들은 항해의 적합성과 속도에 집중하여 갈레온 선박의 갑판 위쪽에 설치되었던 타워형 선체를 없애고 배의 용골龍骨을 깊게 하였다. 존 호킨스[100]는 대포cannon가 단지 일제 사격의 시작을 알리는 데만 사용되는 '비천한 무기'가 아니라 적선들을 산산조각내기 위해 사용되어야 한다는 혁명적인 전술 이론을 개발하였다. 전함은 병사들이 머무는 곳이 아니라 대포들이 가득한 무기고가 되었다. 이에 따라 영국의 모든 전투 심리학이 변화하였다.

영국 여왕의 전함들은 고작 서른네 척뿐이었지만, 이들은 위협적인 장사정 컬버린 함포들로 무장되었다. 추가로 160척에 달하는 개인 소유의 배가 스페인 함대와 대적하기 위해서 긴급히 소집되었으나, 이들 중 절반은 너무 작고 쓸모가 없었다.

---

99 알론소 페레즈 데 구즈만(Alonso Pérez de Guzmán y de Zúñiga-Sotomayor, 1550~1615), 메디나 세도니아 공작 7세는 스페인 귀족으로, 1588년 영국 남부를 공격한 스페인 함대의 사령관이었다. 그는 아라곤의 페르디난드 2세의 증손자였다. 메디나 세도니아 공작이란 스페인 남부 안달루시아 카디스주의 도시인 메디나 시도니아(Medina Sidonia)의 세습 공작 호칭이다. 그는 패전 이후에도 계급과 직책을 유지했다.

100 존 호킨스 경(John Hawkins, 1532~1595)은 선구적인 영국 해군 지휘관이자 행정관이었다. 그는 또한 대서양 노예 무역에 있어서 영국의 개입에 가담한 해적이자 초기 후원자였다. 해군 재무관(1578~1595)으로서 호킨스는 노후 선박을 수리하고, 1588년 스페인 함대를 격퇴한 더 빠른 선박의 설계를 지시했다. 16세기 영국의 가장 뛰어난 선원 중 한 명인 호킨스는 엘리자베스 1세 해군을 건설한 최고 담당자였다. 1588년 스페인 함대를 격파한 전투에 중장으로 참전한 그는 용맹함으로 인해 기사 작위를 받았다. 후에 멕시코와 남미에서 출발한 스페인 보물선을 약탈하는 해양 봉쇄를 고안했다.

스페인군 지휘관들은 영국의 배와 대포들의 우수성에 대해 아주 잘 알고 있었다. 그들은 1587년에 이미 영국의 드레이크 제독이 카디즈[101] 항구에서 네 척의 전투함에 탑재된 중포重砲를 이용한 현측 발사로 스페인의 갈레온 전함대를 패배시켰던 쓰라린 교훈을 가지고 있었다. 그들 중 한 사람은 다가올 전투에 대한 기대를 다음과 같이 묘사하였는데 그것은 그리 놀랄만한 일이 아니었다.

"우리가 신의 보살핌 속에서 싸운다는 것을 잘 알고 있다. 그러므로 우리가 영국인을 만났을 때 신은 모든 일을 조율해서 기상을 변덕스럽게 하거나 혹은 영국인들의 정신을 혼란하게 함으로써 우리가 그들을 갈고리로 붙잡아서 승선할 수 있도록 여건을 만들어주실 것이다. 만약 우리가 선미측quarters으로 접근할 수 있다면, 우리 배에 타고 있는 많은 병사가 당연히 가지고 있어야 할 스페인 군인의 용맹과 강인함으로 확실한 승리를 얻을 수 있을 것이다. 하지만 만약 신이 기적적으로 우리를 도와주지 않으면, 우리보다 만들기 쉬운 배들을 갖고 있고, 빠른 발사율을 가졌을 뿐만 아니라 사거리가 긴 대포를 가지고 있으며, 또 자신들의 강점을 충분히 알고 있는 영국군은 우리가 배에 접근하지 못하도록 하면서 우리가 그들에게 심각한 손상을 입히지 못하게 멀찍이 떨어져서 그들의 컬버린포로 우리를 격침하려 들 것이다. …… 그러므로 우리는 기적에 대한 확실한 희망을 가지고 영국을 향해 항해하고 있다."

결과에서 드러났듯이, 전투는 새로운 영국 전술을 시험하는 결정적인 계기가 되지는 못했다. 사거리 300~700yd274~640m 내에서의 16세기 컬버린포나

---

101 카디즈(Cadiz)는 스페인 남서부의 항구 도시이다. 안달루시아의 자치 지방 여덟 곳 가운데 하나인 카디스주의 주도이며, 안달루시아에서 세 번째로 인구가 많다. 가장 산업이 발달한 곳 중 하나인 카디스-헤레스 광역 지방을 형성하는 두 주요 도시 중 하나이다.

반半컬버린포의 사격은 갈레온선이나 대형함의 선체를 뚫지 못할 뿐만 아니라 승무원들이 응급 조치로 봉합할 수 있을 정도의 작은 파공만 만들어냈을 뿐이다. 사수의 경험 부족과 포의 결함 때문에 양 측면의 대포는 성능이 매우 안 좋았다. 스페인 함대는 비축된 대포알만 낭비했고 영국 본토에 상륙해서 사용하려고 저장해 두었던 것까지 소모하여 화약 재고는 급격히 줄어들었다. 영국 군대도 마찬가지로 탄약이 떨어져갔지만 그들은 가까운 항구에서 보급품을 재보급할 수 있는 엄청난 이점이 있었다. 그래서 스페인 함대가 근거리에 근접해왔을 때 치명적인 화력을 퍼부어댈 수 있었던 것이다.

스페인 군대는 영국인 가운데 아르키메데스의 명성에 버금가는 '마법사의 능력을 가진 과학자'가 있을 것이라는 생각으로 공황 상태에 빠졌다. 이로 인해 함대의 진형은 서로 뒤엉키게 되었다. 이탈리아군의 기술자였던 페데리고 지암벨리[102]는 1584년에 안트워프를 포위 공격할 때, 배 두 척에 인화 물질을 가득 실어 해구海口에서 그 도시를 향해 소이탄을 쏘아올려 터뜨렸던 인물로 유명하다. '지옥의 화염'을 방불케 하는 그 폭발은 1,000명 이상의 스페인 병사를 죽였으며 거의 성을 빼앗는 데 성공했다. 그러나 안트워프는 결국 파르

---

102 페데리고 지암벨리(Federigo Giambelli, 16세기 후반~17세기 초) : 스페인, 네덜란드, 영국에서 일한 이탈리아 군사 및 토목 기술자였다. 이탈리아에서 군사 기술자로 일하다가 스페인으로 이주했으나 환대받지 못하고 앤트워프로 옮겨 상당한 명성을 쌓았다. 본문에 언급된 일화는 안트워프가 1584년 파르마 공작 알렉산더 파네세에게 포위되었을 때의 일로, 그는 영국의 엘리자베스 1세의 편에 서서 60t과 70t 두 척의 배에 화약을 가득 싣고 바다로 나가는 입구를 막아버린 부교를 파괴하기 위한 것이었다. 각 배에는 7,000lbs(3,175kg)의 화약으로 채워진 석조실이 있었고 맷돌, 묘비 및 고철이 실려 있었다. 일종의 시한 장치에 의해 기폭되도록 제작되어 두 척 중 한 척이 다리에 닿은 후 폭발했고, 폭이 200ft(61m) 이상인 부교에 구멍을 만들었다. 1,000명 이상의 스페인 군인이 전사한 것으로 추정된다. 이후에는 영국에서 스페인 침공에 대비한 토성 건설과 장애물을 만드는데 종사했다.

마Parma 공작[103]에게 항복하였으며, 지암벨리는 영국으로 도피하였다. 스페인의 침략이 임박했을 때 영국의 엘리자베스 여왕은 그를 고용하여 테임즈강에서 스페인군을 저지하기 위한 방어 요새를 구축하도록 하였다. 지암벨리가 영국 런던에 있다는 사실은 비밀이었음에도 불구하고 새롭고 악랄한 전쟁 도구를 만들기 위해 여왕에게 고용되었다는 사실은 스페인 무적함대 사이에서는 공공연한 이야깃거리였다.

스페인 함대가 칼레Calais Roads 항구에 닻을 내렸을 때, 영국은 밤 사이 그 항구로 여덟 척의 화공선fireship을 보냈고, 스페인 함대의 배 갑판은 인화 물질 때문에 불길에 휩싸였으며 대포는 폭발하였다. '안트워프의 지옥 화염'으로 알려진 그 불꽃으로 인해 스페인 함대의 지휘관들은 공황에 빠졌고 서둘러 밧줄을 끊고 바다로 앞다투어 빠져나갔다. 영국군은 여덟 시간 동안 계속되는 필사적인 전투로 승리를 거두었으나, 결정적인 순간에 포탄이 바닥나 스페인 함대의 3분의 2가 탈출하였다.[104]

영국군의 연속적인 포격에 타격을 입은 스페인의 갈레온선들은 강력한 태풍을 만났다. 그러나 그들은 탁월한 해양인 정신으로 대부분의 함대를 이끌고 스코틀랜드 북단에 닿을 수 있었다. 물을 구하려고 상륙하였다가 5,000명의 병사가 학살당한 적이 있었지만 아일랜드 해안을 따라 내려와 스페인 항

---

103 알레산드로 파르네세(Alessandro Farnese, 1545~1592). 이탈리아의 귀족이자 군 지휘관(condottiero), 1586년부터 1592년까지 파르마, 피아첸차, 카스트로 공작, 1578년부터 1592년까지 스페인 네덜란드 주지사였던 스페인 군대의 장군이었다. 스페인에서 군대가 꾸준히 증강된 덕분에 1581~1587년 동안 파르네세는 네덜란드 남부(현재 벨기에) 30개 이상의 마을을 점령하여 가톨릭 스페인의 영토로 회복시켰다. 프랑스 종교 전쟁 동안 그는 가톨릭을 수호하기 위해 파리를 지켰다. 야전 사령관, 전략가 및 행정가로서의 그의 재능은 그의 동시대 및 군사 역사가 중 으뜸이었다는 평을 받는다.

104 1588년 8월 8일

구로 되돌아갔다.

엘리자베스 여왕은 다른 많은 사람과 같이 배를 들이받거나 적함에 승선해서 파괴하는 것, 근접해서 전투하는 것은 있을 수 없다는 생각에 오랫동안 사로잡혀 있었다. 어떠한 영국 선박도 심각한 피해를 입지 않았으며 수병 한두 명만 사망했을 뿐이었다. 그러나 서서히 스페인 함대가 영국의 계략에 빠져 엄청난 사상자를 내고 궤멸했다는 소식이 전해지면서 호킨스 경의 혁명적인 전술이 이 전쟁에서 결정적인 결과를 가져왔음이 밝혀졌다. 갤리선으로 배를 들이받거나 적함에 승선해서 전투하는 식의 고대 전술이 통용되던 시기는 지나갔으며, 중포병의 강력함과 범선, 선형 대형의 전술은 당시 상황에 딱 들어맞는 전술로 인식되었다.

전투 초기의 무의미한 연속 포격을 포함한 낭비 요소는 영국 전술에 각인되었다. 연속포격은 배가 정지한 상태에서 가능했고 또 장거리에 도달하지도 못했다. 월터 롤리 경[105]은 휘하의 모든 사수에게 총열이 수직이 아닌, 수평으로 완전한 조준선 상에 들어와 직사가 가능한 사거리에 도달했을 때를 제외하고는 절대 사격하지 못하도록 하였고 이것이 전통이 되어 19세기에 이르기까지 야만적인 교전은 계속되었다. 이는 부분적으로 포의 성능이 떨어져 직사가 가능한 사거리를 벗어나는 곳에서의 사격이 효과가 없었기 때문이기도 하지만, 대부분은 사격술이 숙달되어 있지 않았기 때문이다.

---

105 월터 롤리 경(Sir Walter Raleigh, 1552~1618)은 영국의 정치인, 탐험가, 작가, 시인이자 영국 여왕 엘리자베스 1세의 총신이다. 신세계 최초의 잉글랜드 식민지인 버지니아(로어노크 식민지)를 건설했다. 진흙길 위에 값진 망토를 펼쳐 엘리자베스 1세를 지나가게 하였다는 일화로 유명하다. 캐나다를 탐험한 험프리 길버트의 이부(異父) 형제이다. 1603년 전쟁에 휘말려 런던탑에 12년간 유폐 생활 후, 65세에 다시 모험을 떠났으나 부하 케이미스가 무단으로 스페인인을 공격한 사실로 호되게 꾸짖어 자살로 몰았고, 케이미스의 자살에 부하들이 동요하고 반항하여 롤리는 결국 탐험을 포기한 채 귀국할 수밖에 없었다. 롤리는 스페인인과의 무력 충돌시 처형에 처한다는 조건을 본의 아니게 어겨 사형당했다.

스페인 무적함대와의 전투에서는 비정상적인 일이 많이 일어났다. 열세가 뚜렷한 가운데서도 스페인 함대와 대항해서 싸웠던 영국을 이후에 성장시켰던 것은 최소한 위대한 신화는 아니었다. 영국은 우수한 선박을 보유하고 있었고 더 균일화되고 더욱 잘 훈련된 승무원으로 구성되었으며, 보다 우수한 포를 갖고 있었을 뿐 아니라 전투 시 탄환의 재보급에도 큰 어려움이 없었다. 매팅리가 말했듯이 영국인에게 있어서 전투는 "폭정에 대항해서 자유를 수호하는 영웅적인 교훈이요, 다윗이 골리앗을 쓰러뜨리는 것과 같은 강함을 극복하는 약한 자의 승리로 불멸의 신화"가 되었던 것이다.

어떤 면에서는 그리 놀라운 일은 아니지만, 전투는 -화약의 발명으로 전쟁의 잔인성이 감소되었다는 통념에서 비롯된- 17세기에 널리 유포되었던 다른 신화 창조에 공헌하였던 것으로 보인다. 영국이 배 한 척도 잃지 않고 100명 이하의 사상자를 냈으며, 실제 놀라운 성과를 냈던 레판토의 결전에서와 비교해봐도 위와 같은 일은 특기할 만하다. 영국의 유명한 시인이자 신학자인 존 던[106]은 1621년 성탄절에 세인트 폴 대성당에서 이성을 찬양하는 연설에서 다음과 같이 말했다.

"그래서 이러한 이성의 빛의 이로움으로 포병을 만들었고, 이제까지보다 전쟁이 더 빨리 종결되고, 피의 엄청난 대가를 피하며, 죽은 수많은 사람을 위

---

106 존 던(John Donne, 1572~1631) 신부는 성공회 사제이자 시인이다. 로마 가톨릭 가정에서 태어나 영국 성공회로 전향할 때까지 종교적 박해를 경험했다. 뛰어난 교양과 운문의 재능을 가졌으나 가난해서 부유한 친구들의 후원에 의지했다. 1621년에 세인트 폴 대성당의 수석 사제로 임명되었다. 그런 배경이 존 던의 문학 작품(초기의 연애 시 풍자 운문에서 말년의 종교적 설법에 이르기까지)에 반영되고 있다. 대담한 위트와 복잡한 언어를 구사하고, 연애 시, 종교 시, 강론 등을 저술했으며, 형이상학파 시인의 선구자로 여겨진다. 대표작에 《벼룩》,《일출》과 같은 노래와 소네트,《성스러운 소네트 10번》이나《관》이라는 종교 시가 있다. T. S. 엘리엇 등에 영향을 주었고, 헤밍웨이의《누구를 위해 종은 울리나(For Whom the Bell Tolls)》의 제목은 존 던의 설교의 한 구절에서 따온 것이다.

해서 포병이 창설되었다. 그 이후 검이 전쟁의 주인이었던 때보다 인명피해는 감소되었다."

18세기 사람들이 이러한 사고방식을 가졌던 것처럼 오늘날에도 많은 사람이 인류가 지금까지 발명하였던 것 중 인류에게 가장 유용한 독창적인 세 가지의 발명품이 나침반, 인쇄술, 포라고 생각하고 있다.

## 군사공학자의 등장

후기 르네상스 동안은 기술자는 군대의 기술자를, 건축가는 민간 기술자를 의미했다. 군사공학자들은 천재적 이론가인 니콜로 타르탈리아[107] 같은 사람으로부터 실용적인 군수용품을 발명가인 페드로 나바로에 이르기까지 다양하였다. 더욱이 1527년에 축성법에 대한 책을 저술했던 알브레히트 뒤러[108]와

---

107 니콜로 타르탈리아(Niccolò Fontana Tartaglia, 1499~1500)는 베네치아의 수학자이자 요새화 기술자였으며, 지형을 측정해서 최선의 방어 수단을 찾는 측량사이자 베네치아 공국의 경리 주임이었다. 그는 아르키메데스와 유클리드의 첫 번째 이탈리아어 번역과 수학의 찬사를 포함한 많은 책을 출판했다. 그는 'Nova Scientia(A New Science)'에서 탄도학으로 알려진 포환의 탄도 분석에 수학을 처음으로 적용했다. 그의 작품은 부분적으로 유효성이 확인되었고, 갈릴레오의 낙하 실험에 대한 연구로 부분적으로 대체되었다. 그는 또한 침몰한 선박 검색에 대한 논문을 출간했다. 3차방정식의 해법을 먼저 발견하였으나 카르다노가 먼저 발표하였다. 어린 시절 프랑스 군대에 의해 아버지를 잃고, 본인도 프랑스 병사에 의해서 혀에 부상을 입고 말더듬이가 되어 타르탈리아(tartaglia, 말더듬이)라는 별명을 얻게 되었다.

108 알브레히트 뒤러(Albrecht Dürer)는 독일 르네상스 시대의 화가/판화가이며 이론가였다. 뒤러는 고품질 목판화 인쇄물로 20대가 되었을 때 유럽 전역에서 명성을 얻었다. 그는 라파엘, 조반니 벨리니, 레오나르도 다빈치 등 당대 이탈리아의 주요 예술가들과 소통했다. 뒤러의 막대한 작품에는 판화, 그의 후기 인쇄물, 제단, 초상화 및 자화상, 수채화 물감 및 서적에서 선호하는 기법이 포함된다. 뒤러가 이탈리아 북부 예술에 고전적 모티프를 도입함으로써 북 르네상스의 가장 중요한 인물 중 한 명으로 명성을 얻었다. 이것은 수학, 원근법 및 이상적인 비율의 원리를 포함하는 그의 이론 논문에 의해 강화된다.

같은 예술가가 포함된 시기도 있었다.

더욱 우리를 혼란스럽게 하는 것은 군사공학자로서 전혀 유용하지 않았을 '자연 철학자'들이 탄도학 이론에 대단한 흥미를 갖고 참여하였다는 것이다. 오늘날 우리는 탄환의 비행 궤적을 조정하기 위해 고도로 세분화된 탄도 과학 기술을 다룬다. 르네상스 시대의 탄도이론가들은 이 탄도학을 수학과 '자연 철학'과의 자연적인 교량적 역할로서 이해하였다. 일반적으로 그들은 포와는 무관하였다.

1500년대에 들어서 군대의 기술력은 르네상스 시대의 실질적인 전문성을 가진 기술의 하나로 인정되었다. 전쟁의 기술적인 문제들은 점점 더 증가하고 복잡해졌으며, 따라서 모든 통치자는 최소한 한 명 이상의 전문가를 데리고 있지 않으면 안 되게 되었다. 이런 전문가들은 폭발물과 탄도에 대해 예측해 주고, 군 축성물과 -축성물 주변에 해자를 파는 등의- 참호 파는 방법에 대해 조언하였으며, 게다가 숙련된 장인으로서 직접 제작하는 일에도 참여했다. 이들이 환영받던 이유는, 안트워프의 지암벨리처럼 누구보다도 인화 물질이나 폭발물을 가지고 일하는 데 적격이었으며, 이들의 도움으로 축성이나 설계에 크게 투자하지 않아도 시민들로부터 보다 많은 환호를 받으면서 승리할 수 있었기 때문이다.

레오나르도 다 빈치Leonardo da Vinci는 자신을 군사공학자로 불렀고, 18년 동안 밀라노Milan 공작 밑에서 군 기술자로서 일했다. 그가 잠수함, 기구, 비행 물체 등을 빼고라도 전차, 후미 장전식 포, 소총 형태의 화기, 치륜식 권총[109], 발

---

109 치륜총(齒輪銃, Wheellock gun)은 방아쇠를 당겼을 때 철제 바퀴가 돌아가면서 발생하는 마찰 스파크로 불을 붙이는 화기이다. 이러한 화기 작동 방식을 치륜식(齒輪式, Wheellock)이라고 한다. 화승총(매치록)이 발전한 형태이며, 화승이나 도화선과 같은 부산물 없이 총 자체만 가지고 점화할 수 있는 최초의 총이었다. 기원후 1500년경 개발되어 화승총

사 속도가 빠른 쇠뇌투석기, catapult, 증기蒸氣포, 낙하산, 잠수함이라고밖에 부를 수 없는 탈 것과 열기구, 비행 기계와 같은 무기 체계 등을 구상한 것을 보더라도 그를 군사공학자로 칭하는 것이 타당할 것이다. 그는 또 축성에도 관여하였는데 성 주위에 해자를 파거나 석축으로 된 둥근 지붕을 만들고 능보[110]를 만드는 설계와 계획으로 참여하였다. 그가 고안한 전차에는 여덟 명이 탑승할 수 있었는데, 크랭크 기어 손잡이를 바퀴의 굴대와 수평으로 부착시켜 바퀴를 돌릴 수 있도록 만들었다. 이러한 작은 바퀴들은 바퀴 핀의 원형 축을 돌릴 수 있도록 고안되었으며 자동차 바퀴가 회전하는 원리와 같았다. 이 전차에는 소총을 장착할 수 있는 구멍이 있었고, 환기를 위해 윗부분이 개방된 장갑차였다.

레오나르도는 위대한 과학자였으며 고대 과학에 전반적으로 통달한 인물이었다. 그는 알베르트 폰 삭츨슨[111]의 중력에 관한 연구와 조르다누스Jordanus

과 병행 사용되었으나 1560년대에 탁식총(스냅펀스록), 1600년경에 수석총(플린트록)이 개발되자 경쟁에 밀려 도태되었다.

110 능보(稜堡, bastion) : 요새의 삼각형 돌출부. 대포의 발달로 구시대 유럽을 지배하던 얇고 높은 성벽이 퇴색하자 자연스레 대두된 별 모양의 성형 요새(星形要塞, Star Fort, trace italienne)에 구축되었던 돌출 부분이다. 성벽에 근접한 적병을 제압하기 위해 사각을 없앨 용도로 이탈리아 건축가 알베르티에 의해 1440년에 최초로 탄생했으며, 이후 1500년경 피사(Pisa)시에 의해 더욱 개량된 모습을 보였다. 다수의 능보를 거느릴수록 방위 효과가 올라가나 하나를 건설할 때마다 약 1만 파운드라는 엄청난 금액이 소요되어 1542년 로마시는 열여덟 개의 능보를 갖춘 성의 건설 계획을 취소할 수밖에 없었다.

111 알베르트 폰 삭츨슨 또는 삭소니의 알베르트(Albert Von Sachsen, 1320~1390)는 논리학과 물리학에 공헌한 독일의 자연철학자이자 수학·물리학자이다. 한편 그는 1388년부터 사망할 때까지 할베르슈타트의 주교였다. 논리 연구의 일환으로 중력을 연구했다. 아마도 중력의 중심과 기하학적 중심을 구별한 최초의 사상가였으며, 떨어지는 몸체의 속도에 관해서는 속도가 시간이나 공간에 비례하는지 여부가 문제라는 것을 높이 평가했다. 그는 또한 현재 항공 정역학으로 알려진 분야를 처음으로 이해한 사람 중 한 명이었으며, 가벼운 풍선이 상승하는 이유는 불의 입자가 풍선 주위를 둘러싸여서 상승하고 공중에 매달려 있다고 주장했다. 또한 자연의 법칙을 표현하기 위해 수학 공식을 찾으면 된다고 주장하는 등 현대 물리학의 등장을 예고했다.

의 지렛대의 원리도, 로저 베이컨의 광학과 비행에 대한 연구도 알고 있었다. 그는 비투르비우스와 알베르티의 건축술과 아르키메데스의 저서에 대해서도 알고 있었다. 그의 원고가 출판되고 그 원고 속의 물건들이 만들어졌었다면, 아마도 현대 과학의 역사는 훨씬 일찍 시작되었을 것이다.

일반적으로 알고 있듯이 그의 필사본 원고가 300년 동안 세상에서 완전히 사라졌던 것은 아니며, 많은 작품이 익명으로 17세기 과학 문학 등에 반영되어 나타나고 있다. 특히 그의 생각을 표절하였던 몇몇 사람의 저서를 통해서도 알 수 있다. 수력학과 운동역학에 관한 제롤라모 카르다노[112]의 논문이 1621년에 카스텔리Castelli에 의해서 출판된 것이 좋은 예이다. 그러나 레오나르도의 전쟁용 기계들은 당시로서는 완전히 실패한 작품이었으며, 그의 발명품 대부분은 그가 살던 시대의 금속 세공인이나 목수들이 별다른 노력이 없이도 만들어낼 수 있는 것에만 관심을 갖던 당시의 기술 수준과는 어울리지 않는 것이었다. 그럼에도 불구하고 그것들은 우리로 하여금 발명과 이론이 결합된, 전혀 가치 없고 있을 수 없는 일에 마음을 내맡기도록 하고 있다.

르네상스 시대의 또 다른 훌륭한 군사공학자는 니콜로 타르탈리아로 그 역

---

112 제롤라모 카르다노(Gerolamo Cardano, 1501~1576)는 수학자, 의사, 생물학자, 물리학자, 화학자, 점성가, 천문학자, 철학자, 작가, 도박꾼에 이르기까지 다양한 관심과 능력을 가진 이탈리아의 수학 전문가였다. 그는 르네상스 시대의 가장 영향력 있는 수학자 중 한 사람이며 확률의 기초를 수립한 핵심 인물 중 한 사람이며 서구 세계에 이항 계수와 이항 정리를 최초로 도입한 사람이다. 그는 과학에 관한 200편 이상의 저서를 남겼다. 카르다노는 조합 잠금 장치, 오늘날 자동차와 선박·항공기 등에 사용되는 나침반 또는 자이로스코프가 지지되어 자유롭게 회전할 수 있도록 하는 세 개의 동심원 링으로 구성된 짐벌, 다양한 각도에서 회전 운동을 전달할 수 있는 범용 조인트가 있는 카르단 샤프트(Cardan shaft)를 포함한 여러 기계 장치를 부분적으로 발명하고 기술했다. 또 고속 인쇄용 프레스 제작에 사용된 히포사이클로이드(hypocycloids)의 생성 원 개념을 고안했다. 가장 유명한 것은 대수학에서의 업적으로 그는 유럽에서 음수를 처음으로 체계적으로 사용했으며, 3차방정식과 4차방정식에 대한 다른 수학자들의 해결책과 함께 출판했으며 허수(imaginary number)의 존재를 인정했다.

시 이론가였다. 그는 현대 포병의 아버지로 인정될 만큼 확고부동한 지위를 누리고 있다. 하지만 그는 일찍이 앨버트 루퍼트 홀Albert Rupert Hall이 지적한 대로 "포병에 대해 경험은 없지만 이론으로 그의 지위를 획득한 예외적인 인물"이었다. 베로나의 수학교사였던 타르탈리아는 운동역학이론을 이용하여 포의 사거리를 계산하려 했던 최초의 인물이었다. 당시 그는 다음 세기의 갈릴레오처럼 성공적이지 못했지만 탄도학에 운동이론을 적용할 수 있었다. 그는 포와 거의 관계가 없었지만 포병에 대해 두 권의 책과 축성술에 대한 책 한 권을 썼으며 그의 사후에 광범위하게 사용되었던 -수직 고도의 실제 각을 측정할 수 있는- 포수용 사분의[113]를 제작하였다.

타르탈리아 이후 포병 사격 분야의 유럽 선구자들은, 산수와 기하학의 기초 지식을 가지고 확률의 이론과 포병의 이론에 대한 기초적 조사를 통해 관련 서적을 계속 출판했다. 이 중에서 콘라드 키서[114]의 《Bellefortis》는 기억할 필요가 있다. 탄도학 이론은 아직 포를 제작하는 기술과는 거의 관계가 없었다. 1506년에 베니스에 포병학교가 설립되었고, 몇 년 후에는 스페인의 부르고스[115]에도 생겼다. 타르탈리아가 소위 '포병의 전문가'로 첫발을 내디딘 이후 이를 계승한 사람들은 근본적으로 학교의 학자들이었다. 그들은 수 세대가 지나는 동안 부지런히 무게를 재고, 화약 장전량과 각도를 측정하고 거리

---

113 사분의(四分儀) 또는 상한의(象限儀), 쿼드런트(quadrant)는 최대 90도까지 수직 각도를 측정하기 위해 사용하는 기구이다. 여러 버전의 사분의를 사용하여 당일의 경도와 위도, 시간 등을 계측할 수 있다.

114 콘라드 키서(Konrad Kyeser, 1366~1405)는 15세기에 유명했던 군사 기술에 관한 책인 《Bellifortis(1405년)》의 저자이자 독일의 의사이며 군사 기술자이다. 원래 벤체슬라우스 (Wenceslaus) 왕을 위해 저술을 시작했으나, 완성본은 독일의 루퍼트(Rupert) 왕에게 헌정되었다.

115 부르고스(Burgos)는 스페인 북부 카스티야레온 지방 부르고스주의 주도이다. 세계유산으로 지정된 부르고스 대성당이 있다.

를 쟀으나 중요한 자료의 축적은 거의 이루어지지 못했다. 그들은 타르탈리아의 수학적 이론의 오류를 수정할 만한 능력이 없었으며 그들의 이론적 정수도 장거리에서의 실제적인 포사격술과는 거리가 먼 것이었다. 확실히 이것은 화포 주조의 예술과는 거리가 먼 것이었다.

불행히도 포 제작에 요구되는 표준안은 기본적으로 당시 전제 군주들에 의해 간섭과 강요를 받아온 것으로 보인다. 황제 막시밀리안 1세[116]는 그가 요구하는 포의 표준형을 대포알의 무게에 맞춰 제작할 것을 명령했다. 그리고 오랑주 공국[117]의 마우리츠 판 오라네 왕자[118]는 -오늘날 미국이나 영국에서 엽

---

116 막시밀리안 1세(Maximilian I, 1459~1519)는 신성로마제국의 황제(재위 1493~1519년)이다. 교묘한 혼인 정책과 외교로 영토를 확장하여 합스부르크가 번영의 기초를 확립하였다. 부르고뉴 공작이었던 용담공 샤를의 딸 부르고뉴 여공 마리와 결혼하여 그 공국을 차지하는 한편, 에스파냐 왕가와 혼인 관계를 맺으면서 왕위 계승을 꾀하고, 오스트리아의 옛 영토를 회복하였다. 그는 인문주의 신봉자로 학자와 문인을 우대하였다.

117 오랑주 공국(principauté d'Orange)은 프랑스 남부 프로방스 지역에 있던 봉건 국가로 론 강 좌안의 아비뇽 북쪽 오랑주를 중심으로 했다. 1163년, 신성로마제국의 프리드리히 1세가 부르군트 왕국의 오랑주 백작령을 공국으로 승격시켰다. 마지막 왕인 오라네 공 빌럼 3세(잉글랜드의 윌리엄 3세)가 1702년 자녀 없이 죽자, 프로이센의 프리드리히 1세와 나사우디츠 가문의 요한 빌럼 프리소가 오랑주 공 지위의 승계를 주장했다. 공국은 1672년의 프랑스-네덜란드전쟁과 다시 1682년 8월에 루이 14세의 군대에 의해 점령되었고, 1713년 프로이센과의 위트레흐트조약에 따라 프리드리히 1세는 프랑스에 공국의 영토를 양도하였다.

118 네덜란드 왕 마우리츠 판 오라네(Prince Maurice of Orange, 오라네 공작 마우리츠, 나사우의 모리스, Maurits van Nassau, 영어 : Maurice of Nassau, Prince of Orange, 1567~1625) : 네덜란드 공화국의 세습 스타드홀데르(stadholder : 총독)이며, 아버지 오랑주 공작 빌렘 1세의 뒤를 이어 왕으로 즉위했다. 20세에 의회에 의해 대원수로 임명된 그는 전략·전술 및 공병술을 발전시켜 베게티우스(Vegetius)의 고전적 교리를 부활시켜 개정했다. 유럽의 새로운 형태의 군비와 훈련을 개척, 네덜란드 육군을 당대 유럽에서 가장 근대적인 군대로 육성했다. 오늘날의 네덜란드의 기초는 마우리츠 작전에 의해 대략적인 윤곽이 만들어졌다. 마우리츠는 군사적 전략 뿐 아니라 재정적으로도 에스파냐를 궁지에 몰아넣었다. 그는 1588년 해군을 정비하고 영국과 연합하여 에스파냐의 무적함대에 맞서 찰스 하워드가 이끄는 영국 함대가 아르마다 해전에서 승리하는 데 결정적인 기여를 하였다. 1595년 프랑스의 앙리 4세가 에스파냐에 전쟁을 선포하자 에스파냐는 또다시 파산에 직면하게 되었으며, 에스파냐는 아메리카에서 막대한 금을 가져와 영국과 프랑스 양국과의 전쟁에 소

총에 사용하는 '게이지 구경'의 기초가 되는- 1파운드 당 들어가는 산탄 수를 기준으로 소총의 구경을 결정하도록 하였다.

그 시대의 가장 성공적인 군사공학자를 예로 든다면, 시에나[119]의 반노치오 비링구치오[120]를 꼽을 수 있다. 그는 수년간 이탈리아 왕자들 휘하에서 일했다. 시에나의 군대에서 직무를 맡아보기 시작한 그는 주물공장의 책임자가되었고 교황 바오로 3세[121]를 위해 탄약을 생산하기도 하였다. 그는 유능한 사업가일 뿐만 아니라 주변에서 생산되는 초석을 매점매석하도록 시위한 행정가이기도 하다. 그러나 그는 학자로서의 의무감도 느끼고 있었으며, 그 점은 1540년, 그가 죽은 다음 해 베니스에서 출판된 위대한 저서 《화공술에 대하여De la Pirotechnica》[122]를 보면 확실히 알 수 있다.

17세기에는 전문 군사공학자 중에서 시몬 스테빈[123]이나 오토 폰 게리케[124]

비해야만 했다. 마우리츠는 에스파냐가 영국과 프랑스에 패배하여 약화된 사이 네덜란드의 주요 도시들을 점령하여, 오늘날의 국경과 유사한 형태를 갖추게 되었다.

119 시에나(Siena)는 이탈리아 중부 토스카나주의 도시이다. 15세기까지 상업과 교통의 중심지로 번성했고 십자군 원정의 통과점이기도 했다. 이웃 도시인 피렌체와의 경쟁에서 밀려 쇠락한 때문에 시청이 있는 '캄포 광장(Piazza del campo)'을 중심으로 시에나 역사 지구는 중세 자치 도시들의 설계를 잘 보여주고 있어, 유네스코 세계유산으로 등록되어 있다.

120 반노치오 비링구치오(Vannocio Biringuccio, 1480~1539)는 이탈리아 시에나 출신의 야금학자였다.

121 교황 바오로 3세(1468~1549)는 제220대 교황(재위 1534~1549)이다. 대체로 교회 쇄신과 르네상스의 진흥 등 크게 두 가지 분야에서 두드러진 업적을 쌓았다는 평가를 받고 있다. 바오로 3세는 가톨릭 개혁의 기치 아래, 예수회, 테아티노회, 성 바오로회 등 새로운 수도회 및 교회 단체들을 인가함으로써 사람들을 따르게 하였으며, 1545년에는 트리엔트 공의회를 소집하였다. 또한 그는 예술과 학문의 애호가이자 후원자로 명성이 높았다.

122 《De la pirotechnia(불꽃 기술 혹은 화공술(pyrotechnics)에 대하여)》는 유럽에서 출판된 최초의 야금 인쇄 서적 중 하나로 간주된다. 이탈리아어로 쓰였다.

123 시몬 스테빈(Simon Stevin, 1548~1620)은 네덜란드 플랑드르의 수학자이자 기술자이다. 많은 과학 및 기술 분야의 이론뿐만 아니라 실용분야에서도 왕성히 활동하였다. 또한 많은 수학 용어를 네덜란드 고유어로 번역하는 데 힘을 기울여 네덜란드어는 유럽어 중 드물게 라틴어, 그리스어에 의지하지 않은 다수의 수학 용어를 보유하게 되었다. 예를 들어

와 같이 훌륭한 과학자는 소수에 불과했다. 그러나 이들은 대부분 전쟁 기간에만 그러한 직책을 수행했고, 나머지 기간에는 순수과학을 기분 전환용으로 여겨 그들이 쌓아온 전문성은 결국 상실되고 말았다.

---

수학에 해당하는 네덜란드어는 'wiskunde'이며 이는 '어떤 것이 확실한가에 대한 기술'이라는 뜻이다.

**124** 오토 폰 게리케(Otto von Guericke, 1602~1686)는 독일의 과학자, 발명가 및 정치가였다. 그의 주요 과학적 업적은 진공 물리학의 확립, 정전기적 반발을 명확히 증명하는 실험적 방법의 발견, '먼 거리에서의 행동'과 '절대 공간'의 현실에 대한 옹호였다.

# 제4장 17세기의 전쟁과 과학

16세기 후반과 17세기 대부분을 통틀어 유럽에서의 전쟁은 전투의 연속이라기보다는 삶의 방식에 가까웠다. 유럽의 문화는 만연된 전쟁 풍조 때문에 사회 전반에서 당연한 것으로 받아들여졌던 군대 문화의 영향을 받았다. 철학자들이 전쟁의 동기에 대해 논의한다면, 그들은 어떤 전쟁이 정의의 전쟁이고, 어떤 전쟁이 정의롭지 못한 전쟁인지에 대해 논쟁만 하다가 말 것이다. 하지만 대부분 사람은 실제 계속되는 전투의 충격이 그들의 삶에 피해를 주는 것을 최소화하기 위한 최선을 다할 뿐이었다. 군대에 의해 강요되었든 혹은 힘이 빠지거나 무정부 상태의 결과로 이루어진 것이든 평화는 항상 일시적일 수밖에 없었다.

17세기에 혜성같이 등장하였던 과학자들은 약탈과 살인에는 거의 주의를 기울이지 않았으며 전쟁 기술 발달에 기여했던 사람도 거의 없었다. 반면에 군사공학자들 사이에서는 천문학, 탄도학, 화학과 같은 과학의 중요성이 점점 더 넓게 인식되고 있었다. 당시의 과학적 이론은 실용화하기에는 시대에 뒤떨어지고 조잡한 것이어서 어려운 점이 많았다. 정부도 군대를 위하여 연구하고 훈련하고 실질적인 기초를 다질 학교의 필요성을 깨닫기 시작했다.

17세기 말에는 군수 지원과 무장, 축성술의 문제가 복잡하기 때문에 표준화된 장비가 필요하다는 것이 널리 인식되었다. 주권 국가의 힘을 강하게 하는 부국강병책뿐만 아니라 이러한 표준화로부터 전쟁 본질에 많은 변화가 생겼다. 거의 끊임없이 계속된 이 세기의 전쟁은 서유럽의 산업 자원을 극도로 압박하였다. 모든 주요 국가의 정치인들은 무기의 자급자족을 최우선으로 여겼으며, 그들 중 대부분은 자급하는 데 필요한 새로운 방법을 발견했다. 그들은 다른 지역에서 안정적으로 수입하여 자국 물건을 대용하는 데 도움을 줄 수 있는 신흥 과학에 눈을 돌렸다. '중상주의'[1]라고 불리는 경제 원칙은 처음부터 끝까지 국력에 대한 관심사를 반영하였다.

17세기 말의 전쟁은 17세기 초의 전쟁과는 매우 다른 양상을 보였다. 30년전쟁(1616~1648)은 '공동 사회의 충돌'이라고 표현할 수 있다. 그러나 루이 14세에 의하여 세기말에 치러진 전쟁은 육상과 해상에서 복잡한 계급 조직에 의하여 통제되는 훈련된 군대와 개량된 화약을 이용하는 것을 의미했다. 전쟁 기술이 발전된 이유가 계속된 전투로 인한 것인지, 아니면 30년전쟁의 끔찍한 파괴로 유럽 대부분의 지역이 황폐하게 되었음에도 불구하고 산업화 과정이 매우 효과적이어서 진정한 무기 발달의 진보에 영향을 준 것인지는 단정적으로 말하기 어렵다.

이러한 전쟁은 종교적으로 혹은 정치적으로 얽혀 있는가와 상관없이 일반적인 군인과 그들의 희생자인 미천한 농부, 상인, 기능공들에 대한 약탈 전쟁이었다. 구교나 개신교 모두 군인들에게 임금을 지불하기 위하여 세금을 거두

---

1 중상주의(重商主義)는 세계 경제와 무역의 총량이 불변이라는 가정 아래 자본의 공급에 의해 국가가 번영을 일으킬 수 있다는 경제 이론이다. 역사적으로는 15세기에서 18세기까지 유럽의 국가들에서 채택되었던 국내 산업의 보호와 외국 식민지 건설 등을 핵심 내용으로 하는 경제 정책들 역시 중상주의 또는 중상주의적 경제 체제라 불린다. 대부분 중상주의를 초기 자본주의와 동일한 것으로 파악한다.

었으나 세금을 거둬들이는 관료 제도는 발전하지 못하였다. 그래서 임금을 받지 못하거나 생필품을 받지 못한 군인들은 대규모적이고 조직적으로 약탈을 하였다.

그러나 이러한 문제들은 곧 마무리되었는데, 이는 틸리[2]와 발렌스타인[3] 같은 장군이 정치적 또는 군사적인 문제보다는 오직 식량에 관한 문제만을 염두에 두고 대군을 통솔하였기 때문이다. 그들은 변방의 부유한 지역을 급습하여 마치 한 무리의 메뚜기처럼 그곳을 몽땅 쓸어버리고 다른 곳으로 이동하였다. 발렌스타인은 더욱 효과적인 방법을 사용하였는데, 그는 조직적으로 세금을 강제 징수하였고, 그가 강제 징발한 물품을 효과적으로 사용하여 다른 장군이 2만 명을 먹일 양으로 5만 명을 먹여 살렸다. 유능한 장군은 아직 약탈되지 않은 곳에서 그의 군대가 겨울을 보낼 수 있도록 노력하였다.

전쟁에서 전략의 결과는 이상하게 나타났다. 칼 프리드리히[Carl Friedrich]의 지적에 의하면, "누구든지 30년전쟁의 전장 지도를 보면 첫째로 혼란스럽다. 왜냐하면 전쟁을 하고 있다고 생각되는 나라의 영토를 제외하고도 모든 곳에서 그들의 군대를 찾아볼 수 있기 때문이다. 대부분의 군주는 어떻게 해서든지 군대를 그들의 통치권 영역에서 최대한 먼 곳에 두려하였다. 반복되는 일이지

---

2 틸리 백작 요한 체르클라에스(Johan't Serclaes van Tilly, 1559~1632)는 예수회 수도사들 손에서 자라났으며 30년전쟁에서 '갑옷을 입은 수도사' 혹은 '마그데부르크의 도살자'로 유명한, 신성로마제국의 군대를 지휘한 장군이다. 그는 보헤미아, 독일, 후에는 덴마크에 대항하여 전투를 벌였고, 일련의 중대한 승리를 거두었으나 스웨덴 왕 구스타브 2세 아돌프에게 패하였다. 그는 프리틀란트 공작 알브레히트 폰 발렌슈타인과 함께 신성로마제국 군대의 최고의 장군 중 하나였다.
3 알브레히트 벤첼 오이제비우스 폰 발렌슈타인(Albrecht Wenzel Eusebius von Wallenstein, 1583~1634)은 보헤미아의 군인이자 정치가로서, 30년전쟁 중 3만 명에서 10만 명에 달하는 병력으로 신성로마제국의 페르디난드 2세 황제 휘하의 사령관이었다. 그러나 페르디난드 2세 황제가 그에게 등을 돌리자 역모를 꾀하다가 부하들에게 암살당했다.

만, 장군들은 본국으로 돌아오는 것이 금지되어 있었다."

군인들에게 창<sup>pike</sup>, 화승총<sup>arquebuses</sup>, 권총, 탄약을 제외하고 옷을 포함한 모든 개인 장비가 지급되었지만 제복은 지급되지도, 표준화되지도 않았다. 프랑스, 스페인, 오스트리아, 스웨덴 군대는 벨기에, 오스트리아, 보헤미아[4]와 독일 지역 대부분에서 전투를 벌였다. 전쟁 종반에 들어서 3만 명의 바이에른[5] 군대에는 남자, 여자, 어린이를 포함한 민간인 13만 명이 따라 다니게 되었다. 3만 5,000개의 보헤미아 마을 중 6,000개를 제외하고는 모두 파괴되었고, 1,600만 명의 독일 인구는 600만 명 이하로 줄었다. 편협한 신앙은 희생자를 발생시켰는데, 뷔르츠부르크[6]의 대주교는 1627년에서 1628년 사이 9,000명

---

4 보헤미아 왕국 또는 체코 왕국(체코어: České království, 독일어: Königreich Böhmen, 라틴어: Regnum Bohemiae)은 중앙 유럽 보헤미아 지역에 있던 초기 군주제 국가로, 근대 체코 공화국의 전신이다. 신성로마제국의 일부였고, 보헤미아 왕국의 왕은 선제후였다. 보헤미아 왕국은 보헤미아 왕관령 외에도, 모라바, 실레시아, 루사티아, 작센주, 브란덴부르크주와 바이에른주 등의 지역을 통치했다. 보헤미아 왕국은 12세기 보헤미아 공국을 이어 프르셰미슬 왕조가 세웠으며, 1526년부터는 합스부르크가와 합스부르크가를 계승한 합스부르크로트링겐가가 같이 통치하였다. 보헤미아 왕국의 많은 왕이 신성로마제국 황제가 되었으며, 수도인 프라하에는 14세기 후반과 16세기 말부터 17세기 초까지 제국의 황실이 위치해 있었다. 1806년 신성로마제국이 해체되고, 보헤미아 왕국의 영토는 오스트리아 제국에 합병되었다. 1867년에 오스트리아-헝가리 제국이 세워져서 합병되었으나, 제국 내에서 보헤미아 왕국으로써의 지위와 이름을 유지했다. 보헤미아 왕국은 제1차 세계대전에서 동맹국이 패하자 해체되었다.

5 바이에른 왕국(Königreich Bayern)은 1806년부터 1918년까지 오늘날의 독일 중부 바이에른주 및 팔츠 지방을 지배하였던 비텔스바흐가의 왕국이다. 독일 제국에 가맹한 영방들 가운데 바이에른은 프로이센 왕국에 이어 두 번째로 컸고, 수도는 뮌헨이었다. 나폴레옹이 1806년 신성로마제국을 멸망시키고 라인 동맹을 결성하자, 바이에른 선제후국이 바이에른 왕국이 되었다. 1815년 팔츠 지방을 흡수하고, 이후 독일 연방 및 남독일 연방의 일원이 되었다가 1871년 1월 독일제국에 가맹하였다. 1915년 제1차 세계대전이 발발하자 독일과 연합하여 전쟁에 참전했다. 1918년 독일제국의 제1차 세계대전 패전 직전 국왕 루트비히 3세가 동맹국 독일에게 항복하여 멸망하고, 바이에른은 자유주가 되었다.

6 뷔르츠부르크(Wurzburg)는 독일 바이에른주 북쪽 끝, 프랑켄 지방에 있는 공업 도시로 포도주 산지이자 철도와 수운이 발달하였다. 마인강에 위치하였으며, 프랑크푸르트나 뉘른베르크 둘 다로부터 대략 120km 떨어져 있다. 원래 켈트족의 정착지였으며 704년 처음으로

을 마녀와 마법사로 몰아 죽였다. 대량 학살과 도시를 불태우는 것은 일상이었다. 마그데부르크[7]의 포위 공격에서는 3만 명이 불에 타 죽었다. 산업화를 이끌던 중앙 유럽의 전 지역은 '고갈의 평온함 속에서' 그 시대의 그래도 팬찮은 지역으로 남겨졌다.

그럼에도 불구하고 30년전쟁은 전쟁의 기술과 전술의 변화를 보여주었고, 이러한 것의 대부분은 스웨덴의 왕, 구스타브 아돌프[8]의 천재성으로 돌릴 수 있다. 구스타브는 전술가의 재능과 상상력이 풍부한 통치자의 능력, 경이로운 인간적 매력을 타고난 사람이었다. 그는 무기에 대하여 열렬한 관심을 가지고 있었고, 그의 독려 속에서 1618년 시작된 스웨덴의 총기 산업은 곧 영국과 경쟁 관계에 놓이게 되었다. 그는 귀족들의 권력을 억제하고, 중앙집권적 정부를 수립하였으며 생산적인 산업 경제를 독려하였다.

전투에서 그가 성공하는 데 많은 요소가 작용했는데, 그중 가장 중요시되는 것은 군대의 전문성이라 할 수 있다. 적어도 군대의 반 이상은 스웨덴과 핀

문헌에 언급된다. 741년 보이파시우스(Bonifacius)에 의하여 주교 관구가 되었다. 10세기경 프랑크 공국이 해체된 뒤 주교가 신성로마제국의 영주로서 마인강 양안의 광대한 영지를 관할하였고, 1168년에는 주교가 동프랑크 공작을 겸하였다. 17~18세기에 영대 영주 겸 주교가 이 도시를 유럽에서 가장 훌륭한 주거지로 변모시켰다. 1801년 뤼네빌 화약 이후 정·교가 분리되자, 일시 바이에른에 속하였다가 1805년 뷔르츠부르크 대공국으로 별도의 선제후 영지가 되었다가 1815년 다시 바이에른에 귀속되었다. 따라서 당시의 뷔르츠부르크 대주교는 단순한 가톨릭 성직자가 아니었다.

7 마그데부르크(Magdeburg)는 독일 작센안할트주의 주도이며 엘베강변에 있다.

8 구스타브 2세 아돌프(Gustav II Adolf, 1594~1632)는 스웨덴의 국왕(재위 : 1611~1632)이자 구스타브 1세 바사의 손자이다. 스웨덴을 강국으로 만든 왕으로 '북방의 사자'로 불리었다. 그의 전술은 당시 획기적이었고, 그의 군대는 엄정한 사기를 지닌 정예 병력이었다. 그 전술은 화기(火器)의 파괴력과 적에게 후퇴 및 재편성의 시간적 여유를 주지 않는 신속한 전투를 계속한다는 데 중점을 두었다. 이러한 요소가 종합되어 획기적인 전술이 전개되었고, 전장에서는 항상 적을 제압할 수 있었다. 그러나 그가 개발한 이 새로운 전술을 적군도 모방하게 되면서부터 우위를 차지했던 스웨덴군의 전투 능력이 차츰 무너지기 시작했다.

란드 자유민이었으며, 국가에서 선발하여 조직되었다. 이들에게는 상당한 급료와 최고의 총과 포가 주어졌다. 그는 창 길이를 18ft$^{5.5m}$에서 11ft$^{3.4m}$로 줄였으며, 보다 가볍고 진보된 화승총$^{musket}$과 치륜식 화승총$^{wheellock}$을 사용하였다. 전투에 어색하고 불편한 주형틀이나 탄띠, 화약을 휴대하는 대신 화약과 총알을 모두 담을 수 있는 종이 약통을 소지하게 하여 장전 시간을 단축시켰다. 그는 커다란 직사각형방진 보병 대형 대신에 작은 대형의 보병을 기병과 함께 분산시켜 전투에서 융통성을 극대화하였다.

구스타브는 대포를 탄환의 무게와 대포의 구경으로 표준화했으며 포를 가볍게 하였다. 영국 엘리자베스 여왕의 군대가 사용하는 30lbs$^{13.6kg}$ 컬버린포$^{culverin}$의 무게는 2t이 넘었으나, 구스타브가 사용하는 4lbs$^{1.8kg}$ 포는 무게가 500lbs$^{227kg}$밖에 되지 않아 사람 네 명 또는 말 한 마리에 의하여 움직일 수 있었다. 그가 나타나기 전에는 대부분의 군대가 1,000명당 한 문의 중포重砲를 보유하고 있었지만, 그는 1,000명당 여섯 문의 9lbs$^{4.1kg}$ 데미-컬버린 Demi-Culverin포와 두 문의 4lbs$^{1.8kg}$ 포를 보유하게 하였다. 철물 주조로 만든 그의 야포는 두 마리의 말과 사람 세 명의 힘으로 움직일 수 있었다. 그는 대포를 성벽을 파괴하는 데에만 국한하지 않고 적 병사에 대하여도 직접적으로 사용하였다. 가끔은 포탄으로 산탄을 사용하였는데, 이는 화승총$^{musket}$의 탄환이나 쇠조각 파편을 통 안에 넣어서 만든 탄환이었다.

그 당시의 다른 지휘관과 달리, 그는 사상자에 대하여 많은 고민을 하였고 사상자를 줄일 전술을 고안해냈다. 리가[9]를 포위 공격할 당시 그는 병사들에

---

9 리가(Riga)는 라트비아의 수도로, 발트해와 다우가바강에 접해 있다. 리가는 발트 3국에서 가장 큰 도시이다. 리가의 구시가지는 세계문화유산으로 등록되었다. 항구 공업 도시로 라트비아 공업생 산의 약 70%를 산출한다. 전기기계·차량·농기계 제조·화학·섬유·유리공업이 발달되어 있다.

게 참호를 파게 하였으며, 지그재그 형태로 성벽까지 가로질러 접근하도록 하였다. 자신도 최선을 다하여 병사들과 함께 참호를 판 결과로 병사들의 사기는 하늘을 찌를 듯했다. 그는 적절한 수송과 군수 계획을 가지고 최선의 노력을 다하였고 겨울 전쟁에서 성공을 거둔 근세 유럽 최초의 사령관이었다.

그러나 그는 그 당시의 다른 전쟁 지도자들처럼 자신의 병사들이 어느 나라를 정복하든지 그에 따라서 정당하게 대접받는 것을 당연하게 생각하였다. 그는 "그 나라의 복지 정도가 더욱 중요해질 만큼 그 나라를 정복하는 군대에 군사적 지원과 물량 공급이 필요하게 되어, 안정적인 군수 지원을 제공해 주기 위해서 가난한 농민들이 불평하듯이 병사들이 불평하게 만들지 않도록 해야 할 것이다. 이것은 병력을 다루는 수단의 한 방법으로 보아야 하며, 불평하는 가난한 사람들을 돌보는 것과는 다른 것이다"라고 기록하였다.

구스타브는 1632년 11월 6일 루젠 근처의 전쟁[10]에서 이른 나이에 전사했으나 그의 승리는 북유럽에 개신교를 지켜내는 데 많은 공헌을 하였다. 결국 그의 군사적 교훈은 전 유럽의 군대에 전파되어 유용하게 사용되었다. 유럽 제국들의 중앙집권화가 진행되면서 군대는 더욱 규율화되었다. 용병들은 더 이상 고용되지 않고, 신병 모집과 장비 및 급여 지급, 병력 관리 등이 정부에 의해 시행되었다. 프랑스는 군대가 사용할 모든 화포 제조에 관한 통제권을 행사하였다. 올리버 크롬웰은 1640년에 찰스 1세[11]의 군대와 구분하기 위해 제

---

10 루젠(Lützen) 전투(1632. 11. 16)는 30년전쟁의 가장 중요한 전투 중 하나였는데, 1618년 프라하의 디펜스트레이션(Defenestration)에서 시작하여 1648년 베스트팔렌(Westfalia)에서 끝났다. 양측 모두 심각한 손실을 입었지만 개신교가 승리했다. 하지만 개신교 동맹의 중요한 지도자 중 한 명인 스웨덴 구스타브 아돌프 왕과 제국 육군 원수인 파펜하임(Pappenheim)이 전사하였다. 전략적으로, 구스타브 아돌프의 손실은 개신교도들의 경우, 반합스부르크, 동맹국에서 프랑스가 지배적인 권력을 얻는 것을 의미했다.

11 찰스 1세(Charles I, 1600~1649)는 1625년부터 1649년까지 잉글랜드를 통치한 국왕이다.

복을 지급하였다. 하지만 이것은 헨리 8세가 정규군에게는 빨간색과 청색이 들어간 코트를 입게 하고, 숲속 전투에 참가하는 군대에는 '어두운 녹색 옷'을 입힌 전례가 있어 영국에서 처음 시행된 일은 아니었다. 확실하게 사라지지는 않았지만 약탈과 대학살은 점차적으로 줄어들었다.

마우리츠 판 오라네Maurice of Nassau는 복무 기간이 길고 규율이 엄격한 신뢰할 만한 군대를 발전시켰다. 고정된 진지에서의 전투보다 기동전에 대한 믿음으로 그는 네덜란드 보병 부대를 놀라운 속도로 기동하도록 훈련하였으며, 화승총 사수들은 전투 중에 지속적으로 사격하도록 지도하였다. 그는 포대들이 화력을 집중하는 전술을 배우고, 부대 내에 유능한 군사공학자들을 보유하도록 개선하였다. 이러한 상비군은 유럽인들에게 영원히 지속될 것으로 보였으며, 식객들도 사라지고 군인들은 완벽하게 가족 단위 생활 형태로부터 멀어지게 되었다. 군대는 더욱 커지게 되었다. 루이 14세는 1667년에 7만 3,000명의 병력으로 스페인령 네덜란드를 공격하였다. 1678년 두 번째 전쟁이 끝나갈 무렵에는 27만 9,000명의 병력을 보유하고 있었다. 군사 작가인 자크 데 귀베르[12]는 "작은 군대가 큰 작전을 수행하는 대신 큰 군대가 적은 업무를 수행하고 있다"라고 서술했다.

그러나 상비군은 여전히 국가의 군대, 즉 국군이 되지 못하였다. 네덜란드

---

1649년 올리버 크롬웰에 의해 폐위됨과 동시에 처형되었다. 찰스 1세는 의회와 벌인 권력 투쟁으로 유명하다. 찰스 1세는 왕권신수설을 지지했고 절대 권력을 얻으려고 했으므로, 많은 영국인은 찰스 1세를 두려워했고 그를 반대하는 목소리가 커져갔다. 특히 의회의 동의 없이 하는 과세를 강하게 반대했다.

12 자크 데 귀베르(Jacques-Antoine-Hippolyte, Comte de Guibert, 1743~1790)는 프랑스의 장군이자 군사 작가이다. 어릴 때부터 아버지와 함께 전쟁에 나섰던 그는 1770년 그 시대에 매우 영향력 있는 전술에 관한 에세이 《général de tactique》를 출판했다. 이 책은 주로 유럽 국가, 특히 1763~1792년 유럽의 군사에 대한 광범위한 전망으로 평가된다.

는 영국, 스코틀랜드, 프랑스인 부대를 유지하고 있었으며, 루이 14세는 영국, 스코틀랜드, 아일랜드, 독일, 스페인, 스위스 부대를 보유하였다. 완전 편성된 예비 병력은 가끔 한 정부에 의해 다른 정부에 임대되기도 하였다. 당시 국제법에 따르면 이러한 부대들은 전쟁 시 이전 정부의 병력에 포함되지 않았다. 대량 탈영은 일반적이었다. 1671년 북해 연안 저지대 국가들을 침공하기로 되어 있던 군인 1만 명이 루이 14세의 부대에서 탈영했다는 기록이 남아 있다. 그런 대규모 단체 행동에 대해 뾰족한 수가 없었던 루이 14세는 '대 사면권'을 공포하였다.

그러나 루이 14세는 통치 말기 훨씬 이전부터 군 최고통수권을 지니고 있었다. 루이 14세가 일으킨 전쟁 동안 수상이었던 프랑수아 루부아[13]는 군사 행정을 중앙집권화하였고, 보병 무기 체계의 질뿐만 아니라 그들의 지위를 향상시켰다. 러시아에서는 급속한 서구화를 표방한 표트르 1세[14]가 1716년까지 10만 명의 야전군을 육성하였다. 그의 군대는 오스트리아 군대와 비슷한 규모였으며, 스웨덴이나 프로이센 군대보다 규모가 컸다. 75년 전의 구스타브처럼 그는 수학과 축성법, 항해술, 조선술, 포술을 연구하였다. 전 유럽은 이후

---

13 프랑수아 루부아(Fraçois Louvois, François Michel Le Tellier, marquis de Louvois, 1639~1691). 프랑스 정치인이자 루이 14세의 수석 장관 중 한 명이었다. 루이 14세 때의 최고 군사 책임자로서 프랑스 육군의 창설자이다. 국왕이 임명한 사관부(士官部)를 만들어 지휘 계통을 엄격하게 정하고, 평민도 경우에 따라서는 최고 계급까지 오를 수 있는 제도를 창설했으며, 각 소교구에서 병사를 뽑는 '민병제'를 도입하는 등 병제 개혁을 추진하였다. 또 포술학교, '상이군인기념관'을 세웠다. 그는 철혈적인 군국주의자로서 1667년의 플랑드르 전쟁, 1672년 이래의 네덜란드전쟁에서는 참모역을 맡았고, '낭트칙령 폐지'에 의한 신교도 박해에도 중요한 역할을 하였다. 1688년 라인강 우안을 초토화하라고 명령하고, 팔츠전쟁을 유발한 영토병합책 등 대외 문제에도 관여하였다.

14 표트르 1세(Пётр I Алексеевич, 1672~1725)는 러시아제국 로마노프 왕조의 황제(재위 1682~1725년)였다. 표트르 대제로 불리기도 한다. 표트르 1세는 서구화 정책과 영토 확장으로 루스 차르국을 러시아제국으로 만들었다.

이 위대한 황제의 과학적인 연구의 충격을 경험하게 되었다

## 소총의 개선

17세기 초반에는 16세기 말부터 시작된 것으로 보이는 소총의 개량 활동이 계속되었다. 처음에 성공적으로 제작된 강선총독일어로 riffeln에서 groove까지를 포함은 비엔나의 총기 제작자인 가스파드 콜레르Goapard Koller나 뉘른베르크의 병기업자 아구스트 코터August Kotter에 의해 발명되었다. 홈강선이 있는 이 총은 원래 1400년대 말에 등장했으나, 이 홈들은 총알에 회전력을 주기 위한 것이 아니라 화약의 재를 저장하기 위해서 만들어진 것이었다. 새로운 강선총은 마침내 총이 매우 정교한 무기로서 제작될 수 있는 원리를 나타내기에 이르렀다.

그러나 총에 홈을 내는 기술의 난이도를 고려하지 않더라도, 전장총으로서 강선식 소총rifle을 제작하는 데 문제점이 있었다. 심지어 잘 만들어진 강선식 소총조차도 탄약 꽂을대와 나무망치 등으로 탄알을 총구 안으로 밀어 넣어야 했다. 이렇게 어려운 탄약 장전 과정은 목표물을 사격하거나 사냥하는 데 많은 제한을 주었고 이런 문제는 18세기 말까지 이어졌다.

17세기의 기본적인 소총은 강선총이 아니라 부싯돌 점화 방식flintlock, 수발식, 燧發式을 이용한 활강총이었다. 대여섯 가지의 원시적인 수발식 화승총이 있었다. 1615년경 프랑스 발명가는 부싯돌을 대체하는 황철강을 바퀴 구동식 방아쇠에 설치함으로써 덜 복잡하고 다루기 쉬운 바퀴 구동식 방아쇠 총을 만들었다. 스칸디나비아와 북해 연안의 저지대 국가에서 개발된 스냅하운스snaphaunce는 차륜식 화승총처럼 작동되었다. 명칭은 네덜란드의 '딸깍거리는 수탉' 혹은 '모이를 쪼아대는 수탉'이라는 의미의 스냅-한snap-haan에서 유래하

였다. 수탉이 모이를 쪼아댈 때 순간적으로 낚아채듯이 공이가 부싯돌에 순간적으로 부딪히고 이런 작용은 불꽃을 일으켜 약실 내의 화약에 점화시키는 모습에서 연상할 수 있을 것이다. 다른 초기의 수발식 화승총은 프리첸 frizzens, 미커레트 록miquelet locks, 스칸디나비언 스냅록Scandinavian snaplock, 독 록 dog locks이라고 불렀다. 마침내 발명가들은 덮개가 없는 약실에 공이를 떨어뜨려 부딪치게 함으로써 점화에 필요한 불꽃을 일으키는 완벽한 부싯돌식 격발 장치를 개발하였다.

수발식 화승총은 구식 화승총matchlock 보다 가벼웠다. 이는 남미와 북미의 이주민과 원주민들로부터 열정적인 사랑을 받았다. 이 총은 1650년에 널리 사용되기 시작한 이후 세계적인 총으로서 인정받았고, 논란의 여지없이 200년 동안 세계를 지배하였다. 총의 거리와 정확도는 상대적으로 변하지 않았고, 갑옷 제작자들은 비록 장갑판의 무게가 엄청나게 무거워지더라도 총알에 견딜 수 있는 신체 보호용 갑옷 제작에 온 힘을 기울였다. 소형 무기 탄도학은 17세기 과학자들과 단지 포에만 관심이 있었던 탄도학 전문가들에 의해 철저히 무시당했다. 개선은 화포 제작자들의 풍부한 발명 기질 덕분에 이뤄졌다고 할 수 있다.

수발식은 가끔씩 발사에 실패하거나 제조 가격이 너무 비싸서 즉각적으로 군에 도입되지 못했다. 영국은 1682년에 공식적으로 보병부대에 수발식 화승총을 도입하였다. 곧 이어 도입된 보다 향상된 총인, '브라운 베스'[15] 화승

15 브라운 베스(Brown Bess)는 18세기 영국 육군의 제식 머스킷과 그 파생 무기에 붙은 별명이다. 기원은 불명확하며, 75구경 플린트록 장총이다. 대영제국 확장기에 사용된 무기로 곧 영국 육군을 상징하는 무기로 역사에 이름을 남겼다. 한 세기 이상 사용되었기 때문에, 설계에서 세세한 변화가 조금 있었다. 대표적인 버전으로 롱 랜드형과 쇼트 랜드형, 인디아형, 뉴랜드형, 해상용 머스킷 등이 있다. 롱 랜드 머스킷과 그 변종은 모두 75구경 플린트록이며, 대영제국 육군의 표준 장총으로 1722년에서 뇌관 활강총이 나온 1883년까지 사용되었

**그림4-1** 브라운 베스 화승총

총은 160년 동안 영국에서 보병 표준 무기로 사용되었다(그림 4-1). 이 총의 이름은, 개머리판이 호두나무이고 총신은 인공적으로 산으로 부식시켜 갈색으로 만든 사실에서 유래한다. 이 총은 강선이 없었으며 정확성보다는 발사율이 중요하게 여겨졌다. 잘 훈련된 군인이 장전해서 총 한 발을 발사하기 위해 40초가 소요되었으며 무게가 10lbs[4.5kg]였기 때문에 실제 휴대하기에 용이하지 않았다. 정확도는 유럽 대륙의 총과 비교해서, 짧은 거리를 제외하고는 끔찍할 정도로 좋지 않았다. 40yd[36.6m] 거리에서 1ft[30cm] 정사각형 목표에 거의 매번 명중했지만, 300yd[274m] 거리의 18ft[5.5m] 정사각형 목표에는 스무 발 중 단 한 발만이 명중되었다.

보병 전술은 상대적으로 정적인 형태로 존재했다. 그래서 보병 훈련에 있어서 사격의 정확성은 상대적으로 중시되지 않았다. 군인들은 전쟁에 나가기 전에 다섯 발 정도 사격 기회를 가지면 행운으로 생각했다. 훈련은 그저 달리기나 육체적 훈련으로 구성되었다. 모리스 드 삭스[16]는 "모든 기동과 전투의 미

---

다. 이후 영국의 군수 체계는 플린트록에서 1839년형 머스킷으로 알려진 새로운 뇌관 체계로 바뀌었다. 19세기 중반까지도 브라운 베스는 많이 사용되었다. 1820년대에서 1830년대 벌어진 머스킷전쟁에서 마오리 전사들에 의해 사용되기도 했다. 일부는 1857년 세포이항쟁 때 사용되었고, 1879년 영국-줄루전쟁 때 유럽 무역상들에게서 구입한 줄루족 전사들도 사용하였다. 멕시코군에게 판매된 소총은 1836년 텍사스혁명과 1846년에서 1848년까지 벌어진 멕시코-미국전쟁에서 사용되기도 했다. 심지어 1862년 철로 전투에서도 사용되었다.

16 삭스 백작 모리스(Maurice, comte de Saxe, Hermann Moritz Graf von Sachsen - 모리츠 그라프 폰 작센, 1696~1750)은 신성로마제국 출신의 프랑스 육군 원수로 뒤에 육군 대원수가 되었

스터리는 바로 다리에 달려 있다"라고 자신의 저서에 기록하였다.

전투할 때 군인들은 일반적으로 2열 혹은 3열 횡대로, 어깨와 어깨를 맞대고 분당 80보로 행군하도록 훈련받았다. 그들은 장거리에서 무기의 비효율성 때문에 적과 맞닥뜨리는 마지막 순간까지 발사를 자제할 것을 훈련받았다. 처음에 발사한 쪽은 적이 가깝게 좀 더 접근하여 사격하는 동안 재장전해야 했다. 1704년 블렌하임[17]에서 프랑스군은 지휘용 칼을 찬 영국군 여단장이 선두 부대를 지휘해 장애물에서 30ft[9.1m] 떨어진 곳에 도달할 때까지 기다렸다가 사격했다. 이런 유형의 전투에서는 사상자 발생을 거의 공포에 가까울 정도로 두려워했으며, 오직 강한 훈련을 통해서만 전우들이 죽거나 다쳐서 몸부림치는 와중에서 재장전하고 사격하게 할 수 있었던 것이다.

17세기 말에 총검[bayonet]의 발명으로, 보병 전술에 있어서 유일하게 주목할 변화가 일어났다. 이 용어의 기원에 대해서는 약간의 논쟁이 있지만 가장 유력한 주장은, 15세기 말에 제작되던 바요네트[bayonette]라고 불리던 작은 단검이 있던 바욘[18]이라는 프랑스 마을에서 유래되었다는 것이다. 처음에는 화승총[musket] 총구에 끼워 맞추도록 제작된 철제 단검인 마개형 총검[plug bayonet]에 불과했다. 이것은 1671년에 프랑스군의 수발총병[퓨질리어, fusilier][19] 연대에, 1672년에

---

다. 프랑스 문인인 조르주 상드의 증조부이기도 하다.

17  블렌하임(Blenheim)은 1701년에 블렌넘(Blindheim)이라는 독일의 바이에른(Bavaria)에 있는 마을로, 블레넘 지역이었다. 전 세계에 있는, 블레넘이라고 불리는 수많은 도시는 1701년 블레넘 전투를 기리기 위해 붙은 이름이다.

18  바욘(Bayonne)은 프랑스 아키텐 지방 피레네자틀랑티크주의 도시이다.

19  18세기 중반에 프랑스군은 척탄병, 카라비너 또는 카세트와 같은 전문 보병이나 엘리트 보병과는 달리 일반 보병을 지정하기 위해 퓨질리어(fusiliers)라는 용어를 사용했다. 프랑스 육군은 보병 연대(fusilier)라는 용어를 더 이상 사용하지 않지만 해군과 공군에서는 여전히 사용된다(해군 : fusiliers marins et commandos(FORFUSCO), 공군 : Fusiliers Commandos de l' Air). 이들은 육상 기지와 시설 및 선박에 대한 보안 및 치안을 보장하는 소총으로 무장한 경비 병력이다. 영국군에서도 보병 연대를 의미한다.

는 영국군의 용기병[20] 연대에 보급되었다. 그러나 이 총검은 일단 장착하면 사격할 수 없다는 치명적인 단점이 있었다.

고리형 총검ring bayonet은 1678년에 발명되었고, 관 모양의 소켓형 총검이 이어서 개발되었다(그림4-2). 루이 14세는 개량된 지그재그형 총검zigzag bayonet[21]에 대한 의구심으로 인해 1703년까지는 총검을 프랑스군에 공식적으로 도입하지 않았다. 그러나 영국군과 독일군은 총검을 공식적으로 도입했고, 찌르는 창pike은 1697년에 사라졌다. 존 무어[22] 경은 화승총musket에 단단히 장착시킬

---

20 용기병(龍騎兵)은 17세기 초에 용을 뜻하는 프랑스어 드라군(Dragoon)에서 유래했다. 그들은 당시 드라군이라는 짧은 총열의 머스킷 Bell mouth Blundbusses를 휴대했다. 일단 보병으로 출발한 병과였지만 말을 타고 쉽게 가지고 다니기 위해서 보병이 쓰는 것보다는 총기병(carbineer)들과 비슷하게 길이가 좀 짧은 Bell mouth Blundbusses 머스킷을 사용했던 것이, 총기병들이 쓰던 머스킷과 더불어 카빈(기병총)의 기원이 되었다. 물론 머스킷만 사용하지는 않았으며 리볼버나 세이버 같은 기타 무장도 갖추고 있었다. 'blunderbuss'라는 용어는 '천둥(thunder)'을 의미하는 네덜란드 단어 'donderbus'에서 기원한다. '드라군'이라는 용어는 초기 총기의 총구 주위에 신화 속에 나오는 용의 머리 형태가 새겨져 있었고, 발사 시 총구의 화염은 불을 뿜어내는 용과 닮아 보여서 붙은 이름이다. 드라군은 흔히 '총 쏘는 기병'이라고 알려져 있지만, 원래 말 위에서 사격을 가하며 마상 전투를 행하는 기병은 총기병(carbineer)이라는 다른 병과였고, 용기병은 말 위에서 총을 쏘는 게 아니라, 어디까지나 이동할 때만 말을 타고 전투할 때는 내려서 보병으로서 움직이는 '승마 보병'이었다. 부대의 편제도 기병 편제가 아니라 보병 편제였다. 그러나 18세기를 거치면서 드라군도 이동뿐만 아니라 전투도 마상에서 하고 기병 편제를 따르는 명실상부한 기병으로 전환되었다. 치안 유지부터 산병전, 전열 전투, 승마 사격, 기병 돌격까지 모든 상황에서 사용 가능한 만능 병과가 되었다. 현대로 따지면 기계화 보병의 원조라고 볼 수 있다.

21 최초의 총검은 프랑스의 바욘(Bayonne)에서 멧돼지를 잡는 사냥꾼이 사용하는 머스킷 배럴 끝에 붙어있는 긴 칼(bayonette)에서 유래하였고, 이것이 1647년 처음으로 프랑스 육군에 소개되면서 플러그형 총검으로 알려지게 되었다. 하지만 플러그 총검은 총구를 막아서 부착 후에는 사격을 할 수 없었다. 이 단점을 개량해서 총검을 부착한 상태에서도 사격할 수 있게 한 것이 소켓 총검으로, 병사는 이 총검을 총검 러그 주위의 지그재그 동작으로 제자리에 고정시키면서 쉽게 부착하거나 제거할 수 있었다. 총검의 발명은 총기류가 창으로의 변형이 가능해졌다는 것을 의미하여 창병이 역사 속으로 사라지게 되는 계기가 된다. 그리고 모든 군대의 보병은 균일하게 수발총과 총검을 휴대하게 된다.

22 중장 존 무어 경(Sir John Moore, KB, 1761~1809)은 '코루나의 무어(Moore of Corunna)'로 알려진 영국군 장군이다. 그는 군사 훈련 개혁과 코루나(Corunna) 전투에서 전사한 것으로 유명하다. 코루나 전투에서 그는 반도전쟁 동안 술트(Soult) 육군 원수가 지휘한 프랑스

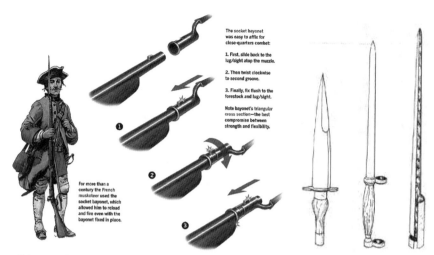

The socket bayonet was easy to affix for close-quarters combat:

1. First, slide back to the lug/sight atop the muzzle.

2. Then twist clockwise to second groove.

3. Finally, fix flush to the forestock and lug/sight.

Note bayonet's triangular cross section—the best compromise between strength and flexibility.

For more than a century the French musketeer used the socket bayonet, which allowed him to reload and fire even with the bayonet fixed in place.

**그림4-2** 마개형 총검, 고리형 총검, 소켓형 총검, 지그재그 소켓

수 있는 스프링 클립을 도입하여 총검을 획기적으로 개선하였다. 이 대검은 강선총으로부터 분리되어 칼이나 단검으로 사용되던 검형 총검sword bayonet 으로 대체되기 전까지 영국군의 표준 장비로 사용되었다. 이는 제1차 세계대전 동안에도 사용되었다. 총검의 출현은 창병의 운명을 결정지었으며, 보병의 주요한 두 무기 체계를 하나로 통합하는 결과를 가져왔다. 이러한 통합은 표준화와 단순화의 큰 기폭제가 되었다. 수류탄은 17세기 말에 도입되었고[23] 1704년에 보병 무기로 포위 공격에 처음 사용되었다. 이는 곧 서유럽 군대에서 새로운 무기 체계의 대명사가 되었다.[24]

~~~~~~~~

군대를 격퇴했다.

23 수류탄의 어원은 그 크기와 내부 형태가 유사한 과일 석류를 뜻하는 프랑스어 그레나데(grenade)이다.

24 1704년에 치러졌던 전투 중 도나우베르트 전투(Battle of Donauwörth)로 알려져 있는 쉘렌베르그(Schellenberg, 현재의 바이에른주 도나우뵈르트, Donauwörth) 전투에서 사용 기록이 나온다. 1704년 7월 2일 일어난 전투로 스페인 왕위계승전쟁의 전투 중 하나이다. 다뉴브 강에 있는 쉘렌베르그의 고지대에서의 포위 공격으로, 합스부르크 오스트리아의 수도 비

## 1600~1700년 화포의 변천

구스타브 아돌프Gustavus Adolphus에 의해 생산된 경야포lighter field gun로 전술적 기동성 향상을 가져왔다. 그러나 이를 제외하고 17세기 대포는 소총에 비해 특별한 설계상 개선이 없었다. 특히 전함의 대포는 점점 커졌지만, 19세기가 될 때까지 대구경 대포의 정확도에는 특별한 개선이 없었다. 알버트 루퍼트 홀Albert Rupert Hall은 "빅토리아 여왕의 전열함들의 포는 스페인 무적함대를 격파한 드레이크 백작의 함대보다도 정확성이 특별히 나아지지 않았다"라고 말했다. 포수들은 포의 고각을 맞추기 위해 배의 갑판을 보고 맞추기보다는 수평선을 참고삼아 각도를 맞추는 타르탈리아Tartaglia의 사분의quadrant[25]를 이용했다. 그러나 대포 자체에는 어떤 조준기도 없었다. 즉 사분의를 단순히 포신 안에 집어넣고, 각은 분도기에 직선으로 연결되는 추선의 위치를 읽어서 측정했을 뿐이었다. 좀더 근대적인 사분의는 대포의 상부에 위치되도록 설계되고, 추선보다는 기포 수준기를 사용하였다.

주목할 만한 새로운 발명품은 네덜란드 출신의 전투공학자가 고안한 박격포 쿠호른coehorn[26] 이었는데, 이는 곧 모든 군대에서 채택되었다 이 포는, 포신

엔나에 대한 프랑스 루이 14세와 바바리아(바이에른) 선제후 동맹군의 위협을 막기 위한 영국·오스트리아·네덜란드 동맹군 말보로 공 처칠(Duke of Marlborough)의 작전 중 일부였다. 영오 연합군이 승리했다. 중국에서는 이미 송나라(960~1279)군이 화약을 도화선이 부착된 도기나 금속 용기에 담아 진천뢰(震天雷, '하늘을 흔드는 천둥')라는 이름으로 사용했으나 중국과 고려·조선 등지에서만 사용되었다.

25 육분의와 비슷하게 각도를 측정하는 도구. 육분의가 원주의 1/6인 60°를 측정하는 반면 사분의는 원주의 1/4인 90°를 측정한다.

26 네덜란드 군사 기술자인 메노 판 쿠호른(Menno van Coehoorn)이 설계한 경량 박격포. 쿠호른은 1701년 5월 윌리엄 3세에게 시연되었고, 1702년 카이저워스 포위 공격에 처음으로 사용되었다. 원래는 네 명의 병사가 운용하도록 설계되었지만, 두 명이 옮길 수 있을 정도로 가벼웠다고 한다. 카이제르즈베르트(Kaiserswerth) 포위 공격 때 74문이 사용되었는데,

길이가 포 지름의 두 배 정도밖에 되지 않는 작은 포였다. 이것이 곡사포의 시초가 되었다. 쿠호른은 빈번한 자체 폭발로 생기는 포수 사상자 수를 줄일 수 있는 획기적으로 개선된 신관을 사용하였다.

1540년부터 1721년까지 유럽에서 전쟁이 지속되었음에도 불구하고 대포의 기본 설계가 상대적으로 변하지 않았다는 점이 이상하다. 그 이유 중의 하나는 변화를 촉구하는 어떠한 압력도 없었다는 것이다. 야포와 함포는 그 당시 군사 예산으로는 상당히 고가의 장비로 일단 도입하면 가능한 한 마지막 순간(부서지거나 빼앗길 때까지)까지 운용되기 기대되었고, 대부분의 군수 담당자는 주물업자들에게 이미 군에 보급되어 있는 것과 동일한 성능의 대포를 만들 것을 요구했다. 게다가 포탄은 너무 부족해서 사격 연습용으로 거의 사용할 수 없었다. 1750년 네덜란드의 동인도회사가 인도에서 초산의 공급지를 발견할 때까지 헛간과 비둘기 둥지에서 얻어지는 초산은 심각하게 부족했다.[27] 초산의 공급지가 발견되었음에도 불구하고, 초산과 화약의 충분한 공급은 프랑스혁명 때까지 중요한 군사 문제였다.

17세기 말의 대포에 관한 가장 대표적인 책은 프랑스군의 군수품 제조와 공급을 함께 담당하던 수리에리 드 상 레미[28]가 집필한 《Memories d'artil-

---

6개월 후 본(Bonn)에서 300문 이상이 사용될 정도로 공성전에 효과적이었다고 한다.

27 칠레 초석이 19세기에 가서 훔볼트에 의해 발견되어서 19세기 중후반에 본격적으로 개발되기 전까지 인도 벵골 지방은 초산의 원료가 되는 초석의 산지였다. 양도 많았지만 품질도 좋아서 대부분 질산칼륨 성분인 다른 나라의 염초에 비해서 으뜸이었다. 19세기에는 연간 1만 4000~2만 5000t이 유럽으로 수출되었다. 하지만 영국이 바닷길을 장악하고 1757년 플라시 전투에서 승리해서 벵골 일대를 점령하면서부터 영국과 대립하는 국가들은 화약 연료를 구할 길이 막혔다. 그래서 프랑스의 경우 사람의 인분에서 질산을 채취하는 방법과 화학적인 화약 제조법을 발명해냈다.

28 수리에리 드 상 레미(Surirey de Saint Remy, 1650~1716) : 프랑스의 장군. 1670년 프랑스 왕립 포병대에 입대하여 1692년에는 포병학교 교장을 지냈다. 1697년에 《Memoirs of Artillery》을 발간했고 1703년에 프랑스 포병 사령관과 군 총사령관으로 임명되었다.

lerie》였다. 이 책은 18세기까지 프랑스와 주변국들의 군수품 제조에 관한 으뜸가는 지침서였다. 레미는 이 책에서 새로운 발명과 야금술적인 변화를 통한 대체와 개량보다는 현존 무기를 지속적으로 사용함으로써 주도권을 선점하는 것이 낫다고 지적했다.

17세기의 포탄은 기술적으로 불완전한 상태였고, 포의 사거리는 중세의 공성전 때와 비슷하였다. 대포의 대 진전은 세 가지가 동반되어야 했다. 첫째는 갈릴레오, 데카르트, 뉴턴과 그 추종자들의 연구에 의해 서서히 독립적으로 발전하고 있던 전쟁과학의 일종인 탄도학이고, 둘째는 18세기까지는 존재하지 않았던 화학이었으며, 셋째는 산업혁명에 따른 제조술의 기술적 발달이었다.

## 17세기의 과학

초대형 포의 획기적인 발달은 정확한 탄도 이론 없이는 불가능했다. 타르탈리아뿐만 아니라 그의 추종자들도 이를 제시하지는 못했다. 혁명은 천재적인 갈릴레오에 의해 시작되었다. 그는 물리학, 특히 역학에 처음으로 실험적이고 수학적인 방법을 적용했다. 갈릴레오 이후에는 어떠한 신화도 존재하지 않았다. 처음에는 순수 철학자였던 그는 발사체 이론에 매혹되었다. 젊었을 때 그는 아르키메데스의 책을 읽었고, 대포에 대한 연구를 계속하였는데, 그가 군사공학의 향상에 관심이 있었던 것이 아니라 자신의 수학 이론을 실험할 가장 좋은 도구가 대포였기 때문이었다. 탄도학 전문가로서 물리학적 원리를 연구할 때, 그는 그것들이 수학적 표현으로 불가능하다는 것을 발견하고 새로운 법칙을 찾았다. 1638년에 발표한 그의 포물선 이론은 진정한 혁명적 진보였다.

그러나 17세기 대포의 사격과 설계에 그의 이론은 어떠한 영향도 미치지 않았다. 그 이유는 타르탈리아의 이론이 갈릴레오가 사망한 지 23년이나 지난 1674년까지 변하지 않고 유지되었기 때문이었다. 그 이론은 로버트 앤더슨[29]이 1674년 영국에서 'Genuine Use and Effect of the Gunne'이라는 글을 통해 포물선 탄도 이론을 공인받는 데 성공하자 비로소 빛을 발하기 시작했다.

갈릴레오의 수학적 발견은 당시 많은 과학자를 감동시켰고, 그 후 수많은 사람에게 영향을 주었다. 네덜란드의 위대한 물리학자인 크리스티안 호이겐스[30]는 부정확할 것으로 인식되었던 포물선 이론을 개선하려 했으나 실패했다. 라이프니츠[31], 진 앤드 제이콥스 베르누이Jean and Jacques Bernouilli, 제임스 그레고

---

**29** 로버트 앤더슨(Robert Anderson, 1668~1696) : 영국의 런던 출신 수학자이자 비단 방직업자. 포격 기술을 향상시키는 데 특별한 관심을 기울였으며 1671년부터 적어도 21년 동안 윔블던 코먼에서 대포를 이용한 수천 회의 실험을 자비로 수행했다.

**30** 크리스티안 호이겐스 또는 하위헌스(Christian Huygens, 1629~1695). 네덜란드의 수학자, 물리학자이자 천문학자. 1655년, 형인 콘스탄테인 하위헌스와 함께 망원경을 개량해서 토성의 위성인 타이탄 및 토성의 고리를 발견하였다. 또한 효율적이고 정확하게 시각을 나타낼 수 있는 새로운 설계의 진자 시계를 1657년 발명하였다. 1669년 충돌에 관한 문제를 논하여 월리스, 렌 등과 독립적으로 '운동량 보존 법칙'에 도달하였다. 1673년에는《진자 시계》를 저술하여 시계의 제작, 사이클로이드에 따른 운동, 진자를 포함한 일반적 진동 시스템, 원심력 등에 대하여 논하였다. 특히 진자 이론을 전개할 때는 현대에 에너지 보존의 원리로 알려져 있는 생각을 적용하였다. 광학에서는 이른바 '하위헌스의 원리'로 알려진 빛에 대한 해석을 이용하여 여러 가지 현상을 설명하고, 빛이 파동으로 구성되어 있다는 하위헌스-프레넬 정리를 발표하였다.《빛에 관한 논술》은 1678년 완성, 1690년에 출판되었다. 물리학에서 처음으로 공식을 사용한, 최초의 이론 물리학자로 여겨진다.

**31** 고트프리트 빌헬름 라이프니츠(Gottfried Wilhelm Leibniz, 1646~1716). 독일의 철학자이자 수학자. 라이프니츠는 철학과 수학의 역사에서 중요한 위치를 차지한다. 아이작 뉴턴과는 별개로 무한소 미적분을 창시하였으며, 라이프니츠의 수학적 표기법은 아직까지도 널리 쓰인다. 라이프니츠는 기계적 계산기 분야에서 많은 발명을 했다. 파스칼의 계산기에 자동 곱셈과 나눗셈 기능을 추가했고, 1685년에 핀 톱니바퀴 계산기를 최초로 묘사했으며, 최초로 대량 생산된 기계적 계산기인 라이프니츠 휠을 발명했다. 또한 라이프니츠는 모든 디지털 컴퓨터의 기반이 되는 이진법 수 체계를 다듬었다. 철학에서 라이프니츠는 낙관론으로 유명하다. 라이프니츠는 제한적인 의미에서, 우리가 살고 있는 우주가 신이 창조할 수 있는 최선의 우주라고 결론지었다. 라이프니츠는 르네 데카르트, 바뤼흐 스피노자와 함께

리[32], 아이작 뉴턴Issac Newton은 그 탄도학 이론에 매달려 마침내 18세기까지 과학적 진리로 전해지던 갈릴레오 이론의 오류를 발견했다. 영국의 화학자인 로버트 보일[33]은 영국에서 최초로 탄도학이라는 용어를 책자에 사용했다. 그는 그것을 응용과학의 하나인 공기역학과 수역학으로 분류하였다.

뉴턴은 대포에 대해서는 아무것도 몰랐기 때문에 포술에 대한 실험을 하지 않았고, 다만 1687년에 그가 발표한 '자연철학의 수학적 원칙(Mathematics Principals of Natural Philosophy)'이라는 논문을 통해 수학적 발견의 기술적 적용이라는 관점에서 약간의 관심을 보였을 뿐이다. 이런 과학자들은 병기학 기술을 연구하지 않아 실제로 이는 매우 열악해졌고, 어떤 과학적 실험도 없어서 당시 대포들의 탄도는 매우 불규칙했다.

이런 위대한 수학자들이 재능있는 기술자들이 아니었다고는 말할 수 없다. 갈릴레오는 네덜란드의 광학기계상인 한스 리퍼세이[34]가 망원경을 발명했다는 소식을 들은 후, 어느 날 자신도 망원경을 제작하였다. 그는 처음에는 3배

---

17세기 3대 합리주의론자 중 한 명이다. 라이프니츠의 업적은 현대 분석철학을 앞당겼다.

32 제임스 그레고리(James Gregory, 1638~1675)는 스코틀랜드의 수학자이자 천문학자였다. 그는 반사망원경(그레고리오 망원경)에 대한 초기 실용적인 디자인을 설명하고 반사망원경을 발명하여 이것을 저서《Optica Promota(1663)》에 기술하였다. 그는 삼각법을 발전시켜 여러 삼각 함수에 대한 무한 직렬 표현을 발견했다. 또한 기하학적 도형의 면적 측정에 관한 독자적 방법을 발표했고 자신의 저서《Geometriae Pars Universalis(1668)》에서 미적분학의 기본 정리에 대한 첫 번째 출판된 진술과 증거를 제시했다.

33 로버트 보일(Robert Boyle, 1627~1691)은 아일랜드에서 태어난 잉글랜드의 자연철학자, 화학자, 물리학자이다. 보일의 법칙으로 널리 알려져 있다. 보일의 연구와 철학은 연금술적 전통에서 출발하였으나 근대 화학의 기초를 세웠다고 평가된다. 그의 저서《의심 많은 화학자》는 화학의 기반을 마련한 책이다.

34 한스 리퍼세이(Johan Lippershey, 1570~1619)는 네덜란드의 안경 기술자이자 제조업자이며, 1608년 우연히 볼록렌즈와 오목렌즈 둘을 겹쳐서 먼 곳의 물체를 보았을 때 아주 가깝게 보인다는 사실을 발견했다. 그가 만든 망원경은 보고자 하는 물체를 향한 대물렌즈에는 볼록렌즈를, 눈에 가까운 접안렌즈에는 오목렌즈를 사용한 굴절망원경이었다. 망원경에 대한 특허권을 최초로 주장했다.

율의 망원경을 제작하였으나 곧 32배율 망원경을 만들었다.[35] 갈릴레오의 제자 토리첼리[36] 또한 물리학적 문제에 대하여 수학적 분석을 적용하는 특별한 재능을 가지고 있던 사람이다. 그는 1660년까지 아무도 기압과 기후 환경 간의 상관관계에 대하여 지적하지 못하였음에도 불구하고 1643년에 기압계를 발명하였다. 미분의 창안자 중 한 사람인 라이프니츠Gottfried Wilhelm Leibniz는 곱셈과 나눗셈, 근root을 구하는 계산기를 고안하였다. 스코틀랜드의 수학자이자 천문학자인 제임스 그레고리James Gregory는 현대의 팔로마 천문대[37]의 거대한 반사망원경의 원형이라고 할 수 있는 반사망원경을 발명하였다.

다른 사람들이 군사과학을 외면하고 있을 때 프랑스의 수학자 지라드 데자르그[38]는 자신의 재능을 군사과학에 바쳤다. 1666년에 프랑스 국립 과학 아카데미의 창립에 헌신했던 호이겐스는 화약에 대하여 연구하였다. 하지만 그는 화약을 연소 엔진을 위한 동력으로 사용하는 것에만 관심을 가졌을 뿐이다. 데카르트[39]는 30년전쟁 동안 마우리츠 왕자의 군대에 자원 입대하였다. 그러

---

35 1609년 갈릴레이는 한 개의 볼록렌즈와 한 개의 오목렌즈를 사용하여 천체 관측을 목적으로 망원경을 제작하였으며, 그가 제작한 망원경(배율 14~20배)으로 천체를 관찰하여 1610년 목성의 위성 네 개, 토성의 고리 등을 발견하는 등 천문학상 지대한 공헌을 했다.

36 에반젤리스타 토리첼리(Evangelista Torricelli, 1608~1647). 이탈리아의 수학자, 물리학자. 1641년부터는 갈릴레오 갈릴레이의 제자가 되어, 갈릴레이가 죽을 때까지 함께 연구했다. 1644년 유속과 기압의 법칙을 적은 토리첼리의 정리를 발표했다. 수은으로 실험한 대기압의 연구로도 유명하며 수은기압계를 발명하기도 했다.

37 팔로마 천문대(Palomar Observatory)는 캘리포니아주 샌디에이고의 팔로마산 해발 1,713m에 위치한 캘리포니아 공과대학 소유의 사설 천문대이다. 캘리포니아 공대와 제트추진연구소, 코넬대학교를 포함한 협력 기관에 연구를 허용한다. 팔로마 천문대는 현재 3대의 대구경 망원경을 보유하고 있다. 또한 시험 중인 간섭계를 비롯한 여러 기기가 있다. 1936년의 팔로마 천문대의 첫 망원경이었던 지름 4.57m의 슈미트 망원경은 현재 운용되지 않는다.

38 지라드 데자르그(Girard Desargues, 1591~1661)는 프랑스의 수학자이자 공학자이다. 투영기하학을 창시하였다. 데자르그의 정리, 데자르그 그래프, 달의 분화구 데자르그가 그의 이름에서 유래했다.

나 진정으로 복무하는 것 같지는 않았다. 심지어 독일의 전쟁터에서 주둔하는 동안 그는 전쟁보다는 순수수학에 더 몰두하였다. 마침내 그는 네덜란드에서 전역 후 좌표기하학을 창시하였고, 물리학과 철학에 관한 많은 저술 활동을 하였다.

고향인 마그데부르크의 공성전에서 군사공학자로 일했던 오토 폰 게리케[40]는 결국 축성법과 각종 무기를 설계하는 기술을 버리고 더 평화적인 과학으로 전환하였다. 그는 최초의 전기 발전기를 고안하였다. 이 초기의 발전기는 크랭크에 의해 수평의 철제 축이 회전되는 커다란 유황 구슬로 구성되었는데 손으로 유황 구슬을 회전시킬 때마다 전기가 생산되었다. 그는 최초로 진공 상태를 만들어내는 공기 펌프를 발명하여 구리 통 안에서 진공 실험을 함으로써 기체 연구에 중요한 수단이라고 입증된 기술적 발명을 하였다.

1654년에 그는 황제 앞에서 열린 레겐스부르크의 신성로마제국 의회[41]에서

---

**39** 르네 데카르트(René Descartes, 1596~1650). 프랑스의 물리학자, 근대 철학의 아버지, 해석기하학의 창시자로 불린다. 그는 합리론의 대표주자이며《방법서설》에서 '나는 생각한다, 고로 존재한다(Cogito ergo sum)'라는 계몽사상의 '자율적이고 합리적인 주체'의 근본 원리를 처음으로 확립했다. 1626년부터 2년 동안 수학과 굴절광학을 연구하며 미완성 논문 '정신지도의 규칙'을 썼다. 1628년 말,《세계론(Traite du monde)》을 프랑스어로 출판하고, 1637년에는《방법서설》에 굴절광학, 기상학, 기하학의 세 가지 부분을 덧붙여 출판했다가 후에 프랑스어로《방법서설》을 완성한다. 1644년 자신의 철학을 체계적으로 정리한《철학원리》를 출판했다.

**40** 오토 폰 게리케(Otto von Guericke, 1602~1686). 독일의 과학자, 발명가 및 정치가였다. 그는 진공 물리학의 확립, 정전기적 반발을 명확히 증명하는 실험적 방법의 발견 등을 했다.

**41** 신성로마제국 의회(Imperial Diet) : 신성로마제국의 심의 기관. 오늘날 우리가 알고 있는 성격의 입법 기관은 아니다. 1663년부터 1806년 제국이 끝날 때까지 레겐스부르크(Regensburg = Ratisbon)에 위치했었다. 레겐스부르크는 독일 남부 바이에른주에 있는 도시이다. 바이에른주 중부, 도나우강 연안에 위치하며, 레겐강이 합류한다. 선사 시대부터 정착이 이루어졌고, 켈트인이 들어와 살았다. 로마제국 때 레겐강의 요새라는 뜻의 카스트라레지나라 불렸다. 6세기부터 바이에른 공작령의 수도였고, 739년 레겐스부르크 교구가 재설정되었다.

이후 '마그데부르크의 반구'로 유명해지는 실험을 해 보였다. 그는 두 개의 속이 빈 청동 반구를 조심스럽게 맞추고, 황동 펌프를 통하여 반구 안의 공기를 제거하였다. 외부의 기압이 두 반구에 똑같이 작용하였고 그것은 너무나 꽉 달라붙어서 여덟 마리의 말도 그것을 분리할 수 없었다. 그가 마개를 통하여 공기를 주입하자 반구들은 분리되었다.

이러한 사람들의 발견과 저술은 미래의 군사공학에 영향을 미쳤으나 당시의 군사 기술은 상당히 낙후되었다. 비록 뉴턴의 발견이 탄도학에 관한 많은 논문을 등장하게 하였으나, 그것은 18세기의 일이지 17세기에는 아니었다. 알베르트 루퍼트 헐이 그의 저명한 연구 '17세기의 탄도학(Ballistics in the Seventeenth Century)'에서 지적한 대로, 군수공장의 기술자들이 정밀도와 발명의 기술에서 19세기까지 뉴턴을 따라잡지 못했기 때문이다. 침체의 이유는 과학에서가 아니라 기술과 생산 부문에 있었다.

17세기에는 수학을 통한 새로운 열풍이 포술가들에게 급격히 확산되었다. 루이 14세[42]는 1679년 두에[43]에 포병학교를 설립하고 당시 수상 콜베르[44]로 하

---

42 루이 14세(Louis XIV, 1638년~1715년)는 프랑스의 왕이다. 그는 다섯 살이 되기도 전에 왕위에 올라서 이탈리아 추기경 쥘 마자랭이 1661년 죽을 때까지 섭정을 하였다. 그의 치세 기간은 최종적으로 72년 3개월 18일으로 유럽의 군주 중 가장 오랫동안 재위했다. 루이 14세는 태양왕(Le Roi Soleil)이란 별명으로 알려져 있다. 루이 14세는 국왕의 권력은 신으로부터 받는 것이라는 왕권신수설을 지지했다. 그는 유럽에서 프랑스의 힘과 세력을 확장하고자 세 번의 주요 전쟁 -프랑스-네덜란드전쟁, 아우크스부르크 동맹전쟁과 스페인 왕위계승전쟁-과 두 번의 작은 분쟁 -상속 전쟁, 재결합 전쟁-을 치렀다. 한편 중앙집권화를 추진하여 지방에 끝까지 남아 있던 봉건제도의 잔재를 제거하고 중앙집권을 확립했다. 그 결과 그는 오랫동안 유럽에서 절대 군주의 전형으로 여겨졌고 "짐이 곧 국가이다(L'État, c'est moi)"라는 말을 했다고 전해진다.

43 두에(Douai)는 프랑스 북부의 프랑스 북부 노르파드칼레 지방 노르주에 있는 도시이다. 릴에서 약 40km, 아라스에서 25km 떨어진 스카프강에 위치했다.

44 장 밥티스트 콜베르(Jean-Baptiste Colbert, 1619~1683)는 프랑스의 중상주의 정치가로 루이 14세 아래에서 재무부 장관을 역임하였다. 콜베르는 차가운 성품에 냉정한 사람으로,

여금 유럽에서 가장 양질의 화약을 생산하도록 하였다. 스페인은 16세기 말 이전부터 포술 훈련학교를 운영해왔다. 특히 박격포 사격이 전쟁에서 중요하게 여겨짐에 따라 이러한 학교들에서는 허울 좋은 칭송이 수학이라는 학문에 퍼부어졌다. 그러나 연구와 훈련의 관점에서 볼 때 이러한 새로운 학교에서의 군사 학문은 열악한 일시적 방편이었을 뿐이었다. 루이 14세 당시 프랑스의 포병 분야는 적들에 비해서 다소 기술적 우위에 있었지만 이것이 전쟁에서 결정적인 역할을 하진 않았다.

여러 기술 분야에 활용하기 위하여 수학에 관한 많은 교범이 집필되었다. 측량기사, 상인, 선원, 건축가뿐만 아니라 군인들까지 수학을 공부하였다. 구구단이 나오던 초기에 일기작가였던 새뮤얼 피프스[45]는 29세에 찰스 왕자[46]의

___

집요하게 일에 매달렸고 검소한 생활로 인해 존경받았다. 프롱드의 난 당시 콜베르는 왕령 법정의 중개인으로 근무하면서 귀족에 의해 위기에 처한 루이 14세의 왕당파를 위해 일했다. 이 일로 망명 중이던 쥘 마자랭 추기경과 친분을 쌓게 되었다. 그는 산업을 부흥시키고 파산 상태의 경제를 회생시켰다는 평판을 얻었다. 역사가들은 콜베르의 노력에도 불구하고 전쟁에 대한 루이 14세의 과도한 지출로 인해 프랑스의 빈곤 해결에는 역부족이었다고 기록하고 있다.

45 새뮤얼 피프스(Samuel Pepys, 1633~1703)는 영국 해군 행정관이자 상원의원이다. 해군 복무나 바다에서의 실무 경험은 없었으나, 후원자에 의하여 발탁, 제임스 2세 휘하 행정 분야에서 자신의 능력을 발휘하였다. 그가 해군 본부에서 이룩한 여러 개혁은 영국 왕립 해군의 초기 전문화에 중요한 구실을 했다. 피프스는 행정관, 정치인으로보다는 그가 남긴 일기 때문에 문학 분야에서도 잘 알려져 있다. 1660년~1669년 약 10년 동안 일기를 남겼으며, 그의 사후에 해독되어(그는 사생활 보호를 위한 목적으로 당시 쓰였던 속기 문자를 응용하여 암호 일기를 적었다) 19세기에는 책으로 출판되었다. 이 일기는 영국 스튜어트 왕정 복고기의 중요한 1차 사료로서 가치가 있으며, 런던 대화재, 제2차 영국-네덜란드전쟁 및 역병 창궐 등 시대적 사건의 실상을 엿보는 데 좋은 사료로 쓰이고 있다. 또한 피프스 자신이 밝혀지길 꺼렸던 여자 관계의 사생활도 세세하고 적나라하게 기록되어 있다.

46 찰스 2세(Charles II, 1630~1685)는 1660년부터 1685년까지 영국을 통치하던 왕이다. 아버지 찰스 1세가 청교도 혁명으로 처형된 후 스코틀랜드에서 즉위하였으나, 올리버 크롬웰에게 패한 후 프랑스로 망명하였다. 1660년 왕정 복고에 따라 귀국하여 이듬해 즉위하였다. 그는 비국교도를 탄압하고 왕권 확대 정책을 취하였으며, 1666년 네덜란드와의 전쟁, 전염병, 런던 대화재로 시달렸다. 1670년 프랑스 루이 14세로부터 군비를 지원받아 제2차 네덜

개인 선생으로 고용되어 그에게 수학을 가르쳤다. 건축학에서 물체에 작용하는 힘을 연구하는 것은 기계공학의 새로운 분야가 되게 하였다. 선체의 모양과 장구의 성격이 수학적 분석에 의하여 입증될 수 있다고 인식된 후부터 선박 건조 기술은 재검토되었다. 상인들은 자신들이 쓰던 주판을 아이들의 학교에 넘기고 종이 위에 직접 계산하였다. 수학 사용의 보편화는 존 네이피어[47]가 대수학을 발명하여 더욱 자극받게 되었다. 실제로 이는 17세기에 있었던, 전 세계적으로 활용 가능한 수학적 발견이었다.

다수의 과학 단체가 설립되었다. 최초의 중요한 단체 중 하나는 1603년 로마에서 설립된 것으로, 갈릴레오도 그 회원으로 포함되어 있었다.[48] 메디치가[49]의 영향력 있는 두 형제 페르디난도 2세[50]와 레오폴도[51]는 1657년에 피렌

란드전쟁을 일으켰다. 후에 의회와 대립이 심해져서 의회는 가톨릭교도들의 공직 진출을 제한하는 법인 '심사율', '인신 보호법'을 제정하여 왕의 전제 정치에 대항하였다.

**47** 존 네이피어(John Napier, 1550~1617)는 로그(log)를 발명한 것으로 유명한 스코틀랜드 출신의 수학자이다. 또한 '네이피어의 막대'라는 도구를 발명한 것으로도 유명하다.

**48** 린체이 아카데미(Accademia dei Lincei)는 1603년 페데리코 체시(Federico Cesi) 공작에 의해 로마의 교황령에 있었던 이탈리아 과학 아카데미이다. 갈릴레오 갈릴레이는 이 학원의 지적 중심 인사였으며, 갈릴레오 갈릴레이 린소(Galileo Galilei Linceo)를 서명으로 쓰기도 했다. 그러나 린체이 아카데미는 1630년 창시자이자 후원자였던 체시 백작의 사후 사라졌다(1651년에 폐쇄되었다는 설도 있다). 이후 19세기에 이르러 린체이 아카데미는 바티칸에서 그리고 나아가 이탈리아에서 부활하였다. 1847년에 설립된 과학 아카데미아 폰티피샤 데 누오비 린시(Accademia Pontificia dei Nuovi Lincei, '뉴 린시스의 폰티픽 아카데미')는 자신들의 연원을 린체이 아카데미에서 찾고 있다. 마찬가지로 1870년대의 린체이 아카데미는 문학과 과학 제반 모든 관심사를 아우르는 이탈리아의 국립 학원이 되었다.

**49** 메디치가(Medici)는 13세기부터 17세기까지 피렌체에서 강력한 영향력이 있었던 가문이다. 메디치가는 세 명의 교황(레오 10세, 클레멘스 7세, 레오 11세)과 피렌체의 통치자들을 배출하였으며, 나중에는 혼인을 통해 프랑스와 영국 왕실의 일원까지 되었다. 다른 귀족 가문들처럼 그들도 자신들의 도시 정부를 지배하였다. 메디치 가문은 피렌체를 통치하였으며, 예술과 인문주의가 융성한 환경으로 만들었다. 그들은 밀라노의 비스콘티와 스포르차, 페라라의 에스테, 만토바의 곤차가 등 다른 귀족 가문과 더불어 이탈리아 르네상스의 탄생과 발전을 이끌어내는 데 큰 역할을 하였다.

**50** 페르디난도 2세 데 메디치(Ferdinando II de' Medici, 1610~1670)는 토스카나 대공국의 다섯

체[52]에 영향력 있는 물리학 실험실을 세웠다. 그들은 실험실에 기압계, 온도계, 시간 측정 장치들을 설치하는 데 필요한 돈을 지급하였을 뿐만 아니라 갈릴레오의 제자들과 같은 유능한 사람들을 고용하였다. 이 학교는 유럽에서 정형화된 실험과학의 과정으로 유명해졌다. 그러나 그 학교는 고작 10년밖에 가지 못하였다. 레오폴드 메디치가 추기경이 되었을 때 해산되었기 때문이다.[53]

파리에서도 과학 단체 설립의 흐름이 이어졌고, 1666년 '왕립과학한림원(Academie Royale des Sciences)'[54]으로 단일화되었다. 런던에서는 1663년에 왕립

번째 군주이다. 페르디난도 2세는 유능하지는 않았지만 온화한 성품으로 과학과 예술에 관심이 깊었다. 그는 지질학자 니콜라우스 스테노 등의 학자와 예술가를 후원했으며, 치세 중 많은 미술품을 수집했다.

51 레오폴도 데 메디치(Leopoldo de' Medici, 1617~1675)는 이탈리아의 추기경이자 학자, 예술의 후원자, 시에나의 총독이다. 토스카나 대공 페르디난도 2세 데 메디치와는 형제지간이다. 형 페르디난도가 토스카나 대공위에 오르면서 레오폴도는 제조업과 농업, 교역 분야에서 그에게 아낌없이 조언하였다. 레오폴도 데 메디치는 과학과 기술 분야에 많은 관심을 보였다. 1638년 페르디난도 대공과 손잡고 플라토니카 아카데미(Accademia Platonica)를, 1657년에는 세계 최초의 과학학사원인 델치멘토 아카데미(Accademia del Cimento)를 설립하였다. 델치멘토 아카데미는 자연 탐구 분야에 주력하였다. 레오폴도는 또한 서적, 그림, 조각상, 동전 등의 애호가이자 수집가로도 명성이 자자하였다. 그는 당대의 예술가들 및 예술품 수집가들과 폭넓은 교감을 나누었다.

52 피렌체(이탈리아어: Firenze, 영어: Florence)는 이탈리아 토스카나주의 주도이다. 피렌체 현의 현청 소재지이다. 피렌체는 아르노강변에 위치해 있으며 역사상 중세, 르네상스 시대에는 건축과 예술로 유명한 곳이었다. 중세 유럽의 무역과 금융의 중심지였으며 종종 이탈리아 르네상스의 본고장으로 불리기도 한다. 오랜 세월 메디치 가문이 다스렸고, 1865년에서 1870년까지는 이탈리아 왕국의 수도였다. 1982년에는 유네스코 세계 유산으로 선정되었다.

53 세계 최초의 과학한림원인 델치멘토 아카데미(Accademia del Cimento)이다.

54 왕립과학한림원(Académie des sciences)은 프랑스 과학 연구의 발전 정신을 촉진하고 보호하자는 장 밥티스트 콜베르의 제안에 따라 루이 14세에 의해 1666년에 설립되었다. 영국의 왕립 학회와 함께 17~18세기에 과학과 과학자에게 새로운 제도적 기반을 제공했고, 이후의 새로운 한림원 시대와 제도화된 과학 발전을 선도했다. 파리 과학한림원의 뒤를 이어 프로이센, 러시아, 스웨덴이 국립 과학한림원을 설립했고, 국립 한림원이나 과학 학회를 본뜬 기관이 유럽과 전 세계의 유럽 식민지로 퍼져나갔다. 과학한림원과 학회들은 급여가 있는 일자리를 제공했고, 상을 수여하고 현장 답사를 지원했으며, 출판 프로그램을 운영했

학회[55]가 왕실의 설립 허가를 받았다. 그러나 이 단체는 영국에서 가장 존경받는 과학자들의 지지를 받았음에도 불구하고, 왕실의 후원을 받지 못했기 때문에 가난하고 열악한 환경에 처해야만 했다. 베를린에서는 최초의 과학한림원이 1700년에 설립되었다.

이미 언급하였던 인물에 추가하여 일부 과학자들의 이름이 대두되었다. 윌리엄 하비[56]는 과학의 역사 중 가장 중요한 발견 중 하나인 혈액의 순환을 발견하였다. 생리학은 무거운 권위보다는 주의 깊은 관찰에 기초를 둔 과학으로, 하비의 저서 《동물의 심장과 혈액의 움직임에 관한 해부학적 논문(Anatomical Dissertation Concerning the Motion of the Heart and Blood in Animals)》의 출간과 함께 시작되었다. 17세기의 인물이라기보다는 16세기 인물인 윌리엄 길

---

고, 탐험과 답사를 감독했으며, 국가와 사회를 위한 다양한 특수 기능을 수행했다. 오늘날의 파리 과학한림원은 다섯 개의 한림원으로 구성된 학사원(Institut de France)의 하위기관이다. 현재 수학·물리학 분야와 화학·생물학·지질학·의학 분야에 모두 종신직인 총 150명의 정회원, 300명의 통신회원, 120명의 외국인 준회원이 있다.

55 The Royal Society of London for the Improvement or Promotion of Natural Knowledge(자연 지식의 향상을 위한 런던 왕립학회)는 1660년 창립된 지식인 및 학자들의 모임이다. 왕립협회라고도 한다. 자발적인 활동을 하지만 사실상 영국의 과학 아카데미의 역할을 하며, 영국 정부로부터 매년 4,000만 파운드의 예산을 받아 집행한다. 왕립학회는 과학회의(the Science Council)의 산하 단체이다. 비슷한 기구로 에든버러 왕립학회는 1783년 세워진 스코틀랜드의 학회이고, 아일랜드 왕립학회는 1785년 세워진 아일랜드 기관이다.

56 윌리엄 하비(William Harvey, 1578~1657)는 영국의 의사·생리학자이다. 인체의 구조, 특히 심장에 관심을 갖고 연구했다. 스승인 파브리키우스의 영향으로 실제적으로 실험해서 연구해야 한다는 사상을 이어서 받았으며 그가 발견한 판막의 역할을 제대로 추측해서 자신의 혈액순환론의 근거로 삼기도 했다. 1628년 본문에서 언급된 논문 《동물의 심장과 혈액의 운동에 관한 해부학적 연구》을 출판하였다. 이 책은 혈액순환론을 제시한 짧은 논문으로써 생물학, 의학계에 과학 혁명을 일으킨 시발점이 됐다는 평가를 받지만 당시에는 인정받지 못했다. 또한 이 책은 기존 이론 모순을 제시 및 반박, 새로운 가설 설정과 실험을 통한 가설 검증이라는 근대과학의 순서를 모두 따라서 자신의 의견을 증명한 것으로 그 내용뿐만 아니라 형식적으로도 중요한 저서이다. 1651년에는 《동물발생론》을 저술하여 동물은 모두 알에서 발생한다고 주장하기도 했다.

버트[57]는 당시 미신의 미로 속에 숨겨져 있던 자기와 전기에 관한 연구의 기초를 세웠다. 그가 바로 언어의 영역에 전기라는 단어를 소개한 사람이다. 1600년에 출간된 그의 저서 《De Magnete》는 그의 시대보다 훨씬 진보된 저술이다. 전기에 관한 연구는 예를 들어, 오토 폰 게리케의 연구에서 보듯이 18세기 말까지도 드문 것이었다.

17세기에 화학은 물리학보다 발전의 속도가 느렸다. 연금술사들이 주장해온 오래된 잘못된 믿음은 동시대에 있어서도 뉴턴의 제자들에게 기초 금속을 금으로 바꾸려는 노력을 하게 하였고, 뉴턴 자신도 연금술사들의 비법을 오랫동안 살펴보았다고 전해진다. 17세기 중반까지 대부분의 화학자는 일반적인 금속, 합금, 소금에 대해서는 알았으나 그 이상은 알지 못했다. 그리스 시대의 데모크리토스[58]나 이오니아인[59]들이 오래 전에 제기했던 원자 가설 외에

---

57  윌리엄 길버트(William Gilbert, 1540~1603)는 영국의 물리학자, 의사이다. 자기학의 아버지 또는 영국 실험과학의 아버지라고 불린다. 왕립내과협회의 모든 공직을 두루 맡았던 대단히 성공적이고 저명한 내과 의사였으며, 여왕 엘리자베스 1세의 주치의이기도 했다. 자기의 성질에 대한 철저한 탐구로 물리학에 큰 영향을 남긴 그는 18년 동안의 연구 끝에 1600년, 《De Magnete:자석에 관하여》라는 책을 출판하였다. 이 책에서 자기 및 지자기(地磁氣)에 관한 학설을 경험적·귀납적 방법에 의하여 전개하였다. 또 전기 현상에 관한 이론을 기록하였는데, 이것은 뒤에 케플러, 갈릴레이, 데카르트 등에 이용되었다. 이 책에서 중요한 것은 '그가 무엇을' 발견했는지보다는 '그가 어떻게' 발견했는지 그 과정 속에서의 의미가 있는 책이다. 특히 이 책은 실험적 관찰에 대한 중요성을 강조하는 내용으로 갈릴레이에게 큰 영향을 줬다.

58  데모크리토스(Δημόκριτος, B.C 460~B.C 380)는 고대 그리스의 철학자이다. 그는 이 세계의 모든 것이 많은 원자로 이루어져 있으며, 세계는 이 원자와 텅빈 공간으로 이루어지고 있다고 하는 '고대 원자론'을 완성하였다. 그리고 "원자가 합쳐지기도 하고 떨어지기도 하면서 자연의 모든 변화가 일어난다"라고 하였다. 이 같은 입장에서 사물의 발달과 문화의 발달 등을 설명하였다. 이 원자론을 중심으로 하는 그의 학설은 고대 그리스에 있어서 초기 유물론의 완성인 동시에, 후기 에피쿠로스 및 근세 물리학의 발전에 결정적인 영향을 주었다.

59  이오니아인(Ionian)은 도리아인, 아이올리스인, 아카이아인과 함께 그리스 고전 시대의 그리스인을 구성하는 네 개의 주요한 부족 중의 하나이다. 그리스 고전기에서 '이오니아인'이라는 단어는 크게 세 가지 의미를 가졌다. 가장 좁은 의미에서는 소아시아(아나톨리아) 내의 이오니아 지역에 사는 사람들만을 지칭하였다. 좀 더 넓은 의미로는 에우보이아, 키클라

는 화학에 관한 이론이 없었다.

현대 화학의 아버지인 영국의 로버트 보일[60]은 게리케의 에어 펌프를 개량하여 기체를 가지고 실험을 시작하였다. 그리고 기체는 탄력이 있는 매질이라는 개념을 발전시켰다. 1660년에 그는 자신의 저서《공기의 탄성에 대한 새로운 물리-화학적 실험(New Experiments Physico-Mechanicall Touching the Spring of the Air)》을 출간하였다. 1년 후 그는 자신의 화학적 실험 결과를 수록한《의심 많은 화학자(The Skeptical Chymist)》를 펴냈다. 뉴턴은 만약 기체가 입자로 이루어져 있다면 기체의 압력과 부피에 연계되어 있는 보일의 뛰어난 이론이 수학적으로 입증 가능하다는 것을 보여주었다. 그리고 분자의 개념이 원자와 차이가 있다는 것이 명확하지는 않았지만 데모크리토스의 고대 원자 가설도 실제의 과학적 이론으로 되었다. 처음으로 화학은 핵심적인 이론 기반을 제공받게 된 것이었다.

보일은 또한 화학이라는 과학에 종사함에 있어 신사와 장인의 신분 차별을 없애버렸다. 동시대 그의 동료 과학자들은 부유한 비전문가였으며 일반적으로 지위가 낮은 사람들을 경멸하였다. 기술적 지식의 대부분을 기술자들로부터 얻었던 보일은 기술자를 무시하는 사람들을 바보 취급하였다. 그는 "보통

데스 제도 등 이오니아인이 세운 도시를 포함하여, 이오니아 방언으로 말하는 사람 모두를 지칭하였다. 마지막으로 가장 넓은 의미로는, 아티케 그리스어(아티케 방언)를 포함한 여러 동부 그리스어 방언들로 말하는 사람 모두를 지칭하였다.

60 로버트 보일(Robert Boyle, 1627~1691)은 영국의 자연철학자, 화학자, 물리학자이다. 보일의 연구와 철학은 연금술적 전통에서 출발하였으나 근대 화학의 기초를 세웠다고 평가된다. 그의 저서《의심 많은 화학자》는 화학의 기반을 마련한 책이다. 스콜라 학파의 자연철학을 배척하고 실험적 사실을 중시하여, 실험을 바탕으로 하는 근대 화학의 기초를 이루었다. 1662년, 온도가 같으면 기체의 체적은 압력에 반비례한다는 '보일의 법칙'을 발견하였다. 또 소리는 공기가 없으면 전해지지 않는다는 것도 발견하였다. 그는 뉴턴·후크와 왕립협회를 만들었으며, 그밖에도 수은·공기의 비중 측정, 목재의 건류에서 메틸 알코올의 분리, 정성 분석의 기초 확립, 원소 개념의 도입 등 과학에 이바지한 공적이 매우 크다.

사람들과 친교를 나눌 수 있는 기회로 그들과 대화를 나누는 것조차도 경멸하는 사람은 자연으로부터 지식을 얻을 자격이 없다"라고 말하였다.

17세기에 싹이 트기 시작한 화학이 전쟁의 기술에 영향을 미치기까지는 매우 오래 걸렸다. 화약과 폭약은 좀처럼 변화하지 않았다. 보일은, 학식있는 사람은 파괴용의 '흉악한 기계들'을 만드는 것에 공헌하지 않아야 하며, 새로운 폭약을 발명한 과학자가 그것을 판매하는 것을 막기 위해 상금을 쏟아붓지 않을 것이라는 점을 명확히 했다.

그러나 17세기는 기계들, 특히 펌프pumps와 제분기mill에 지대한, 편향된 관심을 보였다. 17세기 초 라멜리[61]는 1616년에 출간된《다양하고 독창적인 기계들(The Various and Ingenious)》이라는 저서에서 잭jacks과 교량, 모든 종류의 기중기 등과 함께 100종의 펌프와 24종의 제분기를 묘사했다. 1663년에 출간된 에드워드 서머셋[62]의《발명의 세기(Century of Inventions)》는 57년간 축적되어 온 수많은 발명품의 그림을 보여주었다.

17세기 말에 최초로 증기 엔진이 생산되었다. B.C. 130년경으로 돌아가보면, 알렉산드리아의 헤론[63]이《Pneumatica》라는 저서에서 원시적인 증기 작

---

61 아고스티노 라멜리(Agostino Ramelli, 1531~1610)는 이탈리아 기술자이다. 라로셸 공성전 (1572~1573) 동안, 그는 요새 밑에 지뢰를 성공적으로 설치하여 요새를 파괴하였다. 1588 년 라멜리는《다양하고 독창적인 기계들》을 출판했다. 이 책에는 교량, 선반, 책꽂이 등 195 개의 디자인이 포함되어 있다. '북휠(bookhweel, 책꽂이)'는 이 책에서 가장 유명한 디자인 중 하나이다. 북휠은 그 당시 일반적으로 크고 무거웠던 많은 양의 인쇄물을 관리하는 문제를 해결하려는 초기 시도로, 초기의 '정보 검색' 장치 중 하나라고 불려 왔고, 독자들이 대량 정보를 저장하고 참조할 수 있게 해주는 하이퍼 텍스트 및 전자 판독기와 같은 현대 기술 개념의 선구자로 여겨진다.

62 에드워드 서머셋(Edward Somerset, 2nd Marquess of Worcester, 1602~1667). 영국의 귀족(우스터 2대 후작)이자 발명가, 왕당파 정치인이다. 1663년에《발명의 세기(Century of Inventions)》를 출판하여 초기 증기 기관 장치를 포함하여 100종이 넘는 발명품에 대해 자세히 설명했다.

63 헤론(Ηρων. A.D 10~70)은 고대 알렉산드리아에서 활약한 고대 그리스인 발명가이자 수학

용 터빈과 가압 엔진의 원형으로 볼 수 있는 또 다른 기구를 묘사했었다. 마침내 1663년에 작동 가능한 증기기관의 특허권이 우스터의 후작에게 주어졌다.[64] 토머스 세이버리[65]는 1698년에 특허를 얻어 최초로 상업적으로 성공한 사람이었다. 사실상 고대의 과학적인 장난감을 작동 가능하게 단순화한 것이었다. 그러나 효과적인 증기 엔진은 18세기 초까지 영국에서 제작되지 않았고, 산업혁명은 제임스 와트<sup>James Watt</sup>의 천재성에 영향받는 18세기 말까지 기다려야만 했다.

17세기에 가장 강력한 동력 장치는 그 시대의 경이로움의 하나로 여겨진 베르사이유 궁전 분수의 급수 시설이었다. 세느강에서 말을 이용해서 100마력의 힘으로, 하루에 100만gal<sup>3,785t</sup>의 물을 502ft<sup>153m</sup>까지 끌어올릴 수 있었다. 그러나 모든 기계 중에서 가장 복잡한 것은 시계였다. 루이스 멈포드[66]는 《기술과 문명(Technics and Civilization)》이라는 책에서 시계가 현대의 다른 모든

자이다. 기록으로 남겨진 가장 오래된 증기기관 헤론의 공(aeolipile)의 고안자로 유명하다. 조준의로 토지를 측량하거나 월식과 막대의 그림자를 이용하여 로마~알렉산드리아의 거리를 측정하였다. 또 일종의 증기 터빈인 '헤론의 기력구(汽力球)'와 수력(水力) 오르간, 동전을 넣으면 물이 나오는 '성수함(聖水函)' 등 다양한 자동 장치를 발명하였다. 수학에서는 측량법을 개량하고, 광학 분야에서 빛의 입사각과 반사각이 같다는 반사의 원리를 증명했다. 기하학 분야에서 삼각형 세 변의 길이에서 넓이를 구해내는 공식인 헤론의 공식도 유명하다. 또 어떤 수의 제곱근을 반복해서 계산해내는 알고리즘을 제시했다.

64 우스터의 후작(Marquess of Worcester)은 각주 294번의 에드워드 서머셋을 지칭한다. 우스터는 대성당 도시이자 영국 우스터셔의 중심 도시로, 버밍엄에서 남서쪽으로 48km, 런던에서 북서쪽으로 163km 떨어진 곳에 있다.

65 토머스 세이버리(Thomas Savery, 1650~1715)는 영국의 발명가이자 엔지니어이다. 상업적으로 사용되는 최초의 증기 구동 장치인 증기 펌프를 발명했는데, 이는 기술적으로 엔진은 아니지만 종종 '엔진'이라고 불린다. 세이버리의 증기 펌프는 물을 퍼올리는 혁신적인 방법이었으며, 이는 광산 배수 문제를 해결하고 광범위한 공공 급수 공급을 실용적으로 만들었다.

66 루이스 멈포드(Lewis Mumford, 1895~1996). 미국 역사학자, 사회학자, 기술 철학가 및 문학 평론가였다. 특히 도시와 도시 건축에 대한 연구로 주목받았고, 작가로서도 광범위한 경력을 쌓았다.

기계를 시종일관 앞질러 왔다고 주장하면서, 증기 엔진보다 시계가 현대 산업 시대의 핵심 기계라고 지적하였다. 17세기 시계의 발명가와 개량하는 사람들은 대부분 알려지지 않지만, 그들의 장인 정신은 확실히 놀라운 것이다. 각개 부품의 정교함과 측정의 정확함에 있어서 그들은 현대 과학의 실험실에서조차 가장 정확한 표준으로 통할 수 있을 것이다. 이러한 발전은 유럽이 시계에 열광했기 때문에, 필요에 의해서라기보다는 오히려 열정에 의해서 비롯된 결과라고 보아야 할 것이다.

## 17세기 축성법

성벽으로 둘러싸인 도시는 지속적인 공격에도 붕괴되지 않았고, 이런 견고함은 오랫동안 계속될 것으로 여겨졌다. 그러나 중세의 성벽은 대포의 발달로 깨지게 되었다. 대포탄에 견딜 수 있는 새로운 성곽을 지을 필요성은 모든 군대 기술자의 관심사가 되었고, 심지어 르네상스의 위대한 지성이자 예술가인 레오나르도, 미켈란젤로, 마키아벨리, 뒤러 등의 상상력을 자극하였다. 1527년에 출간된 뒤러의 작품들은 실용화되기에는 너무 거대하고 비쌌지만, 최초의 실용적인 포대를 포함한 그의 작품 일부는 그 시대 기술자들에게 승계되었다.

최초로 축성법의 실질적인 개선 방법을 고안한 이는 16세기 이탈리아 기술자들이었다. 1509년 파도바[67]의 포위 공격siege에서 이미, 막시밀리안 황제의

---

67 파도바(Comune di Padova)는 이탈리아 동북부 베네토주 파도바현(프로빈차 파도바)의 주도이다. 이탈리아의 명문 대학교인 파도바대학교가 있고, 수많은 문화 예술 관련 문화재로 관광 도시이자 경제의 중심지 중 하나이며, 현재 이탈리아의 중북부에서 가장 큰 물류 기지이다.

포병은 처음 보는 물이 고인 도랑wet ditch, 누벽rampart[68]과 능보[69] 때문에 당황했다. 그러나 가장 큰 발전은 17세기 프랑스인에 의해 이루어졌다. 경험에 의한 첫 번째 교훈은 낡은 성벽을 보호하기 위해서 흙으로 만든 방벽bulwark을 개량된 포 앞에 위치시켜야 한다는 것이었다. 두 번째 교훈은 모든 새로운 축성을 마치 방벽을 도랑에 가라앉히는 것과 같이 낮게 하여야 한다는 것이었다. 방벽 뒤에는 포를 위치시켰던 누벽rampart이 있었다. 그리고 누벽은 도랑으로부터 퍼올린 흙으로 쌓아 만들었다. 부벽counterfort:돌출부은 방벽으로부터 누벽으로까지 안으로 지어진 버팀벽buttress이었다. 부벽은 방벽을 강하게 하고 성벽의 파괴를 더욱 더 어렵게 만들었다. 보루[70]는 주 방벽으로 연결된 측보로 주 성체로부터 밖으로 설치되어 있었다. 포 성능의 개선은 요새 앞의 모든 지역에 대한 방어를 가능하게 했다.

완벽한 능보 체계의 훌륭한 예는 1568년에 지어진 안트워프[71]의 프란치스코 파치오토[72]가 만든 요새이다. 만약 네덜란드가 이 요새의 모든 곳을 두 겹

---

68 성벽, 누벽. 성, 요새 따위의 요새화된 장소에서 방어 대상 지역을 둘러치는 구조물이다

69 능보, 요새, 보루(堡壘)는 적의 침입을 막기 위해 튼튼하게 쌓은 시설물로, 주로 소규모 성곽을 말한다. 전쟁 때의 군사적 요충지에 집중적으로 설치되었으며 돌이나 콘크리트로 쌓았다.

70 보루(堡壘, bastion)는 적의 침입을 막기 위해 튼튼하게 쌓은 시설물로, 주로 소규모 성곽을 일컫는다.

71 안트워프(Antwerp, Antwerpen)는 플랑드르의 안트워프 지방의 수도로 벨기에에서 가장 인구가 많은 주요 무역 및 문화의 중심지이다. 안트워프는 스켈트강(Scheldt강)에 있으며 베스테르스켈트강(Westerschelde강) 어귀를 통해 북해와 연결되어 있다. 브뤼셀에서 북쪽으로 약 40km 떨어진 곳에 있다. 안트워프항은 유럽에서 2위, 세계적으로 상위 20위 안에 드는 항구이다. 안트워프는 경제적으로나 문화적으로나 특히 스페인 통치에 대한 네덜란드 반란(1576) 이전에 저지대에서 중요한 도시였다.

72 프란치스코 파치오토(Francesco Paciotto, 1521~1591)로 알려진 피에트로 프란치스코 타글리아피에트라(Pietro Francesco Tagliapietra). 이탈리아 군인 및 시민 건축가이다. 그는 이탈리아에서 플랑드르로 옮겨 안트워프 성체를 건축했고, 이탈리아로 돌아와 루카에서 도시의 요새화된 벽을 디자인하는 데 기여했다.

으로 에워쌀 수 있었다면, 그들은 자신들의 용감함으로 스페인에 대한 증오의 멍에를 보다 쉽게 떨쳐버릴 수 있었을 것이다. 네덜란드의 축성 방식은 특히 '물이 있는 도랑wet ditch'의 이용으로 유명했다. 네덜란드인들은 운하 체계를 광대하게 확장했고, 주로 낡은 배의 목재로 굉장히 많은 울타리를 만들었다. 그러나 얼어붙은 운하는 바로 교통로가 된다는 것을 발견하면서 그들은 인위적으로 운하나 도랑에서 물을 뺄 수 있는 수단을 고안해야만 했다. 이것과 다른 문제들을 다시 해결하기 위해 그들은 훌륭한 수학자를 군에 편입시켰다.

분수의 십진법제를 도입한 것은 시몬 스테빈이었다. 실제로 십진법 체계는 5세기 전부터 알려져 왔지만, 스테빈은 그것을 평범한 상인들의 삶 속으로 가져왔다. 그는 화폐 주조, 무게, 측정 등에 대한 십진법 적용의 타당성을 역설하였지만, 이것은 프랑스혁명 때까지 유럽에서 실현되지 않았다. 스테빈은 기꺼이 그의 군주를 도와 필요에 따라 물을 빼거나 채울 수 있는 수로 체계를 개발하고 상세히 설명했으며, 나사우의 모리스Maurice[73]를 위해 강변 요새 전체를 설계했다.

17세기 축성법은 대부분 수학자가 아닌 군사공학자에 의해 발전했다. 기하학자인 지라르 데자르그는 한동안 라로셸의 포위 공격에서 공병 장교였었다. 다니엘 스페클Daniel Speckle은 요새를 더 방어적으로 만드는 방법에 관한 많은 새로운 사고와 함께 학술 논문을 출간했는데, 그는 스트라스부르Strasbourg의 건축가였다. 그러나 대부분의 축성물 이름은 직업 군인들의 이름이었다.

17세기 새로운 축성법은 전쟁을 많이 억제시켰다. 이러한 근본적인 개선은

---

**73** 나사우(Nassau)는 독일 라인란트-팔라티네이트(Rhineland-Palatinate)주에 위치한 도시로 옛 독일의 공국이었다. 바트 엠스(Bad Ems)와 림부르크 안 데어 란(Limburg ander Lahn) 사이의 란강 계곡에 있다.

공격하는 측에게는 사상자 수와 포위 공격 기간의 엄청난 증가를 의미하였다. 베니스인들은 1667년의 튀르크의 공격에 대항하여 크레타에서 칸디아[74]를 방어함으로써, 2년 정도 튀르크에 함락되는 것을 지연시킬 수 있었다. 이탈리아 기술자에 의해 고안된 방벽이 이미 쓸모없게 되었지만, 튀르크는 그것을 점령하기 위해 10만 명을 희생해야 했다. 베니스인은 3만 명이 희생되었다. 군사공학자 중에 칸디아의 포위 공격에 참전한 사람은 게오르그 림플러[75]였다. 1683년에 그는 자신의 세대와 이후 세대의 군사공학자들에게 많은 영향을 미쳤던《일반적인 능보를 지닌 요새(Fortifications with General Bastions)》라는 책에 그가 직접 관찰한 것과 제안한 것을 실었다.

---

74 칸디아(Candia) 왕국 또는 칸디아 공작령(Ducato di Candia)은 크레타섬에 있었던 베니스 공화국의 식민지였다. 1205~1212년에 베니스에 점령되어 크레타섬전쟁(1645~1669) 기간에 오스만제국에 점령되었다. 오스만이 1571년 키프로스를 정복한 후, 크레타섬은 베니스의 마지막 주요 외국 소유지였다. 섬의 부와 지중해 동부의 항로를 통제하는 전략적 위치와 더불어 공화국의 상대적인 군사 약점이 오스만제국의 주목을 끌었다. 크레타섬전쟁 중 오스만군은 섬의 대부분을 재빨리 점령했지만 베니스 해군의 우세와 오스만의 집중 실패 덕분에 칸디아를 장기간 유지할 수 있었다. 다른 곳에서는 1669년까지 소우다(Souda), 그람부사(Gramvousa) 및 스피나롱가(Spinalonga)의 세 개 섬 요새만 베니스의 손에 남아 있었다. 모레아전쟁 중 칸디아를 탈환하려는 시도는 실패했으며, 마지막 베니스 전초 기지는 1715년 투르크에 의해 점령되었다.

75 게오르그 림플러(Georg Rimpler, Georg Rümpler, 1636~1683). 17세기 요새 건축업자. 튀르크의 비엔나 2차 포위 시 비엔나를 요새화한 것으로 유명하다. 그의 기술적 지식은 지원군이 도착할 때까지 도시를 방어하는 데 중요한 역할을 했다. 투르크인들의 초기 지뢰에 부상을 입었고 결국 사망했다. 그는 수학, 요새화, 역사, 고대 전쟁사, 논리학, 변증법 및 수사학을 공부했다. 1655년에 림플러는 폴란드와의 전쟁을 위해 스웨덴에 징집되었고 리가의 포위 공격에 참전했다. 그는 여기서 요새 건설의 첫 영감을 얻었다. 1660년 이후 그는 뉘른베르크 인근 요새 건설을 연구했다. 1665~1666년에는 브레멘 포위 공격에 참전했다. 1669년에는 칸디아 포위 공격의 마지막 몇 개월 동안 베니스 공화국의 지휘관으로 참전해서 베니스의 훈장을 받았다. 1670~1674년 그는 주변의 인접한 벽과 도랑이 있는 도시와 요새를 둘러싼 낡은 요새화 방법을 거부하고 도시 주변의 단일 요새를 제안했다. 그 수와 근접성으로 다른 요새들과 맞설 수 있었다. 공격자는 도시를 점령하기 전에 요새의 모든 부분을 포위하고 전투를 수행하도록 강요받게 되었다. 이러한 형태의 방어는 내선 방어라고도 한다.

17세기 포위 전투에서 가장 두드러진 인물은 직업 군인이며 군사공학자였던 보방[76]이다. 그의 생애 동안에 영향을 미친 공성攻城 기술과 요새에 대한 공격을 격퇴할 수 있는 성곽을 고안하는 기술 등은 많지 않다. 열 살에 고아가 되어 매우 가난했던 보방은 열여덟 살에 군인이 되었고 인생의 나머지를 전쟁과 전쟁 준비에 바쳤다. 그는 48회의 포위 공격을 지휘했고, 그중 그가 주요 기술자로 직접 담당했던 40회에서는 단 한 번의 실패도 없었다. 그는 이 40회의 전투 중 오직 한 번만 방어를 맡았을 뿐이다. 경이적인 공격 성공은 대부분 그의 방식과 철저한 조직 덕분이었다. 그는 직업을 위한 준비를 할 때 수학과 주의 깊은 자기 훈련을 포함했다. 어떤 것도 우연으로 남기지 않는 무시무시한 확실성이 그의 방식이었다.

만약 그가 평범한 군인이었다면 그는 전투원으로서의 삶에만 관심을 가졌을 것이다. 그는 전쟁의 사상자 대부분이 성곽을 정면 공격하는 것 때문에 발생한다고 믿었다. 보방은 일반적으로 병사들이 싫어하는 땅파기를 강조했다. 그의 공병대원들은 참호trench와 방호물traverse이 연속됨에도 천천히 그러나 성

---

76 세바스티앙 르 프레스트르 세뇨르 드 보방(Sébastien Le Prestre, Seigneur de Vauban, 1633~1707) 프랑스의 귀족 출신의 군인. 젊었을 때부터 축성술과 공학을 배웠으며 조경술에도 능하였다. 당대의 가장 뛰어난 공병이자 요새 설계와 공략 양쪽에서 자신의 뛰어난 능력으로 명성을 얻었다. 그는 루이 14세에게 조언하여 프랑스 국경을 강화했고 직접 방어 시설을 만들었다. 1655년 이후 요새 건설을 담당하였으며 루이 14세 시대 1667년과 1707년 사이 보방은 약 300개 도시의 요새를 개축했다. 또한 그는 37개의 새로운 요새와 해군장관 J.B.콜베르(1619~1683)의 명령으로 요새화된 군사 항구 건설을 지휘했는데, 앙블레퇴즈(Ambleteuse), 브레스트, 됭케르크, 로슈포르, 툴롱 군항 건설과, 운하 건설도 담당하였다. 그가 만든 요새들은 별 모양의 요새(Star fort)로 유명하며, 프랑스 내에 건설되어 남은 요새 열두 개가 2008년 유네스코 세계유산 목록에 등록되었다. 실전에 참호를 쓴 것도 그가 최초였다. 프롱드의 난, 상속전쟁, 9년전쟁 카마레 전투, 프랑스-네덜란드전쟁, 스페인 왕위계승전쟁 등에 참전했고, 요새건설총감(1678~1703) 직을 수행했다. 말년에《왕궁의 십일조세안(Projet d'une dixme royale)》(1707)을 저술하여, 과세의 불평등이 농민들을 얼마나 괴롭히고 있는가를 설명하고, 조세 평등을 왕에게 진언하였다가 노여움을 사 원수의 신분으로 투옥되었다.

채fort를 향해 조직적으로 전진해 갔다. 외보outworks를 지나, 도랑을 건너, 성벽의 파괴breach까지, 모든 것이 계획에 따라 진행되었다. 그의 놀라운 성공 덕분에 아무리 복잡한 성채의 외보도 그의 공격을 막는다는 것은 불가능하다는 생각을 사람들에게 확립해 주었다. 만약 수비 측이 더 이상 요새를 지킬 수가 없다는 믿음을 줄 만큼 적이 깊숙히 진출했다면 성채를 포기하는 것이 명예로운 군대 관습이었다. 정면 공격을 위해 공격 측이 나서지 않게 하고, 수비대가 항복한다면 그들은 일반적으로 좋은 대우를 받을 것이다. 반면에 수비 측이 끝까지 용감하게 저항한다면 무차별 대량 학살이 예견된다. 보답은 명확히 이성적인 편에 있었다.

그 이후 유명한 프랑스혁명 지도자인 라자르 카르노[77]는 "군사학교에서 배운 것은 약간의 재래식 절차 이후에는 더 이상 거점을 방어하는 術이 아니라, 적에게 강점을 손쉽게 내어주는 術이 되어버렸다"라고 혹평을 하기도 했다. 진정한 방어는 요새 밖으로의 공세, 즉 참호를 공격하고 지뢰를 개척하며 포위 공격하는 적에 맞서 나가서 싸우는 것이라는 사고가 지배적이 된 것은 크리미아전쟁(1853~1856)부터였다.

---

**77** 라자르 카르노(Lazare Carnot, 1753~1823). 프랑스의 공학자이자 수학자이며 정치인이다. 카르노의 정리를 증명하였다. 나폴레옹 황제 시절 내무부와 전쟁부 장관을 지냈다. 또한 열역학에 공헌한 니콜라 레오나르 사디 카르노와 프랑스 제2공화국에서 교육부 장관을 지낸 라자르 이폴리트 카르노(Lazare Hippolyte Carnot)의 아버지이다. 라자르 카르노는 18세기 말부터 19세기 초에 걸쳐 프랑스에서 가장 힘 있는 사람이었다. 정치와 전쟁에서 뛰어난 수완을 발휘한 그는 프랑스 역사에서 '위대한 카르노' 혹은 '승리의 조직자'로 알려져 있다. 뿐만 아니라 그는 과학과 기술에서 중요한 발견을 했다. 그의 연구 목표는 복잡한 기계에서 일반적인 작동 원리를 얻는 것이었다. 오늘날 라자르 카르노의 여러 논문은 지대한 공헌으로 인정되지는 않지만, 그의 연구는 중요한 맥락에서 살아남았다. 수차를 비롯한 여러 가지 수력 기계는 떨어지는 물에 의해 움직이며, 떨어지는 높이가 높을수록 더 많은 일을 한다는 수력 기관에 대한 라자르 카르노의 견해는 아들 니콜라 레오나르 사디 카르노에게 큰 영향을 주었다.

1703년에 프랑스 육군 원수가 된 보방은 더 이상 포위 공격에 참전하지는 않았지만 많은 훌륭한 저서를 남겼다. 그의 초기 논문인,《Memoire pour Servir a l'Instruction dans la Conduite des Sieges(포위 공격에 관한 연구)》는 1669년에 발간되었다. 그의 《Traité de l'Attaque des places(거점공격개론)》과 《De la Defense des Places(거점 방어에 대하여)》는 그가 퇴역한 뒤에 출간되었다.

보방은 전 생애에 걸쳐 공격 전술뿐만 아니라 축성 설계자로도 유명했다. 그는 요새를 160번 이상 개축하거나 신축하였다. 그러나 혁명적 변화를 가져온 것이 아니라 다만 훌륭한 기술로 물려받은 생각들을 보완하고 완성하였던 것이다. 군사역사가들이 그의 신사고들을 '시스템'의 관점에서 묘사하였지만, 사실 그는 시스템 자체를 경시하였고 공병적 기술의 시험인 최고의 요새를 만들기 위해 단순히 자신의 천재성을 이용하였던 것이다. 그는 때때로 직선형 측면이나 요새의 돌출부에 곡선의 측면을 사용하기도 하였다. 그는 항상 두 선으로 분리된 'V'자형 축성을 하였으며 이런 축성에 배치된 포병은 돌출부와 인접한 요새 돌출부의 가까운 정면을 방호할 수 있었다. 18ft<sup>5.5m</sup> 깊이의 참호<sup>ditches</sup>와 같은 두께의 흙벽<sup>parapets</sup>은 전형적인 보방의 축성 방식이었다.

보방의 체계는 17세기 당시의 축성 문제를 가장 잘 해결해 주는 것이었다. 당시의 포와 소총은 효과적인 정면 방어를 위해선 사거리는 너무 짧고 발사 속도가 너무 느렸다. 당시의 문제는 "매우 중요한 측방의 참호를 어떠한 방법으로 잘 지키고, 어떻게 측면 배치 부대를 방호하는가?" 하는 것이었다.

17세기 말에 요새 구축 이론과 관련한 수많은 서적이 출판되었지만, 대부분 이 분야에 대한 실질적인 지식이 없는 사람들이 쓴 것이다. 이론가들은 미로와 같은 통로, 성의 출입문<sup>sally port</sup>, 래벌린<sup>ravelin, 반월형 보루</sup>, V자형, 요새 입구를 지키는 뿔 모양의 반월보<sup>demilune</sup>, 돌출 진지<sup>hornwork</sup>, 보루 등의 새로운 '체계'

개념을 제안하면서 서로 논쟁을 벌였다. 보방의 연구 논문은 이러한 모든 이론을 대체하였고, 결국은 군사적 축성의 진리로 받아들여지게 되었다(그림4-3, 그림4-4). 대단한 그의 명성 때문

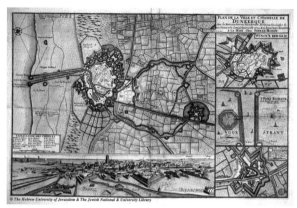

**그림4-3** 보방의 덩케르크 요새 재건축

에, 18세기와 19세기 대부분 동안 요새 진지 구축 개념에 있어서 프랑스 군대의 발전이 미미해졌기 때문에 결국엔 불행한 일이 아닐 수 없었다.

18세기 군사공학자이자 재능있는 작가인 마르크 흐네 마흐퀴스 드 몽탈랑베르[78]는 프랑스 육군에서 중요한 가치로 계승되어온 축성술에 대한 개선책을 제시하고자 하였다. 그러나 보방 숭배자들의 비난을 견뎌낼 수 없었고 자신이 개발한 방법을 출판하거나 널리 전파하는 것을 포기해야만 했다. 스웨덴과 프로이센에서 유행한 테나이[79] 체계에 의한 제도drawing 기법은 뒤러Durer, 스

---

**78** 마르크 르네 마흐퀴스 드 몽탈랑베르(Marc Rene, Marquis de Montalembert, 1714~1800). 요새에 관한 연구로 유명한 프랑스의 군사 기술자이자 작가, 후작. 라인강에서의 폴란드계승전쟁(1733~1734)에 참전했으며 오스트리아계승전쟁의 보헤미아와 이탈리아 전역에 참전했다. 안클람(Anklam)과 스트랄준트(Stralsund)의 평지 요새를 건설했다. 그는 파리의 《La Fortification perpendiculaire(직각 요새)》 초판을 출판했다. 카르노는 종종 그를 군사고문으로 불렀고, 1792년에 그를 장군으로 승진시켰다. 1797년 한림원(Institut)의 회원으로 추대된 그는 나폴레옹을 지지하여 후보를 철회했다.

**79** 테나이(Tenaille, Tenalia 프랑스어로 '집게'라는 뜻)는 요새의 주요 출입문 앞에 건축된 전진 구조물. 두 개의 모서리 보루 사이에 갈매기 모양으로 건축되어 성채 출입문으로 바로 진입하거나 관측할 수 없도록 만들고, 적병이 접근 시 보루와 테나이 사이의 좁은 골목으로 진입할 수밖에 없도록 고안되었다.

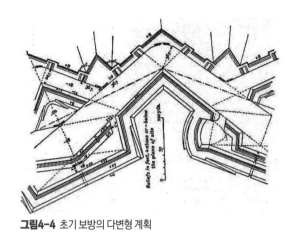

**그림4-4** 초기 보방의 다변형 계획

페클Speckle, 림플러Rimpler에서 유래하였고, 보방의 요새 진지 체계보다 간단한 것으로 여겨졌다. 그는 대규모 포병으로 편성된 수비 측이 압도적인 화력을 공격 측에게 집중할 수 있는 요새 진지를 구상하였다. 그의 다변형 체계의 핵심은 단순함에 있었다(그림4-4). 그는 독립된 요새의 필요성을 깨달은 첫 번째 사람이었다. 어떤 형태의 지형에서도 적용될 수 있도록 일직선 또는 얇은 외부 단면을 가진 요새 진지를 디자인하였다. 프랑스혁명 기간 중의 암흑기 이후에 그는 장군으로 진급했으며, 군사 문제에 관해 카르노에게 조언을 받기도 하였다. 독일인들은 몽탈랑베르Montalembert를 심도있게 연구하여 19세기에 이르러 그의 사상으로 많은 승리를 거두었다.

## 17세기 해전海戰

17세기에 서유럽에서는 해전이 계속되었고 세력의 우열에는 큰 변화가 있었다. 당시에는 전쟁과 평화를 구분 지을 명확한 기준이 없었다. 유럽 대륙 내에서 강대국들은 서로 평화를 유지할 수 있었으나, 외국에서는 교역 대상국과 전쟁을 벌일 수밖에 없었다. 1639년 실속 없이 규모만 컸던 스페인 함대는 걸출한 네덜란드 해군의 마르턴 트롬프[80] 제독에게 패배하면서 스페인 해양력은 완전히 무너졌다. 피난처를 찾아 중립 수역으로 항해한 스페인 함대는 네덜란드 해군에 의해 전멸당했으며, 이에 대한 영국의 항의를 네덜란드는 무시해버렸다. 77척 중 70척의 스페인 함선이 침몰당하거나 나포되었던 것이다.

제임스 1세[81]는 함대를 해산하였고, 한동안 네덜란드 함대는 바다에서 영국 함대를 몰아낼 수 있었다. 그러나, 크롬웰의 공화정 시기와 찰스 2세 집권 하에서 영국 함대는 높은 수준으로 향상되었다. 영국 해군은 네덜란드와 두 번의 해전을 치렀고, 결국 1674년에 지친 채로 네덜란드를 떠나게 되었다.[82] 그

<hr>

80 마르턴 하르퍼르촌 트롬프(Maarten Harpertszoon Tromp, 1598~1653). 네덜란드 해군 제독. 1622년 네덜란드 해군 중위로 임관하였고, 1637년 서프리지아와 홀란트의 부제독으로 임명되어 실질적 전투사령관으로 덩케르크 항구를 봉쇄하여 점령하는 데 성공했다. 30년전쟁 기간이자 네덜란드독립전쟁이 한창이던 1639년 트롬프는 플랑드르로 향하는 스페인 선단을 격파하여, 스페인의 해군력을 완전히 무너뜨리는 계기를 만들었다. 이때 트롬프는 단종진을 고안한 첫 함대 사령관으로 평가받았다. 제1차 영국-네덜란드전쟁(1652~1653) 동안 트롬프는 영국군과 맞서 싸우다가 1653년 총상으로 전사했다. 그의 죽음은 네덜란드 해군뿐만 아니라 영국 내 왕당파 내에서도 큰 침체가 되었다. 공화당이 스헤베닝언 해전 이후 더욱 세력이 강화되었고, 이는 이후 웨스트민스터조약에서 영연방이 주도하는 형식의 평화 협정이 체결되는 주요 원인이 되었다.

81 제임스 1세(1566~1625)는 잉글랜드와 스코틀랜드의 왕이다. 모친 스코틀랜드 여왕 메리 1세의 뒤를 이어 스코틀랜드의 군주 제임스 6세로 즉위, 후에 잉글랜드 여왕 엘리자베스 1세의 종손 자격으로 그녀의 뒤를 이어 잉글랜드 왕 제임스 1세로 즉위하였다. 제임스 1세 시대에 시민 계급을 중심으로 한 의회 세력이 강력해지면서 엘리자베스 1세 때부터 대립 중이던 독점권 부여에 대한 갈등이 심해졌다. 그는 현실을 도외시하고 의회에 부여되어 있던 특권·관행에도 무지하여 종교·재정·외교 문제로 사사건건 의회와 대립했다. 이후 의회를 해산하고 청교도에게 영국 성공회로 개종할 것을 강요하는 등 독재 정치를 폈다. 이에 1620년 청교도들은 박해를 피해 메이플라워 호를 타고 자유를 찾기 위해 북아메리카 대륙으로 떠나 그곳을 퓨리턴이라고 불렀다. 제임스 1세가 영국 국왕이 되면서 잉글랜드와 스코틀랜드 국기가 합쳐져 현재의 영국 국기가 탄생하였다.

82 영란전쟁(英蘭戰爭)은 17세기 후반에 영국과 네덜란드 양국 간의 3차에 걸친 전쟁과 18세기 말엽의 한 차례 일어났던 전쟁이다. 제1차(1652~1654), 제2차(1665~1667), 제3차(1672~1674), 제4차(1780~1784). 17세기 초, 영국과 네덜란드는 가톨릭 국가인 스페인과 포르투갈 세력에 대항해 협력 관계에 있었다. 그러나 네덜란드 동인도회사의 실력이 영국 동인도회사를 능가했고, 1623년의 암보이나 사건을 계기로 영국은 동남아시아와 동아시아에서 철수하게 되었다. 향신료 무역을 독점한 네덜란드로 아시아의 부가 유입되었고, 영국에서는 네덜란드에 대한 반감이 높아졌다. 전쟁은 해전을 중심으로 수행되었다. 영국은 세 차례에

후 루이 14세가 플랑드르 지방의 항구들을 점령하려고 위협했을 때, 세 번째의 해전을 치르고 있던 영국과 네덜란드 해군은 연합하여 1689년 바르플뢰르와 라 호규만[83]에서 프랑스 함대를 격파하였다. 그 후 수년간 몇 번의 해전을 치른 후, 툴롱[84]의 프랑스 함대는 1704년 스페인 말라가[85]에서 완전히 격파되었고, 영국 함대는 지브롤터Gibraltar를 함락하고 영토로 삼았다. 이후 영국은 지중해의 패권 세력으로 확실하게 자리 잡았다.

17세기 동안 중요한 행정적 변화가 몇 번 있었지만, 해상 전투 기술에는 거의 진보가 없었다. 1653년부터 1654년까지 열두 번의 결전을 치른 영국과 네덜란드 간의 해전 후, 로버트 블레이크 제독[86]은 영국 해군을 지원하는 상선단

---

걸친 전쟁을 통해 네덜란드 수출에 큰 타격을 주었다. 그러나 1688년 명예혁명에 의해 한때 적대적이었던 네덜란드의 왕 빌렘 3세를 잉글랜드 왕 윌리엄 3세로 맞이하게 된다. 18세기에 행해진 제4차 영국-네덜란드전쟁으로 네덜란드의 국력은 피폐해졌고 해상 교역의 우위를 잃었다.

83 전투 프랑스 북서부 노르망디 지역의 어촌 마을들이다. 바르플뢰르(Barfleur)와 라 호규(La Hougue)만의 전투(1692. 5. 29~1692. 6. 4)는 9년전쟁(1688~1697) 중에 일어난 전투이다. 제임스 2세를 영국 왕좌로 복귀시키려는 프랑스의 시도는 1691년 10월에 아일랜드에서 패배로 끝났다. 그래서 프랑스군은 44척의 함대로 침략군을 수송하려 하였다. 프랑스군이 바다로 나왔을 때, 영국-네덜란드 연합 함대는 바르플뢰르곶에서 프랑스군과 교전했다. 교전 결과 프랑스군이 열다섯 척의 전열함과 두 척의 프리게이트, 화력지원함 한 척을 격침당하고, 영국-네덜란드 연합 함대는 두 척의 전열함과 세 척의 화력지원함을 잃은 채로 프랑스군을 패퇴시켜 영국에 대한 위협을 없앴다.

84 툴롱(Toulon)은 프랑스의 남동부 지중해에 면하는 항구 도시로, 바르주의 주도이다. 프랑스의 해군 기지가 있는 군항이기도 하다.

85 말라가(Málaga)는 스페인 남부의 항구 도시로 지중해를 마주하고 있다. 지브롤터의 동쪽이다. 말라가주의 주도이며 스페인에서 여섯 번째로 큰 도시이다.

86 로버트 블레이크(Robert Blake, 1598~1657). 영국의 제독. 영국-네덜란드 전쟁 시에 큰 역할을 했다. 육군 대령으로 잉글랜드 내전과 영란전쟁에서 육해군 의회파의 지휘봉을 잡게 된다. 제1차, 제2차 잉글랜드 내전에서는 지상전을 지휘했지만 1649년에 제독에 임명된 이후 함대 사령관으로서 영국 함대를 이끌고 왕당파 함대와 싸움을 벌였다. 1652년 영국 해협에서 네덜란드 해군 함대와 조우하였다. 블레이크는 네덜란드 마르턴 트롬프에게 영국 깃발에 대한 경례를 요구했지만 거부당하고 편현에 일제 사격까지 받았다. 이 일로 해전이 벌어졌고, 결국 제1차 영란전쟁이 시작되는 발단이 되었다(도버 해전). 그 뒤에도 네덜란드 해

의 능력이 전투에서 무의미하다고 결론지었다. 그 후 영국 의회는 군함을 건조하고 장교들을 양성하였고, 대부분의 해적 행위는 지중해에서 근절되었다. 당시 해양법은 더욱 명확하면서도 엄격하게 개선되었다.

영국 왕립 해군은 이전보다 더 크고, 중화기로 무장된 더 많은 함정을 보유하였다. 구경이 넓은 나팔총[87] 같은 발명품도 일부 도입되었는데 이것들은 짧은 사거리에 넓은 면적의 효과를 내는 알이 굵고 큰 산탄을 사용하였다. 나팔총은 전투에서 적들을 물리치는 데 매우 효과적임이 입증되었다.

그러나 무적함대로부터 나폴레옹 함대에 이르기까지 군함을 설계하고 건조하는 데는 기초적인 개량과 발전이 거의 이루어지지 않았다. 해상 전술은 한쪽 현측포로 일제 사격할 때 일렬 배치가 가장 효과적이라는 고정관념에 사로잡혀 있었다. 함선들은 어느 한쪽이 전투력이 너무 약해져서 적의 배에 병사가 뛰어들 수 있을 때까지 전투를 해야만 했다. 알베르트 루퍼트 헐은 해전에서의 영국의 승리는 "전술이나 기술의 우위라기 보다 전투에서 오랫동안 버틸 수 있었던 것에 있었다. 네덜란드 해군의 기동력과 프랑스 해군의 항해

---

군과 켄티쉬녹 해전과 던제니스 해전, 레그혼 해전, 포틀랜드 해전(또는 3일 해전)을 치렀다. 항상 승리한 것은 아니었지만, 단종진을 이용한 함대 전술을 이용하여 큰 전과를 얻었다. 전후에는 바르바리 해적 소탕 임무 등을 맡았다. 플리머스 앞바다에서 전사하며, 웨스트민스터사원에 묻혔다.

**87** 구경이 넓은 나팔총(Bell mouth blunderbuss). 17~18세기에 사용되던 머스킷. 짧고 큰 구경의 종 모양 총구가 있는 총. 일반적으로 현대 산탄총의 원형으로 간주된다. 단거리에서만 효과적이었다. 넓은 총구는 블런더버스(blunderbuss)의 특징이며, 큰 구경의 카빈총과 구별된다. 블런더버스는 전형적으로 짧았으며, 일반적인 머스킷 총열이 3ft(91cm) 이상일 때 총열 길이가 2ft(61cm) 미만이었다. 블런더버스는 드라군이라고 불리었다. 'blunderbuss'는 '천둥'을 의미하는 'donder'와 'Pipe'라는 의미인 네덜란드 단어 'donderbus'에서 유래했다. 일반적으로 경량이며 취급이 간편한 무기가 필요한 기병에 보급되었다. 드라군은 이 총을 사용하는 기병과 동의어가 되었다. 기병대 뿐만 아니라 포로 호송대나 전령 같은 곳에서 사용하기에 적합했으며, 도시 전투에 대한 사용도 인정받았다. 또한 해군 전투함과 상선, 해적들도 이 총을 사용하였다. 19세기 중반에 카빈총에 의해 대체되었다.

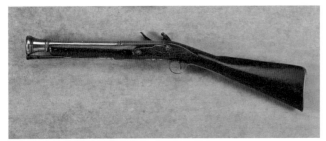

**그림4-5** 구경이 넓은 나팔총Bell mouth blunderbuss

술에 뒤떨어졌던 영국 해군의 지휘관은 승리하기 위하여 장사정 포로 교체하지 않고, 많은 해전에서 적 군함에 근접해서 적 함대 승무원과 선체를 잔인하게 파괴하는 것에 의존했다"라고 평가했다.

당시 잠수함을 개발하고자 하는 시도가 있었다. 레오나르도 다빈치 때부터 사람들은 잠수함 설계도를 그리려 노력했다. 그러던 중 1578년에 영국의 수학자이자 해군 포술 장교였던 윌리엄 브라운William Browne은 수중에서 항해가 가능할 것으로 예상되는 잠수함 설계도를 만들었다. 수동 바이스vice로 측면을 수축된 상태로 만들면, 잠수할 수 있었던 것이다. 그의 잠수함 설계도는 《Inventions and Devices》로 출간되었으나, 실제 모델은 제작하지 못했다. 그러나 1620년 최초의, 원시적인 잠수함이 독일의 기계공학자이자 화학자인 코르넬리우스 드레벨[88]에 의해서 건조되어 진수될 수 있었다. 기름 먹인 가죽으로 덮인 종 모양 잠수 선체였고 동력은 앉아서 노를 젓는 사람에 의해서 발생되었다. 제임스 1세는 템즈강에서 잠수함이 수면 12~15ft$^{3.5~5.5m}$ 아래로 운행하는 것을 보고 놀랐다.

---

**88** 코르넬리우스 드레벨(Cornelis Jacobszoon Drebbel, 1572~1633)은 네덜란드의 엔지니어이자 발명가이다. 그는 1620년에 최초로 항해가 가능한 잠수함을 제작하였고, 측정 및 제어 시스템, 광학 및 화학 제품의 개발에 기여한 혁신가였다.

영국의 신학자이자 과학자였던 존 윌킨스[89]는 1648년에 발간된 자신의 저서 《Mathemathicall Magick》에 잠수함의 적당한 크기에 대해서 기록하기도 하였다. 1727년까지 열네 개의 잠수함 모형이 영국에서 특허를 얻었지만 어느 것도 실용화되지 못하였다.

긴 안목으로 보았을 때 보다 중요한 것은 해군사관학교와 해군연구소가 설립된 것이었다. 콜베르 집권 하의 프랑스에서는 가장 우수한 해군 조선 기사들이 프랑스 군함의 무장과 설계에 대한 문제를 해결했다. 콜베르 장관은 해군을 재편하고, 1661년 군함 20척에서 1671년에는 196척, 1677년에는 270척으로 프랑스 함대를 증가시켰다. 그는 낡은 항구와 군수공장을 개선하고 프랑스 군항을 현대화하였다. 훈련소들이 디에프[90]와 생-말로[91], 로슈포르[92]에 설립되었다. 이러한 일련의 변화는 몇몇 유럽 제국의 자원이 막대한 군사력 건설에 이용되는 다가올 미래의 예고였다.

---

89 존 윌킨스(John Wilkins, 1614~1672)는 성공회 성직자이자 자연철학자, 작가였으며 왕립 학회의 설립자 중 한 사람이다. 당시의 과학과 양립 가능한 새로운 자연신학의 창시자 중 한 사람이었다. 그는 실물과 철학적 언어에 대한 에세이(1668)로 특히 유명하며, 미터법과 같은 보편적 언어와 통일된 측정 시스템을 제안했다.

90 디에프(Diepper)는 프랑스 북부 연안의 센강 어귀에 위치한 오트노르망디 지방의 센마리팀주의 항구 도시이다. 제2차 세계대전 때 실패한 디에프 상륙작전으로 유명하다.

91 생말로(Saint-Malo)는 영국 해협과 접한 프랑스 북서부 브르타뉴 지방의 항구 도시이다.

92 로슈포르(Rochefort)는 프랑스 푸아투샤랑트 샤랑트마리팀(port tu Charente Charente-Maritime)주에 위치한 도시이다.

# 제5장 18세기와 나폴레옹 시대의 전쟁

## 무기와 전술의 변화

18세기 초까지만 해도 서구 세계는 매우 밀접하게 얽혀 있어서 모든 국가의 문제가 다른 국가와 늘 부딪혔고, 패권 경쟁이 이와 같은 갈등을 야기하는 주요 원인이 되었다. 18세기부터 17세기의 정형화된 전쟁 방식이 깨지기 시작하였는데, 말버러 공작[1]의 영향으로 17세기에 주로 강조되었던 방어와 축성법은 프리드리히 대제와 나폴레옹이 시발점이 되었던 공세 전략으로 인해 무너지게 되었다. 러시아는 스웨덴으로부터 북유럽의 주도권을 빼앗았고, 우크라이나를 정복하였으며 동유럽에서 세력 유지를 위한 발판을 마련하였다. 1725년 프리드리히 대제의 통치가 종료될 때까지, 러시아는 약 21만 명의 상비 병

---

1 제1대 말버러 공작 존 처칠(John Churchill, 1st Duke of Marlborough, 1650~1722). 17세기 말부터 18세기 초 다섯 명의 군주 치세 동안 활약했던 영국의 군인이자 정치가이다. 윈스턴 처칠의 먼 조상이다. 스튜어트 왕궁에서 낮은 신분에서 시작했으나, 전장에서 보인 탁월한 용기와 두드러진 활약을 그의 군주이자 스승인 요크 공작 제임스로부터 일찍이 인정받아 빠른 승진을 거듭했다. 1685년 제임스 공작이 왕이 되자, 처칠은 몬머스 공작의 반란을 진압하는 중요한 임무를 수행했다. 그러나 3년 후 처칠은 그의 가톨릭 왕을 버리고 프로테스탄트인 오라녜의 윌리엄에게로 갔다. 이후 말버러는 승승장구하면서 영국군 대장으로 승진하면서 공작이 되었고, 스페인 왕위계승전쟁 기간 블레넘, 라미예와 오우데나르데 전장에서 보인 활약으로 국제적인 명성을 얻었다.

력과 48척의 함대를 보유하고 있었다.

이 시기 동안 전쟁에 있어서 '중용Moderation'이라는 품위 있는 전통이 지속되었다. 프랑스의 장군이자 군사저술가인 모리스 드 삭스는 아래와 같이 기술했다.

"나는 전쟁 초기에 전투에 참가하고 싶지 않다. 현명한 장군은 자신의 전 생애 동안 그렇게 하도록 강요받지 않고서도 살 수 있다고 나는 확신한다."

장군들이 피비린내가 나는 전투를 혐오한다기보다는 뚜렷하지 않고, 불리한 전투를 싫어한다는 것이 더 나은 해석일 것이다. 그들은 상호 대등한 적과의 격렬한 전투에 대해서는 극도로 회의적이었다.

18세기에 맺어진 수많은 평화 조약은 일반적으로 '중용'이 '파괴되지 않은 적'을 패배시킬 수 있을 것이라는 점에 대한 이해를 반영하고 있다. 루이 15세[2]는 프랑스 군대가 전장에서 신형 화약을 사용하는 것은 지나치게 많은 살상을 한다고 해서 용인하지 않았다.

전쟁은 큰 체스경기 전술처럼 엄격한 규칙에 의해 지속적으로 행해졌다. 18세기 중반의 가장 위대한 군사혁신가인 프로이센의 프리드리히 2세에 의해 이루어진 변화들도 전략적이기보다는 오히려 훨씬 더 전술적이고 기술적인

---

2 루이 15세(1710~1774)는 다섯 살에 왕위에 올라 열세 살까지 그의 재종조부이자 이복 왕 고모부 오를레앙 공 필리프의 섭정과 함께 통치하였다. 플뢰리 추기경을 재상으로 등용, 평화정책을 취하였다. 그러나 폴란드 왕위계승전쟁(1733~1738), 오스트리아 왕위계승전쟁(1740~1748), 7년전쟁(1756~1763)에도 참여하였다. 특히 7년전쟁에서는 해상과 인도와 미국 식민지에서 패배하여 많은 영토를 상실하였으며, 많은 비용 지출로 재정난을 초래하였다. 로렌을 병합(1766)하였고 코르시카를 매입(1768)하였다. 퐁파두르 후작 부인과 뒤바리 백작 부인 등과의 염문으로 인하여 정치상에서 실패가 많았고 계몽사상에 의해 비판을 받았다. 부르봉 왕조의 절대주의 해체의 조짐을 보이기 시작한 시기이다. 선왕인 루이 14세가 강력한 군주로서의 역할을 충실히 이행했던 데 반해, 루이 15세는 화려한 겉치레와 사생활에만 몰두하였다.

것이었다. 프리드리히 대제는 50~100yd$^{46~92m}$ 사이의 매우 근접한 거리에서 빠르고 지속적으로 '머스킷 소총 사격'을 가능하게 할 수 있도록 병사들의 훈련과 보병 부대 훈련 절차를 개선시켰다. 즉 적들이 분당 최대 두 발의 일제 사격을 가할 때, 프리드리히의 군대는 분당 다섯 발을 발사할 수 있었으며, 부대의 전진을 보장하기 위해 탄막사격$^{연발사격}$을 퍼부을 수 있도록 훈련되었다.

또한 프리드리히는 포병의 기동성을 증가시켰다. 당시 대부분의 군대는 민간 계약자들로 하여금 대포를 전장으로 운반시키고, 그때 이용한 말들을 전선에서 철수하게 하였다. 하지만 프리드리히는 군마軍馬를 확보하여 군인들이 말을 다룰 수 있도록 훈련했다. 그 결과 프리드리히 대제의 '기마 경포$^{light horse-drawn guns}$'는 기병과 같은 속도로 이동할 수 있었다. 포병이 적 보병과 근접하게 되면, 포수들은 고체탄$^{solid shot3}$을 발사하자마자 파괴적인 효과를 가지고 포구에서부터 확산되어 날아가는 '포도탄'-지름 2.54cm에 50 또는 60개의 탄알이 충전된-으로 전환하였다. 프리드리히는 브루커스도르프 전투[4]

---

3 포도탄(grapeshot)은 단일 포환이 아닌 캔버스 주머니 속에 여러 개의 작은 금속구를 포장해 넣은 것으로서 산탄의 일종이다. 포장해 놓은 모습이 마치 포도송이처럼 생겨서 포도탄이라는 이름이 붙었다. 대포에 넣고 발사하면 마치 대포가 거대한 산탄총인 것처럼 탄이 퍼져나가게 된다. 포도탄은 근거리에서의 인마 살상용으로 큰 위력을 발휘했다. 근세의 포병들은 원거리용 포환을 모두 사용하고 나면 근거리로 몰려오는 적 보병 및 기병에게 최후 수단으로 포도탄을 사격하고 후퇴하는 전술을 취했다. 해전에서도 포도탄은 갑판부 선원 살상뿐 아니라 돛을 파괴하는 용도로도 사용되었다. 캐니스터탄은 포도탄의 발전형으로 캔버스 주머니 대신 황동이나 주석 캔을 포장재로 사용한 것이다.

4 브루커스도르프(Burkersdorf)는 독일 작센에 있는 미텔작센(Mittelsachsen) 지역의 마을이다. 부르케르스도르프 전투는 1762년 7월 21일 벌어진 7년전쟁 중의 전투로 이 지역은 당시 슐레지엔의 영토였다. 1761년 영국 내각은 프로이센에 대한 자금 지원을 대폭 삭감했고 프랑스와의 평화 협정을 체결하는 데 집중했다. 7년에 걸친 참혹한 전쟁으로 프로이센군의 전체 병력은 7만 명으로 줄어든 상황에서 영국의 지원 중단 결정은 프로이센에게는 사형선고나 다름없었다. 프로이센은 곧이어 오스트리아-러시아 연합군에게 패배할 위기에 놓였다. 하지만 프리드리히 대제는 러시아의 새 황제였던 표트르 3세가 자신과 프로이센의 모든 것을 열렬히 추종하고 있었다는 특징을 이점으로 이용하였다. 표트르는 즉각적으로 전쟁에

에서 하나의 큰 포대에 45문 이상의 야전 곡사포howitzer를 편제함으로써, 야포를 집중하는 시험을 하였다. 또한 무엇보다 중요한 것은, 그가 제한된 징병제를 개시함으로써 유럽의 어느 군주도 당대에 실시하지 않았던 국민의 인적 자원에 손을 댔다는 사실이다. 프랑스 국민 150명당 한 명이 군인일 때, 프리드리히는 25 명당 한 명꼴로 군인을 보유하고 있었다. 그는 죽기 전에 프로이센을 유

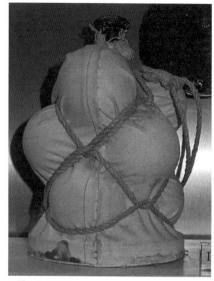

**그림5-1** 포도탄

럽의 강대국 중의 하나로 만들었고, 불행히도 독일이 잊을 수 없는, 정복을 통하여 승리하는 군사적 전통을 심어주었다.

18세기에는 국가상비군 제도가 채택되는 현상이 광범위하게 퍼져나갔다. 용병 부대는 거의 사라졌고 외국 군인이 있었다 해도 개인 자격으로 입대한 것이었다. 이는 훈련 측면에서는 상당히 향상된 '통일성'과 '탈영의 감소'를 의

---

서 개입을 중단하고, 러시아가 장악한 동프로이센에서 퇴각한 후에 프로이센과 평화 협정과 동맹을 맺었다. 표트르는 오스트리아군과 전투를 벌이기 위해 군을 파견했지만 표트르는 곧 사망했다. 아내인 예카테리나 2세가 왕위를 장악하고 군대를 철수하라는 명령을 내렸다. 빠른 행동이 필요함을 느낀 프리드리히는 러시아 장군에게 전투에는 참여하지 않아도 좋으니 며칠간 더 머물러달라고 부탁했다. 이는 오스트리아 장군으로 하여금 행동을 결심하게 만들었다. 프리드리히는 오스트리아군이 움직임에 따라 공격을 개시했고 승리하였으며, 러시아군은 무사히 철수하였다. 이후 4만 명의 프로이센군이 3만 명의 오스트리아군에 대한 선공으로 전투가 시작되어 결국 승리했다. 오스트리아군은 글래츠로 철수했고 프리드리히 대왕은 시비드니차 요새를 포위했다. 요새 수비군은 몇 달간 항전하다가 10월 11일에 항복했다.

미하였다. 그러나 군인들의 생활은 여전히 비참하였고 탈영과 사망 또한 일상 다반사였다. 프로이센에서 프리드리히 군대의 1/10이 매년 탈영하였고, 1/10 은 사망하였다. 더구나 일반 병사들에게 있어서 전쟁은 17세기 후반기에 벌어 졌던 것보다 훨씬 더 처절했는데 이는 '소총Musket 성능 개선', '기동 속도 증가', '정면 공격에 대한 의존도' 때문이었다. 초렌도르프 전투[5]에서 러시아군은 프 리드리히 군에 대항하여 인해전술과 같은 인간 장벽을 만들었고, 이는 프러 시아군의 약 38%, 러시아군의 50%라는 높은 사상률을 만들었다. 소설《캉 디드》[6]에서 볼테르Voltaire는 이 전투를 이른바 '영웅적인 학살'이라고 통렬하게 풍자하였다.

탄약이 비싸고 소총의 정확도가 낮았기 때문에 이때까지 사격술 훈련을 할 특별한 이유가 없었다. '일제 사격 명령Command Volley'에 의한 전술은 양측 에 대량 학살 외에는 다른 결과를 낳을 수 없는, 취약한 것이라는 인식이 군 에서 천천히 시작되었다. 1770년 당시 27세로 두뇌가 명석하였던 자크 데 귀 베르 백작은 틀에 박힌 훈련을 맹렬히 비판한 평론인《장군의 전술general de Tactique》을 출간하였다. 그는 특정 적 진지에 병력과 포를 집중하고, 다른 적 진지에서는 그러한 공격이 일어난 것으로 착각하도록 하는 일종의 '전격전 Lightening Warfare'에 속하는 '자유 사격Firing at Will'을 주장하였다. 그는 기동과 접 근, 전열戰列, Line for Fighting을 위해서는 종대縱隊의 운용이 좋다고 믿었다. 나폴레

---

5 7년전쟁 기간 중인 1758년 8월 25일 프로이센의 영토였던 초렌도르프(Zorndorf, 현재 폴란드 령 사르비노보(Sarbinowo))에서 벌어진 전투. 윌리엄 퍼모어(William Fermor) 백작의 러시아군 과 프리드리히 대제가 지휘한 프로이센 군대 간의 전투이다. 전투에서는 프로이센이 이겼지 만 결과적으로 프로이센이 철수함으로써 양측 모두 승리를 주장한다.
6 《캉디드(Candide)》는 프랑스 작가 볼테르가 1759년에 쓴 철학적 풍자 소설로, 당시의 지배 계급이던 가톨릭교회 예수회와 종교재판소 등 성직자들의 부패상을 묘사해 큰 파문을 일 으켰다.

옹은 귀베르의 영향을 많이 받았다.

옛 전술의 약점은 초기에도 제대로 밝혀지지 않았지만 포병이 새롭게 발전하면서 더욱 가려졌다. 프랑스에서 장 드 그리보발[7]이 1776년에 포병감찰감 Inspector-general으로 임명되었을 때, 그는 포병을 최상부에서부터 말단까지 재편성하였다. 프리드리히 대제에 맞서 싸우기 위해 그는 프로이센 포병에 깊은 관심을 가졌으며, 프랑스군을 더욱 더 강하게 만들기로 작정했다. 그는 야전포병을 4lbs$^{1.8kg}$의 연대급 직사포로 제한하고, 예비, 사단급 포병을 8lbs$^{3.6kg}$, 12lbs$^{5.4kg}$의 직사포 또는 6in1$^{5.2cm}$ 곡사포로 제한하였다. 수비대를 포위 공격하기 위해 16lbs$^{7.3kg}$, 12lbs$^{5.4kg}$ 직사포, 8in$^{20.3cm}$ 곡사포, 10in$^{25.4cm}$ 박격포를 채택하였다. 또한 그는 부품을 가능한 한 교환이 가능하도록 제조하였고, '사격조준기 포경Gunsight'을 개량하였다. '포탄Ball'과 '장약Charge'을 '탄약통 탄피Cartridge'속에 채우도록 하였다. 그는 '포가砲架, Barbette Carriage'[8]를 발명하였는데, 포가는 기존에 포신을 흉장Parapet, 방어용의 낮은 벽 안의 포혈砲穴을 통과하도록 하는 대신 흉장 위로 사격이 가능하도록 한 것이었다. 그리보발이 포병을 재편성하고 개선한 영향은 나폴레옹 시대 전까지는 전장戰場에서 확연하게 느낄 수 없었다. 하지만 350yd$^{320m}$ 내에 있는 적에게 가하는 집중 사격으로 1개 대대를 박살내는 것은 그 당시에도 이론적으로 가능하였다.

미국 독립전쟁 동안에 사용된 포병은 매우 초보적이었다. 워싱턴 장군의 군대는 3~24lbs$^{1.4kg~10.9kg}$까지의 다양한 열세 개의 구경과 각기 다른 사정거

---

7 장 드 그리보발(Jean-Baptiste Vaquette de Gribeauval, 1715~1789)은 프랑스 포병 장군이자 기술자이다. 프랑스 포병에 혁명을 일으키고 사정거리를 확보하면서 가볍고 일정한 규격의 포를 제작할 수 있는 새로운 생산 체계를 개발했다. 이 포들은 나폴레옹 전쟁 중 프랑스군의 승리에 필수적인 것이 되었다. 그리보발은 화기 부품 상호 교환성에 대해 알려진 초기 후원자이다. 그는 부품을 교환할 수 있는 제조법을 개발하는 데 많은 영향을 주었다.
8 포신을 싣고 자유롭게 목표를 향해 움직일 수 있는 대

리를 가진 대포들을 보유하고 있었다. 외륜물레바퀴, water wheel이 있는 모든 철공소는 워싱턴 장군의 군대를 위해 대포를 만드는 일에 투입되었다. 민간 운수업자Civilian Drivers들은 여전히 전쟁터로 대포를 운반하고 난 후 전투가 일어나기 전에 대피하였다. 이후 민간 운수업자들이 운반한 지점부터 전방까지는 포수들의 인력으로 견인하였다.

저명한 영국의 수학자인 벤자민 로빈스[9]는 진정한 과학적 기초 위에서 포술을 최초로 제시하였다. 그는 포탄이 발사된 후의 탄도 비행에 중점을 둔 '외부 탄도학Exterior Ballistics'과 포신 내에서의 움직임에 중점을 둔 '내부 탄도학Interior Ballistics'에서 유명한 업적을 일구어냈으며, 야전에서의 정확한 시험을 통해 자신의 이론을 점검하였다. 그는 갈릴레오, 뉴턴, 그 후계자들의 탄도 이론에서 많은 오류를 발견하였다. 또한 그는 표적에서 포탄의 효과에 초점을 맞춘 '종말 탄도학Terminal Ballistics'을 연구하였다. 그는 1707년에 카시니[10]가 개발

---

9 벤자민 로빈스(Benjamin Robins, 1707~1751)는 영국의 과학자, 수학자, 군대 기술자였다. 그는 포격에 관한 논문을 썼고, 뉴턴식 물리학을 군대에 처음으로 도입함으로써 18세기 후반의 포병 발전에 실질적인 영향을 미쳤다. 사관학교에서 미적분학을 강의했던 그는 탄도 실험에 대한 광범위한 연구를 수행했다. 탄도 진자에 대한 분석이 포함된 'New Principles of Gunnery(총기학의 새로운 원리, 1742)'라는 유명한 논문을 발표했다. 로빈스는 발사체의 비행에 대한 공기의 저항성과 화약의 위력에 대한 다양하고 중요한 실험을 하였다. 연구 결과를 박격포와 대포의 사정거리에 대한 실험과 비교하고 포병 관리를 위한 실질적인 조언을 주었다. 또한 로켓 비행에 대한 관찰을 했고 강선 총열의 장점에 대해 기술했다. 로빈스의 연구는 프로이센 포병의 후속 발전을 도왔던 중요한 기술 정보의 한 부분으로서, 특히 정확도의 향상에 기여했다.

10 조반니 도메니코 카시니(Giovanni Domenico Cassini, 1625~1712)는 프랑스의 천문학자이다. 이탈리아에서 태어났으나 프랑스로 귀화하였다. 프랑스식 이름인 장 도미니크 카시니(Jean Dominique Cassini)로도 알려져 있다. 1669년 루이 14세의 초청으로 파리 천문대 초대 대장이 되었다. 그는 목성·화성의 자전 주기를 측정하였으며, 토성 고리의 틈과 네 개의 위성을 발견하고, 달의 자전에 관한 '카시니의 3법칙'을 세웠다. 또한 화성과 태양의 거리를 재는 등 많은 업적을 남겼다. 아들 자크 카시니, 손자인 세사르 프랑수아 카시니, 증손자 장 도미니크 카시니도 천문학자이다.

한 포탄의 속도를 측정할 수 있는 장비
'탄도 진자'[11]를 사용하였다. 그는 공기의
흐름이 포탄의 비행에 영향을 미친다는
것을 최초로 증명하였다.

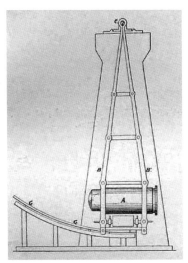

**그림5-2** 탄도 진자

로빈스는 선의를 가지고 이론과학 연
구와 포술공학을 결합하고자 했던 최초
의 과학자 중 하나였으며, 그가 속한 퀘이
커[12] 신도들도 결코 그를 단념시키지 못하
였다. 1742년에 출간된《화포의 새로운 원
칙New Principles of Gunnery》은 독일어와 프랑

스어로 번역되어 상당한 영향을 미쳤다. 그는 후미 장전식 소총Rifle과 Musket의
도입을 강력하게 주장하였으나 이것들은 오랫동안 보편적인 소총으로 채택되

---

11 속도를 구하고 높이를 알 수 없다면 탄동 진자 또는 탄도 진자(Ballistic pendulum)는 발사
대에서 탄환을 발사하면 탄환이 진자 끝에 달린 주머니에 실려 곡선을 그리며 올라간다.
이때 올라간 높이를 측정할 수 있다면 운동 에너지는 위치 에너지와 같다는 식을 이용하
여 속도를 구하고 높이를 알 수 없다면 h식을 L-cos(올라간 각도)를 이용한다. 여기서 L은
진자의 길이이다. 탄도 진자는 화약이나 폭탄의 폭발력을 측정할 때 쓰인다. 발사대에서 화
약을 이용해 탄환을 발사하고 값을 측정한 후 탄환의 속도를 구해 운동량 및 충격량을 측
정한다.

12 영국의 조지 폭스(George Fox, 1624~1691)가 1647년 영국 북서부에서 몸이 진동하는 영적
경험을 한 후 창시한 개신교 종파이다. 퀘이커(Quaker)라는 명칭은 1650년 영국의 치안판
사 베네트가 조지 폭스와 추종자들을 '몸을 떠는 자들'이라 조롱한 데서 비롯되었다. 모든
개인의 마음속에 '내면의 빛'이 있다고 보고 이를 통해, 평등, 정의 평화와 같은 선(善)을 이
루고자 하였다. 청교도혁명을 통해서 큰 변화를 겪었던 영국 사회에서 기존의 성공회가 군
림하는 기성 종교에 반발하여 창시되었다. 퀘이커 교도들은 청교도혁명 당시 다른 종파와
같이 영국 정부의 박해를 피해 미국으로 건너갔다. 1681년 윌리엄 펜(Wiliam penn, 1644~
1718)은 찰스 2세에게서 일부 북아메리카 땅을 사서, 펜실베이니아라 명명한 후, 퀘이커 교
도들이 지닐 수 있게 하였다. 교리상 노예제도에 반대했기 때문에 남북전쟁 전에 남부 흑인
노예를 캐나다로 탈출시키던 지하철도라는 조직에 다수가 가담하였고, 여성 참정권 운동
등 사회개혁 운동에 적극적인 역할을 맡았다.

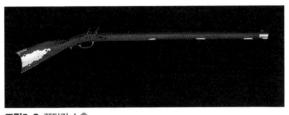

**그림5-3** 켄터키 소총

지 못하였다.

심지어 총구 장전식 소총Rifle[13]도 여전히 장전하기 어려웠고, 독일과 스위스의 총

기 제작자들이 총탄을 팽창탄으로 개량하기 전인 18세기 중반까지는 대중화 되지 않았다. 총신은 더 가늘고 길어지게 되었고, 보편화된 표준 총열 길이는 42in106.7cm로 고정되었다. 유럽에서 소총Rifle은 18세기 대부분의 기간에 수렵 무기로 쓰였다.

사실 미국 펜실베이니아에서 만든 켄터키 소총(그림5-3)은 야전野戰뿐만 아니 라 수렵에서도 사용되었다. 이것은 독일제 소총과는 달리 더 길고 가벼웠으며 구경이 작았다. 소총 제작자는 켄터키Kentucky 소총을 막대기 주변에 나선형으 로 가열된 철 조각을 입히고, 열을 가하고, 그것이 초벌 관으로 용접될 때까 지 망치질하는 수공 작업을 통하여 단조鍛造하였다. 소총 제작자는 두 총열이 함께 용접되도록 만들었으며, 가장 민감한 과정인 강선을 손으로 직접 새기 고 금강석 가루로 강선에 광택 처리를 하였다. 강선에 맞는 크기의 탄환을 만

---

13 강선식 소총(小銃, rifle)은 총열 내부에 나선형의 강선(rifling)이 파여 있는 화기이다. '라이 플'이라는 말은 본래 강선만을 가리키는 말이었고, 강선 소총은 'rifled gun'이라고 불렸다. 강선으로 인한 요철을 'lands'라 하며, 이 요철로 인해 사출되는 탄환에 회전이 발생하게 된다. 이 회전이 사출물의 안정성을 유지하여 요동을 막는다. 이런 점으로 머스킷에서 사 용되던 둥근 탄환 대신 뾰족한 탄자를 사용할 수 있게 되었고, 사정거리와 명중률은 머스 킷에 비해 비약적으로 증가했다. 강선이 파인 소총이 처음 고안된 것은 16세기경이다. 이때 는 금속을 정밀 가공할 수 있는 선반이 발달하지 못해서 탄환의 모양도 고속 회전에 적합 하지 않은 단순한 구형이었고 지나치게 컸다. 또한 강선에 물리기 위해 헝겊·가죽 등으로 총알을 감싸 빡빡하게 만들어 장전해야 했다. 결국 탄두 변형의 명중률 저하를 줄이고자 앞이 뾰족한 총알이 등장했지만 장전 속도는 변하지 않아 사냥이나 저격 등 특수 목적으 로 사용되었다.

들기 위해서 특별한 형틀이 제작되었다. 구경보다 작은 소총탄 또는 탄환은 아마포로 싸였고, 얇은 총구 꽂을대Hickory Ramrod로 충분히 두들겨 박았다. 얇은 천 조각patch은 탄환 주변의 가스를 막는 역할을 하였으며 탄환에 회전을 주기 위하여 강선과 꽉 물리도록 하였다.

영국은 정규군의 야전 전술에 전투 무기로 소총Rifle을 이용하는 것을 군사 교리로 채택하였으나 미국 독립전쟁 기간 중에는 전투 무기로 이를 광범위하게 사용하지 못하였다. 특히 미국 독립전쟁 중 킹스 마운틴 전투[14]와 제2차 새러토가 전투[15]가 벌어졌던 때까지도 영국은 미국 라이플에 대한 유일하고 확실한 해답이 영국 라이플에 있다는 것을 알지 못하였다. 라이플이 특별한 무기임에도 불구하고 이처럼 라이플을 군에서 활용하는 것이 지연되었다는 것은 무엇보다도 긴 장전 시간이라는 군사적 용도상 중요한 단점 때문이었을 것이다. 그렇다 하더라도, 활강Smooth-bore식 소총Musket보다 훨씬 더 정확하다는 관점에서 보면 놀랄만한 일이다.

미국 분리 독립주의자들은 대부분 프랑스에서 수입한 선박 두 척 분량의 활강식 머스킷을 가지고 전투하였다. 대부분 샬레빌 0.69구경 머스킷[16] 소총

---

14 킹스 마운틴(Kings Mountain) 전투는 1780년 10월 7일 사우스 캐롤라이나의 체로키 카운 티에 있는 킹스 마운틴의 북쪽으로 14km 떨어진 곳에서 벌어졌다. 사우스 캐롤라이나 왕 당파 민병대와 대륙군 간의 전투로 대륙군의 결정적인 승리로 끝났다. 전투는 미국 독립전 쟁 중 가장 큰 전투였다.

15 새러토가(Saratoga) 전투는 미국 독립전쟁 중인 1777년 9월에서 10월에 걸쳐, 뉴욕주 새러 토가 카운티의 남부 근처에서 대륙군과 영국군 사이에 벌어진 전투로 전쟁의 큰 전환점이 되었다. 새러토가 전투는 작은 전투 두 개의 총칭이다. 즉, '프리먼 농장 전투(제1차 새러토가 전투)'와 '베미스 고지 전투(제2차 새러토가 전투)'이다. 이 전투의 결과 대륙군에게 영국군이 항복해서 영국군의 캐나다에서의 침공 작전(새러토가 방면 작전)이 끝났다.

16 샬레빌(Charleville) 소총은 18~19세기에 사용된 0.69구경(17.5mm)의 프랑스 보병용 표준 플린트록 소총이다. 최초로 표준화된 소총으로 1717년부터 1840년대까지 생산되어 사 용되었다. 이 머스킷은 다른 지역에서도 생산되었지만, 프랑스 샬레빌-메지에르(Charlev-ille-Mézières)의 병기고에서 제작되었기 때문에 '샬레빌 머스킷(Charleville muskets)'으로

이었으며, 가격은 정당 5달러였다. 거의 모든 화약은 수입해야만 했다. 유럽식 전술은 초기 전투에 우세를 점하여서, 훈련 수준이 낮은 대륙군은 잘 훈

**그림5-4** 미국에서 개조된 1766년의 프랑스 샬레빌 머스킷. 0.69구경 총열 44in1.1m

련된 영국 정규군을 상대하면서 상당히 고전하였다. 그러나 워싱턴 장군은 부하들에게 적을 향해 지향 사격으로 일제 사격하기보다는 표적을 선정하고 조준 사격을 하도록 지시하였다.

워싱턴 장군의 지도가 성공적으로 나타난 것은 1776년 12월 26일 미국 독립의 전환점이 되었던 트렌턴 전투[17]에서였다. 워싱턴은 헤센Hessian 용병[18] 수

알려졌다. 발사 속도는 병사의 숙련도에 달렸는데, 일반적으로 분당 약 세 발이었다. 미국 독립전쟁에서 대륙군은 1766년식 모델을 사용하였으며 길이는 1.12m였다.

17 1776년 12월 26일에 뉴저지 트렌턴(Trenton)에서 벌어진 미국 대륙군과 독일 용병 부대로 구성된 영국군의 전투이다. 독일 수비대는 랄, 크니프하우젠(Knyphausen), 로스부르크(Lossberg) 휘하의 연대들과 독일 헤센 엽병(Hessian jagers), 영국 제16 용기병대로 이루어져 있었다. 델라웨어강 건너편으로 철수했던 조지 워싱턴 장군이 이끄는 대륙군은 악천후 속에서 위험한 도하를 하여 트렌턴에 주둔하고 있던 독일 용병 부대의 주력을 공격했다. 전투는 단시간에 끝났으며 대륙군은 손실이 거의 없었던 반면, 독일 용병 부대는 거의 모든 병력이 포로로 잡혔다. 대륙군은 그때까지 뉴욕에서 몇 번의 패배했으며, 뉴저지에서 펜실베이니아까지 철수할 수밖에 없었다. 군대의 사기는 떨어졌으며, 이를 만회하기 위해서 적극적인 작전의 필요성을 절감했던 총사령관 워싱턴은 크리스마스 밤에 차가운 델라웨어강을 위험을 무릅쓰고 건너 독일 용병 부대를 포위하는 전략을 고안했다. 소규모 전투였지만 식민지에 큰 영향을 미쳤다. 불과 일주일 전에는 혁명 자체가 의심되었으며 군대는 붕괴 직전에 있는 것처럼 보였으나, 이 전투에서 승리하면서 탈영이 줄고 신병도 모집되기 시작했다.

18 미국 독립전쟁에서 독일인들은 양측에서 복무했다. 많은 독일인은 독일계로, 영어를 모국어로 사용하는 브라운슈바이크 뤼네부르크 선제후국의 선제후이자 영국의 왕이었던 조지 3세를 위해 복무했다. 몇몇 독일어권 국가의 재정 기초는 18세기 동안에 다른 나라의 전투에 그들의 군대를 정규군으로 빌려주는 것이었다. 조지 3세의 삼촌인 헤센카셀 대공

비대를 기습하기 위해 2,400명을 이끌고 야간에 델라웨어강을 건넜다. 존 설리번 장군[19]이 워싱턴 장군에게 머스킷 소총이 젖어 사격이 되지 않을 것이라는 말을 전하였을 때, 워싱턴 장군은 "설리번 장군에게 총검을 사용하라고 전해라. 나는 트렌턴을 공격하기로 결심했다"라고 대답하였다.

기습을 당한 헤센 용병들은 편제가 와해되어 거리로 몰려나왔으며, 비로 인해 머스킷 소총이 발사되지 않는다는 사실에 더욱 우왕좌왕하였다. 워싱턴의 부하들은 건물 안에 숨어서 주의깊게 조준하여 헤센 용병 부대의 장교들을 차례차례 사살하였다. 워싱턴 장군의 부하들이 헤센 용병 부대의 장교들

국의 프리드리히 2세는 영국과 동맹 조약을 체결하고 북미 대륙에서 싸울 1만 6,000명 이상의 군인을 제공했다. 헤센의 용병들은 잘 훈련되고 장비되었다. 특히 엽병 연대는 까다롭게 모집되었고 급료가 잘 지불되었으며 의복이 좋았고 육체 노동에서 자유로웠다. 헤센 용병들은 돈을 주는 어느 누구를 위해서라도 잘 싸웠다. 독일어를 사용하는 대다수의 군대가 헤센에서 왔기 때문에 현대 미국인들은 이러한 독일인 군대를 총칭하여 헤센군이라고 불렀다. 미국인들은 독일어권 국가의 부대가 미국 땅에 도착하자 이것을 조지 3세의 배신으로 보았다. 몇몇 미국 의원은 조지 3세가 병사들을 자신들과 싸우게 한다면 독립을 선언할 것을 선포했고, 이를 미국의 애국자들에게 선전 도구로 사용했다. 독일인 군대는 '외국 용병'이라고 불렸으며, 미국독립선언에서도 같은 단어로써 언급되었다. 1776년부터 헤센군은 북미 대륙에서 복무하는 영국 육군에 통합되었다.

19 존 설리번(John Sullivan, 1740~1795)은 미국 독립전쟁 중에 활약한 대륙군 장군이며, 대륙회의 대의원, 뉴햄프셔 주지사를 지냈다. 설리번은 1779년에 대륙군에 반기를 든 이로쿼이족 인디언 마을을 소멸시킨 설리번 원정을 이끈 것으로 알려져 있다.

만을 사살한 것은 18세기 전투 윤리의 신성주의를 크게 위반하는 것이었다. 헤센 용병 3개 연대는 수적으로 압도당하고 포위당했지만, 실제로는 지휘할 장교가 없어 곧 항복하였다. 워싱턴은 전사자는 단 한 명도 없이 부상자 네 명으로 승리를 쟁취하였다.

라파예트[20]는 프랑스혁명군에게 미국의 소규모 접전 전술을 소개하기 위하여 최선을 다했고, 각 대대에 소총중대를 편성하는 성과를 가져오게 하였다. 그가 소개한 사격술과 엄호에 대한 교훈은 가시적으로 중요한 효과가 있었지만, 1830년대까지 프랑스군은 머스킷 소총을 라이플 소총으로 대체하지 못하였다. 미 독립군의 새로운 전술은 유럽에서 일반적으로 채택되기 이전에 오랜 기간 저항에 부딪쳤다.

<hr>

20 마리 조제프 폴로슈이브 질베르 뒤 모티에 드 라파예트 후작(Marie Joseph Paul Roch Yves Gilbert du Motier, Marquis de La Fayette, 1757~1834)은 프랑스의 사상가이자 장교이다. 미국 독립전쟁 중 조지 워싱턴 휘하에서 대륙군을 지휘한 주요 장군이며, 프랑스혁명 중에는 국민위병의 지휘를 맡았다. 브랜디와인 전투에서 부상한 와중에도 성공적으로 부대를 철수시켰다. 로도스 아일랜드 전투에서도 탁월하게 임무를 수행하였다. 전쟁 중반에, 프랑스로 돌아가 프랑스의 대미(對美) 지지를 상승시켰다. 돌아온 후, 요크타운 공략전에서 콘월리스의 부대를 봉쇄하였다. 1788년, 프랑스로 다시 되돌아간 후, 프랑스 귀족 의회에 의해 부름을 받아 프랑스 국고 문제에 대해 상의하였다. 라파예트는 귀족, 성직자, 평민의 세 신분의 대표자를 모으는 삼부회를 소집할 것을 제안하였다. 또한 프랑스인권선언의 초안과 결론을 작성하였다. 심각한 치안 상황 하에 국민위병의 최고 사령관으로서 임명되어, 프랑스혁명 중에 국민위병의 기강을 유지하고, 시위대의 방화에 대응하는 등 국가의 질서를 잡기 위해 노력하였다. 이러한 행동은 자코뱅당에 의해 박해되는 구실이 되었다. 결국 1792년 8월, 라파예트는 미국으로 망명을 시도하였으나 실패하고 5년 이상 수형 생활을 하게 된다. 1797년 나폴레옹에 의해 감옥에서 풀려났지만 나폴레옹 정부에 참여하는 것을 거부하였다. 하지만 백일천하 중인 1815년에는 의회에 등용된다. 부르봉 왕정 복고 중에는 자유주의적 성향으로 활동하였고 죽을 때까지 그 지위를 보유하였다. 미국 독립전쟁 중에 그가 성취한 영광을 기려 미국 내의 많은 도시와 기념물들이 그의 이름을 따랐다. 1830년, 프랑스 7월혁명 중에, 프랑스의 지도자가 되라는 요청을 거부하는 대신 입헌군주제에 도움을 달라는 제안을 받아들였다. 그는 생전에 미국 시민권을 받았고, 2002년에는 미국 명예 시민권을 받았다. 그가 미국과 프랑스에서 이룩한 성취로서 그는 '두 세계의 영웅'으로 알려져 있다.

## 프랑스혁명과 나폴레옹전쟁

18세기 군사사軍事史에 있어서 가장 중대한 변화는 새로운 무기나 전술의 출현이 아니라 1793년 8월 23일 프랑스혁명 정부에 의해 채택된 국민개병제[21]라고 말한다. 린 몬트로스[22]는 "몇 번의 펜을 휘두름으로써 과거의 군대는 사라졌다. 18세기 전쟁의 모든 결점과 미덕은 탐욕뿐만 아니라 박애 및 냉소주의와 중재되어 역사의 뒤편으로 사라졌다. 절반은 신god이고 절반은 악마인 현대 병영 국가Nation-in-Arms는 지금까지도 유럽의 전장을 지배해왔다"라고 말했다. 국민개병제는 프랑스 군대를 게르만족의 이동 이후에 가장 거대한 규모의 '대군호드'[23]인 약 75만 명으로 증가시켰다. 이 대군의 기술적인 통합은 이전보다 훨씬 개선된 수송 수단과 많은 식량, 금속, 더 많은 과학의 발전 등으로 인해서 가능하였다.

---

21 국민개병(國民皆兵, Levée en masse). 전 국민이 국방을 담당하는 국가의 방침을 말한다.

22 린 몬트로스(Lynn Montross, 1895~1961)는 미국 출생으로, 제2차 세계대전 이후의 서구 전사학자(戰史學者) 중 한 명이다. 1950년부터 1961년까지 그는 미국 해병대 역사 작가였다. 평생 일곱 권의 책만 출간했음에도 불구하고, 그의 통찰력 있는 기념비적 평생 작업인 《War Through the Ages(1960)》는 20세기의 전쟁사에서 중요한 작품 중 하나이며, 여러 군대에서 교과서로 사용되었다.

23 호드(horde, a large group of people, 몽골어 : 오르도 ᠣᠷᠳᠦ ordo)는 유라시아 대초원의 유목 민족, 특히 튀르크계나 몽골계 민족의 군주의 숙영지이다. 오르도가 역사상에 나타나는 것은 거란의 요나라 시대부터이다. 요의 황제에게 하나의 오르도가 설치되어 이를 유지하기 위해 주현과 부족들을 부속시켜 조세를 거두고 병사를 징병하는 등 봉사했다. 황제가 죽으면 황후에게 인계되어 황제의 능묘 경호와 제사를 담당했다. 황후와 황자가 자신의 오르도를 따로 갖는 경우도 있었다. 몽골 제국과 거기서 파생된 여러 칸국에서는 카간(황제)만이 오르도를 가졌지만 대신 네 개 전후의 오르도가 설치되어 그 관리를 카툰(황후)들에게 맡겼다. 카간은 네 개 오르도 사이를 오가며 숙박하고 오르도에 마련된 주장(主帳)에서 정무를 보았다. 또한 오르도를 중심으로 대형 유목집단을 구성하여 달 또는 계절마다 오르도를 이동했다. 킵차크 칸국의 분열기에는 '오르도'라는 표현이 분열된 각 영토와 동의어로 사용되었다. 킵차크 칸국을 금장 칸국, 백장 칸국, 청장 칸국 등으로 부를 때 '장(帳)'이 곧 오르도를 의미하는 것이다.

프랑스혁명에서 국가의 과학적 능력을 동원하려는 시도가 최초로 이루어졌다. 이는 상상과 기획 능력면에서 천재적이었던 '혁명 정부의 전쟁부 장관 The Revolutionary Minister of War' 라자르 카르노에 의해 이루어졌다. 그는 혁명 이전에 군사공학자였고 능력 있는 수학자였으며, 전쟁 수행에 과학을 적용할 수 있다는 확신을 가진 유능한 실행가였다. 그는 총 100만의 병력을 14개 군으로 조직하는 국민군national army 개념과 능력 있는 인재를 고급 장교로 임명하는 것을 확신했다.

라자르 카르노는 소화기小火器의 엄청난 소요량을 해결하기 위해, '국민안보위원회Commitee of Public Safety'와 함께 대규모 경제 동원 계획을 지시했다. 따라서 특별무기위원회가 조직되었고, 수백 명의 가구 제조상과 대장장이가 징집되었다. 그들은 파리 시내의 공원과 정원에 공공연히 공장을 세워 머스킷 소총을 생산했다. 1794년 당시 파리에서 하루에 약 750정의 머스킷 소총을 생산하였는데 이것은 당시 유럽의 어느 나라보다도 많은 생산량이었다.

초석[24] 수집을 지시하는 공고문이 인쇄되어 프랑스 전역으로 보내졌다. 초석, 목탄, 황Sulphur의 제조법은 제분소로 급히 전파되었고, 화약은 단순한 규격에 따라 분쇄되었다. 프랑스 정부는 각 지역별로 두 명씩 파리로 파견하여,

---

24 초석은 무색 무취의 무기물 결정이다. 화학식은 KNO3(삼산화질산칼륨)이다. 온도에 따른 용해도 차이가 큰 대표적인 물질이다. 질산칼륨과 설탕을 배합해 불을 붙이면 엄청난 속도로 타오른다. 초석의 주성분인 질산칼륨은 화약의 주 재료이기도 하며, 흑색 화약은 질산칼륨을 이용해 만든 대표적인 화약이다. 과거 화약 무기가 개발되면서 초석의 중요성이 크게 올라갔는데 문제는 자연산 초석은 중국, 인도, 칠레에서만 다량으로 채취가 가능했다는 점이다. 물론 광산이 없더라도 초석 밭을 만들거나 동물의 배설물 등에서 초석을 구할 수 있었기 때문에 유럽은 화약을 생산할 수 있었다. 동양에서는 짚더미에 오줌을 뿌려 만들었다. 대기 중의 질소를 압축해 만드는 공법이 개발되면서, 지금은 인공적으로 제조해 사용하고 있다. 현재 로켓의 산화제, 화약의 산화제, 발색제, 비료, 로켓 캔디, 연막탄을 만들 때 이용된다. 화약이 연소한 뒤에는 특유의 오줌 냄새 비슷한 지린내가 나는데 그 이유가 이 초석 때문이다.

한 달 과정으로 새로운 화약 제조법과 철과 동을 주조하는 것을 배우도록 지시하였다.

1795년에 정부는 음식을 저장하는 실용적인 방법의 제안에 1만 2,000프랑을 상금으로 걸었다. 1809년에 파리의 사탕 제조자인 니콜라 아페르[25]는 끓는 물에 장시간 담그는 방법으로 특별히 제작한 유리병에 음식을 저장하는 방법을 발견하였다. 아페르는 현대 통조림 산업의 아버지라는 칭호를 얻었지만 그가 시도하였던 방법은 많은 시행착오를 겪었다. 그의 가공법 성공을 설명하기 위한 이론적 발전은 세균학의 출현을 기다려야만 했다(세균학이 정립되면서 그의 통조림 가공법은 성공할 수 있었다.). 주석으로 도금된 금속 캔은 미국에서 피터 듀런드Peter Durand에 의해 발명된 1839년 이전까지는 사용되지 않았다.[26]

~~~~~~~~~~

**25** 니콜라 아페르(Nicolas Appert, 1749~1841). 프랑스 출신의 제과업자이자 발명가로, 최초로 병조림을 고안해 '통조림의 아버지'로 알려졌다. 그는 파리에서 요리사로 일한 경력을 바탕으로, 1795년 식품을 보존하는 방법을 연구하면서 1804년에 유리병에 음식을 넣고 코르크로 덮은 후 파라핀으로 밀봉하는 식품 보존법을 고안해냈다. 이 병조림가 나폴레옹전쟁이 한창이던 프랑스군에서 야전용 음식 보존법 공모에 당첨되어 아페르는 1만 2,000프랑의 상금을 받았다. 이후에도 새로운 음식 보존법과 소독법을 끊임없이 연구해왔다. 아페르가 고안해낸 식품 보존법의 원리는 매우 간단하여, 저온 살균을 통해 멸균한 후 밀봉하여 세균의 침입을 막는 형태였다. 니콜라 아페르는 이러한 원리는 몰랐고, 이 원리를 발견한 것은 루이 파스퇴르였다. 훗날 이 병조림과 통조림 저장법을 '아페르 법'이라고 부르게 되었고, 1942년 이후 미국 시카고에서는 매년 식품 저장 기술 관련 상을 수여하는 '니콜라스 아페르 어워드(Nicholas Appert Award)'가 개최되고 있다.

**26** 피터 듀란드(Peter Durand, 1766~1822)는 캔을 사용하여 식품을 보존하는 아이디어에 대한 최초의 특허(No 3372)를 1810년 영국에서 받았다. 영국 상인인 그는 유리병 대신에 철판의 안팎에 주석으로 코팅한 얇은 양철판을 사용하여 만든 양철 용기, 일명 캔을 발명했다. 그는 이 양철 용기를 틴 캐니스터(Tin canister)라고 불렀다. 오늘날 양철이나 알루미늄 등으로 만든 통조림용 용기를 캔(can)이라고 부르는 것은 이 캐니스터(canister)라는 말에서 유래한 것이다. 특허를 받은 후, 듀란드는 스스로 통조림을 생산하지 않고 그의 특허를 브라이언 돈킨(Bryan Donkin)과 존 홀(John Hall)에게 1,000파운드에 매각했다. 돈킨과 홀은 상업용 통조림 공장을 설립했으며 1813년까지 영국 군대를 위해 최초의 통조림 제품을 생산했다. 1818년, 듀란드는 그의 영국 특허에 관한 재특허를 가진 미국에 주석 캔을 소개했다. 1839년은 브로디 부부의 오류로 생각된다.

혁명 기간 중에 프랑스 과학원은 비용이 적게 드는 알카리[27] 생산법을 제시하는 사람에게 상을 주기로 하였다. 이 상은 1790년에 니콜라 르블랑[28]에게 주어졌고, 그는 소금 케이크[29] 또는 황산나트륨을 얻기 위해 소금에다가 황산을 혼합하였다. 르블랑은 '검은 재'-탄산나트륨[30]과 황화칼슘[31], 물-를 생산하기 위하여 석회암과 소금 케이크를 같이 가열하고 나서 이것을 정화시키는 물에 넣고 탄산나트륨을 용해하였다. 그의 연구는 비누와 직물 산업에 극히 중요한 것이었으며, 더욱 복잡한 화학 실험법을 이끌어냈다.

혁명 정부는 1794년 포병 장교에게 군사공학과 수학을 가르치는 곳으로 에콜 공과대학교[32]를 설립하였다. 도형기하학의 창시자인 가스파르 몽주[33]는 이

---

27 알칼리(Alkali)는 물에 녹는 염기를 말한다. 물에 녹는 염기를 띠는 성질을 염기성이라고 부른다. '알칼리'라는 용어는 알칼리 물질의 원료를 가리키는 소성재(calcined ashes)를 뜻하는 아랍어 낱말 al qalīy(alkali)에서 유래했다.

28 니콜라 르블랑(Nicolas Leblanc, 1742~1806)은 프랑스의 의사, 화학자이다. 파리의과대학을 졸업한 후 의사가 되었는데, 후에 화학을 연구하였다. 1789년 소금에서 탄산나트륨을 만들어내는 르블랑 공정을 발명하였다. 이것은 근대 화학의 발전에 큰 역할을 하였다. 비누를 발명하여 위생상태를 개선해 통계적으로 비누 보급 인구의 수명이 평균 20년 연장되었다. 이후 오를레앙공의 자금 원조를 받아 1790년에 소다공장을 세웠으나 조업이 만족하게 진행되기 전에 혁명이 격심하여져 오를레앙공이 처형되고, 소다공장은 귀족의 재산이라 하여 몰수되었으며 르블랑법과 특허까지도 국가의 이익으로 공표되고 말았다. 파산한 르블랑은 1806년 구빈원(救貧院)에서 자살했다.

29 특히 염산 합성에서 황산과 일반 염의 상호 작용에 의해 얻어지는 불순한 형태의 황산나트륨으로, 주로 유리, 세라믹 유약, 비누 및 나트륨 염의 제조에 사용된다. 황산나트륨(sodium sulfate)은 $Na_2SO_4$ 화학식을 지니는 나트륨의 황산염이다. 유리, 군청 따위의 제조에 쓰이며 빛깔이 없는 단사 정계의 결정이다.

30 $Na_2CO_3$은 화합물의 한 종류로, 탄산과 수산화나트륨의 염이다. 유리에 주로 포함되어 있어 빛이 통과할 때 자외선을 차단해주는 역할을 하고, 상수도에서 정수 과정 중 pH를 조절하기 위해 사용되기도 한다. 탄산나트륨은 나트륨 이온(Na+)이 포함되어 있어 물에 잘 녹는다.

31 황화칼슘(CaS)은 하얀색 물질로, 암염같이 정육면체 모양으로 결정이 생긴다.

32 에콜 폴리테크니크(École Polytechnique)는 1794년에 세워진 프랑스의 명문 공학 계열 그랑제콜(grandes écoles) 중 하나다. 2007년부터는 파리테크(파리공과대학교)라고 불리는 파리 지역 공학계열 그랑제콜 연합체의 일원으로 참여하고 있고, 캠퍼스는 2015년부터 프랑

학교에 적극 참여하였다. 몽주는 젊은 시절에 군사공학자였고, 축성 설계에서 산술적인 원리보다는 기하학을 이용함으로써 많은 존경을 받았다. 그는 타국의 침략에 대비한 프랑스 방어 계획 수립을 담당하기도 하였으며, 후에 해군 장관이 되었다. 그래서 역사상 최초로 국민개병제 국가의 군대에서 높은 집행 권한을 가진 두 사람은 유명한 과학자였다. 그들의 명석함은 축성술 공급과 분배의 문제를 해결하였다. 그들은 보방Vauban의 신성불가침적 전통을 없애고, 몽탈랑베르의 이론을 중요시하면서 전방으로 전진하는 병력에 포병 화력을 맹렬하게 집중하는 적극 방어 개념의 새로운 이론으로의 변경을 주장하였다. 카르노의 축성술에 관한 권위 있는 책인 《요새 방어(De la Defense des Places Fortes)》는 1810년에 발간되었고 현대 축성술 향상에 지대한 공헌을 하였다.

카르노의 군사 전략은 삭스 백작 모리스의 전략과 많은 차이가 있었다. 그는 장군들에게 다음과 같이 가르쳤다.

"공세적이면서 대규모로 행동하라."

"모든 기회에 무력을 사용하라. 큰 전쟁을 수행하며 적이 완전히 괴멸될 때까지 추격하라."

이는 후에 나폴레옹에 의해 기본 전략으로 채택되었다.

---

스의 최상위 대학 및 연구소들과 함께 파리-사클레대학 체제를 설립하여 사클레(Saclay) 지역에 집합되어 있다. 설립 당시 명칭은 'École centrale des travaux publics(공역무(公役務)학교)'였는데, 1804년 나폴레옹 1세에 의해 군사학교로 분류되어 현재의 명칭으로 불리게 되었다. 역사적으로 에콜 폴리테크니크의 학생 중 프랑스 국적자는 입학과 동시에 공무원 신분이 되어 졸업 후 기술 관료로 임용되었다. 그래서 현재도 전통적인 의미에서 프랑스인 학생들은 학사과정 이수 이전에 일정 기간의 군사 교육 기간을 거치게 된다. 특별 행사가 있을 때는 국적을 불문하고 학생 전원이 의례적으로 군복을 입기도 한다.

33 가스파르 몽주(Gaspard Monge, 1746~1818)는 기하화법(제도의 수학적 기초)과 미분기하학의 아버지로 불리는 프랑스 수학자이다.

혁명주의자들이 영웅들을 괴롭히기 시작하면서 1797년 카르노는 스위스로 망명했다가 1799년에 다시 귀국하여 1800년에 전쟁부 장관으로 임명되었다. 그는 갈수록 심해지는 나폴레옹의 전제정치에 대항하기도 하였지만 축성과 수학에 관한 글을 쓰기 위해 은퇴하였고, 이로써 젊은 황제는 카르노의 뛰어난 능력을 활용할 수 없었다.

나폴레옹은 장군이자 풍부한 상상력을 가진 혁신적 정치가로 일컬어질 만큼 천재였다. 하지만 과학을 전쟁에 접목하는 데는 별로 큰 관심이 없었던 것으로 평가된다. 나폴레옹은 포술에 관한 벤자민 로빈스의 책을 읽고 덕을 보았고, 독립적인 사단의 가치뿐만 아니라 부대의 유동성Fluidity과 기동성Mobility이 가장 중요하다는 개념을 귀베르로부터 얻어냈다. 리델 하트Liddell Hart가 자신의 책인 《전쟁론Thoughts on War》에서 지적했듯이, "나폴레옹이 치른 전쟁은 산업혁명의 붐이 조성된 시기에 일어났음에도 불구하고, 그는 이상할 정도로 새로운 무기를 도입할 기회에 무관심하였으며 그가 치른 전쟁에서는 새로운 무기가 나오지 않았다."

나폴레옹의 성공은 부하들이 걸음을 1분에 70보인 전통적인 보속에서 약 두 배 빨라진 120보로 전술을 변경한 것에서 비롯되었다. 그는 이것을 "속력에 의한 다정면 집중Multiflied Mass by Velocity"이라고 언급하였다. 그는 부대가 이동할 경우에 기병을 차장 수단과 기습 공격 부대로 활용하였다. 그의 기병은 워털루[34]에서 패한 것 이외에는 아일라우[35], 드레스덴[36], 라이프치히 전투[37]에

---

34 워털루(Waterloo) 전투는 1815년 6월 18일 오늘날의 벨기에 워털루 인근에서 벌어진 전투다. 나폴레옹 보나파르트가 이끄는 프랑스 북부군은 제7차 대프랑스동맹의 웰링턴 공작 아서 웰즐리가 이끄는 영국 주축의 연합군과 게프하르트 레베레히트 폰 블뤼허가 이끄는 프로이센 군대에게 패배했다. 이 전투를 끝으로 나폴레옹전쟁은 완전히 종결된다.

35 아일라우(Eylau) 전투는 나폴레옹전쟁 중 러시아의 제4차 대프랑스동맹 때 쾨니히스베르크(지금의 러시아 칼리닌그라드)에서 남쪽으로 37km 떨어진 도시 아일라우에서 벌어진 전투

서 성공적으로 보병을 보호했다. 나폴레옹은 야전포병의 집중적 운용을 통하여, '표적에 포탄이 도달할 수 있는 지점Point Blank Range'에 산탄을 일제 사격하는 등 그의 앞을 방해하는 것은 무엇이든지 간에 파괴했다. 또한 나폴레옹은 "Le feu est tout - 화력이 전부다"[38]라고 말하였으며, 그 결과 화력에 의한 대량 살상을 가져왔다.

지휘 통신 체계를 향상시키기 위해서 나폴레옹은 클로드 샤페[39]의 신호 전

---

이다. 나폴레옹은 이 전투에서 러시아군의 기습적인 겨울 공세에 7만 4,000명을 이끌고 맞섰다. 러시아-프로이센 동맹군 레온티 레온티예비치 베니히센 장군의 군대는 7만 6,000명이었다. 프랑스군이 전술적으로 승리했지만 무승부에 가까운 전투였다. 나폴레옹 군대도 막대한 피해를 입었고 특히 뮈라 원수의 결정적인 활약이 없었더라면 나폴레옹 군대는 패배할 뻔했다. 이 전투에서 프랑스군은 러시아군의 겨울 공세까지 받았음에도 불구하고 이후 다시 러시아 정벌에 나선다.

36 드레스덴(Dresden) 전투는 1813년 8월 26~27일에 벌어진 전투이다. 이 전투에서 나폴레옹 휘하의 프랑스군은 제6차 대프랑스동맹 소속 오스트리아, 러시아, 프로이센 연합군을 격파하였다. 그러나 대승에도 불구하고 전투 후에 지속적인 추격이 이루어지지 않았고, 며칠 후 프랑스군의 측면을 담당하는 부대가 포위되어 쿨름 전투에서 항복해버렸다.

37 라이프치히(Leipzig) 전투는 1813년 10월 16~19일까지 벌어졌으며, 나폴레옹이 겪은 가장 결정적 패배 중 하나이다. 라이프치히는 독일에 있고 전투를 벌인 양측에 독일 출신 병사들이 참전해 있었다. 프로이센-오스트리아 병력이 참여한 연합군은 물론 나폴레옹 휘하의 병력에도 라인 연방에서 차출된 병사들이 많은 부분을 차지했기 때문이다. 이 라이프치히 전투는 제1차 세계대전 이전 가장 규모가 큰 전투로 양측 합쳐 50만 명이 넘는 병력이 참여했다.

38 불은 모든 것이다. ⇒ 화력이 전부다. 프랑스어.

39 클로드 샤페(Claude Chappe, 1763~1805)는 1792년에 프랑스 전역에 걸쳐 세마포어 시스템을 시연한 프랑스 발명가였다. 그의 시스템은 일련의 타워들로 구성되어 있었고, 각 타워는 여러 각도로 배치될 수 있는 피봇에 두 개의 십자선이 달린 나무 돛대가 세워져 있었다. 12~25km 떨어져 배치된 각 타워에는 중계선을 위아래로 가리키는 망원경이 있어서, 다른 타워에서 관측이 가능했다. 각 타워에 있는 근무자는 피봇을 사전에 약정된 위치로 이동시켜 세마포어 코드로 문자 메시지를 작성했다. 다음 탑의 작업자는 망원경을 통해 메시지를 읽은 다음, 다음 탑으로 전달했다. 1792년에 첫 번째 메시지가 파리와 릴 간에 성공적으로 전송되었다. 이후 파리에서 툴롱(Toulon)까지의 노선을 포함한 다른 노선이 건설되었다. 이 체계는 다른 유럽 국가들로 넓게 퍼져나갔고 나폴레옹에 의해 이용되었다. 이것은 산업 시대의 첫 번째 실용적인 통신 시스템이었으며 전기 전신 시스템이 이를 대체한 1850년대까지 사용되었다.

보<sup>signal telegraph</sup> 시스템을 사용하였지만 군용 열기구의 사용은 불허하였다. 성공적인 열기구는 1783년 프랑스에서 몽골피에 형제[40]에 의해 최초의 제작되었는데, 이것은 종이 내부에 뜨거운 공기를 넣은 것이었다. 아노네[41] 304m 상공을 비행했다.

같은 해에 프랑스 파리의 물리학자 자크 알렉상드르 세사르 샤를[42]과 두 명의 로베르트 형제는 고무를 섞은 태피터[43]로 만든 열기구를 건조하기 위하여 고무가 용해되는 성질을 이용하였다. 그들은, 1766년에 헨리 캐번디시<sup>Henry Cavendish</sup>가 분리한 수소가스를 충전한 후, 파리의 샹 드 마르스<sup>Champ de Mars</sup>를 출발하여 914m 상공에서 약 24.1km를 비행하였다. 이 기구가 착륙했을 때, 미신을 믿는 주민들은 열기구를 총탄 구멍으로 벌집을 낸 후, 큰 낫으로 잘라 조각을 나누어 가진 뒤에 말꼬리에 달고 다녔다. 프랑스 정부는 이와 같은 일이 재발하지 않도록 전국에 열기구에 대한 과학적 설명이 전파되도록 하였다.

40 조제프-미셸 몽골피에(Joseph-Michel Montgolfier, 1740~1810)는 프랑스의 발명가이다. 건축업자였으나 공기보다 가벼운 기체가 있다는 것을 알고, 동생 자크(Jacques-Étienne Montgolfier, 1745~1799)와 함께 열을 가한 공기를 부풀려 커다랗게 만든 기구에 1783년 6월 4일 처음으로 사람을 태우고 파리의 하늘에 띄우는 데 성공하였다.

41 아노네(Annonay)는 남프랑스 오베르 뉴-론 알프스 지역에 있는 아르데슈(Ardèche)의 북쪽에 있는 도시이다.

42 자크 알렉상드르 세사르 샤를(Jacques Alexandre César Charles, 1746~1823)은 프랑스의 과학자, 수학자, 발명가이다. 보겐 시에서 출생하여, 소르본 대학·파리공예학교의 교수를 지냈다. 1783년 10월 27일에 수소를 가득 채운 기구를 날리는 데 성공하였으나, 파리 외곽 지역에 착륙한 후 농부들의 손에 기구가 파괴되었다. 몽골피에 형제가 열기구를 이용하여 비행에 성공한 지 열흘 후인 12월 1일에는 직접 기구에 탑승하여 550m 상공까지 날아오르는 데 성공하여 최초로 인간의 열기구 비행을 실현하였다. 1787년 기체의 성질을 연구하여, '일정한 압력 밑에서의 기체의 부피 변화는 절대온도에 비례한다'라는 유명한 '샤를의 법칙'을 발견하였다.

43 태피터(Taffeta)는 실크 또는 큐프라 모니온 레이온, 아세테이트 및 폴리에스테르로 만든 부드럽고 매끄러운 평직 직물이다. 원어는 페르시아어로 '뒤틀린 직물'을 의미한다. 다른 직물보다 모양을 잘 유지해서 공상 가운, 웨딩드레스, 코르셋 및 커튼이나 벽지로 사용하기에 적합한 고급 직물이다.

기구 제작은 약 10년 동안 계속되었고 전쟁에서 정찰용으로 훌륭하게 역할을 할 수 있다는 믿음을 주었다. 1785년에는 두 명이 영국 해협을 비행하였으며, 1794년에 프랑스 혁명가들은 기구 중대를 창설했다. 마인베르크[44]가 포위되었을 때, 그들은 30ft$^{9.1m}$의 수소 열기구를 전장에 보내어 공격 중이던 독일과 오스트리아군의 사기를 꺾었고 그들이 포위를 포기하게 만들었다. 열기구는 그 후 몇 번의 전투에서 승리하는 데 탁월한 효과를 보였다. 나폴레옹은 카이로에서 군중이 있는 가운데 프랑스군의 위용을 보여주기 위해 몇 개의 열기구를 띄웠다. 하지만 군사적 잠재력에 대한 진정한 인식은 가지지 못하였다. 그는 1799년에 프랑스 육군의 2개 기구 중대를 해체하였다. 이런 일들을 통해 볼 때, 그는 로버트 풀턴[45]의 잠수함 제작도 허락하지 않은 것은 당연했다.

나폴레옹은 국가의 모든 역량을 전쟁에 이용하는 혁명 전통을 이어나갔다. 하지만 그는 30년전쟁의 파괴를 끝으로 사라졌던 약탈의 오랜 전통을 되돌려놓았다. 나폴레옹이 제26군 사령관으로 이탈리아 정복 전쟁에 참가하였을 때, 그는 프랑스 장병들에게 다음과 같이 말하였다.

"헐벗고 굶주린 병사들이여! 공화국은 여러분에게 너무 많은 빚을 졌다. 하지만 공화국은 그 빚을 갚을 능력이 없다. 나는 여러분을 가장 비옥하고 따뜻한 땅으로 이끌 것이다. 내가 지시하는 곳에 도착하면 풍족한 지방과 부유한 도시가 여러분의 것이다. 나를 따르라!"

나폴레옹식 약탈 행위는 여러 해 동안 계속되었다. 초기에 그는 적들보다

---

44 Manberg는 Mainberg의 오타로 판단된다. 마인베르크(Mainberg)는 독일 중남부 슈바인푸르트(Schweinfurt)에서 동쪽으로 3km 떨어진, 마인(Main)에 위치한 쇼뉘겐(Schonungen)의 다른 이름이다.

45 로버트 풀턴(Robert Fulton, 1765~1815)은 미국의 공학자이자 발명가로, 상업적으로 성공한 첫 증기선을 개발했다고 알려져 있다. 그는 새로운 종류의 증기 군함도 설계했다. 1800년 나폴레옹의 명령을 받아 역사상 최초의 실용적 잠수함인 노틸러스를 설계했다.

뛰어난 기동력을 활용하여 적의 보급로를 차단하였다. 오스트리아와 프로이센의 군율에는 약탈이나 사유 재산 탈취가 금지되어 있었으며, 예나 전투[46]에서 프로이센군은 나폴레옹군에게 패한 후에도 개인이 소유한 땔감을 탈취하는 대신에 독한 추위를 그냥 견뎌냈다.

보급이라는 매우 중요한 문제에 대한 나폴레옹의 오만한 태도가 파멸의 원인이 되었음이 증명되었다. 나폴레옹은 "보급? 그에 관해서는 나에게 말하지 마라. 사막에서 2만 명도 살 수 있어"라고 말했다. 그 결과 스페인과 포르투갈 반도[이베리아 반도]에서 전쟁하면서 2만 5,000명을 잃었고, 겨우 2,000명만이 살아서 프랑스로 돌아갔다. 러시아와 같은 불모지에서 나폴레옹이 병참을 소홀히 하였던 점은 비할 수 없는 엄청난 대참사를 가져왔다. 그는 1812년 6월에 61만 2,000명을 이끌고 러시아 국경을 넘었다. 그러나 단 2주일 만에, 보급의 실패, 탈주, 질병 등으로 약 13만 5,000명을 잃었으며 모스크바에는 겨우 10만 명만이 도착할 수 있었다. 이후 러시아에서의 퇴각에 관한 이야기는 다시 말할 필요가 없을 것 같다.

한편, 아서 웰즐리[47]는 부하들의 육체적 휴식에 대한 지대한 관심과 병참

---

**46** 예나(Jena)는 독일 튀링겐주에 있는 도시이다. 잘레강에 면해 있으며 인구 10만 1,325명 (2003년)으로 튀링겐주에서 에르푸르트 다음으로 큰 도시이다. 1806년 프랑스 군대와 프로이센 군대 사이에서 일어난 나폴레옹전쟁의 전투인 예나-아우어슈테트 전투가 벌어진 곳이다. 광학 회사인 칼자이스가 설립된 곳이기도 하다.

**47** 제1대 웰링턴 공작 아서 웰즐리(Arthur Wellesley, 1st Duke of Wellington, 1769~1852)는 영국군 총사령관을 거쳐 총리를 지낸 영국의 군인이자 정치가이다. 나폴레옹전쟁 때의 활약으로 명성을 얻었다. 1796년 마이소르전쟁 전공, 1799년 마이소르 총독, 마라타전쟁 전공, 1808~1809년 포르투갈 원정(반도전쟁)에서의 전승으로 이베리아 반도에서 프랑스군을 축출했다. 프랑스의 배후였던 이베리아 반도를 장악함으로써 캐슬레이는 다시 대프랑스동맹의 형성을 주도할 수 있었으며, 이 동맹은 나폴레옹의 운명에 종지부를 찍었다. 웰링턴은 공로를 인정받아 공작이 되었고, 50만 파운드의 포상금도 받았다. 나폴레옹이 엘바섬을 탈출하여 프랑스로 복귀하자, 나폴레옹의 마지막 전투가 된 워털루 전투에서 웰링턴은 프로이센의 블뤼허 원수와 협력하여 영국 연합군을 승리로 이끌었다. 이 공로로 웰링턴은 영

문제에의 정확한 식견을 겸비하고 있었다. 반도 전역[48]에서 그는 "리스본으로부터 병사들의 입 속으로 비스킷을 보급하는 것은 매우 중요한 문제이다. 왜냐하면 비스킷 없이는 군사 작전을 수행할 수 없기 때문이다"라고 언급하였다. 병참에 관한 한 나폴레옹보다는 웰링턴의 개념이 19세기에 효과를 발휘하였고, 만개한 과학과 기술의 영향은 보급과 통신의 영역에서 특히 효과를 체감하게 되었을 것이다.

## 해전과 과학 기술

18세기 동안 영국 해군의 역사는 초기 평화 기간에 나타난 정체성과 후퇴기, 후기 나폴레옹의 영국 침략 위기가 고조되어 급격히 함대를 증강한 시기로 특징지어진다. 18세기 초 영국 해군은 인재 양성에 소홀히 하였고, 조선소역시 형편없이 관리되었으며, 신형 함정 건조는 부실했다. 오스트리아 왕위계승전쟁[49]이 1739년에 발발하였을 때 영국 함대의 사기는 매우 낮았다. 그러

국의 총리가 되었다.

**48** 반도전쟁(Peninsular War, Guerra peninsular)은 스페인과 포르투갈이 나폴레옹의 지배에 대항하여 일으킨 전쟁이다. 1807년 나폴레옹은 포르투갈을 대륙 제패 체제에 가입시켰고, 1808년에는 그의 형 조제프 보나파르트를 스페인 왕으로 즉위시켰다. 그러나 이 조치는 두 나라의 민족적인 격렬한 반감을 가져왔고, 스페인의 게릴라 활동(파르티잔 : 빨치산의 유래)을 촉발시켰다. 게릴라들은 적극적인 활동으로 전성기이던 나폴레옹의 군대를 교란하고, 해방 전쟁의 발단을 열었으며, 이것은 곧 나폴레옹 몰락의 원인이 되었다. 1812년 웰링턴이 지휘하는 영국, 스페인 연합군은 살라망카에서 승리를 거두어 마드리드를 점령하고 프랑스인을 축출하였다.

**49** 오스트리아 왕위계승전쟁(1740~1748)은 여자의 왕위 계승을 금지하는 '살리카 법'에 따라 오스트리아의 마리아 테레지아가 합스부르크 왕가를 계승하는 것은 부당하다는 구실로 거의 모든 유럽의 강대국이 개입함으로써 시작되었다. 프랑스와 오스트리아군은 독일 남서부, 네덜란드 및 벨기에 등의 저지대와 이탈리아에서 교전했다. 프로이센과 프랑스가 동맹을 맺었고, 합스부르크 왕가와 스페인, 바이에른이 동맹을 맺었다. 유럽 각국은 각자의 이

나 오스트리아 왕위계승전쟁에서 함대 재건이 다소나마 이루어지게 되었고, 1756년 시작된 7년전쟁[50]에서 다시 힘을 얻었다. 결국 프랑스의 영국 침공 계획을 실패로 돌려놓았고 해상에서 영국의 제해권을 유지할 수 있었다.

1763년 파리평화조약이 조인되고 난 후 영국 해군에는 심각한 수준의 부패와 행정상의 무능력함이 드러났다. 이렇게 영국이 수렁에 빠져 허우적거리고 있을 때 프랑스는 함대를 재건하고 영국 식민지인 미국을 자극하여 영국을 다시 위협하였다. 1780년 영국은 프랑스, 스페인, 덴마크를 상대로 동시에 전쟁에 돌입하였다. 1782년 과달루페[51]에서 대영제국의 승리로 영국은 프랑스와의 전쟁을 종결할 수 있었고, 1783년에 베르사이유조약[52]이 체결되어 몇 년

익과 30년전쟁 혹은 그 이전의 우호 관계에 따라 합종연횡을 거듭하며 양 세력 중 한쪽에 참여하여 전투를 벌였다. 이 전쟁은 1748년 엑스라샤펠조약(또는 아헨조약)이 체결되면서 종결되었다.

50 7년전쟁(1756~1763)은 오스트리아 왕위계승전쟁에서 프로이센에게 독일 동부의 비옥한 슐레지엔을 빼앗긴 오스트리아가 그곳을 되찾기 위해 프로이센과 벌인 전쟁이다. 거의 모든 유럽 열강이 참여하게 되어 유럽과 그들의 식민지가 있던 아메리카와 인도까지 번진 대규모 전쟁이었다. 인도 무굴제국이 프랑스의 지지를 받으며, 영국에 의한 벵골 지방의 침공을 저지하려고 했다. 오스트리아-프랑스-작센-스웨덴-러시아가 동맹을 맺어 프로이센-하노버-영국의 연합에 맞섰다. 유럽에서 벌어진 전쟁은 포메라니아전쟁, 영국과 프랑스가 북미 대륙에서 벌인 전쟁은 프렌치-인디언전쟁이라 불렸다. 유럽에서는 영국의 지원을 받은 프로이센이 승리를 거두어 슐레지엔의 영유권을 지켰으며, 식민지 전쟁에서는 영국이 승리를 거두어 북미의 뉴프랑스(퀘벡주와 온타리오주)를 차지하여 북미와 인도에서 프랑스 세력을 몰아내며 대영제국의 기초를 닦았다.

51 셍트(Saintes) 해전 또는 도미니카 전투(1782. 4. 9.~1782. 4. 12). 미국 독립전쟁 중 조지 로드니(George Rodney) 제독의 영국 함대가 미국을 지원하여 1년 전 요크타운 공성전 기간 중 체사피크만에서 영국 육군을 봉쇄하고 있던 프랑스 함대를 물리친 해전이다. 이로써 프랑스와 스페인은 자메이카 침공을 포기했다. 전투는 대서양 카리브해 서인도 제도에 있는 프랑스 식민지 과달루페(Guadeloupe)섬과 도미니카섬 사이의 군도인 셍트섬의 이름을 딴 것이다. 프랑스군은 셍트에서 많은 사상자를 내었고, 그라스(Grasse) 제독을 포함한 다수 병력이 포로가 되었다. 이 해전에서 기함을 포함한 네 척의 프랑스 전함이 나포되었고 전함한 척이 격침되었다.

52 1778년부터 1783년까지 열린 영국-프랑스 전쟁의 종전 조약이다. 1778년 미국과 프랑스가 우호 조약을 체결했고, 이에 따라 영국은 프랑스와 전쟁을 시작했다. 이후 1779년부터

**그림5-6** 1782년 4월 12일 셍트 해전 : 1783년에 그려진 토마 위트컴Thomas Whitcombe의 빌 드 파리Ville de Paris 항복, 중앙은 바흐플뢰르Barfleur에서 전함 후드가 프랑스 기함 빌 드 파리를 공격하는 모습(오른쪽)

간의 평화 기간을 누리게 되었다. 처음에 영국 해군은 형편없는 급식, 저임금, 어려운 근무 환경 등으로 고통받았다. 하지만 1792년 프랑스혁명 전쟁이 일어났을 때 영국 해군은 장비 측면에서 완전하게 준비되어 있었고 리처드 하우[53],

스페인도 아랑후에스조약이 비밀리에 체결됨에 따라 프랑스와 동맹을 맺고 영국과 맞서 싸웠다. 이 결과로 영국은 북아메리카에 전력을 쏟아붓지 못한 채, 유럽, 인도, 서인도 제도 등으로 병력을 분산시켜야 했고, 북아메리카에서의 전투는 북미 대륙의 왕당파의 지지에 의존해야 했다. 1778년부터 1783년까지, 프랑스와 영국은 영국 해협, 인도양, 지중해, 서인도 제도에서 지배권을 두고 다투었다. 새러토가 전투의 결과로, 프랑스의 루이 16세는 미국-프랑스동맹을 맺었고, 프랑스군이 전쟁에 참여함으로써 미국 독립전쟁은 국제전이 되었다. 프랑스의 전쟁이 시작된 이후, 네덜란드의 미국 독립전쟁 참전과 러시아제국 및 프로이센 왕국이 주도하는 제1차 무장중립동맹 결성의 계기가 되었다. 한편 이 전쟁과 맞물린 미국 독립전쟁은 1783년 9월 3일, 파리조약이 영국과 미국 사이에 조인되고 미국이 독립되면서 끝난다. 전쟁에 참여한 프랑스, 스페인, 네덜란드와는 별도의 협정이 맺어졌다. 미국 국경은 북으로는 오대호와 세인트로렌스강, 남쪽은 남쪽 경계 및 북위 31도, 서쪽은 미시시피강으로 정해지고, 미국에게는 뉴펀들랜드섬 인근 어업권 및 미시시피강의 항해권이 인정되었다.

53 리처드 하우(Richard Howe, 1st Earl Howe, 1726~1799)는 영국 해군의 제독이다. 동생 윌리

쿠트베르트 콜링우드[54], 새뮤얼 후드[55], 존 저비스[56], 레드 키스[57], 호레이쇼 넬
슨[58] 등과 같은 유능한 장교들의 지휘를 받았기 때문에 높은 수준의 효율성을
유지할 수 있었다.

혁명기와 나폴레옹전쟁 기간 영국 함대는 역사상 가장 위대한 해전에서의
승리를 거두었다. 그 사례로는 저비스 제독이 1797년 스페인 함대를 세인트
빈센트 곶[59]에서 격파한 것과 넬슨이 프랑스 전대를 상대로 나일강 해전[60]과

엄 하우와 함께 7년전쟁, 미국 독립전쟁에 종군하였고, 프랑스혁명전쟁에도 참전했다.

**54** 쿠트베르트 콜링우드(Cuthbert Collingwood, Collingwood 1세 남작, 1748~1810)는 영국 해
군 중장이었다. 나폴레옹전쟁에서 영국 해군의 승리를 이끈 넬슨 제독의 참모이자 후계자
였다.

**55** 제1대 후드 자작 새뮤얼 후드(Samuel Hood, 1724~1816). 영국 해군 장교. 하급 장교였을 때
오스트리아 왕위계승전쟁에 참전했고, 1757년 7년전쟁 때에는 오디에르네만에서 프랑스
해군을 추격해 사략선 두 척을 포획했다. 1782년 미국 독립전쟁 당시 모나 패시지 해전에
서 승리를 거두었다. 이후 포츠머스 함대 사령관, 프랑스혁명전쟁 때 지중해 함대의 총사령
관이었다.

**56** 세인트 빈센트 얼 백작 존 저비스(John Jervis, 1735~1823)는 영국 해군의 개혁가이자 해군
원수(admiral of fleet)와 의회 의원이었다. 저비스는 18세기 후반과 19세기에 걸쳐 복무했
으며, 7년전쟁, 미국 독립전쟁, 프랑스혁명전쟁 및 나폴레옹전쟁에서 지휘관으로 활약했다.
그는 케이프 세인트 빈센트에서 호레이쇼 넬슨의 후원자였다.

**57** 레드 조지 키스(Red George Keith Elphinstone, 제1자작 Keith, 1746~1823)는 나폴레옹전쟁
에 참전한 영국 제독이었다.

**58** 제1대 넬슨 자작 호레이쇼 넬슨(Horatio Nelson, 1st Viscount Nelson, KB, 1758~1805). 나폴
레옹전쟁 당시 영국 해군 제독이자 영국 역사상 가장 위대한 해군 영웅이다. 12세에 해군
에 입대하여 47세에 전사하였다. 1794년 코르시카의 칼비 해전 당시 돌 파편에 얼굴을 맞
아 오른쪽 눈의 시력을 잃었다. 1796년 준장으로 진급하였고 1797년 빈센트 곶 해전에서
승리한 후 소장으로 진급하였다. 같은 해 말에 산타크루즈 해전 중 오른팔에 적탄을 맞고
오른팔 전체를 절단하였다. 1798년에는 나일 해전(아부키르만 해전)에서 프랑스 함대에게
대승을 거두고 나일의 넬슨 남작이라는 호칭을 받았다. 이후 나폴리 해전, 코펜하겐 해전
등에서 승리하고 자작 작위를 받았다. 1805년 10월 21일 트라팔가 해전에서 나폴레옹의
프랑스·스페인 연합 함대 전함 33척에 맞서 27척의 전함으로 전투 중에 프랑스 전함과 근
접전 중 저격병의 총탄에 맞았다. 그는 부상 중에도 네 시간 동안 지휘를 계속하다가 전투
가 영국의 승리로 끝난 것을 확인하고 사망했다. 영국에서 왕족이 아니면서 국장 예우를
받은 다섯 명(웰링턴 공작, 처칠 등) 중 한 명으로 유해는 세인트 폴 대성당에 안치되었다.

**59** 포르투갈 서남부의 곶, 지중해로 들어가는 길목이다. 1797년 2월 14일 케이프 세인트 빈센

트라팔가 해전[61]에서 엄청난 승리를 이끈 것을 들 수 있다. 해전에 사용될 전술도 천재적인 명장인 넬슨에 의해 혁혁한 발전을 거듭했다. 넬슨은 영국 해군이 오랫동안 전통으로 간주해온, '현측Broad side 사격이 가장 효과적'이라고 생각했던 '종렬진Line Ahead[62] 개념을 개선했다. 넬슨은 집중 이론을 해전에 도입하여 적 진형의 특정 부위에 함대의 화력을 집중하는 방법을 고안해냈는데, 이 새로운 전술은 나일강의 전투 경험을 통해서 얻은 것이었다. 트라팔가 해전에서 넬슨은 2개의 종렬진으로 스페인과 프랑스 연합 함대를 맞아 전투에 임했다. 그는 먼저 자신의 종렬진으로 적 함대 진형의 중심을 돌파하고 나

---

트 전투는 프랑스혁명전쟁의 일환으로 영국-스페인 전쟁(1796~1808)의 초기 전투 중 하나다. 저비스(Jervis) 제독이 지휘하는 영국 해군 함대(전열함 15척, 프리게이트 다섯 척, 슬루프 한 척, 커터 한 척)가 돈 호세 드 코르도바(Don José de Córdoba y Ramos) 제독이 지휘하는 프랑스와 동맹을 맺은 스페인 해군의 대규모 함대(전열함 24척, 프리게이트 일곱 척, brig 한 척, 무장상선 네 척)에게 대승을 거둔 전투이다.

60 나일 해전 혹은 아부키르 만 해전(1798. 8. 1 ~ 2)은 넬슨 제독의 영국 해군이 이집트 주둔 나폴레옹의 프랑스 해군을 격파한 전투이다. 프랑스군은 함대 총사령관 브로이 제독을 포함 약 1,700명이 전사하고, 약 3,000명이 포로로 사로잡혔다. 영국군은 218명이 전사했다.

61 트라팔가 곶은 스페인 남부 서해안 지브롤터 해협 북서쪽 약 50km에 위치한 곳이다. 나폴레옹전쟁 중인 1805년 10월 21일, 곶 서쪽 해역에서 해전이 벌어져 넬슨 제독의 영국 함대(전열함 27척)가 프랑스-스페인 연합 함대(전열함 33척)를 물리치고 나폴레옹의 영국 침공을 저지했다. 프랑스-스페인 연합 함대는 22척의 전함과 5,900여 명의 병력을 잃었다. 반면 영국 함대는 한 척도 잃지 않았고, 1,700여 명이 사상했다. 전통적인 해전 방식은 적 함대가 평행선을 이룬 상태에서 교전하는 것이었지만, 넬슨은 두 줄로 함대를 배치한 후 적 함대를 향해 가파르게 돌진했다. 전투 동안 넬슨은 프랑스 소총수에 저격당했고, 전투가 끝나기 직전 사망했다.

62 17세기 중반에 영국과 네덜란드에 의해 개발된 column-ahead battle 또는 ship-of-the-line warfare라고 불리는 해상 함대 진형의 한 방법이다. 앞서서 항해하는 아군 함의 후류를 따라 항해하는 방법으로, 현측에 배치된 화포들의 공격력을 극대화하고 개별 전투함이 돌격, 접현, 돌격 등 개별 전투를 할 수 있는 갤리선 전투 시대의 최종 전술이었다.
함대의 전투함들은 12mile(19km)까지 뻗치는 거리 안에서 약 100yd(91m) 이상의 규칙적인 간격으로 차례차례 위치했다. 전투 중 지휘관은 바람과 비슷한 방향으로 항해하려고 노력했다. 전투 중 대형을 유지함으로써 함대는 화약 연기에 시야가 가려짐에도 불구하고 지휘관의 통제 하에 있는 전투함으로 기능할 수 있다.

서 1/2로 줄어든 후미 세력에 집중적인 포화를 가하는 방식을 택했다. 후미가 공격받게 되었을 때 전방 함정들이 미풍을 받으며 후방 함정을 구원 차 접근하는 것은 사실상 자살에 가까운 행동이었다.

최초로 말타[63], 실론[64], 희망봉[65], 이후 아덴[66], 포클랜드제도, 홍콩을 확보하면서 대영제국은 자국의 해군 기지를 크게 확장했다. 일반적으로 영국은 국제 통상의 확장을 차단하기보다는 무역을 촉진하는 데 해군력을 활용하였고, 이를 통해서 전 세계는 이익을 얻게 되었다.

18세기의 주목할 만한 발전 중 하나는 바로 의학 분야였는데 이로 인하여 괴혈병[67]의 위협을 제거함으로써 전 세계 뱃사람들의 건강에 놀라운 개선을 가져올 수 있었다. 감귤Citrus[68]이 과거에는 괴혈병의 주 치료제로 간헐적으로

---

63 몰타섬은 지중해 한가운데의 섬나라 몰타 공화국에 있는 섬이다. 면적은 약 246km²이다. 몰타 공화국 최대의 섬으로 수도 발레타가 이 섬에 있다.

64 스리랑카 민주사회주의 공화국, 약칭 스리랑카는 인도 대륙 남부에 있는 섬나라이며 법률상의 수도는 스리자야와르데네푸라코테이고, 제일 큰 도시는 콜롬보이다. 실론은 스리랑카가 있는 섬이다.

65 희망봉은 남아프리카 공화국의 대서양 해변에 있는 암석으로 이루어진 곳이다. 일반적으로 희망봉이 아프리카의 최남단이라고 알려져 있으나 사실이 아니다. 최남단 지역은 희망봉에서 동남쪽으로 150km 떨어진 곳에 있는 아굴라스 곶이다.

66 아덴만은 아라비아 반도의 예멘과 동아프리카의 소말리아 사이의 만이다. 북서쪽으로는 바브엘만데브 해협을 거쳐 홍해로 연결되고, 동쪽으로 아라비아해로 연결된다.

67 괴혈병(壞血病)은 고도 비타민C의 3~12개월에 이르는 장기 결핍 시 발생한다. 비타민C는 체내의 단백질을 구성하는 아미노산의 하나인 수산화프롤린의 합성에 필요하므로 이것이 부족하면 조직 사이를 연결하는 콜라겐과 상아질, 뼈 사이 충전 조직의 생성과 유지에 장애를 유발하고 혈관 등에 손상을 초래하는 원인이 된다. 탈진이나 체중 감소, 둔통, 피부 및 점막, 잇몸 출혈과 그에 따른 치아의 탈락 변화, 상처 치유의 지연, 저색소성 빈혈, 감염에 대한 저항력 감소가 유발하고, 오래된 상처가 벌어진다. 괴혈병은 비타민C가 부족해 생성된 병이므로 비타민C를 투여함으로써 치료할 수 있다. 16세기에서 18세기의 대항해 시대에는 이 질병의 원인을 알 수 없었기 때문에 해적 이상으로 두려워했다. 바스코 다 가마의 인도 항로 발견 항해에서, 180명의 선원 중 100명이 괴혈병에 걸려 사망했다. 비타민C와 괴혈병의 관계가 밝혀진 것은 1932년이다.

68 시트러스(citrus, 귤속의 과일)는 구연산 함유량이 높아 특유의 신맛과 향이 나고 즙이 많은

사용되었지만, 새로운 치료제가 개발되기 전까지 괴혈병은 배에서 일하는 사람들에게 가장 흔히 발생하는 병이었다. 세이스베리<sup>Saisbury</sup>함의 군의관인 제임스 린드[69] 박사는 환자 열두 명을 대상으로 감귤 열매로 임상 실험을 하였다. 똑같은 조건으로 각 두 명씩 6개 조로 나누어 그중 5개 조는 무해한 치료를 제공하고, 여섯 번째 조에게만 오렌지와 레몬을 처방했다. 6개조 모두는 동일한 음식과 음료수와 간호를 받았다. 여섯 번째 조의 두 명은 1주일 안에 거의 완치된 반면 나머지는 절망적으로 악화되었다. 린드의 연구는 1754년과 1757년에 논문으로 발표되었는데, 그 결과 영국 해군은 1795년에 장병의 부식에 감귤류 열매를 추가하도록 지시를 내렸다. 이로써 감귤류 열매가 첨가된 부식인 '라이미'[70]가 탄생하였다. 그리고 린드 박사의 임상 실험 방법은 이후 150년 간 표준적인 실험 방법으로 남게 되었다.

18세기 해군의 기술과 무장 분야에서 주목할 만한 발전은 없었다. 함포도 여전히 과거에 사용되던, 연기가 많이 발생하는 유연화약으로 발사되는 주철과 청동포를 이용했다. 구경이 6in<sup>15.2cm</sup>이고 무게가 무려 3t이나 나갔던 32파

---

과실을 맺는다. 귤속 식물의 열매는 귤과 오렌지, 레몬, 라임, 유자 등이 있다. 일반적으로 '귤'은 온주귤 등 만다린 재배종을 가리킨다. 비타민C와 플라보노이드가 풍부하다.

69 제임스 린드(James Lind, 1716~1794)는 스코틀랜드의 의사. 영국 해군 해상 의료의 개척자였다. 임상 실험으로 감귤류가 괴혈병을 치료한다는 이론을 개발했다. 또한 해군 선박의 더 나은 환기 효과, 선원들의 몸의 청결, 의복 및 침구 및 유황과 비소를 사용해서 갑판 아래를 훈증 소독하는 방법의 건강상의 이점과 바닷물을 증류하여 담수를 얻는 방법을 제안했다. 그의 연구는 예방의학과 향상된 영양 실습을 발전시켰다.

70 라임 주스. 비타민C가 풍부해서 괴혈병을 해결할 수 있다. 대항해 시대 영국 선원과 수병들에게 주던 오렌지 대신 보급되었다. 오렌지에 비해 가격은 저렴하지만 괴혈병 예방 효과는 더 뛰어났기 때문이다. 덕분에 영국 수병들은 다른 나라 수병, 혹은 다른 영국인들에게 라이미(limey)라는 놀림을 받았으며, 나중에는 이것이 대명사처럼 굳어져 영국군 전체를 라이미로 부르기도 했다. 영국 해군의 영향으로 영국군과 영국, 그 식민지인들 사이에 라임이 많이 퍼지기도 하였다.

운더14.5kg 포는 가장 큰 전열함[71]의 현측에서만 운용될 수 있었다. 이 포를 운용하기 위해서는 최소 열네 명에서 열여섯 명의 요원이 필요했다. 함포들은 명중률이 여전히 극도로 저조하여 최대 사정거리가 약 3,000yd[2,743m]에 이름에도 불구하고 유효 사거리가 300yd[274m]에 지나지 않았다. 당시의 우수한 포라는 것의 의미는 발사 속도와 용적을 의미할 뿐 정확성은 중요하게 여기지 않았다.

강선포는 벤자민 로빈스가 개념[72]을 구상했지만, 금속재료공학의 발전 수

---

71 전열함(戰列艦, ship of the line)은 17세기에서 19세기에 걸쳐 유럽 국가에서 사용된 군함의 한 종류이다. 한 줄로 늘어선 전열(line of battle)을 만들어 포격전을 할 것을 주된 목적으로 제작되었기 때문에 이런 이름이 붙었다. 전열함의 정의는 운용 조직이나 시대에 따라 변했지만, 대체로 철갑을 두르지 않는 목조 비장갑에 대포 50문 이상을 탑재한 세 개 돛대의 범선이었다. 배수량은 2,000t 내외로 500~900명의 승조원이 탑승했다. 시대의 흐름에 따라 점차 대형화되었지만 기본적인 배치는 1850년 무렵까지 변하지 않았다. 그 후 증기로 추진되는 전열함이 등장했지만 10년 이내에 본격적인 장갑함이 등장하였고 전열함으로 바뀌어 해전의 주역이 되었다.
전열함은 포문 수는 50문에서 약 140문까지 큰 차이가 있었고 규모도 다양했다. 역사적으로 가장 많이 사용된 전열함은 74문 함이었다. 그러나 문수가 같더라도 시대와 운용 국가에 따라 디자인이 크게 달라졌다. 일반적으로 수많은 함정을 본국에서 떨어진 해역에서 운용하는 영국 해군에서는 함의 크기를 줄였고, 수적으로 떨어지는 다른 대륙 국가는 대형함을 선호하는 경향이 있었다. 또한 네덜란드 해군은 얕은 바다가 주요 전장이 되었기 때문에, 흘수(가라앉는 깊이)가 작은, 바닥이 평평한 소형함을 사용하지 않을 수 없었다. 다른 분류로는 포열 갑판의 수와 영국 해군의 등급 제도가 있다. 전열함은 보통 2층 또는 3층의 포열을 갖추고 있었지만 2층 함과 3층 함의 성격은 크게 다르다. 대체로 80문 전후가 양자의 경계였다. 18세기 중반에 전열함의 하한은 60문이라고 생각하게 되었고, 이후 50문 함은 일반적으로 프리깃으로 분류되었다. 또한 영국 해군은 1880년대 무렵까지 건조된 여명기의 전함도 전열함으로 분류했다. 러시아제국 해군 등 일부 국가에서는 노급 전함(드레드노트)의 등장 이후의 주력함도 전열함이라고 호칭했다.

72 1742년에 벤자민 로빈스가 마그누스 효과의 측면에서 라이플의 궤적 편차를 설명하였다. 마그누스 효과(Magnus effect)라는 명칭은 1852년에 독일의 물리학자이자 화학자인 하인리히 구스타프 마그누스가 포탄의 탄도를 연구하다 발견했다. 마그누스 효과는 유체 속에 잠긴 채 회전하며 운동하는 물체에서, 이 물체와 유체 사이에 상대속도가 존재할 때 그 물체의 속도에 수직인 방향으로 물체에 힘이 발생하는 현상이다. 마그누스 효과는 공을 이용하는 스포츠에서 주로 발생하며, 공을 의도적으로 휘어지게 하려는 기술에서 중요하게 다뤄진다. 마그누스 효과는 물체의 회전 방향에 따라 어느 방향으로도 작용할 수 있다. 마그

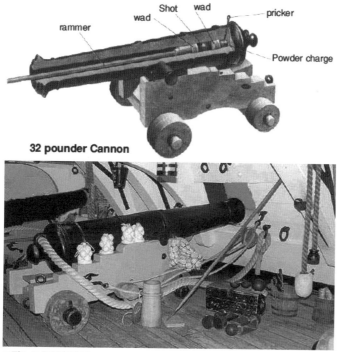

**그림5-7** 32파운더 포

준은 여기까지는 이르지 못했다. 강선포는 더 무거운 사출물(포탄)이 필요한 포구 속도 안에서 더 큰 압력 발사 속도로 발사하기 때문에 더 멀리 쏠 수 있다는 것을 의미했다.

함포 포가는 무거운 목재 테두리에 작은 바퀴 네 개가 달린 것으로, 여전히 원시적인 단계를 벗어나지 못하고 있었다. 함포는 포가에 실려 함정의 현측으로 운반되어 포문에서 발사되었는데, 발사 후 생기는 폭발력의 반작용으로 뒤로 밀리는 것을 강력한 밧줄로 잡아 일정한 거리까지만 움직이도록 하

---

누스 힘은 회전이 빠르거나, 공을 빠르게 던지면 그 크기가 커지고, 공이 클수록, 유체의 밀도가 높을수록 마그누스 효과가 잘 나타난다.

였다. 함포는 사격 때마다 일일이 걸레질하여 청소를 해야 했고, 포신이 발사열로 인해 너무 뜨거워졌을 경우에는 화약이 조기 폭발하는 위험도 있었다.

함선 그 자체로는 목재로 만들어져 바람과 사람의 힘에 의해 움직이는 거대한 기계로 이전보다 대형화했다. 하지만 17세기에 비해 특별히 달라진 것은 아니었다. 목재로 만든 범선을 군함으로 채택하던 터라 함정 규모에 제약을 받았다. 무게는 약 3,000t, 전장은 200ft⁶¹ᵐ, 함포는 100문 이상을 초과할 수 없었다. 경우에 따라서는 좀 더 초과하기도 하였지만 대부분의 함정은 50문 내지 80문 정도의 함포만을 탑재하고 있었다. 이들 함정은 지속적인 수리와 2~3년에 한 번씩 건선거[73]에서 창 정비를 받아야 했다. 잘 말린 나무를 이용하여 배를 건조하였거나 적시에 수리 보수하여 양호한 상태를 유지하였다면 약 50년 간 훌륭한 함정으로 사용할 수 있었다. 트라팔가 해전에서 넬슨의 기함이었던 빅토리함[74]은 선령이 무려 40년이나 되었지만 당시 참전했던 다른 영국 함정들과 비교해서도 아무런 손색이 없었다(그림5-8). 18세기 중반 이후 대부분의 함선은 함저에 붙어있는 조개ᴮᵃʳⁿᵃᶜˡᵉ를 털어 내기 위해 함정 밑바닥

---

73 건선거(dry rot, 乾船渠)는 큰 배를 만들거나 수리할 때에 해안에 배가 출입할 수 있을 정도로 땅을 파서 만든 구조물이다. 여기에 배를 넣은 다음 입구의 문을 닫고 내부의 물을 뺀 후 작업을 한다.

74 HMS 빅토리(Victory)호는 104문의 대포로 무장한 영국 해군의 1급 전열함이다. 1758년 발주, 1759년 기공, 1765년 진수하였다. 1805년 트라팔가 해전 당시 넬슨 제독의 기함이었다. 영국에서 18세기 전 기간을 통틀어 1급 전열함은 오직 열 척만이 건조되었다. 빅토리라는 이름은 프랑스와의 7년전쟁에서 승리하는 '놀라운 한 해(라틴어: Annus Mirabilis)'를 기념하는 의미에서 붙였다. 빅토리호는 주철 대포로 무장하여 최하층 갑판에 30문의 42lbs(19kg) 대포를 탑재하였고 2층 갑판에는 28문의 24lbs(11kg) 대포를, 최상층 갑판에는 30문의 12lbs(5kg) 대포를 장착하였다. 이와 함께 선미 갑판과 선수 갑판에 12문의 6lbs(2.7kg) 대포를 장착하였다. 1824년부터 포츠머스 항구에 정박하여 현역 배치에서 해제되었으며, 1922년 포츠머스 조선소로 옮겨져 박물관으로 개조되었다. HMS 빅토리는 2012년 10월 제1해군경의 기함으로 지정되어, 세계에서 가장 오래된 현역 해군 전함이 되었다.

에 구리판을 부착하였다. 이로써 함선들은 전투에서 쉽게 격침되지 않았고 함정의 노후화도 서서히 진행되었다. 그러나 중대하고 새로운 발명은 거의 이루어지지 않았다.

18세기에 가장 가치가 있는 함정 부분의 발명은 아마 함정에 장착된 특수한 정밀시계로, 해와 별들의 위치를 이용하여 정확한 경도를 측정하는 데 사용되었던 크로노미터[75]

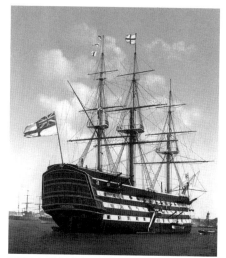

**그림5-8** 넬슨의 빅토리호(1900년 포츠머스 항구에서 촬영)

의 발명일 것이다. 1530년 안트워프에 사는 젬마 프리즈우스[76]는 정확한 시간 계산법timekeeper으로 경도Longitude를 측정할 수 있다는 가능성을 주장하였다. 그의 논리에 근거하여 1660년대 덴마크의 유명한 과학자인 크리스티안 호이

---

75 크로노미터(Chronometer)는 선박의 진동 및 온도 변화에 영향을 받지 않는 정밀 휴대용 태엽 시계이다. 명칭은 그리스 신화의 시간 신 크로노스에서 유래한다. 크로노미터검정협회의 검정에 합격한 기계식 시계를 말하며, 천문대에서 정밀 검정을 받은 시계여야 하는데, 진동에 영향을 받지 않는 디텐트식 탈진기 등이 있다. 대항해 시대에는 항해가 증가하여 해난 사고가 많이 발생하여 현재 위치를 파악하기 위한 위도와 경도의 정확한 측정법이 필요했다. 위도는 육분의 등에 의한 천체의 위치를 측정하여 비교적 쉽게 구할 수 있지만 정확한 경도 측정은 쉽지 않았다. 이 문제를 해결하기 위해 1714년 7월 8일 영국 의회는 정밀한 경도를 측정할 수 있는 방법을 발견하기 위해 현상금을 거는 내용의 경도법을 제정했다. 경도의 측정에는 여러 가지 방법이 고안되었지만, 그중 하나가 시간과 태양의 위치에서 측정하는 방법이었다. 18세기 가장 정확한 시계는 진자 시계로, 이미 충분한 정밀도를 가지고 있었다. 하지만 파도의 흔들림으로 인해 영향이 큰 해상에서는 제대로 작동하지 않기 때문에 선박에서도 정확한 시간을 측정할 수 있는 정밀한 시계가 필요했다.

76 젬마 프리즈우스(Gemma Frisius, 1508~1555)는 네덜란드 의사이자 수학자, 지도 제작자, 철학자 및 악기 제작자이다. 그는 지구본을 만들고 그 시대의 수학적 도구를 개선했으며 측량 및 탐색에 삼각측량 등의 새로운 방식으로 수학을 적용했다.

겐스는 진자 시계pendulum clocks를 이용하여 실용화하려는 시도를 하였으나 함정의 요동과 온도 차이로 실패했다. 결국 시계를 이용한 경도 계산법은 18세기까지 해결되지 않은 과제로 남겨졌다. 위도는 경험이 많은 항해 전문가에 의해 훨씬 정확하게 계산될 수 있었다. 1731년 영국의 존 해들리[77]가 육분의[78]를 개발함에 따라 더욱 정확한 위도 계산이 가능해졌다. 1714년 영국 정부는 누구든 6주간의 항해에서 함정의 위치 오차를 30해리55.6km 이내로 줄일 수 있는 경도 산출 기기를 개발하면 2만 파운드의 상금을 주겠다고 했다. 앞의 요구 수준을 충족시키는 시간 계산법timekeeper은 허용오차가 하루에 3초 이내여야 했는데 당시 가장 훌륭한 진자 시계pendulum clocks도 이러한 기준을 맞출 수 없었다.

이 문제를 해결한 사람은 요크셔지방에서 목수일을 하는 과학자이면서 개인 연구가인 존 해리슨[79]으로 40년간의 실험 끝에 위업을 달성했다. 그는 네

**77** 존 해들리(John Hadley, 1682~1744)는 영국의 수학자였다. 1730년 해들리는 바다에서 수평선 너머의 태양이나 다른 천체의 고도를 측정하는 데 사용할 수 있는 반사면체를 발명했다. 거울을 들고 점진적 호를 중심으로 움직이는 모바일 팔은 천체의 반사 이미지를 제공하여 수평선의 이미지와 겹쳐지며 직접 관찰된다. 하늘에 있는 물체의 위치와 관찰 시간을 알면 사용자가 자신의 위도를 쉽게 계산할 수 있다. 이 옥탄트(octant)는 항해에 매우 중요한 것으로 입증되었고 데이비스(Davis) 사분면과 같은 다른 기구를 대체했다. 미국인 토머스 갓프리(Thomas Godfrey)는 거의 같은 시기에 독립적으로 옥탄트를 발명했다. 해들리는 또한 망원경을 반사하기 위한 정밀 비구면 및 파라볼 거울을 만드는 방법을 개발했다.

**78** 육분의(sextant, 六分儀)는 수평선 위에 있는 천체의 고도를 측정하는 도구이다. 항해하는 사람이 이 도구를 사용하여 정오에 태양의 고도를 측정함으로써 자신이 있는 지점의 위도를 알아낼 수 있다. 육분의를 가로로 들어 사용하면 두 물체(예를 들면 두 등대) 사이의 각도도 측정할 수 있다. '육분의'라는 이름은 이 도구의 호(arc)가 원주의 1/6과 같은 60°이기 때문에 붙여졌다. 육분의보다 더 작은 각도를 재는 데 쓰이는 팔분의(octant; 원주의 1/8, 45°)나, 육분의보다 더 큰 각도를 재는 데 쓰이는 오분의(quintant; 원주의 1/5, 72°) 및 사분의(quadrant; 원주의 1/4, 90°)도 있다.

**79** 존 해리슨(John Harrison, 1693~1776)은 영국의 시계 제작자이다. 항해에 필요한 경도의 측정이 가능한 기계식 시계(크로노미터)를 처음으로 제작했다. 튼튼한 대들보에 흔들림이나 온도 변화를 흡수할 수 있는 스프링을 장착하여 나사를 감고 있는 동안에도 기계

개의 크로노미터를 해군에 납품했는데 그중 가장 마지막 것은 1761년 자메이카까지의 항해에서 시험 운용되어 경도 1도당 2분의 오차만을 기록했다. 그러나 해리슨은 자신의 연구 성과로 특허권을 주장하는 데 다소 우여곡절을 겪어야 했다. 특허 주장 과정에서 해리슨은 조지 3세[80]의 중재로 나이 79세에 1만 파운드를 받을 수 있었다.

해리슨의 발명품은 그리니치 천문대에 연대순으로 소장되어 있는데, 너무 예민하고 제작비가 비싸 이후 실용적인 크로노미터 개발의 모델은 될 수가 없었다. 1765년 파리시민 피에르 르 로이[81]는 해리슨의 기기와 똑같은 성능의 해상 시간 계산법marine timekeeper을 개발하였는데, 이것이 바로 오늘날 크로노미터의 전신이라 할 수 있다. 오늘날에는 무선 전자파를 이용하여 경도를 파악하고 있다.

함포에 사용되는 포탄 분야의 결정적인 발전은 18세기가 거의 끝나갈 무렵에 이루어졌다. 1779~1783년 지브롤터섬 공성전[82] 때 사용된 메르시에르 함

가 작동하고 나사가 감긴 이전과 이완 후에도 시계 회전력이 일정하게 유지되는 장치를 갖추고 온도 및 진동에 강한 탁상 시계 '크로노 H1'을 제작했다. 그 후 1759년에는 지름 12.7cm5inch 회중시계인 4호기 '크로노 H4'를 제작하였고, 그 오차는 영국에서 자메이카까지 81일간 항해하는 동안에 8.1초만 지연되는 고성능 정밀 시계였다.

80 조지 3세(1738~1820)는 영국의 국왕(재위 1760~1820)으로, 하노버 왕가가 배출한 세 번째 왕이다. 그의 치세 동안 북아메리카의 13개 식민지에 대한 과세를 계기로 혁명이 일어나 미국 독립전쟁이 일어났고, 결국 미국을 잃었다. 또한 유럽에서도 프랑스혁명과 나폴레옹의 등장 등으로 일대 전쟁을 치렀다. 그의 재위 기간은 59년 3개월로 70년 동안 재위한 엘리자베스 2세와 64년 동안 재위한 빅토리아 여왕에 이어 영국 군주 중 세 번째로 길다.

81 피에르 르 로이(Pierre Le Roy, 1717~1785)는 프랑스 시계 제작자였다. 그의 발명은 현대 정밀 시계의 기초로 간주된다. 그는 주로 시계와 크로노그래프의 숙달과 향상, 특히 해상 크로노미터를 통해 존 해리슨(John Harrison)의 선구적인 업적을 발전시켰다.

82 지브롤터 공성전(Grand Seige of Gibraltar)은 스페인과 프랑스가 미국 독립전쟁 중 3년 7개월 동안 영국령 지브롤터를 점령하려다 실패한 전투이다. 영국군 수비대는 1779년 6월부터 스페인군에 의해 봉쇄되었다. 하지만 스페인 봉쇄 함대에도 불구하고 1780년 로드니(Rodney) 제독과 1781년 달비(Darby) 제독이 이끄는 함대 등 두 번의 구원 호송대가 진입

**그림5-9** 육분의

포Mercier shell gun가 그 중요한 역할을 했다. 새로 개발된 포탄은 24lbs[10.9kg] 박격포에서 발사되는 짧은 도화선으로 연결된 5.5in-[14cm] 작열炸裂 포탄이었다. 사실 효과적인 작열탄은 이보다 앞서 1602년에 르노 빌레Renaud Ville에 의해서 발명되었으나, 이후 이 분야에는 아무런 진척이 없었다.

헨리 슈랍넬[83]이 1784년에 그의 이름을 길이 남긴 작열탄을 발명했다. 그러나 실제하는 혹은 예측되는 민감성 때문에 이런 모든 작열탄은 추진 장약을 소량 충전하여 고각도로 발사해야 했다. 그러지 않으면 포신 내에서 폭발할 수도 있었다. 저각도로 포탄을 발사하는 포는 19세기가 되기 전까지는 만들어지지 않았다. 1822년에 개발된 펙상 포[84]는 목재로 만들어진 전투함을 무용

---

함으로써 봉쇄는 실패했다. 같은 해 스페인군이 공격을 했지만, 지브롤터 수비대는 11월에 전초 진지들이 다수 파괴되었음에도 수비에 성공했다. 스페인군의 공격 실패가 계속되자, 1782년 프랑스군이 지원되었다. 5,000명의 수비군에 대해서 병력 6만 명과 전함 49척과 특별히 설계된 열 개의 해상 부유 포대가 동원된 대규모 공격이 1782년 9월 18일 실시되었다. 하지만 스페인과 프랑스 연합군은 큰 손실만 입고 실패한다. 결국 영국군 구호 선단이 봉쇄 함대를 돌파해서 1782년 10월 수비대에 도착함으로써 스페인·프랑스군이 패배하고 포위는 풀렸다. 1783년 2월 7일, 파리평화협정으로 끝났다.

83 헨리 슈랍넬(Henry Shrapnel, 1761~1842)은 영국 육군 준장으로 파편 작열탄(sharapnel shell)의 발명가이다. 1784년 포병 중위 시절에 '구형 탄체 : spherical case'라고 명명한, 공중에서 폭발하는 납 파편이 채워진 속이 빈 포탄을 발명했다. 1787년 지브롤터에서 이 포탄을 성공적으로 시연한 그는 이 포탄을 인명 살상용으로 사용하고자 했다. 영국 육군은 1803년에 그의 이름을 붙인 길쭉한 폭발성 포탄을 채택했다. 그것은 고폭탄으로 대체된 이후에도 오랫동안 슈랍넬이라 불리었다.

84 펙상 포(Canon Paixhans, 카농 펙상)은 폭발성 포탄을 발사하도록 고안된 최초의 해군용 포

지물로 만들 정도로 위력이 대단했다. 이 포는 1827년 그리스 독립전쟁[85] 때 사용되어 위력을 유감없이 발휘하였으며, 크림전쟁[86]의 시발이 된 시노프 해전[87]에서 결정적인 역할을 했다.

<hr />

이다. 1822~1823년에 프랑스 장군 앙리-조세프 펙상(Henri-Joseph Paixhans)에 의해 개발되었다. 이 설계는 현대에 이르기까지 해군 포병의 발전을 촉진했다. 펙상 포는 해군 전함을 제작하는데 많이 쓰이는 재료로서 나무 대신 철갑을 사용하게 하였다. 펙상은 최초로 평사포에서 포를 발사할 때 자동으로 점화되고, 표적이 되는 목재 선체에 박힌 후 잠깐의 시간을 두고 폭발하는 지연 신관을 개발했다. 펙상은 1824년 2단 갑판의 전열함에 대해서 폭발성 포탄을 처음으로 시연, 성공적으로 이 군함을 파괴했는데 그 결과는 군의 예상을 초과하는 것이었다. 2문의 원형 펙상 포는 이 시험을 위해 1823년과 1824년에 제작되었다. 프랑스 해군용 첫 번째 펙상 포는 1841년에 제작되었다. 포신은 무게 약 1만lbs(4.5t), 사정거리는 약 2mile(3.2km)에 달했다.

85 그리스 독립전쟁(1821~1829)은 근대 그리스의 혁명주의자들이 오스만제국에 대항한 독립전쟁으로, 후에 그리스는 유럽 열강의 지원을 받아 독립을 얻고 그리스 왕국이 성립하였다. 그리스 혁명은 단순한 독립 운동이 아니라, 빈 체제에 대한 도전이기도 해서 독립 과정은 복잡하게 전개되었다. 러시아가 빈 체제의 수호자로서의 지위를 버리고 그리스의 독립을 지지하고 나섬에 따라 빈 체제가 동요하게 된다.

86 크림전쟁(1853. 10~1856. 2.)은 흑해의 크림 반도에서 벌어진 전쟁으로, 러시아가 오스만, 프랑스, 영국과 사르데냐 왕국이 결성한 동맹군에 패배한 전쟁이다. 오스만제국 내 기독교 성지에 거주하는 소수 기독교도의 권리 때문에 발발했다. 프랑스는 로마 가톨릭교도의 권리를 증진하고자 했으나, 러시아는 동방 정교회 신자들의 권리를 증진하고자 했다. 장기적인 원인에는 오스만제국의 쇠퇴와 영국·프랑스의 러시아 견제가 포함되어 있었다.
1856년 3월 30일 파리조약에 의해 전쟁이 종결되고, 러시아는 흑해에서 적대적 활동이 금지되었다. 오스만제국의 속국이었던 왈라키아 공국과 몰다비아 공국은 자치권을 얻었다. 이 지역의 기독교도는 공식적인 평등권을 얻었고, 동방 정교회는 분쟁 중에 기독교도에 대한 통제권을 회복했다. 크림전쟁은 포탄과 철도, 전보와 같은 현대 기술을 사용한 최초의 전쟁 중 하나이며, 최초로 기사와 전쟁 사진에 의해 기록된 전쟁이다. 경기병대 돌격의 전설이 설명하듯, 이 전쟁은 병참, 의료, 전술적 실패와 실수의 상징이 되었다.

87 1853년 11월 30일 흑해의 오스만투르크 북부 시노프항에서 벌어진 해전. 열한 척으로 구성된 러시아 함대가 정박 중인 오스만 함대를 기습해서 한 시간 만에 단 한 척의 손실도 없이 오스만 해군의 전투함 열두 척 중 열한 척을 격침시키고 해안 포대도 파괴했다. 소규모 해전이었지만 역사의 흐름에 큰 영향을 미쳤다. 러시아 해군은 작열탄을 사용하여 일방적인 대성공을 거두었다. 이 해전의 결과로 목제 선박으로 작열탄의 파괴력을 견뎌낼 수 없다고 판단한 영국은 전투함에 철판을 둘렀다. 시노프항을 탈출한 유일한 오스만 전투함이 증기 추진 프리깃함이었다는 점은 함선의 증기 기관 설치를 자극했고 전 세계는 증기로 추진되는 철갑함의 시대로 들어섰다. 이 해전의 패전으로 오스만제국이 불리해지자 영국과 프랑스가 크림전쟁에 참가하게 되고 백년전쟁 이래 원수지간이었던 영국과 프랑스의 동맹이

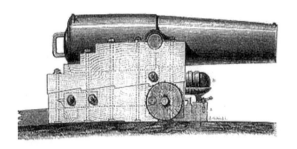

**그림5-10** 펙상 포와 포탄

원시적인 형태였지만 잠수함은 1775년 이후에 역사의 무대로 등장했다. 이 원시적인 잠수함은 코르넬리우스 드레벨[88]의 기계를 개량시킨 작품이었다. 1773~1774년에 최초로 잠수함 개발에 성공한 사람은 데이비드 부쉬넬[89]이라는 예일대 졸업생이다. 그는 1752년 수학자 베르누이[90]에 의해 개선된 추진 스크루의 원리를 이용하였다. 부쉬넬은 그의 잠수함을 거북선Turtle이라고 명명

시작되었다. 더불어 크림전쟁에서 패배해 흑해를 통한 대양 진출이 막힌 러시아는 부동항을 찾아 시베리아를 개발하고 블라디보스토크를 요새화했다.

88 코르넬리우스 드레벨(Cornelis Jacobszoon Drebbel, 1572~1633)은 네덜란드의 엔지니어이자 발명가이다. 그는 1620년에 처음으로 항해할 수 있는 잠수함을 제작하였고, 측정 및 제어 시스템, 광학 및 화학 제품의 개발에 기여한 혁신가였다.

89 데이비드 부쉬넬(David Bushnell, 1740~1824)은 미국인 발명가였다. 부쉬넬은 전투에서 사용되는 최초의 잠수함과 접촉으로 기폭되는 부유 기뢰를 발명했다. 1776년 9월 6일 미 독립군의 에즈라 리(Ezra Lee) 상사가 탑승한 거북선(turtle)이 뉴욕 항구에 정박한 영국군 전열함을 공격했으나 실패했다. 그가 만든 잠수함이 무기로서 비현실적이라는 사실을 깨달은 부쉬넬은 기뢰에 관심을 돌렸다. 1777년 부쉬넬은 나이언틱만(Niantic Bay)에서 HMS 케르베로스(Cerberus)호를 격침하기 위해 부유 기뢰를 사용했다. 기뢰는 케르베로스호 근처에 있는 작은 보트를 격침하고, 수병 네 명 살해하는 데 성공했지만 목표한 표적을 격침하는 데는 실패했다. 독립 전쟁 후 그는 1787년 프랑스로 건너가서 발명가인 로버트 풀턴(Robert Fulton)과 공동으로 잠수함 설계를 한 것으로 추측된다.

90 다니엘 베르누이(Daniel Bernoulli, 1700~1782)는 네덜란드에서 태어난 스위스의 수학자이다. 수학뿐만 아니라, 의학, 생리학, 역학, 물리학, 천문학, 해양학 등도 연구했다. 1738년 『유동체 역학』이라는 책을 출판해서, 액체의 운동에 관한 유명한 베르누이 방정식을 발표하였다. 그는 역사상 최초로 셀 수 없는 것에 대한 '측정'을 적용했다.

했다(그림5-11).

미국 독립전쟁 당시 그는 직접 함장으로 임명되었고, 자신이 개발한 잠수함으로 뉴욕 외항에 정박 중이던 영국 호위함을 파괴하기 위

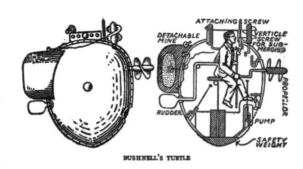

그림5-11 부쉬넬의 거북선 단면도

한 작전에 참가했다. 부쉬넬의 잠수함은 한 명이 탑승할 수 있었는데, 방향타 Rudder와 손으로 작동되는 두 개의 스크루를 이용해 기동하였다. 이 스크루들은 각각 수직과 수평 기동을 위한 것이었다. 물탱크에 물을 채워 잠수하게 했고, 아래 방향으로의 이동은 수직 스크루에 의해 이루어졌다.

폭약 150lbs⁶⁸ᵏᵍ가 장전된 기뢰[91]가 중성 부력 상태에서 부쉬넬의 잠수함 외부에 부착되었다. 부쉬넬은 잠수함의 조타수들에게 영국 함대들의 하부로 이동하여 시한 폭발되는 기뢰를 부착하도록 했다. 그러나 부쉬넬의 모든 잠수함 공격은 실패했으며, 실패의 원인은 장비들의 조잡함과 불운 때문이었다. 이론적으로 그의 잠수함과 기뢰는 완벽했으므로 운이 좀 더 따라주었다면 그는 성공했을지도 모른다.

91 본문에는 '토피도(torpedo)'라고 기술되어 있다. 이것은 당시 기뢰, 활대 기뢰 등 수중에서 사용되던 폭약의 총칭이다. 토피도라는 명칭은 전기가오리 속(屬)의 'Torpediniformes'라는 가오리에서 유래되었으며 이는 라틴어로 'torpere(뻣뻣하거나 무감각함)'에서 온 말이다. 미국의 로버트 풀턴이 프랑스 잠수함 노틸러스(1800년 처음 테스트)가 군함을 침몰시킬 수 있음을 입증하기 위해 사용한, 견인된 표적의 선체에 붙여서 기폭 파괴하는 물에 뜨는 화약 충전물(기뢰 : floating mine)을 지칭하기 위해 이 이름을 최초로 사용했다. 현대의 자체 추진력으로 항주하는 어뢰는 1864년 당시 오스트리아-헝가리 해군 장교 지오반니 루피스(Giovanni Luppis)와 영국 기술자 로버트 화이트헤드(Robert Whitehead)에 의해 만들어졌다.

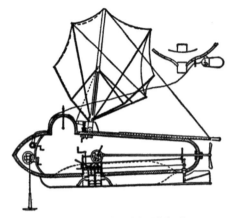

**그림5-12** 접히는 돛이 달린 풀턴의 노틸러스호

부쉬넬의 아이디어는 나중에 유명한 증기선의 발명자로 잘 알려진 로버트 풀턴[92]에 의해서 열광적으로 받아들여졌다. 풀턴은 잠시 나폴레옹의 관심을 받는 데 성공했고, 그의 후원 아래 네 명이 탑승하는 잠수함을 건조하였다. 이 잠수함은 1801년 7월 브레스트 항구 수중에서 수차례 항해하는 데 성공했다(그림5-12). 그는 또한 접촉에 의해 기폭이 되는 80~100lbs36.3㎏~45.4㎏의 화약을 탑재한 여러 종류의 기뢰를 고안했다. 이 기뢰들을 이용하여 프랑스 해군의 오래된 전함 여러 척을 격침하는 데 성공했다.

그러나 나폴레옹은 예지력의 부족으로, 영국 해군과 싸워 승리하기 위해 필요하다고 풀턴이 생각한 더 큰 잠수함의 건조 요청 후원을 거절했다.[93] 그래

92 로버트 풀턴(Robert Fulton, 1765~1815)은 미국의 공학자이자 발명가로, 상업적으로 성공한 첫 증기선을 개발했다. 처음에는 화가로서 출발한 그는 새로운 종류의 증기 군함도 설계했다. 영국에 머무르는 동안 방적기와 증기기관을 보고 기계 발명에 관심을 가졌다. 1797년 이래 파리에서 증기선 제작에 손을 댔으며, 1800년 나폴레옹의 명령을 받아 역사상 최초의 실용적 잠수함인 노틸러스를 설계했다. 1803년 파리 센강에서 잠수함 시험에 성공을 거두었고 신대륙 미국에서 풀턴의 증기선은 교통 기관의 발전을 이루었다.

93 나폴레옹의 스승이자 여러 과학 자문을 맡고 있던 수학자 라플라스는 노틸러스호의 능력에 감동받아 그를 나폴레옹에게 소개했다. 하지만 지독한 현실주의자이자 각종 악전고투를 거친 지휘관 나폴레옹은 풀턴의 이야기를 탐탁지 않게 여겼다. 고작 사람 하나가 들어가서 페달을 아무리 죽어라 밟아봤자 40km에 달하는 영국 해협은 몇 달이 걸려도 못 건널 것이란 결론이었다. 더구나 풀턴이 제시한 고액의 성과급(적함 격침 시 적함이 장비한 포 1문당 400파운드) 계약 조건도 매우 까다로웠다. 거의 전함 한 척을 격침 시 전함 한 척 비용을 달라는 것과 마찬가지였다. 이런 조건은 프랑스 측에서 받아들일 수가 없었다. 결국 프랑스 정부는 1802년, 풀턴과의 계약을 백지화했고 이러한 프랑스의 냉대에 화가 난 풀턴

서 풀턴은 자신의 발명품을 영국으로 가지고 갔고, 영국도 프랑스에서 그를 떼어놓는 것이 내심 기뻐했지만 그의 연구 성과에 대해서는 그리 관심을 두지 않았다. 그러나 풀턴은 윌리엄 피트[94] 경을 설득하여 불로뉴[95] 항구에서 프랑스 함대의 봉쇄를 뚫을 수 있도록 기뢰 공격을 해도 좋다는 허락을 받았다. 풀턴은 1805년 10월 2일 밤에 조타수 한 명이 모는 작은 폰툰[96]처럼 생긴 배에 탑재된 18ft$^{5.5m}$, 2t짜리 기뢰들을 항구 안으로 띄워 보냈다. 조타수들은 기뢰를 함정 닻 케이블 쪽으로 밀어 넣고 시한 폭발 장치를 작동시킨 후 안전한 곳으로 빠져나왔다. 밀물이 프랑스 함선 쪽으로 기뢰를 더 밀어붙여서 폭발시킬 것이라고 예상했다.

프랑스 해군은 닻 케이블에 엉겨 있는 기뢰를 대부분 제거했지만 한 발을 제거하지 못해서 함정 한 척이 격침되었고 승조원 21명이 전사했다. 영국은 이 잠수함의 활용을 실패한 작전으로 간주하였다. 영국인들은 수주 후 다시

---

은 노틸러스호를 자침(自沈)시키고 곧바로 프랑스의 적국인 영국으로 갔다. 당시 프랑스의 침공 가능성에 상당히 겁을 먹고 있던 영국은 그를 상당히 환대했다.

94 윌리엄 피트(William Pitt, 1759~1806)는 영국의 정치가이다. 윌리엄 피트(大피트)의 둘째 아들로 아버지와의 구분을 위해 소(小)피트라고 불린다. 영국 보수당의 당수로서 1783년 24세에 영국 수상이 되었다. 신흥 계급 출신의 청년 수상으로 재정의 건전화 및 관세의 경감에 의한 산업진흥을 실행했고, 의회제도의 개혁과 노예제도의 폐지를 제창하였다. 프랑스 대혁명이 발발하자 혁명의 파급을 방지하려는 중심 인물이 되어 대프랑스동맹을 이끌었다. 고소득층에게 소득세를 과세하는 누진소득세로 발생한 세수를 빈곤층들의 복지에 사용함으로써 국내에서의 혁명적 태동을 억제했다. 즉 복지국가는 일부의 잘못된 지식과 달리 진보가 아닌 보수가 혁명을 미리 막기 위해 주도하였다. 피트가 재임한 조지 3세의 재위 기간 유럽에서는 프랑스혁명, 나폴레옹전쟁과 같은 큰 사건들이 있었다.

95 불로뉴-쉬르-메르(Boulogne-sur-Mer)는 프랑스 북부 도버 해협에 접한 파드칼레주의 도시다.

96 폰툰(pontoon boat) 부력을 유지하기 위해 튜브(float)에 의존하는 평평한 배이다. 이 폰툰(tube라고도 함)에는 많은 예비 부력이 포함되어 있으며 설계자는 넓은 갑판에 다양한 시설을 설치할 수 있다. 폰툰 보트는 흘수선이 얕아서 얕은 해안에 더 가까이 접근을 할 수 있다.

유사한 작전을 시도했지만 아무런 성과를 거두지는 못했다. 10월 21일 트라팔가 해전에서 대승을 거둔 영국은 풀턴의 잠수함에 대해서 더 이상 관심을 두지 않았으며 풀턴의 예언도 철저히 무시했다. 풀턴은 영국은 템즈강 유역 또는 전 해안선이 수백 발의 적의 기뢰나 폭탄에 의해서 봉쇄될 것이며, 영국 해군은 이를 분명히 막을 수 없을 것이라고 했다. 아무도 도버부터 칼레까지 적의 잠수함들에 의해 부설된 기뢰에 의해 해협이 봉쇄될 것이라는 풀턴의 말에 귀를 기울이지 않았다.

기뢰를 이용한 해전이 영국 해군에 어떠한 영향을 미칠지 생각해본 사람은 당시에는 거의 없었다. 후에 세인트 빈센트 백작이자 해군성 장관이 된 저비스 제독은 "피트는 제해권을 가진 자가 이상한 형태의 전쟁을 수행하고자 한다면, 결국 그 이상한 형태의 전쟁에 의해서 제해권을 빼앗기는 결과가 나타남을 알지 못하는 어리석은 사람이었다"라고 비난했다. 영국과 프랑스의 장교 대부분이 잠수함에 의한 기뢰 공격은 신사답지 못하고 비도덕적이며 전쟁법에 배치된다고 믿었던 것은 당시의 전체적인 분위기였다.

잠수함의 놀라운 효과는 서서히 진행되던 기술의 진보와 더불어 100년 이상 사장되어 있었다. 제1차 세계대전이 발발하고 나서야 비로소 잠수함의 진가가 널리 알려지게 되었다.

## 18세기 과학

18세기에는 전쟁 기술(이후 군사과학)에 있어서 변화가 그다지 많지 않다. 하지만 그 시대에, 19세기 전쟁에 엄청난 결과를 초래하였던 과학의 발달과 산업혁명[97]이 일어났다. 18세기에는 증기기관, 야금술[98]의 발달, 나무 연료에서 석탄 연료로의 전환, 산업 화학의 성장, 기계 산업 즉 기계를 만드는 기계의 성장, 전기학電氣學의 태동 등을 맞이했다. 이러한 모든 것 가운데, 증기기관의 발명처럼 두드러진 변화를 가져온 것은 없었다. 증기기관의 발명은 신석기 농경 시대 이후 인간의 삶에 가장 큰 변화를 가져왔다. 인간은 물과 바람을 다스릴 수 있었기 때문에, 엔진을 생산하는 데 불을 이용할 수 있었다.

위에서 살펴본 바와 같이, 증기기관의 초보적인 모형은 18세기 후반 영국에서 등장하였다. 프랑스의 드니 파팽[99]은 크리스티안 호이겐스와 함께 과학한림원[100]에서 일하면서 피스톤을 가진 수직 실린더를 개발하였다. 다트머스[101]에서 일하던 토머스 뉴커먼[102]은 이와 유사한 기계를 독자적으로 개발하였

---

**97** 산업혁명은 18세기 중반부터 19세기 초반 사이에 영국에서 시작된 기술의 혁신과 새로운 제조 공정(manufacturing process)으로의 전환, 이로 인해 일어난 사회, 경제 등의 큰 변화를 일컫는다. 섬유산업에 현대의 생산 방법이 처음으로 사용되었다. 산업혁명은 후에 전 세계로 확산되어 세계를 크게 바꾸어 놓았다.

**98** 한자로는 풀무 야(冶)에 쇠 금(金)을 써서 금속을 다루는 기술 전반을 뜻하는 말이다. 영어로도 metallurgy, 즉 금속(metal)의 조작 기술 및 취급법(urgy)이라는 뜻이다. 그렇기에 야금술이라고 하면 금속의 추출, 가공, 성형 등을 모두 포함하는 기술이다

**99** 드니 파팽(Denis Papin, 1647~1712)은 프랑스의 의사, 물리학자, 수학자, 발명가이다. 증기기관의 개척자로 알려져 있다. 1693년, 파리에서 크리스티안 호이겐스, 고트프리트 라이프니츠와 함께 일하면서 진공을 통해 동력을 얻는 데 관심을 가지게 되었다. 1676년부터 1679년까지 로버트 보일과 함께 일하면서, 파팽은 압력솥의 일종인 스팀 디제스터(steam digester)를 발명했다.

**100** 과학한림원(Académie des sciences 아카데미 데 시앙스)은 프랑스 과학 연구의 발전 정신을 촉진하고 보호하자는 장 밥티스트 콜베르의 제안에 따라 루이 14세가 1666년에 설립하였다. 이 기관은 영국의 왕립학회와 함께 17~18세기 과학의 발전을 이끌었다.

**101** 다트머스(Dartmouth)는 잉글랜드 데번주에 위치한 도시이다.

**102** 토머스 뉴커먼(Thomas Newcomen, 1663~1729)은 영국의 발명가이자 대장간의 직공이었다. 17세기 말의 영국에서는 광산의 배수 문제가 크게 다루어져, 결국 토머스 세이버리(Thomas Savery)의 화력 기관이 발명되었다. 그는 세이버리 기관의 부품을 제작하기도 하고, 설치와 수리로 광산을 드나들었다. 그 무렵부터 뉴커먼은 증기를 이용한 증기기관을 10년 가까이 연구해서 1712년 커먼 기관이라는 증기기관을 완성하였다. 그는 학문적 배경도 없고 과학도 몰랐지만, 그의 기관은 매우 뛰어나서 광산의 배수용으로 많이 보급되었다.

고, 이것을 상업적으로 이용하는 데 성공하였다. 1715년까지 그의 엔진은 영국의 7개 지역의 광산에서 물을 퍼내는 데 사용되었다. 그러나 뉴코먼 엔진은 50년 동안 눈에 띄는 진전을 이루지 못하였다.

그 후 글래스고대학교[103]의 창의적인 젊은 과학자이자 기계 제작자였던 제임스 와트James Watt, 1736~1819는 학생들이 실험용으로 사용하고 있었던 고장난 뉴코먼 엔진을 수리하도록 요청받으면서 뉴코먼 엔진이 안고 있었던 문제점들에 관하여 흥미를 가지게 되었다. 와트의 엔진은 뉴코먼 엔진을 단순히 개선한 것이 아니라 가상적인 열 이론에 기초를 둔 완전히 새로운 발명이었다. 그는 이 이론을 스코틀랜드의 과학자 조지프 블랙[104]으로부터 배웠다. 그는 단지 발명을 한 후에 이론화하는 대신 이론을 통해 발명을 하였다. 제임스 클라우스[105]는 그것을 "기술적 발명이 지각의 영역에서 빠져나가 개념의 영역으로 들어갔다"라고 표현하였다.

기존의 엔진에 대하여 와트가 개선한 점은 기본적으로 두 가지였다. 첫째, 뉴코먼의 엔진이 실린더 안에서 팽창 운동을 하고 난 증기를 압축시키는 데 찬물을 분사하는 것에 의존하였던 반면, 와트의 엔진은 피스톤이 움직이는

---

**103** 글래스고(Glasgow)대학교는 영국 스코틀랜드 글래스고에 위치한 영국의 공립 대학이다. 1451년부터 교육을 시작하여 567년의 역사를 가진 리서치 파워 하우스(Research Power House)라고 불리는 영국 전통 명문 대학이다. 현대 대학 교육의 기틀이 되어준 옥스퍼드대학교, 케임브리지대학교, 세인트앤드루스대학교 다음으로 네 번째, 스코틀랜드에서는 세인트앤드루스대학교 다음으로 오래된 대학으로 잘 알려져 있다. 글래스고대학교는 제임스 와트와 경제학자 애덤 스미스, 물리학자 캘빈, 텔레비전 발명가 존 로지 베어드(John Logie Baird)가 졸업한 학교이다.

**104** 조지프 블랙(Joseph Black, 1728~1799)은 스코틀랜드의 화학자, 물리학자이다. 이산화탄소의 발견자로 알려져 있고, 잠열과 비열의 기초를 확립하였다.

**105** 제임스 클라우스(James Gerald Crowther, 1899~1983)는 과학 저널리즘의 창시자 중 한 사람이다. 그는 1928년에 〈맨체스터 가디언(The Manchester Guardian)〉의 과학 특파원으로 임명되었다.

실린더 실을 가능한 한 항상 뜨거운 상태를 유지하도록 하였다. 와트의 엔진은 번갈아가면서 가열과 냉각을 하는 것을 피함으로써 엔진의 효율을 훨씬 더 높일 수 있게 하였다. 둘째, 기존의 모든 엔진은 단지 피스톤의 한 면만 이용하였으나, 와트의 엔진은 증기를 이용해서 교대로 피스톤의 양면이 진공 상태가 되도록 하였다. 이와 같은 피스톤의 양면 작동 방법으로 피스톤은 증기기관의 레버<sup>Beam</sup>를 밀고 당길 수 있게 되었다. 또한 증기는 반대 면의 압축을 위해 실린더 내에서 소진되었다. 와트 엔진의 첫 번째 모델은 1782년에 승인되었다.

이때 당시 영국의 철 생산량은 프랑스의 생산량보다 적었으나, 1801년에 이르러서는 영국의 철 생산은 프랑스의 세 배가 되었다. 이후 영국은 나폴레옹 전쟁의 마지막 국면까지 선두를 달리게 되었다. 엔진은 모든 산업 분야에서 놀랄만한 변화를 가져왔고, 이러한 변화들은 차례로 과학의 모든 분야를 자극하였다. 로렌스 조셉 헨더슨[106] 교수가 지적했듯이 "1850년 이전에는 과학이 증기기관을 위해 기여했다기보다는 증기기관이 과학을 위해 더 이바지하였다"라고 말하는 편이 적절할 것이다.

18세기 철강 산업에서 몇 가지 엄청난 발명이 있었는데, 그것은 철과 강철의 야금술에 현대적인 전환을 가져왔다는 점이다. 대장장이들은 오랫동안 연철로 불완전한 강철[107]을 만들어 왔으나, 이것은 용광로 안에서 무슨 일이 일

---

[106] 로렌스 조셉 헨더슨(L. J. Henderson, 1878~1942)은 생리학자, 화학자, 생물학자, 철학자 및 사회학자였다. 그는 20세기 초의 선도적인 생화학자 중 한 명이었다. 그의 연구는 헨더슨-하셀바흐(Henderson-Hasselbalch) 방정식에 기여하여 산도의 척도로서 pH를 계산했다.

[107] 강철(鋼鐵, Steel)은 철을 주성분으로 하는 금속 합금을 가리키며, 철이 가지는 강도, 질긴 성질, 자성, 내열성 등을 인공적으로 높인 것이다. 성분적으로 탄소의 함유가 0.3~2% 이하의 것을 나타낸다. 하지만 0.3% 이하에서도 고합금인 스테인리스강, 내열강 등도 강철의 범위에 포함된다. 연철이나 주철과 함께 철강(鐵鋼)이라고도 불리고 강철로 완성된 재

어나고 있는지를 사람들이 제대로 이해하기 전 시대의 일이었다. 강철을 제조하는 데 깊이 있게 연구한 첫 과학자는 르네 앙투안 레아무르[108]였다. 그는 1722년에 《연철을 강철로 전환하는 기술Art of Converting Wrought Iron into Steel》이라는 책을 발간하였다. 그의 독창적이고 훌륭한 이론은 그 후 수십 년 동안 입증되지는 않았다.

강철을 만드는 데 최초의 매우 실제적인 진전은 에이브라함 다르비[109]가 광석을 변형reduction of Ores하는 데, 목탄을 대신하여 사용된 석탄coke을 성공적으로 개발함으로써 이루어졌다. 이와 같은 일이 발생한 시기는 1750년경이었다. 스웨덴의 발명가 크리스토퍼 폴헴[110]은 야금술을 목적으로 롤러를 실용적인

료를 강재(鋼材), 판 모양의 강재를 강판(鋼板)이라고 부른다.

**108** 르네 앙투안 페르샬트 드 레아무르(René Antoine Ferchault de Réaumur, 1683~1757)는 프랑스 곤충학자이자 작가로 여러 분야, 특히 곤충 연구에 기여했다. 그는 레아무르 온도계를 발명했다. 그는 철학, 민법과 수학, 물리학을 공부했다. 1708년, 24세에 그는 과학한림원 회원이 되었다. 처음에는 그의 관심이 수학 연구, 특히 기하학에 집중되었다. 1710년에는 예술과 무역에 대한 설명의 수석 편집자로 임명되었는데, 이는 프랑스에 새로운 제조 회사와 소외된 산업의 부활을 가져온 정부 주요 프로젝트였다. 그는 현대에도 사용되는 철 주석 도금 방법을 고안하고 철과 강철의 차이를 조사하여 탄소의 양이 주철에서 가장 많고 강철에서는 적으며 단철에서는 가장 적다는 것을 정확하게 보여주었다. 연철과 강철에 대한 발견으로 그는 1만 2,000리브의 연금을 받았다. 1731년에 그는 기상학에 관심을 갖게 되었고 그의 이름 레아무르를 딴 온도계를 만들었다. 물의 빙점을 $0°$로 하고 끓는 점을 $80°$로 하는 특정 알코올로 작동하는 온도계이다.

**109** 에이브라함 다비(Abraham Darby, 1678~1717)는 숯 대신에 코크스를 연료로 사용하는 용광로에서 선철을 생산하는 방법을 개발했다. 이것은 산업혁명을 위한 원자재로서의 철 생산에서 중요한 진보였다

**110** 크리스토퍼 폴헴(Christoph Polhem, 1661~1751)은 스웨덴의 과학자, 발명가 및 실업가였다. 그는 스웨덴의 경제 및 산업 발전, 특히 광업에 상당한 공헌을 했다. 1690년에 폴헴은 스웨덴의 광산 채굴 작업을 개선하기 위해 임명되었다. 그는 광산에서 채굴한 광석을 퍼올리고 운반하기 위한 공사에 기여했다. 새롭고 혁명적인 방법으로 그의 연구 결과는 스웨덴의 왕 찰스 11세에게 알려졌다. 스웨덴 광업 기관의 지원을 받아 폴헴은 유럽 전역을 여행하면서 기계 개발을 연구했다. 그는 1697년 스웨덴으로 돌아와 엔지니어 훈련을 위한 시설인 스톡홀름연구소를 설립했으며 설계 및 실험을 위한 실험실도 설립했다. 이곳은 후에 KPS 왕립공과대학교(Royal Institute of Technology)가 되었다. 그의 가장 큰 업적은

기계들로 전환하였고, 영국의 철강업자들은 계속 강철판을 만드는 복잡한 롤링 절차와 코크스를 사용하여 연철을 선철[111]로 만드는 교련로[112] 공정을 개발하였다.

선철, 비철금속, 탄소강, 다른 금속들은 14세기 이후 용광로에서 생산되었다. 선철을 연철과 강철로 전환하는 데 목탄 대신에 코크스를 사용하는 것은 영국에게 대단히 중요하였다. 영국은 목탄의 대부분을 미국과 스웨덴의 산림에서 나는 목재에 의존했기 때문이다. 영국의 석탄 광산은 유럽에서 매장량이 가장 많았기 때문에 영국은 세계 모든 국가에 석탄을 공급하는 국가가 되었다. 또한 코크스의 사용은 루르 계곡[113]을 엄청나게 개발하게 하였다. 철의 생산은 현저히 증가했다. 1740년에 영국의 연간 철 생산량은 1만 7,000t이었

수력으로 완전히 자동화된 공장이었지만, 자신들이 기계로 대체될까 봐 두려워하는 노동자들에게 큰 저항을 받아서 실패했다. 결국 대부분의 공장은 1734년에 화재로 파괴되어 시계를 생산한 공장의 일부만 남았다. 공장은 높은 품질과 저렴한 가격으로 유명한 시계를 계속 생산했다. 폴헴은 스웨덴의 동서 해안을 연결하는 예타(Göta) 운하의 건설에도 기여했다.

111 선철(銑鐵, pig iron)은 철광석이 용광로에서 환원되어 만들어진 철이다. 약 4%의 탄소가 함유되어 있어 단단하고도 부서지기 쉽다. 강철의 원료로 쓰인다. 선철은 산업혁명의 물결을 타고 석탄이 제철에 이용되기 시작한 1820년대부터 생산되었다.

112 교련로(攪鍊爐, Puddling furnace)는 산업혁명 기간에 고급 철 막대(전성 연철)를 최초로 생산할 수 있는 가장 중요한 과정 중 하나였다. 본래의 교련 기술에서, 반사로 내의 용해된 철은 그 과정에서 소비된 연철과 함께 교반되었다. 결국 교련로는 소량의 특수강을 제조하는 데 사용되었다. 교련로는 숯 없이 연철을 생산하는 가장 성공적인 공정으로, 영국과 그 후 곧 북미에서 철 생산이 크게 확장되어 철 산업에 관한 한 산업혁명의 시작을 가져왔다. 에펠탑, 자유의 여신상 등의 단철을 사용한 19세기 대부분의 응용은 교련로를 사용했다. 후에 교련로는 또한 고품질의 탄소강을 생산하는 데 사용되었다. 이것은 고도로 숙련된 기술이었으며, 고탄소 및 저탄소강은 특히 공구강의 출입구 기술뿐만 아니라 고품질 칼, 기타 무기 등 생산에 성공적으로 적용되었다.

113 루르 지방(독일어: Ruhrgebiet, 영어: Ruhr)은 석탄 산업과 철강 산업으로 유명한 독일 노르트라인베스트팔렌주의 도시권을 이루는 지역이다. 가장 큰 도시는 도르트문트이며 그 외 에센, 뒤스부르크, 겔젠키르헨, 보훔 등의 도시로 구성되어 있으며 독일 최대 광역 도시권인 라인-루르 지방의 일부이다.

고 1800년 무렵에는 15만t이었다. 또한 1840년에 이르러서는 1,400만t이 되었다.

18세기 동안에 영국에서 꽃을 피운 공업화학은 주로 정치적으로 급진적이고 비국교도Nonconformist였으며 대학과는 거리가 멀었던 산업지도자 그룹에 의해 일어났다. 옥스퍼드나 캠브리지와 같은 오래된 대학들도 이런 지도자를 몇 명밖에 배출하지 못하였다.

순수과학에 대한 기초 연구가 진지하게 다루어지기 시작했으나, 이것도 유럽에 있는 주요 몇몇 대학에 지나지 않았고, 놀랄만한 새로운 산업의 발달은 학교에 있는 젊은 화학자들에게 영감을 불어넣었다. 점차 화학자들은 만질 수 있는 모든 것은 무게가 있고 측정될 수 있다는 것을 믿게 되었다.

지난 반세기에는 실로 위대한 화학자를 많이 배출하였다. 천부적인 엔지니어였을 뿐만 아니라 대단한 화학자였던 제임스 와트는 증기화학과 물리에 관한 폭넓은 연구를 하였다. 에든버러Edinburgh대학교에서 교수였던 조지프 블랙은 열 연구Studies of Heat에 사용하기 위한 정확한 측정 도구를 개발하는 데 남다른 재능을 가지고 있었다. 그는 처음으로 구체적이고 가상적인 열 개념을 정의하였고, 이산화탄소가 화학적으로 공기 중에서 특이한 기체라는 것을 발견하였다.

산소 발견자인 조지프 프리스틀리[114]는 자신이 발견한 화학적 이론 가운데

---

**114** 조지프 프리스틀리(Joseph Pristley, 1733~1804)는 영국의 화학자, 성직자, 신학자, 교육학자, 정치학자, 자연철학자이다. 그는 자유주의 정치학, 종교, 실험 과학 등 다방면에 기여했다. 산소의 발견자로 널리 알려져 있지만, 스스로는 자신을 과학자라기보다는 성직자로 생각했다. 그의 사상은 신학적으로는 유니테리언, 정치적으로는 자유주의, 철학적으로는 유물론을 표방했다.
그의 주요 과학적 업적으로는 탄산수의 발명, 전기에 대한 저작, 여러 기체(아산화 질소, 암모니아, 염화수소, 이산화 황)의 발견 등이 있지만, 최대의 공적은 '탈플로지스톤 공기' 즉 산소의 명명이다. 1774년 여름 프리스틀리는 볼록 렌즈로 태양 광선을 모아 적색 산화 수은

몇 가지 결과에 대해서는 인정하기를 거부하였지만, 기체에 대한 지식을 대단히 확장했다. 프리스틀리와 다른 많은 저명한 학자가 강력하게 고집하였던 연소이론Phlogiston을 일소하는 데는 기체학에 관하여 거침없는 논리를 제시하였던 프랑스의 앙투안 라부아지에[115]의 연구가 영향을 끼쳤다. 라부아지에는 화학적 물질들의 종류를 설명하기 위해 아직까지도 사용되는 학명을 개발하였고, 현대 화학은 그의 저서 《Traité Élémentaire de Chimie화학원론》[116]의 출간과 함께 진정으로 시작되었다고 할 수 있다. 이후 화학은 질량 연구에 기초를 두고 있으며, 구성 요소와 혼합물의 가장 근본적인 특성이 되었다.

헨리 캐번디시[117]는 기체에 관하여 최초로 체계적인 연구를 하였고, 산화와

---

에 쬐어서 얻어낸 '공기'가 연소를 하는 것을 발견하고 그후 그 기체 안에서 쥐가 오래 사는 것을 발견했다. 당시 플로지스톤설의 진리였던 시대로, '탈플로지스톤 공기'라고 간주하여 같은 해 프랑스의 앙투안 라부아지에에게 이 발견에 대하여 이야기하였고 이 기체가 바로 산소이다. 이 실험을 다시 해서 라부아지에는 연소의 화학적 과정을 해명하게 되었다. 그러나 프리스틀리 자신은 플로지스톤설을 끝까지 맹신하고 화학 혁명을 거부하여 과학계에서 고립되었다. 프리스틀리는 교육학에도 큰 공헌을 하였으며 영문법에 관한 중요한 저작을 출판하기도 하였다. 또한 역사에 관한 책도 집필하여 연표를 기재해 후세에 영향을 주었다.

115 앙투안로랑 드 라부아지에(Antoine-Laurent de Lavoisier, 1743~1794)는 프랑스의 화학자이자 공직자이다. 연소에 관한 새로운 이론을 주장하여 플로지스톤설을 폐기하면서 화학을 크게 발전시켰고, 산화 과정에서 산소의 작용, 산화나 호흡 간의 정량적인 유사점 등을 발견하기도 하였다. 또한 화학 반응에서 질량 보존의 법칙을 확립하였으며 원소와 화합물을 구분하여 근대 화합물 명명법의 기초를 마련하였다. 화학에 정량적인 방법을 처음으로 도입한 학자 중 한 명이다. 그러나 세금 징수원으로 활동하면서 심각한 가렴주구와 폭정으로 프랑스 백성들을 수탈했다는 혐의를 받아, 프랑스혁명의 여파로 체포되어 단두대에서 처형되었다.

116 《Traité élémentaire de chimie(화학 원론)》은 라부아지에가 1789년에 쓴, 화학계에 많은 영향을 미친 최초의 근대적 화학 교과서이다. 현대적인 원소 목록의 토대를 이루고 있는 산소, 질소, 수소, 인, 수은, 아연, 황 등 더 이상 쪼개지지 않는 물질 즉 원소의 목록이 담겨 있다.

117 헨리 캐번디시(Henry Cavendish, 1731~1810)는 수소의 발견으로 유명한 영국의 화학자이자 물리학자이다.

환원, 연소에 관한 실험에서 일관된 해석을 제시하였다. 쟈크 샤를은 1787년에 기체의 부피와 온도 사이의 관계를 정확히 도출해냈다. 주로 수학자였던 세 명의 비범한 베르누이Bernouilli 형제는 실험한 모든 단계의 과학에 많은 영향을 주었다. 다니엘 베르누이는 과학대학에서 10회에 걸쳐 수상하였다. 그의 이론 가운데 하나는 선미Stern로부터 분사되는 물에 의해 배를 추진하는 힘을 다루는 것이었는데, 이러한 이론은 추진력을 가진 스크루Screw의 발명을 이끌었다. 이는 19세기에 효과적인 증기기관 군함 제작이 가능하도록 하였다.

18세기에는 처음으로 전기에 관한 기초적인 실험이 나타났다. 정치가이며 세계적인 과학자로 널리 알려진 벤저민 프랭클린[118]은 전기와 번개의 유사성을 설명하였다. 그의 업적은 엄청난 심리적인 가치를 가지고 있었는데, 그 이유는 수세기 동안 초자연적인 현상으로 사람들이 두려워했던 번개를 인간의 통제 수단으로 두게 되었기 때문이었다. 볼로냐[119]에서 의학 교수였던 루이지 갈바니[120]는 처음으로 개구리에서 생체 전기를 관찰하였고, 그의 실험은 전기가 화학 작용의 결과일 수도 있음을 이끌어냈다. 알레산드로 볼타[121]는 전류

118 벤저민 프랭클린(Benjamin Franklin, 1706~1790)은 '미국 건국의 아버지' 중 한 명이다. 그는 특별한 공적 지위에 오르지 않았지만, 프랑스군과의 동맹에서 중요한 역할을 했고 미국의 독립에도 기여했다. 그는 계몽사상가 중 한 명으로서 유럽 과학자들에게 영향을 받았으며 피뢰침, 다초점 렌즈 등을 발명하였다.

119 볼로냐(Bologna)는 이탈리아 북부에 있는 대학 도시로, 유럽에서 가장 오래된 볼로냐대학교가 있다.

120 루이지 알로이시오 갈바니(Luigi Aloisio Galvani, 1737~1798)는 이탈리아의 해부학자, 생리학자로 전기생리학, 전자기학의 발전에 크게 이바지했다. 1780년 해부한 개구리의 다리가 해부도에 닿자 경련이 일어남을 발견했다. 그는 그것이 생체 전기 때문에 일어난 현상이라고 생각하고, 종류가 다른 금속들 사이의 전위차 때문에 일어난다고 한 알레산드로 볼타와 논쟁했다. 그것은 볼타로 하여금 전지를 발명하게 한 계기가 되었다.

121 알레산드로 주세페 안토니오 아나스타시오 볼타(Alessandro Giuseppe Antonio Anastasio Volta, 1745~1827)는 이탈리아의 물리학자이다. 지속적으로 전류를 공급해 줄 수 있는 전지를 처음으로 개발하였다. 전압을 측정하는 단위인 볼트는 1881년 볼타의 업적을 기려

현상을 발견하였는데 이는 1800년 전기 배터리 실험과 함께 유럽 과학자들 사이에 엄청난 흥미를 유발하였다. 그의 배터리는 계속되는 흐름의 기원이라 는 점에서 기존에 알려진 정전Electrostatic Generator 발전기와는 달랐다.

분석적인 화학은 18세기 중반 이후에 탄생했으며, 많은 새로운 금속이 발 견되었다. 루이 니콜라 보클랭[122]은 1797년에 시베리아 광물들로부터 크롬[123] 을 발견하였으며, 요한 고틀리브 간[124]은 1774년에 망간[125]을 발견하였다. 또한

~~~~~~~~~~~~~~~

그의 이름을 딴 것이다.

122 루이 니콜라 보클랭(Louis-Nicolas Vauquelin, 1763~1829)은 프랑스의 약사이자 화학자이 다. 1797년에는 크로뮴을, 1798년에는 베릴륨을 발견하는 데 기여하였다. 1797년에는 시 베리아산 홍연석에서 크로뮴을 발견하였으며, 이듬해에는 녹주석에서 단맛이 나는 베릴 륨염을 최초로 발견하였다. 또 대기 중에서 액체 암모니아를 얻는 데 성공하기도 하였다. 1806년에는 조수인 피에르 로비케(Pierre Jean Robiquet)와 함께 아스파라거스를 연구하 여 최초로 발견된 아미노산인 아스파라긴산을 발견하였다.

123 크로뮴(Chromium) 또는 크롬(Chrom)은 주기율표의 6족에 속하는 화학 원소로 은색의 광택이 있는 단단한 전이 금속이다. 부서지기 쉬우며 잘 변색되지 않고 녹는 점이 높다. 크 롬 산화물은 2000년 전 중국의 진나라의 병마용에서 출토된 금속제 무기에 사용되었다. 서구 세계에서는 1761년 붉은색 결정형의 크롬산 납이 발견된 이후에 알려졌으며 처음에 는 염료로 사용되었다. 1797년 루이 보클랭이 순수한 크롬을 분리하였다. 자연에서는 순 수한 크롬이 희귀 광물 속에서 드물게 산출되기는 하지만 경제성이 없어 대부분 크롬철 광($FeCr_2O_4$)에서 얻는다. 크롬을 포함한 합금은 부식에 강하고 단단하기 때문에 활용 범 위가 매우 넓다. 스테인리스 스틸의 성분으로 크롬을 첨가하면 잘 부식되지 않고 변색되 는 일이 적어 널리 쓰인다. 전기 도금에도 쓰이는데, 합금으로 사용하는 것까지 합하면 전 체 크롬 사용량의 85%는 이러한 용도로 쓰인다.

124 요한 고틀리브 간(Johan Gottlieb Gahn, 1745~1818)은 스웨덴의 화학자, 광물학자, 결정학 자이다. 1774년 망간을 발견하였다.

125 망가니즈(Manganese) 또는 망간(Mangan)은 철과 비슷한 모습의 회백색 금속으로 자연계 에서는 순수한 형태로 발견되지 않고 주로 철과 혼합된 형태로 존재한다. 같은 검은색 자 철석(magnetite)과 혼동하여 마그네시아라고 불리다가 18세기 후반에 K. W. 셸레가 이들 이 전혀 다른 광물임을 밝혀냈다. 1774년에 J. G. 간이 광석을 탄(炭)과 함께 가열하여 분 리에 성공했다. 처음에는 여러 가지 이름으로 불렸으나 1808년 크로프로트에 의해 현재 의 이름으로 개칭되었다. 철 다음으로 가장 많이 분포하는 중금속이며 소량으로는 거의 모든 장소에서 발견되고 해저에도 망간 단괴(團塊)로서 존재한다. 공업적으로는 스테인리 스강 등의 합금에 주요 첨가물로 사용된다. 이산화 망가니즈는 아연-탄소 전지와 알칼리 전지에서 음극으로 사용된다. 단단하고 부서지기 쉽고 녹이는 것은 어려우나 쉽게 산화

피터 제이콥 헤젤름[126]은 1782년에 몰리브덴광으로부터 몰리브덴[127]을 분리하였다. 당시 독일의 지도적인 화학자였던 마르틴 하인리히 클라프로트[128]는 우라늄, 지르코늄[129]과 세륨[130]을 발견하였고, 1794년에 티타늄Titanium을 재발견

한다. 특별한 처리를 한 경우만 강자성을 띤다. 공기 중이나 산소를 포함한 물 속에서 느리게 산화되어 철과 비슷한 녹이 생긴다.

**126** 피터 제이콥 헤젤름(Petter Jacob Hjelm, 1746~1813)은 스웨덴의 화학자이자 1781년에 몰리브덴 원소를 분리한 최초의 화학자였다.

**127** 몰리브데넘(Molybdenum) 또는 몰리브덴(Molybdän)은 은백색을 띠고 매우 단단하며, 녹는 점과 끓는 점이 매우 높다. 몰리브덴은 소량으로도 강철을 단단하게 만들고, 식물을 키우는 데 주요한 영양소이며 인체에 필수적인 미네랄이며 활성 산소를 무독화시키는 반응에 사용된다. 몰리브덴은 고융점 금속으로 내부식성이 강하기 때문에 고온 고압용 분야에 많이 사용되고 있다. 단점은 산화가 쉽게 되기 때문에 진공 상태 또는 비활성 상태에서 사용되어야 하고, 높은 강도 때문에 가공이 어렵다.

**128** 마르틴 하인리히 클라프로트(Martin Heinrich Klaproth, 1743~1817)는 독일의 화학자이다. 1787년에는 프로이센의 왕국 포병대에서 화학을 가르쳤으며, 베를린대학교 화학 교수였다. 분석화학과 광물학에 큰 기여를 하였고 정량적 분석을 크게 강조하였다. 클라프로트는 우라늄, 지르콘, 티타늄을 처음으로 발견하였고, 이들 물질을 독립된 금속 형태로 분리해내지는 못하였지만 독립된 화학 원소로는 인식하였다. 또한 그는 당시 정확한 조성이 알려지지 않았던 텔루륨, 스트론튬, 세륨, 크롬 화합물의 조성을 결정하기도 하였다.

**129** 지르코늄(Zirconium)은 광택이 있는 회백색의 연성과 전성이 뛰어난 무른 전이 금속으로 타이타늄과 비슷하다. 지르코늄은 주로 지르콘으로 산출되며 부식에 대한 저항이 강하다. 부식에 강하고 중성자 단면적이 작은 특징 때문에 원자로를 만드는 데 주로 쓰인다. 산화지르코늄($ZrO_2$)은 모조 다이아몬드, 모조 치아, 광커넥터 페룰로 사용된다. 자연에는 총 다섯 가지의 동위 원소가 존재하는데 이 중 세 가지는 안정하며, 지르코늄 화합물은 생물학적 역할이 없는 것으로 알려져 있다. 지르코늄은 실온에서 고체로 존재한다. 불순물이 첨가되면 매우 단단해지고 부서지기 쉬워진다. 분말 형태의 지르코늄은 스스로 발화하기 쉽지만 고체 덩어리 형태로는 잘 연소되지 않는다. 지르코늄은 산, 염기, 염을 포함한 물 등에 잘 부식되지 않지만 염산, 황산 등에는 녹기도 한다. 아연과의 합금은 35K 이하에서 자성을 띤다.

**130** 세륨(Cerium)은 은색을 띠며 연성이 있는 란타늄족 무른 금속으로 공기 중에서 쉽게 산화한다. 세륨은 지각 전체의 무게에서 0.0046% 정도를 차지하여 희토류 원소 중 가장 흔한 원소이다. 모나자이트에서 추출한다. 세륨은 유리에 색을 입힐 때 촉매로 사용하며 형광등의 인광 물질을 도포할 때도 사용된다. 세륨·란타넘 합금으로 탄환을 만들어 예광탄으로 쓰기도 한다. 무르고 연성이 커 굽히거나 펴기 쉽다. 공기 중에서 쉽게 산화하여 산화세륨이 된다. 산화세륨은 세리아라고 불리며 산화알미늄, 이산화규소 등과 함께 사용하여 법랑의 유탁제로 사용된다. 도자기의 유약으로는 잘 쓰이지 않으나 흰색 유약을

하였다. 이러한 항목들은 19세기에도 엄청나게 추가되었다. 각국의 과학자들은 새로운 발견을 하는 것이 흥분을 느꼈다.

의학은 1798년 에드워드 제너[131]의《천연두 백신의 원인과 결과에 대한 연구An Inquiry into the Causes and Effects of the Variolae Vaccinae》출간과 더불어 두드러진 발전을 하였다. 그는 천연두 백신의 성공을 설명할 수 없었지만, 백신 주사(종두)의 사용과 개념은 의학에서 중요한 이정표가 되었다.

18세기 동안 수많은 전쟁에도 불구하고, 서구의 과학자들 간에는 의사소통이 자유로웠다. 과학자는 예술가나 시인처럼 공상가로 존경받았고, 무엇보다 그들은 전쟁 기술과는 동떨어져 있었다. 심지어는 18세기 후반의 프랑스혁명과 나폴레옹전쟁이 벌어지던 시기에도 정치적이고 군사적인 사건들이 그들의 자유로운 교류를 막지는 못했다. 리델하트Liddel Hart는 "참혹한 전쟁의 절정기에도 영국의 과학자들은 대륙을 자유롭게 여행할 수 있었고, 프랑스의 과학자들로부터 호의적으로 대접받았다"라고 썼다.

라부아지에는 기본적인 혁명 목표에 반대하지 않았음에도 불구하고, 같은

----

만들기 위해 쓰이기도 한다. 클라프로트가 발견한 것과 별개로 1803년 스웨덴의 화학자 옌스 야코브 베르셀리우스와 빌헬름 힌싱게르가 독자적으로 세륨을 발견하였다. 세륨이라는 이름은 1801년 발견된 왜행성 세레스의 이름을 따 베르셀리우스가 붙인 것이다.

131 에드워드 제너(Edward Jenner, 1749~1823)는 우두법을 발견한 영국의 의사이다. 고향 마을에서 개업의로 일하던 중 1775년 무렵에 천연두에 관심을 기울이게 되었다. 그 지방에서는 우유 짜는 부인이 소의 천연두(우두)를 경험한 뒤에는 사람이 앓는 천연두에 걸리지 않는다는 것이 알려져 있었다. 제너는 이러한 사실을 응용하여 1778년에 관찰한 것을 모았으며, 1796년 첫 번째 종두(種痘)를 그 지방 소년에게 행하여 성공을 거두었다. 1798년까지 스물세 번의 실험을 실시하여 그 결과를 논문 제목으로 하여 왕립협회에 보고했다. 라틴어로 암소를 바카(vacca)라고 하는데 제너는 이 단어로부터 백신(vaccine)과 백신 접종이란 용어를 만들었다. 1803년 런던에서 백신 접종을 촉진하기 위해 왕립제너협회가 설립되었다. 제너는 이 실험을 계속하였고 그의 업적은 프랑스를 비롯한 전 세계로 퍼졌다. 천연두는 그로부터 200여 년 후 지구상에서 사라졌다.

운명으로 괴로워했던 다른 많은 사람처럼 1794년, 공포 시대[132]에 처형되었다. 과학자들 가운데 일부는 자신들의 연구 결과를 직접 또는 간접적으로 전쟁 기술로 제공하였으며, 이들의 동료들은 그런 행동에 대해 깜짝 놀랐다. 콩트는 1813년 프랑스의 수학자 집단에 몇 가지 질문을 하면서 냉정하게 말했다.

"모든 유럽이 그들의 목을 자르고 있다. 당신들은 이러한 도살을 막기 위해 무엇을 하는가? 아무것도 하지 않는다. 내가 무엇을 말하고 있는가? 그것은 파괴의 수단을 완성한 당신들이다. 당신들은 모든 군대에서 파괴의 수단을 사용하는 것을 지도하고 있다."

---

132 1793년 4월~1794년 7월의 프랑스혁명 때에 과격파인 자코뱅파가 탄압 정치를 행한 기간을 이른다.

# 제**6**장 19세기

## 과학, 독립 전쟁, 전쟁의 변화

19세기 초반 1815년부터 1848년까지, 거대한 산업혁명과 함께 유럽에서는 평화가 오래 계속되었다. 미국 역시 1812~1815년 영국과의 전쟁, 1846~1848년 멕시코와의 전쟁을 제외하면, 남북전쟁 발발 전까지 정치적 안정과 놀라운 국가적 성장을 이뤘다. 이때 군비 경쟁은 일반적으로 거부되었다. 평화가 유지될 것이라고 많은 사람이 단순하게 생각했기 때문이다. 영국과 프랑스 해군의 경쟁으로 발전한 범선(풍력)에서 증기선으로의 혁명적 변화의 결과로 19세기 중반까지 긴장은 증가되었고, 양국 사이의 격렬한 경쟁이 고조되었다. 육상에서는 철도의 발전이 또 다른 변화를 가져왔는데, 전쟁에 대한 철도의 영향은 처음에는 예상하기 어려웠다.

전쟁으로 얼룩진 19세기 중기 후반에는 크림전쟁, 미국남북전쟁, 프로이센-오스트리아전쟁[1], 프랑스-프로이센전쟁[2], 러시아-튀르크전쟁[3], 보어전쟁[4], 스

---

1 프로이센-오스트리아전쟁(7주전쟁, 普墺戰爭, 1866. 6. 14.~1866. 7. 22.)은 보헤미아, 독일, 이탈리아, 아드리아 해 지역에서 소독일주의로 통일을 추구하던 프로이센/독일 제후국 일부(50만 명)과 이탈리아 왕국(30만 명)이 대독일주의를 지향하던 오스트리아의 합스부르크 왕조와 독일 연방의 주도권을 둘러싸고 벌인 전쟁이다. 프로이센과 이탈리아가 승리함으로써 프

221

페인-미국전쟁[5]과 같은 주요한 전쟁들이 있었다. 이후 20세기로의 변환기에 러일전쟁이 일어났다. 새로운 무기의 실험과 평가를 할 수 있는, 전술과 전략

로이센이 하노버, 슐레스비히홀슈타인주, 헤센 선제후국, 프랑크푸르트, 나사우와 헤센 대공국의 일부를 합병하면서 북독일 연방을 결성했다. 이때 오스트리아제국이 독일 연방으로부터 제외되면서 오스트리아제국이 오스트리아-헝가리제국으로 바뀌게 되었다. 한편 이탈리아 왕국은 베네치아를 합병했다. 프로이센이 승리로 독일은 프로이센 중심의 소독일주의로 통일했다.

2 프로이센-프랑스전쟁(普佛戰爭, 1870. 7. 19~1871. 5. 10)은 통일 독일을 이룩하려는 프로이센과 이를 저지하려는 프랑스 간에 벌어진 전쟁이다. 스페인 왕위 계승 문제로 불거진 엠스 전보 사건으로 인해 프랑스와 프로이센 국민 간에 감정이 격해지고 여론이 악화되자 프로이센의 세력 확장을 저지하고 유럽 내 패권을 유지하고자 하는 프랑스가 선전포고를 하였다. 프로이센-오스트리아전쟁에서 승리한 프로이센 총리 비스마르크는 독일 통일의 마지막 걸림돌인 프랑스를 제거하여 독일 통일을 마무리하고자 프랑스와의 전쟁 명분만 찾고 있었다. 프랑스는 프로이센의 세력 확장을 경계하던 중 대독일 감정이 악화되자 호전파가 나폴레옹 3세를 부추겨서 전쟁을 시작하였다. 그러나 스당 전투에서 패배한 후 나폴레옹 3세는 생포되었고 이 소식을 접한 파리 공화주의자들에 의해 폐위되었으며 새로운 공화국이 선포되었다. 1871년 1월 18일, 파리 교외의 베르사유 궁전에서 독일제국의 수립과 프로이센 국왕이었던 빌헬름 1세의 초대 독일제국 황제 추대가 선포되었다. 항전하던 프랑스는 결국 항복, 같은 해 5월 10일에 종전 조약이 체결되었다. 승전으로 독일은 알자스-로렌 지방을 차지하고 50억 프랑의 보상금을 받았다. 이 전쟁을 통해 프로이센은 유럽의 제1군사강국이 되었으며 많은 국가가 프로이센처럼 군에 참모본부를 설치하였다. 세계적인 군사사상의 흐름도 프랑스로부터 프로이센으로 바뀌게 되었고, 독일과 프랑스는 제2차 세계대전 직후까지 적대적인 사이가 되었다. 한편 로마 주둔 프랑스군이 참전을 위해 철수하자 이탈리아군이 로마를 점령, 교황청의 세속 권력은 완전 붕괴되었다.

3 러시아-튀르크전쟁(1877~1878)은 오스만제국과 동방정교회 연합군이 벌인 전쟁으로 러시아제국 주도의 동맹군이 승리했다. 러시아제국이 주도한 동방정교회 연합군은 불가리아 공국, 세르비아 공국, 몬테네그로 공국, 몰다비아 왈라키아 연합 공국으로 구성되었다. 보스니아 혁명군과 불가리아 의용군도 이 전쟁에 가담했다. 전쟁은 발칸 반도와 캅카스 산맥에서 벌어졌고, 이 전쟁으로 인해 19세기 발칸 국가들에서 민족주의가 발흥하게 되었다. 크림전쟁에서 잃어버린 영토를 되찾기 위해 러시아제국은 흑해에 기지를 설립하고, 오스만제국으로부터 독립하려는 발칸 반도 내에 위치한 국가들의 정치 운동을 지지하였다. 승리의 결과 러시아제국은 캅카스 산맥의 여러 지역을 합병했다. 루마니아, 세르비아, 몬테네그로는 오스만제국으로부터 완전한 독립을 이루었으며, 불가리아 공국이 재수립되어 불가리아인들의 자치권이 확장되었다. 불가리아 공국은 다뉴브강과 소피아 지역의 통치권을 오스만제국에게서 이양받았다. 1878년 베를린회의를 통해 이 전쟁의 결과가 국제적으로 승인되었다.

4 보어전쟁(Boer War)은 아프리카에서 종단 정책을 추진하던 영국제국과 당시 남아프리카지역에 정착해 살던 네덜란드계 보어족 사이에 일어난 전쟁이다. 두 차례에 걸쳐 일어났는데

에 대한 과학과 산업혁명의 엄청난 영향력을 깨달을 수 있는 많은 기회가 있었다. 통신과 군수 지원은 증기선, 철도, 전보에 의해 완전히 변화되었다. 육군은 전에 비해 더욱 거대해졌고 더욱 기동화하였다. 화력은 후미 장전 소총의 적용과 모든 종류의 포구 장전식 무기 덕분에 더욱 효과적이 되었다. 그리고 전쟁은 과거의 전쟁보다 더욱 파괴적으로 변했다. 미국남북전쟁에서는 3,100만의 인구 중에 60만 명이 전사했고, 보어전쟁에서도 비슷한 수가 전사했다.

산업혁명 덕분에 민간인은 전쟁의 산업적인 도구를 제공하는 것에 책임을 지게 되었고, 직장은 전장과 함께 전쟁의 중요한 일부분이 되었다. 당시 군인과 민간인은 근본적으로 서로 의존적이었고, 과학자-발명가 역할의 중요성은 더욱 크게 인식하게 되었다. 전쟁 물자의 기술적 발전에 큰 관심을 가졌던 나폴레옹 3세는 프랑스 전투함에 대해서 저렴한 비용으로 더 효과적인 장갑을 설치하는 방법에 대한 상을 제시하였다. 그는 크림전쟁 초기, 러시아가 튀르

<hr>

제1차 보어전쟁(1880~1881)은 영국과 보어족 사이의 첫 분쟁으로 상대적으로 규모가 작은 국지전이었다. 제1차 앵글로-보어전쟁 또는 트란스발전쟁으로도 불린다. 평화 조약에 따라 영국은 보어족이 1852년과 1854년에 수립한 트란스발 공화국과 오렌지 자유국의 독립을 인정하였다. 제2차 보어전쟁(1899~1902)은 제1차 보어전쟁으로 독립이 인정된 트란스발 공화국과 오렌지 자유국(Oranje Vrystaat) 연합군이 영국과 싸운 전쟁이다. 제1차 보어전쟁 이후 트란스발 공화국과 오렌지 자유국 지역에서 다이아몬드 광산과 금광이 발견되면서 영국과 분쟁이 발생하고, 보어인의 선제 공격으로 시작해서 1902년 5월 31일에 영국이 승리함으로써 끝났다. 이 전쟁의 결과로 트란스발 공화국과 오렌지 자유국의 영토는 영국의 식민지가 되었다(현재의 남아프리카공화국). 제1차 보어전쟁에 비해 상대적으로 대규모로 치러진 전쟁이며 파급 효과도 컸기 때문에, 일반적으로 '보어전쟁'은 이 전쟁을 가리킨다.

5 미국-스페인전쟁 또는 미서전쟁(美西戰爭)은 1898년 4월부터 8월까지 쿠바 문제를 둘러싸고 미국과 스페인 간에 쿠바와 필리핀에서 벌어진 전쟁이다. 이 전쟁은 쿠바의 독립 운동이 스페인에 의해서 거부되자 이를 해결할 것을 미국이 요구하면서 시작되었다. 아바나에서 일어난 혁명은 미국이 전함 메인호를 보내 그들의 높은 국가적 관심을 보이도록 자극하였다. 메인호의 폭발로 미국인들 사이의 긴장감이 고조되었고 스페인이 식민지를 억압하고 있다는 황색 언론은 미국의 여론을 움직였다. 전쟁은 필리핀과 쿠바에서 미국의 승리로 끝을 맺고, 쿠바와 필리핀, 푸에르토리코, 괌의 지배권을 미국에게 넘겨주었다. 미국이 본격적으로 제국주의 정책을 추진하기 시작한 상징적 사건이다.

크의 함대를 전멸시킨 펙상 포 때문에 방해를 받았다. 이 포는 앙리-조세프 펙상[6]에 의해 프랑스에서 영국 해군의 우세를 극복할 수 있는 좋은 수단으로 개발된 것이지만, 나폴레옹 3세는 이것이 프랑스 함대에서도 사용될 수 있음을 깨달았다.

나폴레옹 3세의 후원 하에 일하고 있었던 어린 영국 기술자인 헨리 베서머가 이 상을 수상했다.[7] 후에 영국에서 발전된 그의 실험이 유명한 '베서머법 Bessemer Process'이다. 이는 녹은 무쇠를 담은 도가니 속으로 공기를 불어넣는 것으로 구성되어 있다. 그 공기는 무쇠를 달구어서 대부분의 탄소를 제거하였다. 그 결과 양국의 철강 생산량이 크게 증가하고 비용이 크게 감소했다.

독립전쟁 기간 매사추세츠의 상원의원 헨리 윌슨은 미국과학아카데미(미국과학학술원)의 설립 법안을 제안했고, 링컨은 1863년 3월 3일 그 법안에 서명했다. 이 학술원은 새로운 무게 단위와 측정 시스템을 만들었고, 보다 더 정확한 바람과 해류 차트를 그려냈다. 철선iron vessels에서의 자기 편차에 대한 연구가 시작되었고, 철선의 선저가 오염되는 것을 방지하는 방법을 연구했으며, 증

---

6  앙리-조세프 펙상(Henri-Joseph Paixhans, 1783~1854)은 19세기 초반의 프랑스의 포병 장교이다. 펙상은 나폴레옹전쟁에 참전했고 1848년 소장이 되었다. 1823년, 그는 최초의 폭발성 포탄을 사용한 대포를 만들어냈고 이후 이를 펙상 포라고 부르게 되었다. 펙상 포는 폭발성 포탄과 탄도를 결합한 최초의 함상용 포가 되었고, 이것으로 목선의 시대는 끝나고 조선에서 철갑함의 혁명을 촉발하는 계기를 만들었다. 펙상은 또한 500kg의 포탄을 사용한 괴물 박격포라는 의미의 모르티에 몽스트레(Mortier monstre)를 개발하였고 이는 1832년 안트워프 포위전에서 효과적으로 사용되었다. 그는 소수의 쾌속 무장 함대가 대규모 함대를 격파할 수 있다고 주장했다.

7  헨리 베서머 경(Sir Henry Bessemer, 1813~1898)은 영국의 기술자이자 발명가로, 베서머법을 발명했다. 베서머법(Bessemer process)은 용해된 선철에서 강철을 대량 생산하는 세계 최초의 저렴한 제법이다. 윌리엄 켈리도 1851년 같은 제강법을 발견하였다. 같은 원리에 근거한 제강은 유럽 이외에서 수백 년 전부터 이루어지고 있었지만, 대량 생산할 수 있는 규모는 아니었다. 핵심 원리는 용선에 공기를 불어 넣어 산화 환원 반응을 일으켜 철에서 불순물을 제거하는 것이다. 산화에 의해 철의 온도가 상승, 녹은 상태로 유지하는 효과도 있다.

224

기의 팽창을 통제할 수 있는 개선된 방법들을 찾아낸 것이다. 19세기의 과학
은 전쟁으로 자극된 특별한 연구와는 무관하게 크게 발전했다.

화학은 19세기 동안 엄청난 발전을 이루었지만, 대부분의 새로운 발견이 군
사 기술에 영향을 미치기까지는 시간이 걸렸다. 특히 중요한 것은 화학 원소
와 화합물의 분리 및 식별이었다. 영국의 전기 화학 선구자인 험프리 데이비[8]
경은 세기 초에 칼륨과 나트륨을 분리하여 염소가 원소임을 입증했다. 영국
의 화학자이자 물리학자인 존 돌턴[9]은 데모크리토스[10]의 주장과 같이 물질은
원자로 구성되어 있고 원자는 세분화할 수 없는 궁극적인 입자라고 믿으며
최초의 원자량 표(주기율 표)를 만들었다. 원자 하나의 발견은 1860년까지 원자
량 표(주기율 표)에 60개의 원자가 번호를 매길 때까지 다른 발견을 자극했다.

프랑스의 르네 레아무르, 영국의 헨리 소비[11]와 마이클 패러데이[12], 독일의

---

8 험프리 데이비(Humphry Davy, 1778~1829) 경은 영국의 화학자이다. 얼음을 마찰시켜 열을
  발생시킴으로써, 라부아지에 등이 '열은 물질'이라고 하는 설에 대하여, 열은 운동이라는 것
  을 증명한 유명한 실험을 발표하였다. 또 프리스틀리가 발견한 아산화질소는 흡입이 가능하
  여 마취의 역할을 하는 것을 발견하였고, 안면근을 경련시켜 웃는 표정을 만든다는 사실을
  밝혀내었다. 데이비는 칼라일, 니콜슨의 물의 전기 분해가 발표(1800)되자 즉시 이를 실험하
  여 알칼리 금속을 발견하였다.
9 존 돌턴(John Dalton, 1766~1844)은 영국의 화학자이자 물리학자, 기상학자이다. 원자설의
  첫 제창자로 알려져 있다. 그는 자신이 보통 사람들이 볼 수 있는 색을 다 구별하지 못한다
  는 것을 깨닫고 색각 이상에 대해 최초로 연구하였다. 적록 색각 이상(돌터니즘, daltonism)의
  어원이 되었다.
10 데모크리토스(Democritus, BC 460~BC 380)는 고대 그리스의 철학자이다. 그의 철학 사상
   은 물질주의에 바탕을 둔 원자론을 먼저 손꼽을 수 있으며, 윤리학, 인식론 등은 데모크리
   토스의 원자 개념과 깊은 인연을 맺었다. 과거만이 아니라 미래까지도 그리고 사물의 아주
   작은 부분까지도 이미 오래전에 결정되어 있다는 형이상학적 결정론은 데모크리토스에 의
   해 잘 표명되었다.
11 헨리 클리프턴 소비(H.C. Sorby, 1826~1908)는 영국의 현미경 학자이자 지질학자였다. 그는
   현미경으로 철과 강철을 연구하는 기술을 개발하였는데 이것은 철강의 대량 생산을 위한
   길을 열었다.
12 마이클 패러데이(Michael Faraday, 1791~1867)는 영국의 물리학자이자 화학자이다. 패러데

아돌프 마르텐스[13]는 모두 다 금속 구조를 연구하는 새로운 금속조직학에 기여했다. 1895년 빌헬름 콘라드 뢴트겐[14]이 X선을 발견하면서 다른 분야에서 많은 주목할 만한 결과가 나타났다. 그중 하나는 결정학[15]의 등장인데, 이는 금속에 대한 인류의 지식이 더욱 더 정교해졌다는 것을 의미하는 것이기도 했다.

현대에 일반적으로 사용되는 군사 폭발물인 TNT[16], 테트릴[17], 피크르산[18],

이는 전자기장에 대한 기본적인 개념을 확립하는 직류가 흐르는 도체 주위의 자기장에 대한 연구를 했으며, 자성이 광선에 영향을 미칠 수 있다는 것과 그들 사이에 근본적인 관계가 있다는 것도 확립하였다. 또 그는 전자기 유도, 반자성 현상, 전기 분해의 법칙의 원리에 대해서도 발견하였다. 그가 발명한 전자기 회전 장치는 전기 모터의 기본적 형태가 되었고, 이를 계기로 전기를 실생활에 사용할 수 있게 되었다. 또한 벤젠을 발견했고, 염소(Cl)의 격자무늬 수산화물에 대해 조사했으며 초기 형태의 벤젠 버너, 산화 상태들의 체계, 양극, 음극, 전극, 이온과 같이 널리 쓰이는 전문 용어들을 처음으로 도입했다.

13 아돌프 칼 괴트프리드 마르텐스(Adolf Karl Gottfried Martens, 1850~1914)는 독일의 야금 학자이다. 강철 구조 마르텐사이트와 고체 상태의 무확산 상전이 유형인 마르텐사이트 변환을 발견했다.

14 빌헬름 콘라트 뢴트겐(Wilhelm Conrad Röntgen, 1845~1923)은 독일의 물리학자이다. 1895년 X선 또는 '뢴트겐선'이라 불리는 파장이 짧은 전자기파를 발견, 1901년 노벨 물리학상을 수상하였다.

15 結晶學(crystallography)은 결정의 기하학적인 특징과 광학적인 성격, 물리적 성질, 화학적 성질 등을 연구하는 학문이다. 오늘날 결정학은 고체물리학, 화학에서 다루어진다.

16 트라이나이트로톨루엔(trinitrotoluene). 폭발성의 화학 물질로 화학식은 $C_7H_5N_3O_6$이다. TNT는 1863년 독일 화학자 요제프 빌브란트(Joseph Wilbrand)가 최초로 제조하였으며, 1891년 독일에서 최초로 대량 생산을 시작하였다. TNT의 폭발력은 폭탄이나 기타 폭발물의 폭발력에 대한 기준으로 사용된다. RE 계수는 1.00이다.

17 테트릴(tetryl)은 노란색 결정질 고체 분말 물질로 기폭 장치와 포탄이나 폭탄의 작약을 폭발시키는 민감한 2차 고폭약이다. 테트릴은 RDX로 대체되었다. 테트릴은 물에는 거의 녹지 않지만 아세톤, 벤젠 및 기타 용매에는 용해된다. 테트릴이 가열되면 먼저 녹은 다음 분해되어 폭발하며, 쉽게 연소되고 암모늄 피크르산염(picrate) 또는 TNT보다 더 쉽게 폭발한다. 피크르산만큼 민감하여, 마찰, 충격 또는 스파크에 의해 폭발한다. 상온에서 보관 시 안정적이다. 일반적으로 압축된 펠릿 형태로 사용되며 TNT보다 훨씬 더 나은 조각화를 제공하기 때문에 소구경 발사체의 표준 파열 장약으로 사용된다. 테트릴은 주로 제1, 2차 세계대전과 그 이후의 전쟁에 사용되었다.

18 피크린산(Picric acid)은 일반적으로 몇 가지 이성체를 가진 트리니트로 페놀 중 2,4,6-트리

PETN[19] 및 시클로나이트[20]의 대부분은 19세기에 발견되었지만 이러한 폭발물의 특성은 나중에 고폭탄을 기폭하는 기술이 좀 더 발전된 후에야 실용화되었다. 이러한 이해는 주로 스웨덴 발명가이자 폭발물 제조업자인 알프레드 노벨[21]의 연구 결과이다. 피크린산과 나이트로셀룰로스[22]는 1904~1905년의 러

---

니트로페놀(TNP:2,4,6-trinitrophenol)이라고 불리는 화합물이다. 그리스어로 '쓴 맛'을 뜻하는 피크로스(πικρος)에서 온 말로, 쓴 맛의 특성이 반영된 이름이다. 방향족성 니트로 화합물이다. 수용액은 강산성을 나타내며, 불안정하고 폭발성을 가진 가연성 물질이기 때문에 예전에는 화약으로도 사용되었다. 피크르산은 일반적으로 페놀의 니트로화에 의해 얻어진다.

19 펜타에리트리톨 테트라니트레이트(Pentaerythritol tetranitrate, PETN)는 가장 강력한 폭발물 중 하나이다. R.E 계수는 1.66이다. PETN은 충격과 열에 매우 민감하다. TNT보다 강력하여, 메인 폭약으로 잘 쓰인다. 아세톤에 잘 용해되며 141°C에서 녹기 시작한다. PETN 50%와 TNT 50%를 혼합한 펜톨라이트(Pentolite)가 있고, RDX와 PETN을 혼합한 셈텍스(Semtex)가 있다.

20 시클로나이트(RDX)는 1899년에 한스 헤닝(Hans Henning)에 의해서 의약용으로 발견되었고, 1922년 폭약으로 제조되었다. 도폭선, 뇌관에 들어있는 전폭제로 사용하며 순수한 상태로 군용으로 쓰기에는 다소 민감한 편이므로 콤포지션 같은 형태로 좀 더 둔감하게 만들어서 사용한다. 화학식 $O_2NNCH_2$의 유기 화합물로 냄새나 맛이 없는 흰색 고체 폭발물이다. 화학적으로 HMX와 화학적으로 유사한 니트라 마이드로 분류된다. RDX는 또한 시클로나이트, 헥소겐(러시아, 프랑스, 독일 등)이라고도 불리운다. 1930년대에 영국에서 더 두꺼운 선체로 건조 중인 독일 U-보트에 사용하기 위해 사이클로나이트를 조사하기 시작했다. 목표는 TNT보다 더 위력적인 폭발물을 개발하는 것이었다. 이름은 보안상의 이유로 '연구부 폭발물"(RDX)'이라고 불렸던 것에서 유래한다. TNT보다 위력이 큰 폭발물로 제2차 세계대전에서 널리 사용되었으며 군사용으로 사용되고 있다. 다른 폭발물과 가소제 또는 점액제와의 혼합물로 자주 사용된다. 토펙스(Torpex), 컴포지션(Composition) A/B/C, 사이클로톨스(Cyclotols), H6, DBX, HBX, PBX, 셈텍스와 같은 TNT와의 폭발성 혼합물에서 사용되었다. RDX는 최초의 플라스틱 폭발물 중 하나에 사용되었다. 산업용으로 RDX는 구조물을 파괴하기 위한 폭파 철거에도 사용된다.

21 알프레드 베른하르드 노벨(Alfred Bernhard Nobell, 1833~1896)은 스웨덴의 과학자이다. 그는 고체 폭탄인 다이너마이트를 발명했다. 노벨은 나이트로글리세린을 혼합한 안정한 규조토와 같은 물질을 만들었으며 그것을 좀 더 안전하고 사용하기 쉽게 변형하였는데, 이 혼합물들을 '힘'을 뜻하는 그리스어인 다이너마이트라는 이름으로 특허를 냈다. 노벨은 이후에 콜로디온과 유사한 나이트로글리세린과 나이트로셀룰로스 혼합물들을 섞은 혼합물을 만들었고, 1876년 투명하고 젤과 같은 물질이면서 다이너마이트보다 더 강력한 젤라나이트 또는 블라스팅(blasting) 젤라틴이란 이름의 물질의 특허를 낸다. 젤라틴은 보다 안정적이고 이동하기 편하고, 구멍을 뚫거나(드릴링)나 채광(마이닝)에 좀 더 쓰기 편하게 구멍

일전쟁까지 광범위하게 사용되지 않았고, TNT는 제1차 세계대전까지 표준 폭발물이 되지 못했다.

일반적으로 새로운 폭발물의 발명과 군사공학자 및 총포 제작자의 적용 사이에는 상당한 시간차가 있었다. 적어도 한 번쯤 군대에서는 새로운 무기에 대한 기대를 가졌지만 당시의 화학자와 물리학자들이 그것을 완벽하게 만들기에는 준비가 충분히 되지 않았다. 군대에서 기대한 새로운 무기는 매혹적이지만 순탄치 않은 내력을 가진 로켓이었다. 유럽에서는 14세기 말에 총기류가 선호되어 완전히 폐기되었지만 극동 지역, 특히 인도에서는 드물게 사용되었다. 영국군 대령 윌리엄 콩그레브William Congreve 경은 1799년 세링가파탐[23] 포위 공격에서 티푸 술탄[24]이 사용한 것을 보고 이 무기에 관심을 갖게 되었다. 그

과 같은 홈에도 넣어 쓸 수 있었다. 채광 역사의 표준으로 이 물질이 사용되면서 노벨은 엄청난 경제적 성공을 이루게 되었다. 그의 유언에 따라 노벨상이 제정되었다.

22 나이트로셀룰로스는 면화약, 플래쉬 페이퍼, 플래쉬 코튼이라고도 불리는 셀룰로스 중합체의 일종이다. 셀룰로스의 하이드로기(-OH)의 H가 질산화물로 치환된 형태이며, 치환기가 많을수록 폭발성과 폭발력이 크다. 치환이 덜 된 나이트로셀룰로스는 플라스틱, 잉크, 필름, 목재 코팅의 재료로 쓰인다. 헨리 바르코넛(Henri Braconnot)이 1832년, 질산이 전분이나 나무 조직과 만났을 때 폭발하는 성질의 물질을 소량 만들어낸다는 것을 발견했고, xyloïdine이라 명명했다. 이후 여러 과학자가 유사한 물질을 발견했으나 불안정하고 실용적으로 사용되지 못했다. 1846년, 프리드리히 쉔바인(Christian Friedrich Schönbein)이 실험 도중 실수로 질산병을 엎어 황산과 혼합되었는데, 앞치마로 혼합액을 닦고 난로에 말릴 때 큰 폭발이 일어났다. 이를 통해 나이트로셀룰로스의 실용적인 제조법을 발견해냈다.

23 스리랑가파트나(Srirangapatna) 또는 세링가파탐(Seringapatam)은 인도 남부에 있는 마을이다. 마이소르주의 옛 주도인데 1799년 4월 영국에 의해 점령되었다. 영국군은 연합군인 하이데라바드 니잠과 마라타와 함께 세링가파탐 요새의 벽을 뚫고 성채를 습격한 후 결정적인 승리를 거두었다. 마이소르의 통치자 티푸 술탄은 전투 중 전사했다. 영국은 승리 후 우데야르(Wodeyar) 왕조에게 통치권을 돌려주었지만 왕국을 간접적으로 통제했다.

24 티푸 술탄(Tipu Sultan, 1750~1799). '티푸의 샤 하브' 또는 '마이소르의 호랑이'라고 불린다. 인도 남부 마이소르 왕국의 통치자인 그는 통치 기간 새로운 주화 시스템과 달력, 마이소르 실크 산업의 성장을 시작한 새로운 토지 수입 시스템 등 여러 행정 혁신을 도입했고, 철제 케이스로 된 마이소리언(Mysorean) 로켓 전력을 증강하였다. 그는 폴리루르(Pollilur) 전투와 세링가파탐 공성전을 포함하여 영국-마이소르전쟁 동안 영국군과 동맹군의 공격에

는 인도인들이 사용했던 무기를 개량하고 1806년 불로뉴[25] 포위 공격에서 제품을 테스트했다. 시가지 전체를 불태우는 데 성공했을 때 그는 이렇게 썼다.

"로켓은 사실 군사 전술의 전체 시스템을 바꾸도록 운명지어진 무기이다."

한동안 영국 육군 병기 전문가들은 그의 열정을 공유했다. 그들은 분말 작약을 충전한 사정거리 2mile$^{3.2km}$ 이상의 폭발성 철갑 탄두 로켓을 생산했으며, 로켓은 시한 신관 이용 착탄 시 폭발했다. 이 로켓은 미국과의 1812년 전쟁에서 사용되었을 때 평범한 성과를 냈을 뿐이다. '로켓의 붉은 섬광'은 미국 국가로 길이 남게 되는데, 볼티모어 항구의 포트 맥헨리Fort McHenry 포격에 사용된 로켓에서 유래된 것이다.[26] 하지만 로켓은 맥헨리 요새를 함락하기에는 충분하지 못했다. 그들은 항복을 유도하기에 충분하지 않았다. 미군은 멕시코 전쟁[27]에서 몇 번 로켓을 사용했지만 이것이 불안정하고 위험하다는 사실을

---

맞서 로켓을 사용했다. 그는 또한 마이소르를 18세기 후반에 세계에서 가장 높은 실질 임금과 생활 수준을 가진 주요 경제 강국으로 발전시킬 야심찬 경제 개발 프로그램에 착수했다.

25 불로뉴 쉬르메르(Boulogne-sur-Mer)는 프랑스 북부 도버 해협에 접한 파드칼레주의 도시이다. 1806년 10월 8일부터 9일까지 에드워드 오웬 제독은 불로뉴에서 프랑스 함대를 공격했다. 밤이 다가오자, 15kg의 콩그레브 로켓 발사대를 장착한 24척의 커터가 줄을 지어 불로뉴에 30분간 약 2,000발의 로켓을 발사했다. 공격으로 화재가 많이 일어났지만 효과는 제한적이었다. 하지만 이 공격은 영국이 이후 더 많은 전투에서 로켓을 사용하도록 이끌었다. 확실하게 불탄 것은 코펜하겐으로 1807년, 약 300발의 콩그레브 로켓을 포함해서 대포, 박격포를 통해 발사된 1만 4,000발 이상의 철구, 고폭탄, 소이탄에 의해 불탔다. 브로디 부부가 이야기한 불타는 시가지가 불로뉴인지 코펜하겐인지 명확하지 않다.

26 맥헨리 요새(Fort McHenry)는 미국 메릴랜드주 볼티모어에 있는 별모양 요새(치타델)이다. 이 요새가 유명해진 것은 미영전쟁 중인 1814년 9월 13일, 체사피크만에 침입한 영국 해군의 함대가 볼티모어 항구를 공격해 왔을 때 방어에 성공한 덕분이다. 워싱턴 변호사 프랜시스 스콧 키는 소낙비 같은 포화 속에도 손상되지 않은 채 여전히 펄럭이는 미국기를 보고 큰 감동을 받아 바로 그날 아침, '맥헨리 요새의 방어(The Defence of Fort McHenry)'라는 시를 지었다. 이후 'The Star-Spangled Banner(별이 빛나는 깃발)'라고 이름을 바꾸어 미국의 국가가 되었다.

27 멕시코-미국전쟁은 1846~1848년 멕시코와 미국이 싸운 전쟁이다. 1836년 텍사스혁명으로 텍사스 공화국은 멕시코에서 독립했는데, 멕시코는 여전히 텍사스를 자국 영토로 여기

알게 되었고 그 후 사용을 완전히 포기했다. 영국군은 1885년에 공식적으로 로켓의 사용을 포기했다.

19세기 내내 철강 제조업의 발전은 꾸준하게 계속되었다. 개방형 용광로[28]는 1824년에, 베세머Bessemer 공정은 1856년에 등장하였다. 두 가지 기술 모두 생산품의 품질을 개선하고 연철과 강철의 생산 비용을 줄여주었다. 19세기 말 산업은 마침내 새로운 화학의 압도적인 영향을 받았다. 텅스텐[29]은 1871년 로버트 포레스터 무쉐트[30]에 의해 강철에 성공적으로 추가되었다. 크롬강[31]은

---

고 있었다. 1845년 텍사스가 미국의 1개 주로 합병되자 반발하며 서부 확장에 집중하던 제임스 포크 대통령의 정책과 충돌하며 전쟁이 일어났다. 결국 1848년 1월 멕시코는 평화 협정을 요청해 1848년 2월 2일 멕시코 과달루페 이달고에서 '과달루페-이달고조약'을 맺어 전쟁이 종결되었다. 그 결과로 미국은 겨우 1,825만 달러를 지급하고 멕시코로부터 뉴멕시코, 캘리포니아, 콜로라도, 애리조나, 네바다, 유타주 등을 할양받아 한반도 넓이의 열다섯 배에 달하는 300만km²의 영토를 넓혔다.

28 평로(open-hearth furnace). 제강(製鋼)에 쓰이는 반사로(反射爐)의 일종. 고로(高爐)에 비해 모양이 납작하다. 노에서 나오는 가스를 이용하여 공기를 가열하는 축열실(蓄熱室)을 노 밑에 갖추고 1,800℃의 고온을 얻어 선철(銑鐵)을 강으로 만들 수 있다. 평로는 설철(屑鐵)이 원료로서 대량으로 필요하고 에너지 사용량이 많으며 생산 속도가 느려 지금은 산소분사 전로법(酸素噴射轉爐法)이 쓰인다. 과도한 탄소와 기타 불순물을 선철에서 태워 철강을 생산한다.

29 텅스텐은 화학 원소로 기호는 W, 원자 번호는 74이다. 텅스텐이라는 말은 스웨덴어로 '무거운 돌'을 의미하기 때문에 한자어로 중석(重石)이라고 부른다. 무겁고 매우 단단한 전이 금속으로 철망가니즈중석과 회중석 등의 광석에서 산출된다. 1781년에 처음 발견되어 1783년에 순수한 형태로 분리되었다. 원소 중 녹는점이 가장 높으며, 밀도는 19.3g/cm³으로 금이나 우라늄과 비슷하다. 순수한 텅스텐은 단단하면서도 연성이 뛰어나며, 불순물이 소량 첨가되면 단단하지만 부서지기 쉬워 가공하기 어렵다. 순수한 텅스텐은 전기·전자 분야에 쓰이지만 주로 화합물이나 합금으로 널리 쓰인다. 전구의 필라멘트가 가장 대표적이다. 또 텅스텐은 단단하고 밀도가 높으므로 군용 목적으로는 대전차탄 등 두꺼운 장갑을 뚫는 용도로 많이 활용된다. 한국에는 최대 3,000만t(80년 사용 가능한 분량)이 매장되어 있다고 한다.

30 로버트 포레스터 무쉐트( R. F. Mushet, 1811~1891)는 영국 야금 학자이자 사업가였다.

31 크롬강(chrome steel)은 스테인리스가 아닌 강의 계열 중 하나로, 도구, 가정 기구 등에 사용된다. 값비싼 니켈이 들어 있지 않기 때문에 널리 구조용으로 쓰이고 있다. 그리고 고탄소 크롬강은 열 처리에 의해서 크게 경화되므로, 경도가 필요한 공구, 볼베어링 등에 쓰인다.

1878년에 출시되었다. 로버트 해드필드[32]는 1882년에 망간강[33]을, 1889년에 규소강[34]을 개발했다. 니켈은 1883년에 강과 혼합되었고[35], 바나듐[36]과 크롬-바나듐강[37]은 20세기로의 전환기에 개발되었다. 이 모든 것은 총포류와 장갑의 판금을 발전시켰음을 의미하는 것이다. 앤드류 카네기[38]는 철강 제조하는

32 로버트 해드필드(Sir Robert Abbott Hadfield, 1858~1940)는 영국의 야금학자였으며, 1882년 최초의 강철 합금 중 하나인 망간강을 발견하였다. 또한 실리콘 강도 발명하였다.

33 망갈로이(Mangalloy). 망간강 또는 해드필드(Hadfield) 강이라고도 하며, 경화 상태에서 높은 충격 강도와 내마모성을 가진다. 철에 탄소와 망간을 첨가한 합금강. 망간 1~2%가 첨가되고 탄소 0.2~1.0%를 함유하는 것과 망간 10~14%를 첨가하고 탄소량도 0.9~1.3%나 되는 고망간강이 있다.

34 규소강(silicon steel)은 탄소 함량을 최소로 줄인((0.02%) 철과 규소 Fe-Si의 합금이다. 규소 함유량은 1~4%이다. 압연과 열처리를 되풀이함으로써 그 결정 입자의 면이 압연면과 평행토록 하고, 방향이 압연 방향과 일치하는 집합 조직으로 할 수 있다. 방향은 자기화되기 쉬운 방향이므로 이 상태에서 최대 자기투과율을 나타낸다. 이와 같은 우선 방향을 1938년경 고스(N. P. Goss)가 발표하였으므로 고스 집합 조직이라고 한다. 자기 이력 손실이 매우 작다. 변압기용 철심으로 널리 이용된다. 탄소·질소·산소 등의 불순물을 품으면 시간에 따라 성능이 떨어진다.

35 니켈강(nickel steel)은 니켈을 함유하는 강(鋼)이다. 탄소강에 니켈을 첨가하여 강도와 경도를 높인 특수강이다. 중요한 용도는 자동차용, 교량용이며, 침탄한 것은 기어, 차축, 크랭크축, 볼트 등에 쓰인다. 니켈을 가하면 강철의 결점인 저온메짐성(低溫脆性)도 개선된다.

36 주기율 표 5족에 속하는 전이원소의 하나로, 원소기호 V, 녹는 점 1,890℃, 끓는 점 (약) 3,000℃이다. 1830년 독일의 N. G. 제프슈트룀이 스웨덴산의 철광석 속에서 발견하고, 이것을 스칸디나비아 신화의 미의 여신인 바나디스(Vanadis)의 이름을 따서 바나듐이라고 명명했다.

37 바나듐을 단독으로 첨가하지 않고 보조적으로 1% 이하를 첨가한다. 바나듐은 원래 강의 탈산제로 사용되어 왔으나 바나듐을 첨가한 강은 입자가 미세하며 또 피로 강도가 높으므로 현재는 0.15~0.25% 정도의 바나듐을 첨가한다. 특히 크롬강에 바나듐을 첨가하면 좋은 결과를 얻을 수 있다. 또 공구강에 바나듐을 첨가하면 담금질의 온도 범위가 넓어지고 크롬과 복탄화물이 되어 단단하고 예리한 날(刃)을 얻을 수 있다

38 앤드루 카네기(Andrew Carnegie, 1835~1919)는 스코틀랜드 출신의 미국의 철강 재벌로, 기차역의 심부름하던 소년에서 초대형 철강회사의 CEO까지 올라간 아메리칸 드림의 대표 인물이다. 세계적인 철강회사인 US스틸은 카네기의 철강회사를 투자자인 JP 모건이 합병해서 설립한 회사이다. 록펠러와 함께 19세기 미국 산업계를 대표했던 양대 재벌로, 록펠러 회장과 말리제국의 황제 만사 무사에 이은 인류 역사상 세 번째로 많은 재산을 가지고 있었다. 1901년에는 카네기 스틸을 J. P. 모건에 매각하고 자선사업을 하며 노후를 보냈다.

데 과학자가 가치 있는가에 대해 질문을 받았을 때 "만약 건물과 공장의 손실과 과학자 지원의 상실 중 선택해야 한다면 저는 전자를 잃고 싶을 것입니다. 공장을 다시 건설하는 것이 더 쉽습니다"라고 말했다.

열과 기계 에너지의 관계를 다루는 열역학은 인상적인 이론과 실험을 통해 존경받는 과학으로 성장했다. 증기 엔진 개발이 가속화되어 1880년대의 고압 증기기관에서 절정에 이르렀으며 이는 전 세계 전투함들의 변화에 도움이 되었다. 열역학과 관련된 위대한 인물 대부분의 이름은 화학 분야의 학생들에게 잘 알려져 있다. 많은 사람이 프랑스 인이었다. 그중에는 젊은 군대 기술자에서 물리학자로 변신한 니콜라스 카르노[39]가 있는데, 그는 자신의 작품이 출판되기 이전에 죽었고, 자기학과 가스 팽창을 연구한 조셉 L. 게이뤼삭[40]은 기구의 상승에 대한 자신의 관찰기 일부를 만들었다. 그리고 고온에서 증기의 탄성을 연구한 피에르 루이 뒤롱[41], 앙리 빅토르 레그노[42]는 증기의 열 특성에 대한 고전적인 연구를 수행했으며 많은 과학자를 자신의 실험실로 끌어들였다.

---

**39** 니콜라 레오나르 사디 카르노(Nicolas Léonard Sadi Carnot, 1796~1832)는 프랑스의 물리학자이다. 그는 열은 높은 온도로부터 낮은 온도로 옮겨질 때만 힘을 얻을 수 있고, 그와 반대의 경우에는 밖으로부터 힘을 주지 않으면 안 된다는 사실을 증명하였다. 이것은 오늘날의 '열역학 제2법칙'과 같은 것이다. 저서로 《열 및 열 기관에 관한 고찰》 등이 있다. 그의 아버지는 국민공회 시기 공안위원회 위원이었으며 나폴레옹 밑에서 내무부 장관을 지낸 라자르 카르노다. 그의 동생인 이폴리트 카르노는 프랑스 제2공화국의 교육종교부 장관이었다.

**40** 조셉 루이 게이뤼삭(Joseph Louis Gay-Lussac, 1778~1850)는 프랑스의 물리학자·화학자이다. 화학 연구를 공업과 결부시키는 데 관심이 많았다. 1802년 기체 팽창 법칙을 발견하고 경기구(輕氣救)에 탑승, 지자기(地磁氣)와 공기의 조성을 연구하였다. 1808년 유명한 '기체 반응의 법칙'을 발견하고, 1818년에는 황산제조법을 개량하였으며 1827년에는 게이뤼삭 탑을 발명하였다.

**41** 피에르 루이 뒤롱(Pierre Louis Dulong, 1785~1838). 프랑스의 물리학자이자 화학자였다. 그는 오늘날 뒤롱과 Dulong과 프티(Petit)의 법칙으로 기억되고 있지만, 증기의 탄성, 열의 전도 및 가스의 특정 열에 대하여 연구했다.

**42** 앙리 빅토르 레그노(Henri Victor Regnault, 1810~1878)는 가스의 열적 특성을 세심하게 측정한 프랑스의 화학자이자 물리학자이다. 그는 초기 열역학 학자였다.

세기 초 프랑스 화학자들 사이의 흥분은 영국의 상황과 현저한 대조를 이뤘으며, 나중에 켈빈 경이 된 젊고 훌륭한 스코틀랜드 화학자 윌리엄 톰슨[43]은 프랑스로 가서 레그노Regnault와 함께 공부했다. 그는 후에 글래스고대학교로 돌아와서 모국의 젊은 과학자들에게 특별한 자극을 주었다. 그의 연구는 과학 연구에 자신의 삶을 바친 영국 양조업자인 제임스 프레스콧[44]의 연구와 함께 열역학에 보편적 이론을 받아들이는 기본을 제공했다.

켈빈 경의 탁월한 재능은 물리학 및 전기 분야뿐만 아니라 화학 분야까지 확장되었다. 발명에도 놀라운 재능이 있었던 켈빈 경은 해저 전신에 대해 매우 열성적이어서 대서양 전역에 놓여있는 케이블의 품질과 생산을 개선하는 데 도움을 주었다. 그는 선원의 나침반을 재구성하고, 얕은 바다와 깊은 바다의 음향을 측정하는 장치를 발명했다. 또 조수 측정기tide gauge와 조수 조화 분석기tidal harmonic analyzer 및 조수 예측기tide predictor를 발명했으며 해상에서 선박의 위치를 계산하기 위한 테이블을 단순화했다. 영국 과학에 대한 그의 영

---

43 제1대 켈빈 남작 윌리엄 톰슨(William Thomson, 1st Baron KelvinWilliam Thomson, 1824~1907)은 영국의 수리물리학자이며 공학자이다. 전기와 열역학에 대한 많은 수학적인 분석을 했으며, 물리학을 오늘날의 형태로 정립한 중요한 공헌자이다. 그의 다른 이름인 켈빈은 스코틀랜드 글래스고대학교의 캠퍼스 앞에 흐르던 강 이름인 켈빈강을 따 남작 작위를 받으면서 지어진 것이다. 이 이름을 따서 지은 절대 온도의 단위 켈빈으로 더 잘 알려져 있다. 그는 전자기학, 열역학, 지구물리학 등의 여러 분야에서 많은 업적을 남겼고, 그 중에서도 열역학 분야에 남긴 업적이 가장 크다.

44 줄 제임스 프레스콧 줄(James Prescott Joule, 1818~1889)은 영국의 물리학자이자 양조업자이다. 에너지 보존 법칙의 발견자 중 한 명이다. 20세부터 집에서 실험 연구를 시작, 전기 동력의 능률 문제를 통하여 전류의 발열 작용에 관한 법칙(줄의 법칙)을 발견하였다(1840). 그로부터 열과 일과의 관계를 깊이 연구하였고, 열의 일당량을 측정하는 실험을 여러 가지 방법으로 면밀하게 실행하여(1843~1849), 에너지 보존 법칙의 확립에 큰 기여를 하였다. 이후 윌리엄 톰슨과 장기간 협력하여 연구를 계속했다. 공동 성과 중에는 줄-톰슨 효과의 발견(논문은 1852년)이 유명하다.

향은 독일의 로베르트 빌헬름 에버하르트 분젠[45]의 영향과 유사했다. 하이델베르크대학교의 위대한 화학자인 분젠 교수는 저명한 이론가이자 교사 일 뿐만 아니라 탄소-아연 전지, 필터 펌프, 얼음 열량계 및 증기 열량계와 같은 많은 유용한 장치의 발명가였다.

프린스턴대학교의 교수이자 스미스소니언재단[46]의 첫 번째 사무국장인 조세프 헨리[47]가 미국에서 같은 역할을 맡았다. 헨리는 다른 과학들과 마찬가지로 알려진 과학에 자유롭게 접근하여 주목할 만한 발명품을 만들어 많은 학생을 자극했다. 그는 1830~1831년에 최초의 실용 전자기 전신기를 발명하고, 자기 유도 및 전자기 유도<sup>Faraday</sup>에 의해서도 발견됨를 발견했다. 모든 전기 모터의 시조인 최초의 전자기 모터를 만들었고 발사체의 속도를 판정하는 방법을 고안했다. 그리고 실용적인 연기 신호 시스템을 만들었다. 그는 스미스소니언재단에서 기상을 관측하고 전신으로 그 보고서를 전송하는 자원 봉사단을

**45** 로베르트 빌헬름 에버하르트 분젠(Robert Wilhelm Eberhard Bunsen)은 독일의 화학자이다. 괴팅겐대학교를 졸업한 후, 화학 연구에 몰두하였다. 그의 연구는 화학의 각 분야에 많은 영향을 주었다. 분젠 버너를 비롯한 전지·광도계 등 많은 기구에 그의 이름이 붙여졌다. 그의 가장 큰 업적은 1859년 키르히호프와 함께 '스펙트럼 분석법'을 발견한 것이다. 물질에서 나오는 빛을 프리즘으로 분석하면, 그것이 어떤 원소인가를 알 수 있어 작은 물질을 찾아내는 데 편리하므로 천문학이나 물리학의 발전에 크게 공헌하였다.

**46** 스미스소니언재단(Smithsonian Institution)은 기부, 수익 사업과 미국 정부 예산으로 운영되는 미국의 교육 재단으로, 미국 각지에 연구 센터와 박물관을 가지고 있다. 이사회 의장은 연방 대법원장이 당연직으로 맡는다. 스미스소니언재단의 기초를 닦은 제임스 스미슨(James Smithson)은 영국의 과학자이다. 그는 생전에 미국에 단 한 번도 방문하지 않았지만, 죽을 때 조카 한 명을 지목하여 대부분의 유산을 남기며 해당 조카나 그의 후손마저 죽으면 미국의 수도 워싱턴에 자신의 이름을 딴 교육 재단을 만들라는 유언을 남겼다. 하지만 제임스 스미슨의 조카는 스미슨보다 먼저 후사 없이 세상을 떠났다. 미국 정부는 스미슨의 죽음과 유언에 대해 듣고, 그의 재산을 인수하여 재단을 창단했다.

**47** 조세프 헨리(Joseph Henry, 1797~1878)는 스미스소니언협회의 초대 사무국장이었던 미국 물리학자이다. 1830년에 패러데이와는 다르게 전자 유도와 전류의 자기 유도 현상을 발견하여 전자기학을 발전시키는 데 크게 이바지하였다. 유도 계수의 단위인 헨리는 그의 이름을 딴 것이다.

조직하여 기상학 체계를 구축했다. 그는 미국과학진흥협회American Association of Advancement of Science[48]를 설립하고, 스미스소니언이 전 세계에 과학 논문을 무료로 출판하고 배포하는 것에 기여했다.

여기 열거한 사람들과 또 다른 재능있는 사람들이 당시 과학에 미친 영향은 측정이 불가할 정도이다. 그들 중 누구도 과학을 전쟁에 적용하는 것에 직접적인 관심이 없었지만 초기 이론이나 실험에 대한 많은 실용적인 부분은 군대에서 적용되었다. 기상학은 분명히 평시와 마찬가지로 전시에도 효용성을 가져야 했다. 또한 전신과 전화와 같은 특정 발명품도 있다.

전기 통신의 개발은 일반적으로 이론, 실험 및 발명의 세 단계를 따랐다. 전신은 패러데이 이론으로부터 시작했으며, 미국의 조세프 헨리와 런던 킹스 칼리지에서 찰스 휘트스톤 경[49]의 실험으로 이어졌으며, 새뮤얼 F. 모스[50]의 발

---

48  미국과학진흥협회(AAAS)는 1848년 창립된 미국 과학의 진흥과 발전을 도모하는 민간 과학 단체이다. AAAS는 과학 정책, 교육 및 국제 협력 프로젝트 수행과 지원, 과학 프로그램 개발 및 출판물 발행을 통해 과학자들 사이의 상호 협력과 연구 활동 고양, 인간의 삶의 질 향상과 행복에 기여하는 과학의 대중적 이해 증진을 주목적으로 하고 있다. AAAS는 미국 과학이 초창기의 불모지에서 탈피하여 현재 세계 과학 기술의 패자 자리에 오르기까지, 미국 과학의 중요한 사회적 배경으로 작용해 왔다. 국내외 회원이 참여하는 거대한 규모의 연례 회합을 통해 과학자 사회의 결속력을 다지며, 세계 최고의 과학 잡지 「사이언스(Science)」를 발행하고 있다.

49  찰스 휘트스톤 경(Sir Charles Wheatstone, 1802~1875)은 영국의 발명가, 물리학자, 전기 공학자이다. 32세 때 킹스 칼리지 런던의 실험 물리학 교수가 되었으며, 같은 해 입체경(stereoscope)의 연구도 하였다. 1833년경의 전신기를 포함해 전기 시계(1840), 휘트스톤 브리지(1843), 발전기 등 여러 발명품도 만들었다. 독일에 의학도로서 유학 중이었던 윌리엄 쿡(William Fothergill Cooke)이 하이델베르크에서 전기 실험을 보고 흥미를 갖게 되어 스스로 전신기를 만들었다. 곧 영국으로 돌아와 전기학자 패러데이에게 그 이야기를 하자, 패러데이는 휘트스톤을 소개했다. 휘트스톤과 쿡은 협력해 실용적인 전신기를 완성하고 1837년 특허를 받았다. 이 전신기는 영국에서 많이 사용되었다.

50  새뮤얼 핀리 브리즈 모스(Samuel Finley Breese Morse, 1791~1872)는 미국의 화가 겸 발명가이다. 1825년 고향을 떠나 워싱턴D.C에서 미국 독립전쟁의 영웅 프랑스 라파예트 후작의 모습을 그릴 때 말을 타고 급히 달려온 메신저가 '아내가 아프다'라는 내용의 아버지가 쓴 편지를 전해줬다. 모스는 즉시 뉴헤이븐의 집으로 돌아갔지만 아내는 세상을 떠났고 장

명에서 정점에 이르렀다. 발명은 1836년에 완성되었지만 모스가 전신망을 구축하기 위한 예산을 정부로부터 얻어내기까지 국내외에서 8년간의 힘든 협상이 필요했다. 1844년 5월 24일 워싱턴D.C와 볼티모어 사이의 전신망이 마침내 완성되었을 때, 모스는 "하나님, 지금 무슨 일을 하셨습니까?"라는 역사에 남는 질문을 송신했다. 32년 후 알렉산더 그레이엄 벨[51]이 전화기를 통해 첫 번째 완전한 문장을 음성으로 전송할 때, 그는 "미스터 왓슨, 이리 와요. 나는 당신이 필요해요"라고 간단하게 말했다.

휘트스톤은 육상 전선에서의 과학 전신의 성장을 이끌고 자동 송신기와 다양한 형태의 전기적 기록 장치를 고안했다. 일찍이 1840년에 그는 해저 케이블이 통신에 실용적으로 사용될 것으로 예상하면서 해저 케이블을 실험하고 있었다. 전쟁에서 전신의 가치는 긴 설명이 필요하지 않았다. 미국 남북전쟁 동안 전신은 전술적으로 사용되지 않았지만 - 기마 장교가 전달하거나 깃발이나 풍선 신호로 전송했다.- 장거리 통신에서 시간 요소를 실질적으로 없앴기 때문에 막대한 전략적 가치를 가졌다.

과학이 더욱 복잡해짐에 따라 과학, 기술, 전쟁에서 인간의 상호 작용은 설명하기가 점점 더 어려워진다. 단순화는 언제나 왜곡이 될 수 있다. 새로운 과학은 구세계에서의 영향이 일정하지 않았다. 그래서 육상 무장과 해상 무장, 소화기小火器, 대구경 포, 통신의 분화는 오해의 소지가 있다. 니들건, 샤스포

---

례식까지 끝난 뒤였다. 아내의 임종을 하지 못한 데 자책감을 느낀 모스는 '어떻게 하면 소식을 빠르게, 멀리까지 전달할 수 있을까'라는 생각에 골몰한 끝에 1837년 모스 전신기를 만들었다. 그의 전신 방식과 모스 부호는 세계적으로 채택되었으며 해저 전신에 크게 이바지하였다.

51 알렉산더 그레이엄 벨(Alexander Graham Bell, 1847~1922)은 스코틀랜드에서 태어난 미국인 과학자이자 발명가였다. 그는 최초의 '실용적인' 전화기를 발명가했다. 전화를 최초로 발명한 사람은 이탈리아의 안토니오 메우치로 벨보다 21년 먼저 발명했다.

총chassepot, 브레이치로딩 포breechloading cannon 등 모든 것이 그 시대의 군인들에게 새롭고 중요해 보였다. 하지만 그것들은 철도나 철제 군함이 가져온 보다 일반적인 변화와 비교했을 때 별로 중요하지 않았다.

이제 지상전과 해상전의 변화를 살펴보자. 지상전을 논의할 때 먼저 개선된 무기소화기, 포병, 중계기를 고려한 다음 통신, 철도, 요새 문제를 다룰 것이다. 해전을 통해 범선에서 증기선으로의 변화, 스크루 프로펠러의 발명, 철갑과 철선의 도입, 대구경 함포와 그 함포를 방어하기 위해 사용되는 장갑판의 발전을 살펴볼 것이다. 이 장의 마지막 부분에서는 20세기까지는 전쟁에 영향을 미치지 않은 19세기 과학의 발전을 간략하게 다룰 것이다.

## 지상전의 전환

### 발전된 보병 화기

19세기 전반기에 소화기小火器를 위한 뇌관percussion cap과 원통-원뿔형 총알 cylindro-conoidal bullet이라는 두 가지 중요한 발명이 이뤄졌다. 첫 번째 발명은 충격으로 기폭되는 폭발물의 발견을 기다려야 했다. 이는 1798년에 뇌산은[52]을 만들어낸 브라우네이텔리L. G. Brougnatelli와 1799년에 보다 저렴한 뇌홍뇌산수은, fulminate of mercury을 발견한 에드워드 찰스 하워드[53]에 의해 가능해졌다. 다른

---

52 뇌산은(silver fulminate)은 풀민산(fulminic acid)의 폭발성이 높은 은염이다. 아이들 장난감인 콩알탄에 사용된다. 풀미산염(Fulminates)는 풀미네이트(Fulminate) 이온을 포함하는 화합물이다. 풀미네이트 이온, CNO⁻는 전하와 반응성이 할로겐과 유사하기 때문에 유사 할로겐 이온이다. 이온의 불안정성으로 인해, 풀민산염은 마찰에 민감한 폭발물이다. 뇌산는 1차 폭발물이지만 충격, 열, 압력 및 전기에 대한 극도의 감도로 인해 사용이 제한되어 있다. 풀미산염에 은을 추가한 뇌산은, 뇌홍보다 더욱 민감해서 물속에서도 불안정하고, 자기 무게로 기폭하기 때문에 임계 질량 소량 이상으로 만들어 보관조차 할 수 없다.

폭발물도 뒤따랐다. 뇌홍이 군사적 용도로 사용되는 것은 오래 걸리지 않았지만, 총기에 신속하게 적용한 사람은 과학자나 군 기술자가 아니라 스포츠를 좋아하는 스코틀랜드 성직자인 알렉산더 포사이스 목사[54]였다. 그는 1793년에 점화를 위한 격발 장치를 개량하려고 노력하여 1807년에 완전한 개발에 성공했다.

포사이스는 뇌관용 기폭 화약을 채용했다. 화약을 사용하여 날카로운 공이치기의 타격이 소총의 점화구touch hole 안에 불꽃을 만들어 넣고 총열 안의 화약을 점화했다. 이것은 오래된 부싯돌을 대체하고 바람과 습기로 인한 불발과 지발遲發이라는 만성적 문제를 해결했다. 다음 군수 분야의 발전은 뇌관[55]

~~~~~~~~~~~~~~~~~

**53** 에드워드 찰스 하워드(Edward Charles Howard, 1774~1816)는 영국의 화학자였다.

**54** 알렉산더 포사이스(Alexander John Forsyth, 1769~1843)는 타격식 점화 장치(percussion ignition)를 발명한 스코틀랜드 장로교 목사였다. 그는 뇌홍이 충격에 의해 쉽게 반응한다는 사실에 주목하고 1807년, 뇌홍과 충격으로 작동되는 새로운 격발 장치를 개발했다. 총강에서 나온 점화구는 1in(2.5cm) 정도 총신 옆으로 돌출되어 있으며 여기에 센트 보틀(scent bottle, 향수병)이라고 불리는 둥그스름한 금속통에 연결된다. 그 속에는 은단만한 뇌산염 알갱이가 들어가는 공간이 있고 그 바로 위에는 코일 스프링으로 지지되는 공이가 있다. 공이치기(cock)를 뒤로 당기고 총을 조준하고 방아쇠를 당기면 공이치기가 공이를 치고, 밀려 내려간 공이는 뇌산염에 충격을 가한다. 충격에 반응한 뇌산염 알갱이는 뜨거운 가스를 만들게 되고 이 가스가 점화구를 통해 발사약을 점화한다. 1807년에 발명품에 특허를 냈다.

**55** 뇌관(雷管, percussion cap)은 충격에 의해 발화되는 화학물질인 뇌홍을 구리 껍질 속에 채운 것이다. 공이치기가 뇌관을 때림으로써 화약을 점화하는 총을 뇌관총(percussion lock gun)이라 한다. 수석식 소총(flint lock)은 30발 정도 발사하면 부싯돌을 갈아줘야 하고 불발이 너무 자주 났다. 개중에는 화명 속에 나 있는 점화구가 막혀 약실에 든 발사약으로 가스가 가지 못해 화명 속의 점화약만 타고 발사는 안되는 불발(flash in the pan)이 벌어지기도 했다. 19세기에 뇌홍이 발명되자 이걸 부싯돌 대신 사용하고, 뇌홍을 작은 구리컵에 담고 이걸 점화구와 연결된 돌기에 꼽는 격발 기구를 개발했다. 구리컵(동화모)은 퍼쿠션 캡(percussion cap)이라 불렸고 이걸 쓰는 격발 기구는 뇌관식(percussion cap lock, 또는 cap lock)이라 불리게 된다. 뇌관식의 등장으로 화명에 점화약을 부어댈 필요가 없어져 장전 과정이 줄어들었고 불발 확률도 매우 낮아져 1,000발당 불발 한 발로 줄어들었다(부싯돌식은 열 발 중 한 발 또는 그 이상). 또한 비가 와도 총을 발사할 수 있게 되었다. 이후 탄약 속에다 뇌관을 내장하는 방법(총의 약실 일부와 니플, 뇌관을 탄피에다 모조리 집어넣는 것)이

으로, 1814년 필라델피아의 조슈아 쇼[56]가 발명했다. 뇌관은, 처음에는 철, 두 번째는 백랍, 최종적으로는 구리로 만들어졌다. 수석총plint lock에서 개조하기 쉽기 때문에 뇌관은 1820년경에는 널리 사용되기 시작했다. 하지만 보수적인 영국의 병기 장교들은 그 성능을 의심하고 1836년까지 채용 명령을 내리지 않았다. 다수의 개량되지 않은 미군의 수석총은 1846~1848년의 멕시코전쟁 기간에 사용되었다.

소총에 사용할 수 있는 원통-원뿔형 총알[57]은 1832년 영국 육군 제34연대 노턴Norton 대위가 발명하였다. 그 탄환은 속이 비어서 발사했을 때 자동으로 팽창되어 총열을 막는다. 프랑스의 클로드 미니에 대위가 자신의 이름을 붙인 이 발명품은 인기리에 채택되었다.[58] '미니에 볼'은 미니에의 발명품도 아니

개발된다. 이 방법은 휴장식 라이플을 연발총으로 발전시키는 원동력이 되어, 비가 와도 총을 발사할 수 있게 되었다. 뇌관이 발명됨으로 인해 뇌관총이 수석총에 비해 명중도에서 상대 우위를 점하자 수발식 무기들은 뇌관식으로 대체되어 갔다.

56 조슈아 쇼(Joshua Shaw, 1776~1860)는 영국계 미국인 예술가이자 발명가이다. 그는 1914년 뇌산염을 작은 금속컵(cap, 뇌관)에 넣고 그 컵을 점화구와 연결되는 돌기(nipple)에 씌우고 공이치기로 두들기는 매우 간단한 격발 장치를 개발했다. 그가 최초로 개발한 것은 철제 컵에 뇌산염을 고무와 같은 접착제로 버무려 부착한 것으로, 총을 쏘고 컵을 뽑아 다시 뇌산염을 충전시키는 방식이었다. 그러다 컵을 만들기 쉽고 한번 쓰고 버리는 백랍으로 바꿨으나 가스가 새어나왔다. 1816년 그는 구리로 만든 컵에 뇌산염과 염소산염, 마찰을 증가시키기 위해 고운 유리 분말을 혼합한 기폭제를 충전한 충격식 뇌관 격발 기구(percussion cap lock)를 발명했다. 쇼의 방식은 흔히 뇌산염을 담은 구리 뇌관을 쓴다고 캡록(cap lock)이라고도 불리운다.

57 원통-원뿔형 총알(cylindro-conoidal bullet)은 총알이 발사될 때, 속이 빈 바닥이 확장되어 총열을 막아버린다. 노턴 대위는 인도 남부에서 원주민이 사용하는 블로우 파이프 화살을 조사한 결과 바닥이 팽창하여 블로우 파이프의 내부 표면을 막아 공기가 새지 않게 한, 탄성을 가진 깃털로 제작되었음을 발견했다. 1836년 런던의 총포 제작자인 그리너(W. Greener)가 원뿔형 나무 플러그를 베이스에 삽입하여 노턴의 총알을 개선했다. 두 가지 발명 모두 1849년 영국이 아닌 프랑스의 미니에가 그리너의 디자인을 채택하여 '미니에 탄환'을 생산했다.

58 클로드 에티엔 미니에(Claude-Etienne Minié, 1804~1879)는 프랑스 육군 장교이다. 1846년 발사 시 확장되는 원추형 구멍이 있는 원통형 총알인 미니에 탄을 발명하여 전장식 소총의

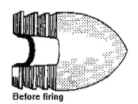

Before firing

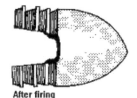

After firing

Minie' Ball: expanding the
chamber at rear makes for
tighter fit with rifling, thus
increasing accuracy & range

**그림6-1** 미니에 탄환

고 볼ball도 아니었다. 새로운 총알은 총기 디자인을 근본적으로 바꾸었고 실용적인 최초의 총기를 만들었다(그림6-1). 라이플도 머스킷처럼 총알을 신속하게 장전할 수 있다는 의미였으며[59], 활강식 소총은 마침내 종말을 맞이했다. 총알이 개선된 미니에 소총은 1851년 카피르전쟁[60]과 1854~1856년 크림전쟁에서 사용되었다.

보병 총기의 발전은 서로 밀접하게 이어졌으며, 많은 국가의 발명가가 변화에 기여했다. 미국의 발명가들은 특별한 탄약 꽂을대를 가진 최초의 성공적인 긴 총알 '슈거 로프'[61]를 만들었다.

정확도와 신뢰성을 개선하였다. 프랑스 정부는 미니에에게 상금 약 2만 프랑을 지급하고 뱅센(Vincennes)군사학교의 교관으로 임명했다. 1858년 대령으로 은퇴 후 이집트 총독의 고문관이 되어 미국 무기상이었던 레밍턴과 만나게 되었다. 그의 소총 기술은 미국 남북전쟁 중 총기 정확도를 높이는 데 결정적인 역할을 했다.

59 라이플은 총알에 회전을 주는 내부의 강선 때문에 볼형 탄환을 총구에서 밀어 넣어 장전하는 게 쉽지 않다. 대신 강선 덕분에 총알이 회전하면서 탄도가 안정되어 명중률이 높아진다.

60 카피르(Kaffir)는 코사족을 19세기에 부르던 이름이다. 코사족은 남아프리카 공화국의 주요 민족중 하나이며, 줄루족, 소토족과 함께 세력이 매우 큰 코사어를 사용하는 반투계 민족이다. 세력도 강해서 줄루족들과 함께 용맹한 부족이기도 했다. 19세기에 보어인들에 정복되었고 백인 정권하에서 코사족들은 탄압을 받다가, 1990년대 초에 백인 정권이 붕괴한 뒤에 남아공 시민으로 대우를 받게 되었다. 넬슨 만델라 전 대통령이 코사족이다. 카피르 전쟁(케이프 국경 전쟁, 또는 아프리카 100년 전쟁)은 1779~1879년의 아홉 번의 전쟁으로 아프리카 식민주의 역사상 가장 오래 지속된 군사 행동이었으며, 100년 동안 코사족이 서쪽으로 확장하고 이동함에 따라 보어인 및 영국인과 벌였던 전쟁이다. 본문에서 나온 전쟁은 8차 전쟁으로 1850년 12월~1853년 2월까지 지속되었으며, 일련의 코사 전쟁에서 가장 끔찍하고 잔인했다. 영국이 승리했다.

61 슈거 로프(sugar-loaf)는 남북 전쟁 당시 사용된 50구경 미니에 볼. 이전에 사용되는 구슬형 탄환과 달리 원뿔형으로 공기역학적인 형태와 뒤쪽에 있는 공간이 화약 폭발과 함께 팽창하여 총열에 꼭 맞을 수 있도록 설계되었다. 그래서 탄환이 총열에 나 있는 강선을 따라

그것은 미국 소총의 사거리를 거의 500yd<sup>457m</sup>로 늘렸다. 일라이 휘트니[62]는 총기 생산뿐만 아니라 일반적으로 대량 생산과 상호 교환 가능한 부품의

**그림6-2** 미국 남북전쟁 때 사용된 탄환 슈거 로프

원리를 도입하여 기계 제조 분야에서 혁명을 일으켰다.

그는 10만 정의 머스킷 납품 계약을 체결했고, 1800년 9월까지 2년 안에 미국 정부에 납품하겠다고 약속했다. 실제로는 10년이 걸렸지만 그의 제조 방법은 확고한 선례를 남겼다. 이후 총기는 각각의 총기 제작 기술자의 수공구와 특별히 제작된 도구로 가내수공업으로 만들어지지 않게 되었다.

뉴욕 북부의 총기 제조업자인 엘리펠렛 레밍턴 2세[63]는 총열 제작 기술을 크게 개선했다. 그는 단단한 주철 막대를 뚫는 법을 배웠고, 그 결과 구식 코어 로드에 철을 감아서 하는 랩 웰딩 스트립<sup>lap welding strip iron, 말아서 단조</sup> 공정이 사라졌다.[64] 그의 공장은 조립 라인 기술을 개발한 최초의 공장 중 하나였다.

회전하는 라이플링 효과를 얻을 수 있었다. 현대적인 총탄 개발의 선구적인 형태가 된 이 총탄은 남북전쟁에서 개인 화기에 의한 병사들의 부상이 급증하는 원인이 되었다.

62 일라이 휘트니(Elias (Eli) Whitney, 1765~1825)는 미국의 공학자 및 발명가였다. 휘트니는 1793년 세계 최초로 조면기를 만들었다. 프랑스혁명에 따라 전쟁 준비의 필요성을 깨달은 새로운 미국 정부가 1만 정의 머스킷 제조 납품 계약을 공고하자 총기 제작 경험이 없던 휘트니는 1798년 1월 1800년까지 1만~1만 5,000정의 머스킷을 납품하는 계약을 체결했다. 그는 교체 가능한 호환성을 가지는 표준화된 부품의 개념을 도입했다. 미국 정부가 휘트니의 머스킷당 가격이 정부 무기고에서 생산된 것과 비교해 비싸다고 주장했을 때, 그는 정부가 설명하지 않은 보험 및 기계류와 같은 고정 비용을 포함하여 실제 머스킷당 가격을 계산하여 제출했다. 따라서 그는 초기에 비용 회계의 개념과 제조의 경제적 효율성에 기여했다.

63 엘리펠렛 레밍턴(Eliphalet Remington, 1793~1861)은 레밍턴 총기회사의 창립자이다.

64 철봉에 쇠를 둘둘 감은 다음 두들겨 붙여서 총열을 만드는 공법.

**그림6-3** 브리이치로딩

　이론적으로 우월한 것으로 오랫동안 알려진 브리이치로딩Breechloading[65]이 소화기에까지 적용되기에는 오랜 시간이 걸렸다. 영국군의 패트릭 퍼거슨 소령은 뛰어난 실용성을 가진 후미 장전 기구를 설계했다. 이 기구가 미국 독립 전쟁 기간 대량으로 사용되었다면 전쟁의 과정을 바꿨을지도 모른다. 그러나 영국군 최고 사령부는 선호하던 브라운 베스 소총[66]에 대한 신뢰를 버리지 않았다. 후미 장전 기구의 중요한 문제는 포미砲尾의 이음새에서 가스와 불꽃이 누출되어 화염이 다시 사수의 얼굴로 온다는 것이었다.

---

65　브리이치로딩(Breechloading)은 총이나 대포의 탄환을 포구로 장전하는 방식이 아니라 후미에서 장전하는 방식이다. 현대 총포류의 일반적인 장전 방식이다. 박격포만 아직도 전장식으로 포탄을 장전하고 있다(일부 박격포는 후미 장전식이다.). 후미 장전식은 탄약을 장전하기 위해 총구나 포구로 탄환을 집어넣고 끝까지 밀어 넣는 방식보다 탄환과 작약을 총포의 후미 약실에 장전하는 방식이다. 장전 속도가 빨라 지속 사격 속도가 비약적으로 향상되어 전장식에 비해 화력 우세를 가질 수 있었다. 또한 소총의 경우 전장식은 서서 장전을 해야 해서 전투 중 적에게 노출이 되어 생존성이 떨어졌다. 후미 장전식 총포류는 14세기 후반에 개발되었지만, 약실을 폐쇄하는 기술이 부족해서 19세기에 금속공학 및 정밀 가공 기술의 발전에 힘입은 금속식 탄피의 개발과 약실 잠금 나사의 개발로 해결되었다.

66　브라운 베스(Brown Bess)는 18세기 영국 육군의 제식 머스킷과 그 개량형에 붙은 별명으로, 75구경 플린트록식 장총이다. 대영제국 확장기에 사용된 무기로 영국 육군을 상징하는 무기이다. 한 세기 이상 사용되었기 때문에 설계에 약간의 변화가 있었다. 대표적인 버전으로는 롱·랜드형과 쇼트 랜드형, 인디아형, 뉴랜드형, 해상용 머스킷 등이 있다. 대영제국 육군의 표준 장총으로 1722년에서 뇌관 활강총이 나온 1883년까지 사용되었다.

1811년 메인주의 존 홀 대위[67]는 광범위한 테스트를 거쳐 미군에 의해 채택된 브리이치로더breechload-er[68]를 발명했으며 이는 나중에 하퍼스페리72에서 대량 생산되었다. 홀 카빈총은 길이 33in[83.8cm]의 총열이 있는 52구경 수

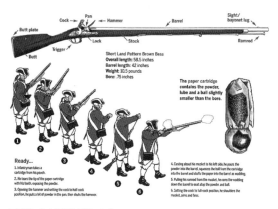

**그림6-4** 브라운 베스 소총

석식flint lock[69] 잠금 장치와 약실을 포함하는 경첩식 후미 장전 기구브리이치블럭, breechblock는 약실과 총열 사이의 이음새가 충분히 막히지 않는다. 그래서 관절부에서 불꽃을 내뿜을 수 있기 때문에 병사들에게 많은 문제를 안겼고, 수십 년간 사용되었지만 인기가 전혀 없었다.

정말로 만족스러운 최초의 미국산 후미 장전식 소총은 크리스찬 샤프[70]가

---

**67** 존 홀(John Hancock Hall, 1781~1841)은 미국의 발명가이자 총포 제작자이다. M1819 후미 장전식 카빈 소총을 개발했고 표준화된 생산 방법과 부품이라는 대량 생산의 혁신을 가져왔다.

**68** 후장 총포(後裝銃砲)는 탄환 또는 포탄이 총포신의 뒤쪽 부분을 통해 장전되는 화기이다.

**69** M-1819 Hall 소총은 존 홀(John H Hall)이 1811년 설계한 단발 후미 장전 소총으로 1819년 미 육군에 채택되었고, 미국 인디언전쟁, 멕시코-미국전쟁, 남북전쟁 등에 사용되었다. 유효 사거리: 800~1,500yd(731.5~1,371.6m), 구경: 0.525in(13.3mm), 0.69in(18mm), 분당 8~9발을 발사했다.

**70** 크리스찬 샤프(Christian Sharps, 1810~1874)는 상업적으로 성공한 최초의 후미 장전식 소총과, 총열 네 개의 소형 권총인 샤프 데린저(Sharps Derringer)의 발명가였다. 샤프 소총은 방아쇠 가드 역할을 하는 레버로 작동되는 수직 낙하 블록이 동작하도록 설계되어, 소총이 발사되었을 때 가스 방출을 제한했다. 샤프의 소총은 미국 남북전쟁이 시작되면서 처음으로 대량 생산되었다. 카빈총 버전의 샤프 소총은 북군이 가장 널리 사용한 기병 카빈이었고, 남군도 기병대를 무장시키기 위해 생산했다. 전쟁 후에는 미국 서부에서 군사 및 사

**그림6-5** M1819 후미 장전식 소총

하퍼스 페리<sup>Harpers Ferry</sup>에서 개발했다. 그의 뛰어난 총은 샤프슈터<sup>Sharpshooter</sup>,

저격수라는 단어를 영어의 일반 명사로 만들었다. 존 브라운<sup>71</sup>이 이끌던 노예

낭 무기로 광범위하게 사용되었다.

71 존 브라운(John Brown, 1800~1859)은 미국 육군의 퇴역 대령으로 노예해방운동가이다. 미국의 노예제도를 철폐하기 위한 방법은 오로지 무장 봉기밖에 없다는 신념을 가졌다. 1856년의 피의 캔자스 사태 당시 브라운은 블랙잭 전투와 오사와토미 전투를 지휘했다. 브라운과 그 추종자들은 포타와토미 군구의 노예제도 옹호론자 다섯 명을 납치 살해했다. 1859년 10월 15일 저녁 그는 부하 21명과 함께 무기를 탈취해서 노예들을 무장시키기 위해 하퍼즈 페리의 연방군 조병창을 습격했다. 그는 "모든 흑인 노예에게 자유를!"이라는 구호를 외치며 마을을 공격, 경비대원을 사살하고 마을의 유지들을 인질로 잡았다. 이틀 후 나중에 남군 사령관이 되는 로버트 리 대령이 이끄는 연방군에게 체포된다. 존 브라운은 사형 전 "노예제라는 범죄 행위는 피를 부르지 않고서는 해결되지 않을 것이다"라며 남북전쟁을 예고했다. 이 사건으로 미국 남부와 북부 사이의 갈등이 수면 위로 드러났다. 남부인들은 이 사건을 자신들의 생명을 위협할 수 있는 노예 반란을 조장하기 위한 북부인들의 계획의 첫 단계로 여겼다. 공화당은 이러한 소문을 일축하고, 남부의 노예제도에 대해 간섭하지 않겠다는 종래 입장을 고수했다. 브라운은 버지니아주정부에 대한 반역죄, 다섯 명의 남성에 대한 살인죄, 노예들의 반란을 선동한 죄로 교수형을 받았다. 역사학자들은 존 브라운이 미국 남북전쟁의 시작에 중요한 역할을 했다고 본다.

**그림6-6** M1859 샤프 퍼커션 카빈Sharps Percussion Carbine

제도 폐지론자 특공대원들은 샤프가 만든 카빈총을 들고 캔사스 봉기[72] 때 사용했다. 완벽한 1859년형 모델[73]은 남북전쟁에서 인기있는 단발 후미 장전식 소총이 되었다.

미국 남북전쟁은 모든 종류의 진보된 무기를 위한 거대한 성능 시험장이었다. 처음으로 산업 및 과학 혁명의 성과가 대규모로 전쟁에 사용되었다. 포병을 위한 강선포와 후미 장전 기구, 보병을 위한 후미 장전식 소총 및 연발총, 지뢰, 장갑 열차, 화염 방사기, 잠수함, 어뢰정, 기뢰 및 해군을 위한 자유 부유 및 활대 기뢰. 남북전쟁은 철도로 부대를 대규모로 이동시킨 첫 번째 전쟁이었다. 또한 두 척의 철갑 전투함이 최초로 교전을 하였다.

개전 초 2년 동안 전선은 상대적으로 안정적이었다. 전신은 전투를 제외하

---

72 캔사스 봉기(피의 캔자스, Bleeding Kansas, Bloody Kansas)란 1854년에서 1861년 사이에, 캔자스 준주와 인접한 미주리주에서 노예제도 폐지를 주장하는 정착민들과 옹호론을 주장하는 정착민들 사이에, 준주였던 캔자스가 주로서 미합중국 연방에 가입할 때 노예주가 될 것인가 자유주가 될 것인가에 대한 문제로 발생한 일련의 폭력적, 정치적 대립 사태이다. 때문에 '피의 캔자스' 사태는 미국 북부와 남부의 노예제도를 둘러싼 대리 전쟁이라고 볼 수 있다. 이 폭력 사태는 미국 남북전쟁의 사전 징후였다. 1861년 1월 29일, 캔자스는 자유주로서 연방에 가입했고, 3개월도 채 못 되어 섬터 요새 전투를 시작으로 남북전쟁의 막이 오른다.

73 샤프 소총은 1848년 크리스찬 샤프(Christian Sharps)가 설계해서 1881년까지 생산된 일련의 대구경 단발 소총으로 장거리 정확도가 좋았다. 이 소총은 다양한 구경으로 제공되었으며 금속 탄약의 사용으로 성공한 소총이다. 무게 4.3kg, 길이 1,200mm, 발사 속도 분당 8~10발, 유효 사거리 460m, 최대 사거리 910m로, 서부 영화에 많이 등장했다.

고 모든 곳에서 일반 부대의 이동을 지시하는 데 사용되었다. 남북전쟁은 사진 촬영을 도입한 최초의 전쟁이기도 했다. 기구는 관측과 거울을 통한 메시지 신호 전달을 위해 사용되었다. 프로이센의 젊은 육군 중위 페르디난트 폰 체펠린 백작[74]은 백악관 잔디밭에서 특별한 매력을 가진 기구 운용 훈련을 참관했다.

다양한 새로운 무기가 등장했음에도 불구하고 남북전쟁은 소총 전쟁이었다. 처음 북군은 매우 부적절한 무기들을 가지고 전투에 돌입했다. 무기고에는 대량의 구식 활강식 소총이 보관되어 있었고, 그중 일부는 수석식 화승총flintlocks이었다. 남군은 다수의 신형 강선 머스킷을 노획했다. 기본 화기는 18in$^{45.7cm}$ 소켓 총검을 갖춘 56in$^{1.42m}$ 길이의 총열을 가진, 58구경 소총이었다. 이 중 약 200만 정이 전쟁 중에 생산되어 사용되었다.

무기에 깊은 관심을 보인 링컨에게는 불운한 일이 있었는데, 전임자 때부터 병기감은 후미 장전 기구와 연발총에 정면으로 반대하는 완고하고 상상력이 없는 제임스 리플리 장군[75]이었던 것이다. 히람 베르단 대령[76]이 의용병 저격수 사격 연대를 조직하고 리플리에게 샤프 후미 장전식 소총을 요청했을 때 병기감 리플리 장군은 표준 스프링필드 총구 장전식 소총만 지급했다. 링

---

**74** 페르디난트 아돌프 아우구스트 하인리히 폰 체펠린 백작(Ferdinand Adolf August Heinrich Graf von Zeppelin, 1838~1917)은 독일의 발명가, 공학자이자, 군인, 외교관으로, 남북전쟁과 프프전쟁에 참가했으며 체펠린 비행선의 개발자이다.

**75** 제임스 울프 리플리(James W. Ripley, 1794~1870)는 미국 육군 준장이었다. 남북전쟁 초기였던 1861년 제5대 미 육군 병기감으로 취임했다. 그는 전쟁 초기에 포병 화기를 현대화하는 데 중요한 역할을 했다. 그러나 리플리는 연발 총기인 개틀링 총(Gatling gun)과 스펜서(Spencer) 소총을 미군에 도입하는 것을 고의적으로 지연시켜 후대 역사가들에게 널리 비판을 받았다.

**76** 히람 베르단(Hiram Berdan, 1824~1893)은 미국의 기술자이자 발명가, 육군 장교이며 세계적인 명사수였다. 베르단 소총, 베르단 센터 파이어 입문서 및 수많은 무기와 액세서리를 발명했다.

컨으로부터 엄청난 압력을 받았지만 리플리는 자신의 신념을 쉽게 포기하지 않았다. 베르단이 원하는 대로 장비된 이 연대는 게티즈버그 전투[77]에서 새로운 무기의 가치를 입증했다. 링컨의 명령에 복종하기를 거부한 리플리는 1863년에 해임되었다.

**그림6-7** '죽음의 수확The Harvest of Death' 게티즈버그에 버려진 북군 시체들(티모시 설리번Timothy H. O'Sullivan이 1863년 7월 5일에 찍은 사진)

링컨은 개인적으로 크리스토퍼 스펜서[78]의 훌륭한 연발총인 장탄 수 일곱 발의 소총 발사 림파이어 카트리지Rim fire cartridge[79]를 테스트하여 채택하도록

<hr>

77 게티즈버그 전투는 1863년 7월 1일부터 1863년 7월 3일까지 펜실베이니아주 게티즈버그 인근에서 펼쳐진 중요한 전투이자 남북전쟁에서 가장 참혹한 전투였다. 흔히 남북전쟁에서 전환점으로 평가한다. 이 전투에서 북부의 조지 미드 장군이 이끄는 포토맥군은 남부의 로버트 리 장군이 이끄는 북버지니아군의 공격을 결정적으로 무너뜨렸다. 이로써 리의 두 번째이자 마지막 북부 침입은 실패로 끝났고, 워싱턴을 공격하여 남부 독립을 승인받고 전쟁을 끝내고자 했던 남부 전략도 실패로 끝났다. 양측은 도합 5만 1,000여 명의 사상자를 냈다. 7,000명 이상의 병사가 즉사했고, 신속히 매장해야 할 전사자들은 뜨거운 여름 햇볕 아래 버려졌다. 5,000여 마리의 말 시체는 마을 남쪽에서 소각되었고 마을 주민들은 불쾌한 악취에 시달렸다. 전쟁의 피해는 국립군인묘지가 헌정된 11월 19일 이후 4개월이 더 지난 후에도 여전히 게티즈버그에 흔적을 남겨놓았다. 추모 기간 링컨 대통령은 전쟁 노력과 이상에 대해 남과 북을 통틀어 게티즈버그에서 헛되이 죽어간 병사는 없다는 추모사를 했다. 오늘날 이 지역은 게티즈버그 군사공원이라는 이름으로 미국 국립공원 중 하나로 지정되어 유지되고 있다.

78 크리스토퍼 미너 스펜서(Christopher Miner Spencer, 1933~1922)는 미국의 발명가로, 초기형 레버 액션 소총인 스펜서 연발 소총, 증기 구동식 '말 없는 마차(horseless carriage)', 펌프 액션식 산탄총, 최초의 전자동 터릿 선반 등을 발명했다.

79 림파이어(Rim fire)는 금속제 탄피의 테두리(rim) 부분에 기폭제를 담아둔 형태이며 공이가 탄피 바닥을 때려주면 림 속의 기폭제가 눌리며 반응을 시작한다. 단순한 구조가 장점이지

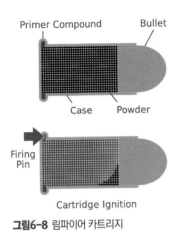

**그림6-8** 림파이어 카트리지

육군에 명령했다. 분당 열여섯 발로 발사 속도를 높였으며, 전쟁 초기에 대량으로 제조했다면 더 빨리 전쟁이 끝났을 것이다. 헨리의 연발총도 연방군북군에게 소량으로 사용되었다. 연맹군남군은 이 총을 가리켜 "저 빌어먹을 양키총은 일요일에 한 번 장전하면 재장전 않고 일주일 내내 발사할 수 있다"라고 했다.[80]

남군은 전쟁이 진행되고 봉쇄가 강화되면서 무기와 탄약의 심각한 부족에 시달렸다. 그들은 다양한 활강식 수석총

---

만, 탄피 자체를 림드 카트리지로 만들어야 하고, 탄의 덩치가 커지고 고압이 걸릴수록 탄피 바닥에 가해지는 부담이 커져 현대에는 주로 22구경급의 직선형 탄피를 쓰는 소형 탄약에 사용된다.

80 7연발 M-1865 50구경 스펜서 레버 액션식 연발 기병총(Spencer Repeating Carbine). 세계 최초의 군용 금속 탄피 연발 소총으로 1860년에서 1869년 사이에 20만 정 이상 생산되었고, 남북전쟁 이후 전 세계에서 널리 사용되었다. 스펜서 소총은 이미 1859년에 개발되었지만 처음에는 연방군에 채택되지 않았다. 북군의 병기 장교들은 스펜서 연발 카빈이 발사 속도가 너무 빨라 탄약을 낭비해서 가뜩이나 부하가 걸린 군수 보급에 부담을 줄 것을 우려해서 채택을 거부했다. 하지만 게티즈버그 전투 직후인 1863년 8월 19일 워싱턴 기념비 근처에서 링컨 대통령과 고위 관리들 앞에서 사격 시범을 보였다. 그 후 연방군은 약 1만 3,171정의 소총과 카빈총, 약 5,800만 발의 탄약을 주문했다. 율리시스 S. 그랜트 장군은 스펜서 소총이 "사용 가능한 최고의 포탄 장전 무기"라고 이야기했다. 많은 참전 용사가 전쟁 후에 이 소총을 고향으로 가져갔고 그 소총들은 서부 국경에서 널리 사용되었다. 분당 스무 발을 초과하는 지속 발사 속도를 가진 스펜서 연발 기병총은 분당 두세 발의 발사 속도를 가진 일반 보병용 전장식 소총에 비해 압도적인 화력의 차이를 보여주었다. 하지만 이런 발사 속도는 일반 보병용 전장식 소총이 1주일 동안 소모할 탄약을 하룻밤 만에 소모해서 전근대적인 군수 보급망을 가진 북군 병참부에 큰 부담이 되었다. 그래서 기병용으로만 보급이 되었다. 이런 화력의 차이는 너무나 뚜렷해서 7연발 스펜서 연발총으로 무장한 북군 기병대는, 남군이 접근하기 전에 먼저 일제 사격을 가해서 이쪽도 단발 소총을 가진 것처럼 착각하게 만든 뒤, 남군이 가까이 오면 탄창에 남은 여섯 발을 연속 사격해서 남군을 화력으로 제압하는 전술을 써서 효과를 보았다.

flintlock, 뇌관식 및 다양
한 종류의 머스킷 라이
플 소총으로 전쟁에 임
했다. 한때 남부연맹 정
부는 수천 개의 창pike을
주문할 정도로 남부군
이 총과 탄약을 전부 소
모하는 것을 두려워했다.

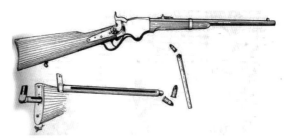

**그림6-9** 7연발 M1865 스펜서 리피팅 카빈Spencer Repeating
Carbine

　남북전쟁의 첫 전투는 오래된 나폴레옹식의 대규모 전면 돌격 전술이 효용
을 잃었음을 극적으로 보여주었다. 7일간의 전투 후 로버트 E. 리 장군[81]은 이
점을 즉시 간파하였고, 그 후 보병들에게 척후병처럼 흩어져서 엄폐물을 찾도
록 격려했다. D. H. 힐 장군[82]은 후에 남군 병사에 대해 이렇게 썼다.

81 로버트 에드워드 리(Robert Edward Lee, 1807~1870)는 미국의 군인이다. 미국 남북전쟁 때
　남부군 총사령관이었다. 패장이지만 미국 역사상 굴지의 명장으로 명성을 드높였다. 노
　예제도와 흑인의 투표권에 반대했다. 웨스트포인트 사관학교 졸업 후 미국-멕시코전쟁
　(1846~1848)에 참전해 무공을 세웠다. 남북전쟁 직전 연방군 대령으로, 링컨 대통령은 육
　군 총사령관 윈필드 스콧 소장의 추천으로 리를 미국 합중국 육군(북군)의 사령관으로 취
　임할 것을 요청했다. 그러나 리는 고향인 버지니아에 대한 향토애 등을 이유로 1861년 섬터
　요새 전투 후 연방군에서 물러나고 버지니아로 돌아간 후 1861년 8월 남부 연합군 총사령
　관에 임명되었다. 리는 언제나 북군에 비해 열세이며 보급의 어려움을 겪었으나, 대담한 기
　동과 적의 의표를 찌르는 공격으로 북군을 계속 괴롭혔다. 제2차 불런 전투, 프레데릭스버
　그 전투, 챈슬러즈빌 전투 등에서 승리를 거두고, 북군의 리치먼드 침공의 의도를 저지하
　는 데 노력했다. 또한 두 번에 걸쳐 북부 영역에 대한 침공 작전을 실시하여, 1862년 앤티텀
　전투, 1863년 게티스버그 전투 등에서 북군과 전투를 벌였다. 1865년 4월 3일 리치먼드 함
　락 후 리는 군을 지휘하여 리치먼드를 탈출하여 조지프 존스턴군과 합류를 시도했으나, 버
　지니아주 애포매톡스에서 사로잡혀 그랜트 장군에게 항복하였다. 이후 전쟁으로 황폐화
　된 남부의 복구와 인재 육성에 힘썼다.
82 다니엘 하비 힐(Daniel Harvey Hill, 1821~1889)은 남부군의 중장이자 학자이다. 엄격하며
　독실한 신자이며 공격적인 지휘관이었다. 스톤월 잭슨(Stonewall Jackson)의 처남이며 군사
　적 능력은 존경받았지만 로버트 리(Robert E. Lee), 브락스톤 브래그(Braxton Bragg)와의 의

"훈련과 규율로 자라고, 어깨와 어깨를 맞닿는 용기[83]에 대해 그들은 아무 것도 몰랐고 상관하지도 않았다. 따라서 전장에서 그는 기계보다는 자유로운 창lance이었다. 숫양의 뿔처럼 구부러지지 않은 남부군의 대오가 전진하는 것을 본 사람이 누가 있었는가? 누더기를 걸친 반란군은 각자 고함을 지르며 스스로 대형을 맞추었다."

양측은 통나무 토루[84]의 도움을 받았으며 병사에게 도끼와 삽은 소총만큼 중요한 장비라는 점을 신속하게 배웠다. 윌리엄 T. 셔먼 장군의 부대가 바다로 행진할 때[85], 그들은 총검을 버리고 배낭을 가볍게 했지만 삽은 버리지 않았다. 새로운 참호의 구축은 원시적인 구조에도 불구하고 방어에 엄청나게 도움이 되었다. 양측 모두 공격력이 방어력에 비하여 약 3대 1이 되어야 함을 알게 되었다. 전쟁이 끝날 무렵, 특히 피터스버그 주변의 전선에서 방어군의 참호는 극도로 복잡해졌고 유지 기간이 길어졌다.[86] 1914~1918년에 철조망, 참호, 대

---

건 불일치 때문에 남북전쟁이 끝날 무렵에는 중책을 맡지 못했다.

**83** 병사들이 어깨를 맞대고 적의 포탄이 날아오는 속에서도 오와 열을 맞추고 대형을 유지하는 용기.

**84** 토루(土壘)는 흙으로 만든 보루이다.

**85** 셔먼의 바다로의 행진(Sherman's March to the Sea)은 남북전쟁 당시 윌리엄 테쿰세 셔먼 장군의 지휘 하에 북군이 남부 주요 도시를 초토화하며 진격한 전역(全域)이다. 서배너 작전 (Savannah Campaign)이라고도 한다. 게티즈버그 전투와 빅스버그 전투 후, 남부 연합은 서서히 기울기 시작했고, 북군 총사령관 율리시스 S. 그랜트 장군은 남부에 대한 총 공세를 가했다. 서부 전선에서는 윌리엄 셔먼 장군이 채터누가에서 승리 후, 1864년 9월 3일 조지아주의 주도 애틀랜타를 함락했다. 셔먼 장군은 도시를 초토화하고 수많은 민간인을 도시에서 몰아냈다. 11월, 셔먼은 '대행진' 작전으로 서배너 해안까지 보급선을 포기하고 물자를 현지 조달하며 진군 경로의 전쟁 수행 능력, 의지를 꺾고자 도시들을 초토화하며 진격한다. 그 후 셔먼 장군은 남부 연합의 수도 리치먼드를 남북에서 포위 공격하기 위해 북쪽으로 진격하여 노스캐롤라이나주와 사우스캐롤라이나주의 주도 롤리와 컬럼비아를 점령하며 진격한다. 셔먼의 대행진으로 리치먼드는 남부의 주들과 연결이 끊기게 된다.

**86** 피터스버그 포위전은 남북전쟁이 거의 막바지에 이른 1864년 6월 9일부터 1865년 4월 25일까지 벌어진 전투이다. 북군이 남부 연합의 수도인 버지니아주 리치먼드로 압박해 가던 중 남부의 주요 거점이자 리치먼드의 교외 도시였던 피터스버그 일대에서 북군이 포위 공

피호, 감청소 및 포격 대피소 등에서 지리한 전투가 계속되었다.

리 장군이 게티즈버그에서, 율리시스 S. 그랜트[87]가 나중에 콜드 하버[88]에서 했던 것처럼 남군과 북군의 장군들은 때때로 나폴레옹식 정면 공격으로 돌아가 적 방어선에 보병 대열을 투입했다. 그러한 공격들은 대부분 첫 번째 벽을 넘어선 적이 없으며 막대한 대가를 치렀다. 남북전쟁에서 벌어진 전투의 횟수는 나폴레옹의 전투보다 많았으며, 전투 자체는 대부분 훨씬 더 무모했고 희생이 컸다.

1864년에는 북군의 소총과 탄약의 우월함이 결정적으로 드러나기 시작했다. 연말까지 수십만 정의 새로운 후미 장전식 소총이 북군에 보급되었다. 남군의 알렉산더 장군[89]은 "1861년에 연방군북군 보병이 실용적인 후미 장전식

87 율리시스 심슨 그랜트(Ulysses Simpson Grant, 1822~1885)는 미국 남북전쟁 기간 중 북군의 사령관이자 미국의 제18대 대통령(1869~1877)이었다. 그는 빅스버그와 실로를 포함한 서부 전선에서 많은 승리를 거두었고 소모전을 통해 명성을 얻었다. 소모전과 남부의 생산 기반을 파괴한 그의 전략은 효과적이었다. 전쟁에서 얻은 명성으로 제18대 대통령이 되었다. 그는 재임 기간 남부의 재건을 위해 힘썼다. 미국 50달러 지폐의 모델이다.

88 콜드 하버(Cold harbour)는 미국 남북전쟁 중 남부 연합의 수도였던 버지니아주 리치몬드에서 복동쪽으로 16km 떨어진 마을이다. 리치몬드를 점령하기 위해 두 번의 전투가 콜드 하버에서 벌어졌다. 본문에서 이야기되는 전투는 1864년 5월 31일~6월 12일 사이에 일어난 두 번째 전투이다. 북군의 그랜트 장군은 오버랜드 작전에 따라 리치몬드 점령에 나섰다. 북군이 콜드 하버의 교차로에 도달했을 때 참호를 파고 대기 중이던 남군의 방어 병력과 전투가 벌어졌다. 그랜트의 공격 명령에 따라 돌격한 북군은 다수의 사상자를 내면서 방어선에 도달할 수 있었다. 콜드 하버 제2차 전투에서 북군은 약 10만 8,000명의 병력 중 1만 3,000명의 사상자를 냈으며, 남군은 6만 2,000명의 병력 중에서 2,500명의 사상자를 냈다.

89 에드워드 포터 알렉산더(Edward Porter Alexander, 1835~1910)는 미 연방군 및 남군 장교, 군사공학자, 철도 경영자, 농장주 및 작가였다. 그는 미군 장교로 처음 근무한 후 남북전쟁 중 남부군에서 포병 준장으로 승진했다. 알렉산더는 게티즈버그 전투 3일째 피켓 돌진 이전에 대규모 포격을 담당했으며, 전투 중 신호 및 관측 풍선을 일찍 사용한 것으로 유명하다. 종전 후 광범위한 통찰력과 객관성으로 남북전쟁을 분석한 회고록을 집필해서 많은 호

소총으로 처음부터 무장했다면 전쟁은 1년 안에 끝났을 것"이라고 말했다. 스펜서 연발 소총은 소량만 사용되었지만 애틀랜타와 프랭클린 근교의 결정적인 전투에서 매우 효과적이었다.[90]

라이플rifle[91]은 장거리 사격을 더욱 치명적으로 만들었다. 그것은 방어 측의 능력을 크게 강화시켰고, 공격의 주 충격부대였던 기병대를 무용지물로 만들었다. 기병대는 통신망 및 보급로에 대한 장거리 공격에 여전히 효과적이었으며, 전쟁 내내 서로의 사기를 떨어뜨리는 데 양측 모두에게 유용한 존재였다. 또한 기병대는 도로 교차점을 점령해서 보병이 도착할 때까지 확보하는 데 사용되기도 했다.

그러나 말에 탄 기병은 정확한 소총 사격에 매우 취약했으며 양측의 기병대원들은 결정적 순간에 말에서 내려서 두 발로 서서 싸우는 훈련을 했다. 보병들은 숲속과 늪지대에서 움직이고 싸우고 참호를 팔 수 있었으며 그들은

~~~~~~~~~~

평을 받았다.

90 1864년 봄, 북군 총사령관 그랜트와 서부 전역 사령관 셔먼은 전쟁에서 승리하기 위해서는 남부의 전쟁 수행 능력과 의지를 완전히 꺾어야 한다고 판단했으며 이에 셔먼은 총력전의 개념을 시행에 옮겼다. 그랜트는 동부 전역으로 이동, 조지 미드의 포토맥군을 직접 통제하며 끊임없이 리에게 싸움을 걸었고, 셔먼은 채터누가에서 조지아 방면으로 남하하였다. 남군은 지연전을 펼치며 셔먼의 보급과 진격을 방해했지만 셔먼이 애틀랜타에 접근하는 것을 막지는 못했고, 셔먼은 7월 20일~9월 3일까지 남부의 교통의 허브이자 주요 보급 도시였던 애틀랜타를 포위하고 고립시킨다. 결국 남군이 애틀랜타를 포기하면서 애틀랜타 전역은 셔먼의 승리로 끝난다. 이때 셔먼은 도시 시민들을 소개시키고 도시의 관공서와 군사 시설을 완전히 파괴했다. 애틀랜타 함락이 전쟁을 사실상 결정지은 결정적인 패배였다는 시각이 있다. 이 패배가 없었으면 후방을 공격당하지 않은 남군은 어느 정도 전역 유지가 가능해서 전쟁을 장기전으로 끌고 갈 수 있었을 것이다. 그리고 무엇보다도 링컨이 대선에서 패배했을 가능성이 있다. 하지만 이 전투에서 패함으로써 남군은 사실상 전쟁 지속 능력을 잃어버렸으며 남은 전력도 프랭클린-내슈빌 전투에서 후드의 남군이 토머스 장군과 스코필드 장군의 북군에게 결정적인 패배를 당하면서 상실하게 된다. 영화 '바람과 함께 사라지다'에서 애틀랜타 전투가 묘사되었다.

91 강선식 소총. 이하 라이플이라 표기함

전투의 주력이었다.

유럽에서는 소화기의 변화가 세기 초반에 느리게 진행되었지만 이후 꾸준히 속도가 붙었다. 초기 몇 년 동안 영국군은 일곱 개의 강선이 있는 30in-76.2cm, .625 구경 소총인 베이커 소총으로 일부 군인을 무장시켰다. 그 총은 같은 기간 미국 소총보다 성능이 떨어졌다. 마침내 영국군은 미니에 소총으로 교체했고, 크림전쟁 후 엔필드로, 그 후에는 미국 모델인 스나이더로 교체했다. 각각의 신형 소총은 사거리와 정확도가 크게 향상되었다. 빅토리아 여왕은 1860년 신형 휘트워스 소총을 사용하여 라이플 소총 경쟁을 시작했다. 여왕이 정확하게 표적을 맞추었던 것은 그 당시까지는 가장 주목할만한 사격이었고, 그 총이 신뢰받을 만한 가치가 있음을 광범위하게 인식시켜주었다.[92] 세기 말이 되어가면서 마티니 헨리[93]에서 리 메 포드로, 그리고 리 엔필드로

---

92 휘트워스(Whitworth) 소총은 조셉 휘트워스가 설계하고 제작한 길이 1.2m, 구경 11.5mm, 발사 속도 분당 2~3발, 유효 사거리 730~910m, 최대 사거리 1,400m의 19세기 후반의 영국제 라이플 머스킷이다. 망원 조준경을 사용시 그 당시로서는 매우 우수한 장거리 명중률을 가진 단발 총구 장전식 소총으로, 이는 세계 최초의 저격용 소총으로 여겨진다. 휘트워스 소총은 미국 남북전쟁에서 남부군 저격수들이 광범위하게 사용하였으며, 존 세드윅(John Sedgwick)을 포함한 여러 명의 북군 장군을 사살하는 데 사용되었다. 1860년 영국 국립소총협회는 윔블던에서 첫 연례 회의를 열었고, 당시 빅토리아 여왕은 휘트워스 소총을 사용하여 첫발에서 370m 떨어진 기계 과녁의 중심으로부터 1~1.25in(25~32mm)에 위치한 불스-아이(bull's-eye)를 맞췄다.

93 마티니 헨리(Martini-Henry)는 영국군이 사용했던 레버 액션(lever action), 후장식 단발 소총이다. 1871년에 처음 배치되어 1918년까지 사용되었다(아프가니스탄에서는 여전히 사용 중이다. 2010년과 2011년 초, 미국 해병대는 마르자의 여러 탈레반 무기 저장고에서 적어도 세 정을 회수했다.). 총구 장전식인 스나이더-엔필드(Snider-Enfield)를 대체했다. 헨리 피바디(Henry O. Peabody)가 처음 개발한 드라핑-블록 액션(dropping-block action)과 스위스 설계자 프리드리히 폰 마티니(Friedrich von Martini)가 개선한 드라핑-블록 액션, 스코틀랜드 출신 알렉산더 헨리가 디자인한 폴리고널 라이플(polygonal rifling, 총열 내부에 소용돌이형 강선이 새겨진 것이 아니라 총열 내부 단면이 소용돌이형의 다각형으로 만들어진 것)을 결합했다. 무게 3.83kg, 길이 1,245mm, 총열 길이 844mm, 구경 .303cal, 분당 12발 발사, 유효 사정거리 370m이다.

**그림6-10** 뒤틀린 육각형 총열을 가진 휘트워스 라이플

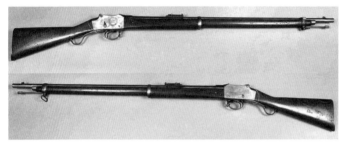

**그림6-11** 마티니 헨리 M-1871 라이플

소총이 변경됨에 따라 영국군 라이플 소총의 노후화는 더욱 빨라졌다.

한편 대륙에서도 비슷한 발전이 이루어지고 있었다. 1841년 프로이센은 유럽 전장에서 최초의 실용적인 후미 장전식 라이플 소총인 드라이제 니들 건[94]을 개발했다. 둘레를 감은 스프링surrounding spring에 의해 작동되는 가느다란 막대slender rod에 담긴 긴 바늘공이 : long needle로 작동되었다. 방아쇠를 당기면 공이가 앞으로 나와 공이의 바늘이 폭발성 물질이 담긴 디스크를 쳐서 작약을 점

---

**94** 드라이제 췬트나델게베어(Dreyse-Zündnadelgewehr, Dreyse needle-gun)는 요한 니콜라우스 폰 드라이제가 개발한 후미 장전식 소총이다. 1841년 프로이센이 1841년형 경뇌관 소총(leichtes Perkussionsge- wehr Model 1841)이라는 이름으로 제식 채용하여 프프전쟁에서 활약한 것으로 유명하다. '췬트나델게베어'는 '격발 바늘 소총'이라는 뜻으로, 바늘 모양의 공이가 종이로 만든 약협 뒤쪽을 뚫고 들어가 탄알 밑바닥의 뇌관을 찔러 격발시키는 데서 비롯된 이름이다. 또한 드라이제가 볼트 액션 방식을 최초로 사용한 후장 소총이기도 하다. 연발 속도는 분당 10에서 12발 정도였다. 개발자 드라이제는 1824년부터 총의 개발을 시작하여 1836년 완성했다.

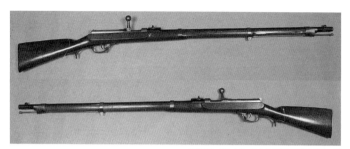

**그림6-12** M-1862 드라이제 니들-건

화시킨다. 불완전한 소총이었지만 - 바늘이 종종 부러졌다 - 이 총의 채용으로 프로이센은 경쟁자, 특히 20년 이상 총구 장전식 소총에 집착한 오스트리아에 비해 명백한 우세를 점유하게 되었다.

니들 건은 1866년에 발발한 7주전쟁에서 결정적임이 입증되었다. 오스트리아군은 사도바 전투[95]에서 20만 명 이상이 동원된 프로이센군만큼 많은 병력

---

95 쾨니히그레츠(Königgrätz) 전투는 1866년 7월 3일 프로이센-오스트리아전쟁 중 프로이센 군이 보헤미아의 도시 쾨니히그레츠(지금의 체코 흐라데츠크랄로베) 북서쪽의 사도바 마을에서 벌인 전투로 사도바(Sadowa) 전투라고도 불린다. 이 전투에서 프로이센은 대승을 거두었고 오스트리아는 군대가 거의 괴멸되어 대패했다. 개전 초기 오스트리아군이 프로이센 군에게 연달아 패하고 결국 프로이센군이 오스트리아와 프로이센 간의 국경 지대까지 진격했다. 이에 오스트리아군은 작센군과 연합하여 21만의 대군으로 쾨니히그레츠에서 결전을 시도했으나, 헬무트 폰 몰트케가 지휘한 프로이센군은 28만 병력으로 적지에서 오스트리아-작센 연합군을 맞아 압승을 거두었다. 프로이센의 전사자가 2,000명도 안되는 데 비해, 오스트리아-작센 연합군은 약 1만 3,000명에 달하는 전사 및 실종자에 2만 2,000여 명의 포로까지 발생하며 참패했고, 전황은 순식간에 기울었다.
이 전투는 전장식 소총을 이용한 오스트리아군과 후장식 소총으로 장비를 교체한 프로이센군의 대결로 유명하다. 후장식이 전장식보다 더 좋은 점은 일단 크게 두 가지인데, 첫째는 뒤에서 장전하므로 누워서 장전 및 사격이 가능, 즉 엄폐하면서 사격이 가능해졌다는 것이고, 둘째는 전장식에 비해 무려 여섯 배나 빠른 연사력을 가진다는 점이다. 결국 보병 간의 사격전에서는 프로이센군이 압도적으로 유리했다. 다만 세간에 알려진 것처럼 양군이 장비한 소총의 질적 차이로 프로이센군이 전투에서 아주 압도적이었고 그것이 전투의 승패를 결정 지은 것은 아니었다.
전투를 지휘한 몰트케는 병력 이동을 분산한 후 전투에서 결집하는 방식을 썼는데 이는 철도와 전신 이용으로 가능한 것이었다. 이처럼 시간과 공간을 배분한 병력 이동과 배치를 통해 당시 이전과 다른 전술을 썼으므로 당시 군인들은 철도 통신의 수단의 위력을 잘

을 동원했다. 그들은 착검하고 밀집 대형으로 전진함으로써 무기의 열세를 극복하고자 했으나, 니들 건은 그들을 박살냈다. 7주 만에 프로이센은 독일에 500만 명의 주민과 2만 5,000mile²6만 4,749.7㎢의 영토를 추가했다. 윈스턴 처칠이 말했듯이, "사전 경고의 전율이 프랑스를 관통했다."

프로이센의 승리는 헬무트 폰 몰트케 백작[96]의 빛나는 지휘와 세심한 전진 준비와 오스트리아 루드비히 베네덱[97]의 부적절함이 더해져서 달성되었다. 이때 니들 건은 신뢰를 얻었다.

얼마 지나지 않아 유럽의 모든 군대는 다양한 후미 장전식 소총을 채택했다. 총에 자체 점화 수단[98]을 포함하는 종이 카트리지를 사용하는 소총인 스

알지 못했으며 몰트케의 병력 이동과 배치를 매우 위험하게 생각했다. 한편, 당시 오스트리아군 총사령관인 베네데크 장군은 전략적 능력은 떨어져도 전술적 능력은 훌륭했고 스스로의 능력을 잘 아는 그는 자신의 능력을 살리기 위해 쾨니히그레츠 지역에 방어선을 구축했고 희망을 걸었다. 그리고 전투 초반 프로이센군이 엄청 고전했다. 그대로만 진행되었다면 오스트리아가 이기거나, 프로이센이 이기더라도 엄청난 피해를 입었을 것이 분명하다. 하지만 양군이 맞선 가운데 프로이센 왕세자가 이끄는 프로이센 2군이 전선 측면에서 나타나자 오스트리아군은 혼비백산해서 전투를 중지할 수밖에 없었다. 소총의 경우 프로이센이 확실히 우월했지만 포병에서는 오히려 오스트리아보다 뒤떨어졌고 이것도 초반 고전의 원인이 됐다. 종합하자면 이 전투에 한해서는 프로이센군이 우월해서 승리한 것이라기보다는 오스트리아군이 연이은 실수로 스스로 괴멸한 것이 패배에 큰 영향을 주었다고 볼 수 있다. 이러한 오스트리아군의 실수는 여전히 신분제 및 비효율적인 통신 체계에 기초한 전근대적인 지휘 체계를 가진 오스트리아군과 참모본부를 중심으로 한 지휘 체계의 혁신을 달성하고 근대적인 통신망을 갖춘 프로이센군의 차이를 보여준다고 할 수 있다.

96 헬무트 카를 베른하르트 그라프 폰 몰트케 백작(독일어: Helmuth Karl Bernhard Graf von Moltke, 1800~1891)은 프로이센과 통일 독일의 육군 원수이다. 30년간 프로이센 육군의 참모총장을 지낸 몰트케는 1800년대 후기의 위대한 전술가 중의 한 명이며, 전장에서 육군을 지휘하는 새롭고 더욱 현대 전술의 창조자로서 여겨진다. 제1차 세계대전 중 독일 육군의 사령관을 지낸 그의 조카 헬무트 요한 루트비히 폰 몰트케로부터 구별하기 위해서 대(大)몰트케(독일어: Moltke der Ältere)로 가끔 언급된다.

97 루드비히 아우구스트 리터 폰 베네덱(Ludwig August Ritter von Benedek, 1804~1881)은 오스트리아 왕국의 장군으로, 1866년 프로이센과의 사도바 전투에서 제국군을 지휘했지만 패배한 것으로 유명하며, 이 전투로 그의 경력이 끝났다.

웨덴의 헤그스톰Hagstrom, 프로이센은 카르테 프라테Carte Prate, 이탈리아는 카카노Carcano를 채택했다. 프랑스군은 그들의 유명한 샤스포[99]를 개발했다. 이 소총들은 니들 건보다 사정거리가 길고 발사 속도가 빨랐다. 구경은 .66에서 .43으로 감소하여 프랑스 병사들은 90발의 탄약을 휴대할 수 있었지만 독일 병사들은 75발만 휴대할 수 있었다.

프로이센-프랑스전쟁 동안 샤스포는 니들 건보다 유효 사정거리가 두 배나 길다는 것이 입증되었다. 하지만 이 단일 무기의 우월성은 프랑스군 지휘부의 열등한 지휘 능력과 프랑스군 포병의 약점을 보완하기에 충분하지 않았다. 6주 만에 프로이센군은 메츠[100]에서 프랑스의 1개 야전군을 포위하고 스당[101]에서 다른 야전군을 궤멸시켰으며 파리까지 무저항으로 진격했다.

---

98 뇌관의 일종.

99 푸실 모델 1866 샤스포(Fusil modèle 1866 The Chassepot)는 현대적인 볼트 액션 후미 장전식 소총이다. 샤스포는 구식 미니에 전장식 소총을 대체해서 1870~1871년 프프전쟁에서 프랑스군의 주무장이었다. 프랑스 육군 이외에도 프랑스 해군, 영국군 등이 사용했고, 오스트리아, 벨기에 및 이탈리아에서도 면허 생산되었다. 샤스포는 발명가인 앙투안 알퐁스 샤스포(Antoine Alphonse Chassepot, 1833~1905)의 이름을 따서 명명되었으며, 프로이센의 드라이제 니들 건과 비슷한 시스템을 사용한다. 1867년 멘타나 전투에 처음 등장하여 주세페 가리발디의 군대에 심각한 손실을 입혔다. 샤스포 소총에 의해 고속으로 발사된 무거운 원통형 납탄은 미니에 소총보다 훨씬 더 심한 상처를 입혔다. 샤스포는 드라이제에 비해 몇가지 장점이 있었다. 보다 효율적인 가스 밀폐를 위해서 볼트 헤드에 고무링(ob-turator)이 장착되었다. 더 작은 구경의 탄환(드라이제의 경우 11mm 대 15.4mm)을 발사했지만 샤스포 탄약은 화약(5.68g 대 4.85g)을 더 많이 가지고 있었기 때문에 총구 속도가 빨라졌으며 유효 사정거리가 길었다(샤스포 : 1,600m, 드라이제 : 600m). 무게도 더 가볍고 더 작았다. 샤스포 소총에 도입된 기술적 특징 중에는 가스 압력 하에서 팽창하여 총탄이 발사될 때 브리치(breech)를 봉인하는 분할된 고무링에 의해 볼트를 막는 방법이 사용되었다.

100 메츠(Metz)는 프랑스 동북부 모젤주에 있는 도시로, 로렌 지방의 주도이다. 로렌 지방의 중앙부, 모젤강과 세유강의 합류점에 위치한다. 독일 · 룩셈부르크 국경과 가깝고, 예로부터 여러 지방으로 통하는 교통의 요지로 발전하였다.

101 스당(Sedan)은 프랑스 아르덴주에 위치한 마을 중 하나이다. 1870년 프랑스의 황제였던 나폴레옹 3세가 10만 명의 군사를 이끌고 스당 전투를 치렀던 곳이다. 뫼즈강이 흐르면서 만들어진 반도 위에 건설되었다.

**그림6-13** 무실 모델 1866 샤스포

보방Vauban형 요새는, 요새가 보유한 화기의 사정거리 밖에서 가해지는 포격에 버티기에는 너무 구식이었다. 전쟁이 끝났을 때, 독일군은 전사 2만 8,000명, 부상 10만 1,000명이었고, 프랑스군은 전사 15만 6,000명, 부상 14만 3,000명이 희생되었다.

1877~1878년의 러시아-튀르크전쟁에서 플레브나Plevna 전투[102]는 미국이 남북전쟁에서 배운 내용, 즉 후미 장전식 소총으로 무장한 보병들이 숨어 있는 상태에서 대규모로 공격하는 것은 도움이 안 된다는 것을 실증해 보였다.

오스만 파샤[103] 지휘 하의 튀르크군은 훌륭한 미제 라이플로 드랍-블록-액

---

102 1877년의 제6차 러시아-튀르크전쟁 때 튀르크가 점령 중이던 플레브나를 러시아가 포위 공격하여 승리한 전투. 불가리아 북부, 소피아 북동 약 100km 지점의 플레브나를 러시아군은 3회의 돌격과 143일간에 걸친 포위 끝에 간신히 돌파하였다(1877.12.10). 이후 러시아군은 아드리아노플(에디르네)을 점령하고, 1878년 3월 3일 산스테파노조약을 체결하였다. 이 전투에서 러시아군은 압도적인 전력 차에도 평이한 공격 계획과 지휘 체계의 분열로 통제가 안 되어 각각의 공격 부대간 유기적 협조가 되지 않았다. 또한 튀르크군이 만들어낸 높은 밀도의 화력 때문에 세 번의 공격과 보루를 차지하기 위한 수십 번의 전투에서 실패했다. 장거리에서 오스만군은 미국식 피바디-마티니 소총을 사용했고 근접 전투에서는 윈체스터 카빈총을 사용했다. 결국 9월 13일의 세 번째 공격은 체계적인 포위로 모든 보급로를 차단해 수비대를 버틸 수 없게 하였다. 결국 12월 9일 밤 오스만 파샤는 포위망 돌파를 시도했지만 실패 후 다음날 오전 항복했다.

103 오스만 누리 파샤(Osman Nuri Paşa, 1832~1900)는 오스만제국의 명장으로 육군 원수이다. 그가 본격적으로 명성을 떨치게 된 것은 1877년의 러시아-튀르크전쟁 중 플레브네 방어

션drop-block-action 후미 장전식[104] 소총인 피바디-마티니[105]로 무장했다. 압도적으로 많은 러시아군이 참호로 둘러싸인 튀르크군 진지로 세 차례 공격을 시도했으나 매번 후퇴해야만 했다. 두 번째 전투에서 러시아군은 7,300명, 튀르크군은 2,000명을 잃었다. 세 번째 전투에서 튀르크군 사상자가 5,000명이었는데 러시아군은 1만 8,000명이 희생되었다. 결국 플레브나는 보급 물자의 부족 때문에 함락되었다.

세기가 끝날 무렵, 서방 세계의 모든 정부는 빠르게 발전하는 소화기에 관심을 가지게 되었다. 그들은 새로운 무기에 대한 정교한 테스트를 수행하고, 자신의 군대에 연구 보조금을 제공했으며, 일반적인 용도로 채택한 무기를 만든 운 좋은 발명가를 위해 자금을 제공하였다.

## 포병의 변화

19세기에는 소화기와 마찬가지로 대포의 성능도 상당히 개선되었다. 하지

---

전의 지휘 덕이다. 방어에는 실패하고 포로가 되었지만, 러시아의 황제 알렉산드르 2세 또한 그의 뛰어남을 인정하고 칭찬했다. 전쟁이 끝난 뒤 오스만으로 귀환하여 열렬한 환영과 함께 육군 원수로 승진하고, 오스만제국 육군 대신을 4회 역임했다.

104 폴링-블록 액션(A falling-block action, sliding-block, dropping-block action)은 단단한 금속 브리이치 블록이 무기의 브리이치로 잘린 홈에서 수직으로 미끄러지고 레버에 의해 작동되는 단발 화기의 작동 방식이다.

105 M-1874 튀르크 피바디-마티니 라이플(Turkish Peabody-Martini rifle, A형과 B형이 있다.). 오스만제국은 19세기 중후반 현대식 무기 생산 능력이 없어서 유럽에서 구매하여 현대식 무기를 유지했다. 30만 정 이상의 영국제 스나이더-엔필드(Snider-Enfields) 소총을 구매했고, 뒤이어 마티니-헨리(Martini-Henry) 소총을 원했지만 구매할 수 없었다. 따라서 튀르크는 1877~1878년 러시아-튀르크전쟁 중에 피바디 소송에 대한 권리를 소유한 미국 프로비던스 툴(tools) 회사로부터 60만 정 이상의 영국제 마티니 헨리 마크1(Mark I)의 복제품인 피바디-마티니를 구입했다. 피바디-마티니는 제작사 각인을 빼면 영국식 마티니-헨리 타입1(Martini- Henry Type I)과 구별하기가 매우 어렵다. 이 소총 중 약 9,000정은 1880년경에 일본 해군에게 다시 팔렸다.

**그림6-14** M1874 타입 튀르크의 피바디-마티니 라이플

**그림6-15** 드랍-블록-액션

만 전투에서는 소화기에 더 많이 의존했다. 나폴레옹은 포병을 집중적으로 운용하여 효과를 냈지만, 19세기 후반의 지휘관들은 특히 프로이센-프랑스 전쟁에서 포병이 크게 성공했음에도 불구하고 소총을 결정적인 무기로 생각했다. 이 시대의 포병에는 네 가지 중요한 발전이 있었다. 첫째, 강선포의 채택. 둘째, 후미 장전식으로의 변경. 셋째, 내부 탄도 발전. 넷째, 더 나은 주퇴 메커니즘[106]의 개발.

단속 나사 포미폐쇄기의 발명 이후 후미 장전식으로의 변경이 보편적이 되었다. 최초의 성공적인 강선포는 1846년 이탈리아의 카발리[107]에 의해 만들

---

106 포탄 발사 시 장약의 폭발성 연소로 인해 발생하는 포구 반대 방향으로의 반동을 흡수하는 장치.

어졌다. 그의 포에는 두 개의 나선형 강선이 있었고 실린더형 포탄이 사용되었다. 영국의 조셉 휘트워스[108]는 뒤틀린 육각형 총열이 있는 포를 만들었다. 이 3lbs[1.4kg] 포는 앙각을 20도까지 올렸을 때 7,000yd[6,400m]까

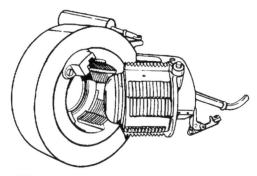

**그림6-16** 인터럽티드-스크루 브리이치블록

지 포탄을 날렸는데, 이것은 이전의 대포에서는 도달할 수 없는 사정거리였으며, 관찰자들을 놀라게 할 만큼 정확했다. 35도의 앙각으로는 사정거리가

107 지오반니 카발리 중장(Giovanni Cavalli, 1808~1879)은 이탈리아 군인, 포병, 발명가였다. 그는 최초의 성공적인 후미 장전식 강선포를 발명했다. 제1차 이탈리아 독립전쟁에는 소령으로, 제2차 이탈리아 독립전쟁에는 대령으로 참전했다. 그 후, 토리노 무기 주조 공장의 이사가 되었다. 토리노 왕립 사관학교 교장으로 복무 후 은퇴했다.

108 제1대 휘트워스 준남작 조지프 휘트워스 경(Sir Joseph Whitworth, 1st Baronet, 1803~1887)은 영국의 기술자, 기업가이다. 현대 정밀 공작 기술의 발전에 기여하였고, 위트 나사(BSW)로 알려진 세계 최초의 나사 규격을 고안했으며 무기 제조로도 유명하다. 휘트워스의 '샤프-슈터(sharp-shooter)'라고 불리는 육각형의 0.451in(11mm) 소총탄을 사용하는, 강선의 회전도를 증가시킨 휘트워스 라이플은 그 정확도로 인해 최초의 저격총 중 하나로 꼽힌다. 그러나 이 휘트워스 소총은 총신이 점화를 일으키기 쉬웠던 단점과 엔필드 총보다 네 배나 비싼 가격으로 인해 영국 육군에서는 채용되지 못했다. 대신 프랑스 육군에 채용되었고, 일부는 미국 남북전쟁에서 사용되어 저격총으로서의 명성을 얻었다. 휘트워스가 제작한 선반 등 공작 기계는 높은 정밀도에도 가격은 저렴했다. 휘트워스는 영국에서의 부품 표준화와 1844년 밀리미터 단위를 도입하는 데 기여했다. 1850년대 초반에는 영국 정부가 파견한 미국 사절단의 중심 역할을 하였고, 발달한 라인 생산 방식을 영국 총기 생산에 도입하는 데 기여했다. 휘트워스 사는 군수 기업으로도 활동하였고, 뛰어난 대량 생산 기술을 활용하여 90일 동안 90기의 물건으로 포함용 증기기관을 제조하였다. 이 밖에 휘트워스는 2.75in(70mm) 구경 12lbs(5.44kg) 후장식 강선포도 설계했다. 포탄 중량 12lbs 11oz(5.75kg), 사거리 약 10km의 대형 포로 영국 육군에서는 채용되지 못하고, 미국에 수출되어 남북전쟁에서 사용되었다. 그 후, 휘트워스는 포신의 강도를 높이는 연구를 진행하여 유동 압축 강철(fluid-compressed steel)이라는, 압력을 가해 강철을 주조하는 기술의 특허를 취득했다.

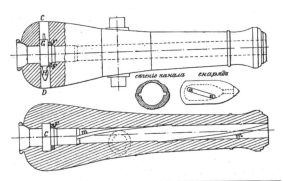

**그림6-17** 지오반니 카발리의 포와 70-파운더 휘트워스 네이벌 건

9,500yd<sup>8,687m</sup>까지 도달했다. 카벨리와 휘트워스의 직사포는 모두 후미 장전식 포였다.

그러나 신형 직사포의 가늘고 긴 포탄은 처음에는 동일한 구경의 구형(求刑) 포탄만큼 단거리에서 강력한 파괴력이 없었기 때문에 활강포는 계속 제작되었다. 더 가볍고 가늘고 길어진 신형 포탄은 더 무겁고 날카로우며 길쭉한 포탄보다 더 빨리 속도를 잃었다. 하지만 더 가볍고 더 빠르기 때문에 발사후 탄도의 초기 부분에서 훨씬 더 큰 충격 에너지<sup>E=MV²</sup>를 가진다. 미국인 존 달그렌[109]은 1850년 '소다 병soda-bottle'포를 발명했다. 이 포는 포신을 구성하

---

109 존 달그렌(John Adolphus Bernard Dahlgren, 1809~1870)은 미 해군 장교로 병기감실을 창

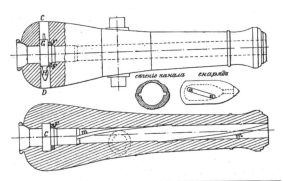

**그림6-17** 지오반니 카발리의 포와 70-파운더 휘트워스 네이벌 건

9,500yd<sup>8,687m</sup>까지 도달했다. 카벨리와 휘트워스의 직사포는 모두 후미 장전식 포였다.

그러나 신형 직사포의 가늘고 긴 포탄은 처음에는 동일한 구경의 구형(求刑) 포탄만큼 단거리에서 강력한 파괴력이 없었기 때문에 활강포는 계속 제작되었다. 더 가볍고 가늘고 길어진 신형 포탄은 더 무겁고 날카로우며 길쭉한 포탄보다 더 빨리 속도를 잃었다. 하지만 더 가볍고 더 빠르기 때문에 발사후 탄도의 초기 부분에서 훨씬 더 큰 충격 에너지$E=MV^2$를 가진다. 미국인 존 달그렌[109]은 1850년 '소다 병soda-bottle'포를 발명했다. 이 포는 포신을 구성하

---

109 존 달그렌(John Adolphus Bernard Dahlgren, 1809~1870)은 미 해군 장교로 병기감실을 창

는 금속의 두께가 내부 압력의 변화에 비례해서 변화된다는 것이 장점인 포구 장전식 활강포였다.[110] 미군은 이 포의 지속적인 장점을 덜 언급했지만 철갑함에 대항해 사용하는 데 강선포에 비해 훨씬 우수하다고 간주되어 남북전쟁 후 20년 동안 미국 해군에서 표준 무장으로 유지되었다. 이 포는 1880년이 되어서는 확실히 구식이 되었다.

포병 무기에 대해 관심이 많았으며, 실제로 프랑스 왕권을 노리던 중에도 포병 무기와 관련된 두 개의 논문을 저술한 나폴레옹 3세[111]는, 알제리에서 비

설하고 화포 분야를 크게 발전시켰다. 달그렌은 다양한 크기의 선박과 해안에 설치할 수 있는 활강 곡사포를 고안했다. 이후 그는 사거리와 정확도가 크게 증가한 주철제 전장식 대포인 달그렌포를 도입, 미 해군의 표준 무장으로 만들었다. 남북전쟁에서 달그렌은 워싱턴 해군 조병창의 사령관으로 임명되어 병기국을 설립했다. 1863년에 그는 남대서양 봉쇄 전대를 지휘해서 윌리엄 테 쿰세 셔먼 장군이 조지아주 사바나를 확보하도록 지원했다.

110 달그렌 포(Dahlgren gun)는 미국 남북전쟁 중 또는 그 이전에 북부 해군이 사용한 활강포와 강선포의 한 종류이다. 미국 해군의 병기감 존 A.달그렌은 착화시 포미에서 폭발의 힘이 최대가 되는 포탄이 포구 근처에 있을 때 걸리는 힘이 최소가 된다는 것을 알고 있었다. 그래서 그는 포미가 굵고, 포구가 가늘고 부드러운 외형을 한 대포를 개발했다. 이것은 더 진보된 형태의 대포에 비해 저렴했다. 달그렌 포는 탄산음료 병을 닮은 형상 때문에 '소다병 대포(soda bottle cannon)' 또는 달그렌 포(Dahlgren gun)라 불리기도 했다. 그러나 그의 디자인 철학을 다른 해군 관계자들은 수용할 수 없었다. 대포의 장전 방식이 구식의 포구 장전식에서 후미 장전식으로 전환되고 있었고, 야금 기술의 발전은 20세기가 되기 전에 그의 설계를 시대에 뒤떨어진 것으로 만들었다. 그의 설계의 단점은 포미의 감아올리는 손잡이가 작아 깨지기 쉬운 것과 대포에 필수적인 조준 각도 설정 메커니즘이 부족했던 것이다.

111 나폴레옹 3세 또는 샤를 루이 나폴레옹 보나파르트(Charles Louis Napoléon Bonaparte, 1808~1873)는 프랑스 초대 대통령이자 프랑스 제2제국의 유일한 황제로, 프랑스의 마지막 세습군주이며 나폴레옹 1세의 조카다. 1848년에 2월혁명 이후 수립된 제2공화국에서 국민투표를 통해 대통령으로 선출되었다. 1851년에 친위 쿠데타를 일으켜서 독재에 가까운 강력한 권력을 가진 대통령이 되었으며 이듬해 국민투표를 통해 신임을 얻은 후 1852년 12월에 제2제국을 선포하며 황제에 즉위했다. 제2제정의 전반기는 정치를 잘하였으나, 제정 후반기(1860~1870)에는 경제 불황과 외교 정책 실패로 힘든 시기를 맞았다. 1861년 채무 상환 요구를 명분으로 멕시코 원정을 실시하였으나 큰 소득없이 1867년 철수하였고 이로 인해 프랑스군에 큰 전력 손실이 발생했다. 1866년부터는 신흥 강대국으로 부상한 프로이센과 갈등 관계에 놓였다. 결국 1870년 7월 프프전쟁을 일으키고, 같은 해 9월 스

밀 실험을 명령했다. 그 결과는 프랑스군에게 채택 후인 1859년 오스트리아와 싸웠던 마젠타[112]와 솔페리노 전투[113]에서 그 가치를 증명한 강선 후미 장전식 야전포를 채택토록 한 것이었다. 프랑스군의 포는 오스트리아군이 사용하던 포보다 사정거리가 두 배나 길었다. 대포의 발전은 너무나 빨라서, 1870년까지 프로이센은 더 뛰어난 대포를 생산했다. 전쟁이 발발했을 때 프랑스군의 야전포는 이미 구식이 되었다는 것이 증명되었다. 프로이센군의 포가 더 성능이 뛰어났고 문수도 많았다.

내부 탄도학은 총(포)탄이 발사될 때 총(포) 자체의 다양한 변형과 반응을

---

당 전투에서 대패하며 포로로 잡혔다. 패전 소식이 파리에 전해진 직후 공화주의자들에 의해 폐위당하고 영국으로 망명했다.

112 마젠타(Magenta)는 이탈리아 북부 밀라노광역시 서쪽의 조그마한 마을이다. 1859년 6월 4일 오스트리아제국의 왕실령인 롬바르디-베네치아 왕국의 마젠타 마을 근처에서 전투가 벌어졌다. 당시는 제2차 이탈리아 독립전쟁 중으로 나폴레옹 3세 휘하의 프랑스-사르디니아군과 페렌츠 줄라이 원수가 지휘하는 오스트리아군과의 전투가 벌어졌다. 나폴레옹 3세의 제국 근위대 척탄병들은 티치노강을 건너 줄라이 휘하의 오스트리아군에게 후퇴를 강요했고, 오스트리아군은 집집마다 점거하고 시가전을 펼쳤다. 양측을 합쳐 약 1만 5,000명이 죽거나 다쳤지만 당시 기준으로 마젠타 전투는 특별히 큰 전투는 아니었다. 하지만 프랑스-사르디니아 동맹의 결정적인 승리로 자기매김한다. 당시 프랑스군의 지휘관이었던 파트리스 드 마크마옹(Patrice de MacMahon) 후작은 이 전투에서 그의 공적으로 인해 Duc de Magenta(마젠타 공작)으로 작위를 받게 되고, 후에 프랑스 제3공화국의 대통령이 된다. 한편 이 무렵 1859년에 프랑스의 화학자 프랑수아 엠마뉘엘 베르구아누(François-Emmanuel Verguin)에 의해 합성 아닐린 염료가 개발된다. 이 염료의 이름을 이 전투의 승리를 기념하기 위해 마젠타라 정하고, 파리 시내의 도로 한 곳도 마젠타 대로라 불리게 되었다.

113 솔페리노(Solferino) 전투는 제2차 이탈리아 독립전쟁 중인 1859년 6월 24일, 이탈리아 북부 롬바르디아 지방의 솔페리노를 중심으로 벌어진 전투이다. 나폴레옹 3세가 이끄는 프랑스군과 비토리오 에마누엘레 2세가 이끄는 사르데냐 왕국군의 연합군 13만 833명이 프란츠 요제프 1세가 이끄는 12만 9,273명의 오스트리아제국군과 싸워 프랑스-사르데냐 연합군이 승리를 거두었다. 이 전투 이후 프랑스와 오스트리아 사이에 평화 협정이 맺어졌고, 오스트리아는 이탈리아에 대한 영향력을 상실했다. 또한 이 전투의 현장을 지켜본 앙리 뒤낭은 전장의 참상에 강한 충격을 받아 《솔페리노의 회상》이라는 제목의 책을 출판하였고, 이것이 이후 적십자 운동으로 이어졌다.

연구하기 위해 화학, 수학 및 물리학의 조합을 사용하여, 포병 무기 체계의 주목할 만한 발전을 이끌었다.

총기 제작자들은 먼저 주철에서 연철로 전환했고, 1840년대의 연철 대포는 그 당시까지 세계에서 가장 강력했던 무기였다. 하지만 포병들은 여러 번의 비극적인 폭발 때문에 신뢰하지 않았다. 피스메이커Peace maker라는 이름의 함포가 1844년에 폭발한 것은 최악의 사건이었다. 이 함포는 거대한 12in$^{30.5cm}$ 연철 활강포로, 로버트 F. 스톡턴Robert F. Stockton 대령이 지휘하는 USS 프린스턴에 탑재되어 있었다. 이 폭발로 국무 장관과 해군부 장관을 비롯해 다수의 미국 정부 고위 관리가 사망했다.[114]

독일의 위대한 발명가이자 총포 제작자인 프리드리히 크루프[115]는 강철을 주조하는 데 성공했다. 대포왕이라 불리웠던 그의 아들 알프레트 크루프[116]는

~~~~~~~~~

114 USS 프린스턴은 1843년 취역한 710t의 전장 50m, 전폭 9.30m로 돛과 증기기관으로 항해하는 코르벳함이다. 프린스턴은 포격으로부터 추진 체계를 보호하기 위해 흘수선 아래에 장착된 엔진에서 구동되는 스크루를 장비한 최초의 군함이었다. 프린스턴은 12문의 영국제 19.1kg 포구 장전식 활강포를 장착했다. 초대 함장인 스톡턴 대령은 추가로 2문의 장포신 활강포를 장착했다. 피스메이커는 뉴욕에서 제작한 300mm 포구 장전식 활강포로 인증을 받기까지 단 다섯 번만 발사 실험을 하였다. 1844년 2월 28일 프린스턴은 타일러(Tyler) 대통령과 내각, 상원의원 등 약 400명의 손님을 태우고 포토맥강을 항해하는 동안, 주포인 피스메이커를 4회 시범 발사했다. 마지막 발사인 4회차 발사에서 함장이 방아끈을 당기자 포신이 폭발, 길머(Gilmer) 해군부 장관, 업셔(Upshur) 국무장관, 상원의원 등 16~20명이 사망했다. 대통령은 무사했다.

115 프리드리히 칼 크루프(Friedrich Carl Krupp, Essen)는 독일의 철강 제조업체이자 현재 티센크루프(ThyssenKrupp) AG에 편입된 크루프 가문 상업 제국의 설립자이다. 1810년 그는 에센 근처 라인강변에 작은 단조 공장을 설립했고, 1815년에는 프리드리히 니콜라이와 파트너십을 맺어 수차를 동력으로 한 철강 생산을 시작했다. 이 제품은 민트 다이, 버튼 우표 등과 같은 특정 목적에 우수한 것으로 판명되었다. 하지만 상업적으로 성공하지는 못했고, 아내인 테레세 크루프가 그 사업을 인수하였다. 그는 죽기 전에 14세였던 장남 알프레드에게 강철을 만드는 비법을 알려주었고 아들 때에 성공적으로 발전했다.

116 알프레트 크루프(Alfred Krupp, 1812~1887)는 19세기 독일의 기업가이다. 아버지 프리드리히 크루프가 창설한 작은 철공소를 상속하여 19세기부터 20세기에 독일 최대의 철강·무기 제조 기업을 일구어 현대에도 대기업인 크루프를 길러냈다. 신흥 군사 국가 프로이센에

강철로 주조된 포구 장전식 3lbs[1.4kg] 포를 제작하여 1851년 영국에서 개최된 대박람회에서 많은 관심을 끌었다. 이 포는 경이로울 정도로 가벼웠고, 인장 강도는 주철의 약 네 배, 연철의 두 배에 이르렀다. 크루프 포의 몇 번에 걸친 파열은 포병들에게 크루프 사의 포가 언제 깨질지도 모른다는 두려움을 주었 기 때문에 강철제 대포의 채택은 상당히 지연되었다. 어쨌든 1870년 프로이센 군 포병 화력이 프랑스군보다 우세했던 것은 이 포를 프로이센군은 채택한 반 면 프랑스군은 채택을 거부했던 것이 상당 부분 영향을 미쳤다.

미국에서 로버트 패럿[117]은 강도를 높이기 위해 포미 주변에 연철 밴드 를 부착한 강철로 주조된 강선포를 설계했다. 이 강선포들은 남북전쟁에 서 야전포와 함포로 광범위하게 사용되었다. 이 강선포들의 크기는 10~ 300lbs[4.5kg~136kg]까지 다양했다. 'Reports of Experiments on Metals for Cannon : 시간에 대한 연구로 유용한 평사포(cannon)에 사용되는 금속에 대 한 실험 보고서(Washington, DC, 1861)' 작성한 로드맨 대위[118]는 내부 금속이 먼

---

고성능 대포를 공급하여 '대포왕'이라는 별명을 얻었고, 또한 '죽음의 상인'이라는 불명예 도 얻었다. 또한 1871년의 사회주의 노동자당의 총파업을 계기로 회사에서 의료보험, 양 로보험 등을 정비하여 근로자의 보호를 도모한 것은 훗날 독일제국의 사회보험제도에 영 향을 주었다. '철혈 정책'으로 독일 통일을 추진했던 프로이센을 무기 면에서 지원했다. 슐 레스비히-홀슈타인전쟁(덴마크전쟁), 보오전쟁, 프프전쟁에서 크루프 대포는 중요한 역할 을 했다. 사후 사업은 아들 프리드리히 알프레트 크루프에게로 이어졌다.

117 로버트 파커 패럿(Robert Parker Parrott, 1804~1877)은 웨스트포인트 출신 미군 장교이자 군사 무기 발명가였다. 사관학교 졸업 후 포병 장교로 부임하였고, 1836년 워싱턴 D.C의 병기국에 대위로 보임되었다. 넉 달 후 전역한 그는 뉴욕 콜드스프링의 웨스트포인트 아이 언(West Point Iron)과 캐논 파운드리(Cannon Foundry)의 감독관이 되었다. 1860년에 그는 다양한 크기로 제조된 혁신적인 강선포 패럿 포를 생산했다. 가장 무거운 포는 11.8t이고, 무게가 140kg인 포탄을 발사했다. 패럿 강선포는 남북전쟁 동안 남북 군대에 의해 광범위 하게 사용되었다.

118 토머스 로드맨(Thomas Jackson Rodman, 1816~1871)은 미국의 포병 준장이자 발명가로 병 기 전문가였다. 그는 남북전쟁 동안 연방군(북군) 장교로 복무했으며, 방군 포병의 개선과 혁신에 크게 기여했다. 그는 '역대 가장 강력한 주철 대포'로 불리며 해안 방어에 광범위하

저 차가워져서, 외피가 단단해진 내부로 축소되는 속이 빈 구멍이 있는 주조 활강포를 설계했다.[119] 그 결과 외부 금속이 안쪽을 향해 압축되어, 포가 발사되었을 때 포신 내부포강가 압력으로 인해 팽창한 이후가 아니라 발사 즉시 지지를 받게 되었다. 로드먼의 포는 빌트-업 건built-up gun[120]이 나타날 전조였다. 그의 개선 사항은 달그렌 제독의 개선 사항과 결합하여, 미국 남북전쟁의 유명한 군함인 모니터 호[121]에 장착된 강력한 해군 함포인 $11in^{280mm}$ 함포를

~~~~~~~~~~

게 사용된 로드맨 포를 개발하였다. 로드맨은 또한 화약을 미리 설계된 입자 모양으로 적절하게 압축하고 성형하여 화약 연소에 의한 가스 생산을 제어할 수 있는 성형 화약 입자를 사용하는 것을 발명했다. 기존 공 모양 화약의 성능과 비교 시 최대 압력이 더 낮아 포구 속도가 증가했다. 일곱 개의 구멍이 뚫린 화약 입자는 로드맨의 이름을 따서 명명되었으며 유사한 모양의 작약이 현대 포병, 로켓 및 자동차 에어백 팽창기에 여전히 사용되고 있다.

119 1844년부터 로드맨은 주조 방식의 한계로 인한 주철 대포의 크기 제한을 극복하기 위해 실험을 했다. 그때까지 철로 만든 모든 대포의 포신은 단단하게 주조된 다음 외부에서만 냉각되어 금속이 포신의 외부 표면으로 수축할 때 냉각이 고르지 않게 되었다. 이 과정은 또한 '내부 변형 및 구조적 불규칙성'을 유도했으며, 이러한 문제는 특히 대구경으로 주조하도록 설계된 대포의 모든 열린 부분에서 훨씬 더 광범위하게 퍼졌다. 이런 식으로 제작된 대포는 냉각 과정에서 깨지거나, 선적 중에 부서지거나, 발사되면서 터질 수 있었다. 로드맨은 이러한 단점을 해결하는 방법을 개발했다. 그는 속이 빈 코어 주위에 철을 주조한 다음 냉각을 위해 포신 내에 일정하게 물을 흐르게 하면 훨씬 더 안정적이고 강력한 제품이 만들어지는 것을 발견했다. 그의 방법과 그 결과는 다음과 같이 설명되어 있다. "석탄이 주형에 쌓여 외부 표면을 뜨겁게 유지하는 동안 튜브를 통해 순환하는 물은 구멍을 냉각시킨다. 현재 '습식 냉각 공정'으로 알려진 로드맨의 제조 방법은 바깥쪽 금속이 경화된 내부에 비해 줄어드는 동안, 불순물은 바깥쪽으로 강제로 나오게 된다." 이렇게 하면 가장 두꺼운 금속이 포신의 가운데를 향하게 된다.

120 금속의 탄성 특성을 최대한 활용하기 위해 포신이 주조로 만들어진 단일체가 아닌, 포신을 여러 개의 층으로 적층시켜 만드는 방법이다. 가장 안쪽 튜브에는 메인 튜브를 감싸는 최소 한 개 이상의 추가 튜브가 있다. 바깥쪽의 튜브들은 제자리로 미끄러져 들어가기 전에 예열이 된다. 외부 튜브가 냉각되면 자연스럽게 수축이 된다. 이러한 구조 덕분에 더 큰 내부 압력을 견딜 수 있도록 메인 튜브에 압력을 가한다. 한글 용어가 없다.

121 모니터호(USS Monitor)는 남북전쟁 당시에 남군의 버지니아(원래는 연방군의 메리맥호)호와의 교전으로 유명해진 북군의 장갑포함이다. 1862년 2월 취역하였고, 1862년 12월 31일 해상에서 침몰하였다. 배수량 1,003t, 전장 52m, 선폭 12.6m, 흘수 3.2m, 속력 시속 14.8km(8kn), 승무원 59명, 무장은 20cm의 강철판을 부착한 한 개의 포탑에 설치된

**그림6-18** 모니터에 탑재된 달그렌 포

생산하게 되었다(그림6-18).

내부 탄도 면에서 가장 눈에 띄는 개선점은 후프드 hooped 또는 빌트-업 건built-up gun의 발명이었다. 1829년 초에 프랑스 육군 기병 소령 chief of squadron[122] 티에리A. Thiery 는 주철 포신 위에 연철 외피를 적층積層하여 만든 후프드 건hooped gun으로 실험을 시작했다. 하버드 대학의 다니엘 트레드웰[123] 교수는 1843년 미국 정부 납품용으로 몇 문의 후프드 건을 제작했다. 영국의 윌리엄 암스트롱 경[124]은 포신에 연철 막대를 감아서 제작하는 원리를 실용화했다. 암

11in(280mm) 달그렌 활강포 2문이다. 선체 측면에 12cm의 강철판, 갑판에는 2.5cm의 강철판을 깔았다. 1862년 12월 31일 해터러스곶 앞바다에서 침몰해 장교 네 명과 사병 열두 명이 사망했다. 이 배에서 유래한 모니터 함(Monitor)이라는 전투함종은 19세기~월남전 동안 쓰인 군함의 일종으로, 비교적 작고 대양 항해 성능을 고려하지 않은 연안 및 하천 항해용의 낮은 건현과 얕은 흘수의 선체에 상대적으로 대구경 주포를 포탑에 탑재한 군함을 가리킨다. 주 용도는 연안이나 큰 강과 같은 환경에서 1) 적 함대와 교전 2) 다른 연안 철갑함과 교전 3) 해안 또는 강안 포대에 대항하거나 지상 포격을 하는 것이다. 하지만 항속 거리가 짧고 속도가 느린 관계로 요새 공격은 강으로 거슬러 올라갈 수 있는 몇몇 경우에 한하며, 통상 적 함선에 대비해서 항구를 방어하는 용도로 사용하였다.

122 기병 소령(chief of squadron)은 적어도 19세기부터 기병대 지휘관으로의 임명(영국)과 계급(프랑스)으로도 사용되었다. 프랑스의 기병대장 계급은 소령에 해당하는 OF-4이며, 영국의 기병 대장 임명도 일반적으로 이 계급에 해당한다.

123 다니엘 트레드웰(Daniel Treadwell, 1791~1872)은 미국의 발명가이다. 그의 가장 중요한 발명품 중에는 로프 생산을 위한 대마 방사 기계와 연철과 강철로 대포를 만드는 방법이 있다. 1835년에 그는 윌리엄 암스트롱이 나중에 도입한 과정과 유사한 연철과 강철로 대포를 만드는 방법을 완성, 특허를 취득하고 정부 계약을 따냈지만 대포의 막대한 생산비로 인해 대포에 대한 수요가 막혔다.

124 제1대 암스트롱 남작 윌리엄 조지 암스트롱(William George Armstrong, 1st Baron Arm-

스트롱의 이름을 따온 이 제작 시스템으로는 연철을 단조한 것보다 훨씬 더 강한 포를 만들 수 있었다. 암스트롱 포는 후미 장전식 강선포였으며, 포탄은 지면을 관통하기 위해 연한 금속으로 겉을 씌웠다. '암스트롱 시스템'은 1859 년 영국의 110lbs$^{49.9kg}$ 함포에 적용되었다. 이것은 1960년대의 300lbs$^{136kg}$ 및 600lbs$^{272kg}$ 거대한 함포의 선구자였다.[125]

후프드 건의 또 다른 발명가인 블레이클리 대위[126]는 제작 공정을 단축하고, 초기 장력을 받는 후프테를 사용해서 포를 튼튼하게 만들었다. 그는 제작 공정을 단축하기 위해 처음으로 수학적인 증명을 하였다. 그는 내부 포신은 탄성이 가장 좋은, 탄력도가 다른 동심원 포신으로 제작된 포를 처음으로 제안했다. 1860년에 알프레드 노벨$^{Alfred Nobel}$이 발명한 크러셔 게이지$^{crusher}$ $^{gauge}$[127]는 포 내부의 압력 측정을 가능하게 했다.

strong, 1810~1900)은 영국 출신의 발명가, 사업가이다. 암스트롱 포의 개발로 알려진 암스트롱 휘트워스 사의 전신인 WG 암스트롱 사를 설립했다. 11년간 변호사로 일하다가 수력을 이용한 회전 모터를 고안하고, 이후 피스톤식 수력 원동기를 개발했다. 1845년 뉴캐슬의 수도공사에 참여했다. 수력 크레인의 성공을 계기로 회사를 설립하고 1853년 크림전쟁이 발발하자 기뢰 설계를 수주하면서 군수산업에 발을 담궜다. 1855년에 신형 경량 5lbs(2.3kg) 야포를 개발하여 정부의 호평을 받고, 1858년에는 18lbs(8.2kg) 야포가 영국 육군에 제식으로 채용되었다. 이듬해 해군도 제식 함포로 채용하였는데 이것이 획기적인 후미 장전식 강선포인 암스트롱 포이다. 암스트롱은 이 포로 돈을 버는 것을 싫어해서 정부에 특허를 양보했고, 그 공으로 기사 작위와 훈장을 받았다. 이후에는 군함 건조 전문 조선소를 만들어 각종 군함을 건조했다.

125 암스트롱 포(Armstrong Gun)는 영국의 윌리엄 조지 암스트롱이 1855년에 개발한 대포이다. 마틴 폰 워렌도르프가 발명한 후장식 강선포를 개량한 것으로, 기존에 몇 분이 걸리던 대형포의 장전 시간을 1/10로 단축했다. 포신은 연철 제품으로 여러 통을 포개어 층을 이루는 포신으로 주조 포에 비해 가벼운 것이 특징이었다. 이러한 특징으로 동시대의 화포와 비교해 성능이 뛰어났다.

126 테오필루스 알렉산더 블레이클리(Theophilus Alexander Blakely, 1827~1868) 아일랜드 출신의 영국 육군 대위. 전장식 강선포를 발명했다. 영국 육군에는 윌리엄 조지 암스트롱의 대포와 특허 분쟁 때문에 채택되지 못하고, 미국 남북전쟁 당시 남부 동맹에 의해 사용되었다.

127 크러셔 게이지(crusher gauge)는 금속 조각을 압축하는 효과에 의해 화약 등의 폭발력을

1863년이 되면 현대의 총포에 구현된 거의 모든 주요한 원리가 당시의 무기에 적용되었다. 그러나 주퇴기의 동작 방식[128]은 여전히 원시적이었다. 탄환과 탄약통작약은 개선되었지만 느리게 연소되는 화약을 사용하는 것은 거의 시도되지 않았으며 좋은 사격 통제 기구는 아직 알려지지 않았다. 포탄 안에 고폭약을 넣는 것은 1870년 이후에나 가능하게 되었다.

19세기 후반에는 1891년 독일의 빌레Wille 장군과 프랑스의 랑글루아Langlois 대령에 의해 작성된 제안서에는 개량된 대포의 운반 및 주퇴 메커니즘이 포함되어 있었다. 이 대포의 운반 및 주퇴 복좌 기구는 포를 올려놓은 포가砲架 : 포를 장착한 바퀴가 달린 이동 수단는 움직이지 않고, 포가 위에서 포신을 고정시키는 활대slide나 홈통trough[129] 위에서 뒤쪽으로 밀려났다가, 충격 흡수용 압축 스프링이 포신을 원래 위치로 되돌려 놓게 하였다.[130] 신형 포는 분당 스무 발의 속도로 발사할 수 있었다. 포 운용 병사들을 보호하기 위해 포가에 방탄판을 부착하도록 허용되어, 전쟁터에 장갑裝甲을 다시 불러들였다.

최초의 만족스러운 무연 화약[131]은 1884년 프랑스 화학자인 비에이Vieille에

측정하는 도구이다.

128 총이나 포가 발사될 때, 작약의 연소에 의해 총포탄이 발사되며 그 반작용에 의해 총열이 뒤로 밀리는 에너지를 흡수해주는 기구.

129 단면이 V자 또는 U자 형태의 긴 홈통.

130 포가가 뒤로 밀리는 일 없이 발사 시 충격을 흡수해주는 주퇴 복좌 기구가 없는 과거의 포는 포탄을 발사할 때마다 포가가 뒤로 크게 움직여서 고정해 놓은 위치에서 벗어났기 때문에 매 발사 시 포의 발톱(spade)을 미리 땅에 박아서 고정하고, 조준을 다시 해야 해서 재발사까지의 시간이 오래 걸렸다. 하지만 주퇴 복좌기가 발명된 이후에는 포의 발사 준비를 위한 준비 시간이 크게 단축되고, 간단한 조준의 재확인 및 미세 수정만으로 재발사가 가능해졌다.

131 무연 화약(無煙火藥, Smokeless powder)은 연기가 발생하는 것을 방지하기 위해 발명된 화약이다. 기존에 사용하던 흑색 화약이 발화 시에 마치 안개나 구름같이 많은 연기를 방출하는 유연 화약으로 전장에서 시야를 확보해서 상황을 판단하고 명령을 전달하는 것에 큰 문제가 있었으며, 발사 시 많은 연기로 인해 아군의 위치가 폭로되었다. 연기가 없는 화

의해 발명되었다. 1890년 알프레드 노벨은 극초기의 나이트로글리세린 무연 화약 중 하나인 발리스타이트ballistite를 발명했다. 코르다이트Cordite는 나이트로글리세린, 면화약과 아세톤의 혼합물로 1890년 이후 영국에서 사용되었다.

이 새로운 무연 화약들은 포의 위치를 놓치거나 연기 구름으로 전장을 가리지도 않았다. 따라서 그것들은 기관총 개발에 필수적이었다. 무연 화약의 또 다른 큰 장점은 더 느리고 제어하기 쉬운 연소였다. 무연 화약의 채택으로 대구경 포는 맥주병 모양 대신 오늘날 우리가 알고 있는 길고 가는 형태를 취하기 시작했다.

더 긴 포신에서 더 느리게 연소한다는 것은 포신에 더 작은 최대 압력으로 더 많은 추력을 제공할 수 있다는 것을 의미했다. 그 결과 사정거리가 더 길어졌거나 포탄의 무게가 더 무거워졌거나 두 가지가 모두 결합되어 커졌다. 이러한 결과로 더 큰 포를 만들 수 있었는데, 더 길어진 포신의 길이에 더 무거운 것을 사용하는 것이 합리적이었기 때문이기도 하지만, 예전처럼 구경(포의 앞쪽 입구 직경)에 비해 포미(포의 뒤쪽) 금속의 두께가 그렇게 두꺼울 필요가 없었기 때문이다. 이 장점은 더 큰 구경에 자연스럽게 반영되었다.

19세기 말에 리살H. Resal과 에밀 사라우[132]와 같은 수학자들은 현대적 형

약이라는 뜻이지만, 실제로 완전히 연기가 없는 것은 아니었다. 한 발만 쏴도 자욱하게 안개가 끼는 흑색 화약에 비해 매우 적을 뿐이다. 대부분의 성분이 가스화해서 연소하기 때문에 잔여물이 거의 없다. 이런 특성 덕분에 현대 자동 화기가 등장할 수 있는 발판이 되었다.

나이트로글리세린, 나이트로셀룰로스, 나이트로구아니딘, RDX 등이 기본 성분이다. 나이트로셀룰로스는 옛날에는 탈지면 등의 섬유를 진한 질산과 진한 황산을 혼합시켜 나이트로 화합물로 만들어 제조했다. 나이트로셀룰로스만을 원료로 이용한 것, 나이트로셀룰로스와 나이트로글리세린을 이용한 것, 네 가지 물질을 혼합 사용한 것 등 세 종류로 크게 구별할 수 있다. 각각 단일 기반 화약, 더블베이스 화약, 트리플베이스 화약으로 불리며, 주로 총기의 장약(탄피 추진 화약)으로 사용된다.

132 자크 호즈 페르디낭드 에밀 사라우(Jacques Rose Ferdinand Émile Sarrau, 1837~1904)는 프

**그림6-19** 75mm 포Canon de 75 modèle 1897

태의 탄도 방정식을 개발했다. 1897년에 채택된 유명한 프랑스제 '75'mm 포는 19세기의 마지막 25년간의 모든 기술적, 수학적 발전이 반영되어 만들어졌다. 이 포는 75mm라고 명명되었는데, 구경2.95in 때문이었다. 이 포는 뛰어난 유압식 주퇴복좌시스템이라는 특별한 장점을 가지고 있어서 포탄의 연속 발사 간에 최소한의 재조준으로 포를 빠르고 정확하게 발사할 수 있었다. 제1차 세계대전에 참전한 미군 포병 부대 대부분은 이 프랑스제 75mm 포를 사용했다.[133]

───────────

랑스의 화학자이다. 그는 폭발성 충격파, 폭발물의 효과에 대한 연구를 수행했으며 새로운 폭발물을 개발했다. 마하 No는 종종 프랑스어로 놈브르 드 사라우(Nombre de Sarrau, Sarrau No)라고 불리었다.

133 75mm 포. 제식 명칭은 카농 드 75 모델(Canon de 75 modèle) 1897이다. 구경 : 75mm, 포신장: 2.7m(36구경장), 전장 : 2.7m, 중량 : 1,544kg, 부앙각: −11°~+18°, 좌우선회각 : 6°, 발사 속도 : 분당 15발, 최대 사거리 : 8,550m(유탄) / 6,800m(유산탄), 운용 인원 : 여섯 명, 생산 수량 : 2만 1,000문 이상. 아군 보병의 돌격을 포병이 직사로 엄호하며 적군 보병 진형의 격파에 주안점을 두고 만들어진 야전포이다. 프랑스가 1891년부터 1896년까지 개발하고 1897년에 제식화한 현대 야포의 원형이다. 1897년부터 1940년까지 2만 1,000 문 이상 생산된 걸작 야전포이며 현대적인 야포의 첫 제품이다. 대포의 기본적 구성은 현재까지도 이 대포에서 크게 벗어나지 않을 정도로 시대를 앞서간 물건이자 현대 포병의 아버지라 해도 좋을 무기이다. M1897 야포의 특징은 세계 최초로 유기압식 주퇴복좌기를 장비한 점이 가장 큰 특징이었다. 당시 야전포들은 사격을 하면 그 반동으로 인해 야포가 뒤로 밀려나 다시 포격을 하기 위해선 포를 원위치로 돌리고 재조준해야 하는 번거로움이 있어 실질적인 발사 속도는 분당 두 발이 한계였다. 그러나 주퇴복좌기 구조의 도입으로 포격 시 포신만 뒤로 향하게 되었으며 또 포가가 충격을 흡수하여 반동이 적어져 조준 재조정 및 포 위치의 변경 등을 할 필요가 없어져 발사 속도도 분당 15발로 증가해 보병 부대에 충분한 화력 지원을 할 수 있게 되었다. FT-17 전차, 미니에 탄과 더불어 19세기

## 기관총의 등장

발명가들은 르네상스 시대에 연발총을 만들기 위해 고군분투하여 실용적인 총에 근접한 복잡한 메커니즘을 만들어냈다. 19세기에는 이러한 종류의 실험을 다시 활발히 하여 결정적인 결과를 얻었다. 회전 실린더는 총기 발명가들에게 진부한 방식이었지만, 통상적으로 실린더에는 완전한 총신이 포함되어 있었다.

미국 코네티컷주 하트 포드 출신의 발명가인 새뮤얼 콜트[134]는 해머(공이치기)를 뒤로 당기면 탄약이 들어있는 짧은 실린더를 회전시키고 고정된 총열과 정렬시키며 고정하는 방법을 고안했다. 런던 타워의 고대 무기에서 영감을 받은 것으로 보이는 이 무기로 그는 1836년 첫 번째 특허를 취득했다. 그의 연발총 중 일부는 멕시코전쟁 중에 사용되었지만 탄약이 불량하여 효과는 만족스럽지 못했다.

---

후반-20세기 초반 프랑스발 군사사를 바꿔놓은 대혁신 발명품 중 하나이다. 19세기식 포병 교리를 염두에 두고 만들어졌다. 아군 보병의 돌격을 포병이 직사로 엄호하며 적군 보병 진형의 격파에 주안점을 두었다. 제1차 세계대전 초기 벨기에 방면에서 독일군의 진격 저지와 프랑스군의 후퇴 엄호하는 임무에서는 큰 효용을 보였다. 19세기 식 선형진을 짜고 공격해오는 독일군에게 포탄의 비를 퍼부어 진격을 효과적으로 저지하였고, 마른강의 기적을 만들어 내는데 일조했다. 반면 이후의 참호전에서는 유리한 고지를 선점하고 참호를 건설한 독일군을 상대하기에는 부앙각과 포탄 위력이 낮아 큰 위력을 발휘하지 못하였다. 프랑스는 각국에서 다양한 파생형이 등장했는데, 기본인 야포형뿐 아니라 전차포(미국 셔먼전차), 대전차포(독일/핀란드), 대공포(영국)도 등장했다. 러일전쟁의 뤼순항 공방전과 제1차 세계대전 초기 벨기에 방면에서 독일군의 진격 저지와 프랑스군의 후퇴 엄호하는 임무에서 큰 효용을 보였다. 19세기식 선형진을 짜고 공격해오는 독일군에게 포탄의 비를 퍼부어 진격을 효과적으로 저지하였고, 마른강의 기적을 만들어내는 데 일조한 것이다. 반면 이후의 참호전에서는 유리한 고지를 선점하고 참호를 건설한 독일군을 상대하기에는 부앙각과 포탄 위력이 낮아 큰 위력을 발휘하지 못하였다. 이러한 문제점 때문에 프랑스는 캐논 드 155 L 모델 1877/14 슈나이더(Canon de 155 L modèle 1877/14 Schneider) 같은 야포를 배치하게 되고 이들은 현대 155mm 곡사포의 시초가 된다.

**134** 새뮤얼 콜트(Samuel Colt, 1814~1862)는 미국의 발명가 및 공장 경영자이다. 콜트 특허 무기 생산 회사(현 콜트 Fire Arms)를 설립하고 리볼버 권총을 보급했다.

가늠쇠
탄환 탄창 총열 가늠쇠
공이치기
공이스프링
빈약실
방아쇠
방아쇠
스프링
게이지

**그림6-20** 리볼버 구조

　1851년까지 연발식 소총과 연발식 권총이 다수 등장했다. 크리스토퍼 스펜서의 훌륭한 연발 소총은 우리가 이미 살펴보았듯이 남북전쟁에서 북군이 상당량을 사용했다. 엄폐물 뒤에서 스펜서 연발총을 사용하는 한 명의 병사가 제식 머스킷 소총으로 무장한 여덟 명의 병사와 같다고 주장했다. 남부군 장군들은 탄약 낭비를 두려워하여 연발 소총을 불신했다.

　야전에서 최초로 사용된 실용적인 기관총은 프랑스의 미트레유즈mitrailleuse이다. 1851년에서 1869년 사이에 나폴레옹 3세의 후원 하에 패프슝Fafchamp과 몽티니Montigny가 개발했다(그림6-21). 이는 말 네 마리가 견인하는 마차에 장착된 37개의 총열을 가진 1t 무게의 총이었다.[135]

　이 총은 열 개의 탄창을 이용해서 분당 370발을 발사할 수 있었으며 근거리에서 매우 효과적이었다. 프랑스군은 이 기관총이 전투에 사용되면 큰 전

---

135 미트레유즈(mitrailleuse)는 프랑스어로 기관총이라는 뜻이다. 몽티니 미트레유즈(Montigny mitrailleuse)는 1859년에서 1870년 사이에 조세프 몽티니(Joseph Montigny)에 의해 개발된 크랭크 작동 기관총의 초기 유형이었다. 그것은 1851년 벨기에의 패프슝(Fafchamps) 대위가 발명한 '미트레유즈(Grapeshot shooter : 포도탄 발사기)'의 개량형이었다. 이 기관총은 원통형 보호 케이스 안에 37개의 11mm 총열이 들어 있었다. 37발의 탄약이 들어있는 로딩 플레이트로 장전을 했고, 한 번의 동작으로 포미에 장전되었으며, 뒤에 부착된 경첩식 장전 레버로 고정되었다. 탄환은 황동제 탄두와 얇은 압연 황동제 탄피로 구성되었으며 바늘 형식의 공이로 발사되었다. 초기에는 크랭크의 회전으로 모든 탄환이 동시에 발사되었지만 나중에 개선된 기관총은 37발이 연속해서 발사되었다. 전체 중량은 910kg에 달했다.

과를 거둘 것이라고 기대해서 개발 및 배치를 비밀로 다루었다. 그래서 이 기관총을 다룰 프랑스군 병사들조차 사용 훈련을 충분히 받지 못했지만 프로이센이 모를 만큼 비밀은 아니었다. 이 기관총이 1870년[136] 전투에 처음 등장했을 때 프로이센군은 크루프사의

**그림6-21** 몽티니 미트레유즈, 1851~1869

신형 후미 장전포의 화력을 이 기관총에 집중했다. 절망적으로 프로이센의 포화는 미트레유즈의 사정거리 밖이었고 미트레유즈는 빠르게 파괴되었다.[137] 우연히 근거리에서 보병에게 쓰였을 때는 탁월한 전과를 거두었지만, 프랑스군 장군들은 이 총을 보병용 무기가 아닌 포병용 무기로 생각했다. 결과적으로 기관총의 치명적 위력은 제1차 세계대전이 발발할 때까지 입증되지 못했다.

---

136 프로이센-프랑스전쟁.

137 미트레유즈는 보병이 사용하는 무기가 아니라 당시의 야포들처럼 포가에 탑재되어 포병대와 함께 일종의 산탄 발사 전용 대포로 간주되었다. 포병의 대포로 쏘기에는 좀 가까운 1,000m 정도로 적 보병이 들어오면 미트라예즈 포대들이 적 보병을 향해 서로 교차하며 쉴 새 없이 사격을 실시한다는 개념이었다. 미트라예즈의 화망을 통과한 적 보병은 새롭고 신뢰성이 압도적으로 올라간 보병의 라이플 사격으로 제압하기 위해 1865년에 프랑스군 포병 화기로서 도입된다. 프랑스군은 여섯 문의 미트라예즈를 1개 포대로 구성하고 한 문의 미트라예즈에 핸들을 돌려서 발사를 담당한 사수, 미트라예즈의 포신 방향을 움직일 부사수, 다 쓴 탄통을 빼내고 새 탄통을 꼽을 조수 겸 탄약수 네 명으로 여섯 명씩 총 36명을 배치했다. 1870년 전장에 투입된 미트라예즈는 배치 숫자도 적었고, 포병 장비로 운용되어 그 위력을 발휘해보지 못하고 프로이센군 포병에게 무력화되었다.

**그림6-22** 개틀링 건

1862년 미국에서는 리처드 개틀링 박사[138]가 기관총 설계에 성공했다. 이 기관총은 최초의 실질적인 기관총으로 간주된다. 그 이유는 총탄이 약실에 장전되고, 발사되고, 탄피가 배출되는 모든 과정이 기계적으로 이루어졌기 때문이다. 개틀링은 처음에는 총신 네 개로 기관총을 만들었고, 다음에는 총열 여섯 개와 열 개의 기관총도 만들었다.

개틀링 박사는 미국 남북전쟁 중에 자신의 발명품을 채택되게 하려고 시도했지만 전쟁이 끝날 때까지 공식적으로 채택되지 않았다. 개틀링 건은 미국-스페인전쟁에서 사용되었다(개틀링의 원리와 이름은 제2차 세계대전 이후 전투기용으로 설계된 초고속 20mm 기관총에서 부활했다.).

개틀링 건에 대한 가장 큰 반대는 수동 크랭크를 돌려서 작동해야 한다는 것이었다(그림6-22). 영국의 발명가 하이럼 스티븐스 맥심[139]은 1885년 크랭크

---

**138** 리처드 조단 개틀링(Richard Jordan Gatling, 1818~1903)은 미국의 의사이자 발명가. 21세에 증기선용 스크루 프로펠러를 만들었다. 36세에 쌀 파종기와 밀 드릴(밀을 심는 기계)을 발명해서 미국 농업에 혁명을 일으켰다. 천연두 발병 후 개틀링은 의학에 관심을 갖고 1850년에 오하이오의과대학을 MD로 졸업했다. 그는 의사 자격증을 가지고 있었지만 의사로서의 수련보다는 발명에 더 관심이 많았다. 남북전쟁이 발발한 1861년에 개틀링 건을 발명했고, 1년 후 그는 개틀링 건 회사(Gatling Gun Company)를 설립했다. 그의 발명품으로는 이밖에도 대마 분쇄기, 증기 쟁기(증기 트랙터), 해양 증기 램 등이 있다.

**139** 하이럼 스티븐스 맥심 경(Sir Hiram Stevens Maxim, 1840~1916, 본문의 1853~1927은 오류로 보인다.)은 미국 태생의 영국 발명가이다. 미국 메인주 출생으로 14세 때 미국 최초의 전등 제조회상에서 일하면서 탄소 필라멘트 제조법을 개발하는 등 많은 발명을 했다. 그 뒤 영국에 정착해서 1884년에 완전 자동식 기관총을 개발했다. 미국과 영국에서 수백 가지에 이르는 발명 특허를 출원했으며, 1900년에 영국으로 귀화했다.

회전에 의한 자체 반동 에너지를 사용하여 자체적으로 장전, 발사 및 발사되고 남은 탄피를 방출하는 기관총을 고안했다. 이 기관총은 사수가 방아쇠를 당기기만 하면 되었기 때문에 최초의 진정한 자동 기관총이었다. 최대 250발이 편리하게 포장되어 기계적으로 탄

**그림6-23** QF1-파운더 폼폼

환이 공급되는 캔버스 천으로 만든 벨트를 사용했다. 영국 육군은 1889년에 이 기관총을 채용했다. 보어전쟁에서는 다량의 맥심 기관총이 사용되었다. 구경 37mm로 야전포만큼 크며 25발이 장전된 벨트로 공급되는 무기였다.[140] 포탄은 '폼폼pom-poms'이라고 불리며 제2차 세계대전에서 대공포용으로 널리 사용된 비슷한 구경의 자동 화기의 원형이었다.[141]

미국의 존 브라우닝John M. Browning이 1895년에 발명한 콜트-브라우닝 Colt-Browning 기관총은 작동을 위해 반동력보다는 가스 압력을 사용했다. 삼각

---

**140** QF1-파운더 폼폼(pounder pom-pom)은 하이럼 맥심이 1880년대 후반에 맥심(Maxim) 기관총의 확대 버전으로 설계한 기관포이다. 더 긴 사정거리를 가지고 있었고, 더 긴 사거리를 판단하기 위해 착탄 시 폭발하는 포탄을 필요로 했다. 1lbs(400g/0.88lbs)의 포탄 무게는 1868년 상트페테르부르크선언에 따라 허용된 가장 가벼운 고폭탄이었고, 헤이그협약에서 재확인된 포탄이었다. 제2차 보어전쟁에 사용되었는데 발사 시 나는 소리 때문에 폼폼으로 알려졌다. 분당 450발로 무연 고폭탄을 발사하는 대구경 벨트급탄 수냉식 '기관포'였다. 사실 폼폼을 먼저 사용한 것은 보어인들이었고, 영국군은 보어군의 폼폼 기관포에 일격을 당한 후에 도입을 시작했다.

**141** QF2-파운더 네이벌 건(pounder naval gun)은 일반적으로 폼폼으로 알려진 구경 1.6in-(40mm)의 영국 해군용 대공 기관포이다. QF는 빠른 발사를 의미하는 Quick Firing의 머릿글자이다.

**그림6-24** QF2-파운더 네이벌 건

대가 장착된 공랭식 기관총으로 분당 400발을 발사할 수 있었다.[142] 이 기관총은 미국-스페인전쟁에서 사용되었다. 반동 및 가스 압력으로 기관총이 작동하는 형태의 보편화는 오늘날 가장 현대적인 유형의 자동 및 반자동 총기와 소화기에 계속 사용되고 있다.

아비시니아[143]의 메넬리크[144]는 1896년 3월 아두와[145]에서 속사포를 사용해

142 M-1895 콜트-브라우닝 중기관총. 스페인-미국전쟁부터 1970년 예맨 남북전쟁까지 사용되었다, 설계한 사람은 존 브라우닝(John M. Browning)과 매튜 브라우닝(Matthew S. Browning)이다. 콜트(Colt) 사에서 생산되었다. 무게 16kg, 길이 1.04m, 총열 길이 71.1cm, 6.5~7.62mm 구경의 다양한 탄약을 사용하는 가스 작동식/레버 작동식/공랭식/클로즈드 볼트(closed bolt) 방식의 기관총이다. 분당 400~450발을 발사한다.

143 아비시니아(Abyssinia)는 1931년 이전까지의 에티오피아 국명이었다.

144 메넬리크 2세(Menelik Ⅱ, 1844~1913). 솔로몬 왕조의 메넬리크 2세는 1889년에 전투 중 전사했던 요하네스의 뒤를 이어 1913년 사망까지 황제 자리에 있었다. 수도를 아디스아바바로 정하고 영토를 확장하며 에티오피아를 근대 제국으로 만들었다. 제1차 이탈리아-에티오피아전쟁에서 이탈리아의 침략에 맞서 싸웠다. 자비로움과 가난한 백성들을 위한 이타적 행동으로 '에미예 메넬리크(Emiye Menelik)'라고 불린다.

145 아두와(Adowa) 전투는 1896년 3월 1일 에티오피아와 이탈리아가 에티오피아 티그레주 아두와 근처에서 싸운 전투로, 제1차 이탈리아-에티오피아전쟁의 결정적인 전투였다. 1889년 에티오피아제국의 요하네스 4세가 사망하자 에티오피아는 큰 혼란에 빠졌고 이탈리아가 메넬리크 2세를 도와 왕위에 앉혔다. 이탈리아는 메넬리크 2세와 우치알리조약을 체결하고 에티오피아를 보호국으로 해석하여 1890년 1월 에리트레아를 식민지로 만들었다. 이에 메넬리크 2세는 1893년 9월에 조약 자체를 거부하며 이탈리아와 전쟁에 돌입, 1895년 말에는 대규모의 에티오피아군이 이탈리아군 전초 기지를 위협했다. 1896년 2월 28일 이탈리아군은 2만 명의 병력으로 아두와에서 격전을 벌이기 시작했다. 하지만 에티오피아군은 이탈리아군의 네 배나 되는 8만 명이었고, 이탈리아군은 조직도 흐트러졌고 전투 장비도 충분치 않아서 패배했다. 1896년 10월에 이탈리아는 에티오피아와 아디스아바바조약을 체결해 우치알리조약을 파기하고 에티오피아의 독립을 인정했다. 이후에

서 이탈리아군에게 승리를 거
두었다. 과학적으로 발명된 무
기를 백인이 독점했던 오랜 세
월이 끝났다는 것을 이 전쟁
이 알려주었다. 19세기 내내
라이플 소총으로 무장한 백인
들은 아프리카 대부분과 아시
아의 요충지들을 손쉽게 식민
지로 만들었다. 이제 백인이

**그림6-25** M1895 콜트 브라우닝 기관총

아닌 다른 인종이 새로운 전쟁 무기를 사용할 수 있고 또 사용할 것임이 분명
해졌다.

19세기 말의 보어전쟁은 남북전쟁과 제1차 세계대전 사이의 과도기적 전술
이 사용된 전쟁이었다. 보어전쟁은 전쟁을 수행하는 양측 모두가 신형 무연
연발 소총으로 무장한 첫 번째 전쟁이었다. 보어인들은 마우저 소총[146]을, 영
국군은 리 멧포드 소총[147]으로 무장했다. 중포병은 나폴레옹전쟁 이후 잃어버

---

에티오피아는 1908년까지 영국, 프랑스 등 유럽 열강과 조약을 더 체결해 독립을 지켰다.

**146** 마우저(Mauser) 모델 1895는 7×57mm 마우저 총탄을 사용하는 볼트 액션식 5연발 탄창
공급 소총으로, 마우저 모델 1893의 첫 번째 개량형이다. 유효 사거리 500m, 무게 3.9kg,
길이 1.2m, 총열 길이 74cm, 단발 소총이었다. 남아프리카와 오렌지 자유국은 개전 전에
3만 7,000정의 마우저 모델 1895를 구입했다.

**147** 리-멧포드(Lee-Metford) 소총(일명 Magazine Lee-Metford, 약칭 MLM)은 제임스 리(James
Paris Lee)의 후면 잠금 볼트 시스템과 분리형 매거진을 윌리엄 멧포드(William Ellis Met-
ford)가 디자인한 혁신적인 일곱 개의 강선을 가진 총열과 결합한 볼트 액션식 영국 육
군 제식 소총이다. 1888년 마티니-헨리(Martini-Henry) 소총을 대체했지만 1896년 유사
한 리-엔필드(Lee-Enfield)로 대체될 때까지 단기간만 사용되었다. 길이 1.26m, 총열 길이
76.71cm, 최대 발사 거리 1,646m, 유효 사거리 730m인 이 총은 1888년부터 지금까지도
어디에선가는 사용 중이다. 총탄은 카트리지.303 Mk I, 구경은 .303in(7.7mm), 연사 속도
는 분당 20발, 급탄은 8/10발 탄창으로 한다. 많은 좋은 기능에도 불구하고 리-멧포드는

**그림6-26** 마우저 M1985 볼트 액션 라이플

**그림6-27** 매거진 리-멧포드 라이플

린 최고의 전술적 중요성을 다시 한번 전장에서 드러냈다. 소총과 대포의 치명적인 위력은 전장에서의 참호 사용의 증가, 정찰의 새로운 어려움, 위장의 중요성 증가 및 감제 고지의 중요성 감소를 의미했다. 모든 병사는 카키색 전투복을 입고 있었다. 눈에 띄는 계급장이 폐지되고 반짝거리던 단추와 버클은 어두운 색깔로 바뀌었다. 장교들은 더 이상 전투 때 칼을 휴대하지 않았다. 겉으로 허전해 보이는 것은 새로운 전쟁 현상이 되었다. 600yd⁵⁵⁰ᵐ 너머에서는 포병 화력이, 그 이내에서는 라이플 소총의 화력이 치명적이었다. 지상

흑색 화약을 충전한 탄약을 사용하여 발사 시 연기가 많이 나는 시대착오적인 소총이었다(원래는 무연 코다이트 화약을 사용할 예정이었으나 생산이 지연되어 흑색 화약을 대신 사용하였다.). 공장 수준에서 조준 및 품질 관리가 제대로 이루어지지 않아 370m 이상의 범위에서 심각하게 부정확했다.

전에서 가장 큰 숙제는 마지막 400yd$^{366m}$를 가로지르는 방법이었다.

## 철도의 등장

철도의 출현과 군함에 증기기관을 채택한 것은 19세기의 가장 중요한 두 가지 전략적 발전이었다. 철도는 지리학적 측면에서 전략적 혁명을 일으켰고 기동의 속도와 위력을 증가시켰다. 군대를 더욱 대규모로 확장했고, 더욱 기동성이 좋게 만들었으며, 완전히 새로운 군수-물류학의 발전을 자극했다. 국경을 넘기도 전에 병사들의 체력을 고갈시키고 병사들을 쇠약하게 만드는 장거리 행군은 많이 사라졌다. 전쟁 이전에도 국경을 따라 병력의 신속한 동원과 대규모 집중이 가능해졌다.

한동안 전쟁은 사전 계획으로 시작되거나 처음 몇 차례 전투로 승패가 판가름 날 수 있을 것 같았다. 가장 큰 산업자원을 가진, 특히 철도를 가진 국가들은 이웃 국가들에 비해 막대한 우위를 가진 것처럼 보였다. 그러나 이러한 사고방식은 19세기 말에 발전딘 것이고, 장군들이 전쟁 수행 중 철도를 효과적으로 사용하는 방법을 배우는 데는 시간이 걸렸다.

리처드 트레비식[148]은 1804년 초 웨일스의 석탄 수송로에 증기 기관차를 설치했다. 이 기관차가 철도 위에서 증기기관이 처음으로 운용된 것이다. 기관차를 위한 수많은 설계가 1804년에서 1820년 사이에 고안되었지만, 최초의 진정한 실용적 철도는 기관차뿐만 아니라 기관차를 건설하는 철도 노선을 만

---

**148** 리처드 트레비식(Richard Trevithick, 1771~1833)은 영국의 발명가로, 1801년에 영국에서 최초로 증기력을 이용한 기관차를 만들었고, 1804년 슈롭셔에서 철제품을 나르는 최초의 철로용 기관차 페니다렌호를 만들었다. 트레비식은 이 기관차들을 런던에 전시했음에도 불구하고 사람들의 관심을 받지 못했다. 그 후 나머지 생애는 증기로 움직이는 기계와 최초의 바위 굴착 기계 등 증기 엔진 연구에 몰두했다.

든 조지 스티븐슨[149]에 의해 설계되었다. 스톡턴과 달링턴 사이를 연결하는 이 노선은 1822년에 건설이 시작되어 1825년에 개통되었고, 세계의 주목을 받았다.

　미국 최초의 철도는 1828년에 부설되었으며 유럽의 국가들은 신속히 그 뒤를 따랐다. 크림전쟁이 발발하였을 때 서방 국가들은 25년째 철도를 건설 중이었다. 그러나 연합군 측 정부들은 크림전쟁에서 철도를 이용하려고 시도하지 않았다. 1854~1855년의 끔찍한 겨울 사이에 프랑스와 영국은 5만 6,000명의 병사를 보냈다. 거의 1만 4,000명이 병원에 입원했으며, 그중 많은 병사가 끔찍한 치료 부족으로 사망했다. 플로렌스 나이팅게일[150]은 몇 가지의 초

---

149 조지 스티븐슨(George Stephenson, 1781~1848)은 영국의 발명가이다. 1814년 처음으로 석탄 운반용 기관차를 탄광에서부터 항구까지 달리게 하는 데 성공하였다. 1825년 스톡턴-달링턴 간에 철도를 부설, 세계 최초의 여객 철도용 기관차 '로커모션호'를 스스로 움직였다. 그 후 본격적으로 리버풀-맨체스터 간의 철도를 개설하여 지방민의 반대와 사고, 공사의 어려움을 무릅쓰고 1829년 개통하였다. 같은 해에 최초의 실용적인 기관차 로켓호를 개발했다. 그로부터 증기 철도의 가치가 인정되어 그의 명성이 굳어졌다. 그 후에도 여러 곳의 철도 부설 기사로서 활약하여 1830~1840년에 만들어진 주요한 철도는 그의 기술에 의존했다. 처음으로 증기 기관차를 발명한 그는 '철도의 아버지'라고 불리며, 그가 발명한 증기 기관차는 영국의 산업 혁명에 크게 이바지하였고, 세계의 교통 수단에 새로운 혁명을 가져왔다

150 플로렌스 나이팅게일(Florence Nightingale, 1820~1910)은 영국의 간호사, 작가, 통계학자이다. 잉글랜드 성공회의 성인이기도 하며, 성공회에서는 8월 13일을 나이팅게일의 축일로 지키고 있다. 그녀는 크림전쟁 동안 간호사와 매니저로 일함으로써 두각을 드러냈다. 크림전쟁 당시 38명의 잉글랜드 성공회 수녀의 도움을 받으며 야전 병원에서 초인간적인 활약을 했다. 이 시기의 나이팅게일은 유능한 행정가요 협상가였다. 그녀는 관료주의에 물든 군의 관리들을 설득했고, 병원에서 쓰는 물건들을 세심하게 조사했으며, 무질서한 병원에 규율을 세웠다. 환자의 사망률은 42%에서 2%로 뚝 떨어졌다. 1860년 나이팅게일 간호학교(현재 킹스 칼리지 런던의 일부)를 설립하고 간호 전문 서적을 씀으로써 당시 천대받던 직업인 간호사를 전문 직업으로 향상시키는 업적을 남겼다. 이 밖에도 많은 병원 및 간호 시설의 창립, 개선에 힘쓰고 남북전쟁과 프로이센-프랑스전쟁 때는 외국 정부의 고문으로 활약하였다. 1907년 에드워드 7세로부터 여성 최초로 메리트 훈장을 받았으며, 국제 적십자 위원회에서는 '나이팅게일 상(Florence Nightingale Medal)'을 제정하여 매년 세계 각국의 우수한 간호사를 표창하고 있다. 크림전쟁 당시 상태가 중한 환자를 따로

보적 간호 기술을 이용해서 슈코더리[151]에서의 사망률을 100명당 42명에서 1,000명당 22명으로 줄일 수 있었다. 윈스턴 처칠은 "영국군 병사들이 텐트, 오두막, 음식, 따뜻한 옷, 또는 가장 기본적인 의료 서비스도 없이 폭풍과 눈보라 속에서 누워 있었다"라고 자신의 저서인 《영어권 민족사(History of the English Speaking Peoples)》에 기술했다.

"콜레라, 이질 및 말라리아 열이 무서운 피해를 입혔다. 래글런[152]의 병사들은 수송선도 구급차도 없었으며, 전 세계에서 가장 발전된 공업 국가의 정부가 발라클라바[153] 항구에서 주둔지까지 보급품 수송을 위한 경철도 5mile⁸ᵏᵐ을 부설하지 않았기 때문에 수천 명의 병사가 추위와 굶주림으로 목숨을 잃었다."

처음에는 철도가 방어 측에 이점을 줄 것이라고 믿었지만 1859년 이탈리아

---

격리하여 집중 관리하는 집중치료실의 개념을 처음으로 제안한 것으로 알려져 있다. 저서 《간호를 위하여》는 세계 각국어로 번역되어 간호법과 간호사 양성의 기초 자료가 되고 있고, 오늘날에도 세계 모든 간호사는 나이팅게일 선서를 하고 있다.

151 슈코더르(알바니아어: Shkodër, Shkodra)의 이탈리아어 이름. 20세기까지는 영어에서도 그렇게 불렸다. 알바니아 서북부 슈코더르주에 있는 도시로, 발칸에서 가장 큰 호수인 알바니아 북서부 슈코더르호와 인접해 있다. 슈코더르주의 주도이자 슈코더르현의 현청 소재지이며 알바니아에서 네 번째로 큰, 가장 오래된 도시 가운데 하나이자, 문화, 경제적 중심지이기도 하다.

152 제임스 헨리 소머셋, 제1대 남작 래글런(FitzRoy James Henry Somerset, 1st Baron Raglan, 1788~1855). 영국의 정치인, 육군 원수를 지낸 군인. 1852년 1대 래글런 남작이 되기 전까지는 피츠로이 소머셋(FitzRoy Somerset)이라는 이름으로 페닌슐라전쟁과 백일천하(Cent-Jours)에서 장교로 복무했으며, 웰링턴 공작의 부관으로 일했다. 그는 1854년 크림전쟁에 파견된 영국군의 사령관이 되었고, 그에게 하달된 명령은 콘스탄티노플을 방어하고 러시아 세바스토폴 항구를 포위하라는 것이었다. 알마(Alma) 전투에서 초기 성공을 거둔 후, 명령이 제대로 이행되지 못하면서 발라클라바 전투에서 경기병여단의 돌격으로 손실을 입었다. 잉케르만(Inkerman) 전투에서의 추가 성공에도 불구하고 1855년 6월 세바스토폴을 향한 연합 공격에 완전히 실패하고, 래글런은 이질과 우울증으로 그 해 6월 말 사망했다.

153 발라클라바는 크림 반도 남서부의 흑해에 접한 도시로 행정 구역상 세바스토폴에 속한다.

전쟁[154]에서 오스트리아에 맞서 싸우는 대규모의 프랑스군이 이탈리아 북부에 선택된 전선에 전례없는 속도로 전개했을 때 이 개념은 산산조각 났다.

미국 남북전쟁에서 철도의 역할은 매우 중요했지만 전쟁 초기에는 남과 북 어느 쪽도 훈련된 인적 자원을 군대로 동원할 수는 없었다. 1861년 남부 연방의 경계선은 2,700mile[4,344km]에 걸쳐서 뻗어 있었으므로 철도 및 증기선에 의한 운송이 절대적으로 필수적이었다. 그 결과 전쟁 중 전례 없는 규모의 기동이 실시되었다. 대규모의 군대가 엄청난 거리를 빠르게 이동했다. 약간의 경고와 준비만으로 2만 3,000명의 병력이 7일 만에 포토맥에서 1,192mile[1918km] 떨어진 테네시주 내슈빌까지 철도로 이동했다. 1864년 여름 셔먼 장군[155]의 애틀랜타 진군은 철도 및 수상 교통 수단을 사용하지 않으면 불가능했을 것이다. 그는 화물 열차를 이동 창고로 만들어 철도 시작점으로부터 10만 명의 병력과 가축 3만 5,000마리에게 보급품을 운반해주었다. 후에 그는 철도가 없었다면 이런 성공적인 보급 작전을 위해서는 노새 여섯 마리씩이 끄는 3만 6,800대의 포장마차가 필요했을 것이라고 추정했다.

만일 군대가 철도를 통한 보급에 너무 의존하게 되면 기동성을 높이기보다는 덜 움직이게 만드는 위험이 항상 있었다. 남북전쟁에서 한동안 철도는 직

---

154 제2차 이탈리아 독립전쟁 또는 다른 명칭으로 프랑스-오스트리아전쟁, 오스트리아-사르데냐전쟁이라 불린다. 이탈리아 통일에 중요한 역할을 한 전쟁으로, 1859년 프랑스 제2제국과 사르데냐 왕국 연합군이 이탈리아 북부의 롬바르디아-베네치아 왕국에서 오스트리아제국과 맞서 싸운 전쟁이다. 이 전쟁에서 프랑스-사르데냐 연합군이 승리를 거두었다.

155 윌리엄 테쿰세 셔먼(William Tecumseh Sherman, 1820~1891)은 미국의 군인이다. 미국 남북전쟁 때 북군의 장군이었으며, 전쟁 시 남부의 물자 및 시설에 최대한 타격을 가하는 전술인 전면전을 응용한 장군으로 현대전의 창시자로 일컬어진다. 그의 이름을 딴 전차(M4 셔먼)와 배(제너럴 셔먼호)가 있다. 남북전쟁 이후로도 군인으로 복무했으며, 주로 서부 미국 개척에서 원주민들을 토벌하는 데 주력하였다. 여러 번 정치계 입문을 권유받았지만 모두 거부하였다.

진 중심으로 전략을 운영하게 하는 것처럼 보였다. 그러나 셔먼은 철도가 군대의 유연성과 이동성을 방해하는 것은 아니라는 것을 실증해 보였다. 그는 '바다로의 진군' 시에 철도를 이용해서 보급이 가능한 지역에서 벗어나야 했지만, 휴대 장비를 대폭 줄이고 현지에서 보급품을 조달하는 방법을 이용하여 자신의 군대를 기동시켰다. 그의 '플라잉 컬럼'[156]은 거의 자립적이었다. 그는 해안에 도달한 후 배를 이용해서 다시 보급로를 확보했다. 심지어 남부연맹의 철도와 주물공장, 무기고 및 기계 공장을 파괴하기 위해 앞장섰다.

19세기, 유럽 국가 중 철도를 가장 효과적으로 활용한 나라는 프로이센이다. 프로이센은 미래 전쟁에 이용하기 위해 철도 시스템을 배치했다. 1850년 오스트리아와의 위기[157]에서 철도로 군대를 동원하려는 프로이센의 시도는 헛된 일이었지만 헬무트 폰 몰트케 백작이 이끄는 프로이센군 참모부의 장교들은 여기서 교훈을 얻었고, 독일 통일전쟁에서 프로이센군은 그들이 배운 것을 실증해 보였다. 1866년 프로이센-오스트리아전쟁에서 전장은 주로 두 나라의 철도 노선 주변에 형성되었다. 1870년까지 프로이센군의 철도 전략은 매우 복잡한 술(術)이 되었다. 프랑스는 군대 동원에 철도를 제대로 이용하지 못했다. 반면 프로이센은 다른 모든 분야와 마찬가지로 사전에 철저히 계획하

---

156 플라잉 컬럼(flying column)은 작고 독립적인 지상군 부대로, 신속한 기동이 가능하며 일반적으로 모든 무기로 구성된다. 보통 작전 과정에서 편성된 임시 부대이다. 일반적으로 이 용어는 여단급보다 작은 부대에 적용된다. 기동성이 주요 목적이므로 플라잉 컬럼에는 최소한의 장비가 요구되며, 신속한 기동이 가능한 수송 수단을 사용한다.

157 올뮈츠 협약(Olmützer Punktation)은 프로이센의 연합 정치가 초래한 1850년 가을 위기를 종결시키기 위해 1850년 11월 29일 프로이센 왕국, 오스트리아제국, 러시아제국이 체결한 외교 조약이다. 회담은 1850년 11월 28일부터 30일까지 사흘간 오스트리아제국 체코 모라바 지방의 올뮈츠에서 열렸다. 이 협약은 독일의 주도권을 놓고 다툰 대결로 오스트리아에 대한 프로이센의 외교적 패배였으며, 프로이센이 연합 정치로 추구했던 소독일주의 통일은 무산되고 오스트리아가 주도하는 독일 연방이 재건되었다.

여 놀라운 정확성으로 군대 동원에 적용했다. 동원 시작 16일 후, 40만 명의 프로이센 병사가 125mile²⁰¹ᵏᵐ의 전선을 따라 배치되었다. 20일째에 첫 번째 전투가 바이센부르크[158]에서 벌어졌다. 이 기록은 제1차 세계대전이 되어도 깨지지 않았는데, 동원이 시작된 후 17일이 지나서는 일제 진격이, 20일째에 전투가 개시되었다. 물론 1914년의 군대는 네 배나 규모가 컸다.

오늘날에는 언급할 필요조차 없어 보이는 적국의 철도 시스템 파괴 필요성이 항상 당연하게 여겨졌던 것은 아니다. 1904~1905년의 러일전쟁[159]에서 일

---

**158** 바이센부르크(Weissenburg, Weiβenburg). 독일 중부 바이에른 지방의 도시.

**159** 러일전쟁(1904. 2. 8~1905. 9. 5)은 만주와 한반도, 주변 해역에서 계속된, 러시아와 일본이 한반도에서 주도권을 쟁취하려던 전쟁이었다. 일본은 러시아의 만주에 대한 권한을 인정하는 대신 일본의 한반도에 대한 권한을 인정할 것을 제안했다. 이에 대하여 러시아는 만주에 대한 독점권과 한반도의 북위 39° 이북에 대한 중립 지역 설정, 한반도의 군사적 이용 불가를 주장하였다. 전쟁은 러시아 태평양 함대가 주둔하고 있던 랴오둥 반도의 뤼순 항에 대한 일본 해군의 기습 공격과 봉쇄로 시작되었다. 쓰시마 해전에서 지구 반대편에서 지원을 위해 달려온 러시아 발틱 함대가 패배함으로써 일본의 승리로 끝났고 1905년 9월 5일, 포츠머스 강화조약이 체결되었다. 미국 대통령 시어도어 루스벨트는 이 일로 노벨 평화상을 받았다.
이 전쟁의 결과로 다음 사항 등에 합의했다. 첫째, 러시아는 일본이 조선에서 정치·군사·경제적인 우월권이 있음을 승인하고, 조선에 대해 지도·보호·감독에 필요한 조치를 취할 수 있음을 승인한다. 둘째, 러·일 양군은 랴오둥 반도 이외의 만주 지역에서 철수하며 만주에서 청나라의 주권과 기회 균등 원칙을 준수한다. 셋째, 러시아는 랴오둥 반도 조차권, 창춘-뤼순 간의 철도, 그 지선, 이와 관련된 모든 권리와 특권을 일본 제국에 양도한다. 넷째, 양국은 랴오둥 반도를 제외한 만주의 철도들을 비군사적인 목적으로 경영한다. 다섯째, 일본이 배상금을 청구하지 않는 대신, 러시아는 북위 50° 이남의 사할린섬, 그 부속 도서를 일본에 할양한다. 그러나 이 지역은 비무장 지역으로 하며, 소오야, 타타르 해협의 자유 항행을 보장한다. 여섯째, 동해·오호츠크해·베링해의 러시아제국령 연안 어업권을 일본인에게 허용한다.
국제 사회는 첫째 조항으로 러시아제국이 일본제국의 한반도 식민지화를 공인한 것으로 인식했다. 그러나 러시아제국은 한반도에서 일본제국의 권익을 인정한 것일 뿐, 병합을 용인한 것은 아니라는 태도를 보였다. 둘째~넷째 조항은 러시아제국과 일본제국이 하얼빈을 경계로 만주를 남북으로 분할한다는 의미이다. 참고로, 전쟁 중이던 1904년 8월, 일본 정부는 동해에서 러시아 군함을 감시하기 위해 울릉도와 독도에 군사용 망루를 설치하려 하였다. 이에 따라 1905년 1월 28일 일본 내각 회의에서 '다케시마'라는 이름으로 시마네현 담당으로 지정하였으며, 2월 22일에 독도를 일본 영토로 편입하는 내용의 시마네현 고

본은 러시아가 유일한 철도 노선인 시베리아 횡단 철도에 전적으로 의존한다는, 자신들에게 유리한 점을 실제로 활용하지 못했다.[160] 리델 하트Liddel Hart는 자신의 저서《Strategy, the Indirect Approach》에 아래와 같이 기술했다.

"역사상 군대가 이렇게 길고 좁은 기도를 통해 숨을 들이마신 적이 없었으며 몸의 크기가 너무 커서 호흡이 더 어려워졌다."

일본의 전략가들은 러시아군의 이빨(전투부대)에 직접적인 타격을 입히는 것에 집중했다.[161] 그리고 그들은 1870년의 몰트케Moltke의 군대보다 더 밀접하게 군사력을 집결시켰다.


### 요새화의 근본적 문제

크림전쟁에서 세바스토폴 방어를 책임지고 있던 러시아 장군 프란츠 토들

시 제40호를 발표하였다. 울릉도에는 1904년 9월, 독도에는 1905년 8월에 망루를 세웠다.

160 브로디 부부가 말한, 러시아 측의 취약점을 제대로 이용하지 못한 것은 흑구대시와 선양 전투를 말하는 것 같다. 러시아 제2군이 1905년 1월 25일~29일에 흑구대시 부근에서 일본군의 왼쪽 측면을 공격하여 거의 돌파하였다. 이는 일본군을 놀라게 하였으나, 다른 러시아 부대의 지원 없이 공격은 교착 상태에 빠졌고, 러시아군은 총사령관 알렉세이 쿠로팟킨의 중지 명령으로 전투는 승패를 가르지 못했다. 일본군은 시베리아 횡단 철도를 통해 러시아 지원군이 도착하기 전에 만주의 러시아군을 궤멸시켜야 함을 알고 있었다. 봉천 전투는 1905년 2월 20일에 시작되었다. 다음 날에는 일본군이 80km 전선을 따라 선양을 둘러싼 러시아군의 우측과 좌측면을 습격하기 위해 기동하였다. 양측은 참호를 파고 수백 문의 대포에 의해 지원되고 있었다. 며칠간의 격렬한 전투 뒤에, 양 측면에 가해지는 압박으로 러시아군의 양쪽 끝의 방어선이 안쪽으로 휘어졌다. 포위를 피하기 위해 러시아군은 퇴각을 시작하여 수차례의 지연 작전을 펼쳤으나, 곧 혼란과 러시아군의 붕괴 속에서 상황은 더욱 나빠졌다. 3월 10일, 전투 후 3주가 지났을 때, 쿠로파트킨 장군은 선양 북쪽으로의 철수를 결정하였다. 철수하는 러시아 만주군의 대형은 전투 부대로 분해되었으나 일본군은 이들을 완벽히 궤멸시키지 못했다. 일본군도 희생자가 많아서 추격할 상태가 아니었다. 러시아군이 패배한 선양의 전투는 중요한 전투였으나 전쟁의 승패를 결정짓는 결정적 전투는 아니었다.

161 적군의 보급선이나 후방 생산력이 아닌 적군의 직접적인 전투력을 격멸하고자 하는 일본군의 전략은 제2차 세계대전까지도 바뀌지 않았다. 그래서 진주만의 공창과 유류 저장고 파괴, 잠수함 전력을 이용한 보급로의 통상 마비전 등을 수행하려 들지 않았다.

벤 백작[162]이 요새화된 방어선을 넘어 얕게 땅을 판 소총수들의 참호를 확장한 것은 보방Vauban식 요새에 대한 심각한 전술적 첫 도전이 있었다. 포격으로부터 보호를 받을 수는 없었지만 참호는 매우 효과적이었고 동맹국에게 엄청난 피해를 입혔다. 그 후 유럽에서는 일반 요새 외부에 포병대가 배치된, 소형의 포격으로부터 방호가 되는 보병 각면보角面堡[163]를 설치하는 경향이 있었다. 성곽enceinte : 성벽 또는 울타리enclosure[164]에 대한 오래된 생각은, 평평하고 작으며 전략적으로 배치된 참호와 여닫이창casement 때문에 포기되었다.

　프로이센-프랑스전쟁은 프랑스군에 있어서 보방 교리의 종말을 가져왔다. 프랑스군 공병들은 방어 거점에서 1만 5,000~1만 8,000yd13.72~16.46km 떨어진 곳에 박차 모양의 원형 요새 시스템을 구축했다. 각면보redoubts는 2~3m의 콘크리트와 3cm의 강철로 장갑을 둘렀다. 이 조합은 피크르산picric acid로 만든 새로운 폭약인 멜리나이트[165]를 장입한 포탄의 테스트를 성공적으로 견뎌냈다.

　새로운 방식의 프랑스군 요새 건설을 둘러본 벨기에의 공병 장교 앙리 알렉시스 브리알몽[166]은 장차 독일이 침공할 때 벨기에를 통해 뮤즈 계곡[167]으로

---

162 프란츠 에두아르 그라프 폰 토틀벤(Franz Eduard Graf von Tottleben, Эдуа́рд Ива́нович Тотлébен, 1818~1884)은 발트 독일군의 공병 장교이자 러시아제국 육군 장군이었다. 러시아가 치른 다수의 중요한 전쟁에서 요새의 밑을 파서 파괴하는 역할을 담당했다.

163 리다우트(redoubt)는 일반적으로 더 큰 요새 외부에 둘러싸여 있는 방어적 배치로 구성되는 요새 또는 요새 체계로, 일반적으로 흙을 쌓아 올리지만 일부는 돌 또는 벽돌로 구성된다. 주 방어선 밖에서 병사를 보호하기 위한 영구 구조물이거나 급하게 건설된 임시 요새가 될 수 있다.

164 성벽으로 둘러싸인 안마당.

165 멜리나이트(melinite)는 군용 폭약으로, 탄환·지뢰 등의 작약(炸藥)에 쓰인다.

166 앙리 알렉시스 브리아몽(Henri-Alexis Brialmont, 1821~1903)은 19세기 벨기에 육군 장교, 정치인 및 작가였으며, 요새 건축가이자 설계자로 알려졌다. 주로 참모 장교로 일했으며 후에 안트워프의 주요 항구 지역을 지휘했다. 브리아몽은 활발한 정치 운동가였으며 벨

내려갈 것이라고 합리적인 결론을
내었고 통신을 통제하는 전략적 요
충지 몇 곳의 요새화를 주장했다.
그는 특히 안트워프를 참호와 연결
된 요새로 둘러싸인 거대한 요새
로 만들었다. 벨기에의 다른 곳에
는 이와 비슷하지만 규모가 더 작
은 요새들이 건설되었다. 이 새로
운 요새들은 당시로서는 가장 큰

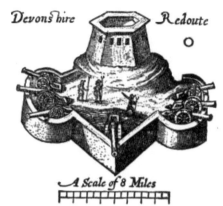

**그림6-28** 데번셔 요새Devonshire Redoubt, 버뮤다
Bermuda, 1614

9in²³ᶜᵐ 곡사포탄 포격을 견디도록 건설된 흰색 콘크리트 또는 흙으로 덮여
있는 버섯 모양이었다. 회전 포탑에 장착된 포는 발사 시 포상이 올라오게 되
어 있었다. 방대한 참호와 터널의 미로가 포좌와 화약고, 탄약고, 보병과 기계
화 부대의 막사를 둘러싸고 있었다.

이 요새가 1914년 전장에 등장할 때까지 독일이 이러한 요새들을 파괴하
기 위해 두 종류의 거대한 곡사포를 설계하고 만들었다. 그중 큰 것은 구경
10.5in⁴²⁰ᵐᵐ였다. 그 곡사포들은 성공적으로 임무를 수행했고 요새는 근본적
으로 약점이 있음을 드러냈다. 그 약점은, 요새가 대구경 포에 의해 파괴될 수
있다는 것이나 움직일 수 없다는 것이 아니라, 요새를 공격하려는 적군이 통
상적으로 수행을 결정할 수 있는 다량의 정확한 정보를 가지고 있다는 것이

기에군의 개혁 및 확장을 위해 노력했으며 자유 콩고의 건국에도 참여했다. 오늘날 브리
아몽은 벨기에와 루마니아에서 설계한 요새로 가장 잘 알려져 있으며 콩고의 다른 요새
에도 영향을 미쳤다. 1880년대 말 벨기에의 리에주, 나무르, 안트워프 주변에 설계한 요새
는 제1차 세계대전 중 독일의 벨기에 침공 초기 단계에서 중요한 역할을 했다.
**167** 뮤즈 계곡(Meuse Valley)은 벨기에 뉴이로부터 레제에 이르는 계곡이다. 100m정도의 완
만한 언덕이 지붕이 덮여 있듯이 이어져 있는 분지이다.

다. 한마디로 그러한 경우의 방어는 놀라운 일이 아니다.

그러나 적절한 무기로 항상 패퇴시킬 수 있는 강철 또는 콘크리트 성벽이 항상 쓸모없다고 말할 수는 없다. 그것은 전적으로 상황에 달려 있다. 공격 측이 해야 하는 것은 무엇인가? 방어 측이 해야 할 것은 또 무엇인가? 이는 약 3세기 반 동안 존재한 이후로 역사 뒤로 사라진 전함에서 유추해 볼 수 있다. 전함의 특징은 소재가 참나무이든 철이든 항상 장갑이 둘러져 있다는 것이었다. 그러나 전함은 전함이 활동하던 그 당시의 무기에 대해 결코 무적이거나 거의 무적인 적이 없었다. 전함의 특성은 어떠한 타격도 견딜 수 있다는 것이 아니라, 다른 종류의 전투함보다 더 많은 타격을 받기도 하지만 동시에 더 강력한 타격을 줄 수 있다는 것이었다. 3세기가 넘는 동안의 전쟁을 통해 비판적인 테스트를 거친 후 장갑은 그만한 가치를 지녔음을 보여줬다.

1914년 벨기에의 요새들이 함락되면서 다른 나라들과 마찬가지로 프랑스도 요새가 쓸모없다고 결론을 내렸다. 따라서 그들은 베르됭을 비롯한 대부분의 요새에서 무기를 급히 거둬들여 다른 곳에서 사용할 수 있도록 했다. 그러나 전쟁은 요새가 참호의 형태로 변한 것을 제외하고는 요새 전투의 장기화로 바뀌었다. 그리고 방어 측이 우월해졌다. 가장 끔찍한 전쟁에서의 가장 끔찍하고 잔인했던 시험은 아마 베르됭일 것이다. 그리고 그 시험 과정에서 프랑스군은 요새에서 거둬들인 무기들과 수많은 다른 무기를 가져왔다. 그리고 베르됭을 지켜냈다.[168]

---

168 베르됭(Verdun)은 프랑스 북부 그랑테스트 레지옹의 뫼즈주에 있는 소도시로 뫼즈주에서 가장 큰 도시이다. 베르됭조약과 베르됭 전투로 잘 알려져 있다. 베르됭 전투는 1916년 2월 21일에서 같은 해 12월 18일까지 프랑스군과 독일군 사이에 벌어진 전투로, 제1차 세계대전 서부 전선에서 가장 거대한 전투 중 하나였다. 전투가 벌어진 곳은 프랑스 북동부에 소재한 베르됭쉬르뫼즈(Verdun-sur-Meuse) 고지의 북쪽이었다. 베르됭에서 총 71만 4,231명의 전몰자가 발생(2000년 추정치)했고, 이 중 프랑스군이 37만 7,231명, 독일군이

제1차 세계대전 후 프랑스는 제1차 세계대전에서 하원의원이자 군인이었고 요새 건설 착공 당시 국방부 장관이었던 앙드레 마지노[169]의 이름을 딴 마지노 라인을 건설했다. 마지노선은 그때까지 구축된 가장 광범위하고 정교한 요새 시스템이었다. 현재는 1940년 프랑스의 기대를 배신한 어리석음 때문에 일반적으로 어리석은 투자와 더 나쁜 결과의 대명사로 불리고 있다.[170] 이 값비싼 판단에 진실의 잣대를 들이대자면, 당시 프랑스는 단순하게 국가의 자원뿐만 아니라 너무 많은 것을 투자했다. 프랑스 군인들은 마지노선에 너무 함몰되었고 너무 몰두했다. 그러나 무조건 요새 선이나 요새 지대가 나쁜 것이라고 말하는 것은 아니다. 현대에도 '마지노선 콤플렉스'와 같은 용어를 미사일 발사 기지와 같은 곳을 강화하거나 장갑화하는 어떠한 제안을 조롱하는 데 사용해서는 안 된다. 어쨌거나 캐치프레이즈는 일반적으로 분석을 대체하기에 적합하지 않으며, 특정 문구는 위험하기까지 하다.

---

33만 7,000명이었다. 전투가 지속되는 동안 한 달에 평균 7만여 명이 죽어나간 셈이다. 보다 최근의 추정치에서는 1914년에서 1918년 사이에 베르됭에서 발생한 사상자 수는 125만 명에 이르고 이 중 사망자는 97만 6,000여 명이라고 추산하기도 한다. 베르됭 전투는 총 303일간 계속되었으며, 인류 역사상 가장 길고 가장 끔찍한 소모전 중 하나로 기록되었다.

169 앙드레 마지노(André Maginot, 1877~1932)는 프랑스의 군인이자 정치가이다. 1910년 이후 하원의원을 지냈다. 민주 사회 운동파에 속하며, 1913년 육군 차관이 되었다. 제1차 세계대전에서 중상을 입었다. 1922년·1926년·1931년 세 차례에 걸쳐 육군성 장관을 지냈다. 독일의 지크프리트선에 대항하기 위해, 프랑스의 동부 국경에 난공불락의 요새인 '마지노선'을 건설하였다. 이것은 세계적인 화제가 되었으나, 제2차 세계대전 중 독일군의 우회 작전과 항공기의 발달 등으로 간단히 돌파되었다.

170 마지노선은 1927년에 착공하여, 1936년에 알자스부터 로렌까지 350km에 이르는 요새로 완공되었다. 공사비는 160억 프랑이 들었다. 마지노 요새에는 벙커 형태의 건물에 강철과 콘크리트로 만들어진 포탑과 기관총좌가 설치되어 독일군의 공격에 대비했다. 하지만 1940년 룬트시텐트 원수가 지휘하는 독일군 서부집단군은 프랑스군 40개 사단이 배치된 마지노선을 정면 돌파하는 대신, 벨기에와 산악 지형으로 인해 대규모 기동이 불가능하리라 예측되어 마지노선이 구축되어 있지 않던 아르덴느 지방의 삼림을 기계화부대로 강행 돌파, 베네룩스를 우회하여 영국 대륙 원정군과 프랑스군을 포위하는 데 성공했다.

# 해양력의 혁명

## 증기선의 출현

　19세기에 전함의 추진에 증기기관을 도입하면서 해양 전략의 전체 지형이 바뀌었다. 갤리선에서 범선으로 바뀐 이후 이렇게 큰 혁명적 변화는 없었다. 바다를 항해하는 선박은 바람의 방향 때문에 좌우로 선수를 계속 변침하면서 항해하는 편차 대신 일직선으로 갈 수 있게 되었다. 바람의 방향과 세기에 의해 좌우되던 과거의 전술은 완전히 바뀌어야 했다. 증기기관의 채택은 해군 전술과 전략 모두에 큰 영향을 미쳤다. 기계에 대한 새로운 의존은 영국에게 자연스럽게 우위를 제공했다. 영국이 유럽 대륙의 경쟁국들과 비교했을 때 가장 기계산업화되어 있고, 최상급의 무연탄 공급망을 확보하고 있었기 때문이었다.

　기계 추진력은 항해에 새로운 활력과 속도를 주었지만, 반면에 함대는 연료 공급을 지속적으로 유지하기 위해 속박받게 되었다. 전투 함대는 점차 더 함대 기지에 의존하게 되었고 행동 범위는 좁아졌다. 이러한 변화는 넓은 대양에 의해 경쟁국과 떨어져 있는 방어적인 군사력을 선호하게 하였고, 미국과 일본이 이런 현상에 따랐다. 영국은 마침내 전 세계에 석탄 보급 기지를 설치하여 행동반경 문제를 해결했다. 이러한 기지들은 영국이 19세기에 광대한 식민지를 확장했기에 가능한 결과였고, 경쟁국들도 차례로 이에 자극받았다.

　전력이 열세한 함대가 변덕스러운 바람으로 인해 우위를 잃어버리는 일이 훨씬 적기 때문에, 증기기관의 도입은 좁은 바다에서 적대적인 함대 간의 접촉 가능성을 높였다. 따라서 전력이 열세한 해군은 넓은 지역을 항해하지 않기로 했으며 결정적인 해전은 거의 없었다. 미국 남북전쟁에서 남군이 북군의 봉쇄를 뚫고 2억 달러 상당의 물자를 도입하였을 때, 북군 해군은 증기기관이 연료 공급 문제로 인해 근접 봉쇄를 더 어렵게 만들었다는 것을 깨달았다. 그러나 북부 해군은 전력을 증가시키고 기간 항구들을 확보하여 마침내 남부군의 물자 도입을 막는 데 성공했다. 북부군의 해군 전력은 전쟁 말기에는 압도적이 되었고 남부연맹이 필요로 하는 기본 물자들의 공급을 막았다.

봉쇄 선박이 연료를 보급받기 위해 기지로 다시 돌아가 보고해야 한다는 사실은 과거의 장기간 봉쇄에서 가장 비참한 생존자로 살아남기 위해 노력해야 했던 승조원들에게 이전보다 훨씬 더 나은 배급을 제공받게 했다. 1802년 브레스트[171] 봉쇄 때 사관생도가 고향 집에 다음과 같은 내용의 편지를 쓰던 시절은 영원히 사라졌다.

"우리는 먹으면 목이 차가워지는 구더기가 들끓는 매우 차가운 쇠고기를 먹고 산다. 우리는 작은 구더기와 바구미가 듬뿍 들어있는 배나무 껍질 색깔의 물과 황소 피와 톱밥이 섞인 것 같은 포도주를 마신다."

사람들은 좋고 나쁨을 떠나 전함에 대한 증기 추진 기관의 채택을 오랜 기간 받아들이지 않았다. 최초의 증기선은 1802년 윌리엄 시밍턴William Symington에 의해 제작된 '샬럿 던다스Chalotte Dundas'였고, 그 후 1807년 로버트 풀턴Robert Fulton은 외륜外輪, paddle-wheel을 장착한 '클레몽트Clermont'호를 제작해 허드슨강에서 32시간 동안 150mile241km을 항해하는 데 성공하였다. 상선들은 초기부터 앞다투어 증기기관으로 바뀌기 시작했다. 그러나 1816년 의심으로 가득 찬 영국 해군 수뇌부는 성명을 발표하여 증기선의 채택은 대영제국의 해양 우세에 치명적인 영향을 미칠 것이기 때문에 증기선 채택을 반대하는 것

---

171 브레스트(Brest)는 프랑스 서부, 브르타뉴 반도 서쪽 끝에 있는 한 항만 도시이다. 툴롱과 함께 프랑스 최대의 군항이다.

이 그들의 의무라 생각한다고 발표했다.

초기 외륜 증기선은 엔진이 해수면 위에 있어 당연하게도 포격에 취약했다. 이러한 취약성은 1814년 로버트 풀턴이 건조한 데모로고스Demologos, Voice of the People라고 불리는 최초의 증기 전함에서 우연하게 해결되었다. 데모로고스함은 거의 3년 동안 지속된 1812년 전쟁[172]에서 영국에 대항하여 뉴욕항을 방어하기 위한 목적으로 제작되었다. 하지만 너무 늦게 제작되어 실전에는 참여할 수가 없었다. 이 전투함은 5피트1.5m 두께의 장갑과 30문의 32lbs14.5kg 장포신 포를 가진 강력한 전함이었다. 또한 단일 외륜single-wheel을 전함의 중앙에 위치시켰고 엔진은 수면 밑에 탑재하였다. 그러나 이 전함은 단지 방어를 목적으로 건조하였기 때문에 실제 해상 운용에는 무리가 있었다. 그럼에도 불구하고 대담한 개념의 또 다른 선박이 건조되기까지는 수십 년이 더 걸렸다.

---

172 1812년 전쟁은 1812년 6월부터 1815년 2월까지 미국과 영국, 양국의 동맹국 사이에서 벌어진 전쟁이다. 프랑스 제1제국과의 전쟁(나폴레옹전쟁)으로 인해 영국은 프랑스와의 중립적인 무역을 막기 위해 해상 봉쇄를 감행했고, 미국은 이에 반발하면서 영국과의 관계가 악화되었다. 1812년 6월 18일, 미국 매디슨 대통령이 매파 압력으로 영국과의 전쟁을 선포했다.
나폴레옹전쟁으로 인해 대부분의 군대가 유럽에 있었던 영국은 방어 전략을 채택했다. 한편 미국은 국민들의 반발로 인해 전쟁을 제대로 수행하지 못했다. 미국은 캐나다를 점령하려고 세 차례나 시도했지만 모두 실패했다. 1813년 미군은 이리호 전투에서 승리를 거두었고, 테쿰세 동맹을 테임즈 전투에서 패배시켜 전쟁의 우선 목표를 달성했다. 한편 해상에서는 강력한 영국 해군이 미국의 항구를 봉쇄해 미국의 무역을 차단하고 영국군이 해안을 급습할 기회를 만들어주었다. 1814년 이러한 공격 중 하나로 워싱턴 점령 및 방화가 있었으며, 미군은 이에 맞서 플래츠버그 전투와 발티모어 전투에서 영국군을 격퇴했다. 영국에서는 전쟁세와 미국과의 무역을 재개하자는 요구로 인해 전쟁에 대한 반대 목소리가 높아졌다. 퐁텐블로조약을 통해 프랑스에 대한 해상 봉쇄가 종료되었고 영국은 압박을 중단했다. 영국 정부는 이후 미국 해안에 대한 봉쇄를 강화해 미국의 해상 무역을 거의 중단시켰고, 미국 정부를 파산으로 몰고 갔다. 1814년 12월 24일 헨트조약이 체결되었다. 평화 조약은 몇몇 지역에 전달되지 못했고, 이에 따라 영국군은 루이지애나를 침공했지만 1815년 1월 뉴올리언스 전투에서 패배했다. 미국 정부는 1815년 2월 27일 종전을 공식적으로 발효했으며 전쟁이 끝났다.

영국 해군 장교들은 처음부터 증기선tea kettle의 능력을 무시하는 경향을 보였다. 1840년까지도 영국 해군에 취역한 239척 중 29척만이 증기선이었고, 29척 중 어떤 배도 진정한 전투함이 아니었다. 많은 사람은 1선함들이 증기선에게 절대 자리를 내어주지 않을 것이라고 믿었다. 이때부터 취약하지 않으면서 더욱 효과적인 증기선의 설계를 가능하게 하는 다른 발명이 등장했다. 그것은 프로펠링 스크루propelling-screw로, 외륜의 외부 노출을 방지함은 물론 흘수선 밑에 엔진을 장착토록 만들어 취약성을 제거하였다.

스크루의 원리풍차 원리는 고대 아르키메데스Archimedes 시대부터 인식되고 있었으나 프로펠링 스크루의 원리는 1752년 수학자인 다니엘 베르누이에 의해 정립되었다. 18 세기 후반에 프로펠링 스크루에 대한 실험이 있었는데, 특히 데이비드 부쉬넬과 로버트 풀턴이 건조한 초기 잠수함에서 주목할 만했다. 하지만 실질적인 크기의 최초의 스크루 추진 선박은 1839년이 되어서야 건조되었다. 그것은 고안된 240t의 '아르키메데스'라고 명명된 배였다.

모든 지식이 경험뿐인 분야에서 초기 설계는 실용적이지 못했지만 시행 착오와 사고를 겪으면서 개량이 되었다. 한 번은 스크루의 상당 부분이 부러지는 사고가 났는데, 오히려 배의 속도가 증가되는 결과를 얻게 되었다.[173] 일찍이 1836년에 템즈강에서 스크루 추진식 보트를 영국 해군 지휘부들 앞에서

---

173 영국의 프랜시스 페티 스미스가 1836년 5월 31일에 스크루 프로펠러의 특허를 취득하고, '프랜시스·P·스미스'호(6t)를 건조하여 2피치의 긴 스크루 프로펠러 실험을 시작하였다. 우연히 수중에서 프로펠러가 파손되고 나서 배의 속도가 올라가는 것을 발견, 그 후 이에 착안하여 1피치의 프로펠러로 변경하여 5.5kn(10.19km/h)까지 배의 속도를 올릴 수 있었다. 많은 투자자를 끌어모을 수 있었기 때문에, 스미스는 쉽프로펠러 사를 설립하고 본격적인 스크루선의 건조를 시작하였다. 스미스는 그 후, '래틀러호'의 스크루 프로펠러를 설계하였다.

시범 운항했던 존 에릭슨[174]은 로버트 F. 스톡턴 대령과 함께 미국으로 오도록 설득되었다. 그는 최초의 스크루 추진식 전함을 설계하고 제작했다. 이 군함이 놀라운 효율성과 성능을 자랑하는 1843년에 건조된 프린스턴Princeton 호이다. 프랑스군은 2년 후 최초의 스크루 추진식 전함인 포먼Pomone을 건조했다. 이때부터 증기기관 없이는 제대로 된 신형 전함을 만들 수 없게 되었다.

풍력을 사용하는 돛에서 증기기관으로의 전환은 영국인들 사이에 바다로부터의 침략이라는 일련의 공황에 빠지게 만들었다. 그들의 두려움은 팔머스턴 경[175]의 말로 표현되었다. 그는, 도버 해협은 조만간 프랑스인들이 영국을 마음대로 침공할 수 있도록 허용하는 '증기 다리가 놓여서 건널 수 있는 강'에 지나지 않게 되리라고 말했다. 그러나 실제 그런 일은 발생하지 않았다. 1940년 6월 4일 영국에 대한 실질적인 침공 위협이 있었을 때 윈스턴 처칠은

174 존 에릭슨(John Ericsson, 1803~1889)은 스웨덴계 미국인 발명가였다. 그는 영국과 미국에서 활동했다. 에릭슨은 발명가인 조지 스티븐슨(George Stephenson, 1781~1848), 로켓(Rocket)이 우승한 리버풀과 맨체스터 철도의 레인힐 트라이얼즈(Rainhill Trials)에서 경쟁한 철도 증기 기관차 노벨티(Novelty)의 설계에 협력했다. 1836년 에릭슨은 길이 14m인 '프랜시스·B·오그던'호를 건조하여 런던의 템즈강에서 100t의 석탄 거룻배 네 척을 5kn의 속도로 예인하는 성능을 보여주었다. 다음 해인 1838년에는 36t의 '로버트·F·스톡턴'호를 건조하였으나, 영국에서는 더 이상 사업의 진전이 없었기 때문에 1839년에 돛을 달아 범선의 동력을 이용하여 미국으로 건너갔다. 스톡턴호는 프로펠러를 두 개에서 한 개로 줄이는 개조 후 델라웨어주의 예인선으로 사용되었다. 북미에서 그는 로버트 스톡턴(Robert F. Stockton, 1795~1866) 대령과 협력하여 미 해군 최초의 스크루 추진 증기 프리깃 USS 프린스턴을 설계했다. 이후 뉴욕에 있는 디레이마터 철강 회사(DeLamater Iron Works)의 코넬리우스 디레이마터(Cornelius H. DeLamater, 1821~1889)와의 새로운 파트너십으로 미국 해군 최초의 철갑 전함이자 회전 포탑 전함인 USS 모니터(Monitor)를 건조했다. 남북전쟁 중 1862년 3월, 체서피크만 남쪽 입구의 유명한 햄튼로드 전투에서 남부연합 해군의 철갑함 CSS 버지니아와 교전해서 봉쇄 부대를 구원했다.

175 3대 파머스턴 자작 헨리 존 템플(Henry John Temple, 3rd Viscount Palmerston, 1784~1865)은 영국의 정치가로 19세기 중반에 걸쳐 두 차례 총리를 역임하였다. 파머스턴은 영국이 제국주의 강국의 정점에 오른 시기인 1830년부터 1865년까지 영국 대외 정책을 주도했다. 그는 영국 대중에게 매우 유명했다. 데이비드 브라운은 "역동력과 열의 덕분에 파머스턴은 대중에게 어필할 수 있었다"라고 주장했다.

하원에서 연설하면서 "나폴레옹 시대에 … 영국 해협을 건너려던 나폴레옹의 군대를 봉쇄 작전 중이던 영국 해군 함대가 쫓아내게 한 것도 같은 바람이었습니다. 기회는 항상 있었고, 그 기회는 대륙의 많은 폭정자를 상상 속에서 흥분시키고 속이는 기회였습니다"라고 언급하였다.

**그림6-29** USS 프린스턴호

증기기관의 채택으로, 범선 시대 승무원의 기량이나 풍향보다는 함선의 수적 우세가 결정적인 요소가 되었다. 영국은 자신들의 함대가 프랑스와 다른 대륙의 경쟁 국가들을 모두 합친 것보다도 규모 면에서 크다고 항상 생각했다. 1850년 프랑스가 최초로 스크루를 장비한 실전 배치 함정 '나폴레옹'함을 건조하자 영국은 증기선의 수량이 전체 함대의 1/4에 불과한 그들의 함대로는 만족할 수 없으며, 영국 해군 함대 전부를 증기선으로 바꾸어야 한다는 것을 깨달았다. 오늘날의 기준으로 볼 때는 얼마 안 되는 비용이었지만 당시의 재정적 부담은 매우 큰 것이었다.

해상용 증기 엔진들의 혁신은 매우 빨리 진행되었다. 증기선의 디자인은 여전히 공학적으로는 원시적인 부분이 많았고, 구형 범선을 증기선으로 개량하는 것은 때때로 우스운 결과를 초래하곤 했다. 한 척의 배는 이등분해서 연장한 후에 엔진을 장착하였지만 연료를 적재한 후 물에 띄우자 가라앉은 경우도 있었다. 이 배에는 곧바로 '해군의 돌고래'라는 별명이 붙었다.

크림전쟁에서 대규모의 해상 운송에도 불구하고 해군의 활동은 미비했다.

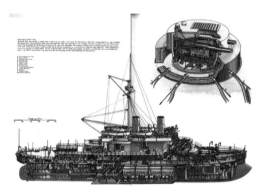

**그림6-30** 데버스테이션

그러나 기존의 범선이 증기 추진 전함과 전투 시 쓸모가 없거나 유용성 없음을 증명하기에는 충분했다. 흑해로 파견된 영국 함대는 열 척의 전투함 중 오직 두 척만이 증기선이었던 반면 발트해로 보내진 함대는 열아홉 척 중 열세 척이 증기선이었다. 흑해에서 작전했던 소수의 증기선은 전선으로 더 큰 배들을 이끌었고, 공격에서 주요 세력으로 활약했다. 이 교훈으로 1857년부터 영국 해군 함대의 최일선에서 범선은 자취를 감추었고, 돛은 연료를 절약하기 위한 보조적인 임무를 수행하기 위해서만 남게 되었다. 돛을 모두 없앤 영국의 최초 현대식 증기 전함인 '데버스테이션Devastation'은 1873년이 되어서야 건조되었다.[176]

---

**176** 데버스테이션(HMS Devastation)은 영국 해군의 두 척의 데버스테이션급 마스트레스 터릿 쉽(mastless turret ship, 돛대가 없고 주무장 전체가 선체 내부가 아닌 선체 위에 장착된 포탑함) 중 한 척으로 최초의 포탑 함이다. 표준 배수량 9,180long tons(9,330t), 만재 배수량 13,000long tons(13,000t), 길이 87m, 폭 18.97m, 높이 8.38m, 흘수 5.5m, 증기기관 4기, 보일러 8기, 6,637마력, 스크루 2개, 최고 시속 14kn(26km/h), 항속 거리는 12kn로 3,550nm(6,570km), 10kn로 5,570nm(10,320km), 승무원 329~410명, 주무장 12in 2연장 포탑 두 개, 1890년부터는 10in 포 4문, 6lbs 포(57mm) 6문, 3lbs 포(47mm) 8문, 356mm 어뢰 발사관 2문이다. 1908년에 퇴역하였다.

증기 항해와 특히, 햄턴 로드에서 컴벌랜드호에 대한 메리맥또는 버지니아호[177]

의 성공은 고대 전쟁에서 사용되었던 충각衝角 전술에 대한 향수를 다시 북

돋는 계기가 되었다.[178] 50년 후 전투함들은 항해 성능을 저하하는 것을 감소

시키도록 거대한 돌출물을 선수에 장착하여 건조되었다.[179] 이런 충각 전술은

<hr>

177 USS 메리맥(Merrimack) 또는 CSS 버지니아(Virginia)호는 미국 남북전쟁 중 남부 해군의
철갑함 버지니아호로 알려진 증기 프리게이트이다. 메리맥은 1854년부터 건조된 여섯 척
의 스크루 프리깃 중 1번함으로 1855년 진수되었다. 노퍽에 배치되어 있던 중, 남부가 분
리를 선언하고 1861년 4월 17일 남부 분리주의자들이 노포크 항구 앞의 수로에 작은 선
박들을 침몰시켜 항구를 봉쇄했다. 이에 북군은 노포크 해군 기지에서 철수하기 전에 메
리맥을 수로로 가지고 나가 불 질러 자침시켰다. 남부연합은 메리맥을 인양해서 물속에
잠기는 흘수선 아래 용골만 제외하면 물 위로 드러나는 모든 부위를 철갑으로 덮어 장갑
함으로 만들었다. 또 함수 부분에는 충돌 공격을 위해 충각을 장착한 다음 버지니아로 명
명했다. 버지니아호는 배수량 4,100t에 길이 84m, 종류별로 총 12문의 대포를 장착하고,
승무원 320명이 탑승했다.

178 북군과 남군의 전면 승부는 연방의 수도인 리치먼드와 인접하고 전쟁 물자가 지나가는
양측 모두에게 양보할 수 없는 전략적 요충지인 햄턴 로드(Hampton Roads)에서 벌어졌다.
1862년 3월 8일, 보급선을 봉쇄하던 북군 해군을 격퇴하기 위해 남군 철갑선 버지니아호
는 북군을 선제 공격한다. 북군의 전함 콩그레스(Congress)호가 버지니아호를 발견하고
함포 사격을 퍼부었지만, 장갑을 뚫지 못했고 반대로 버지니아호의 함포 사격으로 목선인
콩그레스호는 심각한 피해를 받는다. 뒤이어 버지니아호는 북군 전함 컴벌랜드(Cumber-
land)호를 충각 공격으로 격침했다. 퇴각 중이던 콩그레스호는 버지니아호의 재공격을 받
아 결국 침몰했다. 북군이 전함 세 척을 추가로 투입했지만 버지니아호를 막기에는 역부
족이었다. 추가로 투입된 미네소타(Minnesota)호가 기동하던 중 모래톱에 좌초되었고, 옴
짝달싹 못하는 미네소타호를 발견한 버지니아호는 공격을 퍼붓기 위해 달려들었지만 얕
은 수심 때문에 모래톱을 피해 우회해야 했다. 이때 북군의 철갑 모니터함이 등장해서 네
시간 동안 교전을 벌였으나, 어느 쪽도 상대방에게 심각한 피해를 주지 못했고 격침하지
도 못했다. 포탄이 장갑을 뚫지 못한다는 것이 명백해지자 버지니아호는 두 번의 충각 공
격을 시도했지만, 모든 선체가 철갑인 모니터는 멀쩡했지만 흘수선 아래가 나무로 된
버지니아호의 선체가 파손되었다. 모니터호도 조타실에 명중한 포탄으로 부상자가 발생
했다. 모니터호가 먼저 철수하자 버지니아호는 다시 좌초된 미네소타호를 공격하기 위해
방향을 돌렸지만 얕은 수심에 간조가 겹치면서 버지니아호는 더 작전을 수행하지 못하고
기지로 회항했다. 항구가 북군에 점령된 후 얕은 수심과 바다에서는 항해할 수 없는 단점
때문에 오도 가도 못하게 된 버지니아호는 남군에 의해 자침되었고, 모니터호 역시 바다
에서 예인되던 중 너울에 묻혀 1862년 12월 31일 16명의 수병과 함께 침몰했다.

179 구상 선수(球狀船首, Bulbous bow)는 선수(bow) 종류 중 하나로, 선박의 조파 저항을 감
소시키기 위해 수면 아래 둥근 공처럼 돌출되게 설계되었다. 구상 선수가 만든 파도와 선

시대착오적인 발상이었다. 이는 차라리 증기기관 전투함보다는 범선에게 더 맞는 전술이라는 것은 어뢰와 포의 발달로 증명이 되었다.

## 강철 전함

증기기관으로의 전환에서 두 번째 중요한 기술적 혁신은 전 세계 해군이 강철을 광범위하게 사용하기 시작한 것이다. 처음에는 선체 외부에 강철판을 두른 것에 그쳤지만, 더욱 더 중요한 것은 선체의 용골과 기본 구조 제작에 강철iron을 이용하게 된 것이다. 1834년 닐슨[180]에 의해 발명된 열풍을 불어넣는 고로hot-blast furnace[181]는 선철을 생산하는 과정에 이용되는 석탄의 양을 매우 크게 줄여서 목재로 함선을 건조하는 것보다 강철로 선박을 건조하는 것이 더 경제적이도록 만들었다. 철의 사용으로 인한 장점은 나무로 만들 때보다 많았다. 강철은 지름이 같은 목재를 사용할 때보다 배를 더 크고, 더 강하고, 더 가볍게 만들 수 있었다. 또한 다양한 설계로 더 뛰어나고, 폭풍우에 덜

---

수부의 선체가 만든 파도가 간섭(干涉)하여 저항을 감소시키는 원리다.

180 제임스 보몬트 닐슨(James Beaumont Neilson, 1792~1865)은 스코틀랜드의 발명가로 열풍 공정으로 제련 효율을 크게 높였다. 그는 25세에 1817년 글래스고 가스 공장(Glasgow Gasworks)의 감독으로 임명되고, 5년 후 그곳에서 관리자 겸 기술자가 되어 40년 동안 근무했다. 윌슨타운 제철소(Wilsontown Ironworks)의 용광로 문제를 해결하기 위해 닐슨은 용광로를 뜨거운 용기에 통과시켜 냉기가 아닌 뜨거운 공기로 불면 용광로의 연비를 높일 수 있음을 깨달았다. 실험에 따르면 600°F의 온도는 냉풍으로 소비를 1/3로 줄였으며 코크스 대신 석탄을 원료로 사용하여 추가 비용을 절감할 수 있었다.

181 용광로. 구조는 매우 간단하다. 벽돌로 쌓아올린 굴뚝 모양으로 되어 있으며 안에는 별다른 장치가 없다. 노의 꼭대기로부터 철광석과 코크스, 석회석을 넣은 다음 밑에서 얼마 안 되는 옆부분에 있는 20여 개의 구멍으로 약 800℃의 열기를 불어 넣는다. 이 열기로 연소시키면 약 1,500℃의 열이 발생하게 된다. 다시 1,500℃의 열기를 받으면 용광로 속의 코크스가 불완전 연소하여 2,000℃에 가까운 일산화탄소로 된다. 이때 코크스가 용광로 안에 녹아 있는 철광석 중의 산소를 빼앗고 이산화탄소가 되어 빠지게 된다. 산소를 잃은 철은 녹아서 가마 바닥에 고이는데, 이것을 선철이라고 한다. 용광로에서 선철을 만드는 것을 고로조업법이라고 한다.

취약했으며 피탄 및 화재로부터의 보호 기능이 우수했다. 강철은 전투에서 안전 요소로 중요한 격실 구조 또는 구획화를 가능하게 했다. 철선은 2년 만에 목선을 파괴할 수 있는 마른 부패에 노출되지 않았다.[182] 강철은 더 튼튼한 포좌를 제공했고, 더 큰 함포와 적의 포격과 충각 전술로부터 전함을 보호할 수 있는 더 두꺼운 장갑을 설치할 수 있게 했다.

1859년 프랑스는 목재 선체에 4.5in[11.43cm] 두께의 철판을 이용하여 현측에 철갑을 두른 최초의 철제 장갑함 '라 글루와'함을 건조하였다.[183] 영국 해군은 장갑 두께가 같지만 선체 자체가 철로 만들어진 워리어를 건조했다. 하지만 워리어[184]함은 최초로 실전에 참가한 철제 장갑선은 아니다.

**182** 마른 부패(乾腐病, dry rot, 마른 썩음병)는 축축한 목재 안의 힘과 강성을 주는 목재의 조직을 소화하는 특정 종류의 갈색 나무 곰팡이에 의한 목재 부패이다. 나무 부패 곰팡이는 축축한 나무를 소화하는 모든 종류의 곰팡이이다. 건조하고 부서지기 쉬운 상태에서 갈색 부패는 때때로 잘못 언급된다. 나무가 썩기 위해서는 축축해야 한다. 갈색-썩은 곰팡이는 목재 구조를 형성하는 헤미셀룰로오스와 셀룰로오스를 분해한다. 셀룰로오스는 헤미셀룰로오스 분해 과정에서 생성되는 과산화수소에 의해 분해된다. 과산화수소는 작은 분자이기 때문에 목재를 통해 빠르게 확산되어 곰팡이 균사의 직접적인 주변에 국한되지 않는 부패를 일으킬 수 있다. 이러한 유형의 부패 결과로 목재가 수축되고 갈색 변색이 나타나며 입방체 조각으로 갈라진다. 이를 입방체 골절이라 한다.

**183** 프랑스의 철갑함 라 글루와(La Gloire, Glory)는 크림전쟁에서 목선에 대한 파괴력이 증가한 폭발성 포탄을 사용하고 크림전쟁 중 러시아 요새를 파괴하기 위해 영국과 프랑스가 해상에 철갑으로 부유식 포대를 만든 것 등과 팩상(Paixhans) 포와 소총 등 해군 무기 체계의 발전에 대응하기 위하여 개발되었다. 무게 5,618t, 길이 78.22m, 폭 17m, 흘수 8.48m, 추진 기관 2,500마력(보일러 여덟 기), 스큐루 한 개, 속도 13kn(24.08km/h), 항속 거리 4,000km(2,500mile at 8kn), 승무원 577명, 무장 164mm Mle 1858 전장식 강선포 36문. 라 글루와는 목제 선체를 기본으로 철판을 둘렀다. 17in(43cm)의 목재로 뒷받침되는 12cm 두께의 장갑판은 당시 가장 강력한 주포(프랑스 50lbs(22.68kg)와 영국 68lbs(30.84kg))의 20m 떨어진 곳에서의 시험 사격에도 견뎌냈다. 1879년 프랑스 함대에서 제적되었고 1883년 해체되었다.

**184** 40척이 건조된 워리어(Warrior)급 장갑 호위함의 주선(name ship). 무게 9,137t, 길이 128m, 폭 17.8m, 흘수 8.2m, 엔진 증기 보일러 열 개 / 증기기관 한 개 / 스큐루 한 개 (5,772 마력), 속도 14kn(25.93km/h), 항속 거리 3,900km at 11kn, 승무원 706명, 무장 전장식 68lbs(30.84kg) 활강포 26문, 110lbs(49.90kg) 후미 장전식 강선포 10문,

**그림6-31** 라 글루와호

철갑선이 실전에 참여한 것은 1839년에 건조된 플레게톤Phlegethon과 네메시스Nemesis의 1842년 제1차 아편전쟁[185] 참전이다.

워리어는 최초의 전투 참가 철갑함은 아니지만 전함 규모의 강철로 제작된 첫 번째 장갑 전함으로 이름을 남겼다. 이러한 배들은 철선이 충격에 강하고, 갑판에 설치된 중포重砲의 반동을 흡수할 수 있는 능력이 있음을 입증하였다. 그러나 이 배들은 기본적으로 상선에 무장한 것이었다. 최초의 본격적인 철제

40lbs(54.88kg) 후미 장전식 강선포 네 문이며, 장갑은 현측 4.5in(114mm). 세계 최초의 선체와 장갑을 철로 만든 전투함으로 1859년 프랑스의 '라 글루와'에 대응하기 위해 1859년 건조되었다. 실전 투입없이 1875년에 예비 함대로 편입되었고, 1883년에 제적된 후 화물선, 훈련함 등으로 사용되다가 복원되어 포츠머스항에서 전시함이 되었다.

[185] 제1차 아편전쟁(1839. 9. 4.~1842. 8. 29.)은 청나라의 아편 단속을 빌미로 한 영국의 침략전쟁이다. 전쟁의 직접적인 도화선은 1839년 5월 청나라 흠차대신 린처수(임칙서, 林則徐)가 도광제(재위 1820~1850)의 교지를 받들어 광둥 동관에서 아편을 몰수한 것이다. 이후 영국 정부에서 원정군을 파견할 무렵인 6월 말 주룽에서 술에 취한 영국인 선원들과 청나라인이 충돌해 청나라인 한 명이 사망한 사건에서 영국 측이 범인 인도를 거부하자, 린처수가 마카오를 봉쇄해버린 '주룽사건'이 발생했다. 이를 계기로 양국 간 무장 충돌은 전쟁으로 이어졌다. 이후 1839년 11월 3일 영국 원정군이 마카오에 도착했다. 린처수의 무역 거부 응답을 구실로 영국은 청국 함대를 궤멸시켰다. 이후 영국군의 홍콩 점령과 광저우 포위로 조약을 맺고 전쟁은 종결되고, 영국은 배상금 600만 달러를 받고 철수했다. 그러나 새로 전권을 위임받은 대표가 도착하면서 영국군은 양쯔강 요충지를 차례로 함락해 청으로 하여금 '난징조약'을 체결하도록 압박했다. 난징조약으로 영국은 배상금, 홍콩섬의 할양, 광둥 이외의 다섯 개의 항구(홍콩, 샤먼, 푸저우, 닝보, 상하이) 개항, 청나라의 수출입 관세에 대한 협의권을 얻어냈다. 청나라는 이후 후면조약으로 치외법권, 관세 자주권 포기, 최혜국 대우 조항 승인 등의 굴욕을 받았다. 이후 청나라는 일방적으로 관세 자주권을 상실하고, 영국을 비롯한 프랑스, 미국 등 열강 세력에게 영사재판권과 최혜국 대우를 인정해 주어야 하는 불평등한 조약 체제에 들어가게 된다.

전투함들은 의외로 멕시코 정부에 의해 주문되었고 1842년 런던에서 건조되었다. 영국인들 스스로는 적의 포화에 피격 시 철판이 쪼개지는 현상에 대한 두려움을 갖고 있었으나 워리어의 건조 때까지 발전한 야금술로 인해 철의 취성[186]은 수정이 되었다.

그러나 철제 군함이 갖고 있는 문제점 즉, 바닷물에 의해 쉽게 부식된다는 점 때문에 주기적으로 청수[187]로 청소하거나 드라이독건선거에 넣고 부식 제거 작업을 자주 해야 했다. 목제 선박은 선체 표면에 동판을 씌어 부식 진행을 방지했다. 그러나 철선은 갈바닉 현상[188] 때문에 동판의 사용이 불가능했다. 19세기 동안 목재 외피를 철제 선체와 바깥쪽의 구리 표피 사이에 넣어 철과 구리를 차폐하는 방법 등 철제 선박의 부식을 막기 위한 다양한 시도가 이루어졌다. 그러나 제2차 세계대전 중 부식 방지 페인트가 등장하기 전까지는 모두 효과를 볼 수 없었다.

장갑을 두르지 않은 목제 선박의 운명은 크림전쟁의 출발점인 시노페 해전[189]에서 결정되었다. 러시아 흑해 함대는 30여 년 전 프랑스에서 팩상에 의해

---

186 취성(脆性, brittleness)은 탄성 한계 이내의 충격 하중을 받을 때 물체가 소성 변형을 거의 보이지 않고 급작스럽게 파괴되는 현상을 말한다.

187 청수(淸水) : 소금기가 없는 깨끗한 민물.

188 갈바닉 부식(Galvanic corrosion)은 전해질이 있는 상황에서 한 금속이 다른 금속과 전기 접촉할 때 더 많이 더 빨리 부식되는 전기 화학 공정이다. 해상 선박에 있어서는 구리로 철선의 외부를 피복하면 구리 피복은 멀쩡하지만 내부의 철이 바닷물과 구리, 철의 갈바닉 부식으로 인하여 먼저 녹이 슬고 부식된다.

189 시노페(Sinope)는 흑해 연안에 있는 튀르키예 북부의 도시로, 인구 5만 7,000여의 작은 항구도시이다. 시노페라는 이름으로도 유명한데, 튀르키예어로는 시노프(Sinop)이며 시노페(그리스어 Σινώπη)는 역사적 명칭이다. 1853년 11월, 튀르크는 러시아의 흑해 함대로부터 흑해의 해상 보급로를 지키기 위해 해군을 동원, 러시아 흑해 함대와 정면 충돌했다. 이 전투에서 러시아 해군은 명중 시 폭발하는 작열탄을 처음 사용했다. 이런 신형 포탄으로 러시아 함대는 오스만제국 함대 열한 척 중 열 척을 격침하는 대승을 거두었다. 이 해전을 계기로 포탄의 개념이 완전히 뒤바뀌고 범선의 시대는 막을 내렸으며 철갑을 두른

개발된 작열탄을 사용하여 튀르크 함대를 값싼 비용으로 전멸시켰다. 영국 함대를 무찌르기 위한 수단으로 프랑스가 그의 포를 사용하기 원했던 팩상은 스스로 자신의 무기로부터 전투함의 취약성을 감소시키기 위한 철제 장갑의 사용을 제안했다. 그러나 장갑함, 특히 철갑을 두른 전투함의 이점은 오히려 영국에게 돌아갔다. 영국이 공업적으로 프랑스보다 철제 장갑함을 건조하는 데 우위를 차지하고 있었기 때문이었다.

1861년 미국 남북전쟁 중에 있었던 유명한 메리맥함과 모니터함 간의 전투는 철제 장갑 증기함 간의 최초 전투로서 유럽에 많은 영향을 미쳤다. 영국과 프랑스는 이미 채택한 함정 건조 정책의 방향을 확신하게 되었다. 존 헤이John Hay 경은 "향후 목선으로 전투하는 군인들은 바보가 될 것이다. 그들을 목선으로 보내는 사람들은 악당이다"라고 기록하였다. 존 경이 언급한 것은 '목조' 선박이 아니라 '장갑이 되지 않은 것'을 의미했을 것이다. 남군의 메리맥함도 강철로 외피를 둘렀지만 목선이었기 때문이다.

목선 이후의 발전 단계는 철판에 의한 외부 장갑보다는 구조 자체용골를 강철로 건조하는 것이었다. 함포의 화력이 강력해질수록 거대한 장갑의 두께는 제한이 필요해질 때까지 나날이 두꺼워졌다. 오늘날의 구축함과 같은 소형

---

전함이 주류가 된다. 해전에서 승리한 러시아 흑해 함대는 튀르크의 군항인 시노페로 진격해서 항구 어귀에 유유히 닻을 내린 뒤, 포탄이 다 떨어질 때까지 함포 사격을 거듭하여 항구를 쑥대밭으로 만들었다. 이 시노페 해전으로 러시아는 튀르크 해군을 재기 불능으로 만들며 서전을 장식했지만, 사실 이 해전에서 더 큰 실수를 저지른 쪽은 튀르크가 아니라 러시아였다. 굳이 무저항 상태의 시노페항까지 무차별 공격한 일이 영국과 프랑스의 반러시아 감정을 한껏 자극한 것이다. 두 나라의 언론은 "이것은 전쟁이 아니다. 학살이다", "러시아인들은 여자와 어린이만 있는 민가에까지 포탄을 퍼부었다", "러시아의 야만성은 기독교 국가의 수치다" 등의 기사를 연일 내보냈으며, 이는 그때까지 러시아와 전쟁을 벌일 것인가, 적당한 선에서 타협할 것인가를 놓고 망설이고 있던 두 나라 정부의 결단을 촉구하게 만들었다.

함정들은 대부분 장갑을 하지 않는 대신 빠른 속도와 선체 격실 구조를 채택함으로써 생존성을 추구하게 되었다.

1862년 지멘스Siemens와 마르탱Martin에 의해 강철 제조용 평로[190]가 개발되었다. 언제든지 제어할 수 있는 재생로는 세심한 테스트, 보다 균일한 품질의 제품 및 훨씬 더 많은 광석의 제련을 가능하게 했다. 처음으로 저렴한 강판의 사용이 가능하게 된 것이다. 나폴레옹 3세는 초기의 베서머Bessemer법으로 철을 생산하는 방법의 발전에 고무되었고, 강철판의 생산 단가가 충분히 저렴해져서 프랑스는 그것들을 처음으로 조선造船에 사용하게 되었다. 반면 삼촌나폴레옹 1세의 운명을 염두에 두고 있던 나폴레옹 3세는 영국군에게 도전하는 것처럼 보이지 않도록 조심했고, 영국은 전투함을 건조하기 위해 오로지

---

190 평로(open-hearth process 또는 open-hearth furnace)는 제강(製鋼)에 쓰이는 반사로의 일종으로, 고로(高爐)에 비해 모양이 납작하다. 로에서 나오는 고온의 가스를 이용하여 공기를 가열하는 축열실(蓄熱室)을 로 밑에 갖추고 1,800℃의 고온을 얻어 선철을 강으로 만들 수 있다. 평로는 설철(屑鐵)이 원료로서 대량으로 필요하고 에너지 사용량이 많으며 생산 속도가 느려 지금은 산소분사전로법(酸素噴射轉爐法)이 쓰인다. 평로를 개발한 카를 빌헬름 지멘스(Carl Wilhelm Siemens, 1823~1883)는 베르너 지멘스의 동생으로 독일 출신의 영국 전기 기술자이자 사업가였다. 베르너와 빌헬름 형제는 영국에서 자신들이 고안한 전기 도금 공정의 사업화를 위해 연료가 연소할 때 발생하는 배기 가스의 열로 연료용 공기를 가열하여 로의 온도를 높이는 폐열 회수 방법에 관한 특허(1856년)를 받았다. 폐열 회수법은 강철 생산에 적용됐는데, 가스 제조실을 로(爐)와 완전히 분리시킨 평로를 개발한 것이다. 이 평로는 같은 양의 연료로 강철 생산량을 20% 증가시켰지만 지멘스가 사용했던 내화재는 고온을 견디지 못했다. 지멘스는 프랑스의 기술자 피에르 에밀 마르탱(Pierre-Émile Martin, 1824~1915)과 협력하여 축열실을 개축했다. 마르탱은 이 로(爐)를 이용하여 1860년대에 강강 제조에 성공했다. 용광로의 열을 재가열하여 추가로 공급하자 기존 베서머 공장에서보다 더 오래 철을 용융 상태로 유지시켜 고철까지 녹일 수 있었다. 전로법과 평로법은 각각의 장점이 있다. 전로법은 빠른 속도로 선철에서 탄소를 제거하지만 품질은 일률적이지 않았다. 반면 평로법은 탄소 제거 시간이 많이 걸리지만 품질이 우수했다. 따라서 전로법은 대량 생산에, 평로법은 품질이 우수한 철을 생산하는 데 사용되었다. 전로법과 평로법의 개발로 인해 철강재는 산업용 기계, 철도 레일, 다리, 건축물 등으로 적용 범위를 확장했다. 에펠탑에 사용된 철강재는 평로법으로 생산된 강철이다. 영국은 1900년에 평로법으로 약 300만t의 강철을, 전로법으로는 약 185만t을 생산하였다. 평로의 개발은 강철의 대량 생산이라는 획기적인 혁신을 가져왔다.

강철을 사용한 첫 번째 국가가 되었다.

전투함 건조의 또 다른 주목할 만한 발전은 증기 터빈의 발명으로 시작되었다. 증기 터빈은 에너지 소모적인 왕복 운동을 하는 피스톤 대신에 회전축에 붙어 있는 날개에 고압의 증기를 분사하여 동력을 생성했다. 증기 터빈은 1880년 찰스 파슨스 경[191]에 의해 완벽한 형태로 만들어지게 되었다. 그의 복합 터빈은 점차 새로 건조되는 선박, 특히 전투함의 왕복 엔진을 대체하게 되었다.

## 포와 장갑의 경쟁

19세기 후반에 일어난 군함의 엄청난 혁명적인 발전은 그 전 3세기 간에는 찾아볼 수 없는 것들이었다. 배의 기본 구조, 자동화, 무장ordnance-군함의 포와 장갑을 총칭하는 용어로 사용됨의 발달을 가져왔다. 더 두껍고 강한 장갑판, 철 구조 프레임과 철판을 만들 수 있게 한 철강 공업 기술의 발달은 더 위력이 강한 포 제작을 가능하게 했다. 1860년대까지 사용되던 함포는 3세기 전의 그것과 크게 다를 바 없었다. 금속은 더 뛰어나게 주조되었고, 화약은 더욱 강한 위력을 가지게 되었으며, 화포의 포강은 더욱 정교하게 가공되었다. 그때까지의 대형 함포는 32lbs(14.5kg, 구경은 약 6in152mm) 또는 8in203mm 함포였다. 영국은 1840년에 회전식 68lbs30.8kg 함포를 개발했으나 단 한 척 이외에는 어느 군함에도 배치되지 않았다. 그 포는 주조된 활강 포신으로 확실히 위력이 제한되었다. 그것은 철로 주조된 튜브식의 활강포에 지나지 않아 확연하게 위력이

---

**191** 찰스 앨저넌 파슨스(Charles Algernon Parsons, 1854~1931)는 영국의 기술자이자 발명가이다. 케임브리지대학교를 졸업하고, 1883년 증기 터빈을 발명하여 그 개량에 힘썼다. 그는 물과 증기의 흐름이 비슷한 점에 착안하여, 물 대신에 증기를 쓸 수 있는 기관을 연구하였다.

없었다. 함포의 포가는 여전히 나무로 만든 원시적인 것이 이용되었다.

알프레드 크루프Alfred Krupp가 1847년에 처음으로 강철포를 만들었을 때 함포는 위력 면에서 상당히 개선될 수 있었다. 이후로도 그 위력이 증가되었는데 이런 발전은 포에 강선을 넣는 등의 기술 덕택으로 가능했다. 그러나 강선을 넣는 기술은 더 큰 포탄을 날려 보낼 수 있는 지연 화약이 발명되기 전까지는 완벽하게 활용되지 못했다. 1881년 이후에 강철로 만든 신형 함포가 제작되었다. 오래 전에 폐기되었던 후미 장전 방법이 실용화되어 장전이 아주 쉬워졌다.

A. 티에리, 조지프 휘트워스, 테오필루스 블레이클리, 윌리엄 암스트롱William Armstrong 등은 대형 함포의 발전과 야포의 대구경화에 크게 기여했다. 1860년부터 1885년까지 함포의 변화는 환상적이었다. 영국 해군 함포의 최대 무게는 68lbs$^{31kg}$의 포탄을 사용할 수 있는 4.75t의 활강포에서 111t의 16.25in-$^{413mm}$ 후미 장전식 강선포로 변화되었다. 위력 면에서도 그만큼의 발전이 있었다. 1884년식 16.25in$^{413mm}$ 함포는 무게 1,800lbs$^{816kg}$의 포탄을 발사해서 1000yd$^{914.4m}$에서 34in$^{86.36cm}$ 단조 강철판을 관통할 수 있었다. 1870년 이후 함포탄이 고형탄에서 작열탄으로 대체되었다. 1873년 이후로는 회전 포탑 안으로 함포가 들어가는 것으로 급속하게 발전되었고, 주퇴복좌(반동흡수) 기술도 매우 개선되었다.

그러나 사격 통제 장치가 20세기까지 발전되지 않은 상태로 남아 있어서 원거리 사격의 정확도는 형편없었다.

함포가 발달할 때마다 그에 상응하는 군함 장갑의 두께와 강도가 증가하였다. 이 시기에 군함은 전례없이 빠르게 구식화되었다. 1860년부터 1880년까지 20년간 군함의 장갑은 흘수선 기준 4.5in$^{11.4cm}$에서 24in$^{61cm}$로 증가했으

**그림6-32** 영국 구축함British Destroyer, 1893년

며, 그 이후 24in 이상으로는 더 증가되지 않았다. 단조 강판 장갑은 합금 장갑으로 변화되었으며, 1893년에는 하비 공정[192]을 거쳐 표면이 강화된 니켈 강판으로 발전되었다. 이후 1895년 크루프Krupp는 에센Essen에 있는 자신의 병기 공장에서 철갑탄에 대한 방어 성능이 20~30% 향상된 장갑을 개발했다. 이 '새로운 공정'을 거쳐 만들어진 장갑 철판을 대부분의 해군이 1898년까지 채택하였다.

함포와 장갑의 급속한 발전은 당시 열강의 세력 관계를 급격히 변화시켰다. 군함의 급속한 구식화로 인하여, 예전에는 해양 강국이 절대 될 수 없었던 네 개 국가가 핵심적인 근대화 노력을 통해 해군 강국으로 발전했다. 미국의 경우 사실상 남북전쟁 이후 1883년까지 강대국으로 인식될, 위력 있는 군함을 단 한 척도 보유하지 못했다. 그런데 미국은 19세기가 끝나기 전 상당한 해양 강국 지위를 가지게 되었다. 1898년 스페인-미국전쟁에서부터 미국은 최상위 해양 강국으로 부상하기 시작했다.

일본은 어느 나라에서나 건조가 가능한 군함으로 싸웠지만 1894~1895년

---

192 하비(Harvey) 공정은 강철의 표면을 단단하게 만드는 과정으로, 탄소 함유량이 적은 강철의 표면을 매우 높은 온도 하에서 압력을 장시간 가해서 탄소를 추가한 다음 차가운 물을 분사해서 급격하게 냉각시키는 과정이다. 이로 인해 재료에 의해 지지되는 극단적인 경도의 두꺼운 표면이 뒤쪽의 변화되지 않은 부드러운 강철로 인해 경도가 점차 감소해서, 큰 충격이 가해져도 깨지는 경향성이 줄어든다.

까지의 청일전쟁에서 승리함으
로써 해양 강국의 선두주자로
간주되었다. 또한 대부분 영국
에서 건조된 전함들을 운용하
여 1904~1905년까지의 러일전
쟁에서 대승하여 극동의 최강
국으로 떠올랐다. 당시 러시아
해군은 상당히 강력한 전투력
을 가진 것으로 추정되었지만

**그림6-33** 순양함Cruiser, 1900년대

실제로는 비능률적이고 부적절한 방법으로 운용되었다. 프로이센-프랑스전쟁
후 독일의 급속한 산업 발전과 제1차 세계대전 이전의 몇 년 동안의 집중적인
전력 증강을 통하여 독일은 대영제국의 해상 패권에 심각하게 도전할 수 있
었다. 이탈리아는 1861년 클라렌스 페짓 경[193]에 의해 국제 무대로 나왔다. 그
는 "영광스러운 사람들이 세계 최초의 해양 국가에 속하게 될 것이라는 희망
과 신뢰"를 표명했다. 이탈리아는 필수 원자재가 부족했지만, 많은 군함을 외
국에서 사들이고 수입한 원자재로 다수의 군함을 만들었다. 그 결과 영국은
특정한 모델의 이탈리아식 군함에 대응하는 군함을 만들어야만 한다고 생각
하게 되었다.

군함의 장갑과 함포의 비약적인 발전과 함께 수중 공격을 위한 수단을 끊
임없이 연구하였다. 19세기 후반에는 기뢰의 발전과 자동 추진 어뢰의 등장,

---

**193** 클라렌스 페짓(Admiral Lord Clarence Edward Paget GCB PC, 1811~1895) 경은 영국 해
군 제독이다. 1827년 영국 해군에 입대하여 1865년에 제독으로 승진했으며 1866년부터
1869년까지 지중해 함대 사령관으로 복무하고, 1876년에 퇴역하였다.

잠수함이 초기의 형태에서 전쟁 수행의 치명적인 수단으로의 혁명적인 발전 등이 이루어졌다.

1848~1851년 슐레스비히-홀슈타인Schleswig-Holstein에서 벌어진 덴마크와 프로이센의 1차 전쟁에서 킬대학교의 히믈리Himmly 교수가 덴마크 해군으로부터 항구를 보호하기 위해서 처음으로 기뢰를 만들었다.[194] 폭발은 해변에서 전기로 통제하였다. 이 전쟁에서 빌헬름 바우어Wilhelm S. V. Bauer, 1822~1876가 잠수함 '브란트타우처'호를 처음으로 고안하여 첫선을 보였으나, 킬Kiel 항구에서 침몰되어 승무원 전원이 사망했다.[195] 러시아는 크림전쟁에서 발트해와 흑해를 방

---

**194** 제1차 슐레스비히전쟁. 1848년 3월 24일~1852년 5월 8일 사이에 슐레스비히(현재의 독일과 덴마크 사이에 걸쳐 있는 아이더강 북쪽, 유틀란트 반도 남쪽의 과거 지명)와 유틀란트 반도에서 덴마크와 프로이센/슐레스비히 공국/홀슈타인 공국/작센 왕국 간에 벌어진 전쟁이자 내전이다. 이 전쟁에서 덴마크가 승리해서 슐레스비히 공국과 홀슈타인 공국의 지배권을 유지하게 되었다. 덴마크는 지금의 독일과 국경을 맞대고 있는 슐레스비히 공국과 홀슈타인 공국을 지배하고 있었다. 그러나 프로이센은 이 두 지방은 나폴레옹전쟁 때 자국이 승전 대가로 가져간 곳이라고 주장하여 전쟁에 이르게 되었다.
이 전쟁을 계기로 승전국인 스웨덴, 노르웨이는 프로이센의 온갖 이권을 빼앗아갔다. 이후 프로이센에서는 오토 폰 비스마르크가 수상에 취임하고 군대를 엄격하게 육성해서 유럽 최고의 강대국이 되었지만 덴마크는 비스마르크의 프로이센을 상대하기에 너무 약해졌다. 결국 제2차 슐레스비히전쟁에서 프로이센은 덴마크를 간단히 격파하고 슐레스비히를 차지했다. 이 전쟁으로 덴마크는 약소 국가로 추락했다. 이 전쟁에서 프로이센과 연합한 오스트리아제국은 당시 스웨덴 등이 빼앗아 갔던 이권들을 프로이센에 돌려줬다. 또한 허약해진 스웨덴, 노르웨이에 간섭하고 이권을 차지하여 스칸디나비아에 세력을 뻗었다.
**195** 브란트타우처(Brandtaucher, Fire Diver라는 의미). 바이에른의 발명가이자 엔지니어인 빌헬름 바우어가 설계하고 1850년 슐레스비히-홀슈타인의 소함대를 위해 킬 항구의 슈펠과 호발트에 의해 건조된 잠수함이다. 빌헬름 바우어는 포병 장교로, 덴마크 해군에 의해 프로이센 해안이 매우 쉽게 봉쇄되는 것을 보면서 봉쇄를 돌파하기 위한 새로운 유형의 잠수 선박을 개발하기 시작했다. 브란트타우처는 보존 중인 잠수함으로는 세계에서 가장 오래되었다. 길이 8m, 폭 2m, 두 명의 승무원이 손과 발로 돌리는 크랭크 프로펠러로 3kn(5.55km/h)로 항해가 가능했다. 함장은 선미에 위치해서 방향타와 다른 조종 장치를 운용하도록 설계되었다. 수심 9.5m까지 잠수가 가능했다. 1851년 2월 1일 킬 항구에서의 수락 시험에서 사고로 침몰했다(브로디 부부는 전 승무원이 사망했다고 하지만 다른 기록에는 모두 탈출에 성공했다고 한다.). 1887년 인양되어 현재는 드레스덴의 독일 군사박물관에서

어하기 위하여 전기
식과 접촉식으로 기
폭되는 기뢰를 사용
하였으나 접촉식 기
뢰는 실패로 끝났다.

미국 남북전쟁에서
남군은 '헌리Hunley'라

**그림6-34** 남부연합군의 잠수함 헌리

는 이름의 잠수함을 건조하여(그림6-34), 북군의 코르벳함 '후사토닉Housatonic'을
장대의 끝에 대형 폭탄을 매단 활대형 기뢰로 공격하여 침몰시키는 데 성공
하였다.

그러나 그 공격에서 폭탄의 폭발로 인해서 헌리호에 탄 승조원 전원이 전
사하였으며, 후사토닉에 탄 승조원은 구조되었다. 북군의 함정 한 척도 남군
의 '앨버말Albemarle'을 활대형 기뢰로 공격하여 침몰시켰다. 떠다니는 어뢰는 -
지금은 기뢰로 불리는- 강에 가라앉았으며, 바로 이것이 데이비드 패러거트
제독[196]이 모빌만Mobile Bay에서 저주를 퍼부은 물건이다. 그 당시의 전기공학과
화학공학의 수준을 고려했을 때 남군의 기뢰는 대단히 성공적인 것이었다.
남군의 부유 기뢰는 일곱 척의 모니터함과 포함砲艦, 열한 척의 목제 전투함을
격침하고 기타 함정들에 손상을 입혔다.

〰〰〰〰〰〰〰

전시 중이다.

196 데이비드 패러거트(David Farragut, 1801~1870)는 미국 남북전쟁(1861~1865) 기간 연방
해군에서 공을 세운 미국 해군 제독이다. 패러거트는 남부동맹 항구의 연합 봉쇄를 지휘
하고, 남부동맹의 뉴올리언스를 점령하는 데 공을 세웠고, 율리시스 S. 그랜트 장군의 빅
스버그 포위 공격을 지원했다. 패러거트는 1864년 8월 모바일 베이 전투에서 승리한 것
으로 유명하다. 모빌만 전투에서 남군의 기뢰에 곤욕을 치른 그가 내뱉은 말 "Damn the
torpedoes, full speed ahead(빌어먹을 기뢰들, 전속 전진하라!)"로 유명하다.

이후 모든 전쟁에서 기뢰와 어뢰가 운용되었다. 최초의 진정한 자동 어뢰는 오스트리아 피우메[197]에서 스코틀랜드 출신의 로버트 화이트헤드[198]라는 사람에 의해서 개발되었다. 이 어뢰는 오스트리아가 구입했으며 1873년에는 다른 나라들의 해군이 이 무기를 채택하였다. 이 어뢰가 현대 어뢰의 원형이다. 유압 밸브와 진자추로 균형을 맞추면서 항주 수심이 조절되며, 압축 공기로 작동하는 소형 왕복 엔진에 의해서 추진되었다. 후에 자이로스코프가 개발되어 방향타를 조정하여 방향 정확도가 엄청나게 좋아졌다.

최초의 실용적인 진짜 잠수함[199]은 시몬 부르주아[200]와 샤를르 브룬[201]이라는 두 명의 프랑스인에 의해서 발명되었다. 프랑스는 잠수함에 큰 관심을 가졌으며, 다른 모든 나라보다 훨씬 앞섰다. 프랑스 해군의 요구에 따라서 개발

197 피우메(Fiume)는 현재 크로아티아령 리예카(Rijeka)이다. 아드리아해 북동부에 위치한 도시이다. 제1차 세계대전 종전 후 유고슬라비아 영토로 할당되었으나, 이탈리아와의 분쟁으로 1920~1924년에는 도시 국가로 존재하기도 했다.

198 로버트 화이트헤드(Robert Whitehead, 1823~1905). 조선 기술자로, 피우메에서 최초의 실용 어뢰를 개발했다. 화이트헤드의 어뢰에 있어서 중요한 혁신 사항 중 첫째는 어뢰를 일정한 사전 설정 수심으로 유지하는 자체 조절 장치이다. 항주 수심을 제어하는 수평타에 연결된 유압 밸브 및 진자 균형추로 구성되었다. 둘째, 어뢰의 항주 방향을 일정하게 유지하기 위해 해군 장교였던 루드비히 오브리(Ludwig Obry)가 새로 발명한 자이로스코프를 장착했다.

199 플롱게르(Plongeur)를 말한다. 배수량 381t, 길이 45m, 압축 공기 엔진, 4kn, 항속 거리 5NM, 잠수 수심 10m, 승무원 12명으로 1863년에 진수되었다. 선수에 활대 기뢰를 장착하였다.

200 Siméon Bourgois(시몬 부르주아, 1815~1887)는 프랑스 해군 대장이었다. 대령일 때 샤를르 브룬과 함께 인력이 아닌 기계 동력으로 추진되는 잠수함 플롱게르를 제작했다. 현대 해군을 장려한 프랑스의 '젠느 에콜(Jeune Ecole, Young school) 발전에 영향을 미쳤고, 프랑스 해군에 추진 장비로 스크루를 도입한 선구자였다. 초대 잠수함 방위위원회의 의장, 아프리카 서해안 해군 사령관과 가봉 총독 등을 역임했다.

201 샤를르 브룬(Charles Brun, 1821~1897)은 프랑스 해군 장교이자 해군력 건설의 책임자였다. 최초의 실용적인 잠수함인 플롱게르를 사이먼 부르주아와 함께 설계 제작했다. 후에 의회 평의원 및 해양 및 식민지 장관을 역임했다.

된 첫 번째 잠수함 '르 짐노트'에는 두 개의 어뢰발사관이 장착되었다.[202] 수척의 잠수함이 1899년에 취역하였다. 잠수함의 동력은 축전된 전기였으므로, 항속 거리는 150mile[241km] 이하로 제한되었다. 반면에 영국의 전기 전용 추진 방식 잠수함은 1884년에 앤드루 캠벨, 제임스 에쉬라는 영국인 두 명이 만들었다.[203] 그 잠수함은 50마력 전기 모터에 의해서 추진되었으며, 한 개의 100-cell 축전지를 가지고 있어 80mile[129km]의 유효 항속 거리를 가지고 있었다.

  1897년에 사이먼 레이크[204]는 가솔린 기관으로 추진해서 수상 항해하는 잠수함을 만들었다. 존 홀란드[205]가 처음으로 부력 탱크와 수평타 또는 승강타에 의해서 잠수하는 잠수함을 만들었다. '플런저Plunger'라 불리는 이 첫 잠수함은 미 해군과 계약되었다(그림6-35). 이 잠수함의 수상 항해는 증기기관으로, 수중 항해는 축전지 배터리에 의해서 추진되었으며 1900년에 건조되었

---

202 '르 짐노트(Le Gymnote)'는 프랑스어로 장어라는 뜻이다. 귀스타프 제데(Gustave Zede)가 만든 최초의 실전 배치 해군 잠수함으로 강철 선체로 양 끝이 뾰족하였다. 길이 17.8m, 배수량 33t, 55마력 전기 모터, 최대 속도 7.3kn, 항속 거리 65NM, 승무원 5명, 두 문의 355mm 어뢰발사관을 장착했으며 1888년 진수하였다.

203 앤드루 캠벨(Andrew Campbell)과 제임스 에쉬(James Ash)는 수상 항해 시에는 내연기관, 잠항 시에는 배터리로 추진하는, 저장 배터리로 구동되는 노틸러스(Nautilus)호를 건조했다. 하지만 노틸러스는 1886년에 틸버리(Tilbury)에서 시험 잠항 중, 템즈강 바닥의 진흙에 박혔고 승무원들은 공기가 다 떨어지기 직전에야 탈출에 성공했다.

204 사이먼 레이크(Simon Lake, 1866~1945). 미국의 기계 공학자 및 해군 무기 체계 설계자였다. 그는 해군 무기 체계의 발전을 위해 200개가 넘는 특허를 획득했으며 존 필립 홀란드와 경쟁하여 미국 해군 최초의 잠수함을 제작했다.

205 존 필립 홀란드(John Philip Holland, 1841~1914)는 네덜란드 출신의 기술자로 미국 해군과 영국 해군 최초의 잠수함을 제작했다. 1897년 홀란드는 가솔린 엔진으로 수상 항해를 하면서 축전지를 충전하고 수중에서는 전기 모터로 항해하는 홀란드급(SS-1) 잠수함을 개발해서 1900년 4월 11일 미 해군이 여덟 척을 구입하였다. 이후 일본 해군에 다섯 척을 샀고 영국 해군에도 납품되었다. 홀란드급의 제원은 배수량 125t, 길이 19,46m, 160마력 가솔린 엔진/74마력 전기 모터, 속도 8kn, 항속 거리 250mile(402km), 승무원 8명, 360mm 어뢰발사관 1기, 어뢰 두 발이다.

**그림6-35** 홀란드의 플런저함(SS-2), 1893년

다.[206] 남북전쟁 기간 중 토머스 다우티Thomas H. Doughty에 의해서 발명된 잠망경이 잠수함에 장착되어 거의 필수 불가결한 지원 장비가 되었다.

9세기 후반의 해군 발전 특히, 화력의 증가, 어뢰의 완성은 해전에서 근거리 전투를 종식시켰다. 함대들은 원거리에서 교전했으며, 이러한 경향은 주력 함대 간의 결전을 더욱 드물게 만들었다. 자동 추진 어뢰는 1877년 러시아-튀르크 전쟁에서 처음으로 사용되었다.[207] 러시아 해군은 다섯 발을 발사해 한 발도 명중하지 못했지만 그 전략적 결과는 상당한 것이었다. 튀르크 해군은 흑해 부근을 압도한 해군력 우세에도 불구하고, 오데사[208]로부터 상당히 먼 거리에 전력을 배치했다. 이 전쟁 동안 대형 군함이 동원된 전투는 한 번밖에 없었고, 전투함과 어뢰정 간의 전투가 대부분이었다.

자동 추진 어뢰가 실용화되자 19세기 후반에는 어뢰정이 발전했다. 팩상포가 개발되었을 때처럼 해군 장병들은 다시 한번 그들이 탑승한 전투함의 안위를 걱정했다. 어뢰정에 대한 대책은 간단했다. 속사포를 장착해 어뢰정을

---

206 플런저급은 미 해군 잠수함 부대의 훈련 및 실험용 잠수함이다. 배수량 107t, 길이 19.46m, 160마력 가솔린 엔진 1기/150마력 전기 모터, 스크루 1기, 속도 8kn(수상) 7kn(수중), 잠항 심도 46m, 승무원 7명, 450mm 어뢰 발사관 1기, 어뢰 세 발 또는 다섯 발.

207 각주 479번 참조

208 오데사(Odessa)는 우크라이나 남부 흑해 북서 해안에 접한 항만 도시이다. 크림 반도의 북서쪽에 있다.

314

사냥하여 어뢰정이 자신이 맡은 임무를 하지 못하도록 하는 어뢰구축함이었다. 이것이 현대 구축함의 시초이다.

미서전쟁[209]에서는 어뢰 전술이 성공한 사례가 없다. 조지 듀이 제독은 마닐라만 해협에서 기뢰와 조우할 것을 예상하였으나 항로를 변경하지 않았다. 어떠한 기뢰도 폭발하지 않았다. 1904~1905년의 러일전쟁에서 일본은 뤼순항Port Arthur의 러시아 태평양 함대 분견대에 어뢰정 공격을 가함으로써 적대 행위를 시작하였다.[210] 그 결과 두 척의 순양함과 한 척의 전함이 사용 불가능하게 되었다. 그러나 가장 기본적인 조치로 두 척의 전투함은 복구되었다.

만일 일본의 어뢰 공격이 더욱 효과적이었다면 러시아 함대 분견대의 대부분을 파괴할 수 있었을 것이다. 양국은 고정 기뢰들 때문에 고전을 면치 못했

---

209 미국-스페인전쟁 또는 미서전쟁(美西戰爭)은 1898년 4월 25일부터 8월 12일까지 쿠바 문제를 둘러싸고 쿠바와 필리핀에서 미국과 스페인이 싸운 전쟁이다. 남북전쟁 이후 내부 정비와 북미 대륙 개척에 몰두하던 미국이 그 힘을 바탕으로 본격적으로 제국주의 정책을 추진하기 시작한 계기가 되었다. 이 전쟁은 쿠바 독립 운동이 스페인에 의해서 거부되자 이를 해결할 것을 미국이 요구하고, 아바나에서 혁명이 일어나자 미국이 전함 메인호를 보내 그들의 높은 국가적 관심을 보이도록 자극하였다. 그런데 아바나항에서 메인호가 폭발함으로써 미국의 여론은 개전으로 변하였다. 필리핀과 쿠바에서 미국이 승리하면서 스페인은 쿠바와 필리핀, 푸에르토리코, 괌의 지배권을 미국에 넘겨주었다. 이 책에서 다루고 있는 것은 1898년 5월 1일의 마닐라만 전투로 조지 듀이(George Dewey) 제독이 이끄는 미국 동양 함대가 필리핀에 주둔 중인 스페인 함대를 공격한 것을 말한다. 이 전투에서 스페인은 381명, 미군은 열 명 미만의 사상자를 냈다.

210 뤼순시(旅順市)는 중국 랴오닝성 다롄시의 뤼순커우구(旅順口区)의 옛 이름이다. '뤼순' 혹은 '뤼순항'으로 불리며 영어로는 Port Arthur로 알려져 있었다. 뤼순은 랴오둥 반도의 남쪽 끝에 위치하고 우수한 천연 항구를 가지고 있다. 64km 떨어진 해안에 위치한 다롄시는 랴오둥 반도가 좁아지는 목에 놓여 있는 반면 뤼순은 남쪽 끝을 차지하고 있다. 동쪽으로는 서한만, 남동쪽으로 황해와 접하고 있어 한국과 밀접한 관계이며 서쪽에는 보하이만이 있다. 뤼순항 해전은 러일전쟁의 첫 전투로 1904년 2월 8일 랴오둥 반도 뤼순항에 정박하고 있던 러시아 제1태평양 함대를 일본의 구축함대가 공격하면서 시작되었다. 전투는 다음 날 2월 9일에도 계속되어 일곱 척의 러시아 전함이 피해를 입었고, 뤼순항 봉쇄로 이어져 8월까지 계속되었다.

으며, 쓰시마 해협 전투[211]에서 러시아 함대의 기함 '수보로프'와 다른 세 척의 군함을 어뢰 공격으로 격침하였다.[212] 그렇지만 중요한 해전 전투의 핵심은 포격砲擊이었다. 해양력 전문가들의 미래전에 대한 지배적인 의견은 어뢰의 신뢰성과 결부되어 있었다. 어뢰 공격의 성공이 충분히 결정적이지 않거나, 함포를 희생하면서까지 어뢰를 선택하는 것은 타당치 않다는 것이었다.

어뢰의 추진 기관이 더욱 발전되었지만, (발사하기 위해서는) 여전히 매우 가깝게 접근해야 했다. 정확한 조준이 어려웠으며, 주간에는 공격 목표가 자신을 향해 달려오는 어뢰의 항적航跡을 뚜렷이 볼 수 있었다. 어뢰의 항주 속도가 목표군함보다 조금밖에 빠르지 않았기 때문에, 종종 접근하는 어뢰를 피

211 쓰시마 해전은 1905년 러일전쟁 중 쓰시마섬 부근 해역에서 일본 연합함대(전함 네 척, 순양함 27척, 구축함 21척, 어뢰정, 포함 및 보조함선 37척 등 총 89척)와 러시아 발틱 함대(전함 여덟 척, 순양함 여덟 척, 구축함 아홉 척, 연안 전함 세 척 등 총 27척) 사이에서 벌어진 전투이다. 노급 전함을 주력으로 한 함대가 정면으로 격돌한 최대의 해전이었다. 일본 해군이 승리했고 러시아 발틱해 함대는 전멸했다. 일본에서는 일본해 해전이라 부르고 한국에서는 대마도 해전이라 부른다. 이후의 결과는 각주 644번 러일전쟁을 참조할 것.

212 수보로프(Knyaz Suvorov, Князь Суворов). 원서의 'Suvaroff'는 미국식 표기법으로 추정된다. 수보로프는 20세기 초반에 러시아제국 해군을 위해 건조된 다섯 척의 보로디노급 전노급 전함 중 한 척이었다. 1904년 9월 러일전쟁이 시작된 후 취역하여 태평양 함대 제2분함대 사령관인 지노비 로제스트벤스키(Zinovy Rozhestvensky) 제독의 기함이 되었다. 분함대는 뤼순항에 대한 일본의 봉쇄를 풀기 위해 극동으로 파견되었다. 하지만 분함대가 항해 중에 일본군이 뤼순항을 점령해서 함대의 목적지는 블라디보스토크로 변경되었다. 1905년 5월 27일 쓰시마 해전 중 일본군의 포탄에 함교에 명중되어 조타수는 전사, 함장과 로제스트벤스키 제독은 부상을 입고 전열에서 이탈되어 일본군의 집중 공격을 받았다. 결국 수보로프는 일본 어뢰정에서 발사된 어뢰를 맞고 격침되었고, 928명의 승무원 중 부상하여 미리 구축함으로 이송된 로제스트벤스키 제독과 참모진 20명 외에는 생존자가 없었다. 배수량 14,415lt(14,646t), 길이 121m, 함폭 23.2m, 증기 보일러 15개, 2축 스크루로 최대 속도 17.5kn(32.4km/h), 항속 거리 2,590NM(4,800km), 2연장 12in(305mm) 주포 2문, 2연장 6in(152mm) 함포 6문, 3in(75mm) 단장포 20문, 1.9in(47mm) 단장포 20문, 381mm 어뢰 발사관 4문, 크루프사에서 제작한 철갑판이 측면 145~194mm, 갑판 25~51mm, 포탑 254mm이다. 어뢰에 의해 격침된 다른 군함은 세 척이 아니라 전함 나바랭(Navarin), 시소이 벨리키(Sissoi Veliky), 장갑순양함 나키모프 제독(Admiral Nakhimov), 블라디미르 모노마흐(Vladimir Monomakh) 등 네 척이라는 기록도 있다.

할 수 있었다. 어뢰의 파괴력이 제1차 세계대전까지는 발전되지 않았다는 것
은 놀랍지 않다. 어뢰와 잠수함의 성능이 동시에 개선될 때까지 효율적으로
사용될 수 없었기 때문이다. 잠수함은 내연기관과 전기발전기가 완성될 때까
지 발전할 수 없었다. 이 두 무기 체계는 장기간 천천히 발전하고 있었다.

## 19세기 후반의 과학 발전

1900년 이전의 전쟁에서 기뢰와 잠수함이 어느 정도 사용되었지만 20세
기가 되기 전까지는 전기가 전쟁에 미치는 영향은 미미했다. 이론은 잘 발달
되어 있었으나 발명이 늦었다. 발전기의 느린 개발 속도가 문제였다. 최초의
발전기는 1832년에 페러데이가 시연한 말굽자석의 양극 사이에서 가장자리
방향으로 회전하는 단순한 구리 디스크였다. 이후 40년 동안 연속적인 개선
이 있었지만, 토머스 에디슨Thomas A. Edison, 1847~1931이 발전기가 제대로 설계
되었는지에 대해 문제 의식을 갖기 전까지는 제대로 된 발전기가 등장하지
않았다.

에디슨의 1879년 백열등 발명과 1882년 중앙 전력 생산 시스템은 발전기
및 전력 개발의 상업적인 면에 커다란 자극을 주었다. 이후 생산이 발명을 신
속하게 따라갔다. 최초의 실용적인 전기 기관차는 1879년 윌리엄 지멘스 경
[213]에 의해 설계되었다. 에디슨은 1880년에 자신의 전차를 시연했다. 불과 3년

---

213 카를 빌헬름 지멘스(Carl Wilhelm Siemens, 1823~1883)는 독일 출신의 영국 전기학자·전
기기술자·야금학자이다. 프로이센 렌테 출생으로, 전기기기 발명가 에른스트 베르너 폰
지멘스의 동생이다. 1844년 증기기관의 차동조속기(差動調速機)를 발명하고 1859년 특허
보호에 유리한 영국에 귀화하였으며, 1847년 형 베르너가 베를린에 설립한 '지멘스사'의
영국 대표로 일하였다. 동생 프리드리히와 공동으로 고온용의 축열식 가스 발생로를 연
구, 피에르 에밀 마르탱과 협력하여 이를 제강용 평로(平爐)로 만들었다. 또 교류용 동력계

후 아일랜드의 포트러시에 최초의 전차 노선이 부설되었다.[214]

찰스 브러시[215]는 1881년에 복합 발전기를 발명했다. 그 후 왕복 증기 엔진에 의해 구동되는 더 크고 더 많은 다극 발전기가 사용되었다. 최초의 교류 발전 시스템은 1885년 유럽의 루시앙 골라르드Lucien Gaulard와 존 기브스John Gibbs, 미국의 윌리엄 스탠리William Stanley와 함께 발명되었다.

19세기 말에 무선 전신기가 발명되었다. 제임스 클러크 맥스웰[216]은 1873년

---

의 발명, 아크로(爐)의 시작(試作), 대서양 해저 케이블 부설선의 설계 외에, 아일랜드에 영국 최초의 전기 철도를 부설하는 등 많은 업적을 남겼다.

214 포트러시(Portrush, 아일랜드어: Port Rois, 'promontory의 항구'를 의미)는 북아일랜드 카운티 안트림의 북쪽 해안에 있는 작은 해변 휴양지이다. 1855년 발리메나, 발리머니, 콜레레인, 포트러시 정선 철도가 개통된 후 19세기에 관광지로 크게 성장했다. 20세기로 접어들어 아일랜드의 주요 리조트 타운 중 하나가 되었으며, 수많은 대형 호텔과 기숙사가 있었다. 도시의 해변과 로얄 포트러시 골프 클럽(1888년 개장)뿐만 아니라 인근 자이언트 코즈웨이 (Giant's Causeway)는 인기있는 관광지였으며 1893년 당시 세계에서 가장 긴 전기 철도 중 하나인 자이언트 코즈웨이 트램웨이(Giant's Causeway Tramway)가 포트러시에서 오는 여행객들을 수송하기 위해 건설되었다.

215 찰스 프랜시스 브러시(Charles Francis Brush, 1849~1929)는 미국의 엔지니어, 발명가, 기업가, 박애주의자였다. 단순하며 유지 보수성이 좋은 발전기를 발명했다. 이후 미국의 각 도시에 공공 조명을 공급하고 수력 발전기를 만드는 회사를 설립했다.

216 제임스 클러크 맥스웰(James Clerk Maxwell, 1831~1879)은 스코틀랜드 출신의 영국 이론 물리학자이자 수학자로 전기 및 자기 현상에 대한 통일적 기초를 마련했다. 이로써 전기와 자기를 단일한 힘으로 통합한 전자기학으로 뉴턴 역학과 함께 과학 발전의 초석을 세웠다. 기존에 존재했던 패러데이의 유도 법칙, 쿨롱의 법칙 등 전자기 이론을 그가 수식적으로 정리하여 나타낸 식이 '맥스웰 방정식'이다. 이 방정식은 전자기학의 기초가 되는 미분 방정식으로, 이는 볼츠만의 통계역학과 함께 19세기 물리학이 이룬 큰 성과로 높이 평가받고 있다. 맥스웰은 전기장과 자기장이 공간에서 빛의 속도로 전파되는 파동을 이룰수 있음을 증명하였다. 맥스웰은 이를 바탕으로 연구를 계속하여 1864년 "전자기장에 관한 역학 이론"을 발표하여 빛이 전기와 자기에 의한 파동, 즉 전자파라는 것을 증명하였다. 그의 연구 성과는 전자기학의 성립에 큰 영향을 주었다.
그 외에도 맥스웰은 기체의 분자 운동에 관한 연구에서 분자의 평균 속도 대신 분자의 속도 분포를 고려하여 속도 분포 법칙을 만들고 확률적 개념을 시사해 통계역학의 기초를 닦았다. 맥스웰의 전자기학 연구 성과와 기체 운동 연구는 이후 특수 상대성 이론과 양자 역학의 성립에 영향을 주었다. 맥스웰의 전자기학의 확립은 19세기 물리학이 이룩한 성과로 높게 평가받고 있다. 맥스웰은 컬러 사진을 최초로 만든 사람이기도 하다. 그는 1861년

에 기본적인 물리 이론을 공식화했다. 헤르만 폰 헬름홀츠Hermann von Helmholtz, 1821~1894는 1870~1875년에 전기 진동에 대한 연구를 추가했다. 하인리히 루돌프 헤르츠[217]는 실험적으로 전자기파의 존재를 입증해서 굴리엘모 마르코니[218]에게 실용화를 위한 길을 열었다.

마르코니는 이러한 전파를 탐지할 수 있는 장치를 만들었고 1897년에는 거리가 9mile[14.5km] 떨어진 곳까지 무선 메시지를 전송했다. 1901년까지 그의 무선 전신은 3,000mile[4,827km]까지 확장되었다. 전신과 해저 케이블로 이미

<hr>

삼원색의 혼합으로 모든 색을 표현할 수 있다는 것을 응용하여 컬러 사진을 제작하였다. 맥스웰은 많은 물리학자와 20세기 물리학에 무척 큰 영향을 끼친 19세기 과학자로 평가받고 있다. 그의 업적은 알베르트 아인슈타인이나 아이작 뉴턴과 견주어지고 있다.

**217** 하인리히 루돌프 헤르츠(Heinrich Rudolph Hertz, 1857~1894)는 독일의 물리학자이다. 일상생활에서도 자주 쓰는 주파수의 단위 헤르츠는 이 인물의 이름에서 따온 것이다. 헤르츠는 라디오파를 만들어내는 장치를 발명해 전자기파의 존재를 처음 실증해 보였다. 에테르가 없다고 밝힌 1887년의 마이켈슨-몰리 실험의 전조였던 1881년의 앨버트 마이켈슨의 실험 후에 그 실험 결과를 설명하기 위해 맥스웰 방정식을 다시 정리했다. 실험을 통해 전기 신호가 공기 중을 통해 전달될 수 있다는 제임스 클러크 맥스웰과 마이클 패러데이의 예견을 실증했다. 이는 무선 통신을 발명하게 된 기초가 된다. 그는 또한 후에 알베르트 아인슈타인이 설명하게 되는 광전 효과를 처음으로 발견한다. 광전 효과는 물체에 주파수가 높은 빛을 비출수록 전자를 잘 내놓는 현상을 말한다. 그의 조카 구스타프 루트비히 헤르츠는 노벨상 수상자이고, 구스타프의 아들 카를 헬무트 헤르츠 또한 초음파검사를 발명한 과학자이다.

**218** 굴리엘모 조반니 마리아 마르코니(Guglielmo Giovanni Maria Marconi, 1874~1937)는 이탈리아의 전기 공학자로 무선 전신을 실용화하였다. 1895년 헤르츠의 전자기파 이론에 기초하여 현대 장거리 무선 통신의 기초를 이루었다. 1895년에 마르코니는 무선 전신 장치를 발명하고, 이듬해 영국으로 가서 특허를 얻었으며, 9mile 떨어진 지점 사이의 무선 송수신에 성공하였다. 또 영국 해군 대연습에서 약 120km 거리의 통신에, 1899년에는 그의 무선 통신기를 이용해 영국에서 등대선 조난 구조에 처음으로 성공하였다. 1901년에는 대서양을 사이에 두고 행한 통신에 성공하여 이때부터 무선은 함선을 비롯한 각종 통신에 실용화되었다. 1907년에는 유럽과 미국 사이의 공공 통신 사업이 그에 의해 시작되었다. 1909년에는 독일의 카를 페르디난트 브라운과 함께 노벨 물리학상을 공동 수상하였다. 하지만 그가 무선 전신의 최초 발명자는 아니다. 실용화가 실패했을 뿐, 1943년에 미국 대법원은 마르코니의 무선 전신 특허보다 니콜라 테슬라가 1897년에 획득한 특허가 우선함을 인정했다. 마르코니의 특허는 1904년에 획득했으며, 테슬라보다 약 7년 늦은 것이었다. 그는 말년에 무솔리니의 지지자로 파시즘을 지지하는 과오를 저질렀다.

속도가 빨라진 전신은 발신자와 수신자가 더 이상 유선으로 연결되지 않아도 되었기 때문에 유연성이 훨씬 더 생겼다. 19세기 후반 육상에서는 철도가 운행되는 지역에서 전신 시스템을 찾아볼 수 있었지만 해상에서 군함들 사이에는 시각 통신 외에는 다른 수단이 없었기 때문에 무선은 해상 작전에 전략적으로 중요했다.

전쟁에서 최초로 수송 수단을 혁명적으로 바꾸고, 탱크와 비행기와 같은 전쟁 도구 자체에 혁명을 일으킬 내연기관은 19세기 내내 발전기와 같이 발전 속도가 느렸다. 그런데 세기말의 마지막 10년 동안 엄청난 발전을 하였다. 일찍이 1794년 영국의 스트리트[R. Street]는 기화된 테레빈유[219]와 공기를 혼합 후 점화시켜서 발생하는 폭발성 혼합물에 의해 구동되는 엔진의 개념 도면을 만들었다. 상업적으로 유용한 최초의 가스 엔진은 1832년에 발명된 사무엘 브라운[220]의 원시적인 '가스 진공'을 만드는 기계였다. 윌리엄 바네트[221]는 1837년에 중요한 개량을 했다. 1859년에 이탈리아에서 자유 피스톤 엔진이 발명되었으며, 정말 효율적인 가스 엔진에 필수적인 이론적 요구는 1862년 보 드 로샤[222]에 의해 파리에서 제안되었다. 그러나 1874년이 되어서야 마침내 독일의

219 테레빈유(terebene유)는 투르펜틴(Turpentine)을 포함하고 있는 기름으로 소나무에서 나오는 송진을 수증기로 증류하여 얻는 액체 광물이다. 맛이 시고 특이한 향기가 나는 무색 또는 연한 노란색의 끈끈한 액체이다. 용제, 합성 장뇌, 페인트, 구두약 따위를 만드는 데 사용된다.
220 사무엘 브라운(Samuel Brown, 1799~1849)은 19세기 초 초기 내연기관 중 하나를 발명한 영국의 기술자이자 발명가였다. 그는 또한 스크루 프로펠러를 발명했다.
221 윌리엄 바네트(William Hall Barnett, 1802~1865)는 영국의 브라이튼사에서 일했던 기술자로, 초기 내연기관의 개발에 기여했다.
222 보 드 샤(Alphonse Eugène Beau de Rochas, 1815~1893)는 프랑스의 기술자였다. 그는 1862년에 최초로 4행정 엔진에 대한 특허를 출원했다. 하지만 실제로 엔진을 만들지는 않았고, 니콜라우스 오토 등 다른 기술자들에 의해 엔진이 실용화되었다.

니콜라우스 오토 박사[223]의 발명으로 실용적인 가스 엔진이 만들어졌다.

오토가 발명한 엔진을 포함하여 당시 엔진의 문제점 중 하나는 매우 무겁다는 것이었다. 독일의 고틀리프 다임러[224]가 1882년 성공적인 경량 휘발유 엔진을 최초로 개발했으며 그는 자동차 개발의 주요 공헌자라는 영예를 안았다. 그가 특허를 받은 지 15년 만에 세계 최초의 자동차 경주가 열렸는데, 자동차는 파리에서 보르도까지 왕복 운행했으며 평균 시속 15mile[24km]의 속도로 돌아왔다.[225]

휘발유 엔진의 개발 속도가 느렸던 이유 중 하나는 적당한 연료를 찾아내고 생산하는 데 어려움이 있었기 때문이다. 원유에서 휘발유를 추출하는 것

---

223 니콜라우스 오토(Nikolaus August Otto, 1832~1891)는 독일의 기계 기술자이다. 석유 가스로 구동되는 압축 충전 내연기관을 성공적으로 개발하여 현대 내연기관을 이끌었다. 그는 1864년 일종의 4행정 가스 기관을 만들었으며, 1867년 파리 박람회에 출품하여 인기를 끌었다. 1872년 독일 가스 기관 제작 회사(VDI : Association of German Engineers)를 세우고 다임러의 협력을 얻어 '오토 기관'이라는 실용적인 4사이클 가스 기관을 만들어 1877년 특허를 받았다. 이로써 내연기관 발달의 기초를 쌓았다.

224 고틀리프 다임러(Gottlieb Daimler, 1834~1900)는 독일의 엔지니어, 산업 디자이너, 기업가였다. 그는 비즈니스 파트너 빌헬름 마이바흐와 함께 내연기관과 자동차 개발의 선구자였다. 고속 가솔린 기관과 처음으로 네 바퀴 자동차 등을 개발했다.

225 자료에 따라 세계 최초의 자동차 경주를 어느 경주로 잡느냐는 다양한 견해가 있다. 1887년 파리-베르사이유 사이의 30km 구간에서 행해진 것부터 설은 다양하다. 하지만 자동차 경주는 휘발유로 움직이는 자동차가 탄생했을 때부터 시작되었다고 보는 것이 일반적이다. 1894년 6월 22일, 프랑스 일간지인 르 프티 주르날(Le Petit Journal)은 가장 우수한 성능을 내는 신뢰성 테스트를 하는 시합을 개최하였다. 파리-루앙 구간을 안전하면서도 최소의 연료 소비로 완주한 운전자와 팀원들에게 5,000프랑의 상금이 주어진 최초의 자동차 경주였다. 1년 후인 1895년, 프랑스 파리에서 보르도(Bordeaux)까지 600km를 왕복하는 1,200km의 장거리를 100시간 내에 주파하는 레이스가 열렸다. 휘발유 차 열다섯 대, 증기자동차 여섯 대, 전기자동차 한 대 등 총 스물두 대가 출전했다. 이 경주에서는 프랑스제인 파나르로 출전한 에밀레 라바소르(Émile Levassor)가 48시간 48분 만에 1등으로 우승하였으나 그가 운전한 자동차가 4인승이 아닌 2인승 자동차여서 규정 미달로 실격 처리되었다. 그 뒤를 이어 세 대의 푸조가 골인하여 이때부터 휘발유 차가 우위를 차지하기 시작했다.

은 수많은 과학자와 복잡한 산업 시설, 자원과 독창성을 요구하는 진정한 화학의 기적이었다. 1895년에 발명된 디젤 엔진은 저급 연료유를 사용해서 이런 문제를 우회하는 데 큰 성과를 거두었다. 디젤 엔진은 위험한 폭발성 연기를 방출하지 않는 내연기관이 필요했던 잠수함에도 엄청난 혜택을 주었다.

최초의 상업적 석유 생산은 1857년 루마니아[226]와 1859년 미국[227]에서 시작되었다. 1900년에 자동차는 겨우 도로로 나섰지만 세계 소비량은 이미 매년 1억 5,000만bbl에 달했다. 정제 산업은 20세기의 과학적 연구에 의해 여러 번 변화되었지만 1900년에는여전히 원시적이었다.

---

226 루마니아에선 고대부터 석유가 분출되었다. 5~6세기에 프라호바(Prahova) 지방에서 지표면에 역청이 흘러나온 것이 발견되었다. 아마도 당시 사람들은 그 역청을 중동 메소포타미아 지역에서처럼 건축 자재 또는 의약품 등으로 활용했을 것으로 추측된다. 이후 꾸준히 원유를 채취해서 사용했다. 하지만 채취한 원유를 정제하기 시작한 것은 1847년 스코틀랜드의 화학자 제임스 영(James Young)에 의해 원유 정제에 관한 이론이 개발된 다음이다. 1857년에 루마니아의 플로이에슈티(Ploiești)에 대규모 정제 설비가 만들어졌다. 테오도르와 마린의 메헤딘테아노(Mehedinţeanu) 형제가 세운 라포프 제련소는 4ha(40㎡)의 부지에 세워졌는데, 쇠로 만든 원통에 원유를 부어 넣고 나무로 불을 지펴 정제했다. 하루 7.5t의 원유를 처리하는 이들 형제의 정제 장치가 세계 최초의 원유 정제 설비로 기록된다. 이들은 왈리치아 왕국의 수도 부쿠레슈티시 당국에 자신들의 제련소에서 생산한 등유를 독점적으로 공급하기로 계약을 체결했다. 부쿠레슈티는 1857년 4월 1일부터 등유 램프를 대중적으로 사용하는 세계 최초의 도시가 되었다. 이 해에 275t의 원유를 생산해 미국(1860), 러시아(1863), 멕시코(1901), 페르시아(1913)에 앞서 세계 최초의 원유생산국으로 공인되었다.

227 1859년 에드윈 드레이크가 펜실베이니아주 타이스빌에서 유전 개발에 성공했다. 그는 그 지역이 예전부터 오일 크리크(Oil Creek, 석유가 흐르는 강)라고 불리는 데에서 착안, 소형 천공기를 사용한 철관 투입법으로 1년간의 노력 끝에 30m 깊이의 정호에서 석유를 발견했다. 생산량은 하루 35bbl에 불과한 소량이었지만 당시 시장 수요로 보아서는 충분한 양이었다. 드레이크의 성공에 따라 타이스빌 유전 지대에는 수많은 굴착 공사가 시작되었고, 석유에 대한 열기는 미국은 물론 세계 구석구석으로 퍼져나갔다. 오일 크리크 계곡의 산유량은 최초 연간 2,000bbl에서 10년 동안에 500만bbl로 크게 늘어났으며, 19세기 말 텍사스가 등장하기까지 펜실베이니아 유전 지대는 미국은 물론 전 세계에서 가장 큰 산유 지역이었다. 이때 시작된 석유 산업은 1870년 록펠러의 스탠다드 오일회사 설립으로 본격화되었다.

고무의 개발 또한 모터 운송의 효율에 없어서는 안 될 요소였다. 고무[228]는 19세기 초에 유럽과 미국에 알려졌지만 실제로는 18세기에 산소를 발견한 조지프 프리스틀리에 의해 이름이 붙여졌다. 하지만 1839년 찰스 굿이어[229]가 가황 과정[230]을 발견할 때까지는 장난감으로만 사용되었다. 1860년 남북전쟁이 발발하면서 고무는 신발, 고무 코팅 옷, 기차용 범퍼와 같은 물건에 사용되었다. 그러나 오하이오주 애크론의 조지 오엔슬라거[231]가 유기 촉진제를 사용하여 가황 처리 속도를 높이는 방법을 발견한 1906년 이전에는 균일한 품질

228 유럽인들이 고무를 처음 접한 것은 500여 년 전으로, 콜럼버스가 서인도 제도에 도착했을 때 원주민들이 고무공을 가지고 노는 것을 발견한 이후이다. 남아메리카 원주민들은 헤베아(Hevea) 파라고무나무의 수액에서 천연 고무를 채취했는데, 이 수액을 원주민 말로 '나무의 눈물'이라는 뜻의 '카우체'라고 불렀다. 오늘날에는 라텍스(Latex)라고 지칭되는 고무의 원료이다. 그 후 남아메리카에 진출한 유럽인들에 의해 고무의 이용이 차츰 퍼져 나아가서, 산소의 발견자 중 한 사람인 영국의 화학자 프리스틀리(Joseph Priestley) 목사가 처음으로 지우개로 사용했다는 기록이 있다. 그 외에 방수 천, 신발, 의복에도 고무를 이용했으나 사람들은 오늘날과 같은 고무의 가공법은 몰랐다. 이로 인해 날씨가 더우면 냄새가 나고 끈적끈적하게 녹아버리며 추우면 딱딱하게 굳어버리는 생고무의 성질 때문에, 여름날 고무 옷을 입은 마차 승객 두 명이 서로 달라붙어버리는 해프닝이 일어나기도 했다.

229 찰스 굿이어(Charles Goodyear, 1800~1860)는 미국의 독학 화학자이자 발명가이다. 고무 제조에 대한 여러 가지 연구와 발명으로 오늘날의 고무 공업에 크게 이바지하였다. 금속 상사에서 근무하던 그는 고무와 유황이 작용하여 굳은 고무를 만드는 가황을 발견하였다(1834~1844). 1836년에는 질산에 의한 생고무 표면 처리 방법을 발명하였다. 이 방법은 고무 표면의 점착성 때문에 일어나는 불편을 없애 주었으며, 1844년에 특허를 얻었다. 1852년 에보나이트를 발명하였으며 그의 이름을 기념한 타이어(tire) 제품이 있다.

230 가황(加黃, Vulcanization)은 고무나 중합체에 황 또는 다른 첨가제를 넣어서 가교 결합을 형성하게 하는 일이다. 가황을 하면 고무의 탄성이 좋아진다. 찰스 굿이어가 고무에 황을 떨어트려서 처음 발견한 것과 여전히 황을 이용한 방법이 널리 쓰여서 황을 사용하지 않는 경우도 가황이라고 한다. 가황을 너무 많이 하면 에보나이트가 되어서 탄성이 오히려 떨어진다.

231 조지 오엔슬라거(George Oenslager, 1873~1956)는 굿리치(Goodrich)사의 화학자로, 애니라인(aniline)의 유도체가 유황으로 고무의 가황을 가속화한다는 것을 발견했다. 그렇게 만든 고무는 인장 강도가 크게 향상되었다. 그는 1912년에 고무 보강제로 카본 블록(carbon black)을 처음 도입했다.

의 고무 제품을 제조할 수 없었다.

　19세기의 의학 발견 – 파스퇴르의 세균 이론[232], 조셉 리스터에 의한 항패혈증소독제의 발견[233], 로베르트 코흐[234] 등의 박테리아[235] 연구, 간호학의 발전 –

**232** 루이 파스퇴르(Louis Pasteur, 1822~1895)는 프랑스의 생화학자이며 로베르트 코흐와 함께 세균학의 아버지로 불린다. 질병과 미생물의 연관 관계를 밝혀냈고 분자의 광학 이성질체를 발견했으며, 저온 살균법, 광견병, 닭 콜레라의 백신을 발명했다. 그는 1861년의 저작 《자연발생설 비판》에서 발효가 미생물의 증식 때문이란 사실을 보였고, 동시에 영양분을 포함한 고깃국물에서 미생물이 증식하는 것은 자연 발생에 의한 것이라는 종래의 설을 뒤집었다. 먼지가 통과하지 못하도록 하는 필터를 통해 바깥 공기를 접촉할 수 있는 용기에 새로 끓인 고깃국물을 놔두거나, 필터는 없지만 'S'자 모양으로 구부러진 플라스크를 사용해 티끌이 들어가지 않도록 하여 공기를 접촉하게 하면 고깃국물에서는 아무것도 자라지 못했다. 따라서 고깃국물에 발생하는 미생물은 외부로부터 들어온 티끌에 붙은 포자 등 미생물에 의한 것이며, 고깃국물 중에서 자연 발생하는 것이 아니라는 것을 증명했다. 루이 파스퇴르가 세균설을 처음 주장한 것은 아니다. 세균설은 지롤라모 프라카스토로, 프리드리히 헨레 등에 의해서 이미 주장되고 있었다. 파스퇴르의 업적은 세균설(생물 속생설)의 올바름을 실험으로 명백하게 보여서 유럽 사람에게 납득시킨 것이다.

**233** 조셉 리스터(Joseph Lister, 1827~1912)는 영국의 외과 의사, 의학 과학자, 실험 병리학자, 소독 수술 및 예방 의학의 선구자였다. 세균학 및 상처 감염에 대한 리스터의 연구는 전 세계의 수술에 혁명을 일으켰다. 리스터가 의학에 기여한 것은 두 가지였다. 19세기까지는 수술이나 치료가 성공적이었음에도 불구하고 환자는 패혈증과 괴저와 같은 감염 관련 상태로 사망하는 경우가 많았다. 많은 이론이 있었지만 감염의 원인이나 확산 방법을 아는 사람은 아무도 없었다. 감염은 수술을 안전하게 만드는 마지막 장애물이었다. 그는 외과 의사로 일하면서 수술 상처와 주변 환경 사이에 화학 장벽(소독제)을 만들어 세균이 상처에 들어가는 것을 막을 수 있는 방법을 모색했다. 외과 도구, 환자의 피부, 봉합사 및 외과 의사의 손을 살균하기 위해 페놀(당시 탄수화물산으로 알려짐)을 성공적으로 도입함으로써 멸균 수술에 대한 아이디어를 얻었다. 그의 가장 중요한 공헌은 외과 실습의 변화를 뒷받침하는 핵심 원칙, 즉 혈액·염증 등의 응고에 관한 중요한 관찰을 루이 파스퇴르가 제안한 과학적 원리의 의미있는 적용으로 전환시킨 것이었다. 리스터의 연구는 수술 후 감염의 감소로 이어졌고 환자들에게 수술을 더 안전하게 만들어 그를 '현대 수술의 아버지'로 만들었다. 항패혈증은 소독제라고 불리는 화학 물질을 사용하여 감염을 일으키는 세균을 파괴하는 방법이다. 그는 세균 이론의 과학을 수술에 적용한 최초의 사람으로, 리스터의 항패혈증 시스템은 현대 감염 통제의 기초가 되었다.

**234** 하인리히 헤르만 로베르트 코흐(Heinrich Hermann Robert Koch, 1843~1910)는 독일의 의사, 미생물학자이다. 탄저병(1877), 콜레라(1885)의 구체적인 원인 물질이 병원균인 탄저균과 콜레라균임을 명확히 규명하여 '세균학의 아버지'라는 평가를 받고 있다. 1882년에 결핵균을 최초로 발견했으며 이 발견으로 인해 1905년 노벨 생리학·의학상을 수상했다.

은 엄청난 사상자가 나온 육군과 해군에 막대한 영향을 미쳤다. 전투와 전투 사이에 병사들은 밀집 상태로 자연에 노출되고 열악한 음식과 피로에 시달렸다. 나폴레옹전쟁 중에 가장 많은 사망 원인은 질병이었다. 크림전쟁에 파병된 영국군의 19%, 프랑스군의 27%가 질병으로 사망했다. 심각한 질병을 피한 사람은 극소수뿐이었다. 20세기에는 의학 분야에서 놀라운 발전이 있었지만 여기서는 무기 기술에 중점을 두고 있기 때문에 이 이야기는 다른 곳에서 다룰 것이다.

19세기에 방사선학의 시작에 필적할 만한 과학적 진보는 없었다. 1895년 빌헬름 콘래드 뢴트겐Wilhelm Conrad Roentgen, 1845~1923은 진공관 안에서 가스를 통한 전기 전도를 실험하면서 바륨 백금체 스크린의 형광을 관찰했다. 추가 조사에 따르면 이 방사선은 일반적인 빛과 달리 불투명한 물질을 통과할 수 있고, 여전히 감광판에 영향을 미친다는 것을 보여주었다. 그는 이 방사선을 엑스레이X-ray라고 불렀다.

이듬해 앙투안 베크렐[236]은 실수로 일부 민감한 감광판을 우라늄염과 함께 같은 캐비닛에 넣었다. 판을 노출 시키면 상온에서 우라늄이 보이지 않는 광선을 방출하여 얇은 금속판을 통과한 후에도 사진판에 영향을 줄 수 있다

---

**235** 세균(細菌) 또는 박테리아(bacteria)는 생물의 주요 분류군이다. 단세포의 미생물로 세포 소기관을 가지지 않은 대부분의 원핵 생물이 여기에 속한다. 원핵 생물 중에서 고균이 세균과 다른 계를 이루고 있다는 것이 최근에 밝혀졌다. 이를 엄밀하게 구분하기 위해 진정 세균(眞正細菌, eubacteria)이라는 말을 쓰기도 한다. 박테리아라는 이름은 그 모양 때문으로, '작은 막대기'라는 뜻의 고대 그리스어 박테리온(baktērion)에서 비롯되었다. 박테리아는 현미경을 발명한 네덜란드의 안톤 판 레벤후크가 1676년에 처음으로 관찰한 것으로 알려져 있다.

**236** 앙투안 앙리 베크렐(Antoine Henri Becquerel, 1852~1908)은 프랑스의 기술자, 물리학자이다. 방사선의 증거를 최초로 발견한 공로로 마리 퀴리(Marie Skłodowska-Curie)와 피에르 퀴리(Pierre Curie)와 함께 1903년에 노벨 물리학상을 받았다. 방사성 원소인 베크렐(Bq)은 그의 이름을 따서 명명되었다.

는 사실을 이때 알게 되었다. 그가 발견한 광선은 이 점에서 뢴트겐의 엑스레이와 비슷했다. 베크렐의 발견은 피에르와 마리 퀴리의 연구와 노력에 영감을 주었다. 과학사科學史에서 가장 극적인 사건 중 하나인 1898년 피치블렌드에서 라듐과 폴로늄이 분리되었다는 이야기는 여기서 다시 언급할 필요가 없다.[237]

엑스레이의 중요성은 즉시 인식되었다. 뢴트겐은 1902년에, 퀴리 부부는 1903년 베크렐과 함께 노벨상을 수상했다.

영국 물리학자인 조지프 존 톰슨 경[238]은 매우 독창적인 연구에서 음극선 (현재는 전자빔으로 알려진 고속 입자)[239]이 전자석에 의해 편향될 수 있는 고속 입

---

**237** 우라니나이트 덩어리를 피치블렌드(Pitchblende)라고 부른다. 피치블렌드의 어원은 독일어(Pechblende)로 Pech는 타르로 불운을 가리키며, Blende는 광물을 가리킨다. 이 이름이 붙여지게 된 계기는, 15세기 독일의 에르츠 산맥에 위치한 은광에서 광부들이 채광할 때 이 광석이 나타났지만 이를 돈으로 바꾸기가 힘들거나 불가능했기 때문이다. 그후 1789년 피치블렌드에서 마르틴 하인리히 클라프로트(Martin Heinrich Klaproth)가 세인트 요하인스틸에서 나온 폐기물을 조사하다 우라늄을 발견하게 되었다. 우라니나이트(Ura-ninite) 혹은 역청 우라늄석, 섬우라늄석은 방사성을 띤 광물로, 우라늄 산화물이 많이 함유된 광석($UO_2$으로 대다수 구성)이나, 때때로 $UO_3$, 납이나 토륨, 다른 희토류 원소들의 산화물을 포함하고 있기도 한다. 우라니나이트의 우라늄 함량은 $U_3O_8$으로 환산하자면, 약 50에서 80%로 추산된다. 모든 우라니나이트에는 우라늄의 붕괴 생성물로 인해 소량의 라듐이 함유되어 있다. 또한 모든 우라니나이트엔 우라늄의 최종 붕괴 형태인 Pb-206과 Pb-207이 소량 들어있고 알파 붕괴로 인해 소량의 헬륨도 들어 있다. 헬륨의 경우 첫 발견은 태양의 대기에서 발견되었으나, 그후 우라니나이트를 분광하면서 지구상에서 발견하게 되었다. 또한 우라늄 238의 자연적인 분열로 인해 극미량(약 0.2ng/kg)의 테크네슘도 찾을 수 있다. 라듐(Radium)은 퀴리 부부와 공동 연구자인 G. 베몽에 의해 1898년에 북부 보헤미아에서 산출된 피치블렌드에서 발견되었다. 수은을 음극으로 하여 순수한 염화 라듐 용액을 전기분해하여 석출하였다. 순수한 금속은 아말감 형태로 얻는다. 라듐은 원소기호 Ra, 원자번호는 88이다. 알칼리 토금속에 속하는 원소 중에서 가장 무거운 원소이고 안정동위체는 존재하지 않는다(천연 상태에서는 네 종류의 동위체가 존재한다.). 은과 같은 흰색 계통 금속으로 방사성이 매우 강하다. 26개 이상의 동위 원소가 있는데 모두 방사성을 띠며 발암 성분이다.

**238** 조지프 존 톰슨 경(Joseph John Thomson, 1856~1940)은 영국의 물리학자이며, 전자와 동위 원소를 발견하였고 질량 분석기를 발명하였다. 그는 기체에 의한 전기 전도에 관한 실험적 연구, 전자를 발견한 것으로 1906년 노벨 물리학상을 수상하였다.

**239** 음극선(陰極線, cathode ray, electron beam)은 두 금속 전극(음극 - Cathode 또는 음극 단자

326

자임을 증명했다. 그의 제자인 어니스트 러더포드[240]는 "왜 분리할 수 없는 원자가 광선을 방출하는가?"라고 질문한 최초의 과학자 중 한 명이었다. 과학자들은 상상력과 재능으로 새로운 문제를 해결했다. 위대한 독일 물리학자 막스 플랑크[241]가 고안한 양자 이론은 방사선의 실체를 충족시켰다. 그의 양자 이론은 1900년에 공식화되면서, 방사 에너지는 양자라는 나눌 수 없는 가장 작은 양의 배수로 변할 것이라는 가설을 제안했다. 그것은 물질과 에너지의 근본적인 성질을 조사하기 위한 귀중한 도구임이 입증되었다. 1903년에 어니스트 러더포드와 프레더릭 소디[242]는 원자 분열 가설을 제안했다.

~~~~~~~~~~

와 양극 – Anode 또는 양극 단자)이 진공의 유리관 안에 떨어져 있고, 두 단자 사이에 전위차가 있을 때, 진공관 안에서 관찰되는 전자들의 흐름이다. 이 현상은 1869년 독일의 요한 히토르프에 의해 발견되었고, 1876년 오이겐 골트슈타인에 의해 음극선이라는 이름이 붙여졌다. 1897년 영국의 물리학자 조지프 존 톰슨은 이 흐름이 이전까지 알려지지 않았던 음전하를 갖는 입자들로 구성되었다는 것을 증명했다. 이 음전하를 갖는 입자들은 전자라고 이름 붙여졌다.

240 어니스트 러더퍼드(Ernest Rutherford, 1871~1937)는 뉴질랜드 출생의 영국 핵물리학자로서 '핵물리학의 아버지'라 불린다. 방사능 법칙을 세웠고 방사능이 원자 내부에서 일어나는 반응이라는 사실을 밝혔으며, 자연 붕괴 현상을 연구해 기존 물질관에 대변화를 일으켰다. 알파 입자 산란 실험으로써 원자 내부 구조에 신가설을 제시했다 평가받는다. 1908년 노벨 화학상을 받았고 사후 웨스트민스터 성당에 안장되었다.

241 막스 카를 에른스트 루트비히 플랑크(Max Karl Ernst Ludwig Planck, 1858~1947)는 에너지 양자의 발견으로 1918년 노벨 물리학상을 수상한 독일의 이론물리학자이다. 플랑크는 이론 물리학에 상당히 많은 기여를 했지만 물리학자로서의 명성은 주로 양자 이론의 창시자로서의 역할에 있다. 이는 원자 및 아원자 과정에 대한 인간의 이해에 혁명을 일으켰다.

242 프레더릭 소디(Frederick Soddy, 1877~1956)는 영국의 물리학자이다. 1898년 옥스퍼드대학교의 머튼 칼리지를 졸업하고, 캐나다에 건너가 어니스트 러더퍼드와 공동으로 방사능에 대하여 연구하여 원자 붕괴설을 수립하였다. 후에 런던으로 돌아와 윌리엄 램지와 공동으로 라듐에서 헬륨이 생기는 것과 알파선 자체가 헬륨의 핵이라는 사실을 증명하였다. 1919년 모교의 화학 교수를 지냈으며, 1921년 노벨 화학상을 받았다. 저서에《라듐의 해설》,《방사성 원소의 화학적 주기설》,《과학과 생명》등이 있다.

# 제7장 제1차 세계대전, 과학의 사용과 미사용

　20세기와 함께 전쟁 및 과학 기술과 함께 매우 복잡하게 엮여 있는 시대로 들어섰다. 제1차 세계대전 동안 군사 분야에 있어서 과학자들은 다양한 곳에서 일했으며 따라서 그들은 점차 익명이 되어갔다. 그들의 업적 중 가장 뛰어난 것들은 압력 속에서 팀을 이루어 특별한 무기들의 문제를 해결한 것이었다. 그러나 과학의 모든 자원은 잘 활용되지 못했다. 서부 전선에서의 무시무시한 살육의 교착 상태는 몇 해가 지나도록 계속되었다. 어느 쪽에도 그 상태를 타개하기 위한 과학자들의 심각한, 합의된 노력이 없었다. 다만 독가스의 사용은 예외였다.

　해군 무기 체계에 있어서는 과학자의 활용과 동맹국 기술의 도움 덕분에 영국을 공격으로부터 보호할 수 있었다. 제1차 세계대전은 초강대국들이 20세기 들어 이전에 알려진 어떤 것보다 훨씬 더 강력한 전쟁 무기를 손에 넣었다는 것을 보여주었다. 이러한 변화는 이전까지 제한적 전쟁에 투입되었던 군대의 몰락을 동반했다. 전쟁의 정당한 정치적 목적에 대한 모든 합리적인 고려는 억압된 것처럼 보였다. 제1차 세계대전은 아무도 어떻게 예방하는지도 몰랐고 일단 시작된 후는 어떻게 중지해야 하는지 아무도 모르는 목적이 없는 전쟁이었다. 정치적으로 제1차 세계대전의 여파로 변화된 세계는 여러 면에서 이전보다 더 나쁜 곳이 되었다.

　제1차 세계대전의 기술은 그 이전의 어떠한 전쟁과도 비교할 수 없을 정도로 복잡해졌다. 그 기술 중 대부분은 이전에 사용되었던 무기의 개량과 완벽화에 관한 것들이었다. 예를 들어 금속공학자와 탄도학 전문가들이 만든 기관총과 화포들은 더욱 더 정확하고 강력해졌다. 철도는 더욱 더 효율적으로 개량되었다. 현재는 전화기(유선)와 무선을 포함하는 통신은 매우 빨라졌다. 군수 체계는 보급 수송이 점차 동력화(차량화)되어가면서 더욱 더 방대해졌으며 복잡해졌다. 우리는 흔히 비행기, 전차, 독가스, 잠수함과 같은 위대한 혁신적 발명품에 집착한다. 잠수함을 제외한 모든 무기는 전쟁에 새로 등장한 것들이었으며, 잠수함의 효용성도 역시 새로운 것이었다. 이것은 가장 결정적인 도구들이었으며 비행기는 그 무기 중 가장 혁명적 잠재력을 지닌 것이었다.

## 비행기의 등장

　하늘을 나는 것이 인간의 아주 오래된 꿈이었다는 것을 고려할 때, 과학의 역사에서 매우 늦게 등장한 항공역학의 발전은 매우 놀랄만한 것이었다. 로버트 베이컨은 비행체에 대해 기술했고 레오나르도 다 빈치는 지름 96ft$^{29.3m}$의 나선형 날개를 가진 헬리콥터(그림7-1)를 설계했다. 뉴턴은 새의 비행에 관심을 가졌으며 다니엘 베르누이도 마찬가지였다. 뉴턴의 철학적인 논문은 현대의 기체역학이론의 기초가 되는 유체역학을 발전시켰다(요한 베르누이[1]와 다니엘 베

---

1 요한 베르누이(Johann Bernoulli, 1667~1748)는 스위스의 수학자로 다니엘 베르누이의 아버지이다. 17~18세기에 걸쳐 여러 명의 수학자와 과학자를 배출한 베르누이 가문 출신으로 그의 큰형 야코프 베르누이를 비롯해 아들 니콜라우스 베르누이 1세, 니콜라우스 베르누이 2세, 다니엘 베르누이, 요한 베르누이 2세 등이 모두 수학자였다. 요한은 형 야코프와 함

**그림7-1** 레오나르도 다 빈치가 설계한 나선형 날개를 가진 헬리콥터

르누이, 장 밥티스트 르 롱 달랑베르[2], 레온하르트 오일러[3], 오스본 레이놀즈[4], 그리고 다른 학자들의 연구 역시 마찬가지였다.).

존 윌리엄 스트럿 레일리[5]는 1899년에 비행의 기계학적 원리라는 도발적인 논문을 작성하였다. 그러나 세기가 바뀌기 이전에는 누구도 비행에 의해 제기된 질문들에 대해서 제대로 구성된 과

---

께 라이프니츠의 미적분학 발전에 공을 세웠다. 이후 요한은 프랑스로 건너가 기욤 드 로피탈의 재정적 지원을 받으며 그에게 미적분학을 가르쳤고, 그 과정에서 자신의 발견과 저작을 로피탈하고만 공유하겠다는 계약을 맺었다. 로피탈은 요한이 프랑스를 떠나고 난 뒤인 1696년 미적분학에 관한 저서를 출간했고 이 책은 호평을 받았다. 요한은 훗날 바젤 대학에서 수학을 가르쳤으며, 그의 제자 중에는 레온하르트 오일러도 있었다.

2 장-밥티스트 르 롱 달랑베르(Jean-Baptiste Le Rond d'Alembert, 1717~1783)는 프랑스의 수학자, 철학자, 물리학자, 저술가이다. 해석역학의 기초를 구축하였고 달랑베르의 원리를 세웠다. 또한《백과전서》의 기고가이자 편집자였으며, 철학에서는 감각인식론을 취하였다. 회의론적인 철학 사상을 지녔으며 뒤에 나타난 실증주의의 선구자가 되었다.

3 레온하르트 오일러(Leonhard Euler, 1707~1783)는 스위스 출신의 수학자, 물리학자, 천문학자, 논리학자, 공학자이다. 그는 미적분학, 그래프 이론, 위상수학, 해석적 수론 등 수학의 여러 분야에서 많은 업적을 남겼으며, 함수 기호 ${\displaystyle f(x)}f(x)$(1734년에 처음으로 사용)를 처음 도입하였다. 고전역학, 유체역학, 광학, 천문학 및 음악 이론에서도 여러 업적을 남겼다. 오일러는 18세기의 가장 저명한 수학자이자, 역사상 가장 위대한 수학자 중 한 명으로 꼽힌다.

4 오스본 레이놀즈(Osborne Reynolds, 1842~1912)는 아일랜드 태생으로, 유체역학에 대한 이해의 혁신가였다. 이와는 별도로, 고체와 유체 사이의 열 전달에 대한 그의 연구는 보일러 및 응축기 설계의 개선을 가져 왔다.

5 존 윌리엄 스트럿 레일리(John William Strutt Rayleigh)John W.S. Rayleigh(1842-1919)는 영국의 물리학자이다. 아르곤을 발견하여 1904년 노벨 물리학상을 수상하였다. 하늘이 파란색인 이유를 설명하는 레일리 산란이란 현상을 발견하였고, 지진의 표면파인 레일리 파를 발견했다. 이 외에도 유체역학이나 모세관 현상, 고전역학 등 다양한 분야에서 업적을 남겼다.

학적 도전을 하지 못했다. 발명가들은 물론 그들의 능력을 이 방향에 집중했다. 풍동[6]은 1871년 초 영국의 프랜시스 웬햄[7]에 의해 설계되었다. 성공적인 비행기계는 가벼운 무게의 모터엔진가 개발되기 전까지 기다려야 했다. 그러나 무동력 글라이더조차도 19세기 후반까지는 발명되지 않았다. 독일의 발명가이자 비행사인 오토 릴리엔탈[8]은 과학적인 기반 아래 첫 번째로 활강을 한 사람이었다. 그는 글라이더 추락 사고로 사망할 때까지 2,000회 이상 활강하였으며 글라이더에 관해 평평한 날개 표면보다 곡선아치형 날개가 더 효과적이라는 것, 기류와 바람막이판에 관한 연구의 필요성을 지적한 매우 가치가 있는 책을 남겼다.

1851년 초 파리에서 트라프[9]까지 비행선을 조종한 앙리 지파드[10]는 기구에

---

6 풍동(風洞) : 기류의 속도를 인공적으로 조절하면서 항공기의 모형, 부품을 시험하는 통 모양의 장치

7 프랜시스 허버트 웬햄(Francis Herbert Wenham, 1824~1908)은 인간 비행의 문제를 연구하고 지각적이고 영향력 있는 학술 논문을 저술한 영국의 해양 기술자였다. 그는 1866년 런던에서 개최된 왕립항공학회(Royal Aeronautical Society)의 첫 번째 회의에서 선구적인 보고서 "공중 운동(Aerial Locomotion)"을 발표했다. 이 논문에서 1858년 웬햄이 다중 날개 글라이더로 테스트한 개념인 비행 기계에 날개를 겹쳐놓는 아이디어를 소개했지만 실제로 비행은 하지 않았다. 1866년에 그는 이로써 디자인 특허를 취득했는데, 이는 1890년대에 글라이더로, 20세기 초에 비행기로 공중에 떠오른 복엽기, 삼중 비행기 및 다중 비행기의 기초가 되었다.
1871년 웬햄과 동료 존 브라우닝은 세계 최초의 풍동을 설계하고 건설했다. 웬햄은 '비행기(aeroplane)'라는 단어를 사용한 최초의 과학자였고 그의 작품이 라이트 형제에게 중요한 영향을 미쳤을 것이라고 한다. 그는 또한 해양 엔진, 선박의 프로펠러, 가스 및 열풍 엔진, 고압 보일러, 가스 램프를 설계했다.

8 오토 릴리엔탈(Otto Lilienthal, 1848~1896)은 독일 프로이센의 기술자이자 현대 항공학의 개척자이다. 세계 최초로 무동력 항공기인 글라이더를 만들어 성공적으로 비행을 했다 거듭된 비행 실험으로 언론과 잡지의 호응을 받았고, 비행기의 실용화 가능성에 대한 대중과 과학계의 시선을 크게 향상시켰다. 1896년 8월 9일 글라이더 비행 실험 도중 강풍에 의해 추락했고 다음날 사망했다.

9 트라프(Trappes)는 파리에서 남서쪽으로 26.7km 정도 떨어진 베르사이유 인근의 소도시이다.

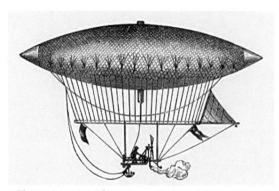
**그림7-2** 지파드의 조종할 수 있는 기구Navigable Ballon

3마력 증기 기관을 장착하였다(그림7-2). 독일에서 "디러저블Dirigibles, 비행선이라는 의미'이라 명명된 페르디난드 폰 체펠린 백작[11]의 경식 비행선[12]이 개발된 후부터 실용적이며 기동성이 있는 비행선 시대가 시작되었다. 그러나 경식, 연식 차이 없이 기구는 근본적으로 비행기와는 다른 존재였고, 엔진과 프로펠러를 제외하고는 다른 것에 별다른 영향을 주지 못했다.

실용적 발명과 공기역학 이론을 결합한 최초의 과학자는 미국의 천문학자이자 물리학자이며 스미스소니언학회의 회장이었던 새뮤얼 피어폰트 랭글리[13] 였다. 1880년대 후반에 그는 회전 테이블의 팔arm에 의해 작동되는 기록

10 앙리 지파드(Baptiste Jules Henri Jacques Giffard, 1825~1882)는 프랑스 기술자이다. 1852년에 그는 증기 분사기와 동력 비행 비행선을 발명했다.

11 페르디난트 아돌프 아우구스트 하인리히 폰 체펠린 백작(Ferdinand Adolf August Heinrich Graf von Zeppelin, 1838~1917)은 독일의 발명가, 공학자이자 군인, 외교관이다. 남북전쟁과 프로이센-프랑스전쟁에 참가했으며, 경식 비행선인 체펠린 비행선의 개발자이다.

12 경식 비행선(硬式飛行船, rigid airship)은 외부 뼈대를 만들고 그 뼈대 안에 기낭을 채우는 방식의 비행선이다. 연식 비행선이나 반경식 비행선이 기낭의 내부 압으로 모양을 유지하는 반면, 경식 비행선은 뼈대가 모양을 유지하기에 기낭 한두 개에서 기체를 뽑아도 전체 모양이 유지되고, 보다 견고하다. 경식 비행선의 전성기는 1900~1930년대였다. 1937년 5월 6일 힌덴부르크호 참사 이후로는 사양세로 접어들었다. 반면 연식 비행선(non-rigid air-ship)은 내외부 골조가 전혀 없이 하나의 기낭으로만 이루어져 있고, 그 기낭 내부의 부양 기체 압력만으로 비행선의 형체가 유지된다. 즉 기구에 엔진만 달아놓은 것과 같아서 약하고 대형화도 힘들다. 그래서 본래부터 소규모 관광이나 광고용으로만 사용되었다. 최초의 연식 비행선은 1898년 프랑스의 알베르토 산토스 뒤몽이 개발, 비행했다.

동력계를 사용하여 속
도를 측정하여 공기 속
을 움직이는 기체의 양
력과 항력에 대한 정
량적인 실험을 실시했
다. 그는 비행기가 기존
의 엔진으로 속도를 낸
다면 엔진의 자체 하중

**그림7-3** 랭글리의 5호 작품

보다 더 무거운 무게를 지탱하며 공기 속을 비행할 수 있다는 가설을 설정했
다. 또한 새가 날개를 움직이지 않고도 어떻게 날 수 있는지를 최초로 과학적
으로 설명했다. 그의 영향력 있는 저서《대기의 내재적 운동The Internal Work of the
Wind》은 1893년에 출판되었다.

1896년 랭글리는 증기 추진 기관 비행기로 포토맥강 상공 4,200ft[1,280m]를
날았지만, 조종사가 탑승하지 않았고 이륙과 착륙이라고 부를 수 있는 의미
있는 내용도 없었다(그림7-3). 그는 유인 조종 비행기에 막대한 비용을 투자하
였으나, 함상에서의 사출 후에 포토맥강으로 추락함으로써 실패로 끝났다(그
림7-4). 클레망 아데르[14], 하이럼 스티븐스 맥심 경과 다른 이들에 의한 동력 비

---

13 새뮤얼 피어폰트 랭글리(Samuel Pierpont Langley, 1834~1906)는 미국의 천문학자이자 물
리학자이다. 처음에는 건축학·토목 공학을 배웠으나, 뒤에 천문학·물리학 등을 연구하였
다. 1887년 스미스소니언학회 회장이 되었다. 태양의 적외선 스펙트럼을 연구하기 위하여
볼로미터를 발명하였으며, 태양 정수의 변화, 지구 대기에 의한 열 복사의 선택 흡수도 연구
하였다. 또 항공에도 관심을 가지고 많은 연구를 하여, 1896년 최초의 동력에 의한 비행기
를 제작하는 데 성공하였다.
14 클레망 아데르(Clément Ader, 1841~1925)는 프랑스의 발명가이자 기술자이며, 항공학의 선
구자 중 한 명이다. 주로 글라이더를 연구하였다. 본문의 Clément Adler는 오기로 생각된다.

**그림7-4** 랭글리의 파일럿 모델

행 실험 역시 실패로 끝났다.

성공적인 비행기를 최초로 만든 사람은 과학자가 아니었다. 형제 윌버 라이트와 오빌 라이트[15]는 오하이오주 데이톤의 자전거 제작자들이었다. 그들은 독일의 릴리엔탈의 실험에 대하여 읽었다. 그리고 즉시 오랜 소망에 사로잡혔다. 그들은 비행에 대해서 알려진 이론들을 공부하고 연과 글라이더를 실험하며 워싱턴의 랭글리와 편지 왕래를 했다. 1905년 윌버 라이트는 미국 과학자들에게 신세진 것을 인정했다.

"인간의 비행 가능성에 대한 믿음을 가진 가장 중요한 미국 과학 재단 수뇌의 지식은 실제적 작업에 앞서 사전 조사를 보증하도록 우리를 인도한 영향 중의 하나였다. 그는 시발점에 대한 몇몇 아이디어의 형성이 가능하도록 책들을 추천했다. 그것은 중요한 시간에 우리를 도운 손길이었고 우리는 항상 감사하고 있다."

과제에 대해 문헌들에서 최종적으로 추론한 것이 부정확하자, 그들은 양력과 항력에 대해 스스로 측정할 수 있도록 작은 풍동을 제작했다. 그리고 두

---

15 윌버 라이트(Wilbur Wright, 1867~1912)와 동생 오빌 라이트(Orville Wright, 1871~1948)는 조종이 가능하고 공기보다 무거운 비행기를 제작해 이를 이용한 세계 최초의 동력 비행에 성공한 미국인 형제이다. 그로부터 2년 후 형제는 첫 고정익 항공기를 제작하였다. 항공기 제작 처음부터 라이트 형제는 신뢰성 있는 조종술을 비행 문제 해결의 열쇠로 보았다. 이로 인해 발명한 것은 라이트 형제의 3축 조종인데, 이 비행 조종 시스템은 조종사로 하여금 항공기를 효과적으로 조종하고 균형을 잡을 수 있게 해주었다. 이 방법은 현재까지도 모든 고정익 항공기의 기본적인 조종 방식이다.

개의 중요한 기술-에일러론 조종과 수평 러더 또는 엘리베이터-을 고안했다. 그들이 실제로 제작한 최초의 비행기는 조종사까지 750lbs$^{340\text{kg}}$의 무게에 4기통 가솔린 엔진을 탑재했다. 1903년 12월 17일 노스캐롤라이나의 키티호크에서 라이트 형제는 최초의 동력 비행에 성공했다. 하지만 그 비행의 시간은 겨우 12초였다. 1904년 10월 5일 윌버 라이트는 38분간 비행했다.

5년 후인, 1909년 7월 25일 루이 블레리오[16]는 영국 해협을 31분만에 횡단했다. 그 당시에는 일반적으로 인지되지 못했지만, 그 연약한 비행기의 비행은 아직은 꿈에도 생각하지 못한 잠재력과 함께 해외로부터의 공격에 대한 오랜 세월에 걸친 영국의 불가침성에 종지부를 찍는 것이었다.

그 이후의 항공기 설계와 생산은 경이적인 발달을 이루었고 그 신속한 발달의 대부분은 항공역학 이론의 신속한 발전에 기인한다. 1904년 독일의 루트비히 프란틀[17]은 항공학 분야의 가장 유용한 성과 중의 하나인, 날개 끝 부근에서의 흐름의 본질에 대한 수학적 설명을 도출하는 경계층 이론 -항공기 표면을 흐르는 지연된 공기의 얇은 층-을 소개했다. 알버트 잠[18]은 대기 속도

---

16 루이 샤를 조제프 블레리오(Louis Charles Joseph Blériot, 1872~1936)는 프랑스의 항공기술자이다. 1907년 처음으로 단엽기(單葉機)를 발명 제작하였고, 1909년 25마력의 블레리오 11호기(Blériot XI)를 조종하여 37분의 비행 끝에 세계 최초로 영국 해협 횡단에 성공하였다. 이후 항공기의 설계 및 제작에 전념하여 에어버스와 에어프랑스의 시초가 된 주요 기업 중 하나인 비행기 제조회사(Blériot Aéronautique) 및 항공사(Compagnie des Messageries Aériennes)를 창립하여 항공계에 크게 이바지하였다.

17 루트비히 프란틀(Ludwig Prandtl, 1875~1953)은 독일의 물리학자이다. 공기역학 분야에서 많은 업적을 남겼으며 경계층, 박익 이론, 양력선 이론을 연구했다. 무차원 수인 프란틀 수는 그의 이름을 딴 것이다. 1904년에 경계층에 관한 논문을 발표했다. 프레데릭 란체스터(Frederick Lanchester)와 함께 란체스터-프란틀 이론 또는 양력선 이론으로도 알려져 있는 3차원 날개 이론을 1919년에 발표했다. 1908년에는 테오도르 메이어(Theodor Meyer)와 함께 초음속 충격파의 이론을 처음 발표했다. 이외에도 허먼 글라워트(Hermann Glauert)와 함께 프란틀-글라워트 법칙을 발견했다.

18 알버트 프란시스 잠(Albert Francis Zahm, 1862~1954)은 초기 항공 실험가이자 물리학 교

와 압력, 표면에서의 다양한 형태의 마찰을 측정했다. 독일의 마틴 쿠타[19]와 러시아의 니콜라이 주코프스키[20]와 드리트리 리아부친스키[21]와 영국의 프레데릭 란체스터[22]는 날개airfoil와 양력 문제에 대해 연구했다.

그러는 동안 각국의 정부도 관심을 이에 가지게 되었다. 영국의 국립물리학연구소[23]가 1909년 항공학자문회를 구성했으며, 미국은 1915년에 비행에 관

수였으며 미국 의회 도서관의 항공 부문 책임자였다. 그는 라이트 형제와 글렌 커티스 사이의 소송(1910~1914)에서 항공 전문가로서 증언했다.

19 마틴 빌헬름 쿠타(Martin Wilhelm Kutta, 1867~1944)는 독일의 수학자이다. 1901년 그는 일반적인 미분 방정식을 수치로 푸는 데 사용되는 룬게 쿠타(Runge-Kutta) 방법을 공동 개발했다. 그는 또한 주코프스키-쿠타 에어로포일(Zhukovsky-Kutta aerofoil), 쿠타-주코프스키(Kutta-Zhukovsky) 정리 및 공기 역학의 쿠타 조건을 정립했다.

20 니콜라이 예고로비치 주코프스키(Николáй Егóрович Жукóвский, 1847~1921)는 소련의 물리학자, 유체역학자로서 항공기 날개의 양력(揚力) 발생 이론, 프로펠러의 소용돌이 이론, 날개의 유효 단면 결정 등에 관한 연구 업적이 있다. 또한 러시아 항공역학 연구 시설 발달에도 공헌하였다

21 드미트리 리아부친스키(Дмúтрий Пáвлович Рябушúнский, 1882~1962)는 리아부친스키 입체기술의 발견으로 유명한 러시아 유체역학자이다. 니콜라이 주코프스키의 도움으로 1904년 유럽 최초의 공기역학 연구소를 설립했다. 그는 1911년 버킹엄 파이 정리와 동등한 결과를 독립적으로 발견했다.

22 프레데릭 란체스터(Frederick William Lanchester, 1868~1946)는 자동차 공학 및 공기역학에 중요한 공헌을 한 영국의 기술자이다. 또한 그는 영국의 선구적인 자동차 제작자로, 취미로 그의 이름을 딴 성공적인 자동차 회사를 발전시켰다(현재는 벤틀리와 다이믈러 벤츠에 그의 유산이 남아 있다.). 란체스터는 첫 번째 동력 비행이 성공하기 전인 1892년에 항공학을 진지하게 연구하기 시작했다. 그는 새들을 연구해서 순환 비행 이론을 공식화했다. 이것은 공기역학의 기초이며 현대 에어로포일 이론의 기초가 되었다.
란체스터는 특히 공중전의 결과를 예측하는 데 관심을 가져, 제1차 세계대전이 시작되기 전인 1914년 공중전에 대한 이론인 란체스터의 힘(Lanchester의 Power) 법칙을 발표했다. 이 법칙은 일련의 미분 방정식에 대한 설명을 포함하며, 두 세력이 전투에서 어떻게 서로를 공격할 것인지를 설명했다. 또 장거리에서 발사하는 현대 무기의 능력이 전투의 본질을 극적으로 바꿔놓았음을 보여주었다. 이 방정식 중에서 많이 알려진 방정식은 란체스터의 선형 법칙(Lanchester's Linear Law, 현대 이전 전투)과 란체스터의 제곱 법칙(Lanchester's Square Law, 소화기(小火器) 같이 장거리의 무기를 사용하는 현대 전투)이 있다.

23 국립물리학연구소(National Physical Laboratory, NPL)는 1900년에 설립된 영국의 도량형학 연구소이다. 세계에서 가장 오래된 도량형학 연구소 중 하나로 영국 비즈니스·에너지·산업전략부의 관리 하에 운영되고 있다.

한 과학적인 연구의 지휘와 감독을 위한 국립항공학자문위원회[24]를 설치하였다. 복잡한 문제점들을 해결하기 위하여 보다 많은 경험적실험을 통한 자료가 필요하다는 사실이 급속하게 인식되었다. 1915년까지 모든 서구의 선진국이 풍동을 소유하게 되었다.

항공기는 1911~1912년의 이탈리아 트리폴리에서 최초로 사용되었다. 그곳에서 조종사들은 아랍인과 튀르크인들이 모여 있는 것을 발견하고 그 사실을 장군들에게 경고해주는 데 성공하였다. 항공기는 좁은 지역에 한정된 혼란을 일으키는 폭탄을 투하하려고 하였으나 군사적인 이점은 없었다. 1912~1913년 발칸전쟁에서 불가리아 육군은 정찰 목적으로 외국 조종사를 고용하였다. 독일은 항공기의 군사적인 가능성에 다른 어느 나라보다 깊은 감명을 받은 것처럼 보였다. 제1차 세계대전이 발발했을 때 독일은 프랑스나 영국보다 두 배나 많은 200대의 우수한 항공기를 보유하고 있었다.

영국 왕립기술항공대는 단지 창설된 지 3년밖에 되지 않았으며, 왕립비행군단Royal Flying Corps의 해군 비행단[25]은 그보다 얼마 되지 않았다.[26] 영국의

---

24 미국 국가항공자문위원회(National Advisory Committee for Aeronautics, NACA)는 1915년 설립된 미국의 항공, 우주 분야 정부 부처이다. 제2차 세계대전 당시에도 활약하였으나 1958년에 해체, 미국 항공우주국(NASA)으로 인계되었다. 각종 연구를 통해 B-17 폭격기, P-51 무스탕 전투기, X-1 ~ X-15까지의 초음속 실험기 등의 개발에 공헌했다.

25 1912년에 Royal Naval Air Service라는 이름으로 창설되었으나 1918년에 육군 항공대와 통합해 공군이 되어 사라졌다.

26 왕립기술항공대(The Air Battalion Royal Engineers : ABRE)는 영국군 최초의 비행부대이다. 1911년 4월 1일 판보로 비행장에서 창설되어 비행선 중대와 고정익기 중대로 구성되었다. 1911년 10월, 리비아 트리폴리에서 이탈리아가 오스만제국과의 전투에서 항공기를 사용하자 영국군 참모본부의 소위원회에서 영국 군사 항공의 미래를 위하여 분리된 왕립비행군단의 창설을 권고, 1912년 4월 13일 비행군단이 창설되었고, 왕립기술항공대는 5월 13일에 비행단으로 확대 개편되면서 편입되었다. 1918년 4월 1일 해군 항공병과와 통합되어 왕립 공군으로 독립할 때까지 제1차 세계대전 전과 전쟁 기간 영국 육군의 항공부대였다. 전쟁 초기에 RFC는 포병 관측과 사진 정찰 임무를 수행했다. 이런 임무는 점차 RFC

**그림7-5** 미 해군 최초의 함상 이륙과 착륙 순간

항공기가 수적으로는 적었지만 지혜롭고 대담무쌍하게 사용되었다고 말할 수 있다. 1914년까지 항공기의 예측할 수 있는 대부분의 역할은 전쟁에서 실험적으로 사용되었다. 영국 해군 조종사는 항공 어뢰 공격을 1911년 초에 실험하였다. 그들은 1912년에 항공기로 잠수함을 추격하려고 하였으며, 1913년에는 폭격, 무선 전신, 기관총, 공중전 등을 실험하였다. 1911년에는 항공기가 정박해 있는 순양함의 갑판 위에서 이륙하였다. 이런 시도는 같은 해 미국 해군 장교에 의해 성공했다.[27]

조종사를 독일 조종사와의 공중전으로 확대되게 하였고, 나중에 전선에 배치된 적 보병과 주둔지에 대한 기총 사격, 독일 군사 비행장과 나중에는 독일의 산업 시설 및 교통 시설에 대한 전략적 폭격까지 수행하게 되었다.

27 브로디 부부는 1911년이라고 하는데, 기록에 의하면 1910년이 정확한 것으로 보인다. 미국의 경우 유진 엘리(Eugene Ely, 1886~1911)가 1910년 11월 4일 정박해 있는 선박에서 이륙한 최초의 조종사였다(해군 장교가 아닌 민간인이었다.). 그는 버지니아주 햄튼 로드에서 장갑 순양함 USS 버밍햄(Birmingham)의 전방 갑판에 임시로 설치된 길이 25m, 폭 17m, 끝부분에 5도의 하향 각도를 가진 목재 구조물에서 이륙하여 5분간 비행 후 육상에 착륙했다. 2개월 후인 1911년 1월 18일에는 유진 엘리가 순양함 USS 펜실베이니아(Pennsylvania) 갑판에 마련된 36m짜리 착륙용 활주대에 착륙했다. 착륙을 단축하기 위해 22개의 와이어가 활주대를 가로질러 설치됐고 양 끝에는 50lbs(22.68kg) 무게의 모래주머니를 달아 제동 장치 역할을 하게 했다. 항공기에는 낚시 고리 같은 도구를 설치해 착함 시 걸리도록 하고, 만약을 대비해 맨 끝에 천막을 준비해 항공기를 최종적으로 세우기로 계획했다. 착륙에 성공하고 다시 제동용 로프와 모래주머니를 제거 후 이륙하는 데 성공했다. 일련의 실험 성공

고급 지휘관들은 처음에는 전쟁할 때 항공기가 얼마나 유용하게 쓰이는지 거의 이해하지 못했다. 그들은 항공기를 정찰용으로만 생각했고, 마치 초기 전쟁에서 기구balloons가 그래왔던 것처럼 지상 부대의 눈eyes이 될 수 있도록 임무를 계획했다. 항공기는 정찰에서 매우 성공적으로 임무를 수행했으며, 정찰과 육군의 눈이라는 측면에서 항공기는 적군이 운용하는 것들을 파괴하는 데 매우 중요한 존재가 되었다. 항공기는 속도가 점점 빨라졌으며 기관총으로 무장했고 이후 전투기가 탄생되었다.

처음에 군사 지도자들은 폭격조준기bombsights와 항공기관총과 같은 장비의 제작을 개인 발명가에게 일임했다. 그러한 장비는 군사적인 장려 없이 그들의 개인적인 창의력에 의해 개발되었다. 일단 발명품 한 개가 군에 제출되면 세밀한 조사 과정을 거친 후에 채택될 수 있었다. 1915년 독일은 항공기 설계자 안토니 포커[28]가 만든 동기식 기어synchronizing gear를 채택하였다.[29] 그것

---

으로 미 해군은 최초의 항공기를 주문하게 되고 의회에 항공기 운용에 대한 비용으로 2만 5,000달러를 요구하여 승인받아 항공 전력의 함상 운용을 시작하게 된다. 따라서 미 해군 항공대는 1911년을 창설 원년으로 여긴다. 이후 미국은 본격적으로 항공모함의 개발에 박차를 가하게 된다. 1922년 미 해군은 석탄 운반선 주피터의 상부 구조물을 제거 후 비행 갑판을 설치하는 개장을 하여 항공모함 '랭글리'를 등장시켰는데 이것이 실제적으로 미 해군 최초의 항모였다.

28 안토니 헤르만 게라드 포커(Anton Herman Gerard Fokker, 1890~1939)는 네덜란드 항공기 제조회사와 항공 산업의 선구자이다. 독일 유학 후 비행에 관심을 갖게 되고 독일에서 항공기 제작사인 포커항공사(Fokker Aeroplanbau)를 설립하였다. 제1차 세계대전이 발발하자 독일 정부는 공장의 경영권을 가져갔다. 포커는 감독 겸 설계사로 남아 독일 공군을 위한 많은 전투기를 제작하였으며, 독일 공군의 에이스인 붉은 남작(Red Baron) 만프레드 폰 리히트호펜(Manfred von Richthofen)이 조종하여 유명해진 포커 Dr.I(Fokker Dr.I)과 포커 아인데커(Fokker Eindecker) 등의 삼엽기를 개발하였다. 그는 동시에 프로펠러가 돌아가는 간격에 기관총을 발사할 수 있도록 하는 동기식 기어를 개발하여 독일 공군의 제공권 확보에 결정적인 기여를 하였다. 제1차 세계대전 동안 그의 회사는 독일 공군에 700대의 항공기를 납품하였다. 전후 체결된 베르사이유조약으로 독일 내에서 항공기를 생산하는 일이 불가능해지자 1919년 네덜란드로 돌아와 전임자들과 함께 네덜란드 항공기 공장(Neder-landse Vliegtuigenfabriek)이라는 새 회사를 설립 후 민항기를 생산하다가 1922년 미국으

은 동체에 고정된 기관총이 회전하는 프로펠러 사이를 통해 프로펠러를 맞추지 않고 기관총을 쏠 수 있도록 하였다. 연합국이 나포한 독일 항공기에 장착된 그 장비를 발견하고 복제하기 전까지는 그 장비가 독일에게 막대한 이점을 가져다주었다.

영국은 수적으로 상당히 많은 항공기를 파견하려고 노력하였다. 결국 그들의 각기 110마력의 엔진을 가진 하빌랜드II[30], 프랑스의 뉴포르[31]는 포커보다 우세하다고 판명되었다. 그러자 독일은 알바트로스[32], 할버슈타트[33]로 응수하

로 이주했고 1939년 사망하였다.

29 포커 단엽기(Fokker Eindecker, 포커 아인데커)는 안토니 포커가 설계해서 1915~1916년 1년 동안 활약한 독일제국군의 소형 단엽 전투기이다. 416대가 생산된 최초의 특수 목적의 독일 전투기이자 동기화 기어가 장착되어서 블레이드를 치지 않고 프로펠러의 아크를 통해 기관총을 발사할 수 있는 최초의 항공기이다. 포커 1호 단엽기(Fokker E.I)에서 4호 단엽기(Fokker E.I)까지 있었다. 포커 단엽기는 제1차 세계대전 당시 등장해서 연합군에게 공포의 대상이 되기도 하였다. 이 비행기는 서부 전선의 하늘을 완전히 장악해 당시 영국 비행기들은 '포커의 먹이'라고 불릴 정도였다. 이 시기는 '포커의 징벌(Fokker Scourge)'로 알려졌다.

30 에어코(Airco) DH.2는 제1차 세계대전 중에 운용된 단좌, 후방 프로펠러 추진식(puher) 복엽 전투기이다. 제프리 드 하빌랜드(Geoffrey de Havilland)가 에어코사의 두 번째 후방 프로펠러 추진식 전투기로 설계한 것으로 DH.1 2인승 전투기를 기반으로 1915년 7월 첫 비행을 했다. DH.2 및 F.E.2b와 같은 프로펠러와 엔진을 기체 후방 쪽으로 장착한 전투기들은 기수 방향으로 기관총을 발사할 수 있었다(무게 중심과 기동성에서 안 좋았다.). 하지만 동기식 기어를 장착한 독일의 포커 아인데커 전투기가 등장하자 우위에서 밀렸다. DH.2는 1916년 2월에 최전선에 투입되었으며 영국 왕립비행군단 최초의 효과적으로 무장한 단좌 전투기로 1915년 후반에 독일인들에게 이점을 준 '포커의 징벌'에 대항할 수 있게 해주었다. 453대가 생산되어 거의 2년간 전투와 호위 임무에 참가했고 1917년 6월 실전 임무에서 해제되었다.

31 뉴포르(Nieuport) 항공사는 뉴포르 형제가 창립한 전투기와 경주용 항공기를 제작한 프랑스의 항공기 제작사였다. 본문의 뉴포르는 뉴포르사가 전쟁 전부터 생산한 뉴포르의 복엽 단좌 전투기로 Nieuport-10부터 Nieuport-29까지의 다양한 개량형이 있다. 3,600여 대가 생산되었으며, 뉴포르-17이 주력이었다. 프랑스군, 영국 해군, 러시아군, 미국 대륙 원정군 등에서 사용되었다(심지어 독일에서도 불법 복제 생산을 했다.). 뉴포르는 민감한 통제력과 우수한 기동성과 상승률 때문에 많은 조종사가 선호했다. 제1차 세계대전 중 미 육군 항공대 최고의 에이스로 26대의 공식 격추 기록을 가진 에디 릭켄버커도 이 전투기를 탑승했다.

32 알바트로스(Albatross)는 프랑스의 신형 전투기 뉴포르 전투기의 성능에 충격을 받은 독일

Halberstadt CL.II
Schlasta 26b
Source: Halberstadt CL.II Datafile

(c) R.N.Pearson 2006

**그림7-6** 포커 아인데커, 에어코 DH.2, 뉴포르-17, 알바트로스 D.III, 할버슈타트 CL.II(왼쪽 위부터)

였다. 항공기 경쟁은 본격적으로 시작되었고, 각국은 필사적으로 속도, 화력, 기동성의 우위를 차지하려고 노력하였다. 1917년에는 단일 항공 전투에 100

제국군이 서부 전선의 제공권을 되찾고자 알바트로스 항공사(Albatros Flugzeugwerke)에서 만들어낸 복엽 전투기이다. 알바트로스 새의 이름을 따왔다. 제1차 세계대전이 끝날 때까지 독일제국과 오스트리아-헝가리제국의 주력 전투기로 사용되었다. 날렵한 외형에서 보듯이 속도가 빨랐으며 두 정의 MG08 슈판다우 기관총이 표준으로 장착되었던 덕분에 당시 최강의 화력을 가졌다. 게다가 이전에 개발된 전투기들은 레저용이나 레이싱용 항공기에 무장을 달아서 전투기로 사용했던 반면 알바트로스 전투기는 처음부터 공중전을 목적으로 개발한 진정한 의미의 제공기였다. 그래서 등장하자마자 엄청난 성능으로 연합군 전투기들을 도륙했다.
이 전투기 때문에 영국 공군은 1917년 4월 한 달 동안 245대의 항공기를 잃었으며, 이중 211명의 조종사는 죽거나 행방불명되었고 108명은 포로로 잡혔다. 이에 반해서 독일군의 손실은 66대의 항공기뿐으로 알바트로스 전투기가 어떤 활약을 했는지 알 수 있다. 연합군의 추락한 전투기는 금방 다시 보급받을 수 있었지만 죽거나 부상한 조종사들을 보충할 인력은 고갈되다시피 했기에 협상군 조종사들은 이 무시무시한 살육의 기간을 피의 4월(Bloody April)이라고 불렀다. 알바트로스 전투기는 D.I부터 D.V까지 2,500여 대가 종전될 때까지 양산되어 전투에 투입되었다.

대 정도의 항공기가 참여하게 되었다.

독일은 영국을 폭격할 때 비행선[34]을 사용하였고, 초기에 실시된 런던 급습은 매우 파괴적이었다. 수소로 채워진 비행선이 폭발탄으로 무장된 항공기의 공격에 매우 취약하다는 사실을 알기 전까지 영국은 많은 시간을 필요로 하였다. '가스 괴물'은 항공기 앞에서 무릎을 꿇을 것이라는 사실을 처칠은 똑바로 예측했다. 비행선의 급습은 1916년 22회에서 1918년에는 4회로 줄었다. 휴전 시에는 독일 비행단에 소속된 61척의 비행선 중 단지 열 척만 남았다.[35]

그러나 비행기에는 이러한 절망적인 취약점이 없었다. 독일인들은

---

33 할버슈타트(Halberstadt) 복엽기는 연합군이 서부 전선의 제공권을 장악했던 시기인 1916년 초에 아인데커 전투기를 대체하고자 배치된 독일 공군(Luftstreitkräfte)의 1인승 복엽 전투기이다. 최고 속도150km/h, 1정의 7.92mm LMG08 슈판다우 기관총을 장착했다. 독일 공군 내에서는 최초로 운용된 복엽 전투기였으며, 공중전의 여덟 가지 기본 규칙을 정립한 오스발트 뵐케가 동료들에게 자신이 개발한 공중 전술들을 선보일 때 사용한 기체였을 정도로, 등장 당시에는 독일 공군 내에서 이용할 수 있는 항공기 중 가장 성능이 뛰어난 전투기였다. 하지만 가을부터 새롭게 등장한 독일군의 신예기인 알바트로스 전투기가 배치된 후로는 빠르게 대체되기 시작했고, 1917년부터는 임무를 수행 중인 할버슈타트 D.II 전투기를 찾아보기가 어려울 정도로 완전히 대체되었기 때문에 과도기적인 성격이 강한 전투기였다.

34 체펠린(zeppelins)을 말한다. 체펠린은 20세기 초 독일의 페르디난트 폰 체펠린과 후고 에케너가 개발한 경식 비행선이다. 체펠린은 독일 비행선운수주식회사(Luftschiffahrts-AG; DELAG)에 의해 운용되었다. 최초의 상업 항공회사인 DELAG는, 제1차 세계대전 전에는 정기 항공편을 운행하였다. 전쟁이 발발하자 독일 군대에서 체펠린을 폭격과 정찰의 용도로 이용하였다. 독일의 패배와 체펠린 백작의 죽음은 일시적으로 비행선 사업을 중지시켰지만, 후고 에케너의 지도하에, 백작의 뒤를 이어 민간의 체펠린이 1930년대에 정점에 도달하였다. 이 시기에 LZ 127 그라프 체펠린과 LZ 129 힌덴부르크는 독일과 남북 아메리카 사이에 정기적으로 대서양 횡단 비행을 하였다. 그러나 1937년의 힌덴부르크 참사는 '하늘의 거인'의 붕괴를 불러왔고, 정치적인 문제를 포함한 다른 요소들이 작용하여 체펠린은 사라졌다.

35 1916년 1월부터 6월까지 체펠린 비행선은 영국의 리버풀, 스코틀랜드 동해안, 런던 근교 공군 기지와 해군 기지 등 다양한 곳을 야간에 폭격하고 사라졌다. 9월 2일 새벽에는 런던에 열네 기로 2차 공습이 실시되었다. 9월 3일에는 영국항공대의 전투기가 최초로 체펠린 비행선의 격추에 성공했다. 이후로는 야간 전투기에 소이탄을 탑재해 속도가 느리고 수소에 불이 잘 붙는다는 점 때문에 일단 잡히면 바로 격추되었다.

660lbs³⁰⁰ᵏᵍ 폭탄으로 영국에 대한 체계적인 전략 폭격을 통한 기습 공격을 계획하였다. 그러나 1918년에 이르러서 영국의 대공 방어가 워낙 증강되어 있어서 마지막으로 독일이 영국에 공습을 가했던 1918년 5월 19~20일의 경우 런던까지 도달하였던 고타³⁶와 리젠플루크자이크³⁷ 폭격기 열세 대 중 여섯 대가 격추되기도 하였다. 그후 독일은 런던에 대한 공격을 포기하고 파리로 목표를 전환하였다. 전쟁 기간 독일은 435대의 항공기와 208대의 비행선을 영국으로 보냈으나 그 결과 1,300명이 전사하였으며 3,000명의 부상자와 막대한 물질적 피해를 보았다.

영국은 독자적으로 핸들리 페이지³⁸ 폭격기를 개발하였는데 이 폭격기는

---

36 고타(Gothas)는 독일군의 쌍발 폭격기이다. 제1차 세계대전 당시 체펠린 비행선이 영국군에게 격추당하기 시작하자 1914년부터 폭격기 제작으로 유명세를 떨치던 고타사에 장거리 폭격기 제작을 지시해서 만들어진 비행기이다. 승무원 세 명, 최대 속도 140km/h, 최대 항속 거리 840km, 실용 상승 한도 6,500m, 무장 7.92mm MG14 기관총 2~3정, 벡커 20mm 기관포 1정, 폭탄 350~400kg을 적재했다. 개방형 조종석으로 추위로부터 조종사를 보호하기 위해 방한복과 전기 히터를 장착했다. 고공에서 부족한 산소를 공급받기 위해 최초의 산소 마스크 장치도 만들었고 기내에 휴대용 액체 산소통을 싣고 임무 비행에 들어갔다. 하지만 무전기는 없었다. 공습 투입 초기에는 웬만한 전투기들보다 순항 고도가 높고 속력도 빨라서 영국 본토를 안전하고 쉽게 폭격했다.

37 리젠플루크자이크(Riesenflugzeug, 독일어로 '거대한 항공기'를 뜻함, 영어로 Giants, R-plane 이라고도 함)는 적어도 세 개의 항공기 엔진을 장착한 제1차 세계대전에서 사용된 독일의 대형 폭격기이다. 이들은 고타 G.V.와 같은 폭격기보다 더 많은 폭탄을 적재하고 몇 시간 동안 비행할 수 있는 대형 다중 엔진 항공기였다. 지멘스-슈케르트(Siemens-Schuckert) R.VIII, 체펠린-슈타켄(Zeppelin-Staaken) R.VI 등을 뭉뚱그려 부르는 명칭이다. 리젠플루크자이크는 1915년부터 1919년까지 운영되었으며 대부분은 '일회성' 항공기로 제작되었다. 1918년 5월 19일 밤의 폭격은 제1차 세계대전 중 최대 규모의 폭격이었다. 여섯 대의 고타 폭격기는 요격기와 대공포에 의해 격추되었고 일곱 번째 항공기는 장시간의 근접 교전 끝에 비상착륙해야 했다. 이 폭격에서 1,500kg의 폭탄이 투하되어 49명이 사망하고 177명이 부상했다.

38 핸들리 페이지(Handley Page)는 프레더릭 핸들리 페이지가 1909년에 세운 영국의 항공기 제조회사이다. 제1차 세계대전 중에는 영국 해군용의 폭격기를 제조 납품했고, 전쟁이 끝난 뒤에는 계열사로 핸들리 페이지 트랜스포트를 만들어 런던-파리간의 항로에 취항하기 위한 민항기를 만들었다. 이후 핸들리 페이지 트랜스포트가 다른 회사와 합병하여 제국항

1,650lbs$^{750kg}$의 폭탄 적재 능력을 가진, 제1차 세계대전 동안 가장 큰 폭격기였다. 폭격은 주로 기차역이나 비행장, 체펠린형 독일 비행선 제작 공장을 파괴하는 데 중점을 두었다. 그러나 양국의 비행기 대부분은 전략 폭격에 사용되었던 것이 아니라 지상군의 보조 수단으로 운용되었다. 1918년에 빌리 미첼 장군[39]은 공정 낙하산 부대의 창설에 대한 아이디어를 발전시켰고 퍼싱 장군[40]의 승인을 얻기도 하였으나 전쟁이 끝나기 전에 이를 실행하기에는 너무

공이 되자 복엽 여객기인 핸들리 페이지 H.P.42 등을 만들어 납품했다. 제2차 세계대전 중 페이지는 핼리팩스 폭격기를 만들어냈고, 이 시리즈는 아브로 랭카스터와 함께 영국군의 전략 폭격기로 활약했다. 전쟁 종결 후에도 4발 폭격기인 핸들리 페이지 H.P.80을 만드는 등 왕성하게 활동했으나, 1970년에 청산되어 소멸했다.

본문에 언급된 폭격기는 핸들리 페이지 O타입 폭격기로 제원은 승무원 4~5명, 쌍발 엔진, 최고 속력 157 km/h, 작전 반경 1,120 km, 최대 상승 고도 2,600m, 체공 가능 시간 여덟 시간, 자위용 무장 루이스 경기관총 5정, 폭탄 907kg이다. 제1차 세계대전 발발 이후 영국 해군 항공부에서 대형 장거리 폭격기의 필요성을 느끼고 1916년 실전 배치되었다. 철도 분기점, 독일 해군 구축함 공격, 대잠 작전 등에 사용되다가 1918년 4월에 개량형인 O/400형이 실전 배치된 이후에는 전략 폭격기로도 본격적으로 활용되었다. 독일 점령지 내의 독일군 참호나 독-프 국경 지대 인근 군수 시설이나 공장 등을 폭격하면서 활약을 시작하였으나 곧이어 종전이 되었다. 독일제국군의 고타 폭격기보다 폭장량, 안정성, 최고 속도에서 모두 우월했다고 전해진다.

39 빌리 미첼(Billy Mitchell, 1879~1936)은 미 육군 장교로 최종 계급은 준장이다. 1898년 그는 대학생 신분으로 미군에 입대했다. 통신 장교로 군경력을 시작한 그는 1901년부터 릴리엔탈의 글라이더 실험과 라이트 형제의 비행 시범을 보면서 항공력에 관심을 가지게 되었다. 38세에 개인적으로 조종술을 익힌 후 1917년 제1차 세계대전에 중령 계급의 관찰관으로 프랑스에 파견 후 미첼은 영국 항공대(Flying Corps)의 휴 트렌차드(Hugh Trenchard) 경과 긴밀히 협력하면서 공중 전투 전략을 개발하고 대규모 항공 작전을 계획하는 방법을 배우고 항공기 생산을 연구했다. 1918년 존 퍼싱(John J. Pershing) 장군의 미국 대륙 원정군 항공대 사령관 및 준장으로 진급했다. 그는 뛰어난 지휘관이었지만 항공력에 대한 급진적이고 공격적인 행동으로 인해 수많은 적을 만들었다. 제1차 세계대전 후 미첼은 육군항공대 부사령관으로 임명되었고, 향후 공군력이 전쟁의 원동력이 될 것이라고 확신하면서 그는 독립 공군의 창설을 강력히 요구했다. 또한 그는 항공기로 인해 해군의 수상 함대가 쓸모없게 될 것이라고 주장하면서 전리품으로 독일에서 받은 전함과 구축함 등을 1921년 6~9월에 폭격기로 격침해보였다. 하지만 이 과정에서 공군 독립에 반대하는 상급자들을 공공연하게 비난하여 군법회의에 회부 유죄 판결을 받았다. 이에 따라 그는 자진 사임하였다.

40 존 퍼싱(John Joseph Pershing, 1860~1948)은 미국 육군 대원수이다. 별명은 블랙 잭(Black

**그림7-7** 고타 폭격기와 리젠플루크자이크 체펠린-스타켄 폭격기

늦었다.

1918년 봄, 독일은 대대적인 공격을 위해 900대의 항공기를 집중 운용하였으나 연합군으로부터 제공권을 빼앗아 올 수는 없었다. 1918년 8월의 공격에서는 365대의 독일군 항공기에 대항하여 연합군은 2,000대의 항공기를 운용하였던 것이다. 같은 해 9월에 독일은 생-미히엘에서의 독일 전선 돌출부를 제거하기 위한 공격을 지원하기 위해 1,500대의 항공기를 집중 운용하기도 하였다.[41] 숫자상으로 보면 엄청나 보이지만 제2차 세계대전에서 증명되었던

---

Jack)이다. 미국 인디언전쟁, 미국-스페인전쟁에 종군하였으며, 제1차 세계대전 당시 미국 원정군 총사령관으로 서부 전선을 지휘하였다. 그의 업적을 기려 제2차 세계대전 말기에 개발된 중전차 M26 퍼싱 중형 전차에 그의 이름을 붙였다.

41 생-미히엘(Saint-Mihiel)은 프랑스 북동부의 뮤즈에 있는 마을이다. 생-미히엘 전투는 1918년 9월 12일부터 15일까지 벌어진 전투로, 미국 원정군(AEF) 4개 사단(11만 명)과 프랑스군 14개 사단(55만 명)이 미국의 존 J. 퍼싱 장군의 지휘 아래 독일군 제5군 10개 사단(5만 명)에 맞서 싸웠다. 제1차 세계대전에서 미군에 의해 주도된 최초의 대규모 공격이었다. 미 육군 항공대는 이 전투에서 중요한 역할을 했다. 이 전투는 미군이 'D-Day'와 'H-Hour'라는 용어를 처음으로 사용한 전투였다. 퍼싱은 생-미히엘을 공격, 독일군 방어선을 돌파하고 요새화된 도시 메츠를 점령하고자 했다. 이 전투의 성공으로 연합국 내에서 미군의 위상을 확립했으며, 제1차 세계대전 당시 포병의 중요한 역할과 그들이 이동하는 동안 거대한 군대를 공급하는 어려움이 있다는 것을 다시 한번 보여주었다. 미국의 공격은 포병과 식량 보급이 진흙탕이 된 도로에 고착되면서 흔들렸다. 공격은 성공했지만 연합군 총사령관 페르디난드 포흐가 미군에게 세단과 메지에르를 향해 행진하라고 명령하여 메츠에 대한 공격은 실현되지 않았고 뮤즈-아르곤 공세로 이어졌다. 이 전투에서 연합군은 전사 4,500명을 포함 7,000명의 사상자를, 독일군은 전사 2,000, 포로 1만 5,000명을 포함 2만 2,500명의 인

**그림7-8** 핸들리 페이지 O타이프 폭격기

것과 비교해보면 제1차 세계
대전에서는 항공기의 중요성
에 대하여 인식하지 못할 정
도로 항공기도 보잘 것 없이
작았고 폭격도 효율적이지
못하였다.

　항공기는 잠수함을 사냥
한 데 성공한 것을 제외한다
면 바다에서는 지상에서와 같은 요소로 작용하지 못했다. 바다에서 항공기
운용은 신뢰성, 항속 거리, 속도, 운반 능력에 있어 해결되지 못한 결함을 드
러냈다. 1915년에 다르다넬스 해협[42]에서 영국은 독일과 튀르크 보급 선박을

명 손실을 보았고, 450문의 대포를 노획당했다.
　이 전투에 미군은 3개의 전투/폭격전대(28개 비행대대)를 투입했고, 프랑스, 영국, 이탈리아
는 요격기 701대, 관측기 366대, 폭격기 323대, 야간 폭격기 91대를 투입, 총 1,481대의 항
공기로 전쟁에서 가장 큰 공중 작전을 펼쳤다. 프랑스 육군은 항공사단을 창설해서 5개의
전투비행전대 예하 24개 전투비행대대(432대의 SPAD VII), 15개 근접항공지원대대(225대의
BREGUET XIV), 4개의 정찰비행대대(60대의 CAUDRON R XI) 등 717대의 비행기를 투입했다.

42 다르다넬스(Dardanelles, 튀르키예어: Çanakkale Boğazı) 해협은 에게해와 마르마라해를
잇는 튀르키예의 해협이다. 고대 고전에서는 헬레스폰트 또는 그리스어로 헬레스폰토스
(Hellespontos, '헬레의 바다')로도 잘 알려져 있다. 길이는 61km이지만 폭은 1~6km밖에 되
지 않는다. 평균 깊이는 55m이고 가장 깊은 곳은 81m이다. 보스포루스 해협과 함께 튀르
키예를 아시아와 유럽 양쪽으로 나눈다. 본문의 내용은 이 해협의 겔리볼루 반도(갈리폴리
반도)에서 벌인 일련의 상륙 전투와 관련이 있다. 연합군은 단숨에 이스탄불의 보스포루
스 해협까지 뚫고 가기 위해 1915년 2월 19일과 2월 25일, 3월 25일에 각각 다르다넬스 해
협의 튀르크군 포대를 포격했으나 튀르크군의 반격과 기뢰 등으로 인해 세 척의 함대가 격
침되고, 세 척이 대파되었다. 이로 인해 총책임자 윈스턴 처칠이 총관직에서 물러나고 영국
해군의 피셔 제독도 사임했다. 이에 연합군은 새로 임명된 영국의 해밀턴 장군의 지휘 아
래에 4월 25일에 호주와 뉴질랜드를 주축으로 한 영연방 및 프랑스군 7만 명을 갈리폴리에
상륙시켰다. 하지만 독일제국의 오토 리만 폰 산더스 장군이 이끄는 독일군과 무스타파 케
말 아타튀르크 휘하 튀르크군의 공격으로 실패했다. 또 튀르크군의 병력을 잘못 파악하여
호주군 병사가 8,587명이나 전사하고 1만 9,367명이 부상했는데 연합군 총사상자는 25만

공격하기 위해서 항공기의 동체에 끈을 매서 기뢰를 운반하는 해양 항공기를 보냈다. 그런데 이것은 항공기가 전투 함대에 위협을 줄 수 있으리라고는 전혀 꿈꿔보지도 못한 일이었던 것이다. 해전에서의 항공기는 대부분 수상 전함의 함포 사격을 수정하기 위해 운용되었으며 정찰 활동에도 상당한 도움을 주는 정도였다.

**그림7-9** HMS 아거스

소위 항공모함이라는 배조차도 제1차 세계대전 동안에 만들어졌음에도 불구하고 배 전체 길이가 항공기가 활주해서 공중에 뜰 수 있는 거리를 확보한 함정은 한 척도 없었기 때문에 항공기 이착륙이 가능하도록 커지게 되었던 것이다. 갑판에서 이륙한 항공기는 통상 물 위로 내려 앉았으며 착수 모함으로 끌어 올려질 때까지 공기가 들어 있는 플로트float에 의지해서 수면에 떠 있어야 했다. 또 기중기를 사용하여 비행기를 물 위로 올려놓거나 비행이 끝난 다음에 다시 비행기를 끌어올리는 기능을 가진 해양 항공기 운반선도 있었다. 항공기 이착륙이 가능한 평갑판을 가진 최초의 항공모함은 영국의 아거스[43]로, 1918년 9월에 완성되었으며 제1차 세계대전에 사용되기에는 너무

명에 달했으며 튀르크군도 21만 명의 사상자를 냈다. 결국 상륙 작전의 실패로 연합군은 6개월 뒤에 갈리폴리에서 철수했다. 이 전투의 승리로 케말은 튀르크의 영웅이 되고 후에 현대 튀르키예의 국부로 추앙받게 된다.

43 HMS 아거스(Argus)는 영국 해군에서 1918~1944년 사용된 항공모함으로 평갑판에서 항

늦었으나 제2차 세계대전에서는 그 역할을 잘 해내었다.

　제1차 세계대전 중 해전에서의 항공기의 역할은 위협적인 요소가 되지 못했다. 확실히 항공기는 잠수함조차도 이루지 못했던, 다음 세대에 다가올 지상에서의 전쟁에 완전한 충격으로서 해전에서의 혁명을 가져왔다.

## 잠수함의 역사

　20세기 초반 몇 년 동안 프랑스는 잠수함 건조에 다른 강대국들보다 앞섰다. 영국과 미국이 강력한 소함대를 갖추기 시작했고 약소국들도 잠수함을 한두 척씩 도입했다. 이상하게도 독일은 다른 강대국에 훨씬 뒤떨어져 있었다. 독일의 폰 티르피츠 제독[44]은 한동안 완고하게 잠수함 도입을 반대하였고, 잠수함은 순전히 방어적인 무기라고 주장하였다. 그러나 크루프스Krupps가 실전 능력을 지닌 잠수함이 등장하였음을 증명한 카르프급 잠수함[45]을 개발한

---

공기를 이착륙시킬 수 있다는 최초의 현대 항모의 표준이 되는 함정이다. 여객선으로 제작하여 진수 후 항공모함으로 개장되었다. 매우 큰 항공기 격납고의 내부는 방화 격벽으로 나누었다. 그 결과, 아거스는 제2차 세계대전 때 항공기의 날개를 접지 않고도 격납고로 들일 수 있었다. 기본 배수량 14,680t, 만재 배수량 16,028t, 길이 173m, 선폭 21m, 최대 속도 20kn(38.43km/h), 항속 거리 8,090km, 승무원 401명, 무장 100mm 대공포 4문 등, 함재기 18~20기

44 알프레트 페터 프리드리히 폰 티르피츠(Alfred Peter Friedrich von Tirpitz, 1849~1930)는 독일 해군의 대제독으로, 1897~1916년 독일제국 해군청 대신이었다. 1871년 독일제국이 성립되자, 그때까지 보잘것없었던 해군을 맡게 된 티르피츠는 1890년대 이래 독일 해군을 영국 해군을 위협할 수 있는 세계적 수준의 전력으로 키워냈다. 하지만 제1차 세계대전 동안 독일 해군은 영국 해군을 완전히 압도하지 못했고, 유틀란트 해전에서의 무승부 이후 잠수함 작전으로 선회하지만 그로써 미국의 참전이라는 결과를 가져오게 된다. 티르피츠는 1916년에 해임되었고 다시는 권력을 되찾지 못했다.

45 카르프(Karp)급은 러시아 해군 흑해 함대를 위해 독일의 크럽 게르마니아워프트사에서 건조되어 1907~1919년 운용된 세 척의 잠수함이었다. 수상 배수량 210t, 수중 배수량 239t, 길이 39.6m, 폭 2.7m, 등유-전기 추진, 2축 샤프트, 수상 속도 10kn(19km/h), 수중 속도

1905년 이후에 독일 해군은 신중하게 잠수함 건조를 시작하였다. 당시 자이로식 나침반[46]은 이미 완벽했으며 독일인들은 잠항에 꼭 필요한 이 장비가 모든 잠수함에 반드시 설치되도록 하였다.

모든 초기 잠수함의 공통된 단점은 가솔린 엔진을 사용하여 부상浮上 항해한다는 것이었다. 이 단점은 항속 거리를 제한시키고 매연을 발생하며, 그 자체가 매우 위험한 일이었다.[47] 독일인들은 1905년에 디젤 엔진을 U-보트(Unterseeboote)에 장착하는 실험을 시작하였으나 1913년까지 만족할만한 디젤 엔진 U-보트를 건조하는 데 성공하지 못하였다. 1914년에 독일은 디젤 U-보트 열 척을 건조하였고, 열일곱 척은 건조 중이었으며 열여덟 척의 가솔린 엔진 잠수함을 가지고 있었다. 반면에 영국은 55척, 프랑스는 77척을 가지고 있었으나 대부분이 소형이었고 미국은 38척을 보유하고 있었다. 성능 면에서나 군사적 가치 면에서 독일의 잠수함과 견줄만한 것은 거의 없었다.

영국은 독일 U-18의 항속 거리를 알고 있었고, 따라서 자신들의 잠수함이 훨씬 우수하다고 생각하였다. 그들은 U-19의 항속 거리가 U-18의 네 배에 해

---

8.5kn(15.7km/h), 항속 거리 범위 1,250NM(2,320km), 잠항 심도 29m, 무장 457mm 어뢰관 1문(어뢰 두 발). 이 잠수함은 1906년 12월 독일 해군에 배치된 최초의 독일 U-보트 U-1의 원형이다.

46 회전 나침반(回轉羅針盤) 또는 gyrocompass, gyroscope, 회전의(回轉儀)라고도 한다. 임의의 축을 중심으로 자유로이 회전할 수 있는 틀 속에서 빠르게 회전하는 바퀴로 이루어진 장치이다. 19세기 프랑스의 과학자 푸코가 모든 방향으로 자유롭게 회전할 수 있는 고리인 짐벌 링(gimbal ring)에 설치된 바퀴 또는 회전자를 만들고 자이로스코프라고 명명했다. 푸코는 회전 운동량에 의해 틀이 기울어지거나 지구 자전에 관계없이 원래 방향과 자세가 유지됨을 증명했다. 이러한 특징을 이용하여 선박 및 항공기용 나침반과 자세계, 자동 조종 장치, 어뢰 조종 장치, 대형 선박의 횡동요 방지 장치, 관성 유도 장치 등에 이용된다. 자이로스코프 자체는 프랑스의 장 포우콜트가 1852년 고안해냈지만, 1910년에 비로소 자이로컴퍼스(gyrocompass : 자침의의 하나로서 고속으로 회전하는 팽이를 주체로 하는 방위 측정기)가 독일 전함에 이용되었다.

47 가솔린 자체의 기화성 때문에 선내에 유증기가 차올라 선내 화재/폭발의 위험성이 컸다.

당되는 5,000NM<sup>9,260km</sup>나 되는 것을 알지 못하였다. 누구도 통상 전쟁을 예상하지 못했는데, 그 이유는 아마도 그 당시 유명했던 미국의 해양 저술가인 해군 소장 앨프리드 마한[48]이 상선에 대한 공격을 완전히 무시했기 때문일 것이다.

어뢰는 이미 양측 모두 개발했다. 영국은 1914년 그 당시 사용 중이던 어뢰 중 가장 큰 21in5.34cm 어뢰를 보유하고 있었는데, 사거리는 7000yd<sup>6,400m</sup>, 속도는 41kn<sup>76km/h</sup>였다. 1914년 8월 8일 U-15[49]는 영국 전함 모나크[50]에 어뢰를 발사하였으나 실패하였다. 이는 잠수함에서 적에게 자체 추진력을 가진 어뢰를 발사한 최초의 사건이었다. 비록 실패했지만 이 공격은 영국 함대를 불안하게 만들었고, 이 때문에 스카파 플로[51]에서 정박 중이던 영국 대함대[52]의

---

**48** 앨프리드 세이어 마한(Alfred Thayer Mahan, 1840~1914)은 미국 해군 제독, 전략지정학자, 전쟁사학자로 '19세기 미군의 전략에서 가장 중요한 인물'로 꼽힌다. 강력한 해군을 보유한 국가가 세계적으로 더 강력한 영향력을 점유할 수 있다는 마한의 생각은 '해양력(sea power)'이라는 개념으로 드러나며, 이것을 집대성한 것이 1890년에 쓴 책,《해양력이 역사에 미치는 영향The Influence of Sea Power upon History》이다. 마한의 해양력 개념은 전 세계 해군의 전략에 엄청난 영향을 미쳤는데, 특히 미국, 독일, 영국 등이 그 영향을 많이 받았다. 그 때문에 1890년대 유럽의 해군력 증강 경쟁이 일어났으며, 이것은 제1차 세계대전의 원인 중 하나가 된다. 마한의 사상은 지금도 미국 해군 교리 곳곳에 남아 있다.

**49** U-15는 1911년에 진수된 독일의 타이프 U-13급 잠수함으로, 1914년 8월 9일에 침몰했다. 제원은 부상 시 516t/잠수 시 644t, 길이 58m, 함폭 6m, 프로펠러 두 개, 디젤 엔진과 발전기로 운항, 최대 속도 수상 항해 시 14.8kn(27.4km/h, 17.0mph), 잠항 시 10.7kn(19.8km/h), 최대 잠수 50m, 승무원 30명, 무장 45cm(17.7 in) 어뢰 발사관 4문(함수 2문, 함미 2문), 어뢰 여섯 발이다.

**50** HMS 모나크(monarch)는 1912~1922년 영국 해군이 건조한 오리온급 노급 전함 네 척 중 두 번째였다. 대양 함대에 배속되어 유틀란트 해전 등에 참전했다. 배수량 2만 2,274t, 길이 177m, 폭 27m, 엔진 2만 7,000마력의 보일러 18기(증기 터빈), 프로펠러 4기, 최대 속도 21kn(39km/h), 항속 거리 12,460km, 승무원 738~750명, 무장은 13.5in(343mm) 2연장 포탑 5개(10문), 4in(102mm) 단장포 16문, 21in(533 mm) 어뢰발사관 3문이었다.

**51** 스카파 플로(Scapa Flow)는 스코틀랜드 북단 오크니 제도에 있는 만으로 여러 섬으로 둘러싸인 곳이다. 고대부터 선박들의 정박지였고, 제1차 세계대전과 제2차 세계대전 시 영국 해군의 주요 기지로 사용되다가 1956년에 폐쇄되었다. 스카파 플로는 수심 60m 이하의 얕은

안전이 의심되었다.[53] 곧 영국 해군 본부는 함대를 로크 에베[54]로 이동시켰고, 잠수함에 대한 공포가 더욱 심해지자 북아일랜드에 있는 로 스윌리[55]로 옮겼다. 그러는 동안 잠수함 방어 기지를 로치 유와 스카파 플로에 건설하도록 명

모래 바닥으로 평균 수심은 약 30m이다. 제1차 세계대전 시 영국은 독일의 잠수함·구축함 공격에 대비해서 남쪽 섬들 사이의 수로에 대잠수함 그물과 잠수함 장애물, 기뢰 지대, 해안 포병 등으로 방어망을 형성했다. 제1차 세계대전 이후에는 패전한 독일 해군의 전투함 74척이 이곳에 머물러 있다가 그중 53척이 자침했다.

제2차 세계대전 시에도 독일 공군의 비행장과 거리가 멀고 잠수함이 침투하기 힘들다는 이유로 다시 주요 해군 기지로 부각되었다. 제1차 세계대전 시 설치되었던 대잠 방어망은 훼손된 상태에서 완전히 복구되지 못했고, 1939년 10월 14일, 귄터 프리겐 함장의 U-47은 방어망을 뚫고 스카파만에 정박한 전함 HMS 로얄 오크를 침몰시키고 귀환에 성공했다.

52 대함대(Grand Fleet)는 제1차 세계대전 당시 영국 해군의 주력 함대로, 1914년 8월에 설립되어 1919년 4월에 해산되었다. 주둔 기지는 스코틀랜드 오크니(Orkney)섬에 있는 스파카 플로였다. 초대 함대 사령관은 존 젤리코 제독이었다. 1914년 8월에 본국 함대의 1함대와 2함대 전력 일부를 차출해서 편성되었으며 주력 전함 25~35척이 편제되었다(유틀란트 해전 당시에는 32척의 드레드노트급 전함과 슈퍼 드레드노트급 전함을 보유하고 있었고, 이중 28척이 전투에 참가했다.). 대전 기간 중 대함대는 유틀란트와 노르웨이 사이의 북부 순찰과 독일의 해상 봉쇄를 수행하면서 독일 해군의 크리스마리네를 견제하였다. 이후 스코틀랜드 포스만(Firth of Forth)의 로사이스(Rosyth)로 주둔지를 이동했다. 대함대의 처음이자 마지막인 대규모 전투는 1916년 6월의 유틀란트 해전이었다. 양측의 승패가 애매했던 유틀란트 해전 이후, 독일의 대양 함대는 전쟁의 마지막 두 해 동안 빌헬름스헤이븐과 킬의 주둔 기지에 은거하면서 영국 함대와의 교전을 피했다. 미국의 참전 이후에는 미 해군 9함대 소속의 전함 5척이 제6전단으로 배속되었다.

1918년 종전 시 대함대는 35척의 드레드노트급 전함과 11척의 순양전함을 보유했다. 1919년 4월 대함대는 해산되었고, 전력의 대부분은 신생 대서양 함대로 편입되었다.

53 스카파 플로에 대한 공격은 두 번으로 U-18은 1914년 11월 침투를 시도했지만 초계정이 돌진하여 승무원 한 명이 전사하고 퇴각했다. UB-116은 1918년 10월에 침투했지만 정박지로 들어가기 직전 기뢰에 접촉되어 격침, 승조원 36명이 전사했다.

54 로크 에베(Loch Ewe)는 스코틀랜드의 북서 하일랜드 웨스터 로스(Wester Ross) 지역의 로크(호수 또는 바다/호수에서 육지로 들어가는 좁은 물길)이다. 석탄 운송용 항구였으며, 제1차 세계대전에는 대함대 주둔지, 제2차 세계대전에는 소련 지원 물자를 수송하기 위한 북극 호송대의 집결 지점이었다. 종전 후에는 잔존 독일 U-보트의 집결지였으며, 현재는 멜론 샤를(Mellon Charle) 기지에 핵 추진 잠수함 주둔을 위한 두 개의 부두와 유류 저장고가 유지되고 있다.

55 로 스윌리(Lough Swilly)는 아일랜드 북부 해안의 이니쇼웬(Inishowen) 반도 서쪽과 파나드(Fanad) 반도 사이에 위치한 피오르드이다.

**그림7-10** HMS 모나크

령하였다. 로 스월리마저도 안전하지 못하게 되었는데, 그 이유는 최신형 수퍼-드래드노트급super-dreadnoughts 전함 오데시우스[56]가 해상 습격선인 베를린호[57]가 설치한 기뢰에 부딪쳐 침몰했기 때문이다. 당시에는 침몰 원인이 기뢰에 의한 것인지 어뢰에 의한 것인지 확실하지 않았다.

다행히 독일군은 소수의 잠수함이 역사상 최강의 전투 함대를 주 기지에서 제2기지로, 다시 제3의 기지로 후퇴시키고, 이러한 후퇴가 함대를 전쟁의 주 전장인 북해로부터 점점 멀어지게 했다는 것을 몰랐다. 그들이 알고 있는 것은 무난하게 북해를 항해할 수 있었다는 것과 마주치는 모든 배는 파괴했다는 것이다. 오랜 기간 그들은 오데시우스호가 침몰된 것조차 몰랐다.

---

56 HMS 오데시우스(Audacious)는 1913년 취역한 영국 해군의 네 번째이자 마지막 조지(King George) 5세급 노급 전함이었다. 취역 후 본국 함대 및 대함대에 배속되었으나 제1차 세계대전 초기인 1914년 10월 27일 아일랜드 북부 해안에서 독일 해군이 부설한 기뢰에 접촉 후 침몰, 제1차 세계대전에서 기뢰에 의해 격침된 가장 큰 전투함이 되었다. 배수량 25,830t, 길이 182.2m, 선폭 27.2m, 증기 터빈 2기, 프로펠러 4기, 최대 속도 21kn(39km/h), 항속 거리 5,910nm(1만 950km), 승무원 860명, 무장 13.5in(343mm) 연장 포탑 5문, 4in(102mm) 단장포 16문, 533mm 어뢰발사관 3문

57 베를린(Berlin, 만재 배수량 2만 3,700t, 승객 3,212명, 승무원 410명)호는 1908년 독일에서 건조된 여객선이었다. 1914년 독일 해군에 기뢰 부설함 겸 보조 순양함으로 징발되었다. 베를린은 영국의 통상 항로 봉쇄를 목적으로 기뢰 부설 및 제거 장비와 기뢰 200발, 105mm 포 2문, 수 문의 기관포를 장착하고 있었다. 1914년 10월 23일 아일랜드 북서부 해안 토리(Tory)섬 인근에 기뢰 200발을 부설하였다. 이 기뢰에 영국 화물선 SS 맨체스터(Manchester, 배수량 5,363t)와 드래드노트급 전함 HMS 오데시우스가 격침되었다. 종전 후 1919년 영국에 전리품으로 이양되었고, SS 아라빅(Arabic)이라는 선명으로 화이트 스타 라인(White Star Line)에서 여객선으로 사용되다가 1931년 폐선되었다.

상선에 대한 잠수함 공격이 시작된 것은 1914년 10월 20일, U-보트가 글리트라라는 작은 증기선을 침몰시켰을 때부터이다.[58] U-보트의 함장은 견책을 예상하고 기지로 귀항했는데 오히려 공식적인 칭찬을 받았다. 독일의 최고 사령부는 영국 제도 일대를 전쟁 지역으로 선포하기로 결정하였는데 이는 피아를 막론하고 위험한 것이었다. 잠수함에 겨우 몇 발밖에 장착할 수 없는 값비싸고 덩치 큰 어뢰보다 함포를 사용하여 작은 배를 침몰시키는 것이 훨씬 더 효과적이라는 것을 깨닫고, 그들은 비밀리에 대형 잠수함에 함포를 설치하였다. 카이저 황제가 1915년 2월 4일 공식적으로 명령하여 상선의 격침이 본격적으로 시작되었다.

이에 대한 미국의 항의가 매우 격렬해서 독일은 U-보트의 놀라운 성과에도 불구하고 상선에 대한 공격을 줄이기로 약속하였다. 미국이 U-보트의 공격 축소를 요구하지 않았다면 잠수함은 1917년에 실패했던, 영국 상선을 격침해 영국을 굴복시키려던 것을 이루었을 것이다. 독일 해군 장교들은 죽음의 위험과 상관없이 전쟁 지역을 태평하게 오가는 소수의 미국인을 위하여 미국이 독일의 강력한, 혹은 결정적인 무기의 사용 제한을 요구하는 것을 참을 수 없었다. 결국 카이저 황제는 1916년 8월 1일 무제한 잠수함전의 재개를 승인하였다. 그러는 와중에 독일 함대에 더 크고 우수한 두 가지 종류의 잠수함인 UB 18-29[59]와 UB 30-47이 인도되기 시작하였다.

~~~~~~~~~~

58 SS 글리트라(Glitra)는 배수량 527t의 소형 증기 화물선이었다. 영국 그레인지마우스(Grangemouth)에서 노르웨이 스타방에르(Stavanger)까지 석탄, 철판, 기름 등을 운반하다가 노르웨이 해안 26km(14NM) 지점에서 요하네스 펠트키르체너(Johannes Feldkirchener) 대위의 독일해군 U-17에 의해 강제로 정지되었고 승무원 퇴선 이후 격침되었다.

59 UB18~29, UB30~47은 제1차 세계대전 중 독일 해군 UB II급 잠수함들이다. 1915~1916년 30척이 건조되어 20척이 격침되고, 잔존함들은 1931년까지 사용되었다. 배수량 수상 263~279t, 수중 292~305t, 길이 36~37m, 함폭 4.36m, 디젤 엔진과 발전기로 구동되며 1축 프로펠러, 수상 항주 9kn(17km/h). 수중 항해 5.8kn(11km/h), 항해 거리 6650NM(1만

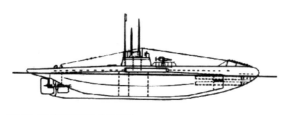

**그림7-11** 타이프 UB-II U-보트

미국의 새로운 항의에 직면하여 카이저 황제는 다시 물러서서 건조 중인 새로운 잠수함의 요구 수량을 줄였다. 그 결과로 1917년 2월 1일 무제한 전투가 본격적으로 시작되었을 때 가용한 U-보트의 숫자가 그전보다 더 적었다. 잠수함전이 선박보호법<sup>cruiser prize</sup> <sup>rules, 이 법은 잠수함이 부상해서 침몰하는 배의 승무원이 모두 안전하게 구명보트에 탑승하는지를 확인할 것을 요</sup> 구한다에 따라 운영됐을 때조차 상선의 희생 숫자는 엄청났다.[60] 독일이 미국의 요구를 무시하기로 결정한 때부터는 영국 제도를 떠나는 100척의 배마다 25척은 다시 돌아오지 못하였다. 만약 그런 손실이 계속되었다면 영국은 확실히 패배하였을 것이다.

그러나 미국의 항의로 인한 전면적인 잠수함전의 지연은 영국이 대잠수함

---

2,320km), 최대 잠항 심도 50m, 500mm 어뢰발사관 2문(어뢰 4~6발), 50mm 함포 1문, 승무원 23명이었다.

60 선박보호법(Cruiser prize Rules)은 무장 선박에 의한 상선의 공격에 관한 협약을 언급하는 구어체 문구이다. 선박보호법은 비무장 선박에 대한 사격과 포획된 선박 승무원의 대우가 허용될 때 적용된다. 본질은 비무장 선박이 경고없이 공격되어서는 안된다는 것이다. 하지만 반복적으로 정선 명령을 무시하고 항해하거나 공격 대상에 탑승하는 것에 저항하는 경우에는 무장을 사용할 수 있다. 격침 시에는 승무원의 안전을 보장하기 위해 적절한 조치, 즉 공격 대상의 승무원을 선상에 태우고 안전한 항구로 운송해야 했다. 승무원을 구명보트에 남겨 두는 것은 자력 항해로 안전 지역에 도달할 것으로 예상되고 충분한 보급품과 항해 장비가 있는 경우에만 가능하다. 선박보호법은 17세기에 시작되었으나 처음에는 공식 국제 협약이 아니라 명예로운 전통이었다. 크림전쟁 이후 영국과 프랑스 사이의 공식 합의가 1856년 해양법 존중 파리 선언으로 확대되어 미국과 스페인을 제외한 모든 해양 국가에 의해 서명되었다. 1909년 해군 전쟁법에 관한 런던 선언(국제 협약)이 유럽의 주요 강대국들, 미국, 일본에 의해 체결되었다. 이 조약의 제50조는 제1차 세계 대전 중 선박보호법이 의미하는 것이다. 양대 세계 대전에서 잠수함들은 초기에는 선박보호법을 대체로 준수했지만 전쟁이 진행될수록 선박보호법을 무시했다.

전에 필요한 자원을 준비하는 데 충분한 시간을 제공하였다. 1914년에는 영국이 그러한 위협에 대한 준비가 완벽하지 않았다. 1917년 중반에도 지난 18개월 동안 국가의 과학적 능력과 기술적 자원을 동원하였음에도 불구하고 처참한 격침을 막기에는 역부족이었다. 처칠은 후일 이 기간을 다음과 같이 기술하였다.

"나는 지금까지 겪어 보지 못한 고난의 순간을 두려움을 가지고 지켜봤다. 격침당하는 배의 숫자가 새로 건조하는 숫자에 비하여 극도로 높아져 가는 고난을…… 내 생각에 이 상황은 우리가 직면했던 전쟁의 고비 중에서 가장 심각한 위기였다."

1917년 2월 1일까지 5개월 동안 월평균 약 37척의 영국 선박이 침몰되었다. 3월에는 103척이 잠수함과 기뢰에 의하여, 24척은 사략선해상 습격선에 의하여 침몰하였다. 미국이 참전한 다음 달에는 총 169척의 영국 선박이 침몰되었다. 비극적인 4월에 영국의 침몰 총 톤수는 54만 5,000t에 달했다.

다양한 대잠수함전 수단을 준비하기 위한 시간이 있었지만, 가장 중요한 방법은 호위 선단을 구성하는 것이었다. 이러한 방법들로 서서히 U-보트에 손실을 입히기 시작하여 연합군의 수송 함대를 보호할 수 있었다. 같은 달인 4월 이후 연합군의 침몰 척수는 감소한 반면 U-보트의 손실 척수는 증가하였다. 막대한 피해에 대응하기 위해 영국의 물리학자, 화학자, 수학자들은 수중청음기hydrophone와 폭뢰라는 두 가지 무기를 완성하였다. 1916년 4월 23일 수중청음기는 최초로 기뢰망에 걸린 UC3를 찾아내는 데 성공했다. 잠수함은 신속히 격침되었다. 1916년 7월 6일에는 고속정motor boat인 살몬Salmon호가 수중청음기를 사용해서 기뢰 부설 잠수함인 UC7을 찾아내어 폭뢰를 투하, UC7의 기뢰를 기폭 격침했다. 영국 해역에 기뢰 부설 임무를 맡은 U-보트 함장들은 두 가지 무기의 재앙적 결합을 두려워하여 사기가 크게 저하되었다.

영국 과학자들은 또한 대잠수함 장비로서 특수한 모양의 포탄을 개발하였다. 건현乾舷[61]이 낮고 부력이 최소인 U-보트는 항상 상대적으로 공격받기 쉬웠고 전쟁 기간에 19척이 충각 공격으로 격침되었다. 취약한 지점에 대한 소화기 공격만으로도 더 이상 잠수하지 못하는 손상을 입었다. 먼저, 영국 해군은 위협적이지 않은 상선으로 위장한 무장 유인함 큐-쉽Q-ships을 운용했다. 나중에는 총포 생산이 증가하여 매우 많은 수의 상선을 무장시킬 수 있었다. 이것은 잠수함이 부상한 상태에서 탑재한 함포를 사용해서 교전하는 것을 포기해야 했고, 생존을 위해서는 계속 잠수해야 하며 탑재량이 제한된 어뢰 모두 소모하는 것을 의미하였다.

영국 과학자들이 대잠 기뢰를 완성한 시기는 1917년 봄이 아니라, 마크 딜리버리Mark H. Delivery가 도버 해협부터 헬리고랜드 비흐트[62] 만과 기타 지역의 넓은 해역에 걸쳐 기뢰 설치를 시작한 7월이었다. 프랑스 전 해변을 장악하고 저위국[63]이나 프랑스의 어느 항구에서나 출항할 수 있었던 제2차 세계대전과는 달리, 제1차 세계대전 간 독일 해군은 협소한 해역에서만 위험을 무릅쓰고 출항할 수 있었고, 북해나 영국 해협 중의 어느 하나만 통과해야 했다. 사실상 영국은 지리적 위치로 인해 독일군을 봉쇄하였다. 이러한 사실 때문에 대규모의 기뢰 설치가 가능하고 유용하였다.

1917년 4/4분기에 영국 해군은 1만 2,450개의 기뢰를 부설하였다. 그 이듬

---

61 홀수선에서 상갑판 윗면에 이르는 부분

62 비흐트만(Helgoland Bight, Helgoländer Bucht)은 엘베강 입구에 위치한 독일 비흐트의 남쪽 부분을 형성하는 만이다. 1914년과 1917년에 해전이 벌어졌고, 제2차 세계대전이 시작된 1939년에는 공중 전투가 벌어졌다.

63 국토의 표고가 해수보다 낮은 국가로 네덜란드, 덴마크 등이 있다.

해에 영국은 북해를 가로질러 기뢰 장벽을 설치하도록 결정하였는데, 이는 특수한 심해深海 기뢰의 개발, 15만 기 이상의 생산량과 수백 척의 기뢰 부설함이 요구되는 대담한 시행이었다. 연합국은 통틀어 17만 2,000기의 기뢰를 부설하였다. 오직 미국의 생산 능력만이 그렇게 짧은 기간에 그만큼의 수량을 생산할 수 있었으나, 1918년까지는 이 생산 라인은 완성되지 못했다. 당시에 도버 해협은 순찰함이 야간에 U-보트가 기뢰망을 수중 통과하는지를 찾아내기 위해 차안에서 대안까지 탐조등을 사용하였다.

항공기도 잠수함 탐색 작전에 운용되었다. 수상함과는 달리, 항공기는 해수면에 비친 잠수함의 그림자를 통해 탐색이 가능했고, 구축함에 그 위치를 신호로 보내거나 폭뢰를 직접 투하하기도 했다. 특수한 형태의 항공 폭탄이 잠수함 전용으로 개발되었다. 항공기는 잠수함이 기뢰 부설 활동을 못하도록 거부 작전을 수행하였고, U-보트에 잠수만 하도록 강요하여, 항속 거리와 효율성을 대단히 감소시켰다.

연합국 잠수함들은 U-보트에 대항하기 위해 모두 운용되었다. 연합국들은 U-보트 추적에 유용한 의외의 무기를 개발했다. 영국은 이러한 목적을 위해 특수한 형태의 로미오R급 잠수함을 발명했는데, 이 잠수함은 잠수 상태에서 수상에서 내연기관을 구동해서 항해하는 것보다 빠른 약 14kn의 속도를 낼 수 있는 전기 모터를 탑재하고 있었다.[64]

---

64 R급 잠수함은 제1차 세계대전 중 열 척이 건조되어 1934년까지 사용되었다. 배수량은 수상 427t, 수중 508t, 길이 50m, 선폭 4.9m, 480마력 디젤 엔진 1기와 전기 모토 2기, 1축 프로펠러, 최대 속도 수상 9.5kn(17.6km/h), 수중 14kn(시속 26km), 승무원 22명, 수중청음기, 457mm 어뢰발사관 6문(어뢰 12발) 14kn로 한 시간 수중 항해가 가능했다. R급 잠수함은 적의 잠수함을 공격하고 침몰시키기 위해 특별히 설계되었으며, 배터리 용량과 선체 모양이 수중 성능에 최적화되어 있다는 점에서 현대 공격 잠수함의 선구자였다. 하지만 배터리를 완전 충전하는 데 하루 종일 걸려서 충전은 항구에서 수행되었고, 최고 잠수 속도에서 심도 유지가 매우 어려웠다. 독일 잠수함과의 교전은 단 한 번 1918년 10월 독일 U-보

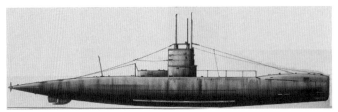

**그림7-12** 영국 해군 R급 잠수함

　그러나 대체로 U-보트에 대한 가장 공격적인 위협은 구축함과 폭뢰로 무장한 소형 전투함 수가 늘어나는 것이었다. 소형 함정은 해상을 순찰하며 잠수함을 찾아 공격하였다. 1914년 영국 구축함의 공급량은 터무니없이 부족했다. 그러나 전쟁 말기까지 미국은 엄청난 대량 생산 및 조립 시설을 활용하여 구축함 한 척을 6주 만에 건조하고 있었다. 전쟁이 끝났을 때 구축함 400~500척이 운용 가능했고, 그보다 작은 소형 전투 함정은 매우 많았다. 전쟁 초기 몇 달 동안은 폭뢰 생산량이 매우 적어서 구축함들은 각각 4기로 그 탑재량이 제한되었으나, 1918년 초기에는 각 구축함들이 30~40기의 폭뢰를 탑재하였다.

　보통의 잠수함에는 몇 가지 중요한 취약점이 있다. 즉 속도가 느렸고, 특히 잠수 중에는 더욱 느렸으며, 잠수 시 항해 거리가 짧았고, 수중 공격에 취약하며, 시계가 불량했다. 더구나 잠수함은 안전하게 순항하기 위해 충분한 심도로 잠수해야 했고, 이러한 점은 폭뢰를 피해 잠수할 때 매우 중요한 요소였다. 이러한 요구 사항은 영국 제도 주변의 얕은 바다에서는 쉽게 충족될 수 없었다. 심지어는 U-보트가 완전히 잠수하여 해저까지 내려가 엔진을 끄고 있을 때도 민감한 수중청음기는 종종 자이로식 나침반의 모터 소리까지 탐지할 수 있었다.

────────

트를 추적, 어뢰 여섯 발을 발사해서 그 중 한 발이 명중했지만 불발되어 격침에 실패했다.

압축 공기의 팽창에 의해 추진되는 어뢰는 흰색의 항적을 넓게 남겼는데 구축함은 신속히 그 항적의 끝을 좇아 폭뢰를 투하할 수 있었다. 1917년 10월 이후, 격침된 잠수함의 수가 건조 중인 잠수함 수를 초과하기 시작했다. 당시 잠수함전은 실패했으며, 그보다 더 나쁜 결과를 초래했음이 명료해졌다. 미국의 참전을 불렀기 때문이다. 하지만 전쟁 기간 잠수함의 위협은 막대했다. 대對 잠수함 공격 수단과 방대한 방어적 예방책 -호위함, 무장 상선, 잠수함이 설치한 기뢰를 제거하는 등-이 있음에도 불구하고 선박의 침몰은 계속되었다. 영국에 이르는 서부 항로 중 핵심 지역과 일부 지중해의 해협에서 연합국과 중립국의 선박 1,100만t이 격침되었다.

호위함은 잠수함에 의한 아군 선박의 침몰 수를 줄이는 데 지대한 도움이 되었는데, 구축함의 보호를 받는 호위함을 공격할 수 있는 U-보트는 드물었기 때문이다. 그러나 호위함에도 문제가 있었다. 호송 선단을 구성하는 데 장시간이 소요되고, 호송 선단의 모든 선박이 가장 느린 선박의 속도에 맞추어서 항해해야 한다는 점이었다. 독일은 4년 동안 4만 3,600발의 기뢰를 부설했고, 그중 1만 1,000발을 영국 연안에 부설했기 때문에 약 600척의 소해정이 필요하였음에도 불구하고, 기뢰 소해는 절대적으로 필요한 작업이었다.

1917년 말 독일 해군은 연합국을 혼란스럽게 한 지연 반응 형식의 기뢰를 개발하였다. 지연 반응 기뢰는 설치 이후 1~4일 동안에 걸쳐 해저에서 가장 효과적인 수심으로 떠오르도록 설계되었다. 그래서 작전 수역의 기뢰가 완전 제거되고 이상이 없다고 보고된 이후에도, 새로운 기뢰가 설치되지 않았는데 기뢰가 다시 나타나곤 했다.

다양한 형태의 계류 기뢰에 대한 방어를 위해 '오터 기어otter gear'가 개발되었는데, 이것은 군함이나 통상선의 뱃머리에 장착하도록 고안된 기뢰 방어 체

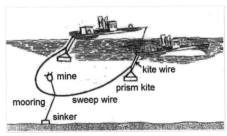
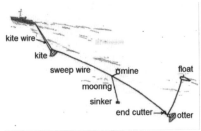

**그림7-13** 오터 기어를 이용한 기뢰 제거

계이다. 이 도구는 근접한 각종 기뢰의 계류선을 한쪽으로 몰아서 끊었다. 그러면 기뢰는 수면으로 떠올랐고, 발견되면 폭파시켰다.

기뢰도 잠수함처럼 공격과 방어 양면에 모두 사용되었다. 기뢰는 연합국을 다르다넬스Dardanelles에, 독일을 리가[65]에 봉쇄하는 데 큰 공을 세웠다. 발트해에서 기뢰를 운용한 독일군이 우월한 전력으로 러시아의 해군력을 견제하고, 북해에 전투 함대를 집중할 수 있었다. 영국은 독일의 전투 함대보다 우월한 전력으로 도버 해협에 근접하는 것을 보조하기 위해 기뢰를 운용하였으며, 이로써 영국 대양 함대는 오크니Orkneys에서 공세적 임무에 집중할 수 있었다.

제1차 세계대전 동안 과학이 해양 전략에 미치는 영향을 미리 예측하는 것은 불가능했을 것이다. U-보트의 성공이 한창일 때 과학 및 산업력과 재앙에 직면한 영국의 완고한 용기가 조화를 이루어 최종적으로 U-보트가 실패할 것이라고 확신한 사람은 별로 없었다.

한편 독일의 군 수뇌부는 해상 상선 습격선사략선이 대성공할 것이라 기대했다. 습격선중 가장 유명한 것은 엠덴Emden, 울프Wolf, 뫼베Möwe와 시애들러See-adler이다. 이러한 성공은 특히 1916~1917년 영국이 이미 엄청난 잠수함 공격

---

65 리가(Riga)는 라트비아의 수도로, 북부 발트해와 다우가바강에 접해 있다. 리가는 발트 3국 가운데 가장 큰 도시이다. 평지와 사구로 되어 있다.

으로 동요되고 있을 때
절정에 달했으나 놀랍게
도 일시적이었다. 사략선
의 순항 반경은 연료 공
급 기지에의 의존성 때
문에 넓지 못했다. 그러
나 중요한 것은 무전기

**그림7-14** 카파크리크Kaperkrieg 울프SMS Wolf

의 등장으로 상선이 감지된 위치에서 멀리 있어도 경고를 받을 수 있거나, 우
군의 순양함이 상선을 추적하여 잡을 때 도움을 줄 수 있었다는 점이다.

　유명한 경순양함 엠덴의 업적은 독일의 다른 습격선들의 명성을 무색하게
하였는데, 무선 통신을 받은 시드니[66]의 대구경 함포에 격침되기까지 단지 2
개월 동안만 활약할 수 있었다. 다른 습격선들은 더욱 조심하기 시작하였으
며, 모든 성공의 합(合)은 군사적으로는 큰 인상을 남기지 못했다. 습격선은
눈부신 경력이 약간 있었지만 제2차 세계대전에서 항공기로 습격선을 추적하
여 잡았으므로 도망자와 다름 없게 되었다.

　제1차 세계대전 때는 대규모 전투 함대가 두 개 있었지만, 양측은 유틀란
트Jutland 해전을 제외하고 세기의 전환 시 병기 분야에서 일어난 기술적 발전
을 직접 시험할 기회가 없었다. 양편의 함대 모두 드레드노트Dreadnought급과
수퍼드레드노트급Super Dread- nought의 고성능 전함을 보유하고 있었다. 1906

---

66 HMAS 시드니(Sydney)는 오스트레일리아 해군이 1912년 진수시킨 채팀(Chatham)급
　경순양함(5,500t)이었다. 길이 139m, 함폭 15m, 증기 터빈, 프로펠러 네 개, 최대 속도
　25.7kn(47.6km/h), 주포 6in(152mm) Mk XI 함포 8문, 3in(76mm) 대공포 1문 등으로 무장
　했다. 1914년 11월 9일, 인도양 북동부의 코코스 제도 전투에서 독일 순양함 SMS 엠덴을
　격침했다.

년에 영국에 의해 건조되었고 주 무장을 드레드노트 이전의 형태인 혼합 무장-12in$^{30.48cm}$ 주포 4문과 8in$^{20.32cm}$ 부포 4문-대신에 한 가지 무장으로 통합 -12in 10문 -한 전함 드레드노트에서 유래된 함종명으로 이러한 혁신은 사격 통제를 훨씬 용이하게 만들었다. 드레드노트급 함포의 구경은 11~15in$^{28~38cm}$이며, 15in 함포는 거대한 퀸 엘리자베스급 전함[67]에 장착된 것이다. 모든 함포가 가공할 파괴력을 가졌다. 양쪽의 함대 모두 '사격 통제' 체계를 장착했는데, 모든 거포가 포술 장교의 전기 통제 장치로 일제히 거의 평행하게 정렬하여 조준, 발사되었다. 포술 장교는 자신의 함정과 사격할 표적의 방향 및 속도를 조절하는 컴퓨터와 자동적으로 연동된 사격 통제 체계로 표

**67** 퀸 엘리자베스급 전함은 영국 해군이 1914~1948년 운용한, 다섯 척의 만재 배수량 3만 6,500t급의 슈퍼 드레드노트급 전함이다. 화력, 방어력 및 속도에서 뛰어났으며, 최초의 고속 전함이었다. 당대에 이에 필적할 만한 전함은 15in급 주포를 장착한 독일 해군의 바이에른(Bayern)급 전함이지만, 속도가 21kn에 불과해서 25kn의 퀸 엘리자베스급에 못 미쳤다. 주포인 15in Mk-I은 영국 해군이 전함에 사용한 가장 강력한 주포의 하나로 넬슨급 전함의 16in Mk-I이 있으나, 15in Mk-I에 1938년에 도입된 신형탄을 적용할 경우 갑판 타격에서는 오히려 성능이 앞선다. 현측 타격 능력도 2만 5,000~3만yd(250~300m) 사이에서 역전되며 정확성이나 포신 수명에서는 오히려 더 좋은 평가를 받기도 했다. 제1차 세계대전 당시에는 유틀란트 해전에 참여하였으며, 주력 전함 중에서는 가장 먼저 교전에 참여하여 자신의 전술적 가치를 증명하였다. 퀸 엘리자베스급 전함은 제1차 세계대전 종전 당시에는 단연 세계 최강의 주력함이었다.

그러나 얼마 지나지 않아 전쟁 중에 기공되었던 16in 주포를 탑재한 신형 전함들이 완성되었다. 제2차 세계대전 개전 당시에는 순양전함 후드와 함께 KGV급 전함 취역 직후의 공백 기간만 후드의 파트너 겸 주력함으로 활약할 것으로 예상되었으나, 후드가 비스마르크 추격전에서 격침되고 말레이 해전 이후로 영국 해군 수뇌부가 KGV급 전함의 최전방 전개를 꺼리게 되면서 리나운급 순양전함과 함께 영국 해군의 실질적인 주력함으로 운용되었다. 다섯 척 중 4번함 버럼이 지중해에서 독일 잠수함 U-331의 뇌격으로 격침되고 나머지 함들은 살아 남았다.

전장 196m, 전폭 28m(취역 당시) 32m(1940년), 만재 배수량 3만 3,000t(취역 당시), 3만 6,565t(1940년), 승조원 951명(취역 당시), 1,184명(1940년), 추진 기관 증기 터빈 4기, 4축 추진 보일러(증기 보일러 24기), 최고 속력 25kn, 주포 42구경장 15in(38cm) 연장 포탑 4기, 부포 45구경장 6in(152mm) 단장포 16문, 대공포 3in(76mm) 단장포 2문, 4in(102mm) 단장포 2문, 4.5in(114mm) 연장 포탑 10문

적을 추적했다. 그래서
사격은 표적에 협차[68]
될 때까지 통제될 수
있었다.

이러한 발전은 탄착
정확도의 향상을 가져

**그림7-15** 퀸 엘리자베스급 전함 HMS 발리언트Valiant(02)

왔다. 이전의 포술 훈
련은 주로 탄약의 소모로 간주되었으나, 이후 2만yd[1만 8,288m]에서도 명중할
수 있었다. 해상 전투는 아주 멀리 떨어진 거리에서 시작할 수 있고, 함정은
수 마일 떨어진 곳에서의 공격으로 침몰될 수 있었다. 결정적인 화력의 우세
를 가진 함대는 영국 해군 프레데릭 스터디 제독[69]의 순양함이 1914년 12월에

68 협차(夾叉, 영어로는 straddle). 전함 포술에서 일제 사격의 탄착이 표적의 전후 및 좌우에 걸
쳐있는 상태 즉 목표가 일제 사격의 탄착군 안에 들어가는 상태로 만들어가는 과정을 말
한다. 육군의 협차 개념은 각 포의 탄착 과정을 통해 명중까지 수정하는 것이고 해군의 협
차의 경우 동일 구경의 함포를 동시에 사격해서 탄착군에 적함이 들어가게 한다는 차이가
있다. 협차가 성공했다는 것은 표적이 자함 포탄의 탄착군 내부에 있다는 것이므로 표적
과 자함의 상대 위치가 변화하지 않는 한 동일 제원으로 계속 일제 사격을 하면 확률적으
로 포탄이 적함에 명중하게 된다는 것을 의미한다. 반대로 맞는 쪽 입장에서 적이 자함에
대하여 협차시켰다는 것은 곧 적탄에 명중될 것을 의미한다. 따라서 상대에게 먼저 협차될
경우 회피 기동을 해야 한다.

69 프레데릭 스터디(Sir Frederick Charles Doveton Sturdee, 1859~1925)는 영국 해군 대장으로,
제1차 세계대전이 시작되기 직전에 영국 해군성의 참모장이 되었다. 1914년 11월 영국 해
군은 코로넬 해전에서 심각한 패배를 당했다. 이에 대한 대응으로 스터디는 코로넬에 피
해를 입힌 그라프 막시밀리안 폰 슈페(Von Spee)가 지휘하는 독일 함대를 찾기 위해 남대
서양으로 파견되었다. 1914년 12월 8일, 포클랜드 제도의 포트 스탠리에서 석탄을 싣는 동
안 스터디는 폰 슈페를 만났고 후속된 전투는 포클랜드 제도 해전으로 알려졌다. 폰 슈페
는 자신보다 우월한 함대와 교전하고 있음을 깨닫고 후퇴하였다. 추격 과정에서 스터디의
함대는 경순양함 드레스덴 한 척만 제외하고 장갑 순양함 SMS 샤른홀스트(Scharnhorst)와
SMS 그나이제나우(Gneisenau)를 포함한 모든 독일 함대를 침몰시켰다. 탈출한 드레스덴도
1915년 3월에 격침당했다. 종전 무렵 그는 대양 함대 제4전함전단장과 노어(Nore) 함대 사
령관을 역임했다.

**그림7-16** 윌리엄 라이오넬 와일리William Lionel Wyllie가 묘사한 포클랜드 제도 해전. 독일 장갑 순양함 샤른홀스트호와 그나이제나우호가 전투 중 전복되며 침몰하고 있다.

포클랜드Falkland 군도에서 더 소규모인 폰 슈페von Spee 제독 - 이 사람은 역시 더 약한 크래독Cradock 제독의 전대를 격파하였다 -의 전대를 전멸시킴으로써 증명한 것처럼 심각한 손상을 입지 않고도 적함을 완전히 격파할 수 있었다. 이것은 해전에서의 결정적인 변화였다.

유틀란트 해전[70]은 모든 새로운 해양 기술과 장비를 보여주었고, 항공기와 비행선도 활용되었다. 가까운 거리에서의 잠수함의 위협은 양쪽 함대의 기동에 영향을 주었다. 화력뿐만 아니라 적 포탄에 피격되었을 때 버티는 능력까지 보여주는 전투가 바로 전투력의 시험대였다. 두꺼운 장갑으로 보호된 퀸 엘리자베스급 네 척은 원거리에서 독일군의 11in$^{28cm}$와 12in$^{30.5cm}$ 주포의 대

---

[70] 유틀란트 해전은 독일제국과 영국의 함대가 1916년 5월 31일부터 이틀 동안 덴마크의 유틀란트 부근의 북해에서 벌인 해전이다. 이 전투는 양측을 합쳐 드레드노트급 전함만 44척이 동원된 제1차 세계대전 중 가장 큰 해전이었고, 유일한 전함간 함대 결전이었다. 전투에는 셰어(Reinhard Scheer) 중장이 독일 해군의 대양 함대(High Seas Fleet)를, 존 젤리코(Sir John Jellicoe) 대장이 영국 해군의 영국 대함대(British Grand Fleet)를 지휘하였다.
영국 해군은 총 151척(전함 28, 순양전함 9, 장갑 순양함 8, 경순양함 26, 구축함 78, 기뢰 부설함 1, 수상기모함 1), 독일 해군은 총 99척(전함 16, 순양전함 5, 전노급 전함 6, 경순양함 11, 어뢰정 61)을 투입하였다. 전사 6,094명(영)/2,551명(독), 부상 674(영)/507(독), 포로 177(영)의 인명피해가 났다. 영국 해군은 순양전함 세 척, 장갑 순양함 세 척, 구축함 여덟 척 등 총 배수량 11만 3,300t이 격침되었고, 독일 해군은 순양전함 한 척, 전노급 전함 한 척, 경순양함 네 척, 어뢰정 다섯 척 등 총 배수량 6만 2,300t이 격침되었다.
대전 후 양쪽 모두가 승리를 선언하였으나, 영국 해군은 더 많은 사상자를 내어 언론의 비난을 받았다. 독일 해군은 이후 외양 함대를 단 한 번도 출격시키지 않았고 잠수함을 이용한 무제한 공격에 관심을 기울였다. 결론적으로는 영국 해군이 독일 해군의 수상 함대를 발트해 내에 고립시킨 전략적 성공이 되었다.

량 사격을 받았으나 단 한 발
도 장갑을 관통하지 않았다.
반면 얇은 장갑을 두른 영국
함정, 특히 순양전함 -전함의
함포 구경과 크기를 가졌지
만 더 빠른 속도를 위해 함포
수를 줄이고, 얇은 장갑을 둘
렀음-들은 독일군의 함포에
큰 피해를 입었다. 영국은 세

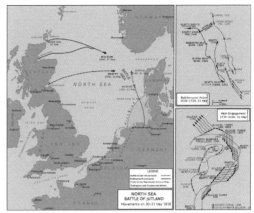

**그림7-17** 유틀란트 해전 전황도

척의 전함과 세 척의 순양전함, 여덟 척의 어뢰정을 손실한 반면 독일 해군은
한 척의 구형 전노급 전함, 한 척의 순양전함, 네 척의 경순양함과 다섯 척의
어뢰정을 손실했다. 영국군은 6,000명 이상이 전사했고, 독일군은 약 2,500명
이 전사했다.

독일의 대양 함대[71]가 격멸되지 않고 살아남았다는 면에서 결정적인 해전
이 되지 않았지만 독일 지휘관 스페Spee 제독이 신중하게 전투를 운용하지 않

---

71 대양 함대(大洋艦隊, High Seas Fleet, 독일어: Hochseeflotte)는 제1차 세계대전 시의 독일제
국 해군의 함대이다. 1907년 2월에 창설되었으며, 국내 함대(Heimatflotte)가 대양 함대로
개명되었다. 알프레드 폰 티르피츠 제독이 창설하였으며, 그는 영국 해군의 우위에 도전할
강력한 함대를 계획했다. 독일 황제 빌헬름 2세는 독일을 세계적인 강국으로 만들기 원했
다. 티르피츠는 영국 해군이 해군력을 대영제국을 따라 분산시킬 때, 북해에 강력한 전투
함대에 집중함으로써 국지적 우세를 달성하여 영국의 해상 헤게모니를 심각하게 저해하
고 세력의 균형을 이룰 수 있을 것이라 믿었다. 이것이 티르피츠의 '리스크 이론'의 핵심이
었다. 함대의 기본 구성은 여덟 척의 전함이었으며, 정찰 함대(I Scouting Group)를 포함한
다양한 함종과 구성도 포함되었다. 1907년 창설된 대양 함대는 2개 함대로 구성되었으며,
1914년에 세 번째 함대가 더해졌다. 1906년 드레드노트급 전함의 혁명적 등장은 함대의
구성에 크게 영향을 끼쳤으며, 24척의 전노급 전함은 쓸모가 없게 되어 대체가 필요했다. 2
개 함대를 위한 충분한 드레드노트급 전함들이 1914년 중반 전쟁 발발 전까지 건조되었으
며, 여덟 척의 현대적인 전노급 전함들은 3함대를 구성하는 데 사용되었다.

는 것으로 종결되었다. 그의 함대는 기지로 돌아왔고, 이는 모든 면에서 남은 전쟁 기간 확실하게 영국 해군에게 제해권을 넘겼다는 것을 의미하였다.

## 전선의 교착

비행기와 잠수함 이야기에서는 과학과 전략적, 전술적 사고에서 상상력과 대담함이 연합국과 추축국 양쪽 모두에서 일반화되었다. 그러나 이와 현저한 대조를 이루는 지상전은 대체로 어리석은 경직성과 낭비로 점철되었다.

첫 번째 실수는 양측, 특히 프랑스 일반참모부가 기관총의 위력을 완전히 과소평가한 것이다. 최후까지 격렬하게 공격해야 한다는 생각[72]에 사로잡힌 페르디낭 포쉬 장군[73]과 그의 부하들은 독일이 1개 대대당 기관총 여섯 정을 배치한 것과 달리 프랑스군 1개 대대당 기관총 두 정을 배치하였다. 포쉬 장군의 부하이며 일반참모 작전과장이던 그랑메종 대령[74]은 "공격 작전에서 무

---

**72** l'ofensive brutale et à outrance : 잔인하고 잔인한 공격.

**73** 페르디낭 장 마리 포쉬(Ferdinand Jean Marie Foch, 1851~1929), 제1차 세계대전 시 연합군 총사령관, 프랑스군 원수이자 군사 사상가, 영국군 및 폴란드군 명예 원수였다. 조프르와 페탱이 전쟁 초·중반에 프랑스-영국 연합국을 패배의 위험에서 구해낸 '방어의 영웅'이었다면, 포쉬 원수는 연합국에게 최후의 승리를 안겨준 '결전의 주인공'이었다. 포쉬는 지휘관보다는 군사 사상가로 유명했으며 특히 그의 공세주의와 정신력을 기반한 군사 이론은 한국에서 엘랑 비탈 교리라는 이름으로 알려져 있다. 이때의 일로 인해 아르당 뒤 피크(Ardant Du Picq)와 함께 19세기 프랑스의 대표 군사 사상가로 평가받는다. 제9군 사령관으로서 1차 마른 전투에서의 맹활약으로 명성이 올랐다. 이후 북부 집단군 사령관으로 1차 이프르 전투에서 승리했지만 1915년의 연이은 공세들의 실패로 솜 전투 이후 해임되었다. 그러나 1917년에 프랑스군 참모총장으로 복귀하고 에리히 루덴도르프(Erich Ludendorff)의 춘계 공세로 인해 연합군이 위기에 빠지자 연합군 총사령관으로 취임해서 분열되어 있는 연합군을 뛰어난 외교 능력과 넓은 전략적 안목으로 결합했다. 이후 독일군의 공세를 좌절시키고 백일 전투로 상징되는 연합군의 대반격을 개시해서 대대적인 승리를 이끌었다.

**74** 루이 그랑메종(Louis Loyzeau de Grandmaison, 1861~1915)은 프랑스의 군사 이론가로 포쉬

모함이 최선의 방책이다. 최소한의 조심성과감함이 작전의 모든 대책을 무력
화시킨다"라고 간결하게 언급했다.

기관총에 대한 경솔함은 지나치게 어리석은 행동이었다. 1914년 독일군이
프랑스의 측후방으로 선회하는 동안[75] 프랑스 육군이 동쪽으로 돌진했을 때,
전선의 첫 전투에서 프랑스군은 엄청난 손실을 입고 후퇴하면서 독일군의 매
서운 공격을 당했다. 프랑스군은 마른 전투를 위해 간신히 재집결할 수 있었
는데, 이 전투에서 독일군의 진격을 막았다.[76] 마른 전투와 다른 전투에서 양
측은 각각 50만 명의 사상자를 냈고, 이는 1866년의 프로이센-오스트리아전
쟁 시 프로이센군의 전체 병력 수보다 많은 숫자였다.

1914년 후반에 이미 전선은 교착이 되었다. 기관총의 화력은 너무 압도적이
어서 병사들은 지상의 전장에서 더 이상 생존할 수 없었다. 풀러 장군[77]은 "지

원수의 애제자였다. 프프전쟁의 굴욕적인 패배를 되갚고자 하는 프랑스군의 분위기 속에
서 나폴레옹식 전술을 사용하지 않은 프랑스의 전술을 주장했다. 그랑메종이 가입한 포
쉬 원수의 군대 사상 학교는 1914년까지 프랑스 군대의 사고를 지배했지만 엘랑 비탈(Élan
vital)의 동시대 철학을 결합한 수정된 형태였다. 1906년 프랑스군 총참모부에 배속된 이후
작전 이동성과 주도권 확보에 중점을 두고 신속한 공격에 참여하는 대규모 부대의 신속한
기동을 주장했다. 결국 그러한 이론은 현대의 무기와 전술에 비해 부적합한 것으로 판명되
었다. 1915년 소장 진급 후 전사했다.

75 제1차 세계대전이 발발하면서 독일군(제7 야전군의 서부군)은 개정된 슐리펜 계획에 따라
진군하기 시작했다. 독일군은 중립국인 벨기에를 통해 프랑스 국경으로 진군, 독일 국경에
서 프랑스군을 둘러싸 남쪽으로 포위하는 작전에 투입되었다.

76 제1차 마른(Marne)강 전투(1914. 9. 5~9. 12)는 파리시 근처 마른강 유역에서 프랑스군이 영
국군의 도움을 받아 독일군이 파리 동부로 진격하는 것을 방어했고 다시 독일군을 전선에
서 50 km 후퇴시킨 전투이다. 이 전투로 프랑스는 수도를 잃을 뻔한 심각한 위기에서 벗어
났다. 이 전투 후 전쟁의 조기 종결에 대한 독일의 희망은 무산되었고 참호전으로 이어지는
시작점이 되었다.

77 존 풀러(John Frederick Charles 'Boney' Fuller, 1878~1966)는 영국 육군 소장이자 군사학자,
군사전략가이다. 그는 근대 기갑전의 교리를 제공한 것으로 유명하다. 풀러는 육군 장교들
이 의견을 수용하고 대중이 그의 이론에 흥미를 가질 정도였고, 45권이나 되는 저서를 작
성한 다작 작가였다. 풀러는 민간 분야에서 전쟁이 어떻게 정치적, 경제적, 사회적 요인과
결부되는지 저술했다. 그는 항공기와 전차와 같은 새로운 무기의 잠재력에 대해 주목하였

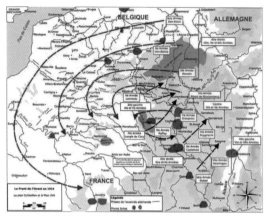

**그림7-18** 독일군의 슐리펜 계획

하로 이동하는 수밖에 없다. 따라서 참호를 500mile^805km^이나 길게 팠고 군대는 여우처럼 이동했다. 양편은 스스로 거대한 거미줄로 변했고 참호 주변에 수백, 수천 마일의 철조망을 설치했다"라고 말했다. 즉시 참호 장애물은 스위스로부터 북해까지 확장되었다. 전선은 측익側翼, 공격하는 사람의 측면이라는 뜻으로 수비가 약한 곳을 의미이 사라지기 시작했고, 돌파는 전술적인 문제가 되기 시작했다.

양측의 고위 지휘관들은 여전히 끔찍하고 당황스러운 무기에 대항하여 무모한 공격을 반복하였는데, 이러한 현상은 빈번하고 지속적으로 실시되었다. 전쟁은 역사상 가장 길고 피비린내 나는 소모전이 되었다.

소총은 절망적으로 압도되었고 총검은 쓸모없어졌다. 소총에 비해 상대적으로 기동이 어려운 기관총으로 적의 기관총을 파괴하려고 시도하였지만 효과적이지 못했다. 양측이 오랫동안 생각한 기관총에의 대응책은 포격이었다. 연합국의 야전 포병은 전쟁 중 프랑스제 75mm와 105mm 곡사포를 주력으로 운용하였는데, 두 포는 최전선의 참호에서 근접한 후방에서 운용되었다. 중中포로는 5t 트랙터로 견인되었고, 분당 두 발씩의 포탄을 1만 2,000yd^1만 1,000m^이상의 거리까지 날릴 수 있었던 155mm 곡사포가 있었다. 중重포는 155mm 직사포곡사포와 비교 시 구경 대 포신 비율이 더 큰 강선포와 8in-

다. 그러나 정치에서는 파시스트를 지지하였기 때문에 논란이 일었다.

203mm 포 및 240mm 곡사포가 있었는데, 이들은 트랙터로 견인하여 시속 8mile^13km/h로 기동할 수 있었다. 또한 통상 구경 14in^35.56cm 함포를 개조한 철로포^railway gun가 있었는데, 이는 20mile^32km의 사거리를 가졌으나 철로 위에서만 운용할 수 있었다.

**그림7-19** 카농 드 75 모델 1897

독일 포병의 발전은 인상적이었다. 가장 유명한 독일의 포는 75mile^121km 떨어진 프랑스 수도에 250lbs^113kg 포탄을 발사한 장거리 사격 기록을 보유한 '파리 포^Paris gun'였다(그림7-20).

전쟁 초기의 비밀 병기는 벨기에의 요새들을 파괴하기 위해 개발된 '빅 베르타^Big Bertha'라고 알려진 16.5in^420mm 중重 곡사포였다. 이 포로 벨기에의 요새들은 어려움 없이 무력화되었다.[78] 독일군의 파리 포는 거대한 함포 3문의 포신을 이어붙이고, 구경을 약 8in^20.32cm까지 줄인, 약 100ft^30.5m 길이의 삽

---

**78** 벨기에는 열세인 군사력과 짧은 종심 때문에 천연 방어선인 뫼즈강(Meuse)에 집중해 강력한 리에주(Liege)와 나뮈르(Namur) 요새에 의지한다는 전략을 짰다. 벨기에가 1888~1892년 앙리 브리아몽(Henri Brialmont)의 디자인에 따라 온 힘을 쏟아서 건설한 리에주 요새는 당시 유럽에서 가장 선진적인 요새였다. 150m의 언덕 위에 건설된 요새는 당시 가장 강력했던 210mm 포탄도 견뎌낼 수 있도록 막강하게 설계되었다. 열두 개의 비교적 작은 요새가 거대한 중앙의 건물을 촘촘히 둘러싸며 이들은 서로 연계해 중앙의 건물에 도달하기도 전에 적을 격퇴하도록 되어 있었다. 이 작은 요새들에는 400문의 대포도 배치했고 배치 병력은 4만 명이었다. 독일군은 1909년에 크루프(Krupp)와 오스트리아의 스코다(Skoda)에서 각각 리에주 요새를 둘러싼 콘크리트를 뚫을 수 있는 420mm와 305mm 곡사포를 실험하거나 완성했다.

그림7-20 파리 포

입관이 안에 들어 있다. 이것은 거의 공포 조장을 위한 테러용 무기였으며, 여러 문의 모델은 수개월 이상 250명의 파리 시민을 살해했다.

양측의 포병은 주로 폭발과 동시에 치명적인 파편을 뿌리는 고폭탄을 발사하였다. 실제로 산탄총의 일종인 유산탄shrapnel shell은 미리 맞추어진 시한 신관에 의해 포탄이 표적의 상공에 도착했을 때 전방으로 발사되는 쇠구슬로 채워졌다. 시한 신관의 장입은 가변성 화약 도화선의 길이를 맞추는 것이다.

전쟁에서의 엄청난 포격은 아무것도 해결하지 못했다. 포병을 집결시키기 위해 필요한 시간은 공격이 임박했음을 경고했고, 준비 포격은 적의 공격 지점을 알려줬다. 포격 자체는 지표면에 진격 개시 이전에 진격 능력을 저해시키는 거대한 탄공과 진흙 무더기의 돌출을 만들면서 지표면에 흩어졌다. 기습은 불가능했다. 1917년 3차 이프르Ypres 또는 파스샹달Passchdaele 전투에서 영국이 실시한 19일간의 포격은 열차 321량분의 포탄을 사용했고, 이는 전시 근로자 5만 5,000명의 1년치 생산량이었다.[79] 우천으로 인하여 진흙과 습지의 대혼란이 일어났다. 영국은 5개월 만에 37만 명을 희생하고 45mile²을

---

79 벨기에의 플란데런주 파스샹달과 이프르 지방에서 1917년 7월 31일~11월 6일 벌어진 전투로 1917년에 일어난 전투 중에서 가장 치열했던 전투이다. 독일군 77~83개 사단과 연합군 56개 사단(영국군 50개 사단, 프랑스군 6개 사단)이 맞붙어 싸운 결과 연합군(사상자 20만~44만 8,614명)과 독일군(사상자 21만~41만 명, 포로 2만 4,065명) 모두 막대한 병력 손실을 입었으며, 이는 동부 전선과 서부 전선에서 양면 전쟁을 수행하던 독일군에게 더 큰 타격이 되었다. 독일군은 이후 공세를 주도할 능력을 상실하게 된다.

획득하였다. 폴러 장군은 "1mile²당 8,222명의 전상자가 생겼다"라고 기술했다.

반복되는 실패와 이전에는 상상할 수조차 없었던 대량 사상자의 비율에도 불구하고 연합국의 고위 지휘관은 2년 6개월 동안이나 포격

**그림7-21** 빅 베르타 420mm 중곡사포

이 성공을 위한 유일한 열쇠라고, 즉 "포탄의 수량이 승리의 열쇠이다"라고 믿었다. 종전되기 이전에 단지 인구 4,000만 명이던 프랑스에 140만 명의 전사자와 450만 명의 전상자가 생겼다.

교착 기간 과학자와 발명가들은 다음과 같은 무기의 개선을 위해 열심히 연구했다. 미국인 루이스I. N. Lewis 대령은 공랭식 경기관총을 완성했고, 미국은 곡사포의 반동을 줄이기 위해 프랑스의 신형 주퇴복좌 장치를 대량 생산했다. 이전에 시카고대학의 항공학 교수였던 몰튼F. R. Moulton 소령은 계산된 탄도를 더욱더 정확하게 날아갈 수 있는 유선형 포탄을 만들었다. 물리학자들은 적의 지뢰 매설 작전의 위치와 삼각측량법을 이용한 대규모 포진지를 탐색하기 위한 지중청음기를 발명했다. 정밀 광학 기구 – 사거리 측정기[80], 표적 조

---

80 1778년에는 독일의 물리학자 게오르크 프리드리히 브랜더(Georg Friedrich Brander)가 세계 최초의 영상합치식 거리 측정기인 일치식 거리 측정기(coincidence rangefinder)를 개발했다. 1899년에는 독일의 물리학자 칼 풀프리히가 칼자이스에서 근무하면서 동일한 방향을 바라보는 서로 떨어진 경통 양쪽 끝의 두 개의 렌즈가 모은 영상을 한 곳으로 모아서 하나의 상으로 합쳐서 보다 정확하게 물체를 관측하고 이때 하나의 상으로 합치기 위해 프리즘을 돌린 각도를 측정, 삼각함수로 물체까지의 거리를 측정하는 양안 합치식 거리 측정기

**그림7-22** 사거리 측정기

준기Aiming Circle, 고각기Eleva-tion Quadrant, 편향판Deflection Board[81], 풍향 지시기, 전경 관측기Panoramic Sighting Instrument-는 사격 시 정확성을 높였다. 참호간 통신 운용을 위한 유무선 통신 장비도 발전하였다. 이러한 무기의 개선은 학살의 효율을 증가시키는 것 외에는 전술과 전략의 형세 타계를 위해 아무런 도움도 되지 못했다.

독일은 교착 상태를 타개하기 위한 장비에 대해 진지하게 과학에 자문을 구한 최초의 국가이다. 전쟁의 아주 초기에 화학자들은 독일 고위 지휘관에게 화학전의 발생 가능성을 지적하였고 장군들은 이 제안을 마지못해 받아들였다. 교착 상태가 장기화되자, 그들은 화학과 산업 간의 관계에 대한 당대 가장 위대한 권위자이자 베를린의 빌헬름 황제 물리학 연구소의 교수 프릿츠 하버[82]에게 문의하였다. 하버는 전쟁성의 전임 원료국장이었다. 그는 이미 대

---

(stereoscopic range finder)를 개발했다. 이 방식은 상당히 정확하여 제2차 세계대전까지 전함을 비롯한 군함들의 함포 조준용으로 사용되었다. 또 요새들에 있는 요새 포나 해안가의 해안 포, 포병이 야전에서 운용한 야포 등을 사용할 때도 적군을 관측하고 야포의 조준을 수정하기 위해 쓰였다. 정확한 장거리 관측과 거리 측정을 위해서는 두 렌즈 사이의 경통 길이가 길어져야 하기 때문에 크기와 부피 관련해서 한계가 있었다. 수 km 단위를 관측하는 전함의 거리 측정기는 경통의 렌즈 사이 거리가 최소한 수m 단위로 길다. 정지한 목표물에 대해서는 정확하게 거리 측정을 하지만, 움직이는 목표에 대해서는 거리를 측정하기 어렵다는 단점이 있다.

81 바람, 편류 및 기타 요인에 대해 보정된 방위각 또는 처짐을 계산하기 위해 포병이 사용하는 도구

82 프리츠 야코프 하버(Fritz Jakob Haber, 1868~1934)는 유대계 독일인 화학자로 암모니아의

기 중의 질소로부터 암모니아를 합성함으로써 질산염의 공급량 부족에서 기인하는 중대한 위기를 해결했었다. 증가된 암모니아의 공급량 -열 배나 공급량이 증가했다-으로 고폭탄의 핵심 물질인 질산을 생산할 수 있었다.

6개월 이내에, 하버와 베를린대학의 화학 교수인 발터 네른스트[83]는 염소가스[84] 공격을 위한 물질을 준비했고 만족스러운 방독면을 고안했다. 하버는 1916년에 화학전 부대의 수장이 되었고, 그 후로 전장에서의 탐지, 공급, 개인 훈련을 지도하였다. 그의 기관은 1917년에 겨자가스를 도입하였고 수백 종의 다른 물질을 실험하였다.

~~~~~~~~~~~

합성법인 하버법을 개발하여 1918년 노벨 화학상을 수상했다. 이 발명으로 인해 비료와 폭발물을 더욱 쉽게 제작할 수 있게 되었다. 이온결합성 고체의 격자에너지를 측정할 수 있는 방법을 막스 보른과 함께 개발하여 현재 본-하버 사이클이라 불린다. 제1차 세계대전 중 염소가스를 비롯한 여러 치명적인 독가스를 개발 및 합성했던 일로 인해 '화학전의 아버지(또는 독가스의 아버지)'로 불리기도 한다. 하버는 제1차 세계대전 시의 공헌에도 불구하고 유대인이라 나치당에 의해 홀대받고 독일을 떠나야 했다. 제2차 세계대전 중에는 친척 중 여럿이 나치 집단수용소에서 죽었는데, 이때 하버가 만든 독가스 치클론 B가 사용되었다.

83  발터 네른스트(Walther Hermann Nernst, 1864~1941)는 독일의 물리학자, 화학자이다. 물리화학의 창시자이고, 산화 환원 반응과 반응 속도, 화학 평형, 액정 등을 연구하고 유도율의 측정, 낮은 온도일 때의 비열의 측정 등을 실험하여 성공하였다. 1906년 열역학 제3법칙이라 불리는 네른스트 열 정리를 만드는 등 열화학의 많은 업적으로 1920년 노벨 화학상을 받았다.

84  자극적인 냄새가 나는 황록색 기체로, 그리스어에서 황록색이란 뜻의 크로로스(Chloros)에서 따서 클로린(Chlorine)이라고 1810년 험프리 데이비(Humphry Davy)가 명명했다. 보통 소금물이나 액체 소금을 전기분해시켜서 얻는다. 산화제·표백제·소독제로 쓰며, 물감·의약품·폭발물·표백분 따위를 만드는 데 쓴다. 우리 몸에 필수적인 원소 중 하나이며 위액의 주성분도 염산이다. 이외에 시냅스상에서 억제성 신경전달물질인 GABA로 인해 유입되는 음이온의 역할을 한다. 즉 신경을 자제시키는 역할을 한다. 대부분은 소금(염화나트륨)의 형태로 섭취하게 된다. 염소는 독성이 강하다. 흡입한 염소 가스는 폐로 들어가 몸속의 물과 반응, 염산이 되고 이렇게 생긴 염산은 말 그대로 폐를 녹여서 엄청난 고통과 호흡 곤란을 일으킨다. 액체 염소도 마찬가지로 독성이 있어서 피부에 닿으면 염증을 일으킨다. 이런 성질 때문에 최초의 독가스 공격에 사용되었다. 제1차 세계대전 벨기에 전선에서 최초로 독가스 살포시 사용된 게 염소가스였다. 참호전 교착 상황을 타개하기 위해 독일군이 먼저 사용하였고, 곧이어 연합군도 사용하였다. 당시 벨기에 전선의 야전병원에는 피를 토하는 기침과 함께 폐 찌꺼기를 뱉어내는 중증 중독 환자가 넘쳐났다고 한다.

**그림7-23** 제1차 세계대전 시 프랑스와 영국의 방독면

가스가 전쟁의 무기라고 생각한 것은 독일이 최초가 아니었다. 스웨덴의 찰스 12세는 1701년 도하 작전 시 연기를 성공적으로 활용하였다. 1855년의 세바스토폴 요새의 공격 기간에 던 도널드Lord Dundonald 장군은 러시아 요새의 함락을 위해 독가스 -400t의 유황, 2,000t의 코크스-를 사용할 계획을 제출하였으나 영국 정부는 이를 인가하지 않았다. 미국의 남북전쟁 동안 존 도우티John W. Doughty는 전쟁성 장관 스탠튼Stanton을 설득하여 염소가스를 사용하려고 시도하였으나 실패하였고, 이후 염소가스를 뿌릴 실용적인 계획을 고안해냈다.

영국은 가스 공격이 곧 닥쳐올 것을 사전에 경고를 받았지만 이를 간단하게 무시했다. 1915년 4월 22일에 이프르Ypres의 북쪽에서 최초의 가스 공격이 있었고, 그 결과 연합군 2개 사단이 격파당했다. 하지만 독일은 그들이 예상했던 것보다 훨씬 큰 이런 성공을 활용할 예비대가 부족했다. 처음에 연합국의 병사들은 물에 적신 면 패드를 사용-염소는 물에 잘 녹는다-하여 코와 입을 막았다. 그래서 조잡한 마스크가 분배되었다. 방독면은 전쟁을 통해서 지속적인 발전을 하였다(그림7-23).

독일군의 최초 가스 공격이 있은 5개월 이후에 영국은 루스Loos에 대하여 가스 공격을 개시했고, 양측의 독가스 운용은 전쟁이 끝날 때까지 지속되었다. 최루성 독가스인 디포스겐[85]이 사용되었고, 또한 중추신경계를 공격하는 포스겐[86], 클로로피크린[87], 시안화수소산[88]과 호흡계와 피부에 서행 치료성 화

---

85 디포스겐(diphosgene) : 질식성 냄새를 가진 무색의 액체로 독가스인 포스겐의 합성에 쓰인다. 화학식은 $ClCO_2CCl_3$. 독특한 냄새가 나는 무색 액체로 가열 시 분해되며, 이 물질은 물과 반응하면 염소와 포스겐을 포함하는 공기보다 무거운 독성·부식성 증기를 발생시킨다. 피부 발적과 함께 작열감, 홍민, 인후염, 기침, 호흡 곤란, 숨가쁨 증상 등이 나타난다.

86 포스겐(phosgene, CG)은 화학식 $COCl_2$을 가지는 질식성 유독 가스이다. 1812년 영국의 화학자 존 데이비가 합성하였으며 현재는 화학공업 분야에 사용된다. 무색이며 퀴퀴한 건초 냄새가 난다. 산업적 생산 외에 유기 염소 화합물의 분해나 연소 과정에서 소량 생성된다. 포스겐의 세계 생산량은 1989년 기준 대략 274만t에 달한다. 포스겐이 피부에 닿으면 몇 분에서 한두 시간 사이에 물집, 고름이 생기며, 포스겐과 세포 속의 물이 반응하여 몸속에서 염산이 만들어진다. 피부가 타거나 녹아내리며 치료 방법은 화상 치료법과 동일하다. 하지만 화상과는 달리 사망률이 매우 높아 조기 치료를 받은 사람 이외에는 거의 대부분 죽었다고 한다.
흡입자는 호흡 곤란이 일어나며 몇 시간 후에 사망한다. 흡입한 사람 대부분이 증상이 심각한 폐부종에 걸려 죽었으며 폐가 녹아내리거나 찢어져서 죽은 경우도 있다. 포스겐 중독을 예방하려면 방독면을 써야 하며, 만약 포스겐을 마셨다면 특별한 해독제가 없기 때문에 신선한 공기를 폐에 불어넣어주면서 안정을 시켜야 된다. 탄산수소나트륨은 포스겐의 액체 유출을 중화하는 데 사용되는데 이는 암모니아로 완화된다.

87 최루탄의 원료. 클로로피크린(Chloro picrin) S1이라고 불리는 자극적인 냄새가 나는 액체. 강한 최루성을 가지고 있고, 호흡기와 접촉했을 때 기침, 재채기, 호흡 곤란, 구토, 메스꺼움 등의 증세가 나타나며 피부에 닿으면 아주 자극적이다. 최대 허용치는 0.1ppm이고 0.002ppm 이상의 농도에서 독성 효과가 나타나며 2.4ppm(1분) 이상에서는 치명적이다.

88 맹독성의 무색 액체 또는 기체로 혈액에 작용하는 가스이다. 화학식은 HCN이다. 청화수소(靑化水素)로도 불린다. 영어로는 하이드로 시아나이드(hydrogen cyanide)인데, 프루식산(Prussic acid)으로도 많이 불렸었다. 산소를 발견한 스웨덴 화학자 쉴레(C. W. Scheele)에 의해 처음으로 분리되었다. 진파랑색 염료인 프러시안 블루로부터 분리되었고 산성이기 때문에 청산(靑酸, blue acid)이라 명명되었다. 꼭 가스로 들이마시는 것뿐 아니라 먹든, 만지든 어떤 경로를 통해 흡수되어도 위험한 맹독이다. 홀로코스트 당시 유대인들을 학살할 때 쓰였던 가스로, 치클론 B를 구성하는 성분으로도 유명하다. 약산성이며 물에 녹으면 사이안화수소산 또는 청산이 된다. 흔히 일컬어지는 청산가리의 청산이 이것이다. 미토콘드리아 세포 호흡에 관여하는 단백질의 일종인 사이토크롬(cytochrome)에 작용하는 산화효소

상을 입히는 겨자가스[89]도 사용되었다. 독가스는 비인간적이며 야만적인 것으로 비난받고, 병사들 스스로가 포탄보다 더 공포를 느꼈다. 그러나 가스는 실제로는 다른 무기들보다 덜 치명적이었다. 25만 8,000명의 미국 전사상자 중 1/4이 가스로 인해 발생했으나 이 중에서도 2%만이 사망하였다. 반면에 다른 무기들에 의해 발생한 전상자 중에는 25%가 사망하였다. 미군 독가스 사상자의 4분의 3은 겨자가스에 의해 발생하였다.

독일의 가스 사용은 연합국 정부들로 하여금 화학자들을 더욱 많이 끌어모으게 자극하였다. (윌슨 대통령은 1918년 봄까지는 화학전을 계획하지 않았다.) 그들은 독일을 공격할 독가스를 준비할 뿐만 아니라 소이탄, 연막통, 연막차장, 연막수류탄, 다양한 로켓, 화염방사기를 개발하였다. 또 고폭탄을 개선시켰고, 위생 설비, 병 급식, 광학 안경, 질산염, 야금학 문제 같은 매우 다양한 계획을

(oxydase)가 사이안화염과 결합해 활성을 잃고, 결국 세포 호흡이 불가능해진 세포가 죽는다. 그래서 사이안화물 중독으로 죽은 사람의 혈액은 빨갛고 입술도 맑은 분홍색이다. 적혈구가 산소와 결합한 그대로이기 때문이다.

휘발성이 크고, 끓는 점이 26℃로 낮기 때문에 쉽게 증발해서 퍼져 나간다.. 다만, 군사적 용도의 독가스로 사용할 경우 이 점이 중요한데, 별다른 제독 없이도 금방금방 날아가서 지속시간이 짧은 편이지만, 적을 신속하게 제거하고 해당 거점을 점령하는 데는 적절하다.. 거기다 현용 방독면은 이 사이안화수소에 대한 방호력이 낮아서 15~30분 이내에 무용지물로 만들 수 있기 때문에 빨리 증발한다고 위험하지 않은 것도 아니다.

89 독가스의 한 종류. 정확한 명칭은 설퍼 머스터드(Sulfur mustard)로, 제1차 세계대전 당시 독일의 과학자 프리츠 하버가 처음 만들었다. 화학식 표기는 $(Cl-CH_2CH_2)_2S$. 세포 독성을 띠는 수포 작용제로, 겨자가스에 노출된 피부는 큰 수포를 일으키면서 심각한 손상을 일으킨다. 항공기를 이용해 분사할 수도 있으며 화학탄으로 제조하여 각종 포를 이용해 발사하고 살포할 수 있어 강력한 고통과 살상력을 동반하는 화학 무기이다. 1993년부터 제정된 화학무기협정에 따라 겨자가스 역시 현재까지도 강력하게 규제되고 있는데, 그 중 겨자가스는 규제 정도가 아주 높다. 순수한 겨자가스는 무색이며 상온에서는 점성을 띠는 액체로 존재하나, 화학 작용제로는 황토빛을 띠는 상태로 사용된다. 이때 겨자와 같은 냄새를 풍겨 겨자가스라는 이름이 붙었는데, 당연히 겨자와 향이 비슷할 뿐이지 겨자와 같은 성분이 아니다. 천연 겨자가 조금 따끔하고 매캐하게 끝난다면, 겨자가스는 조금만 들이마셔도 치명적인 외상을 입을 수 있다.

연구하였다. 그들은 육류의 부패 방지법을 발견하였고 많은 다른 원료를 연구하였다. 톨루엔[90]을 생산하기 위해 석유를 열 분해 했는데 톨루엔은 TNT 생산에 유용했다.

그러나 이러한 발전이나 특수 장치들은 모두 무가치한 학살로만 이어졌을 뿐 서부 전선의 교착을 종식하는 데는 실패하였다. 군수 장관 처칠은 1918년 3월, 전시 내각에 대하여 영국은 "세상에서 이전에 목격되어왔던 어떤 것보다 더욱 공포스럽게 단지 서로의 생명을 교환하고 있었고 결정을 내리기에는 너무 도덕적이다"라고 보고하였다. 독일이나 연합국의 장군들은 모두 계속해서 병력을 투입하는 것 외에는 다른 사고 능력은 없어 보였다. 그들의 편협한 전략 교리로는 즉각적인 전쟁 수요의 범위를 넘어서는 한계를 알 수 없었다.

영국은 그들의 역사에도 반하여 적의 측후방 기동로인 바다를 무시하고, 그들의 수륙 양용의 거대한 능력 운용을 거부했다. 하비 드 위어드[91]는 "헨리 윌슨 경[92]은 영국 함대는 보병 500명의 병력 가치도 갖지 못했다고 고집했고,

---

90  톨루엔(toluene)은 톨루올(toluol), 메틸벤젠(methylbenzene), 페닐메탄(phenylmethane)으로도 불리는 시너 냄새가 나는 불용성 액체로, 벤젠의 수소 원자 하나를 메틸기로 치환하여 얻는 화합물이다. 방향족 탄화수소로 용매로 쓰이며 사카린의 원료로 사용되기도 한다. 화학식 $C_7H_8(C_6H_5CH_3)$으로 벤젠 고리에 $CH_3$가 한 개 붙어 있는 형태이다. 상온에서 액체 상태이며 투명하고 독특한 냄새가 난다. 프리델크래프트 알킬화 반응을 통해 2-클로로에탄을 이용해서 제조한다. 질산과 함께 진한 황산을 사용하여 탈수 나이트로화 반응을 하면 트라이나이트로톨루엔(TNT)이 생성된다.

91  하비 A. 드위어드(Harvey A. DeWeerd, 1902~1979)는 군사 문제에 관한 미국 역사가이다. 1938년 1월~1942년 그는 군사역사학회의 학술 저널인 군사역사저널이 될 미국군사재단 저널을 편집한 최초의 전문역사가로 일했다. 그는 제2차 세계대전 기간 미 육군의 전문 서비스 저널 중 하나인 보병 저널을 편집하는 장교로 복무했다. 전후 미주리대학교와 RAND 연구소에서 근무했다.

92  헨리 윌슨(Henry Hughes Wilson, 1864~1922)은 제1차 세계대전 시 영국 육군 최고위 참모 장교 중 한 명이며 정치인이기도 하다. 그는 제1차 세계대전 전 전쟁성 군사 작전 책임자로 재직하면서 전쟁 발생 시 프랑스에 원정군을 배치할 계획을 세우는 데 중요한 역할을 했다. 영국 원정군(BEF)의 참모장으로서 윌슨은 1914년 전역 기간 존 프렌치 경의 중요한 고문이

조프르[93]와 카스텔나우[94]는 보병 한 명의 가치도 부여하지 않았다"라고 썼다.

결국 모래주머니와 유자 철조망으로 만들어진 장애물을 격파하고 기관총의 발명 이전에 실시되어왔던 공격을 재개한 무기는 과학자가 아니라 영국 육군 대령의 발명품이었다. 1914년 8월 초에 어니스트 스윈튼Ernest Swinton 대령은 미국의 홀트 무한궤도 트랙터가 밧줄로 무거운 화포를 견인하는 것을 보고 기관총에 대한 대응법으로 사용하기 위한 포를 탑재한 무장 트랙터에 대한 아이디어를 생각해냈다. 스윈튼은 자신의 아이디어를 상세하게 발전시켰고 윈스턴 처칠은 정열적으로 지지했다. 그러나 믿을 수 없게도 전쟁 사무국은 1915년 2월 말에 스윈튼의 제안을 거절하였다. 이것을 되살리고 해군 본부의 보호 하에 함포를 장착한 전차를 개발한 사람은 처칠이었다.

스윈튼의 아이디어는 특별히 독창적으로 경이로운 것은 아니었다. 장갑차의 개념은 최소한 레오나르도 다 빈치까지 거슬러 올라간다. 이동식 기관총

---

었지만 헤이그 및 로버트슨과의 좋지 않은 관계로 1914년 중반에 최고 의사 결정권에서 제외되었다. 1915년에는 영국-프랑스 군사 관계에서 중요한 역할을 했으며 1916년 군단장으로서 유일한 현장 지휘 경험을 한 후 1917년 초 프랑스의 로베르 니벨(Robert Nivelle) 장군의 파트너로 다시 활동했다. 1917년 후반 그는 데이비드 조지(David Lloyd George) 영국 수상의 비공식 군사 고문이었고, 당시 베르사유 최고 전쟁위원회의 영국 측 상설 군사 대표였다. 1918년 제국군 참모총장(영국군 전문 사령관)을 역임했고, 아일랜드 독립전쟁에서 중요한 역할을 했는데 이 일로 1922년 두 명의 IRA 대원에 의해 암살당했다.

93 조세프 자크 세제르 조프르 원수(maréchal Joseph Jacques Césaire Joffre, 1852~1931)는 제1차 세계대전 개전 시점부터 1916년 말엽까지 서부 전선 프랑스군 총사령관을 역임한 프랑스 육군 장성이다. 후퇴한 연합군 육군을 재정비하여 1914년 9월 제1차 마른강 전투에서 전략적으로 결정적인 승리를 거둔 것으로 유명하다. 1915년 공세를 실패한 뒤, 1916년에는 독일군이 베르됭을 공격(베르됭 전투)하고 영불 연합군의 솜 공세(솜 전투)는 실패하는 등 악재가 겹쳐 정치적 입지가 좁아졌다. 결국 1916년 말 프랑스 제3공화국 최초의 원수로 영전함과 동시에 자문역으로 물러났고 얼마 지나지 않아 사임했다.

94 노엘 카스텔나우(Noël Édouard, vicomte de Curières de Castelnau, 1851~1944)는 제1차 세계대전 중 프랑스 육군 장군으로 집단군 사령관 및 참모 총장이었다. 1919년 국회의원으로 선출되고 입법부의 육군 위원회 위원장이 되었다. 제2차 세계대전 중 그는 페탱 원수와 비시 정권에 반대하고 프랑스 레지스탕스를 지지했다.

**그림7-24** 홀트 무한궤도 트랙터와 샤론, 기라도 앤드 보이트사의 포탑을 갖춘 장갑 자동차

의 제작 아이디어는 1898년 심스$^{F.\,R.\,Simms}$에 의해 진전을 보이는데 오토바이에 맥심 기관총을 성공적으로 장착한 것이다. 무른 땅에 기동하는 데 필수적인 무한궤도는 토머스 저먼$^{Thomas\,German}$에 의해 1801년 말에 발명되었다. 포탑이 있는 장갑차는 프랑스의 샤론$^{Charron}$, 기라도와 보이트$^{Giradot\,\&\,Voight}$사에서 개발해 1904년 초에 러시아에 팔았다.[95] 미국은 무한궤도 트랙터를 오랫동안 농사에 잘 사용해왔고 이미 제작 기술은 고도로 완벽해졌다.

무한궤도 트랙터가 육중한 화포 견인에 성공한 것은 영향력 있는 많은 사람에게 전차의 아이디어를 제안했을 것 같은데 그렇지 못했다. 그러나 무한

95 1902년, 샤론, 기라도와 보이트(Charron, Giradot et Voigt) 회사가 파리의 살롱 드 르카티에 뒷좌석 대신 장갑판의 원형 방패 안에 호치키스(Hotchkiss) 기관총을 장착한 자동차를 전시했다. 프랑스 육군은 1903년에 발사 시험을 실시했지만 그러한 차량을 필요로 하지 않았다. 그럼에도 불구하고, 샤론, 기라도와 보이트는 호치키스사와 프랑스 포병의 주요 장교와 협력하여 장갑차를 계속 개발하였다. 1905년 러시아의 M.A. 나카시체에 의해 설계된 승용차 차체에 3mm의 장갑을 두르고 호치키스 기관총이 장착된 포탑을 설치한 나카시제-샤론 장갑차를 개발했다. 무게는 약 3t으로 도로상에서 시속 45km를 내었다. 당시 러시아의 기술로는 이러한 차량을 생산할 수 없었기 때문에 샤론, 기라도와 보이트가 시제품을 제작하기로 계약을 맺었다. 시제품이 완성된 후, 1906년 여름 전쟁 중 진행된 시험은 긍정적인 결과를 보였다. 전쟁부는 열 대의 차량을 더 생산하라고 명령했다. 프랑스 회사는 1908년에 이 차량을 완성했지만 러시아에는 여덟 대만 도착했다.
그럼에도 프랑스 육군은 1909년 5월 장갑차가 모든 지형을 이동할 수는 없고 너무 비싸서 더 이상 고려 않는다고 결론내렸다. 프랑스 기병대는 무장갑 기관총 자동차를 선호했다.

**그림7-25** 최초의 시험적 탱크 '리틀 윌리little willie'

궤도의 광범위한 사용조차 군은 외면했고, 그들은 보급과 군수 작업의 대부분을 마차가 담당하는 것만으로도 만족하였다. 전쟁의 전 기간에 걸쳐 트랙터보다 말과 사람이 화포를 진지에 옮겼고, 트랙터는 추수를 위한 장비로 머물렀다. 영국은 실제로 탄약보다 오트밀과 건초를 더 많이 550만t로 선박으로 운송하였다.

최초의 영국 전차는 두 문의 6lbs^2.7kg 포와 네 정의 기관총을 장착한 31t 중량의 기계였는데, 나중에는 기관총 여섯 정을 장착한 30t의 전차가 되었다. 전차에는 105마력의 출력을 내는 다임러Daimler 수냉식 엔진을 장착했고 최대 속도는 시속 3.7mile^6km이었다. 초기의 프랑스 전차는 기관총만을 무장하였다.

전차를 본격적으로 사용한 첫 전투는 1917년 11월 20일의 캉브레 전투[96]였

96 캉브레(Cambrai) 전투는 프랑스 북동부 네덜란드 국경 지대에 위치한 캉브레에서 1917년 11월 영국군 2개 군단(전차 476대 포함)이 독일군 1개 군단에 감행한 공격이다. 공격은 1914년 제1차 세계대전 이래 영국 해외 원정군에 독일제국이 가한 대규모 반격이 끝난 후 바로 시작되었다. 캉브레는 독일군이 구축한 힌덴부르크 선의 주요 병참 기지이자 보급 거점이었다. 영국군이 캉브레와 인근의 불롱 능선을 점령한다면, 독일군의 북쪽 측면이 공격에 노출될 수 있었다. 제9스코틀랜드 사단의 왕립포병대 지휘관 헨리 휴 튜더는 포병-보병 협동 공격을 주장했다. 영국 제3군의 지휘관이었던 줄리안 빙 역시 합동 공격에 찬성했다. 영국군과 프랑스군은 공격에서 전차를 사용했지만 효용성은 제대로 입증되지 않았다. 영국군이 첫날 대승리를 거둔 후, 독일군의 포병 및 보병 방어부대는 영국 전차의 약점을 알아차렸다. 둘째 날, 오직 전체 전차의 반이 작전 가능했고 영국군의 진격에 제동이 걸렸다. 양측의 피해는 영국군 사상자 4만 4,000명과 전차 손실 179대, 독일군 사상자 4만 5,000명이었다. 1915년 이후 개발된 새로운 전술들이 이 전투에 집약되었지만, 영국군이 결정적인 승리를 거두었는지에 대해서는 여전히 논란이 되고 있다. 영국군의 작전을 파악한 독일군은 불

는데, 그 당시 영국은 전선에 기관총 1,000정으로 무장한 381대의 전투용 전차를 투입했다. 무성한 관목 숲 때문에 전차는 서로 코를 맞댈 만큼 밀집해서 전진했고, 힌덴부르크<sup>Hindenburg</sup> 방어선의 참호까지 접근할 수 있었다. 전차는 3중 참호선을 돌파할 때까지는 세 대가 한 조로 운용되었다. 공격 준비는 숙달될 때까지 실시되었고 공격은 준비 사격 없이 개시되었으므로 완전한 전술적 기습을 달성할 수 있었다.

전차는 적의 주 방어 전선을 가로질러 4mile<sup>6.4km</sup>을 돌파했고, 절반만 남은 최종 진출선과 개활지만이 그 너머에 놓였다. 그러나 그때까지 179대의 전차가 가동 불능 상태가 되었고, 전차 승무원 등과 모체 사단은 완전히 지쳐버렸다. 신무기에 대한 신뢰 부족으로, 승리를 이끌어낼 즉각적인 예비 부대가 제대로 가동하지 못했다. 기병대는 기관총 사격 앞에서 이런 임무를 수행하는데 부적합했음에도 불구하고 연합군 지휘관들은 지속적으로 기병대에 의존했다. 영국의 최고 사령관인 더글러스 헤이그<sup>97</sup> 원수는 기병장교 출신이었고, 그는 전쟁이 끝날 때까지 지속적으로 기병대를 믿었다.

캉브레 전투가 결정적 승리로 이르는 길을 알려주었지만 연합국의 고위 지

---

롱 능선과 캉브레 주변의 병력을 강화했고, 독일군은 미군이 개입하기 전에 전쟁을 끝낼 수 있다는 희망을 품게 되었다.

97 제1대 헤이그 백작 더글러스 헤이그(Douglas Haig, 1861~1928)는 영국 육군의 고위 장교이다. 제1차 세계대전 중이던 1915년 말부터 종전까지 서부 전선에서 영국 해외 파견군을 지휘하였다. 솜 전투, 아라스 전투, 파스샹달 전투, 독일 춘계 공세, 마지막 100일 공세의 지휘관이기도 했다. 그의 평판에는 명과 암이 같이 존재해서 그의 장례식이 국가 애도의 날이 될 정도로 영웅이 되었지만 1960년대 이후로는 제1차 세계대전 중의 리더십에 대한 비판의 대상이 되고 있다. 그의 지휘 하에 200만 영국 사상자를 냈던 이유로 '붓쳐 헤이그(잔인한 살인자 헤이그, Butcher Haig)'라는 별명을 얻었다. 캐나다 전쟁 박물관의 설명에는 "그의 장대하지만 많은 비용이 든 솜 전투(1916)와 파스샹달 전투(1917)의 공격은 제1차 세계대전의 대학살과 무익과 거의 동의어이다"라고 적고 있을 정도이다. 한편 일부 역사가들은 전쟁을 끝낸 포쉬가 주도하고 특히 영국 측이 기여한 1918년의 100일 공세를 영국 군사사에서 수행하였던 가장 위대한 승리들 가운데 하나로 간주한다.

**그림7-26** 최초의 장사방형 전차 '빅 윌리Big Willie'

휘부는 그 교훈을 수용하지 않았다. 그 후 그들은 전차를 단편적인 소규모 부대로 운용했다. 각개 전차 승무원은 단숨에 40시간 동안 전투와 기동을 하는 놀라운 업적을 달성했다. 그러나 50대의 전차 부대로는 40시간에 걸친 전투를 할 때도 100대가 필요한 임무를 완수할 수 없었다. 적절한 전술은 수백 대의 전차로 기습하고, 전차 수송차로 탄약과 연료를 공급하며, 충분한 예비대를 전차대 후방에 배치하는 것이다.

놀랍게도 독일군은 전차의 엄청난 잠재력에 대해 전혀 깨우치지 못했지만 연합국보다 기관총을 더욱 빠르고 효율적으로 이용했다. 중重곡사포의 잠재력을 더욱 정확하게 판단하고 탄약의 양이 얼마나 요구되는지 더 빨리 눈뜬 것은 독일이었다. 그들이 전차를 제작할 무렵, 규모가 연합국의 전차보다 적었고, 1918년 여름까지 전차 제작을 최우선으로 하지 않았기 때문에 고작 45대의 독일 전차만이 관측되었다. 영국은 혼자서만 3,000대를 제작하였다.

1918년 7월, 영국의 제4야전군은 아미엥Amiens 전선에 450대의 전차를 투입, 기습 공격을 해서 8mile[13km]을 돌파했고, 2만 8,000명을 사살하거나 포로로 잡았으며 400문의 포를 노획하였다.[98] 그 공격은 독일군에게 너무나도

98 프랑스 최북부 솜주의 주도인 아미엥에서 1914년 8월 8일~8월 12일까지 벌어진 전투로 제

성공적이어서, 독일군은 당시에 결국 승리에 대한 모든 희망을 포기하였다. 에리히 루덴도르프 장군[99]은 이를 두고 "전쟁사에 있어서 독일군의 암흑의 날"이라고 선언하였다. 새로운 과학 사상과 근본적으로 새로운 기술에 의존하지 않고 오히려 이미 오랫동안 사용된 기술 장비의 적절한 조합 -이것이 마침내 지상전을 크게 변화시키고, 교착 상태를 종결시킨 무기이다-에 쉽게 의존하는 발명은 개념에 있어서 상대적으로 단순하다. 신무기가 출현하기까지 상당한 시간이 흐르고 그것이 조금이라도 사용될 수 있기 전에 그러한 무관심과 상상력의 부족을 극복해야만 했던 사실은 제1차 세계대전을 특징짓는 것으로 보이는 무가치와 무감각을 더욱 강조하는 데 기여할 뿐이다.

3차 피카르디 전투로 불리우기도 한다. 제1차 세계대전 동맹국을 패배시킨 100일 공세의 시작을 알린 전투다. 32개 사단과 항공기 1,900여 대와 전차 532대를 동원한 영국·프랑스·미국군은, 14개 사단과 항공기 365대를 보유한 독일군을 공격, 아미앵에서 첫째 날에 11km를 진군했는데 이는 제1차 세계대전 최대 규모였다. 아미앵 전투는 첫 대규모 기갑 전투 중 하나였다. 피해는 연합군 사상사 4만 4,000명, 독일군 사상자 및 실종자 7만 5,000명이었다.

99 에리히 프리드리히 빌헬름 루덴도르프(Erich Friedrich Wilhelm Ludendorff, 1865~1937)는 제1차 세계대전 중에 리에주 요새 공방전과 파울 폰 힌덴부르크와 함께 한 타넨베르크 전투에서 승리를 거둔 독일 육군 장군이다. 1916년 8월부터 루덴도르프는 제1장군부관감(Erster Generalquartiermeister)이 되어 힌덴부르크와 함께 1918년 10월까지 독일군을 이끌었다.

# 제8장 제2차 세계대전

## 과학자의 역할

제2차 세계대전 당시 연구 활동에 종사한 과학자들은 전쟁에서 수행되는 작전에 관한 거의 모든 영역에 손을 댔으며, 전쟁 전술과 전략에 상당한 영향을 미쳤다. 독일은 단기 전쟁에서는 신무기를 채택할 수 없거나 사실상 받아들이는 것이 필요하지 않다고 믿고 있었다. 즉 히틀러는 기존에 발전시키고, 대량으로 비축한 무기들만 가지고도 승리할 수 있다고 확신하고 있었다. 그러나 기술적으로 엄청난 진보가 있었음에도 불구하고, 당시 독일이 가지고 있었던 무기들은 대부분 제1차 세계대전에서 등장한 것들이었다. 히틀러는 특히 비행기와 전차와 같은 무기를 이용하여 새로운 전술을 구사하는 데 주력하였다.

히틀러는 "내가 1914년에 전쟁을 수행했던 바보같은 인간들처럼 전쟁을 할 것이라고 누가 말하겠는가? 우리는 제1차 세계대전에서 범했던 실수를 되풀이하는 것을 방지하는 데 모든 노력을 투입해야 하는 것이 아닌가? 대부분 사람은 상상력이 없다. …… 심지어 장군들조차도 창의적이지 못하다. 그들은 오로지 기술적인 지식에만 사로잡혀 있다"라고 말했다. 또 다른 자리에서는

"만약 내가 적을 공격하려 한다면 …… 나는 기습적으로, 야간에 전광석화처럼 적에게 돌진할 것이다"라고 말하였다.

결국 히틀러가 전문가들을 무시하는 한편, 과신했던 자신의 '창조적 천재성'은 히틀러 자신과 독일 민족에게 치명적이었다는 것이 증명되었다. 히틀러는 적을 혼란에 빠트리고 적을 소모시키기보다는 궤멸시키는 데 주력한 '탱크, 비행기, 보병의 경이적인 통합 기동을 통한 유동적인 전쟁The Fluid War'이라는 새로운 전술을 선호했다. 1914년부터 1918년까지 구사되었던 전술을 히틀러가 무시한 것이 매우 정당화되었고, 새로운 전술이 놀라울 정도로 성공을 거두었지만 지휘자로서 그의 능력에는 기본적인 결점이 있었다. 히틀러 전략의 가장 중대한 실패 원인으로는 그가 영국의 완강함과 러시아의 전쟁 수행 능력에 대하여 과소평가한 것 이외에도, 너무 늦게까지 독일의 과학자를 동원하는 데 실패했던 점을 추가해야 한다.

히틀러는 단기간에 전쟁에서 승리할 것이라고 확신하였고, 그가 발전시키고 대량으로 생산했던 무기 이외의 것들은 무시하였다. 그래서 대부분의 젊은 과학자를 군에 입대시켰으며, 이들보다 더 나이가 든 학계의 과학자들은 1942년 말까지 방치해두고 있었다. 1940년에 히틀러가 레이더에 대한 기초 연구를 중지하도록 명령하였다는 점은 정말 이해할 수 없다. 이에 따라 독일의 레이더 연구는 전쟁이 단기간에 종료하지 않을 것이라는 사실이 확실해졌던 1942년까지 재개되지 않았다. 심지어 히틀러는 전쟁이 개시되기 전에, 유일하게 원자폭탄을 개발할 수 있는 능력을 가지고 있었던 유대인 과학자들과 수학자들을 독일에서 쫓아냈으며, 핵물리학자들을 남아 있으라고 장려하지도 않았다.

마침내 독일의 전황이 매우 심각한 지경에 이르러서야 과학자들이 소집되었고, 이들이 특히 병기, 항공역학, 로켓 공학 등에서 가공할만한 발전을 일구어냈다. 하지만 이때는 이미 시기적으로 너무 늦었다. 1943년에 미국의 '과학연구개발국(Office of Scientific Research and Development)'[1]과 같은 기구인 '국가연구평의회'[2] 교수로 임명된 베르너 오젠베르크[3]는 독일이 항복하기 얼마 전에 "독일은 우수한 과학자들에 대한 미온적인 동원 및 활용 때문에 전쟁에서

1 과학연구개발국(OSRD)은 제2차 세계대전 동안 군사 목적을 위해 과학 연구를 조정하기 위해 만든 미국 연방 정부의 기관이었다. 1941년 6월 28일에 공식 설립되었다. 국방연구위원회(NDRC)의 업무를 대체하고 자금과 소요 자원을 거의 무제한으로 사용할 수 있었으며, 루스벨트 대통령에게만 보고하면 되었다. 연구는 광범위하고 다양했다. 더 정확한 신형 폭탄 개발 계획을 포함, 신뢰할 수 있는 기폭 장치, 근접 신관, 유도 미사일, 레이더 및 조기 경보 시스템, 가볍고 더 정확한 소화기(小火器), 더 효과적인 의료 치료, 다목적 차량, 가장 비밀스러우며 나중에 맨해튼 프로젝트로 발전해서 첫 번째 원자탄을 개발한 S-1 섹션을 포함한다. OSRD는 1947년 12월에 문을 닫았다.

2 국가연구평의회(RFR, Reichsforschungsrat)는 에리히 슈만의 구상에 따라 1937년 3월 16일 독일에서 항공 분야를 제외한 모든 기초 연구 및 응용 연구의 중앙집권적 계획을 목적으로 국가과학교육문화부 산하에 설치한 기관이다. 당시 교육국가 장관은 베른하르트 루슈트였다. 항공 기술은 항공부 장관 헤르만 괴링이 장악하고 있었기에 제외되었다. 1937년에서 1940년까지 초대 평의회 의장은 육군무기청(HWA) 청장이자 베를린공과대학교 방위기술학부 학장이었던 카를 하인리히 에밀 베커 포병대장이었다. 1940년 베커가 게슈타포의 압박으로 자살한 뒤 교육국가 장관 루슈트가 RFR 의장을 겸했다. 하지만 실무는 독일 연구협회 회장 루돌프 멘첼이 전담했다. 1942년 6월 9일, 아돌프 히틀러는 당시 군수탄약국가 장관 알베르트 슈페어의 건의로 RFR을 군수탄약부 산하 기관으로 재편하고 괴링을 의장으로 앉히라는 명령을 내렸다. 슈페어는 RFR이 교육국가 장관 루슈트의 산하에 있는 것이 비효율적이고 본 목적 달성을 저해한다고 생각했다. RFR의 의제를 설정하기 위한 회합이 1942년 7월 6일 소집되었다. 이 회합은 국민사회주의의 과학에 대한 태도의 전환점이었다. 이때 유대계 과학자들을 독일에서 축출한 것이 실수였다는 인식이 이루어졌다. 1933년에 이미 카이저 빌헬름 연구소 소장 막스 플랑크가 히틀러를 만나 유대계 과학자들을 추방하면 그들의 실력이 외국에 보탬이 될 것임을 주장했지만 히틀러는 플랑크의 말을 듣지 않았다.

3 베르너 오젠베르크(Werner Oskar Ewald Osenberg, 1900~1974)는 독일의 소재과학자이자로 제2차 세계대전 중 독일 군비 연구 및 군비 개발자의 조직자였다. 그는 절단용 소재로 세라믹을 사용하는 것을 연구하였고 1938년 하노버공과대학 학장이 되었다. 1943년 6월 29일에서 1945년 사이 그는 제국연구위원회(RFR)의 위원장이었다. 그는 약 5,000명의 과학자 및 공학자를 전선에서 빼내 연구 및 개발에 종사하게 하였고, 종전 시점에서는 그 수가는 1만 5,000명으로 늘어났다. 패전 후 그는 미국으로 호송되었고, 그의 연구 파일은 미국이 오퍼레이션 오버캐스트(Operation Overcast)의 일환으로 독일 과학자를 선택하는 기초를 형성했다.

졌다"라고 불만을 토로하였다. 히틀러가 광적인 열정과 독일의 전 가용 자원을 동원하여 과학적인 성과를 밀어붙일 수도 있었다는 것을 생각해보면 끔찍한 일이다. 즉, 히틀러가 제대로 과학자를 동원했다면 히틀러는 거의 승리할 수 있었을 것이다.

《시간에 맞선 과학자들Scientists Against Time》을 저술한 제임스 피니 박스터 3세[4]는 영국이 타국보다도 과학자들을 훨씬 더 효과적으로 활용하였다고 주장했다. 독일처럼 미국인들도 초기에는 과학적인 재능을 가진 막대한 수의 사람을 군으로 징집하였으며, 뒤늦게 이들의 과학적 재능이 최대한 활용될 수 있는 곳으로 재배치했다. 그러나 일본의 과학 조직은 영국이나 미국의 조직보다 훨씬 비효과적이었다. 더욱이 일본의 과학자들은 그들이 가지고 있는 정치적 견해 때문에 군부로부터 신뢰도 받지 못하고 있었으며, 특히 영국이나 미국에 유학 다녀온 이들은 더욱 그러하였다.

프랑스의 항복 이후 루스벨트 대통령은 절체절명의 위기에 처한 영국에 신속하게 미국의 과학 자원을 마음대로 활용할 수 있도록 허용하였다. 루스벨트는 영국, 캐나다, 미국 간 과학 정보에 대한 전 부분에서의 상호 교환을 허용하였으며, 미국의 과학 분야에 대하여 상호 협조를 하게 할 목적으로 버니바 부시[5] 박사를 국가방위위원회National Defense Committee 위원장으로 임명하였

---

4  제임스 피니 박스터 3세(James Phinney Boxter, 1893~1975)는 미국의 역사학자이자 교육자로, 1947년 퓰리처상을 수상했으며, 《시간에 맞선 과학자들》(1946)과 《철갑 군함의 도입(Introduction of the Ironclad Warship)》(1933)의 저자이다.

5  버니바 부시(Vannevar Bush, 1890~1974)는 미국의 기술자이자 아날로그 컴퓨터의 선구자이다. 제2차 세계대전에서 원자폭탄을 개발한 맨해튼 계획을 관리하고 추진한 주역 중 한 명이다. 메멕스(MEMEX)라고 불리는 기억 확장기 개념을 최초로 주창하여 현재 인터넷과 하이퍼텍스트의 발전에 영감을 준 과학 사상가였다. 하버드대학교와 MIT에서 1917년에 공학박사 학위를 받았다. 제1차 세계대전 중에는 미국의 국가연구위원회에서 잠수함을 탐지하는 기술 개발을 하였다. 1923년에서 1932년까지 MIT의 전기공학과 교수로 재직했다. 이때

다. 영국은 왕립과학기술학교 교장이었던 헨리 티자드$^{Henry Tizard}$ 경을 초대 과학 임무를 담당하도록 하기 위하여 미국으로 보냈다.

이와 같은 움직임들은 모든 동맹국의 군 연구 개발부서뿐만 아니라 영국, 미국, 캐나다를 이끄는 학계의 많은 과학자 및 엄청난 수의 공장이 가장 빠른 속도로 구형 무기를 보완하고 신무기를 만들어내며, 적 무기의 치명성을 줄일 수 있는 대응책을 개발하는 데 필요한 광범위한 협조가 시작되었음을 의미하였다. 이와 같은 움직임이 기여하는 바는 매우 광범위하였고 신속성이 지속되었으며, 놀랄만한 결과를 가져왔다.

원자폭탄과 같은 엄청난 성과는 다음 장에서 언급할 것이다. 거의 모든 군인의 생명과 직접적으로 연관이 있는 군 의약품 개발 과정 같은 흥미진진한 이야기는 다른 어딘가에서 논의되어야 한다. 혹자는 단지 전투에 직접적으로 영향을 미쳤던 새로운 과학적 성과를 간략하게 조사할 수도 있으며, 전쟁 전략과 전술에 영향을 주었던 것을 제시할 수도 있다.

불행하게도 단 한 장章만으로 제2차 세계대전 당시 전쟁 과학 기술에 간여하였던 모든 과학자와 단체에 적정한 신뢰를 주는 것은 불가능하다. 혹자는 로켓 개발이 주로 캘리포니아 공과대학교[6]에서 만든 것이라고 쓸 수도 있

그는 최대 18개의 독립 변수를 계산할 수 있는 아날로그 컴퓨터인 미분 해석기(Differential Analyser)를 만들었다. 이 계획은 후에 록펠러 재단의 지원을 받게 된다. 록펠러 미분 해석기는 1942년부터 실용성을 갖는 수준에 이르렀으며 당시 가장 강력한 계산기였다. 이때 그의 제자 중 한 명이었던 클로드 섀넌(Claude Shannon)이 디지털 회로 디자인 이론을 개발하였다. 1939년에 그는 미국 국가방위연구위원회(NDRC)의 의장이 되며, 1941년 과학연구개발부서(OSRD)의 부장이 된다. OSRD는 제2차 세계대전 중의 모든 개발 계획을 조정했으며, 이 중에는 원자폭탄을 개발하기 위한 맨해튼 계획도 포함된다. 부시는 레이다의 개선, 음파 탐지기(Sonar) 개발의 책임자였으며, 미국 방위산업체인 레이시온의 설립에도 참여하였다.

6 캘리포니아공과대학, 칼텍(Caltech)은 미국 캘리포니아주 패서디나에 위치한 연구 중심 대학이다. 칼텍은 MIT와 쌍벽을 이루는 미국 최우수 사립 공과대학으로 꼽힌다. 자연과학과 공학에 중점을 두고 소수 정예 영재 교육을 추구하는 칼텍은 1891년 트룹대학이라는 이름

으며, 수중에서의 음향과 폭발에 대한 연구는 하버드대학교, 콜롬비아대학교, 우즈 홀 해양연구소The Wood Hole Oceanographic[7]가, 탄도학 전문에는 프린스턴대학교가, 유압액Hydraulic Fluids은 펜실베이니아주립대학교로, 폭발물은 미시간대학교, 핵분열은 시카고대학교라고 적을 수도 있다. 이런 것은 아주 단편적인 목록에 불과하다.

단순히 관련 산업연구소의 명칭은 몇 쪽에 기록할 수도 있다. 여기에서 부시 박사가 이끈 과학연구개발국, 해군연구소Naval Research Laboratory, 통신대연구소[8], 항공기무선연구소Aircraft Radio Laboratary, 미국국가항공자문위원회[9], 화학전

으로 설립되어 1920년 현재의 이름을 갖게 되었다. 학부 학생 수가 1,000명 정도(2008년에는 남학생 610명, 여학생 311명), 대학원 과정까지 합쳐도 그 수는 2,000명이 조금 넘는 소규모 대학이다. 학생과 교수의 비율은 3 대 1로 거의 개인 지도와 같은 교육을 실시하고 있다. 교수와 졸업생 중 노벨상 수상자가 37명이며, 세계적인 명성이 있는 교수들도 있다.
전공별로는 생물학, 화학-화공학, 공학-응용과학, 지질-천체 과학, 물리-수학-천문학, 인문사회과학 등의 여러 부문으로 나뉜다. 칼텍의 여러 분야 중 전통적으로 가장 이름난 분야는 물리학이며, 공학의 전 분야, 특히 전자 공학, 화학, 생물학, 천문학, 지구과학 등도 미국 최고 수준으로 평가되고 있다. 알베르트 아인슈타인, 칼 앤더슨, 라이너스 폴링, 리처드 파인먼 등이 이 학교에서 가르치거나 연구했다. 캘리포니아공대는 '미국 상위 371개 대학' 중 학생들이 공부를 가장 열심히 하는 대학 1위에 선정되기도 했다.

7 우즈 홀 해양연구소(Woods Hole Oceanographic Institution)는 해양 과학 및 공학 연구에 전념하는 사립 비영리 연구 및 고등 교육 시설이다. 1930년 매사추세츠주 우즈 홀에 설립된 미국 최대의 독립 해양 연구 기관으로 직원과 학생이 약 1,000명에 달한다.

8 통신대연구소(Signal Corps Laboratory)는 1930년 6월 30일 뉴저지주 포트 몬머스에 있는 미 육군 통신대의 하부 조직으로 창설되었다. 수년에 걸쳐 SCL은 이름에 많은 변화가 있었지만 통신대의 연구 개발 서비스를 제공하는 기능을 하고 있다. 무선 통신 및 전자 공학 연구에 전념했다. 진공관의 표준화와 상업 회사에 의해 육군을 위해 제조된 장비의 테스트를 중심으로, 항공기와의 무선 통신, 음극파 및 전자파를 이용한 항공기 탐지(훗날의 레이더), 기상학적 실험도 수행했다(최초의 무선 장착 기상 풍선을 출시). 1920년대에는 항공기 엔진과 기체 표면에서 방출되는 적외선 탐지 실험을 실시했다. 제2차 세계대전 기간 다양한 탐지·화력 통제 레이더를 개발했다. 1958년, 통신대 공학연구소는 육군에 의해 미 육군 통신연구개발연구소(ASRDL)로 재지정되었다. 통신대가 폐지됨에 따라 ASRDL은 미 육군전자연구소로 이름이 변경되었다.

9 미국 국가항공자문위원회(National Advisory Committee for Aeronautics, NACA)는 1915년 3월 3일에 설립된 미국의 항공, 우주 분야 정부 부처이다. 제2차 세계대전 당시에도 활약하였

부대Chemical Warfare Service, 전국발명가회의National Inventors Council, 기타 다른 수많은 기구의 주도하에 이루어진 것이 정확히 얼마인가를 밝혀내는 것은 불가능하다.

영국에서는 무기 개발에 대한 연구가 주로, 그레이트 맬번[10]에 있는 항공기생산청Ministry of Aircraft Production 산하의 원거리통신연구소Telecommunications Research Establishment와 조달청Ministry of Supply 예하의 방공연구개발국Air Defense Research and Development establishment, 판보로[11] 등 세 기구에 집중되었다.

원자폭탄을 제외하고, 제2차 세계대전 당시의 새로운 과학 발명품 가운데 가장 중요한 것은 레이더, 근접 신관Proximity Fuse, 전자 화력 통제 장비Electronic Fire Control Equipment, 대잠 장비Anti-Submarine Devices, 소이탄Incendiaries, 로켓 등이며, 이 장에서는 이러한 것들의 개발과 사용에 관해 기술할 것이다. 그러나 우리는 항상 제1차 세계대전에서 사용되었던 무기들 -대포, 항공기, 전차, 어뢰, 지뢰, 잠수함, 수상함- 을 완성하였던 엄청난 수의 과학자 및 기술자를 항상 염두에 두고 있어야 한다. 이러한 무기들 또한 전장을 주름잡았던 것들이었다.


## 항공기의 우세


제2차 세계대전에서 항공기의 완전한 잠재력은 마침내 실현되었다. 윈스턴 처칠은 1937년 1월 하원에서 "공습해 오는 항공기들이 하늘 위에서 불타는 잔해가 되어 확실하게 격추될 때까지, 본인은 10년, 치명적이고 운명적인 약

---

으나 1958년 10월 1일에 해체, 미국항공우주국(NASA)으로 승계되었다.

10  그레이트 맬번(Great Malvern)은 잉글랜드 우스터셔주 맬번의 온천 마을 지역이다.

11  판보로(Farnborough)영국 잉글랜드 햄프셔주에 있는 도시로 런던 남서쪽 약 53km 지점에 위치한다. 항공기 공장, 기타 군사 시설이 있고 해마다 항공전시회가 열린다.

10년이 지난 뒤에야 우리에게 안전한 상황이 올 것이라는 사실이 두렵습니다. 그때까지 우리의 의지대로 할 수 있는 것은 (치명타를 완화할 수 있는) 보다 작은 완화물과학 기술의 산물밖에 없을 것입니다"라고 예측하였다. '보다 작은 완화물'은 영국을 패배로부터 구하기에 충분하였다. 하늘에서 적기를 격추하는 것은 힘들었어도 전쟁이 끝나기 전에 과학은 비행기를 훨씬 더 발전시키는 데 성공하였다. (실제로 처칠의 예측이 1950년대 후반과 1960년대에 실현되었으나, 그때까지 탄도 미사일은 비행기를 보완하고 부분적으로 대체하도록 발전되어 왔다.)

독일은 전술적 무기로서의 항공기에 대한 상당한 믿음을 가지고 있었고, 다른 적국에 비해 보유 대수와 훈련 면에서 상당히 우세한 상태에서 전쟁에 임했다. 그들은 전쟁이 시작되기 오래 전에 하인켈Heinkels, 도니어Dorniers, 매사슈미츠Messerschmitts, 스투카Stukas 등을 대량 생산하고 있었다. 저익 캔틸레버 항공기인 스투카는 복좌 항공기로, 두 정의 고정 기관총과 조종석 뒤의 회전식 기관총 한 정으로 무장되어 있었다. 외부로 고정된 바퀴를 가진 비교적 저속 항공기였음에도 불구하고, 그러한 단점은 공중에서 문제가 되지 않을 정도로 자유로웠다.[12] 매사슈미츠-109 단좌 전투기는 폭약이 장전된 탄환을 발사하는 23mm 완전 자동 기관포와 네 정의 7.7mm 기관총으로 무장되어 있었다. 이것은 1937년의 영국 공군 제식 전투기보다 거의 시속 100mile¹⁶¹km이나 빨랐다.[13] 독일이 4,000여 대의 전술기를 가지고 전쟁을 시작한 반면, 프랑

---

12 융커스 Ju-87(Junkers Ju-87)은 제2차 세계대전 중 독일이 운용했던 급강하 폭격기 중 하나이다. 애칭인 '스투카'는 '급강하 폭격기'를 의미하는 독일어 'Sturz Kampf flugzeug'의 약자로 이 비행기가 당시 급강하 폭격기 가운데 가장 많이, 널리 활약했기에 이 애칭을 얻게 되었다. 처녀비행을 가진 건 1935년이었는데 대전 직전부터 독일 내에서도 구식 기종이라는 의견이 있었지만 차기 급폭기나 개량 기종이 없었기에 종전까지 계속 사용되었다.

13 1937년에 제식화된 영국 공군 전투기는 호커 허리케인(Hawker Hurricane)이다. 최고 속도 547km/h, Bf109 중에서 호커 허리케인보다 100mile(160.93km) 가까이 빠른 개량형은 두

**그림8-1** 융커스 Ju87B 스투카와 매사슈미츠 Bf109 E-4

스는 520대의 전술기(폭격기 100대, 전투기 420대)를 가지고 전쟁에 임했다.

독일의 급강하 폭격기들은 통신 시설들을 파괴했고 반격을 못 하게 했으며, 탱크의 공격을 지원했고 모든 곳에서 적의 사기를 떨어뜨렸다. 폴란드와 벨기에에서 독일은 비행장을 공격했는데, 처음에는 적 대공 화기들을 은신처에서 나오도록 유도하기 위해 폭격기로 공격했고, 다음으로 그 대공 화기들을 은신처에 고착시키기 위해 급강하 폭격기들로 공격했다. 그 후에는 수송기와 글라이더에 톰슨식 경기관총[14]으로 무장한 병력들을 강하시켜 공항을 점령하고 방어했다. 공수 부대들은 벨기에에서 뮤즈Meuse강의 교량들, 알베르Albert 운하, 리에즈Liege 지역에서 가장 강한 요새[15] 등을 점령하는 데 결정적인 역할을 수행하였다.

독일의 탱크들은 프랑스와 영국의 탱크들에 비해 좀더 대형이고, 좀더 빨

가지로써 대전 중후반기에 등장한 Bf109 G-10이 695km/h, Bf109 K-4가 718km/h이다. 개전 초에 사용되었던 Bf-109 C-1는 440km/h, 영국 본토 방공전에서 사용되었던 Bf109 E-3는 570km/h였다.

14 1938년 개발된 MP-38/40으로 오픈 볼트/블로우백 방식 경기관총으로 중량 4kg, 구경 9mm, 길이 833mm, 630mm(개머리판을 접은 상태), 발사 속도 분당 500~550발, 유효 사거리 100~200m로 110만 정 이상이 생산되어 독일군 공수부대, 친위대, 보병 등에서 광범위하게 사용되었고, 베트남전과 중동전에서도 사용되었다.

15 에방 에마엘 요새

랐으며, 좀더 잘 무장되어 있었다.[16] 독일 탱크들은 대규모로 집결하여 작전하는 데 익숙해 있었고 조종사들은 탱크의 진격을 효과적으로 지원할 수 있도록 훈련되었다. 고도로 기동성을 갖춘 독일의 빠른 공격에 비해, 프랑스 보병은 탱크를 선봉에 두지 않고 보병에 대한 지원 세력으로 분산하여 사용하는 데 의존하고 있었다. 그리하여 보병은 체계적으로 분리되고 포위되었으며, 전의를 상실하거나 또는 전멸되었다.

프랑스에서의 승전 후 괴링Göring은 독일 공군의 가용 항공기 2,750대로 영국 해군뿐만 아니라 영국 공군도 격멸할 수 있다고 확신하였다. 괴링이나 히틀러는 영국을 침략하는 것이 실제적으로 승리에 필수적일 것이라고 믿지는 않았다. 그러나 영국이 패배를 인정하기를 거부하자 히틀러는 바다사자작전[17]의 준비를 명령했다. 첫 단계는 영국 공군의 궤멸이었다. 하지만 용기와 기술 이외의 두 가지가 영국 본토 방공전battle of Britain에서 영국의 승리를 가능하게 만들었다. 그중 한 가지는 금방 생산된 영국의 신형 전투기들이었다.[18] 그 전투기들은 독일의 전투기들보다 성능이 뛰어났다. 다른 한 가지는 레이더였다. 독일은 영국이 레이더를 개발하고 있다는 것을 알고 있었으나, 영국 레이

---

16 이는 정확하지 않은 견해로 판단된다. 사실 프랑스나 영국의 탱크는 포의 구경이나 장갑에서 독일의 주력 전차였던 3호 전차와 2호 전차보다 우세했다. 독일이 우세했던 것은 전장에서의 탱크의 효용성을 파악하고 있었고 이를 효율적으로 운용한 것이었다.

17 바다사자작전(Sea lion, Unternehmen Seelöwe)은 나치 독일의 영국 침략 전투 작전명이다. 1940년 7월 프랑스가 함락된 이후 1940년 9월 15일까지 70만의 독일군 병력을 영국 남부에 신속히 상륙시켜 영국을 점령한다는 계획이었다. 독일군은 지상 전력으로는 영국을 압도하고도 남았으며 됭케르크 철수 이후 사실상 막 도망쳐온 수준이었다. 하지만 문제는 영국의 강력한 해군력이었고, 이에 공군 원수 괴링이 공군을 동원하여 영국을 제압하겠다고 하였다. 초기 항공 전력으로 영국의 방어 시설 및 전쟁 수행을 억제하기 위해, 당시 독일 공군 총사령관 헤르만 괴링 원수는 아들러 안 그라프 작전을 수립하고 1940년 8월 13일부터 작전을 개시, 독일 공군의 모든 것을 동원하여 공격했다.

18 1937년에 제식화된 호커 허리케인과 1938년에 제식화된 수퍼마린 스피트파이어(Supermarine Spitfire)이다.

더의 작전적 수준과 질을 과소평가하였다.

독일이 비행기를 대량 생산하면서 변화가 적었던 동안에, 영국은 적게 생산했으나 많은 변화를 이루었다. 그 결과 영국의 신형 허리케인과 스피트파이어 Spitfire 전투기는 독일 전투기에 비해 우위를 점하게 되었다. 두 전투기는 양 날개에 Me-109가 보유한 화력의 두 배에 가까운 여덟 문의 30구경7.62mm 기관총을 장착하고 있었다. 스피트파이어는 좀더 빨리 상승할 수 있었고, 허리케인은 좀더 기동성이 좋았다. 유일한 문제점은 이들 전투기의 숫자가 충분하지 못했다는 것이다. 1,000대의 전투기와 훨씬 많은 폭격기를 가진 독일에 비해서 영국은 고작 700대의 전투기를 가지고 있었으며, 그중에 620대만이 신형 전투기였다.

영국 공군을 구한 것은 영국이 전쟁에서 가장 큰 공중 자산-전파탐지기 또는 레이더-을 마음대로 운용할 수 있었다는 사실이다. 이것은 독일 공군이 해협을 지나고 있을 때, 그 규모와 진행 방향 판단을 가능하게 만들었다. 따라서 영국 공군기들은 연료를 불필요하게 소모하지 않고 지상에서 대기하다가 필요한 곳에 투입될 수 있었다. 그 효과는 마치 수적인 증가와 같았다. 독일 전술기들의 손실은 크게 증가되었다. 독일의 마지막 대규모 주간 공습은 1940년 9월 30일에 실시되었고, 이 공습 후 나치는 영국 공군을 궤멸시키려는 주간 전투를 포기하고 야간 폭격으로 전환하였다. 계획된 침공 일자가 얼마 지나지 않아 바다사자작전은 취소되었다.

독일은 또 다시 영국의 부두, 공장, 도시들을 체계적으로 파괴하려는 시도를 시작하였고, 이것은 영국의 공업 생산 능력과 영국인들의 저항 의지를 파괴할 것으로 예측되었다. 하지만 두 목표 모두 달성에 실패했다. 전략 폭격을 위한 독일의 무기 체계는 임무에 적합하지 않았으며, 이들은 영국 함대에도 심각한 피해를 줄 수도 없었기 때문이다.

그러나 일본이 전쟁에 개입했을 때, 그들은 단 1주일 만에 태평양에서 항공기가 해군력의 균형을 바꾸는 능력이 있다는 것을 세상에 알렸다. 1941년 12월 7일, 그들은 진주만에서 여덟 척의 미국 전함 중 다섯 척을 격침 또는 작전 불능으로 만들었고, 필리핀과 진주만에 있던 대부분의 미국 항공기를 파괴하였다.[19] 사흘 후 그들은 말라야 반도 근해에서 영국의 신형 전함 프린스 오브 웨일즈[20]와 순양전함 레펄스Repulse를 격침했다. 이 신형 전함과 구형 순

19 진주만 공격은 1941년 12월 7일 아침, 야마모토 이소로쿠 대장이 지휘하는 일본 해군이 진주만에 가한 공격이다. 하와이주 오아후섬에 위치한 진주만에 대한 기습 공격은 하와이 주둔 미국 태평양 함대와 육군항공대와 해병대(전함 여덟 척, 순양함 여섯 척, 구축함 29척, 잠수함 아홉 척, 항공기 약 390대)를 대상으로 감행되었다. 결국 진주만 공격으로 열두 척의 미 해군 함선이 피해를 입거나 침몰(전함 네 척 침몰, 한 척 좌초, 세 척 손상, 순양함 세 척 손상, 구축함 세 척 손상, 기타 함선 두 척 침몰, 한 척 좌초, 두 척 손상)하고, 항공기 상실 188대, 손상 159대, 전사 2,334명, 부상자 1,143명, 민간인 사상자 103명(68명 사망)의 희생자가 발생했다. 일본군은 이 작전에서 항공기 29대를 상실하고 74기가 손상되었으며, 소형 잠수정 네 척 침몰, 한 척이 좌초하고, 전사자 64명, 포로 1명의 희생자를 냈다. 항구에 있지 않았던 태평양 함대의 항공모함 세 척과 유류 보관소와 병기창 등은 피해를 입지 않았다. 미국은 이와 같은 자원을 이용해서 6개월에서 1년 사이에 원상 복구할 수 있었다.

20 HMS 프린스 오브 웨일즈(Prince of Wales)는 영국 해군의 전함으로 다섯 척의 킹 조지 5세급 전함의 2번함이다. 길이 227.1m, 폭 34.3m, 기준 배수량 36,727t, 최대 속력 28kn, 항속거리 27kn로 3,100해리, 무장은 35.6cm 4연장포 두 기, 35.6cm 연장포 한 기, 13.3cm 연장 양용포 여덟 기, 40mm 8연장포 네 기, 수상정찰기 세 대, 승조원 1,521명이다. 14in포 4연장 두 기, 연장 한 기를 갖추고 있는 것이 특징이다. 워싱턴 해군 군축 조약이 종료된 직후 1937년 건조를 개시하여 1939년 진수했다. 취역 직후엔 처칠이 '세계 최강'이라고 자랑한 전함이었다. 다만 승조원들이 충분히 훈련을 받지 못한 채 제2차 세계대전에 참가했다. 1941년 5월 24일에 최초의 전투를 겪게 되는데, 덴마크 해협에서 통상 파괴를 목적으로 대서양에 진출한 독일 해군의 비스마르크와 프린츠 오이겐을 요격하는 전투에 참가하여 비스마르크함에 타격을 입혔다(결정적인 타격은 함재기인 소드피쉬의 뇌격이었다.). 그 후에는 처칠 일행을 태우고 대서양을 건너서 뉴 펀들랜드 래브라도까지 가서 8월 10일부터 12일까지 미국 루스벨트 대통령과의 회담장이 되었고, 이 배에서 대서양헌장이 체결되었다. 같은 해 10월 25일에 처칠의 강력한 지시로 말레이 반도에 대한 일본군 남하의 저지를 위해 순양전함 리펄스와 함께 싱가폴로 파견되었다. 항모 HMS 인도미터블과 합류할 예정이었으나 항모가 자메이카를 빠져나온 직후 좌초했기 때문에 합류하지 못했다. 그를 대신할 항모 HMS 에르메스(Hermes)도 속도가 늦어서 같이 배치되지 못했다. 태평양전쟁 개전 직후인

**그림8-2** HMS 프린스 오브 웨일즈

양전함은 그들의 14in-35.56cm와 15in38.1cm 주포를 단 한 발도 쏘아보지 못하고 격침당했다.

처칠은 나중에 "모든 전쟁에서 나는 이처럼 직접적인 충격을 받아본 적이 없었다. …… 진주만에서 생존한 미국의 전력을 제외하고는 태평양과 인도양에서의 영국이나 미국의 주력함들이 소멸되었다. 전반적으로 일본이 우세를 차지한 해양 영역이 광대해졌고 우리는 어느 곳에서든 열세로 노출되어 있었다"라고 썼다. 일본은 태평양 일대를 자유로이 돌아다닐 수 있었고, 일본이 선택하는 어떤 섬이라도 손에 넣을 수 있었으며, 대륙의 많은 영역을 정복하고 오스트레일리아와 인도조차도 위협할 수 있게 되었다. 전쟁에서 항공기가 다른 어떤 점에서도 이처럼 높은 우선 순위를 가질 수는 없었고, 그것은 마치 항공모함을 제외한 모든 전함이 쓸모없게 된 것처럼 보이게 했다.

실제로 전함은 그리 취약하지 않았다. 진주만에서 일본의 공격을 인지하고 있었거나 방어 준비가 되어 있었더라면, 전쟁의 역사는 매우 달랐을 것이다. 놀랍게도 프린스 오브 웨일즈와 레펄스는 대공포를 충분히 가지고 있지 못했다. 진주만 이후에 미국의 전함은 단 한 척도 격침되거나 심지어는 적 항공기에 의해 심각하게 손실을 입지도 않았고, 실제로 전쟁 말기 전에 미국 함대는

---

1941년 12월 10일, 일본군의 상륙을 저지하기 위해 출격했다가 일본 해군의 항공기(96식과 1식 육상공격기)의 세 차례에 걸친 뇌격과 폭격을 맞고 HMS 레펄스와 함께 말레이 해안에서 격침되었다.

일본 해역에서 마음대로 순항할 수 있었다.[21] 과학은 소수의 용감한 영국 공군 전투기 조종사들처럼 미국 함대에 대해서도 도움이 되었고, 많은 방호 장비를 낳았으며 공격력을 엄청나게 증대시켰다. 이러한 모든 것 중에서 가장 가치있는 장치는 레이더였다.

## 레이더

레이더라는 용어는 'Radio Detection and Ranging'의 머리글자로 만들어진 합성어이다. 전자파를 이용한 탐지 수단의 하나인 레이더는 반사 원리에 기초한 것으로 지향성을 가지고 있는 단파의 특성을 활용했다. 레이더와 관련한 초기 연구자는 하인리히 헤르츠Heinrich Hertz로 거슬러 올라가는데 그는 전자파를 발견한 사람으로서 표면이 딱딱한 고체에 반사되는 전자파가 존재한다는 것을 1887년에 입증했다. 그 후 1925년 워싱톤 소재 카네기연구소 연구원이었던 그레고리 브라이트Gregory Breit와 메를 튜브Merle A. Tuve가 성층권 바로 아래 위치한 전리층의 높이를 전자파를 이용하여 어떻게 측정할 수 있는지 증명해 보였다. 그들은 전리층이 전자파를 반사한다는 특성을 적절히 이용하였던 것이다. 레이더는 텔레비전 화상 튜브와 거의 유사한 음극선관 전자

---

21 브로디의 이러한 견해는 역사적 사실과 일치하지 않는다. 프린스 오브 웨일즈와 레펄스는 당시 영국 해군이 최고의 대공포라고 주장하던 35mm 폼폼 포를 다수 장착하고 있었음에도 격침되었다. 진주만 이후 강력한 대공포를 탑재한 미 해군의 전투함들을 가장 많이 격침한 것은 일본의 전술기들이었다. 전함이 더 이상 격침당하지 않은 이유는 현대 해전의 주역에서 밀려났기 때문이다. 대신 산호세 해전에서 항모 렉싱턴이, 미드웨이 해전에서 항모 요크타운, 산타크루즈 해전에서 호넷이 격침되었으며, 오키나와에서는 항모 프랭클린이 대파되었고, 전쟁 말기의 가미가제 공격에 의해서도 많은 수의 전투함이 격침 내지는 손상을 입었다. 역으로 다수의 대공포를 탑재한 일본 해군의 전함들을 가장 많이 격침 내지는 손상을 입힌 미군의 무기 체계 또한 항공기였다.

총Cathode-Ray Oscilloscope을 이용하여 전자파를 쏘아 반사되어 돌아오는 미세한 시간 차이를 계산하여·빛의 속도와 비교하여 거리를 측정하는 개념인데 이때 거리 오차는 몇 yd 이내였다.

전자파 펄스와 반사파를 이용한 이 방식은 여러 국가에서 거의 같은 시기에 연구되기 시작했으며 각국은 이런 연구를 일급비밀로 분류했다. 미 해군연구소(NRL)는 레이더와 관련한 연구를 1935년에 하고 있었다. 영국에서는 국립물리학연구소의 책임자로 있었던 왓슨-와트Watson-Watt가 같은 연구를 실시하여 항공기를 탐지할 수 있는 레이더의 설계를 만족스러운 수준으로 실시하였다. 그리하여 와트의 계획에 따라 실험적인 레이더가 1935년 늦봄에 영국에서 완성되었다. 와트의 레이더는 기상에 상관없이 항공기를 원거리에서 탐지할 수 있으며 정확성 역시 매우 우수했다. 영국은 와트의 레이더를 적절히 운용하여 비행 중인 항공기의 방위와 거리변화율까지 측정하여 항공기의 실제 비행 방향과 속력을 산출할 수 있는 수준까지 발전시켰다.

이런 기술적 성과에 힘입어 1935년 12월 영국은 동부 지역에 세계 최초로 다섯 곳의 레이더 기지를 건설했다. 1937년 8월에 15기의 레이더 기지 증설이 의회로부터 인가되었으며, 종전될 때까지 독일과 같은 적국의 방해 없이 대공감시를 실시했다. 이런 레이더 기지 증설은 헨리 티자드Henry Tizard 경의 미래에 대한 장기적 안목의 산물이라고 할 수 있다. 후일 영국 본토 방공전에서 영국이 결정적인 이점을 갖게 된 것 역시 그의 공이라고 할 수 있다. 영국의 이런 방공망들이 공중전의 승리를 이끌어내는 데 주도적인 역할을 했던 것이다.

물론 저고도에 위치한 항공기는 탐지가 잘 되지 않는 곤란한 문제가 있었다. 하지만 그 이외의 항공기들은 프랑스와 벨기에 해안에서 이륙할 때 탐지되거나 북해를 절반 정도 가로지르기도 전에 대부분 탐지가 되었을 정도로 영국의 대공망은 우수했다. 레이더는 해전에도 지대한 영향을 미쳤다. 함정은 자체 레이더 또는 해안에 설치된 레이더로부터 표적 정보를 얻었는데, 육지와 달리 해상에는 관측상 장애물이 전혀 없었기 때문에 탐지에 아주 유리했기 때문이다.

미국, 프랑스, 독일, 일본 모두 각각 레이더를 개발했다. 미 해군연구소는 1939년 초기부터 레이더를 개발하여 미국 함정 USS 요크에 탑재하여 전투 기동 중 성능 실험을 하였다.[22] 미 육군 해안포부대는 1938년 11월 대공포를 통제하기 위해 고안된 레이더 위치 탐지 장비 실험을 수행했고, 미 육군 장거리 항공 탐지 레이더 실험은 1939년 11월에 성공적으로 실시되었다.

1940년 영국의 물리학자들이 다공多孔, multi cavity 마그네트론을 개발하여 레이더 성능을 비약적으로 개선할 수 있는 기반을 만들었다. 다공 마그네트론은 전파의 파장을 기존의 1.5m에서 10cm로 줄일 수 있게 하여 전파의 활용 범위를 마이크로웨이브까지 확장했다. 이런 기술적인 진보에 힘입어 명확한 레이더 상을 레이더스코프 상에서 얻을 수 있었고 탐지 정확도 역시 비약적으로 향상되었다.

영국은 레이더와 관련된 모든 연구 결과와 기술을 제2차 세계대전 초기인 1940년에 미국에게 전수하였으며, 미국 전자산업의 자원은 사실상 RADAR 장비 제조에 사용되었다. 미국에서 수행된 새로운 연구의 상당수는 1940년 11월 문을 연 MIT방사기술연구소에서 이루어졌다. 이 연구소의 수장은 리 두

---

22 브로디 부부의 실수 내지는 오타로 보인다. 미 해군 함정에 요크(York)라는 함정은 없었다. 미 해군 함정에 최초로 레이더가 설치된 함정은 전함 USS 뉴욕(New York)이며 1938년 2월 26일 설치되었다. 초기 레이더 시스템은 물체의 방위는 탐지할 수 있었지만 탐지된 물체가 얼마나 떨어져 있는지 거리는 측정할 수 없었는데 전함 뉴욕에 장착된 레이더는 최초로 방위와 거리를 동시에 측정할 수 있었다.

브릿지Lee A. Dubridge였으며, 미국 각지의 거의 모든 대학교로부터 물리학자들이 연구원으로 들어왔다. 40명으로 시작한 초기 연구진은 4,000명으로 증원되었다. MIT방사기술연구소는 레이더와 관련하여 전문 분야를 600개로 개편하고 통신단연구소와 항공무선연구소 역시 이 시기부터 운용되었다.

레이더 기술이 진보함에 따라 함정, 항공기, 대공화기, 잠수함에 장착되기 시작했으며, 구체적으로 대공 경보, 항공기 식별, 항공기 요격 통제, 항공기 위치 확인, 해상 탐색, 사격 통제에도 사용되기에 이르렀다. 거리 측정을 위해서는 시계가 양호하다면 광학 장치도 활용될 수 있었으나 레이더는 단연코 정확도 면에서 더 우수했다. 나중에 레이더는 항공 폭격에도 이용되었다. 항공기 탑재 항법 레이더는 항법과 폭격에 이용되었다.

레이더 연구 및 생산의 정교함은 대단하다고밖에 설명할 수 없으며, 생산에 참여한 수천 명의 기술자를 고려할 때 해당 주제에 대한 비밀 유지는 비정상적이었다. 1942년경에는 파장 10cm의 레이더 생산이 가능해졌고, 전파연구소는 해상 도면에서 아주 탁월했고 야간에도 적기를 탐지하는 데 아주 우수한 파장 3cm의 레이더 상용화 실험을 완료했다. 제2차 세계대전이 종료되기 전에 이 레이더 연구소가 독자적으로 개발한 레이더는 150여 가지가 넘었다.

최고 성능의 고출력 대공 경보 레이더는 MEW 또는 초단파 조기 경보 레이더Microwave Early Warning로 명명되었다. 이 레이더는 1942년 초에 구상되었지만 1944년까지 작전에 활용되지 못했다. 이 레이더는 레이더계의 '빅 베르타Big Bertha'[23]였다. 제작된 레이더 중 가장 강력한 레이더 세트는 데본 해변가에 설치되었다. 최대 탐지 거리가 200mile[322km]인 이 레이더는 모든 기대치를 초과하는 성능을 가지고 있었다. 이 신형 레이더는 연합군의 노르망디상륙작전

---

23 제1차 세계대전 당시 독일군에 의해 사용된 구경 42cm 요새 공격용 곡사포

시에 전투기와 폭격기를 작전 구역으로 유도하였으며, 전투기들이 달성한 높은 격추 대 손실 비에도 크게 이바지했다.

우수한 SCR-584 레이더는 독일의 뷔르츠부르크Würzburg 레이더보다 모

**그림8-3** AN/CPS-1 알리아스 초단파 조기 경보 레이더alias Micro-wave Early Warning (MEW) radar

든 면에서 우수했던 연합군의 첫 번째 지상 레이더였다. 대공 사격 통제에 주로 사용되었을 뿐만 아니라 전술 공군의 통제에도 이용되었다. MEW와 SCR-584 레이더 혼용은 전투기와 폭격기의 항법 통제에 뛰어난 효과를 보여주었다. 레이더 비컨Beacon 또는 '레이콘RACON' 계열의 오보에Oboe 멤버는 매우 정확한 항법 및 맹목 폭격[24] 보조 장치였다. 필립 박스터[25]가 말했듯이, 오보에는 "두 명의 운용병이 영국 본토에 있는 트럭 안에 앉아서 루르 지방 상공의 영국 공군과 미 육군 항공대 비행기들의 위치를 몇 ft 내의 오차로 그 비행기에 탑승하고 있는 승무원보다 더 정확하게 알고 있었다." 당시의 비행기들

---

24 맹목 폭격(blind bombing)은 조종사 또는 폭격수가 공격 표적을 육안으로 식별하거나 레이더 등의 탐지 장비로 목표를 식별 조준해서 폭격하는 것이 아니라, 정해진 지점에서 정해진 제원으로 맹목적으로 무장을 투하하는 것

25 존 필립 박스터 경(Sir John Philip Baxter, 1905~1989)은 필립 박스터로 더 잘 알려진 영국의 화학 엔지니어였다. 제2차 세계대전 동안 그는 제임스 채드윅에게 영국 전시 핵무기 프로그램인 튜브 합금용 우라늄 헥사플루오라이드 샘플을 제공했고, 이후 위드네스에서 생산하기 위한 파일럿 플랜트를 설립했다. 1944년, 우라늄 화학과 산업 운영에 대한 전문 지식을 가진 전문가를 지원해달라는 미국의 요청에 따라 그는 맨해튼 프로젝트를 돕기 위해 테네시주 오크 리지로 갔다. 그는 1957년부터 1972년까지 호주 원자력위원회 의장과 1969년부터 1970년까지 국제 원자력 기구의 의장을 역임했다.

**그림8-4** SCR-584 with gun battery

은 연합군의 레이더
에 의해 우군인지 아
닌지를 식별하는 것
이 가능하게 해주는
IFF[Identification, Friend or
Foe], 피아 식별 장치

발신 장비를 장착했다.

항법과 폭격을 위한 항공기 탑재 레이더로는 H2S가 처음으로 개발되어 사용되었으나 그 정확도는 매우 낮았다. 이런 이유로 파장 3cm짜리 레이더를 이용한 H2S의 개량형인 H2X가 개발되었다. H2X는 상당히 정확도가 높은 레이더 폭탄 조준기인 미키[Mickey]라는 별명으로 유명해졌다. 미키는 영국에서 이륙해서 독일의 공격 목표를 향해 가는 폭격기들에게 경로를 지시할 수 있었고, 목표 상공이 짙은 구름으로 완전히 뒤덮였어도 표적에 폭격할 수 있게 해주었다. 1943년 가을 미키가 탑재되기 전까지 미 제8공군은 악천후 때문에 지상에 발목을 잡혔으며, 동절기에는 한 달에 2회 이상 출격할 수가 없었다. 미키의 개량형 레이더가 줄을 이었고, 그 중 제일 뛰어난 성능의 레이더는 지 Gee[26]라고 불렸다.

LORAN[Long Range Aid to Navigation, 장거리 항법 보조 장비]은 두 개의 기지국이 발신하는 전파의 원arc이 겹쳐지는 지점을 삼각 측량하여 위치를 파악하는 시스템

---

26 제2차 세계대전 동안 영국 공군에 의해 사용된 무선 항법 장치. 두 개의 무선 신호 사이의 시간 지연을 측정하여 최대 350mile(560km) 범위에서 수백 m 내의 오차로 위치를 측정했으며, 이 위치를 바탕으로 맹목 폭격이 가능하게 했다. 1942년 영국 공군 폭격기 사령부에 채택되어 운용된 최초의 하이퍼볼릭 항법 시스템이었다. 후에 LORAN 항법 시스템에 영감을 주었다.

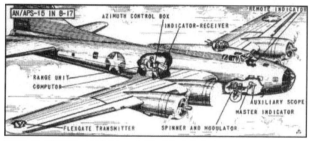

**그림8-5** H2X 또는 AN/APS-15 공중 탐색 레이더Airborne Surface Search radar

이었다. 이 장비는 항공기나 선박이 적에게 자신의 위치를 알려주지 않는다는 것은 대단한 장점이었다. 결국 LORAN 시스템 사용은 전 세계로 확산되었다.

독일의 레이더를 무력화하기 위한 대책과 독일도 독자적으로 확보한 레이더 무력화 대책에 대응하기 위한 '역대응책'은 과학적 상상력과 과감함이 요구됐다. 영국 본토 방공전에서도 과학자들은 독일 공군이 사용하던 맹목 폭격 유도용 전파를 빗나가게 하기 위해 무선 대응책을 사용했다. 1942년까지 독일군은 조기 경보, 해안 감시, 항공기 요격, 전투기 통제 및 대공포 통제를 위해 100~600메가사이클의 주파수에서 다섯 가지 유형의 레이더를 사용하고 있었다.

레이더는 기본적으로 라디오보다 더 전파 방해jamming하기 쉬었고, 전자적 또는 기계적 수단으로 전파 방해가 될 수 있었다. 독일군은 1942년 초기부터

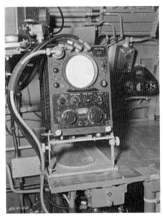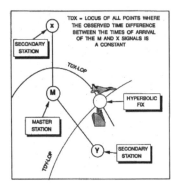

**그림8-6** LORAN 항법 시스템navigation system

전파 방해 장비를 갖추고 있었다. 순양전함[27] 샤른호르스트Scharnhorst와 같은 급의 그나이제나우Gneisenau가 해상 통상 파괴전 임무를 성공적으로 완수하고 프랑스의 브레스트항으로 귀항할 때 연합군 항공기에 의해서 지속적으로 공격받았지만 독일 전함들은 별로 피해를 입지 않았다. 마침내 두 척의 전함은 더 안전한 항구를 찾으라는 명령을 받았고 안개와 눈으로 덮인 영국 해협을 거슬러 올라갔다.[28] 영국군과 미군은 독일 전투함이 기상천외하게 도주한 사실에 경악을 금치 못했는데 이것 역시 영국군 레이더에 대한 전파 방해를 효과적으로 실시한 덕택이었다. 그러나 영국인들은 그런 사실을 인지하지 못했다.

항공기가 적 레이더를 혼란시키기 위해 사용하는 간단하지만 매우 효과적

---

27 브로디 부부는 두 척의 독일 군함을 전함(battleship)이라고 기술했지만 순양전함(battle cruiser)이 정확한 표현이다.

28 1942년 2월 11일부터 13일까지 프랑스 브레스트 해군 기지에 고립되어 있던 그나이제나우와 샤른호르스트, 프린츠오이겐과 구축함 일곱 척이 노르웨이에 있던 전함 티르피츠와 합류하기 위하여 야간에 좁은 영국 해협을 강행 돌파에 성공한 작전이다.

인 수단은 레이더에서 보내는 전파의 주파수에 공명하도록 특별한 길이로 절단된 금속 스트립을 떨어뜨리는 것이었다.[29] 연합군이 '윈도우window' 또는 '채프chaff'라고 부른 이런 얇은 금속 호일들은 항공기와 유사한 강도의 반사파를 레이더에 나타나게 만드는 효과를 발휘했다. 독일군은 이런 재밍 방법을 독자적으로 실험했으나 이 방식이 연합국에게 알려지게 되면 득보다 실이 많을 것이라 판단하여 실제 사용하지 않고 기밀로 처리했다. 1943년 7월 영국 공군이 함부르크를 공격할 때 '윈도우'를 처음 사용하자 독일 레이더 관제사들은 큰 혼란에 빠졌다. 윈도는 독일 레이더의 스코프를 어지럽히고, 박스터의 표현을 빌리자면 "눈 폭풍 속의 장거리 영화 카메라처럼 무력한" 것으로 만들었다. 제2차 세계대전이 종료되기 전까지 미 제8공군만 하더라도 1,000만 lbs[4,536t]의 알루미늄 호일 조각을 유럽 각지에 살포하였다.

일단 연합국 측이 윈도를 사용하자 독일 역시 즉각 연구 결과를 이용하여 같은 방식을 사용하기 시작했다. 그런 다음 전파 연구소는 독일군의 대공포를 통제하고, 연합군의 폭격기에 치명적인 손실을 입히고 있던 소형 뷔르츠부르크 레이더[30]를 무력화시키도록 설계된 '카펫carpet'으로 알려진 항공기 탑재 전파 방해 장비를 개발했다. 카펫 전파 방해 장비는 독일군의 지상 레이더가

---

29 재밍하고자 하는 레이더 파장의 1/2 길이로 자르면 쌍극자(dipole) 효과에 의해 전파를 반사한다.

30 뷔르츠부르크(Würzburg) 레이더는 저대역 UHF 주파수를 사용하는 레이더로 제2차 세계대전 당시 독일 공군과 육군의 지상 배치 대공포 통제 레이더이다. 전쟁 전에 뷔르츠부르크시에서 초기 개발을 시작했고, 1940년부터 실전 배치되었다. 최종적으로 다양한 모델의 4,000개 이상의 뷔르츠부르크 레이더가 생산되었다. 기본 모델은 두 가지이다. 첫 번째 모델은 운송 가능한 모델로, 이동을 위해 접힌 다음 배치 및 수평을 맞춘 후 신속하게 작동할 수 있었다. A형은 1940년 5월에 배치되었고, 정확도를 높이기 위해 그 다음 해부터 몇 가지 개량형이 나왔다. 1941년 D 모델에는 반원형 반사판이 추가되었다. 더 큰 뷔르츠부르크-리제는 D 모델을 기반으로 하지만 훨씬 더 큰 포물선 반사경을 사용하여 고정식으로 해상도를 개선했다.

**그림8-7** 뷔르츠부르크 레이더

발신하는 것과 같은 주파수를 발신하도록 조종(동조)되었다. 당시 독일 대공 레이더는 연합국 측에 대항한 재밍을 통제하고 연합국 폭격기들에 손실을 입힌 탁월한 성능을 지녔다. 카펫은 뷔르츠부르크 레이더의 스코프 전체를 마치 녹색의 '잔디'처럼 뿌옇게 채웠지만, 채프와 윈도는 레이더 스코프의 일부분만을 뿌옇게 만들 수 있었다. 이런 탁월한 성능의 카펫 전파 방해 장치를 사용한 제8공군의 폭격기들은 과거에 비해 절반 수준의 피해만을 입었다.

만일 이들 대응책이 없었다면, 독일에 대한 폭격도 레이더로 통제되는 독일군의 대공포에 심한 손실을 입어 1943년에 중지했어야 할지도 모른다. 카펫과 윈도가 병행되어 운용되었을 때, 연합국 폭격기들은 "마치 마법의 양탄자 위에 있는 것처럼" 독일 대공포 상공을 비행할 수 있었다. 필사적인 독일 과학자들은 그들의 채프chaff에 대한 대응책이 카펫을 도와주었고, 카펫에 대한 대응책이 채프를 도와주었음을 너무 늦게 알아차렸다. 마침내 그들이 극초단파 레이더로 전환했을 때는 이미 효과적인 운용을 하기에는 너무 늦어버렸다.

대응책의 효율성은 가끔은 신속하고 드라마틱했다. 레이테만Leyte Gulf 전투 시 일본은 태평양 전역에서 뇌격기의 보조 수단으로 레이더를 사용하였다.[31]

31 레이테만 전투는 공식적으로 제2차 필리핀 해전로 알려져 있는, 제2차 세계대전 중 가장

일본군이 운용하던 레이더 장비의 주파수가 당시 미국 함대를 차폐하는 데 사용되었던 고출력 마그네트론 전파 방해기의 가장 낮은 주파수보다도 더 낮다는 사실이 발견되자 제너럴 일렉트릭 연구소의 과학자들에게 도움을 요청했다. 1주일간의 신속한 실험과 제작 후에 연구소는 50개의 새로운 진공관을 보냈다. 미군의 전파 방해가 다시 실시되었을 때, (미군) 레이더 스코프로 보이는 일본 폭격기들은 혼란스러워하며 일시 후퇴하고, 결국은 완전히 철수하는 것이 목격되었다.

전파 연구소는 후미에서 접근해오는 적의 비행기를 조종사에게 경고하는 문제를 해결하였다. 이 시스템은 AN/APS-13으로 표준화된 레이더 세트를 사용했는데, 이 레이더 세트는 조종석에 경고음을 울리고 경고등을 켰다.

대응책의 가장 상상력이 풍부한 사용은 연합군의 유럽 침공[32]과 함께 이루

큰 해전이다. 필리핀의 레이테섬, 사마르섬, 루손섬에서 1944년 10월 23~26일에 미 해군, 호주군과 일본 해군 사이에서 벌어졌다. 10월 20일 미군이 일본의 고립-특히 동남아시아 지역에서 석유의 공급을 방해하기 위한-을 목적으로 하는 일련의 작전으로 레이테섬을 공격했다. 일본 해군은 연합군에 대항하여 가능한 거의 모든 전력을 동원하여 방어에 나서지만, 미국 해군의 3함대와 7함대에 의하여 격퇴되었다. 일본제국 해군은 방어 작전에 실패했을 뿐 아니라, 극심한 전력 손실로 인하여 이후 작전에 어려움을 겪게 된다. 특히 살아남은 대형함들은 연료 부족 때문에 이후 태평양전쟁 기간 거의 항에 묶여있게 되었다. 레이테만 전투는 크게 시부얀 해전으로 시작하여 수리가오 해협 전투, 엔가뇨곶 전투, 사마르 해전에 이르는 네 번의 연속적인 전투로 구성되어 있다. 레이테만 전투는 일본군에 의하여 조직적인 가미카제 공격이 처음 수행된 전투이다.

32 유럽 침공은 노르망디상륙작전의 다른 이름이다. 제2차 세계대전 당시 연합국이 개시한 가장 큰 규모의 상륙 작전으로 1944년 6월 6일 연합군이 프랑스 북부 해안인 노르망디 지역을 공격하면서 시작되었다. 오버로드 작전의 일부였으며, 노르망디 상륙이 성공적으로 이뤄진 이후 연합군은 노르망디에 교두보를 구축할 수 있었다. 노르망디상륙작전은 1944년 6월 6일 밤 공수부대가 노르망디에 투입되고, 공군의 대규모 폭격, 해군의 지원 사격 이후 개시되었다. 작전 초기 소드 해변, 주노 해변, 골드 해변, 오마하 해변, 유타 해변에서 상륙 작전이 개시되었다. 미군은 오마하와 유타 해변에 투입되었고, 영국군은 소드 해변과 골드 해변에 작전을 개시했으며 캐나다군이 주노 해변에 상륙하였다. 저녁이 되자 남아 있던 공수부대가 노르망디 지역에 상륙하면서 상륙 작전은 완료되었다.

어졌다. 유럽 침공에서의 대응책이 가장 환상적이었는데 박스터는 다음과 같이 묘사했다.

"전술적 기습은 전체 작전의 성공은 아니더라도 최소한 수천 명의 생명을 구했다. 여기에서 레이더 대응 전문가들은 상상력을 최대한 발휘하고 혼란스러울 정도로 일련의 방해 전파 및 기만 장치를 사용했다. 그들은 연합군 공격의 진짜 목표를 은폐하기 위하여 적 레이더의 눈을 마비시켰고, 파-드-칼레 Pas-de-Calais 지역에 배치된 독일군 감시 스코프의 영상에 상상 가능한 가장 환상적으로 모사된 허위 반사파를 엄청나게 송출하였다. 존재하지 않는 전함, 순양함, 구축함, 수송선, 상륙 주정, 비행대의 유령 행렬이 인류 역사상 가장 정교한 가짜 덕분에 독일군의 감시 레이더 안에서 유영하고 있었다. …… 우리는 양쪽 끝을 공격하는 듯한 착각을 일으키고 중앙 해변으로 곧게 돌진해서 부숴버렸다."

레이더 및 레이더 대응책은 연합군 폭격기에 독일군의 대공포나 전투기에 대한 완전한 방어책을 내놓지 못했고 레이더 폭격 조준기는 그들이 원했던 만큼의 전략 및 전술 폭격의 정확도를 제공하지 못했다. 그럼에도 불구하고, 레이더는 영국 방어에 막대한 도움을 주었고, 유럽에 대한 연합국 항공기의 공격력을 크게 증가시켜주었다. 해전에서는 특히 결정적이었고, 사실 전투함을 구원했다고 해도 과언이 아니다. 1945년에 미군의 함대는 태평양상에서 거의 원하는 대로 항해할 수 있었는데, 이것은 1942년에는 불가능했었을 것이었다. 레이더는 날씨나 밤낮에 상관없이 모든 방향으로 150mile²⁴¹ᵏᵐ의 태평양 해상을 감시할 수 있도록 함대의 감시 영역을 확장해주었다.

## 근접 신관The Proximity Fuse

핵폭탄을 제외하고, 전쟁에서 가장 괄목할만한 과학적 발명품은 VT신관가 변 시한신관[33]이라고도 하는 근접 신관이었다. 이는 고폭탄에 장착된 소형의 전파 탐지 장치동력부, 발신기, 수신기로 구성이다. 근접 신관은 표적으로부터 적절한 위치에 도달했을 때, 포탄을 폭발시킨다. 특히 다른 신관들과는 달리 근접 신관은 포탄을 발사하기 전에 정확한 비행 시간을 계산해서 신관을 조정할 필요가 없었다.

최초로 근접 신관을 실험한 것은 영국이다. 특히 로켓 연구와 관련하여 광전자 사진 장치와 레이더 신관들에 대하여 상당한 연구를 실시하였다. 미국의 과학자들은 초기에 영국의 연구 결과에 의존하였다. 근접 신관은 관과 금속 외피가 파손되지 않고, 민감한 진공관, 전자 장비 그리드grid, 극판이 발사 순간과 비행 중에 파손되지 않도록 하여야 하며 매우 작아야 했다. 미 해군의 38구경 5in127mm 포탄미 해군 주력 대공포을 위해 최초로 설계된 근접 신관은 아이스크림 콘 크기만 했다.

이 5in127mm 포탄의 최초 실험은 1942년 8월 10~11일 체사피크만에서 순양함 클리블랜드 Cleveland함에서 실시되었는데, 놀

**그림8-8** 제2차 세계대전 당시 대공포 사격 통제를 위한 Mark 58 무선 근접 신관. 밴 앨런Van Allen이 포함된 응용물리연구소Applied Physics Laboratory 그룹에서 설계했다. NASM 사진

---

33 근접 신관의 원리를 이름에서 유추하지 못하고 기존의 기계식 시한 신관으로 오해하라는 의도로 VT신관이라고 명명했다.

랄만한 결과를 가져왔다. 근접 신관은 비행기를 격추시키는 데 성공적이어서 미국의 군사 지도자들은 유럽에서 근접 신관이 사용된다면, 독일이 쉽게 불발탄을 발견하거나 미처 사용되지 못한 보급품을 노획하여 근접 신관을 복제 생산할 지 모른다고 우려했다. 이렇게 되면 영국 공군과 미 제8공군이 공중에서 막대한 피해를 보게 될 것이라는 우려였다. 수개월의 고민 끝에 해상 전투에서만 이를 사용하도록 규정을 정했다.

근접 신관은 태평양에서 미군의 안전과 기동성을 비약적으로 향상시켰으며, 해군 5in 포탄의 치명도를 최소한 다섯 배 증가시켰다. 근접 신관은 6in-15.24cm 양용포에도 채택되어 가미가제 특공대에 대항하여 성공적으로 사용되었다. 가미가제는 자살 특공대로, 2개월도 못 되는 기간의 훈련만 받고 편도 비행분의 연료를 탑재한 후 미 해군 함대를 공격하여 막대한 피해를 끼치던 조종사들이었다.[34]

유럽에서 연합군의 정보로 독일의 신무기인 버즈 폭탄<sup>Buzz Bomb</sup>, 즉 V-1 유도탄에 대한 소식이 입수되었을 때, V-1은 모든 과학적 기술들이 동원된 무서운 무기였음을 직감하였다. 따라서 근접 신관이 V-1 격추에 운용될 수 있도록 동의하였다. 최초의 V-1 순항미사일이 발사되기 이전부터 연합국은 SCR-584 레이더, M-9 전자 조준계산기, 근접 신관의 조합을 통한 대안을 미리 준비하고 있었다.

유럽에서 승리가 눈앞에 드러났을 때인 1944년 12월 16일 이 새로운 신관은 광범위하게 사용되기 시작하였다. 독일은 더 이상 근접 신관을 생산할 시

---

**34** 널리 퍼진 오해이다. 대전 말기 연료가 극도로 고갈되어 가미가제 특공대에게조차 연료를 충분히 넣어주지 못하기 전까지는 귀환할 수 있는 연료를 넣어주었다. 공격 목표를 찾지 못할 경우 무사히 귀환한 사례가 많다.

간도 산업 시설도 없었다. 지상전에서 근접 신관의 이점은 파편 효과가 최대화될 수 있도록 지상 표적 위의 매우 짧은 높이에서 폭발되도록 조정되었다는 것이다. 근접 신관은 곡사포에 사용되어 뫼즈강으로 독일이 진격하는 것을 막고 리에주Liège에 대한 위험을 종식시켰다.[35] 독일은 더 이상 연막이나 참호도 포탄의 파편으로부터 효과적으로 방어할 수 없음을 인식하였으며, 군인들의 사기는 크게 저하되었다. 근접 신관은 태평양 전역의 오키나와와 루손전투에서 성공적으로 사용되었다.

## 화력 통제 장비

근접 신관과 함께 뛰어난 화력 통제 장비도 제공되었다. 이때 수학자들은 불과 몇 년 전에는 상상할 수 없었던 성공적인 정밀 기기를 개발하는 데 큰 기여를 하였다. 대공포 사격 통제에는 특별한 어려움이 있었다. 문제는 표적을 격추하기 위해 '리드lead'[36]하기 위해 적절한 각도를 계산하는 것이었고, 이

---

35 뫼즈강(프랑스어: Meuse) 또는 마스강(네덜란드·독일어: Maas)은 유럽 서부 프랑스·벨기에·네덜란드를 흐르는 강이다. 길이는 925km, 유역 면적 36,000km². 프랑스 상파뉴아르덴 지방에서 발원하여 북쪽으로 흐른다. 아르덴 지방을 통과하며 벨기에로 들어와 왈롱의 중앙부를 통과한다. 리에주 도심을 통과한 후 벨기에·네덜란드 국경을 형성하고 마스트리히트를 통과한다. 네덜란드 동남부 지방에서 독일 국경 부근을 따라 북쪽으로 흐르다 서쪽으로 유로를 바꿔 북해로 흘러들어가며, 라인강의 하류와 함께 삼각주를 형성한다. 로테르담은 이 강과 라인강 사이에 있다. 곳곳에 주변 강과 연결되는 운하가 많아 수상 교통이 활발하다. 1944년 12월 16일~1945년 1월 25일까지 독일군이 아르덴 지방에서 500대의 중전차(5개 기갑사단), 1,900문의 야포, 20만 명의 병력으로 서부 전선에서 최후로 벌인 대반격을 이야기한다. 독일군은 아르덴 지방의 삼림 지대를 기갑부대로 돌파, 벨기에의 안트호프 항까지 진격하여 서부 전선 북쪽의 연합군을 포위 궤멸시키려고 하였다. 초기에는 미8군의 예하 부대들을 궤멸시키며 공격이 성공하는 듯했으나 미군의 저항에 막혀 결국 공세는 실패했다.
36 표적을 조준하는 것이 아니라, 표적의 이동에 맞추어 표적의 정확한 미래 위치로 포탄이

표적이 항공기의 경우 빠르게 계산해야 하는 매우 큰 각도였다. 이것 중 주목할만한 발전은 MIT의 찰스 드레이퍼Charles S. Draper가 스페리사[37]와 협력하여 20mm 오리콘Erlikon 대공 기관총과 함께 사용되는 자이로스코프 미래 위치 조준Lead Computing 계산 장치인 Mark 14 사격 통제 장비를 발명한 것이었다. 그런 다음 V-1 요격에 절대적으로 필요하여 광범위하게 사용되었던 함포 조준기에서 개조된 놀라운 전자 사격 통제 장비 M-9가 등장했다.

함포 사격 장비에 대해 훈련받은 포술 장교는 표적을 조준할 수 있었다. 이것은 특히 5in1[27mm] 25구경장 및 5in 38구경장 양용 함포에 해당된다(구경에 두 번째 숫자를 곱하면 포신의 길이가 된다. '양용dual purpose'는 이 함포가 지·해상 및 공중 목표 모두에 유용하다는 사실을 의미한다.). 함정의 사격 통제 장비로부터 어느 정도 떨어져 있을 수 있는 함포는 전기적으로 동기화되어 움직였고, 목표에 대한 미래 위치 조준lead, 전투함의 롤roll 및 피치pitch, 심지어 사격 통제 장비와 함포 사이의 시차에 대한 허용량까지 사격 통제 장비에서 자동으로 계산되었다. 함포에 배치된 포수들은 조준과 발사가 다른 곳에서 정확하게 이루어지고 있다고 확신하면서 단순히 장전하고 또 장전했다.

이 조준기들과 함께 놀라운 새로운 자동 및 반자동 포가 등장했다. 완전 자동 포는 단순히 방아쇠를 당기는 한 자동으로 재장전되고 발사되는 기관

날아가도록 표적의 진행 방향 앞쪽으로 조준하는 것.

37 스페리사(Sperry Corporation)는 1910년 미국에서 설립된 주요 방산 장비 및 전자 회사였다. 해양 자이로스태빌라이저 및 자이로컴퍼스, 자동 조종 장치, 폭탄 조준기, 아날로그 탄도 컴퓨터 및 자이로 기총 조준경과 같은 다양한 자이로스코프 기반 항공 기기의 제작사로 가장 잘 알려져 있다. 제2차 세계대전 이후에는 항공 관련 전자 제품과 나중에 컴퓨터 분야로 사업을 확장했다. 스페리(Sperry)는 1986년 버로스사(Burroughs Corporation)에 적대적 합병이 되어 '유니시스(Unisys)'라는 새로운 이름을 갖게 되었다. 스페리의 이전 사업부 중 일부는 허니웰(Honeywell), 록히드 마틴(Lockheed Martin), 레이시온 테크놀로지스(Raytheon Technologies) 및 노스롭그루먼(Northrop Grumman)의 일부가 되었다.

포였다. 제2차 세계대전에서 완전 자동 포의 참신한 점은 특히 2lbs[0.9kg] 이상의 무게를 가진 구경에서 1.5in[38mm] 이상의 포탄을 발사한 보포스[Bofors] 40mm 포에서 도달한 크기였다. 2연장 및 4연장 포가에 장착된 보포스 포는

**그림8-8** 에니악

각각 독립된 조준기를 보유하고 있으며 중거리 해상 대공 방어를 담당했으며 20mm 오리콘 기관포는 근거리 대공 방어용으로 할당되었다.

장거리 해군 대공 방어 체계는 5in[127mm]와 6in[152mm] 양용 반자동 함포로, 발사할 때마다 재장전해야 하지만, 발사 후 재장전을 위해 발사한 탄피를 배출하는 동안 표적을 조준할 수 있었다. 따라서 숙달된 승무원들의 경우 5in 함포를 분당 20발의 속도로 쉽게 발사할 수 있었다. 이것은 빌리 미첼[Billy Mitchell] 장군과 귤리오 듀에[Guilio Douhet] 장군과 같은 사람들이 20세기 초에 비웃었던 것과는 매우 다른 종류의 대공포 및 조준 시스템이었다.

전쟁이 끝날 무렵 과학자들은 항공기에 탑재해서 그 항공기만을 위해 단일 실행이 가능한 사격 통제 장치인 PUSS[Pilot's Universal Sighting System]를 개발했다. 이로써 폭탄, 기총, 로켓 및 어뢰를 항공기에 동시에 탑재하고 조종사가 모두 자동으로 처리할 수 있게 했다. 조준 장치에 사용된 전기식 컴퓨터는 제2차 세계대전과 전후 전자 컴퓨터의 선구자였으며, 이 컴퓨터는 환상적으로 매우 짧은 시간에 수많은 계산을 완료하는 데 사용되었다. 미 육군 탄도연구실험실[38]은 탄도 궤적을 통합 계산하기 위해 펜실베이니아대학교에서 최초의 에

니악[39]을 설계하고 설치한 1947년부터 대형 전자 컴퓨터를 사용해 왔다.


## 대對잠수함 대응책


제1차 세계대전은 엄청난 비용을 소비하고 큰 어려움을 겪게 했지만 잠수함을 통제할 수 있음을 보여주었다. 영국은 제2차 세계대전이 시작될 때 잠수함의 위협을 가볍게 생각했다. 실제로 전쟁 초기 몇 달 동안 다수의 U-보트가 격침되었고 선박의 손실은 그다지 크지 않은 수준으로 유지되었다. 독일군은 민감한 자기 기뢰를 개발했지만 영국은 자기 기뢰가 사용되기 전에 이에 대한 대책을 개발했다. 대책은 선체의 자기장을 중화시키는 전선을 선체 주변에 감은 '자기장 제거 벨트de-gaussing belt'였다.

프랑스의 항복과 함께 잠수함 전투에 관한 전체적인 전략적 그림이 형성되었다. 독일군은 대양으로 진출할 수 있는 2,500mile4,023km로 확장된 해안선

~~~~~~~~~~~~~~~~~~

**38** 탄도연구소(The Ballistic Research Laboratory, BRL)는 메릴랜드주 애버딘 시험장에 있다. 탄도(내부, 외부, 종말 단계)와 취약성·치사성 분석에 대한 미 육군의 연구 개발의 중심이다. 1992년에 BRL의 임무, 인원 및 시설이 새로 신설된 육군연구소로 통합되면서 해체되었다.

**39** 에니악(전자식 숫자 적분 및 계산기, Electronic Numerical Integrator And Computer, ENIAC)은 1943년부터 1946년 2월 14일까지 3년간 펜실베이니아대학의 모클리와 에커트가 제작한 전자식 컴퓨터이다. 1947년 7월 29일에 작동을 시작해 1955년 10월까지 활용되었으며, 현재는 스미스소니언박물관과 펜실베이니아대학에 분산해 보관되고 있다. 폭 1m, 높이 2.5m, 길이 25m, 총 중량 약 30여t, 진공관 개수 약 1만 8,000여 개, 릴레이(전자계전기) 1,500여 개, 작동 전력 150kw, 개발비 총액 49만 달러(당시 기준). 흔히 에니악이 세계 최초의 컴퓨터라고 알려져 있으나, 현대적인 전자 컴퓨터로는 콜로서스가 최초이다. 현재같은 프로그램 기억식이 아니라, 프로그램을 일일이 배선판에 배선하는 외부 프로그램 방식으로 작업에 따라 배선판을 교체해야만 했다. 10진수를 채용했으며, 개발 목적은 대포의 정확한 탄도 계산이었고, 전후에는 난수 연구, 우주선 연구, 풍동 설계, 일기 예보 등에도 이용되었다. 하지만 가동되었을 때, 펜실베이니아 시내에 있던 가로등이 모두 희미해지고, 거리의 신호등이 꺼지는 등의 오작동을 일으킬 정도로 많은 전력을 소모하였고(시간당 150kw), 엄청난 열이 발생하였으며 고장도 많았다.

을 가지게 되었고, 영국군은 기뢰 방벽으로 U-보트를 가둬둘 수 없게 되었다. 독일 잠수함들을 좁은 해협 안에 가둬두는 것은 불가능해졌고, 잠수함들은 대서양과 지중해의 전체 수면을 거의 방해받지 않고 항해할 수 있게 되었다. 독일군은 겨우 스무 척의 500t급, 열 척의 750t급 U-보트만 보유하고 있었기 때문에 양측 모두 잠수함 전투 준비에 집중하면서 전쟁을 수행하지 않았다.[40] 그러나 독일 해군은 빠르게 잠수함 건조 계획을 시작하여 한 달에 스무 척의 잠수함을 진수했다. 되니츠 제독은 1940년에 "U-보트만으로 이 전쟁에서 이길 수 있다는 것을 보여줄 것이다"라고 이야기했다.[41]

전술이 변했다. 제1차 세계대전 당시의 잠수함 함장은 단독으로 작전을 수행했지만, 이제는 공격을 받을 호송 선단의 정확한 위치가 정찰기로부터 통보되는 후방의 제독에 의해 통제되었다. 그들은 종종 무리pack를 지어 임무를 수행했는데, 보통 야간에 수면으로 부상해서 어뢰로 공격하고 주간에는 공중 공격을 피하기 위해 잠수했다.

영국 해군은 불행히도 수송 선단 호위에 적당하지 못했다. 영국은 제1차 세계대전 후에 400~500척의 구축함이 가용하였음에도 불구하고, 제2차 세계대전에는 180척의 구축함만으로 전쟁에 참가하였다. 프랑스는 단지 59척의 구축함을 보유하고 있었고, 전쟁의 첫해 동안에 많은 손실을 입었다. 격침당한 배의 규모는 1941년 3월에 51만 5,000t, 4월에 58만 9,000t에 달했다. 그때부터 12월까지 매달 평균 36만t이 격침되었다. 미국과 영국을 통틀어 조선 산업이 15주 동안에 피해 입은 것을 1년 안에 회복하는 것은 거의 불가능하였

---

40 개전 당시 독일 해군의 잠수함은 총 56척이었다.

41 카를 되니츠(Karl Dönitz, 1891~1980)는 제1차 세계대전과 제2차 세계대전에 참전한 독일 해군 제독으로, 제2차 세계대전 당시 독일 잠수함대 사령관, 해군 참모총장 및 히틀러 사후 제3제국의 대통령을 지냈다. 잠수함대를 이용 통상 파괴전을 실시했다.

다. 1942년에 625만t의 배가 격침당했고 이것은 전쟁 동안 잠수함에 격침당한 전체 손실양의 40% 이상이었다. 독일이 300~450척의 잠수함으로 전쟁을 수행하였다는 것과 소련의 현재 잠수 함대의 규모를 생각한다면 실로 비극적인 손실이며 놀라운 일이다.[42]

제1차 세계대전의 말기에 영국은 수정quartz crystal의 압전 효과[43]를 이용한 아스딕ASDIC, Anti-Submarine Defense Investigation Committee, 대잠방어연구위원회이라 불리는 음향 장치를 개발하였다. 수정판이 고주파에서 전기적으로 진동이 잘 될 수 있다는 것은 오랫동안 알려져 온 사실이었다. 따라서 고주파로 천음속trans-sonic 또는 비가청대역의 음파를 생산하면 공기와 물속 모두에서 매우 높은 지향성을 가질 수 있었다. 이러한 음파는 마음대로 어떤 방향으로든 보낼 수 있고 딱딱한 표면에서 반사되어 다시 되돌아온다. 그리고 그 반사파는 동조 장치로 탐지할 수 있다. 발신파와 수신파 간의 시간 차이는 반사체와의 거리를 지시하는 것이다.

프랑스 물리학자 랑주뱅[44]이 크리스털로 반사파 거리 측정의 가능성을 증명하는 데 오랜 시간이 걸렸다. 러더포드 경과 그의 연구진들은 랑주뱅의 방법을 더 자세히 연구하였다. 아스딕ASDIC 또는 반사파 거리 측정의 초기 실험

---

42 독일 해군의 U-보트가 300~450척이 된 것은 전쟁 중기의 일이다. 원문에는 "Germans started the war with 300-450 submarines, the present size of the Soviet underwater fleet."라고 되어 있다. 앞 쪽에서 겨우 스무 척의 500t급, 열 척의 750t급 U-보트만 보유하고 있었다고 서술한 것을 볼 때 운용이라고 봐야 옳다.

43 압전 효과(piezo-electric effect)는 결정 구조를 가진 재질 내에서 기계적-전기적 상태 사이의 상호 작용을 통해 나타나는 것으로 설명할 수 있다. 즉, 해당 재질에 기계적 변화(압축 혹은 인장)를 주면 전기적인 신호(유전분극)가 발생하고, 거꾸로 전기적인 신호를 가하면 기계적인 변화가 발생하는 것이다.

44 파울 랑주뱅(Paul Langevin, 1872~1946)은 랑주뱅 역학과 랑주뱅 방정식을 고안한 프랑스 물리학자이다. 그는 1916년과 1917년에 초음파로 잠수함을 탐지하는 것과 관련된 두 개의 미국 특허를 내었다.

에서 초음파는 잠수함 선체와 같은 자연적인 물체에서도 반사될 수 있다는 점이 판명되었지만, 계기가 완벽하게 정확하지는 않았다. 그러나 수중청음기의 보조 장비로써는 뛰어난 효과를 보였고, 영국 과학자들은 보안을 위한 거짓 작명을 하였다. 그들은 그 발명품을 장착하여 잠수함의 존재를 탐지하고 공격하기 위해서는 많은 수의 구축함과 다른 선박이 필요하다는 것을 잊고 있었다.

미국에서는 전쟁 동안에 아스딕이 상당히 발전되었다. 하버드대학교 수중음향연구실에서는 발전된 음향 항법 및 거리 탐지기 소나SONAR, sound navigation and ranging를 개발하였다.

전쟁 초기 독일 잠수함을 공격하기 위해 개발된 항공기는 100lbs45.4kg의 폭탄만을 탑재할 수 있었다. 대잠 초계기는 전쟁 초기 2년 반 동안 매우 적은 수의 U-보트를 격침했다. 그러한 전과는 되니츠 원수가 다음과 같이 말함으로써 사실로 알려졌다.

"항공기가 U-보트를 잡는 것은 까마귀가 두더지를 잡는 것보다 어렵다."

그러나 1942년 3월 웰링턴 폭격기[45]들은 야간 공격을 위한 탐조등을 장착하였고, 이전보다 50% 이상 파괴력이 향상된 고성능 폭뢰Torpex-RDX와 TNT, 알루미늄의 복합물를 탑재하였다.

---

45 웰링턴(Wellington)은 빅커스사에서 만든 중(中)폭격기로, 1930년대에 영국 공군의 요청에 따라 제작된 쌍발 폭격기이다. 목제 골조와 캔버스 천을 사용하여 우수한 항속 거리를 가졌다. 개발 당시 기준으로는 우수한 성능이었지만, 제2차 세계대전 초기에 벌써 저성능의 폭격기가 되었다. 하지만 총 생산량 1만 1,461대로 대전 초기 영국 공군 폭격기 중 가장 많았고, 블렌헤임이나 보포트같은 폭격기들보다 탑재량이 컸기 때문에, 나중에 중(重)폭격기인 핸들리 페이지 핼리팩스와 아브로 랭커스터가 나올 때까지 같은 급의 햄든과 개전 초기 영국 최대의 폭격기인 숄트 스털링과 함께 주력 전략 폭격기로 사용되었다. 승무원 6명, 최고 속력 375km/h, 항속 거리 4,106km, 최대 상승 고도 5,490m, 최대 탑재량 2,041kg(250lbs 폭탄 18개 또는 500lbs 폭탄 9개).

그러나 1899년 이후에 발명된 RDX와 사이클로나이트<sup>cyclonite, 고성능 폭발물</sup>는 전쟁에서 사용하기에는 너무나 민감하고 비싼 것으로 간주되었다. 영국은 밀랍<sup>beeswax</sup>과 섞음으로써 민감성이 줄어든다는 것을 알아냈다. 그러나 밀랍이 이런 용도에 유용하다는 것은 충분히 증명되지 않았다. 영국 과학자들은 RDX 개발에 대해 미 육군과 해군의 화학자들에게 촉구하였다. 미군의 병기병과 소속 과학자들은 자신들이 그것을 시험하기를 꺼려하였다. 그러나 병기병과의 해군 제독인 브랜디<sup>W. H. P. Brandy</sup>는 실험에 박차를 가했다. 그 작업에 참가했던 미국 화학자들은 밀랍의 대체품을 생산하고 개발하는 방법을 만드는 데 크게 기여하였다. 그 결과는 대잠전의 가장 유용한 과학적 기여 중 하나로 여겨지고 있다.

그 시기 비행기와 수상함은 레이더를 장착하고 있었다. 이것에 대응하기 위해서 독일은 자신들이 통합 레이다망에 탐지되기 전에 수중으로 잠수할 수 있도록 연구했다. 연합국은 독일의 연구에 대응해 200Mc<sup>Mega cycle</sup>로 발신할 수 있도록 고안된 10cm 파장 레이더 세트를 개발하였는데 이것은 효과가 없었다. 일단 미국 비행기는 경고없이 잠수함 상공으로 갈 수 있었다. 독일은 오랫동안 연합국이 적외선 탐지 쪽으로 연구 방향을 돌렸고, 이를 극복하기 위해 많은 에너지를 허비했다고 믿었다.

독일 해군 본부는 함장들에게 대서양 연안에서 출격하는 항공기의 항속거리 밖인 600mile<sup>965km</sup>의 공해에서 활동하도록 지시하였다. 결과는 일시적이었으나 효과적이었다. 1943년 3월 첫 세 주에 연합국은 다시 75만t에 달하는 손실을 입었다. 연합국은 대서양 한가운데서 초계기 공백을 메우기 위해서 다른 방법을 사용하였다. 추가 연료 탱크와 레이더를 장착한 '리버레이터<sup>liberators</sup>' 초계기가 미국과 영국 사이에 정기적으로 왕복하였다. 이렇게 함으로써 독일 잠수함이 해양 가운데서 재급유를 못하도록 하였으며 잠수함에 대한 호위와 공격을 하는 데 도움이 되었다.

호위 함정구축함, 구축함 호위함, 코르벳함의 숫자가 유례없이 증가하여 센티미터<sup>Cen-</sup>timeter 레이더, 근접 감지 장치, 우수한 토펙스<sup>Torpex</sup> 수중 폭뢰를 장착해야 했다. 배의 전방에 다양한 심도에서 폭발하도록 세팅된 수중 폭뢰를 발사할 수 있는 '헷지호그<sup>Hedgehog</sup>'라 불리는 '스피거트<sup>spigot</sup>' 박격포가 개발되었다. 물속에 빨리 가라앉도록 눈물 방울 형태로 디자인된 성형 작약 탄두 24발을 장착한 폭뢰는 오직 잠수함 선체와의 물리적 접촉만으로 폭발하였다. 이 폭뢰들은 작았음에도 불구하고 매우 치명적이었다. 만약 U-보트가 탐지되지 않은 채로 남아 있다면, 그 위치에 수중청음기가 부착되어 있고 낙하산에 매달려 낙하하는 라디오 소노부이<sup>radio sonobuoys</sup>를 비행기가 투하할 것이다. U-보트의 소음은 소노부이에 활동 신호로 전달이 될 것이며, 이것은 대잠 초계기를 유도할 것이며 그 지점에서 잠수함을 수면으로 떠오르게 할 것이다.

1943년 6월 U-보트는 북대서양에서 철수했다. 똑같은 전술이 지중해에서 잠수함에 대하여 성공적으로 수행되었다. 그리고 MAD<sup>항공기용 자기 탐지기[46]</sup>가 지브롤터 해협을 막기 위해 사용되었다. 되니츠 제독은 1943년 12월 14일 다음

---

46 항공기용 자기 이상 탐지기(MAD, Magnetic Airborne Detection)는 공중에서 직하 방향 지구 자기장의 미세한 변화를 감지하는 데 사용되는 도구이다. 강자성 물질의 질량은 자기장에서 감지 가능한 교란을 생성한다. 원래 MAD는 일반 지구장의 교란을 감지하여 광물을 검색하는 데 1843년부터 사용된 지자기 탐사 장비를 성능 개량한 것이다. 제2차 세계대전 중 잠수함을 탐지하는 데 사용된 MAD는 광상 매장지를 찾기 위해 걸프 오일의 빅터 바퀴어(Victor Vacquier)가 1930년대에 개발한 저렴하고 사용하기 쉬운 기술인 자속 자력계(fluxgate magnetometer)를 활용했다. MAD는 일본군과 미국의 대잠수함 부대에서 선박으로 견인하거나 항공기에 장착하여 얕은 심도로 잠항한 적 잠수함을 탐지하는 데 사용되었다. 일본에서는 MAD를 자기 탐지기(磁気探知機)라고 불렀다. 전쟁이 끝난 후 미 해군은 소나 탐지 기술과 병행 개발로 MAD를 계속 개발했다.

과 같이 썼다.

"적은 과거 몇 달 동안 U-보트를 무력화했다. 적은 이 목적을 전술 또는 전략적 우위가 아니라 과학 분야의 우위를 통해 달성하였다. 적은 이를 이용하여 우리가 수중에서 영국과 미국에 맞설 수 있는 유일한 공격 무기를 빼앗아 갔다. 과학적 불균형을 효과적으로 개선하고, U-보트의 싸우는 방식을 재복구하는 것이 승리를 위해 필수적으로 요구된다."

독일 과학자들도 쉬고 있지는 않았다. 그들은 1944년 U-보트에 접근하는 비행기를 탐지하기 위한 레이더와 10cm 파장의 레이더 발신 전파를 탐지하기 위하여 설계된 낙소스Naxos 레이더 경보 수신기를 장착했다.[47] 그들은 U-보트에 슈노켈Schnorkel이라는, 네덜란드에서 발명된 개폐식 공기 흡입 및 배기관을 적용하여 U-보트가 잠망경 수심으로 잠수해서 대잠 초계기로부터 숨은 상태로 디젤 엔진을 가동시켜 배터리를 충전할 수 있게 했다. 슈노켈 밸브가 열리고 닫힐 때마다 잠수함 승조원들은 끊임없이 변화하는 기압으로 인해 많은 불편을 겪었지만 매일 최소 1회 이상 수면 위로 떠오를 필요가 없어졌다. U-보트는 또한 대공포를 장착하여 자신들을 공격하는 비행기를 격추했다.

하지만 이것들로는 충분하지 않았다. 집중적인 대잠수함 전투는 마침내 성공해서 U-보트가 대륙으로 진공하기 위해 대서양을 건너오는 것을 방해했다. 미국의 조선소들은 매달 총 100만t의 선박을 건조하여, 손실된 선박들을 보충하는 한편 태평양 전선에도 충분한 선박을 공급했다.

적 잠수함 대응용으로 사용된 일부 과학 장비는 역으로 사용되어 연합군 잠수함의 생존을 강화하고 공격 능력을 향상시켰다. 예를 들어, 우즈 홀Woods

---

47 10cm 파장의 레이더 전파가 언급된 것은 해상으로 돌출된 잠수함의 잠망경을 탐지하기 위한 최소 파장이 10cm였기 때문이다.

Hole 해양지리연구소에서 완성한 수온 측정기bathythermograph는 아군 잠수함이 항해해야 하는 바다의 음향 특성을 판단하는 표준 도구가 되었으며, 일본 해군에 맞서서 안전하면서 가장 잘 계산된 기동을 하는 데 유용했다.

미국 어뢰, 특히 뇌격기에서 투하하는 항공 어뢰는 미국 기술자에 의해 크게 개선되었다. 일본은 성능이 아주 뛰어난 어뢰를 개발했다. 일본 어뢰는 연료의 연소를 위해 공기 대신 압축된 순수한 산소를 사용했으며 300마력 이상으로 최고 속도를 낼 수 있었다. 주로 물에서 응축되는 증기였기 때문에 물결의 흔적만 남았다. 이로 인해 선박은 자신의 진행 경로로 다가오는 '물고기'를 적절한 시간 안에 탐지하기가 훨씬 어려워졌다. 다른 몇몇 무기와 마찬가지로 일본의 어뢰 기술은 한동안 미국보다 우월했지만 태평양전쟁 후반에는 그 격차가 해소되었고 상황은 역전되었다.

미군의 뇌격기들은 성공적인 어뢰 발사를 위해 목표에 가까이 접근해야 했기 때문에 전쟁 초기에 매우 취약한 것으로 판명되었다. 미드웨이 해전에서 일본군은 미 해군 제8 뇌격기대대의 모든 뇌격기를 격추했고, 독일 해군의 순양전함 샤른호르스트Scharnhorst, 그나이제나우Gneisenau 및 순양함 프린스 유진Prince Eugen의 대공포는 1942년 영국 해협에서 자신들을 공격하는 모든 뇌격기를 격추했다. 어뢰는 후미의 조종타면이나 다른 부위의 손상없이 상대적으로 높은 고도에서 투하되어야 했다.

모리스 댐[48]에 설치된 300ft91.4m 어뢰관과 고속 수류 터널을 이용해서 캘리포니아공과대학의 과학자들은 수중 발사체의 특성에 대한 새로운 실마리를

---

48 모리스 댐(Samuel B. Morris Dam)은 1930년대에 건설된 미국 캘리포니아주의 로스앤젤레스 카운티 북부 샌 가브리엘강을 가로지르는 콘크리트 중력댐이다. 샌 가브리엘 댐의 바로 하류에 위치해 모리스 저수지를 만들었다. 1940년대부터 1990년대까지 이 저수지는 미군의 수중 유도 무기 실험에 사용되었다.

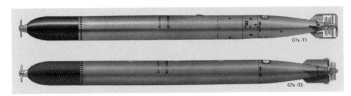

**그림8-10** G7e-T1/2 팔케 자운쾨니히|Falke Zaunkönig

찾을 수 있었다. 결국 신형 어뢰가 개발되었다. 그것은 높은 고도에서 상당히 빠른 속도로 얕은 바다나 깊은 바다로 투하할 수 있고, 착수할 때 회전하거나 튀지 않았으며, 목표까지 직진할 수 있었다. 그 어뢰에는 '감응 신관'이 절실히 필요했다. 매우 민감한 전기 부품과 VT신관용으로 개발된 일부 부품을 활용했지만 태평양전쟁에 사용하기에는 너무 늦게 실용화되었다.

독일군은 호위 선박 프로펠러의 고주파 음을 추적하도록 설계된 치명적 음향 추적 어뢰 '내트Gnat' 또는 '브렌Wren'을 개발했다.[49] 독일군은 1943년 8월에 음향 추적 어뢰를 실전 배치했지만 연합국은 이 어뢰에 대한 사전 정보를 가지고 있었고 NDRC[50] 과학자들은 독일군이 배치하기 전에 효과적인 대응 수단을 개발할 수 있었다. 그것은 폭서Foxer라고 불렸으며 함정의 프로펠러에서 나는 소리보다 더 큰 소음을 발생시키기 위해 배의 후미에서 예인되었다. 전

---

49 G7e/T4 팔케(Falke)와 G7e/T5 자운쾨니히(Zaunkönig) 중어뢰. 구경 534.5mm, 길이 7.16m, 탄두 중량 300kg, 속력 20kn로 사정거리 7,500m이다. 음향 추적 및 함저 기폭으로 인한 버블제트로 적함을 격침하는 기술은 2010년 3월 16일 PCC-772 천안함 격침 당시 최신 기술이 아니라 제2차 세계대전 때부터 실용화된 기술이다.

50 NDRC(The National Defense Research Committee, 국방연구위원회)는 1940년 6월 27일부터 1941년 6월 28일까지 미국에서 "전쟁 메커니즘 및 장비의 개발, 생산 및 사용에 내재된 문제에 대한 과학적 연구를 조정, 감독 및 수행하기 위해" 창설된 조직이다. 대부분의 작업은 엄격한 비밀로 이루어졌으며 레이더와 원자폭탄을 포함하여 제2차 세계대전 중 가장 중요한 기술이 될 연구를 시작했다. 1941년 과학연구개발국(Office of Scientific Research & Development)으로 대체되었고, 결국 1947년에 해체될 때까지 단순 자문 기관으로 축소되었다.

쟁 이후, 표적을 찾는 다양한 '추적homing'장치가 미국 어뢰에 장착되었고, 어뢰의 항적이 남지 않고 항주할 수 있도록 추진 기술이 개선되었다.

## 소이탄과 연막 차장

전쟁이 진행되는 동안 군인들과 과학자들 사이에서 소이탄과 고폭탄의 상대적인 장점에 대한 논쟁이 계속되었다. 많은 사람은 소이탄의 폭격 결과가 훨씬 더 효과적이라 느꼈고 나중에 미국 전략 폭격 조사 결과 그들이 옳았다는 것이 입증되었다. 실제 폭격 시 가연성으로 분류된 표적에 대해 70lbs$^{31.8kg}$ 무게의 M-47 소이탄은 500lbs$^{227kg}$ 고폭탄보다 열두 배, 내화성으로 분류된 표적에 대해 1.5배 더 효과적이었다. 독일군은 런던 공습에서 그들이 생각했던 것보다 훨씬 더 큰 성공을 거두었지만 이 무기를 계속 사용하지는 않았다.

4lbs$^{1.8kg}$ 영국제 마그네슘 폭탄은 효율적인 소이탄이었지만 안타깝게도 마그네슘이 부족했다. 미국인들은 대체제로 4lbs 테르밋 폭탄을 개발했다. 영국 또한 고무로 젤리 가솔린을 만들었으며, 쉽게 발화하고 높은 연소열과 연소 속도를 조절할 수 있어서 일반적으로 우수한 방화제로 인정받았다. 그러나 일본의 산지 정복으로 고무 공급이 중단되었을 때 새로운 공식을 찾아야 했다. 하버드의 과학자들과 아서 디 리틀사Arthur D. Little, Inc. 및 뉴오덱스사Nuodex Products Company의 연구진은 가솔린 증점제로서 알루미늄 나프텐 산염의 잠재력을 조사하고 네이팜Napalm을 개발했다.

이 휘발유 젤리를 사용한 70lbs$^{31.8kg}$ 소이탄 M-47은 화학전 부대[51]에서 개발했으며 하버드 과학자들은 나중에 백린[52]으로 둘러싸인 TNT의 내부 코어

를 추가하여 개선했다. 소이폭탄의 비는 편대 비행에 실제 위험을 가져올 수
있기 때문에 '조준 가능한 자폭탄'으로 생산되었다. 그런 다음 폭발하여 치명
적인 자폭탄의 소나기를 흩뿌렸다. 즉 대형 고폭탄과 동일한 궤적을 가지고
목표물로부터 수천 ft 이내로 낙하하다가, 외피가 터져서 치명적인 작은 폭탄
의 소나기를 뿌린다. 전쟁이 끝날 때까지 약 3,000만 발의 M-69 소이탄이 생
산되었다.[53]

**51** 화학전 부대(Chemical Warfare Service, 화학전 병과). 화학, 생물, 방사능 및 핵무기에 대한 방
어 임무를 맡은 미군의 병과이다. 제1차 세계대전 중인 1918년 가스 공격과 방어를 담당하
기 위해서 창설되었으며, 1946년에 화학부대(chemical corps)로 변경되었다

**52** 백린(白燐, white phosphorus, WP)은 인의 동소체로 연막, 예광탄, 조명탄, 특히 소이탄의 원
료로 쓰인다. 백린을 사용한 소이탄은 맹렬하게 타오르며, 옷이나 연료, 탄약 등 가연성 물
질에 옮겨 붙을 경우 치명적인 피해를 입힌다. 또한 백린은 효율적인 연기 생성 물질로, 극
렬하게 타올라 즉각적으로 다량의 연기를 만든다. 그러므로 보병들의 연막탄만큼이나 백
린탄은 흔하며, 전차와 같은 무장 차량 또는 박격포를 이용해 발사한다.
백린은 인 원자 네 개로 이루어진 분자로 존재한다. 네 개의 원자가 정사면체 구조로 고리
긴장을 발생시키기 때문에 백린 분자는 불안정하다. 백린은 투명한 왁스질 고체로, 빛을 쬐
면 빠르게 노랗게 변색된다. 어두운 데 두면 녹색을 띠며, 공기와 접촉했을 때는 가연성과
자연 발화성이 매우 크고 독성도 있다. 이 독 때문에 흡입 시 간 손상이 일어나며, 만성적
으로 노출되었을 경우 인산 괴사에까지 이를 수 있다. 불타면서 마늘 냄새 같은 특이한 악
취가 나며, 백린 표본은 보통 하얀 오산화인(P2O5 또는 P4O10)으로 코팅되어 있다. 백린은
물에 매우 조금 녹기 때문에 물 속에 보관할 수 있다. 실제로 백린의 자연 발화를 막는 방
법은 물 속에 넣어두는 것밖에 없다. 반면 벤젠, 기름, 이황화 탄소, 이염화 이황에는 잘 녹
는다.

**53** M-69 소이폭탄은 1945년 도쿄 폭격을 포함하여 제2차 세계대전 중 일본과 중국에 대
한 공습에 사용되었다. 그것은 스탠다드(Standard) 석유 개발 회사에 의해 제작되었으며,
OSRD(Office of Scientific Research and Development)에서 자금을 지원했다. M-69는 직경
3in(76mm), 길이 510mm의 육각형 단면을 가진 평범한 쇠파이프였다. 무게는 약 2.7kg이
었다. 독일에서는 젤리 오일로 채워져 공기역학적인 모양이 아닌 M-36 폭탄 안에 19개의
자탄으로 집어넣어 투하했다. 일본 상공에서는, 고도 2,000ft(610m)에서 열린 지느러미가
있고 조준이 가능한 E-46 집속탄 안에 38개의 자탄으로 집어넣어 투하되었다. 분리 후 38
개의 M-69 자탄 각각은 길이 1m의 천으로 된 스트리머를 방출하여 신관의 방향을 아래
쪽으로 향하게 했다. 건물이나 지면에 부딪히면 타이밍 신관이 3초에서 5초 동안 연소된
다음 작은 폭발물이 점화되어 최대 30m까지 타오르는 불덩어리를 만들어내 즉시 강렬한
화재를 만들었다. 대 일본 폭격에서 M-69는 B-29 폭격기에 탑재되었다. 일반적으로 40발

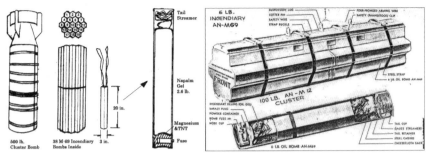

**그림8-11** 일본의 주거 지역을 공격한 소이폭탄

1945년 1월 6일, 279대의 폭격기가 M-69 소이탄으로 도쿄를 공습했다. 폭격기는 1,900t의 소이탄을 투하했다. 도쿄는 한 조종사가 보고한 것에 의하면 "소나무 숲처럼 불이 붙었다." 나중에 제20공군은 "이전 또는 이후로 관련 항공기 대수 또는 사용되는 폭탄 유형에 관계없이 단일 폭격 임무로 인해 그렇게 큰 피해가 발생하지 않았다"라고 기록했다. 도시 중심의 15mile$^2$이 화염에 휩싸여 완전히 파괴되었다.

나고야, 오사카, 고베에도 공격이 이어졌다. 그 후 마리아나 군도의 출격 기지에 소이탄 보급이 떨어져서 3월 18일부터 5월 15일까지 출격을 중단해야 했다. 이날 이후 히로시마, 나가사키, 교토를 제외한 일본의 모든 주요 도시가 파편탄과 고폭탄이 섞인 소이탄 폭격을 받았다. 일본 주요 도시에 대한 공습으로 26만 명이 사망하고 41만 2,000명이 다쳤고 66개 도시 건축물의 40%가 불에 탔다. 독일에 투하한 폭탄 양의 1/8도 되지 않는 폭탄으로 주택 200만 가구가 불타 없어졌다.

네이팜은 화염 방사기에 적용되어 제1차 세계대전 당시에는 갖지 못했던

---

의 집속탄, 총 1,520발의 M-69 자탄을 탑재했다.

강력한 통제력과 파괴력을 갖게 되었다. 영국 석유 전쟁부[54]는 전쟁 초기에 화염 방사기 개발에 집중했으며, 나중에 미군이 사용하게 되는 대형 기계화 화염 방사기를 개발했다. 네이팜을 연료로 도입하면서 화염 방사기의 사정거리와 정확도가 크게 향상되었다. 등에 짊어지고 사용하는 백-본back-borne 화염 방사기는 태평양의 섬들에 강력한 방어 진지를 구축한 일본군에 대해서 사용되었다.

제1차 세계대전 동안 연막은 잠수함 공격과 함포 사격으로부터 함선을 보호하는 데 사용되었다. 기름을 연소시켜 항해하는 배 추진 기관의 공기 흡입구를 닫아서 짙고 검은 연기구름을 만들어내는 것은 쉬운 문제였다. 비행기가 등장함에 따라 연기를 위장에 효과적으로 사용하는 것은 더 이상 쉽지 않았지만 훨씬 더 중요해졌다. 독일 폭격기가 영국 도시를 처음 공격했을 때 공장 소유주는 공습이 임박하거나 진행 중일 때마다 가능한 한 많은 연기를 내도록 지시받았다.

영국 화학자들이 처칠의 명령에 따라 처음으로 만들어낸 연막은 독성이 있는 부식성 연막으로 심지어 폭발도 했다. 독일군은 브레스트에서 그나이제나우호와 샤른호르스트호를 연막 속으로 차폐시키는 데 클로로설폰산을 사용했다.[55] 영국군은 몰타에서 헥사클로로에탄Hexachloroethane[56] 연막을 사용했다. 둘

---

**54** 석유전쟁부(Petroleum Warfare Department)는 제2차 세계대전 중 독일의 영국 침공에 대응하여 1940년 영국에서 설립된 정부 부처이다. 초기에는 전쟁용 무기로 석유의 사용 방법을 개발하는 임무를 맡았고, 광범위한 화공전 무기의 도입을 감독했다. 전쟁 후반에는 활주로를 뒤덮은 안개를 제거하는 안개 조사 및 분산 작전을 연구하는 데 중요한 역할을 했다. 이 작전은 독일 상공의 폭격에서 돌아오는 항공기가 활주로 상에 뒤덮인 안개 때문에 시야가 좋지 않은 상태에서도 착륙이 가능하게 하려는 의도로 이뤄졌다. 1944년 6월에는 연합군이 노르망디에 상륙한 직후 영국과 프랑스 사이에 조립식 연료 파이프 라인을 설치하는 명왕성 작전을 수행했다.

**55** 클로로설폰산(Chlorosulfuric acid) 또는 염화설폰산은 화학식 $HSO_3Cl$을 가지는 염화가 일

다 만족스럽지 않았다. 하슬러의 AFES[57]는 특정 상황에서 효과적으로 갈색 연막을 생성하는 기름 연기 발생기를 개발하는 데 성공했다. 전쟁 초기 미 육군 화학전 병과가 보유했던 최상의 연막 생성기는 감귤나무 숲에서 사용되는 얼룩 냄비[58]와는 달리 비교적 원시적인 기름 연기 냄비였다.

노벨상을 받았던 제너럴 일렉트릭General Electric의 화학자 어빙 랭뮤어Irving Langmuir와 컬럼비아대학교[59]의 빅터 레이머Victor LaMer는 기본 사항으로 돌아가

어난 설폰산으로, 초강산의 한 종류이다. 클로로설폰산은 물과 격렬하게 반응하여 황산과 염화수소 기체를 발생시키며, 일반적으로 용액에서 증기가 올라오는 형태로 관찰된다.

**56** 몰타섬(Malta Island)은 지중해 한가운데, 이탈리아 시칠리아 정남쪽, 리비아에서는 북쪽에 위치한다. 면적은 약 $246km^2$이다. 몰타 공화국 최대의 섬으로, 수도 발레타가 이 섬에 있다. 역사적으로 몰타섬은 지중해 내에서의 지정학적 위치 때문에 사람들이 매우 중요하게 여겨 왔다. 몰타섬은 영국령 지브롤터, 이집트의 알렉산드리아와 함께 영국 해군이 지중해를 좌지우지할 수 있는 주요 거점 중 하나로 한때는 영국 지중해 함대가 주둔하던 해군 기지이기도 했다. 영국 선단이 이집트로 이동할 때 반드시 찍고 가는 중간 기착지이기도 했는데 문제는 그 위치가 바로 시칠리아 바로 아래나 다름없는 곳이라는 점이다. 영국이 이탈리아의 위협을 경계하여 지중해 함대를 알렉산드리아로 재배치했기에 직접적인 위협이 되는 세력은 없었지만 그렇다고 이탈리아가 그냥 내버려 두기에는 보급선을 위협할 수 있는 존재이자 영국의 보급선을 끊어버릴 수 있는 절묘한 위치이기도 했다. 1940년 6월 ~1942년 5월 세 차례에 걸쳐 몰타 주둔 영국군과 독일-이탈리아군이 항공전을 벌여 우여곡절 끝에 영국군이 방어에 성공했다. 이때 영국군이 추축국 공군의 폭격으로부터 지상 시설물을 차폐하기 위해 사용한 것이 헥사클로로에탄이다. 헥사클로로에탄은 화학식 $(CCl_3)_2$의 유기염소 화합물이다. 녹나무 같은 냄새가 나며 실온에서 흰색 고체이다. 군용 연막탄의 주원료이다.

**57** AFES(해군 실험소, Admiralty Fuel Experimental Station)는 1902년 하슬러(Haslar)에 설립된 영국 해군의 연구 부서였다. 초기 연구는 함정용 보일러에서 기름 연료를 연소시키는 기술과 버너의 설계, 용광로의 내화 라이닝의 특성 및 보일러 설계 등에 중점을 두었다. 1953년부터 연료 및 윤활유 분야의 AFES 책임은 해군석유연구소로 이전되었으며, 이후 AFES는 기계 설계 및 테스트에 집중했다. 석유를 태우는 증기 터빈의 사용이 감소함에 따라 그 기능이 바뀌었고, 1966년에는 AMEE(Admiralty Marine Engineering Establishment)로 대체되었다.

**58** 얼룩 냄비. 일반적으로 바닥에 약간의 원유가 연소 되는 기름 용기로, 과수원, 특히 감귤나무 숲에서 서리를 방지하기 위해 사용된다. 연기는 방출되는 열 손실을 줄이는 담요 역할을 한다. 대기 오염으로 인해 얼룩 냄비는 천연 가스를 사용하는 무연 버너와 같은 다른 서리 방지 수단으로 대체되었다.

문제를 해결했다. 그들은 에어로졸공기 중의 액체 또는 고체 입자의 현탁액과 빛의 산란과의 관계를 연구했다. 그들은 차장용 연막이 무엇을 해야 하는지, 모든 빛을 차단하거나 혹은 단순히 시야를 혼란스럽게 해야 하는지를 먼저 물었다. 랭뮤어는 끓는 점이 높은 석유의 분별 증류[60]를 사용하여 작은 방울을 만들고 이 방울들이 합쳐지지 않도록 충분히 빠르게 부풀리는 연막 발생기를 고안했다. 나중에 코크스와 타르를 형성하지 않고 유증기의 자연 발화 위험 없이 이러한 유형의 연막을 장기간 만들어내는 방법이 발견되었다.

다양한 연막발생기가 여러 곳에서 생산되어 바다 건너에서 성공적으로 사용되었다. 이 연막발생들은 안지오^Anzio 교두보를 방어하는 데 공헌했으며[61], 연합군이 북아프리카의 항구까지 정기 보급로를 유지하는 데 기여했다.

---

59 컬럼비아대학교(Columbia University in the City of New York)는 미국 뉴욕주 뉴욕시에 있는 아이비 리그 사립 대학이다. 세계의 중심 도시인 뉴욕의 맨해튼에 있어 광범위한 국제 정치·경제 정보를 가깝게 접할 수 있다. 국제 정치의 핵심인 유엔본부와 세계 금융의 중심지인 월가가 인근에 있으며, 세계에서 가장 영향력 있는 언론사들과 미술, 음악, 문화센터 등이 대학 주변을 둘러싸고 있다. 1754년 영국 왕 조지 2세의 칙허장에 의해 킹스 칼리지(King's College)로 설립되었으며 그런 허가를 받은 세 곳의 미국 대학 중 하나이다. 미국에서 하버드대학교, 윌리엄 앤 메리대학교, 예일대학교, 프린스턴대학교 다음 다섯 번째로 오래된 고등 교육 기관이며 뉴욕주에서는 제일 오래된 고등 교육 기관이다. 미국 독립 후 미국의 옛 이름인 컬럼비아를 따서 1784년 컬럼비아 칼리지(Columbia College), 1896년 컬럼비아대학교(Columbia University)로 이름을 바꾸었다. 컬럼비아대학교에서 매년 퓰리처상이 주어지며 미국대학협회의 14개 설립 회원 중의 하나이다. 미국 최초로 의학 박사(M.D.) 학위를 수여한 대학이기도 하다. 현재까지 졸업생과 교수를 포함해서 세계에서 하버드대학교 다음 두 번째로 많은 101명의 노벨상 수상자를 배출했다. 동문에는 다섯 명의 미국 건국의 아버지, 세 명의 미국 대통령, 아홉 명의 연방 대법원 대법관, 29명의 외국 국가 원수, 123명의 퓰리처상 수상자, 28명의 아카데미상 수상자, 20명의 억만장자가 포함되어 있다.

60 분별 증류(fractional distillation)는 서로 잘 섞여 있는 액체 혼합물을 끓는 점(온도) 차이를 이용 분리하는 방법이다.

61 1944년 1월 22일~6월 5일 이탈리아 로마 남부 해안의 안지오에 상륙했던 연합군이 벌인 전투이다. 이탈리아 남부에 상륙한 연합군은 나폴리 점령 후 독일군의 구스타프 방어선 돌파에 실패하고 엄청난 사상자를 냈다. 이에 따라서 로마의 조속한 점령을 위하여 구스타프 방어선 후방 로마 부근의 안지오에 상륙했다. 기습 상륙에 성공했으나 상륙 지휘관 루카스

연막발생기는 노르망디 해변을 차폐시켰고, 1945년 초의 겨울과 봄에 독일군
이 라인강을 건너기 위한 준비를 하는 것을 거대한 연막으로 가려주었다.[62] 그
러나 연막은 적군은 물론 아군의 지상군과 항공기에게도 방해가 될 수 있으
므로 주의해서 사용해야 했다.

## 탄도 미사일의 등장

제2차 세계대전에서는
100년 동안 거의 버려졌던
오래된 무기인, 로켓이라고
하는 자체 추진 발사체가 다
양한 형태로 재등장하였다.
또한 독일의 '버즈 폭탄buzz
bomb'인 V-1과 같이 로켓과

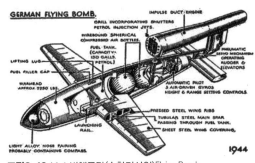

그림8-12 V-1 비행폭탄(순항미사일)Flying Bomb

자주 혼동되는 미사일도 개발되었다. V-1은 비행 폭탄이나 편도 임무를 위해
설계된 무인 비행기라고 묘사되었다. 발사된 돌이나 총알, 심지어 항공기에서
투하된 폭탄에도 적절하게 적용될 수 있는 '미사일'이라는 단어는, 우리 시대
에 특별히 그 대상이 좁아졌으며 일반적으로 사람이 탑승하지 않고 탄도 또
는 탄도가 아닐지라도 스스로 비행하는 무기에 적용된다. 앞으로 의미론적
문제를 더 혼동하기 위해 유도 미사일과 무유도 미사일을 설명하자면, 전자는

소장은 교두보 안정을 위해 추가 병력의 상륙을 기다렸다. 그러나 그 사이 증원된 독일군에
게 포위되어 5개월간 상륙 지역을 벗어나지 못하고 고군분투했다.

62 1944년 말 아르덴느 지방에서 실시된 독일군의 최후의 반격인 라인수호작전의 실패 후 독
일군 B 집단군의 독일로의 철수를 이야기하는 것으로 보임.

발사 장치를 떠난 후 일종의 지령이 있고 후자는 총알처럼 조준된다.[63]

로켓은 연료를 다 소모하거나 연료의 공급이 차단되어 엔진이 작동을 멈춘 후 모든 자유 비행 물체와 같이 포물선 궤도를 따라 관성으로 우주 공간을 통과하는 경로를 계속 날아가는 탄도 미사일이다. 탄도 미사일과 다른 V-1더 최근의 스나크[64] 또는 허큘리스[65]과 같은 종류의 미사일은 포물선을 그리면서 날아가지 않고 날개 또는 날개와 유사한 외형을 사용하여 양력을 얻어서 하늘을 날아 간다. 이 후자의 유형은 거의 항상 '외기 연소'형이다. 즉 거의 모든 동력 항공 기와 마찬가지로 공기를 흡입하여 연료를 연소시킨다.

화약과 현대 총포탄의 장약추진제 및 폭약이 자체 연소를 위한 산소를 장 약과 폭약 내부에 포함하고 있는 것처럼, 탄도 미사일 또는 로켓은 연료뿐만

---

63 유도 미사일은 발사 후에도 계속해서 비행 궤도의 수정이 이루어지고, 무유도 미사일은 비 행궤도의 수정이 없다는 뜻으로 생각된다.

64 스나크(Northrop SM-62 Snark)는 위력 3.8Mt의 W39 열핵탄두를 탑재할 수 있는 초기형 대륙간 공격이 가능한 장사정 지상 발사 순항 미사일이다. 1958~1961년 미 공군 전략공군 사령부에 배치되었다. 스나크는 미 공군이 배치한 장거리 지대지 미사일 중 유일한 순항 미 사일이었으며, ICBM이 실전 배치되자 유용성을 상실하고 퇴역하였다. 무게는 부스터 포함 2.7t, 길이 20.5m, 날개 폭 12.0m, 엔진은 프랫 & 휘트니사(Pratt & Whitney) J57제트 엔진 1기와 두 개의 에어로제트(Aerojet) 고체 추진 로켓부스터, 사정거리 1만 200km, 최고 고 도 1만 5,320m(50,250'), 최대 속도 1,046km/h, 명중 정밀도 2,400m의 CEP를 가진 천체 관성 항법을 한다.

65 허큘리스(MIM-14 Nike Hercules) 미사일은 미 육군과 NATO, 일본, 대만, 한국군이 1958~2010년대 중고도 및 고고도 장거리 방공을 위해 사용한 지대공 미사일(SAM)이었다. 미 육군은 일반적으로 2kt의 W31 핵탄두를 장착했지만, 수출용은 무게 500kg의 T-45 고 폭탄두를 장착했다. 이 미사일은 부차적으로 지대지 타격 용도로도 사용할 수 있었다. 허 큘리스는 원래 이전 모델인 MIM-3 나이키 에이잭스(Nike Ajax)의 개량형으로 개발되다가 에이잭스의 세 배의 사정거리를 갖는 훨씬 더 큰 미사일이 되었다. 전성기에는 미 본토에만 130개 이상의 기지에 배치되었다.
허큘리스는 고정 진지에서 운용되었고, 1980년대 패트리어트 지대공 미사일이 배치되면서 점차 도태되기 시작해서 유럽에서는 1988년, 한국 공군에서는 2014년 완전 퇴역하였다. 무 게 4,860 kg, 길이 12m, 직경 53cm, 2단 고체 추진, 사정거리 140km, 최고 비행 고도 3만 m, 최대 속도 Mach 4, 지령 유도 방식이다.

아니라 그 연료를 연소시키기 위한 산소 공급 장치도 장착되어 있다. 탄도 미사일은 사거리와 최대 고도가 충분히 높다면, 절반 이상의 부분이 대기권 밖에 있는 비행궤도를 가질 수 있다. 탄도 미사일 또는 로켓 두 유형의 미사일 모두 '유도'형일 수 있다. 유도는 외부에서도, 자체적으로도 할 수 있고 두 가지 유도 방법을 같이 조합해서 적용할 수도 있다. V-1은 구식 어뢰처럼 발사 전에 자이로를 설정하여 미사일 내부에서 조종했다.[66] 송신기무선 또는 레이더 빔 제어사용 또는 표적, 레이더, 적외선 방사, 음향 신호에 의해 통제되는 유도 장치 같은 외부 제어를 통해 방향을 지정할 수 있는 미사일도 있었다. 두 가지를 조합하는 것이 가능하며, 비행 중에 풀리는 전선을 통해 전기적으로 제어되는 단거리 현대 로켓도 있다.

독일군 국방 관계자들은 1927년 초부터 로켓 실험을 시작했다. 영국은 1936년 알윈 크로 경[67]의 지시에 따라 이를 연구하고 있었으며, 전쟁에서 처음 성공적으로 사용한 것은 러시아였다. 스미스소니언재단은 제1차 세계대전 중 로버트 고다드[68]의 주도 하에 로켓을 어느 정도 실험했지만 1940년 7월 이후까지 미국에서 군사 로켓에 대한 진지한 연구는 없었다. 클라크<sup>Clark</sup>대학교의 물리학자인 고다드는 양대 전쟁 사이의 로켓 연구에서 미국의 주요 인물이었다. 그의 특허 중 일부는 나중에 독일의 V-2에 사용되었다. 그는 워싱턴

---

66 일종의 관성 항법 장치인 자이로스코프를 이용하여 자세와 고도, 진행 방향을 사전 설정한 대로 조종하는 것을 의미한다.

67 알윈 크로 경(Alwyn Douglas Crow, 1894~1965)은 1916년부터 1953년까지 탄도, 발사체 및 미사일 연구에 참여한 영국 과학자였다.

68 로버트 고다드(Robert Hutchings Goddard, 1882~1945)는 로켓의 선구자로 널리 알려진 미국의 과학자이다. 그는 1926년 3월 16일 세계 최초로 액체 연료를 사용하는 현대적 개념의 로켓을 쏘아 올렸으며, 1935년에 이르기까지 로켓을 885km/h로 비행할 수 있을 정도로 발전시켰다. 하지만 그는 자신의 생애 동안 업적을 인정받지 못했고 사후 그의 업적이 재평가되어 '로켓의 아버지'로 불린다.

에서 V-2와 같은 종류의 로켓 개발을 주장했지만 1940년까지 그의 주장은 진지하게 받아들여지지 않았다

기본적으로 로켓은 한쪽 끝이 닫혀 있고 다른 쪽 끝이 열려 있으며 내부에 추진제가 들어 있는 튜브이다. 추진제가 점화되면 높은 압력의 가스가 만들어지고, 열린 끝을 통해 밖으로 빠져나가게 되며 그 반작용력이 닫힌 끝에 가해진다. 로켓의 단순성은 발명가들에게 항상 매혹적이었지만 적절한 추진제의 부족이나 연소 과정에 대한 적절한 제어의 부족으로 인해 거의 동일한 수준에서 계속해서 중단되었다. 연료는 로켓이 수직으로 올라가기에 충분한 추력을 제공할 만큼 충분히 빨리 연소되어야 한다연료가 연소되면서 로켓의 무게가 급격히 감소하면 가속에 도움이 됨. 하지만 폭발이 되거나 불규칙한 충격을 줄 만큼 연소 속도가 빠르지 않아야 했다. 이후의 연료 연소 속도는 정확하게 예측 가능하거나 정확하게 제어되어야 한다. 대부분의 연소와 추력 발생은 로켓이 발사 장치를 떠난 후에 이루어지기 때문에 제어 문제는 총포류보다 훨씬 어렵다.

로켓의 가장 큰 장점 중 하나는 로켓을 발사하는 본체에 역추력이나 반동을 일으키지 않는다는 것이다. 따라서 발사하는 데 큰 포신이 필요하지 않고, 로켓을 고정하고 비행 초기 단계에 비행경로를 유도할 발사대frame만 있으면 되었다. 이것은 상당히 큰 구경의 발사체가 소형 항공기 또는 상륙함과 같은 소형 해군 선박에서 발사될 수 있음을 의미한다. 예를 들어, 제2차 세계대전에서 독일 전투기는 미군 전략 폭격기를 격추하기 위해 8in²⁰⁷ᵐᵐ 구경의 로켓을 사용했지만, 제2차 세계대전 중 항공기에서 발사된 가장 큰 총포는 미제 B-25 폭격기 일부에 사용된 특별히 제작된 2.95in⁷⁵ᵐᵐ 포였지만 무게와 반동 문제로 인해 곧 폐기되었다.[69]

---

69 제2차 세계대전에서는 독일 공군 스투카 양쪽 날개 아래에 37mm 포 2문, Me410 기수에

초기 로켓은 정확도가 떨어졌다. 장갑을 관통하는 데 필요한 운동 에너지도 없었다. 그러나 바주카에서와 같이 '성형 작약 탄두'[70]가 채택되면서, 발사체는 장갑 표면에 대한 폭발의 독특한 메커니즘 덕분에 장갑을 관통하는 구멍을 뚫을 수 있게 되었다. 연소 속도를 제어하여 정확도가 향상되었으며, 제2차 세계대전에서는 지대지 로켓뿐만 아니라 공대공, 공대지 및 지대공 로켓이 등장하게 되었다. 이들 중에는 유도형과 비유도형이 있었다. 러시아인들은 제2차 세계대전 초기인 1941년부터 성공적으로 지대지 로켓을 사용했으며, 로켓 탄막 포격은 스탈린그라드 전투에서 결정적인 역할을 했다고 한다. 그들의 표준 로켓 발사기는 16연장의 132mm와 12연장 300mm 로켓으로 트럭에 장착되었다.[71] 일본군은 자살 폭격기의 최종 활공 속도를 높이기 위해 로켓을

50mm 포 1문, Ju88 동체 하부에 75mm 포 1문을 장착했고, 연합군은 영국군이 모스키토 기수에 57mm 포 1문, 미군이 B-25 폭격기 기수에 75mm 포 1문을 장착했다.

70 성형 작약, 혹은 성형작약탄(shaped charge warhead)이란 특정 지점에 폭발물의 에너지를 집중적으로 투사하기 위하여 성형(成形)된 작약(炸藥)을 의미한다. 성형작약탄은 다양한 형태와 크기의 금속 외피를 이용해서 만들어지는데, 핵탄두를 점화하기 위해서나 혹은 장갑을 관통하기 위해서, 혹은 유전을 개발하기 위해서 사용된다. 원뿔 또는 반구형의 금속 라이너(liner)에 폭약을 넣고 폭파시키면, 라이너가 파괴되면서 금속 미립자 무리를 형성하여 거센 흐름(jet)을 형성한다. 이것을 노이만 효과(Neumann effect)라 하며, 미국에서는 먼로 효과(Munro effect)라고도 한다. 이 거센 흐름이 한곳에 집중하면서 운동에너지로 구멍을 뚫고 들어가게 된다. 일반적인 현대의 성형작약탄은 작약의 지름보다 일곱 배 더 두꺼운 강철 장갑을 관통할 수 있다. 대중이 알고 있는 것과는 다르게, 성형작약탄은 가열이나 용융에 의하여 효력을 발휘하는 것이 아니다. 흔히들 "성형작약탄에 적중될 경우 제트 기류가 발생하여 장갑을 관통하고 그 고온 고열의 에너지로 피격체를 녹인다"라고 잘못 알고 있는 경우가 많은데 이는 사실이 아니며, 성형작약탄의 효과는 순수하게 운동에너지 측면에서만 작용한다.

71 카츄샤 다연장 로켓포(Катюша)는 제2차 세계대전 때(1941) 처음 만들어지고 배치된 소련의 로켓포이다. 카츄샤 로켓과 같은 다연장 로켓포는 일반적인 포보다 목표 지점에 더욱 정확하게 폭발물을 전달할 수 있지만, 정확도가 떨어지고 장전 시간이 더 오래 걸린다. 야포와 비교했을 때 카츄샤 로켓은 저렴하고, 생산하기 쉬우며 어떤 차체에든 사용할 수 있다. 제2차 세계대전의 카츄샤는 소련이 최초로 대량 양산한 로켓이며 주로 트럭에 실렸다. 이러한 이동성 덕분에 카추샤는 한 번에 대량 포격을 가할 수 있었고, 발사 후 신속한

**그림8-13** BM-13 카츄샤 다연장 로켓 발사기|multiple rocket launcher

개발했다.[72]

영국의 로켓 연구는 전쟁이 발발한 후 시간이 지날수록 큰 발전을 이루었고 전쟁 내내 연구가 계속되었다. 22종의 서로 다른 로켓 무기가 영국군에 채택되었다. 미국 과학자들과의 협력은 철저했고 가장 성공적인 결과 중 하나는 5in[127mm] 고속 항공기 로켓[HVAR]이었는데, 이 로켓은 '거룩한 모세[Holy Moses]'라고 불리게 되었다.[73] 대기 중 비행이 끝난 후에 수중에서도 양호한 탄도를 갖도록 설계되었으며, 대잠수함 무기로서 성공적으로 사용되었다. 또한 적군의 수상함을 공격하고 상륙군을 지원하며,

사격이 가능했으며, 대포병 사격도 가능했다. 제2차 세계대전 때 카츄샤는 BM-13, BM-8, BM-31가 있다. 오늘날, '카츄샤'라는 명칭은 소련 이후 시기 생산된 트럭에 탑재된 다연장 로켓포나, 비소련권에서 생산된 BM-21과 같은 비소련권 다연장 로켓포를 가리키는 별명으로도 쓰인다.

72 요코스카 MXY-7 오카(櫻花, 벚꽃)는 제2차 세계대전 말기인 1945년 일본이 연합군 해군에 대해 사용한 가미카제 공격기였다. 추력 2.62kN의 4식 1형 고체 추진 로켓 모터 세 개를 후미에 장착하고, 기수에 1,200kg의 탄두를 장착한 유인 조종 비행기이다. 최종 급강하 공격 단계에서의 최대 속도가 926km/h로 매우 빠르지만, 항속 거리가 37km밖에 안 되어 모기인 둔한 폭격기 하부에 장착되어 연합군의 항공모함 탑재 전투기 전투 행동 반경 깊숙이까지 침투해야만 했다. 1945년 오키나와 해전에서 오카는 일부 호위함과 수송선을 침몰시키거나 손상시킬 수 있었지만 전함이나 항공모함은 격침하지 못했다.

73 HVAR(High Velocity Aircraft Rocket)은 제2차 세계대전과 6·25한국전쟁 동안 공대지 공격을 위해 광범위하게 사용된 무유도 로켓이다. HVAR은 5in(127mm) 직경의 탄두를 가지고 있지만 동체가 3.25in(83mm)로 출력이 부족한 5in 전방 발사 항공기 로켓(FFAR)을 개량한 무기이다. HVAR은 탄두와 로켓 모터 모두에 대해 일정한 5in 지름을 가졌으며 추진제를 3.9에서 10.8kg으로 증가시켰다. 두 가지 다른 버전의 HVAR이 제작되었다. 탄두로 3.4kg의 TNT를 탑재한 Mk-4 범용 탄두와 1.00kg의 익스플로시브(Explosive) D 폭약이 포함된 Mk-25 대전차고폭탄(HEAT)이 탑재된 것이다. 미국 육해공군의 다양한 전술기에 탑재 운

극동 지역의 콘크리트 진지
와 야자나무로 만들어진 성
채를 파괴하는 데도 사용되었
다. 1.3in$^{3.81cm}$의 강철 장갑과
상당히 두꺼운 철근 콘크리트
슬래브를 관통할 수 있었다.
5in 로켓을 장착한 한 대의 전
투기는 구축함 한 척과 비슷
한 일제 사격을 할 수 있었다.

**그림8-14** Mk-4 범용 탄두위와 Mk-25 대전차고폭탄HEAT
탄두아래를 장착한 HVAR

　로켓은 유럽 침공 중에 스트레핑[74]에 사용되었으며 특히 생로의 독일군
방어선 돌파를 지원하는 데 효과적이었다. 대전차 및 콘크리트 토치카 파
괴용 휴대 무기인 바주카는 광범위하게 사용되었다. 지름 2.36in$^{60mm}$, 길이
21.6in$^{550mm}$의 성형 작약 탄두 로켓을 발사했다. 무게는 3.4lbs$^{1.5kg}$에 불과했
고 마치 산탄총처럼 간단하게 방아쇠를 당기기만 하면 발사되었다.[75] 연합군

<hr>

용되었다.

74　스트레핑(Strafing)은 전투기가 저공 비행을 하면서 기총 등으로 지상·해상의 목표물을 공
격하는 것이다. '처벌하다', '꾸짖다'라는 뜻을 가진 독일어 '스트라펜(strafen)'을 차용한 것
이다. 제1차 세계대전 당시 독일의 선동 구호였던 "Gott strafe England(신이 영국을 처벌하
기를)"를 각색 한 것이기도 하고, 최초로 비행기가 투입되었던 전선에서 초기 기총으로만 무
장한 전투기가 대지 사격을 하는 모습이 마치 지상의 병력을 하늘에서 꾸짖는 것처럼 보여
서 유래되었다는 설도 있다.

75　바주카(Bazooka)라는 이름은 당시 미국의 인기 코미디언 밥 번스(Bob Burns)가 들고 다니
던 소품용 트럼펫과 모양이 비슷하다고 해서 그 소품의 이름을 붙인 것이다. 제2차 세계대
전에서는 두 가지의 개량형 바주카가 사용되었다. 처음에 제식화된 M-1A1은 1942년 6월
에 나왔으며, 원형보다 전기 시스템이 개량되고 신뢰성이 향상되었다. 중량 6.8kg, 탄두 무
게 1.59kg, 유효 사거리 135m, 운용 인원 두 명(탄약수, 사수), 1943년에 개량된 M-9A1은
혼자서 운용이 가능하고, 두 개로 분리해서 쉽게 운반할 수 있었다. 길이 1,550mm, 구경
60mm, 중량 7.2kg, 탄두 M-6A3/C 성형 작약탄(1.6kg), 유효 사거리 110m

**그림8-15** M-1 바주카

은 대전차 무기가 부족했지만 바주카포는 이탈리아 전역에서 6호 전차[76]의 위력에 대한 대응책을 요구하던 미군 병사들의 사기를 크게 끌어 올렸다. 독일 전역에서는 분당 120발의 속도로 4.5in 로켓을 발사한 60연장 발사기의 '칼리오페'[77] 다연장 로켓을 M-4 셔먼 전차에 장착해서 운용했다. 버러쥐 로켓[78]은 특히 태평양에서 상륙 작전에 많이 사용되었으며, 대구경 포의 탄막 사격 후에 일본군들을 제압하는 데 뛰어난 효과를 발휘한 대인 살상 무기였다.

제2차 세계대전 중 연합군이 사용한 가장 큰 로켓은 무게 1,284lbs[582kg], 추

---

**76** 6호 전차 티거(Tiger) 1은 나치 독일이 소련군의 T-34 전차에 대응하기 위해 설계한 중전차이다. 티거 1은 1942년 말 레닌그라드 공방전부터 1945년까지 사용되었다. 티거 1은 제2차 세계대전 중의 가장 중무장되고 장갑으로 방어된 전차였으나, 수직 장갑판은 충분한 방어력을 제공하기 위해 무게가 엄청나게 증가했다. 무거운 중량은 현가 장치에 심각한 부담을 주었고, 복잡한 구조는 정비를 어렵게 했다. 정교한 변속 장치는 쉽게 파손되었으며 엔진도 신뢰성이 좋지 않았다.

**77** 칼리오페(다연장 로켓 발사기 T34, Calliope)는 1943년 개발되어 제2차 세계대전 후반기에 미 육군이 탱크에 장착해서 사용하였다. 발사대는 M4 셔먼(Sherman)의 상부에 장착되었으며, 수직 측면 프레임이 포탑 측면에 고정되어 있으며 60개의 발사관에서 4.5in(114mm) M8 로켓을 발사했다. 생산량은 적다. 그 이름은 비슷하게 생긴 평행 파이프 또는 클러스터 파이프를 가지고 미시시피강의 증기선에서 연주되었던 증기 오르간의 일종인 '칼리오페'에서 따 왔다.

**78** '올드 페이스풀(Old Faithful)'로 알려진 4.5in 비치 버러쥐 로켓(Beach Barrage Rocket)은 4.5in(110mm) 구경의 12연장 로켓으로 제2차 세계대전 기간 미 해군에 의해 개발·사용되었다. 중박격포와 비슷한 위력을 발휘했으며 대전 기간 광범위하게 사용된 마우스트랩(Mousetrap) 대잠 로켓으로부터 발전되었으며, 대전 말기에 더 강력한 로켓으로 대체될 때까지 사용되었다.

진체 충전량 146lbs^66kg로 비행기에서 발사하도록 설계된 타이니 팀Tiny Tim이었다. 전장이 10ft^3m가 넘고 지름이 11.75in^29.85cm였다. 타이니 팀을 장착한 그루먼 헬캣츠Grumman Hellcats 편대는 중순양함 분함대[79]의 현측 일제 사격과 동일한 화력을 발휘할 수 있었다. 미 해군은 로켓을 모든 공중 무기 중 최고라고 생각했으며 전쟁이 끝날 무렵에는 한 달에 1억 달러 상당의 발주를 하였다.

수상함의 대 잠수함 작전용으로 개발된 마우스트랩 로켓은 함수 방향으로 발사하는 단순한 다연장 레일 발사기에서 발사되었다. 그것은 영국 해군의 헷지호그 발사기보다 우수했으며, 탄이 외부에 장착되기는 했지만 작동 방식은 포와 유사했다. 마우스트랩 로켓이 발사되었을 때, 여섯 발의 접촉식 폭뢰는 군함의 전방 진행 방향으로 220yd^201.17m를 날아서 17ft^5.2m 간격으로 착수하였다.

이 모든 무기의 유도는 발사대에서 조준하는 것이 전부였다. 미제 유도 미사일은 개발이 너무 늦었기 때문에 중요성이 부각되지 않아서 제2차 세계대전에서는 거의 사용되지 않았다. 더글러스 에어크래프트Douglas Aircraft사는, 폭격기의 날개 아래에 매달고 가서 투하한 후 스크린으로 보면서 경로를 따라 유도되는 미사일 ROC를 개발하였다. 밤에도 군함이 자체 발산 적외선에 의해서 탐지될 수 있다는 생각을 발전시켜 펠릭스FELIX라고 불린 열 추적 폭탄을 개발하였다. NDRC는 연장된 꼬리 부분에 설치한 섬광 발생기와 무선 수신기, 자이로스태빌라이저, 조종 방향타를 통해서 통제 또는 유도되는 1,000lbs^454kg 일반 폭탄을 개발하였다. 이것은 에이존Azon, 원격 조정 폭탄으로 불렸으며, 레이더, 적외선 유도 텔레비전 또는 직접 조준 조종 장치를 보조 제

---

**79** 분함대(division)는 네 척의 군함으로 편성된 소함대, 편대이다.

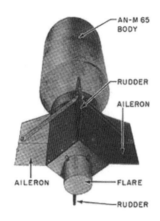

**그림8-16** VB-1 에이존 유도탄

어 장비로 해서 유도를 받도록 고안되었다. 이는 브레너 패스[80], 다뉴브강 제방, 세느강의 다리, 버마(미얀마)의 후방 병참선 연결로에서 정밀 폭격에 사용되었다.

미국이 개발한 최초의 완전 자동 표적 추적 유도 미사일인 BAT는 표적을 찾아 레이더에 의해서 스스로 조종되어 목표를 맞추는 비행 폭탄이었다. 이것은 1945년 5월 이후 수많은 일본 선박을 파괴했다.

독일제 비행 폭탄 V-1과 그보다 더 치명적인 장거리 로켓 V-2는 다른 나라들과 비교할 수 없을 정도로 놀라운 공학적 성공을 거두었다. V-1은 조종사가 필요 없는 날개를 가진 제트 추진식 폭탄으로서 자이로스코프에 의한 비행을 한다. V-1은 비행 중에 자동 비행 장치와 다양한 정밀 장치들에 의해서

---

80 브레너 패스(Brenner Pass)는 이탈리아와 오스트리아의 자연적 국경을 이루는 알프스를 통과하는 고개이다. 동부 알파인 산맥의 주요 고개 중 하나이며, 남쪽의 보젠·볼차노와 북쪽으로 인스브루크를 연결하는 4차선 고속도로와 철도가 통과하는 이 지역의 알파인 고개 중에서 고도가 가장 낮다. 제2차 세계대전 말기 이탈리아 주둔 독일군이 후퇴하던 주요 통로였다.

조종되었다. 그 폭탄은 16ft[4.9m] 폭의 날개를 가졌고, 길이는 25ft[7.6m]였다. 탄두는 1t의 고폭탄이었으며, 최대 속도 시속 350-400mile[563~644km]였고, 사정거리는 150mile[241km]이었다. 연료는 연소실의 앞에서 플랩 밸브를 통해서 공기와 결합하는 탄화수소가 연료 탱크에 담겨 사용되었다. V-1은 이 연소실에 뿜어져 나오는 가스의 방출에 의해서 추진력을 받았다. 약 7,400발이 프랑스에서 발사되었으며, 800발은 네덜란드에서 발사되었다. 그중 약 2,300발은 런던 지역으로 발사되었다. 약 7,800발이 유럽 대륙 내의 지역을 목표로 발사되었으며 주로 벨기에 안트워프 지역이 공격 목표였다.

정보 보고를 통해서 V-1에 대해서 알고 있던 연합군은 발사 장소뿐만 아니라 페네뮌데[81] 등 독일의 로켓 연구 센터에 대한 폭격을 포함하여 이 무기에 대응하기 위해 적극적으로 사전 준비를 했다. 개발 작업은 별 영향을 받지 않았지만, 발사대에 대한 폭격은 상당한 효과를 발휘하였다. 독일은 매월 5,000발씩 발사하고 싶었지만, 폭격으로 80일 동안 영국에 대해서 1만 500발밖에 발사하지 못했다. 영국이 할 수 있었던 가장 최선의 방어는 대공포 또는 전투기로 그것을 격추하는 것이었다. 영국의 대공 사격은 SCR-584 레이더, M-9 전자 조준기, 근접 신관의 조합에 의해 놀라울 정도로 성공적이었다.

V-1이 초기에는 엄청난 피해를 주었지만, 대공포가 런던에서부터 해안 지역으로 재배치된 뒤에는 임무에 배정된 전투기 조종사들이 그랬던 것처럼 포수들도 성공적으로 V-1을 격추하기 시작했다. 80일간의 공습 기간 중 마지막 4주를 살펴보았을 때, 첫 번째 주간에는 발사된 V-1의 24%가 격추되었으며, 두 번째 주간에는 46%, 세 번째 주간에는 67%, 네 번째이자 마지막 주간에

---

81 페네뮌데(Peenemünde)는 독일 북부의 폴란드 국경 인근 발트해에 위치한 섬이다. 제2차 세계대전 중 V-1/V-2 로켓을 개발하고 발사한 독일육군연구소가 있었다.

는 79%가 격추되었다.

**그림8-17** V-2 로켓

장거리 로켓 V-2는 더욱 무서운 발명품이었다. V-2는 47ft$^{4.4m}$ 길이에 15t의 무게를 가졌으며, 2,100lbs$^{953kg}$의 고폭탄두를 장착한 로켓이었다. V-2의 최대 속도는 최종 단계에서 시속 3,500mile$^{5,632km}$이었으며, 최대 발사 거리는 200mile$^{322km}$, 최대 상승 고도는 70mile$^{113km}$이었다. 제트 기류에서 작동하는 꼬리날개에 의해 조종되는 이 발사체는 정교한 발사체였다. 종종 불규칙하고 부정확했지만 엄청난 잠재력을 가지고 있었다. 연료는 산소를 공급하기 위한 과포화 과산화수소 1만 1,000lbs$^{4,990kg}$와 7,600lbs$^{3,447kg}$의 알콜로 구성되었다.

이 가공할 속도의 로켓에 대해서 영국은 속수무책이었다. V-1에 대해서 성공했던 대응책은 V-2에는 무용지물이었다. 엔진이 작동되고 있는 비행 초기에만 로켓은 유도되었기 때문에 적의 재밍으로부터 방호되었고, 너무 빨라서 대공포나 요격기로 격추할 수 없었다. 연합군의 최선책은 발사대가 있는 지역에 폭탄 10만t을 투하하는 것이었다. 그러나 V-2는 무척 잘 위장되어서 명중시키기 힘들었다. 아이젠하워를 포함한 일부의 의견에 따르면, V-2가 발사되기 전에 유럽으로의 진격을 성공하지 못했다면 진격 준비에는 심각하게 방해를 받았을 것이라고 한다.

그러나 재래식 탄두가 장착되어 있는 것을 고려한다면, 목표 지역에 영향력 있는 피해를 줄 수 있는 정확도는 많이 부족했다. V-2는 도시를 목표로 하고 있었으나 최대 사거리 때문에 광범위한 지역을 목표로 할 수 없었다. 어쨌든 V-2는 전후에 더욱 정확하고, 훨씬 더 긴 사거리를 가지며, 비교할 수 없을 정도로 위험해진 핵 또는 열핵폭탄 탄두로 무장된 로켓의 원조가 되었다.

# 제**9**장 핵 혁명

수학자인 다비트 힐베르트[1]는 언젠가 괴팅겐[2]에서 "사람들은 많은 말을 하지만 저는 과학자들과 엔지니어들 사이의 적대감에 대해 믿지 않습니다. 사실 저는 굳게 확신합니다. 어느 누구도 상대방과 아무 상관이 없기 때문에 아무 것도 없을 수 있습니다"라고 말했다. 사실이든 아니든, 이 일화는 왜 과학자들이 원자폭탄이 등장하기 전에 군사 기술 진보와 직접적으로 관련 없다고 말할 수 있는지를 제시한다. 19세기와 20세기 동안 원자 공학 이전의 주목할 만한 발전은 몇 가지 중요한 예외를 제외하고는 과학자들의 이론을 적용한 기술자들의 작업 또는 전쟁의 압력으로 인해 일시적으로 기술자 또는 발명가로 일하는 과학자들의 작업이었다.

원자탄의 출현으로 모든 것이 바뀌었다. 현대의 가장 혁명적인 군사 발전일

---

1 다비트 힐베르트(David Hilbert, 1862~1943)는 독일의 수학자이다. 19세기 말에서 20세기 초에 활약한 가장 위대한 수학자 중 하나로 손꼽힌다. 도형을 연구하는 수학의 한 분야인 기하학을 공리화하였으며, 힐베르트 공간을 정의하여 함수해석학의 기초를 닦았다. 또한 일반 상대성 이론을 수학적으로 정의하는 데 핵심적인 역할을 하였다. 생전 수학계의 지도자로 활동했고 사후에도 힐베르트 문제를 통해 수학계의 흐름에 큰 영향을 끼쳤다.

2 괴팅겐(Göttingen)은 독일 중부 니더작센주의 남동쪽에 있는 오랜 전통을 가진 대학 도시이며 뛰어난 교육과 연구 기관들로 유명하다. 하노버, 브라운슈바이크, 오스나브뤼크, 올덴부르크와 함께 니더작센의 대도시로 손꼽힌다.

뿐 아니라, 과학적 지식의 경계가 무기를 추구하기 위해 거대한 규모로 밖으로 밀려 난 최초의 사례였다. 물론 엄청난 공학적 독창성과 노력도 이 성과를 달성하는 데 필요했다. 하지만 이 경우 과학자들은 무기를 발사하는 데 눈을 고정하고 주요 개발 단계를 진행하고 감독했다.

원자 이야기는 어디서부터 시작되었을까? 1896년 베크렐에 의한 방사능 발견은 라듐을 사용한 피에르와 마리 퀴리의 연구로 직접 이어졌다. 그들은 매우 이상한 형태의 에너지를 방출하는 원소가 동시에 납과 같은 다소 가벼운 다른 원소로 변환되고 있다는 결론을 내렸다.[3] 에너지와 질량의 보존에 관한 오래된 법칙은 질량과 에너지 사이의 동등성을 가정한 새로운 개념에 밀리기 시작했다. 1905년 초에 알베르트 아인슈타인은 상대성 이론이라는 위대한 공식을 통해 $E=mc^2$이라는 유명한 공식을 우리에게 제시했다. 이 공식은 태양과 별이 어떻게 수십억 년 동안 엄청난 에너지를 생산하고 방출하는지에 대해 처음으로 제시했다. 빛의 속도를 의미하는 상수 'C'는 초속 30만km라는 큰 숫자이기 때문에, 아주 작은 질량의 변환이 방대한 양의 에너지를 생성할 수 있음을 알 수 있다.

핵무기 개발을 위한 적절한 출발점은 제1차 세계대전이 끝날 무렵으로 설정된다. 영국의 위대한 물리학자인 어니스트 러더포드는 새로운 방법을 찾기 위해 위원회에 임명되었다. 그는 적의 잠수함에 대응하는 방법을 찾고 있었는

---

3 질량 결손(mass defect). 질량 결손이란 원자핵을 구성하는 양성자 및 중성자 질량의 총합과 원자핵의 질량과의 차이다. 즉 원자핵의 핵자 질량의 총합과 그 원자핵 질량과의 차이를 말한다. 예를 들면 헬륨(He)의 원자핵은 양성자 두 개와 중성자 두 개로 이루어져 있다. 이 네 개의 핵자의 질량의 합은 4.0319u이고, 헬륨 원자핵의 질량은 4.0015u이다. 따라서 헬륨 원자핵과 핵자간의 질량 차이는 4.0319u-4.0015u=0.0304u이며 이 차이가 질량 결손이 된다. 이러한 질량 결손은 핵자간의 결합 에너지로서 방출 또는 흡수되며 질량 결손에 해당하는 에너지는 아인슈타인의 질량-에너지 등가 원리($E=mc^2$)에 의해 설명된다.

데 어느 날 회의에 결석했다는 비난을 받았을 때 다음과 같이 대답했다.

"부드럽게 말씀해주세요. 저는 원자가 인위적으로 분해될 수 있음을 시사하는 실험에 참여했습니다. 이것이 사실이라면 전쟁보다 훨씬 더 중요합니다."

통찰력과 확신은 확실히 옳았지만 진술 자체는 분명히 틀렸다. 그의 발견은 전쟁을 훨씬 더 중요하게 만들었기 때문이다.

당시 러더퍼드가 자신의 연구에서 얻은 결과는 이듬해 6월《Philosophical Magazine》에 발표되었다. 그들은 질소 원소의 원자를 알파 입자헬륨 원자의 핵로 붕괴함으로써 일부 질소 원자가 산소와 수소 원자로 분해되도록 했다고 적시했다. 퀴리 부부와 다른 사람들이 연구한 것은 자연적이거나 자발적인 핵변환이었기 때문에 이것은 인위적으로 원자가 변형된 첫 번째 사례였다.

당시에는 전 세계에 세 개의 중요한 원자력 연구 센터가 있었다. 그중 두 개는 학생들과 함께 한 뛰어난 과학자의 유물이었다. 캠브리지대학교를 지도에 올린 사람은 러더포드였고 코펜하겐에서 같은 일을 한 사람은 닐스 보어였다. 3위인 독일의 괴팅겐에는 더 많은 물리학자와 수학자의 그룹이 있었다. 리더는 막스[4], 제임스 프랑크[5], 다비드 힐버트David Hilbert였다. 줄리어스 오펜하이

---

4  보른 막스 보른(Max Born,1882~1970)은 독일의 물리학자이자 수학자로서 양자 역학의 발전에 중요한 역할을 했다. 그는 고체 물리학 및 광학 분야에 기여했으며 1920년대와 1930년대에 많은 저명한 물리학자들의 연구를 지도했다. 보른은 "양자역학, 특히 파동 함수의 통계적 해석에 대한 기초 연구"로 1954년 노벨 물리학상을 수상했다.

5  제임스 프랑크(James Frank, 1882~1964)는 구스타프 헤르츠와 함께 "전자가 원자에 미치는 영향을 지배하는 법칙을 발견한 공로"로 1925년 노벨 물리학상을 수상한 독일의 물리학자이다. 그는 막스 보른과 함께 양자 물리학을 연구했다. 1933년 독일에서 나치당이 권력을 잡은 후, 프랑크는 동료 학자들의 해고에 항의하여 사임했다. 덴마크의 닐스보어연구소에서 1년을 보낸 후 그는 미국으로 이주하여 제2차 세계대전 중 맨해튼 프로젝트에 야금 연구소의 화학 부서 책임자로 참여했다. 그는 원자폭탄에 관한 정치 및 사회문제위원회의 의장을 역임했으며, 원자폭탄을 경고없이 일본 도시에서 사용하지 말 것을 권고했다.

머[6]와 또 다른 많은 미국의 젊은 물리학자가 훈련을 받기 위해 온 곳이 괴팅겐이었다.

코펜하겐, 괴팅겐과 그 밖의 다른 곳에서도 케임브리지의 발견에 대해 즉각적으로 반응했다. 물리학의 세계가 혁명적이고 잠재적으로 위험한 발견의 중대한 국면에 처해 있다는 인식이 즉시 나타났다. 1920년대에는 그와 비교할 만한 중요한 일이 없었는데, 이는 앞으로 올 일을 준비하는 데 실제로 10년이 걸렸기 때문이다. 그러나 1927년에 괴팅겐에서 젊은 오스트리아인 프리츠 후터만스[7]와 영국인 제프리 앳킨슨[8]은 태양과 별의 에너지 발산이 더 가벼운 원

6 줄리어스 로버트 오펜하이머(J. Robert Oppenheimer, 1904~1967)는 미국의 이론물리학자이다. 하버드대학교를 졸업한 후 영국과 독일에 유학하였다. 미국에 돌아와서 캘리포니아대학교 버클리에서 재직하였고, 제2차 세계대전 중에 로스 앨러모스 국립연구소장이 되어 여러 학자와 함께 원자폭탄을 만들기 위한 맨해튼 계획을 수행하였다. 1950년 수소폭탄 제조에 반대하였다가 모든 공직에서 쫓겨난 것으로 유명하다. 1962년 5월 2일 영국 왕립학회의 국외 회원으로 선출되었다.

7 프리드리히 게오르크 프리츠 후터만스(Friedrich Georg Fritz Houtermans, 1903~1966)은 네덜란드-오스트리아-독일의 원자핵물리학자이자 공산주의자이다. 괴팅겐에서 그는 제임스 프랑크 밑에서 박사 학위를 받았다. 1933년 아돌프 히틀러 집권 후 영국을 거쳐 소련의 하리코프(Kharkov) 물리기술연구소에서 일하다가 1937년 대숙청기에 비밀 경찰에 체포, 고문을 당한 후 트로츠키주의 음모자이자 독일 스파이라고 자백했다. 1939년 히틀러-스탈린 조약 이후, 후터만스는 1940년 5월 게슈타포에게 넘겨져 베를린에 투옥되었다가 석방되었다. 그후 베를린 교외의 개인 연구소(Forschungslaboratorium für Elektronenphysik)에서 자리를 잡았다. 그는 넵투늄과 플루토늄과 같은 초우라늄 동위 원소가 우라늄 대신 핵분열성 연료로 사용될 수 있음을 보여주었다. 조국에 대한 간첩 행위로, 후터만스는 스위스에서 메트연구소(Met Lab)의 유진 위그너(Eugene Wigner)에게 전보를 보내 독일의 핵 개발 계획에 대해 경고했다. "우리는 궤도에 있습니다."

8 본문의 제프리 앳킨슨(Geoffrey S. Atkinson)은 영국의 천문학자, 물리학자 및 발명가인 로버트 앳킨슨(Robert d'Escourt Atkinson, 1898~1982)의 오기이다. 로버트 데스코트 앳킨슨은 1922년 옥스포드대학교에서 물리학 학위를 받고, 괴팅겐으로 가서 1928년에 물리학 박사 학위를 받았다. 제2차 세계대전 중 앳킨슨은 항자성 지뢰 작업 및 미국 매릴랜드 애버딘 시험장에 있는 탄도 연구소에 파견되어 유명한 천문학자 에드윈 허블 밑에서 일했다. 1929년 앳킨슨은 베를린공과대학교에서 프리츠 후터만스와 알파 입자 대신 양성자를 가지고 붕괴의 역반응을 연구해서 가모우(Gamow)의 양자 터널링 이론을 별이 빛나는 이유를 핵융합 과정에 적용했다. 그들은 융합된 빛의 핵이 아인슈타인의 질량-에너지 등가 공식에 따라

45

자의 융합에 기인한다는 정확한 이론을 가정했다. 나중에 수소 또는 열핵폭탄으로 이어진 이 이론은 1930년대에 한스 베테[9]에 의해 태양 에너지가 탄소, 질소, 수소를 포함한 핵 변화의 전체 주기에서 진행된다는, 지금은 일반적으로 받아들여진 개념으로 정제되었다. 산소와 헬륨그리스어에서 '태양'을 의미의 형성으로 이어지는데, 그 이름은 그것이 지구상에서 발견되기 전에 태양의 코로나에서 분광학적으로 발견되었다는 사실을 부수적으로 반영한다.

---

에너지를 생성할 수 있으며, 연속적인 일련의 융합에 의해 무거운 핵이 형성될 수 있음을 보여주었다. 그들의 모델은 후기 CNO 주기와 유사했다. 이것은 이 불타는 것이 핵반응에 의한 것임을 밝힌 최초의 연구다. 이 이론은 별이 대부분 수소라는 생각에 의존했기 때문에 당시에는 받아들여지지 않았다. 제2차 세계대전 후 그는 천문 계측 및 위치 천문학에 종사했다.

9 한스 알브레히트 베테(Hans Albrecht Bethe, 1906~2005)는 독일 태생 미국의 물리학자이다. 핵물리학에 공헌하였으며, 1967년, "원자핵반응 이론에의 공헌, 특히 별의 내부에 있어서의 에너지 생성에 관한 발견"의 공로로 노벨 물리학상을 수상하였다. 나치가 정권을 잡은 1933년 독일에서 영국으로 피해 1935년에는 미국 코넬대학교의 교수가 된다. 미국으로 이주한 베테는 원자핵물리학 이론과 실험에 대한 내용들을 논문으로 발표한다. 이 논문은 원자핵물리학을 전공하는 학생들의 교과서가 되었으며, 원자핵물리학에 대한 '베테의 바이블'이라고 불리기도 했다.

제2차 세계대전 와중에 오펜하이머에게 초대되어 캘리포니아대학 버클리 특별 여름 회의에 참가하게 된다. 이 회의에서 원자폭탄에 대한 개략적인 설명을 듣는다. 오펜하이머가 로스 앨러모스에 비밀 무기 연구소를 개설했을 때, 베테는 이론 부분의 감독으로 임명된다. 그는 우라늄과 같은 무거운 원소의 농축은 실현 가능성이 없다고 처음에는 거절하였지만 시카고대학교에서 진행 중인 원자로 건설 현장을 본 후 연쇄 반응을 이용해 플루토늄 생산이 가능하다는 확신을 갖게 되었다. 1942년 오펜하이머와 베테가 참석한 이론물리학자 그룹의 토론회에서 핵융합 반응의 이용 가능성에 대해 처음으로 공식적인 논의를 하게 되었다. 이후 이론물리학자 그룹에서는 원자폭탄의 구조를 비롯하여 폭발 시 버섯구름의 생성, 충격파의 전파, 발생하는 열량, X선과 방사선의 종류와 양, 충격파의 전파 모양 등 구체적인 폭탄 설계에 필요한 이론적인 계산을 논의했다. 베테는 이때 리처드 파인만과 함께 '베테-파인만 방정식'으로 불리는 원자폭탄의 효율을 계산하는 공식을 만들었다. 베테는 에드워드 텔러(Edward Teller)와 함께 수소폭탄의 원리가 되는 핵융합 이론도 세웠다. 제2차 세계대전이 끝나고는 특히 태양과 같은 항성 내부에서 발생하는 에너지는 수소가 뭉쳐 헬륨이 되는 핵융합 반응을 통해 생성된다는 이론을 주로 연구했다. 전후 베테는 수소폭탄 개발 계획에 반대했지만, 해리 트루먼 대통령이 개발 계획을 선언하고 6·25한국전쟁이 발발하자 계획에 참가해 개발에 중요한 역할을 완수했다. 그는 계획의 종료까지 관여하였지만, 개인적으로는 수소폭탄 제조가 불가능하기를 바랐다.

그 중요성이 즉각적으로 평가되지는 않았지만 진짜 중요한 다음 단계는 중성자[10]의 발견이었다. 1930년 발터 보테[11]는 독일의 헤어베르트 베커Herbert Becker와 함께 폴로늄에서 방출되는 알파 입자가 특정한 가벼운 원소, 특히 베릴륨, 붕소 또는 리튬에 충돌하도록 허용하면 비정상적으로 투과하는 방사선이 발생한다는 사실을 발견했다. 2년 후 이렌 퀴리마리 퀴리의 딸[12]와 그녀의 남편 프레데리크 졸리오는 이 방사선이 파라핀과 같은 수소 함유 화합물과 충돌하면 매우 높은 에너지의 양성자를 방출한다는 것을 보여주었다. 분명히 감마선 이상의 무언가가 관련된 것 같았다. 1932년 후반에 캠브리지의 캐번디시Cavendish연구소에서 근무한 제임스 채드윅[13]은 일련의 실험을 수행하여 새로

10 중성자(中性子, neutron)는 원자핵을 구성하는 것 중 전하(電荷 : 물체가 띠고 있는 정전기의 양)가 없는, 양성자보다 약간 무거운 핵자다. 양성자와 함께 원자핵을 이룬다. 한 개의 위 쿼크, 두 개의 아래 쿼크로 이루어져 있다.

11 발터 보테(Walther Bothe, 1891~1957)는 독일의 물리학자이다. 1934년 카이저 빌헬름 연구소 물리학 부장이 되었다. 그는 독일에서 최초의 작동 사이클로트론을 만들었다. 또한 그는 육군병기사무소의 감독 하에 1939년에 시작된 우라늄 클럽(Uranverein)으로도 알려진 독일 원자력 프로젝트의 책임자가 되었다. 1946년 KWImf의 물리학연구소 소장 외에도 하이델베르크대학의 교수로 복직했다. 그는 주로 감마선을 연구하여 베릴륨에 알파 입자로 충격을 주면 새로운 입자가 나오는 것을 발견하였다. 핵반응, 콤프턴 효과, 우주선, 방사선의 파동-입자 이중성 연구에 우연의 일치 방법을 개발하고 적용하여 1954년 막스 보른과 함께 노벨 물리학상을 공동 수상했다. 1956년부터 1957년까지 그는 독일의 핵물리학 실무 그룹의 일원이었다.

12 이렌 졸리오퀴리(Irène Joliot-Curie, 1897~1956)는 프랑스의 원자물리학자이다. 아버지는 피에르 퀴리, 어머니는 마리 퀴리이다. 졸리오퀴리는 남편과 함께 쓰는 성이다. 배우자는 물리학자인 프레데리크 졸리오퀴리(Jean Frédéric Joliot-Curie, 1900~1958)이다. 파리대학교에서 폴로늄의 알파 입자에 관해 연구해 학위를 취득하였고, 1926년 어머니의 조수였던 프레데리크 졸리오와 결혼하였다. 1935년, 알루미늄에 알파 입자를 쏘는 것으로 세계 최초로 방사성 동위 원소 제조에 성공하여, "인공 방사선 원소의 연구"로 남편과 함께 노벨 화학상을 수상하였다. 1936년, 어머니의 후임으로 파리대학교 교수에 취임하였으며, 레지옹 도뇌르 훈장을 수훈하였다. 오랜 세월에 걸친 방사능 연구로 인한 백혈병으로 1956년 사망하였다.

13 제임스 채드윅(James Chadwick, 1891~1974)은 중성자를 발견한 공로로 노벨 물리학상을 받은 영국의 물리학자이다. 1941년 마우드 보고서(MAUD, Military Application of Uranium Detonation, 우라늄 폭발의 군사적 이용)를 작성하였고, 미국 정부의 지원을 받아 핵무기 개발

운 방사선이 양성자와 거의 동일한 질량의 불변 입자로 구성되었음을 증명할
수 있었다.

일반 수소를 제외한 모든 원자의 핵에 존재하는 중성자는 일반적으로 같
은 원자의 양성자 수의 두 배 이상으로 존재하는데, 두 가지 이유로 원자핵
분열에 열쇠를 제공해야 했다. 첫째, (알파 입자와는 달리) 전하가 없는 중성자는
모두 양전하를 띤 원자핵에 의해 반발되지 않는다. 따라서 이것은 감마선[14]이
나 베타 입자유전자인[15]와 달리 상당한 질량을 가진 핵의 충격을 위한 입자를

---

의 핵심 인물로서 활동하였다. 채드윅은 제2차 세계대전 동안 맨해튼 계획의 영국팀 수장
이었다. 1945년 물리학 연구 공로로 기사 작위를 받았다. "핵물리학의 아버지"로 불리는 어
니스트 러더퍼드의 지도를 받으며 공부하였고, 베를린의 한스 가이거 밑에서 베타 방사선
을 연구했다. 채드윅은 당시 막 개발된 가이거 계수기를 이용하여 베타 붕괴에 의해 발생
하는 베타 방사선이 당시까지 생각되었던 것처럼 분절된 선 스펙트럼이 아니라 연속 스펙
트럼이라는 것을 관측하여 입증하였다. 이후, 케임브리지대학교의 캐번디시 연구소에서 근
무하면서 1932년 중성자를 발견하였다. 채드윅은 제2차 세계대전 동안 원자폭탄을 개발하
기 위한 튜브 앨로이스 계획에 참여하였다. 퀘벡 협정으로 튜브 앨로이스 계획은 미국의 맨
해튼 계획에 합류되었다. 그는 로스 앨러모스 연구소에서 영국팀의 수장으로 활동하였다.
1945년 7월, 채드윅은 트리니티 실험을 지켜봤고 전쟁 이후 국제 연합 원자력위원회의 영
국 측 과학 고문으로 활동하였다.

14  감마선(gamma ray/radiation, γ선)은 전자기 복사의 강력한 형태로, 방사능 및 전자-양전자
소멸과 같은 핵 과정 등에 의해 생성된다. 감마선은 전자기 스펙트럼에서 가장 높은 에너
지 영역이다. 같은 에너지를 가지는 감마선과 X선 간에는 물리적인 차이가 없다. 즉, 태양빛
과 달빛이 같은 가시광선의 서로 다른 이름인 것과 마찬가지로, 감마선과 X선은 단지 같은
전자기 복사를 나타내는 두 이름일 뿐이다. 대신 감마선은 X선과 발생에서 차이가 난다. 감
마선은 원자핵 전이에 의해 생겨나는 고에너지 전자기 복사를 가리키며, X선은 가속 전자
의 에너지 전이에 의해 발생하는 고에너지 전자기 복사를 가리킨다. 일부 전자 전이는 일부
원자핵 전이보다 높은 에너지를 가지는 것이 가능하며, 이는 감마선과 X선이 겹치는 이유
이다. 감마선은 일종의 전리 복사이며, 알파 입자나 베타 입자에 비해 투과성이 높은 반면,
이온화율은 낮다. 감마선은 X선과 마찬가지로 화상, 암, 유전자 변형과 같은 피해를 유발한
다. 핵전쟁 등에서 사용될 가능성이 있는 핵무기의 낙진에서 발생하는 감마선은 수많은 사
상자를 유발한다. 하지만 감마선은 의학 및 공업 등에서 널리 사용된다.

15  베타 입자(beta ray)는 칼륨-40과 같은 몇몇 방사능 핵종에서 방출되는 고에너지, 고속의
전자나 양전자 입자를 말한다. 전리 방사선의 형태로 방출되는 베타 입자를 베타 광선이라
하며, 베타 입자의 방출 과정은 베타 붕괴라 부른다. 베타는 그리스 문자 베타(β)에서 따온
것이다. 두 가지 형태의 베타 붕괴가 있는데, β−와 β+는 각각 전자와 양전자로 구성된 것

제공한다. 둘째, 일부 핵을 중성자로 충격하는 효과 중 하나는 다른 자유 중성자 모두 방출시 큰 운동 에너지를 갖는의 방출이다. 따라서 중성자는 '연쇄 반응'을 위한 수단을 제공한다.

1933년 10월 초 젊은 레오 실라르드[16]는 "한 중성자를 삼킬 때 두 개의 중

을 말한다. 칼륨과 같은 방사성 원자핵에서 방출되는 높은 에너지와 높은 속도를 가진 전자 또는 양전자를 베타 입자라고 한다. 베타 입자들은 베타선이라는 전리 방사선의 형태로 방출된다. 이러한 베타 입자들이 생산되는 과정을 베타 붕괴라고 한다. 베타 붕괴에는 $\beta$−붕괴와 $\beta$+붕괴(각각 전자와 양전자를 발생시킨다)의 두 가지 형태가 존재한다.

16 레오 실라르드(Leó Szilárd, 1898~1964)는 헝가리 태생의 미국 물리학자다. 1933년에 핵 연쇄 반응을 발견하여 핵 에너지를 이용할 수 있는 길을 열었고, 1939년에는 아인슈타인과 함께 루스벨트 미국 대통령에게 아인슈타인-실라르드 편지를 보내 핵무기 개발을 비밀리에 건의하여 맨해튼 계획을 추진하였다. 베를린-카를로텐부르크공과대학교에서 알베르트 아인슈타인, 막스 플랑크, 막스 폰 라우에 등의 물리학 강의를 들었다. 1927년에 박사 후 과정을 마치고 베를린대학교의 물리학 강사가 되었다. 1933년 유대인 박해를 피해 영국으로 건너왔다. 그해 1933년에 실라르드는 핵 연쇄 반응 제어를 설계하고 이듬해에 이에 관한 특허를 출원하였다.
실라르드는 1938년에 맨해튼에 있는 컬럼비아대학교의 연구 요청을 받아들여 뉴욕으로 건너왔고 이내 엔리코 페르미가 여기에 동참하였다. 1939년에 핵분열을 학습한 다음 그는 우라늄이 연쇄 반응을 지속할 수 있다고 결론지었다. 실라르드와 페르미는 컬럼비아대학교에서 행한 간단한 실험을 통해 우라늄의 뛰어난 중성자 증식을 발견하고, 우라늄의 연쇄 반응 가능성을 입증함으로써 핵무기의 길을 열었다.
실라르드는 맨해튼 계획 추진에 직접적인 영향을 끼쳤다. 그는 프랭클린 루스벨트 미국 대통령에게 핵무기의 개발 가능성과 나치 독일이 먼저 이를 개발할 수 있다는 사실에 대하여 보고하고, 미국도 핵무기 개발을 추진해야 한다는 내용의 비밀 서신을 작성한 후 1939년 8월 아인슈타인을 찾아가서 그 서신에 서명하도록 설득함으로써 그 제안에 아인슈타인 명성만큼의 무게를 실을 수 있었다. 이 아인슈타인-실라르드 서신(Einstein-Szilard letter)은 미국 정부가 핵분열 연구를 추진하고 마침내 맨해튼 계획을 탄생시키는 데 직접적으로 기여하였다. 그 후 실라르드는 시카고대학교로 옮겨 맨해튼 계획을 수행하였다. 거기서 그는 엔리코 페르미와 함께 우라늄과 흑연의 '원자 파일'에서 자립적으로 핵반응을 일으키는 최초의 중성자 반응로를 1942년에 완성하는 데 기여하였다. 전쟁이 계속되고 과학자들이 국방 연구에서 차츰 주도권을 잃어가는 데 실망하게 된 실라르드는 맨해튼 계획의 군부 책임자 레슬리 그로브스 소장과 자주 충돌하였다. 전쟁에서 핵무기 사용을 막으려다 실패하자 실라르드는 미국 정부에 대해 점점 더 큰 불만을 품게 되었다. 실라르드는 핵무기의 위협만으로도 독일과 일본을 항복시킬 수 있기 바랐다. 그는 원자탄 시위를 주장하는 실라르드 청원서(Szilard petition)를 작성하였다. 실라르드는 종전 후 1947년에 핵무기의 공포를 떨쳐버리려고 물리학에서 분자생물학으로 전공을 바꿨지만, 1950년에는 지구상의 모든 생물

성자를 방출할 수 있는 원소가 발견되면 연쇄 반응이 일어날 수 있다"라고 생각했다. 그는 심지어 1935년 초에 과학자 동료들에게 현재의 연구 결과를 발표하는 것을 당분간 자제하는 것이 바람직한지에 대해 질문하기 시작했다. 그의 광범위한 생각을 고려해보면, 그 자신이 헝가리 출신 난민이었기 때문에 히틀러 제3제국 시대이기 때문에 원자력 발전은 위험한 것으로 보였을 것이다.

1933년 1월에 히틀러가 권력을 잡은 것은 핵무기 개발을 앞당기는 전쟁을 일으키는 것 외에 또 다른 영향을 미쳤다. 히틀러의 유대인에 대한 광신적인 증오심은 폭탄이 독일이 아닌 미국에서 먼저 만들어질 것이라는 것을 보장했다. 전 세계의 유대인 수가 적다는 점을 감안하면 사회학자라도 설명하기 어려울 정도로 당시 세계 유수의 물리학자 중 유대인 비율이 매우 높았다. 히틀러가 정권을 잡았을 때, 이들 중 상당수가 독일 국민이거나 어떤 경우이든 독일에 거주하고 있었다. 알베르트 아인슈타인과 같은 나이 든 사람들 외에도 괴팅겐의 위대한 인물 세 명 중 두 명인 막스 보른과 제임스 프랑크와 같은 사람들과 나중에 존 폰 노이만[17], 에드워드 텔러[18] 및 레오 실라르드와 같이 외부

---

을 멸종시킬 수 있는 코발트 폭탄을 신종 핵무기로 제안하였다.

**17** 존 폰 노이만(John von Neumann, 1903~1957)은 헝가리 출신의 미국 경제학자, 컴퓨터과학자, 수학자이다. 양자역학, 함수해석학, 집합론, 위상수학, 컴퓨터 과학, 수치해석, 경제학, 통계학 등 여러 분야에 걸쳐 다양한 업적을 남겼다. 특히 연산자 이론을 양자역학에 접목시켰고, 제2차 세계대전 동안 줄리어스 로버트 오펜하이머, 에드워드 텔러 등과 함께 맨해튼 계획과 프린스턴 고등연구소에 참여하였다. 내폭형 핵무기(Implosion-type Nuclear Model)에 사용되는 폭축 렌즈(Explosive Lens)를 발명하는 데 수학적으로 공헌하였다. 게임 이론과 세포 자동자의 개념을 개발한 것으로도 잘 알려져 있다. 그의 자기 복제 구조에 대한 수학적 분석은 DNA가 발견되기 이전에 이루어졌다. 전쟁이 끝난 후 그는 미국 원자력위원회 내 일반 자문회에 들어가게 되었고 나중에는 위원이 되었다. 그는 에드워드 텔러, 스타니스와프 울람 등의 요인들과 함께 핵물리학에서 열핵반응 연구와 수소폭탄을 개발하는 데에도 영향을 끼쳤다.

**18** 에드워드 텔러(Edward Teller, 1908~2003)는 헝가리에서 태어난 유대계 미국 물리학자로, '수소폭탄의 아버지'로도 불린다. 1930년 독일 라이프치히에서 베르너 하이젠베르크로부

세계에서 유명해진 다른 사람들이 포함되었다. 로마-베를린 축의 또 다른 부분에는 이탈리아를 대표하는 물리학자이자 유대인이기도 한 엔리코 페르미[19]가 있었다. 나중에 독일에 의해 점령당하게 된 코펜하겐의 닐스 보어[20]는 절반

---

터 물리학 박사 학위를 받는다. 1934년에 유대인 박해를 피해 영국을 거쳐 1935년 미국으로 이주, 1941년까지 조지워싱턴대학교에서 학생들을 가르친다. 1942년 브리스위원회 (Briggs committee)에서 근무하면서 맨해튼 계획에 참가한다. 제2차 세계대전 중, 로스 앨러모스 과학연구소의 이론물리학부문에 소속되어 핵분열을 이용하는 핵폭탄에서 핵융합을 이용하는 핵폭탄(수소폭탄)으로의 발전이 당연한 수순이라고 강력히 주장한다. 1949년 소련의 핵폭탄 개발 성공 이후 1950년 로스 앨러모스로 돌아와, 수소폭탄 계획에 참여한다. 1954년 보안 청문회(security clearance hearings) 때 로버트 오펜하이머를 비난하여 사이가 나빠진다. 그는 핵개발론의 옹호자였으며, 지속적인 핵개발을 주장했다. 레이건 정권에서 SDI(Strategic Defense Initiative)가 논의되었을 당시, 그는 가장 강력한 지지자의 한 명이었다.

19 엔리코 페르미(Enrico Fermi, 1901~1954)는 이탈리아계 미국인 물리학자이다. 세계 최초의 핵반응로인 시카고파일 1호를 개발하여 '핵시대의 설계자', '원자폭탄의 설계자'라고 불린다. 이론과 실험 양면에서 모두 뛰어난 성취를 거둔 드문 물리학자 중 한 명이다. 원자력 이용에 관한 여러 특허를 보유하고 1938년에는 중성자 충격을 통한 유도 방사능 연구 및 초우라늄 원소의 발견 공로로 노벨 물리학상을 받았다. 페르미는 양자론, 핵물리학, 입자물리학, 통계역학의 발전에 지대한 기여를 남겼다. 방사능과 당시 막 발견되었던 중성자를 이용한 실험을 통하여 그는 느린 중성자가 빠른 중성자보다 쉽게 포획된다는 것을 발견했고 이 현상을 기술하기 위해 페르미 나이 방정식을 개발했다. 페르미는 토륨과 우라늄에 느린 중성자를 쏘아보냄으로써 새로운 원소를 만들어냈다는 결론을 얻었고, 이것으로 노벨상을 받게 된다. 이렇게 새로이 만들어진 원소들은 그 뒤 핵분열 생성물로 밝혀진다. 1938년 이탈리아의 유대인 박해를 피해 미국으로 이민간 페르미는 제2차 세계대전 당시 맨해튼 프로젝트에 참여했다. 페르미는 시카고파일 1호 설계 및 건조팀을 이끌었으며, 1942년 12월 2일 반응로는 임계점에 도달하여 세계 최초의 지속 가능한 인공적 핵 연쇄 반응을 일으켰다. 1949년 8월 소련의 원자폭탄 개발 성공에 대응해 수소폭탄을 개발하자는 의견이 대두하자, 도덕적 및 기술적 견지에서 수폭 개발을 강하게 반대했다. 페르미는 1954년 오펜하이머 보안 청문회에서 다른 과학자들과 함께 오펜하이머의 역성을 들었다. 페르미는 입자물리학, 특히 파이 입자와 뮤 입자에 관해 중요한 업적을 남겼으며, 성간 공간의 물질이 자기장 속에서 가속될 때 우주선이 발생할 수 있음을 추측하기도 했다.

20 닐스 헨리크 다비드 보어(Niels Henrik David Bohr, 1885~1962)는 원자 구조의 이해와 양자역학의 성립에 기여한 덴마크의 물리학자로서, 훗날 이 업적으로 1922년에 노벨 물리학상을 받았다. 보어는 코펜하겐대학교에 이론물리학 연구소(현재의 '닐스보어연구소')를 1920년에 개설했다. 한스 크라머스, 오스카르 클라인, 게오르그 헤베시, 베르너 하이젠베르크를 포함한 물리학자들을 멘토링하고 그들과 협력했다. 그는 발견된 코펜하겐의 라틴어 이름을 따서 하프늄으로 명명된 새로운 지르코늄-유사 원소의 존재를 예측했다. 나중에 원

의 유대인이었다. 이들과 다른 많은 사람은 그들이 이전에 고향이라고 불렀던 나라보다는 미국에서 폭탄을 만든 연구의 마지막 단계를 추진해야 했다.

1934년 로마에서 페르미와 그의 협력자들이 특정 금속에 중성자를 충돌시켰을 때 중성자가 이전에 물이나 파라핀에 의해 속도가 느려졌을 때보다 방사능이 100배나 더 커지는 결과를 가져왔다. 이것이 통제된 다량의 연쇄 반응을 가능하게 하는 '감속재'[21]의 발견 기회였다. 이는 결정적인 발견이었다. 새로 발견된 중성자로 한 원소를 체계적으로 충돌시킨 페르미는 마침내 주기율표의 마지막 자연 원자인 우라늄에 도달했을 때 또 다른 깜짝 놀랄만한 발견을 했다. 그가 발견한 바에 따르면 어떤 새로운 '초우라늄 원소trans-uranic'가 그의 충돌로 인한 것이라고 믿게 되었다. 그러나 그가 우라늄 원자를 분리했고 그렇게 한 최초의 사람이라는 것에는 의심의 여지가 없다.

같은 해, 더 무거운 원소가 중성자를 충돌시켰을 때 더 가벼운 원소의 동위 원소로 분류될 수 있다는 가설이 체코 물리학자의 부부팀 중 아내인 이다

---

소 보륨이 그의 이름을 따서 명명되었다. 1930년대에 보어는 나치즘을 피해 나온 난민들을 도왔다. 덴마크가 독일에 점령당한 후, 그는 독일 핵무기 프로젝트의 수장이 된 하이젠베르크와 유명한 만남을 가졌다. 1943년 9월 보어는 독일군에게 체포될 것이라는 소식을 듣고 스웨덴을 거쳐 영국으로 가서 미국 맨해튼 프로젝트에 대한 영국 측 계획인 튜브 앨로이스에 관여했다. 전쟁이 끝난 후 보어는 원자력에 관한 국제적 협력을 촉구했다.

21 중성자 감속재(Neutron Moderator)는 원자로의 핵분열 반응 과정에서 생성되는 고속 중성자를 열중성자로 감속시켜 핵분열이 더 잘 일어나도록 하는 물질이다. 감속재는 중성자 감속 효과가 크고 중성자 흡수 단면적이 작아야 하므로, 주로 수소, 중수소, 탄소 등이 포함된 물질들이 많이 사용된다. 경수로에서는 중성자 감속 능력이 우수한 수소와 산소로 이루어진 물을 감속재로 사용하면서 동시에 냉각재로도 이용한다. 천연 우라늄을 원료로 이용하는 중수로에서는 중성자를 효율적으로 이용해야 하므로, 중성자 감속 능력은 수소의 약 1/2로 떨어지지만 중성자 흡수 단면적이 1/500 이하인 중수소와 산소로 이루어진 중수를 감속재로 사용한다. 한편, 흑연감속로의 경우는 흑연을 감속재로 쓰는데, 영국에서 개발된 마그녹스원자로가 흑연을 감속재로 사용하며, 마그네슘과 알루미늄의 합금을 핵연료 피복재로, 이산화탄소를 냉각재로 사용한다. 또 세라믹 피복 입자 핵연료를 쓰는 고온 가스 냉각로는 흑연을 감속재, 헬륨을 냉각재로 사용한다.

노다크[22]에 의해 발전되었지만, 페르미는 그녀의 견해를 진지하게 받아들이지 않았다. 그는 핵의 엄청난 결합 에너지를 고려할 때 중성자는 강력한 임무를 수행할 에너지가 없다고 확신했다. 이 점에서 그는 라듐 분야에서 세계 최고의 전문가로 알려진 베를린연구소의 오토 한[23]의 지원을 받았다. 한은 심지어 그녀의 남편에게 말한 것처럼 그녀를 우스꽝스럽게 보이게 만드는 것에 대한 두려움 때문에 자신의 출판물에서 이다 노다크의 가설을 언급하는 것을 거부했다.

그 다음에는 다른 위대한 여성 물리학자인 이렌 졸리오-퀴리의 중요한 실험이, '아리아 인이 아닌' 혈통에도 불구하고 카이저 빌헬름 연구소에서 긴밀한 협력자인 오토 한과 함께 작업을 계속하도록 어느 정도 허용된, 물리학을 선도하던 학자 중 세 번째 여성인 리제 마이트너[24]에 의해 지속적으로 평가절

22 이다 노다크(Ida Noddack, 1896~1978)는 독일의 화학자이자 물리학자이다. 1934년 핵분열을 최초로 예견하였다. 남편인 발터 노다크와 함께 원자 번호 75 레늄을 발견하였다. 생전에 3회에 걸쳐 노벨 화학상 후보로 거명되었다.

23 오토 한(Ottto Hahn, 1879~1968)은 독일의 화학자이다. 1938년 프리츠 슈트라스만과 함께 원자핵에 중성자를 충돌시키면 원자핵이 두 조각으로 깨지는 원자핵 분열을 처음으로 발견했다. 중성자로 우라늄을 타격해 우라늄보다 더 무거운 원소를 만들려고 시도하던 중 핵분열을 발견한 것이다. 이후 우라늄 원자핵이 작은 원자핵으로 분열할 때 엄청난 에너지를 방출한다는 것이 밝혀졌다. 그 원리를 이용해 원자폭탄이 만들어졌고, 원자력 발전도 가능해졌다. 그보다 앞서 1905~1910년에는 방사성 물질인 토륨과 악티늄의 자연 붕괴에 관한 연구를 하여, 후에 여러 가지 방사성 동위 원소 발견의 계기가 되었다. 1908년 오스트리아의 리제 마이트너와 함께 방사성 물질인 프로트악티늄을 발견하였다. 1944년 노벨 화학상을 받았다.

24 엘리제 '리제' 마이트너(Elise 'Lise' Meitner, 1878~1968)는 유대계 오스트리아-스웨덴의 물리학자다. 세부 전공은 방사능과 핵물리학이다. 오토 한과 함께 핵무기와 원자력 발전의 기본 원리인 우라늄이 중성자를 흡수하면 핵분열을 일으킨다는 것을 처음으로 발견하고, 1939년 초에 논문으로 발표했다. 마이트너는 대부분의 학술 경력을 독일 베를린에서 보내면서 물리학 교수, 카이저 빌헬름 연구소 부서장 등을 역임했다. 독일에서 정교수직에 오른 최초의 여성이었다. 그러나 1932년에 독일에서 나치당이 집권한 후 모든 공직을 잃고 스웨덴으로 도피했다. 마이트너는 많은 상훈을 받았지만, 1944년 핵분열에 관하여 시상된 노벨 화학상은 공동 연구를 진행했던 오토 한이 단독으로 수상해서 공정성 시비가 있었다.

하된, 일종의 오류 코미디가 이어졌다. 각 주인공에게는 각각의 지지자들이 있었으며, 중성자를 가진 우라늄 원자의 폭격이 원자 번호 57과 대략 140의 원자량을 갖는 원소인 란탄과 비슷한 새로운 물질을 생산한다는 주장보다 (생산량이) 적기는커녕 아무것도 변화가 없었던 파리에서 진행되는 실험의 신뢰성에 대해 강한 불일치가 발생했다. 반론을 받아들이는 것은 당연히 우라늄 원자가 분리되는 것을 허용하는 것이었다.

마지막으로, 1938년 마담 졸리오-퀴리가 그녀의 놀랄만한 발견을 요약하고 확장한 세 번째 논문을 출간했을 때, 한은 자신의 새로운 공동 작업자인 프리드리히 슈트라스만[25]에 의해 그녀의 실험을 반복하고 확인하도록 도전받았다. 그해 크리스마스 바로 직전에 그와 슈트라스만이 마침내 마담 졸리오-퀴리의 결론을 확인한 논문의 출판물을 발송할 수 있게 되었다.

그러나 그들의 보다 더 정밀한 분석 -그들이 검토하고 있던 새로운 요소의 양은 당연히 극미세량이었다-으로부터, 해당 원소는 란탄[26] 보다는 바륨[27]이

---

1997년 발견된 원자 번호 109번 원소 마이트너륨은 리제 마이트너의 이름을 딴 것이다.

25 프리드리히 빌헬름 '프리츠' 슈트라스만(Friedrich Wilhelm 'Fritz' Straβ mann, 1902~1980)은 독일의 화학자이다. 1938년 우라늄의 원소 붕괴 현상을 발견하였고, 이를 후일 리제 마이트너와 오토 한이 '핵분열'로 정의함으로써 원자핵 연구의 시대를 열었다. 이러한 공로로 1966년 마이트너, 한과 함께 엔리코 페르미 상을 수상했다.

26 란타넘(Lanthanum) 또는 란탄(Lanthan), 기호는 La, 원자 번호는 57이다. 은백색의 금속이다. 세륨(Ce)이나 희토류 원소와 함께 산출된다. 란타넘은 가단성과 연성이 있고, 칼로 자를 수 있을 만큼 무르다. 희토류 원소 중에 가장 반응성이 크다. 단, 대부분의 란타넘족 원소들이 자성이 있는 데 반해 란타넘은 자성이 없다. 인간의 몸에서 생물학적인 역할은 하지 않는 것으로 알려져 있으나 몇몇 박테리아에게는 필수적이다. 녹는 점은 921°C이고, 끓는 점은 3,457°C이다. 란타넘은 라이터 돌을 만드는 데 쓰이는 미시메탈(Mischmetal)이라는 합금을 만드는 데 쓰인다. 란타넘 화합물의 또 다른 이용 예로는 전자 열음극(electron hot cathode), 가스 텅스텐 아크 용접(GTAW)에서 쓰이는 전극, 촉매 등이 있다. 산화 란타넘을 카메라 렌즈용 유리에 첨가하면 빛의 굴절률이 높아진다. 또 탄화 란타넘(LaCO,)은 신장 기능 부전으로 인한 혈중 인산염 농도의 증가를 막는다. 공기와 접촉하면 급격하게 산화한다. 차가운 물과는 느리게, 뜨거운 물과는 빠르게 반응한다. 공기 중에 그냥 두면 빠르

라고 주장하게 되었다. 모든 경우에 두 원소 모두 존재했다. 한은 논문을 게재한 후 그 결론이 너무 터무니없는 것 같았다고 회상했다. 이전 공동 작업자에게 충실한 한은 즉시 스톡홀름에 살고 있는 리제 마이트너에게 그의 연구 결과의 모든 것을 보냈다.

예테보리[28] 근처의 겨울에 거의 생명이 없는 해변 휴양지 쿵글브의[29] 작은 마을에서 -브로디 부부가 이 부분을 기술하는 데 많은 도움을 받은 로버트 융크Robert Jungk의 저서 《천 개의 태양보다 더 빛나는Brighter Than a Thousand Suns》에서 묘사한- 깊숙하게 인상적인 장면이 등장했다. 마이트너는 망명 후 첫 크리스마스를 가족의 작은 하숙집에서 보내려 이곳에 왔고 그녀는 여기서 한에게서 소식을 받았다. 당시 그녀를 방문한 사람은 그녀의 조카로 물리학자이자 독일로부터 탈출한 난민이었고 당시 코펜하겐의 닐스 보어 연구팀에서 일하고 있던 오토 프리쉬[30]였다.

~~~~~~~~~~~~

게 색깔이 변한다. 모나자이트(monazite)와 배스트내사이트(bastnäsite) 등 희토류 원소가 들어 있는 광석에서 발견된다. 또한 우라늄, 토륨, 플루토늄의 핵분열로 원자로에서도 만들어진다. 스웨덴의 화학자인 무산더(Carl Gustaf Mosander)가 1839년에 질산 세륨의 불순물로써 처음으로 란타넘을 확인했다.

27 바륨(Barium)의 기호는 Ba, 원자 번호는 56이다. 무른 은색의 금속 원소로, 알칼리 토금속에 속하며 녹는 점이 매우 높다. 바륨은 산화물 또는 황산염 상태로 중정석 광물에서 산출된다. 그러나 공기와의 높은 반응성 때문에 순수한 금속으로는 산출되지 않는다. 바륨 화합물은 페인트나 유리 제조에 소량이 사용되며, 이들 중 물 또는 산에 녹지 않는 바륨 화합물인 황산 바륨은 X선의 조영제로 사용되기도 한다. 바륨 이온은 독성이 있으므로 수용성 바륨염 및 위산과 반응할 수 있는 탄산 바륨 등은 조영제로 사용할 수 없다.

28 예테보리(Göteborg)는 스웨덴 서해안에 있는 도시로 베스트라예탈란드주의 주도이다. 인구는 58만 1,822명으로 수도 스톡홀름에 이어 스웨덴에서 두 번째로 큰 도시이다. 도시 이름은 스웨덴어로 '고트인의 도시'를 뜻한다.

29 쿵글브(Kungelv, 콩헬레)는 스웨덴 서해안의 베스트라 괴탈란트 카운티의 소도시이다.

30 오토 로버트 프리쉬(Otto Robert Frisch, 1904~1979)는 오스트리아 태생의 영국 물리학자로 핵물리학 분야에서 일했다. 그는 리제 마이트너와 함께 핵분열에 대한 최초의 이론적 설명을 진행하고 먼저 실험적으로 핵분열 부산물을 검출했다. 나중에 자신의 협력자 루돌프 파이에를스(Peierls)와 함께 1940년에 원자폭탄의 폭발에 대한 최초의 이론적 메커니즘을

그는 사무실에 행선지를 말하지 않고 쿵글브에 왔다. 그는 이모를 방문하고 겨울 스포츠를 즐겼다. 그는 나중에 말했듯이 자신의 이모가 관찰과 질문으로 그를 맹공격하자 스키를 타고 도망가려고 했다. 그러나 마침내 하숙집 라운지에서 두 사람 사이에 영감에 찬 토론이 이어졌고 그 대화 과정에서 그들은 점차 우라늄 원자가 반드시 분열되는 과정을 연구하게 되었다.

중성자의 운동 에너지가 중성자와 함께 원자의 핵에 있는 양전하를 띤 양성자를 함께 묶는 결합 에너지를 도저히 극복할 수 없다는 그 시점까지의 연구자들의 확신 때문에, 몇몇 위대한 물리학자는 다음 단계를 보지 못하거나 심지어 자신의 결과를 올바르게 읽지 못했다. 마이트너와 프리쉬의 대화에 대한 단서는 우라늄 원자가 거의 같은 부분으로 분할되었다는 사실이었다. 주기율표의 중간 부근의 원소는 극단 부근의 원소보다 양성자당 훨씬 더 많은 결합 에너지를 가지고 있기 때문에<sup>따라서 더 안정적임31</sup>, 충돌하는 중성자는 기껏해야 자신의 질량과 비슷한 입자를 잘라낼 것이라고 예상했던 것이었다.

그들은 −의심할 여지없이, 증가된 방사능이 금속에 감속된 중성자를 충돌시켜 발생한다는 페르미의 발견에 근거하여− 우라늄 원자에 대한 중성자의 산산조각이 나는 효과는 단순히 충격을 받은 원자의 운동 에너지에서 비롯된 것이 아니라, 우라늄 핵으로의 침입 또는 포획은 핵 고유의 힘을 활성화하여 분열을 초래했고, 안정된 핵을 분열을 통해 불안정한 핵으로 변환하여 불안정성을 해결했다고 결론지었다. 그들은 핵분열이 박테리아 세포가 증식하는 것과 유사하다는 것을 상상했고, 1939년 2월 네이처 지에 실린 그들의 연구 결과를 출판할 때 '핵분열'이라는 문구를 사용하게 된 것도 박테리아 분열

---

설계했다.
31 주로 질량수 90~100과 130~140에 속한 원자들에 집중된다.

과의 유사성 때문이었다.

물론 저자들은 이 핵반응에서 방출되는 엄청난 양의 에너지에 충격을 받았지만 프리쉬가 나중에 인정했듯이 그는 그 과정에서 더 많은 중성자가 방출되는가 안되는가 하는 정말 중요한 질문을 놓쳤다. 이 질문에서 연쇄 반응이 가능했는지 여부에 대한 가장 중요한 문제가 결정되었다. 그럼에도 불구하고, 마이트너-프리쉬 논문은 물리학자들의 공동체가 지금까지 달성한 결과를 이해하고 새로운 발견을 위한 발판을 마련할 수 있도록 두 개와 두 개를 합친 것이었다.

## 경고

제2차 세계대전이 시작된 때 다음 발견의 가능성을 두려워하기 시작한 물리학자들이 있었다. 그들은 노벨상을 받은 영국의 화학자 프랜시스 애스턴[32]이 이미 1922년에 인류에게 "성난 원자를 조작하는 것"에 대해 경고한 것을 상기했다. 아인슈타인과 닐스 보어는 핵분열의 실용화가 결코 이루어지지 않을 것이라고 확신했지만, 동료 중 일부는 다음 발견이 열리는 것을 원하지 않는 성문의 마지막 빗장이 푸는 것이 아닐까 두려워했다. 이들 중 으뜸가는 사람은 이제 미국에 도착한 레오 실라르드 Leo Szilard였다.

실라르드는 컬럼비아대학교의 물리 실험실을 사용하여 실험을 수행하는

---

32 프랜시스 윌리엄 애스턴(Francis William Aston, 1877~1945)은 영국의 물리학자이다. 1919년 그가 발견한 질량 분석기는 원자량을 정확히 재서 무거운 원소와 가벼운 원소를 구분할 수 있는 장치였다. 애스턴은 질량 분석기를 써서 거의 모든 원소가 원자 번호는 같지만 원자량이 다른 여러 동위 원소의 혼합물임을 밝혔다. 이러한 업적으로 1922년 노벨 화학상을 받았다.

데 필요한 1g의 라듐을 얻기 위해 돈을 빌렸다. 그의 첫 번째 테스트는 핵분열이 일어날 때 추가적인 중성자가 방출될 가능성을 나타냈다. 정치적 문제에 대한 탁월한 예민함으로 인한 그의 선견지명은 이미 연쇄 반응을 유지하기에 충분한 중성자 방출이 있을 가능성이라는 끔찍한 결과를 받아들였다. 그리고 이것이 사실이라는 최종 증거를 기다리지 않고 동료 과학자들에게 미래의 연구에 대해서 연구자들 스스로 비밀을 지킬 것을 촉구했다.

그에게는 점점 대담해지고 있는 히틀러의 정책이 이미 발표된 발견들과 어느 정도 관련이 있다는 것, 어쨌든 세계의 정치 지도자 중 히틀러가 연쇄 반응에서의 핵분열이 갖는, 태어나기에는 너무 끔찍하다는 군사적 의미를 알아챈 첫 번째 지도자가 될 가능성이 있다는 것은 전혀 의심의 여지가 없는 것 같았다. 많은 과학자가 망명하도록 궁지에 몰렸음에도 불구하고 -출판된 그들의 연구 결과는 외국에서 계속 이용 가능함-, 과학이 개발의 타당성을 지적한다면 독일은 여전히 핵폭탄을 개발할 기술 자원을 가지고 있었다. 히틀러가 핵폭탄 개발 경쟁에서 승리할 것에 대한 우려는 과학계에서는 전례 없이 컸으며 많은 사람의 의견으로 충격적인 보안 조치를 정당화하는 데 충분했다.

실라르드의 제안에 대한 반대는 두 가지 이유 때문이었으며, 그중 하나만 공개적으로 인정될 가능성이 있었다. 새로운 과학 지식과 발견의 자유로운 교환이라는 과학계에서 여러 세대에 걸쳐 발전한 공감대는 과학자들 사이에서 신조가 되었으며 대부분의 과학자가 깊이 공감하고 있었다. 군사 장비 발명가들이 군대를 위해 고안한 새로운 도구들을 비밀로 지킬지 모르겠지만, 이런 비밀은 거의 항상 순수과학과는 전혀 관련이 없는 공학적 발전에만 국한되었다. 진정으로 과학적인 질문이 필요한 경우, 과학 지식과 발견에 대한 의사소통의 자유는 단순한 규칙이 아니라 대부분의 지지자가 신성한 직업으로 간주하게 된 것에 대한 기본 요건이었다.

실라르드의 비밀 유지 제안에 반대했던 사람들은, 엔리코 페르미파시스트 정부 치하의 이탈리아 출신 망명자이자 컬럼비아대학교의 초빙 교수와 페르미와 같은 노벨상 수상자이자 실라르드와 페르미 모두를 컬럼비아대학교로 초청한 학자인 이지도어 라비[33]와 같은 생기 넘치는 사람들이었다. 그러나 과학자의 혐오나 비밀에 대해서는 논의되지 않은 또 다른 측면이 있었다. 개인적인 경쟁의 요인은 그들 중 몇몇 사람에게 상당한 영향을 미칠 수밖에 없었다. 먼저 목표에 도달한 과학자에게 영예가 돌아갈 것이었기 때문이다. 선구자의 연구에 대한 과학 간행물의 정당한 공로를 요구하는 엄격한 관습에는 다 이유가 있었다.

실라르드가 제안서를 보낸 사람 중 한 명은 파리의 장 줄리오-퀴리[34]였다. 그는 자신의 동료들(그의 유명한 아내는 이미 사망했다.)과 함께 실라르드가 그토록 걱정했던 연쇄 반응의 실험 성공 직전에 있었다는 아주 고무적인 이유 때문에 대답하지 않았다. 로베르토 바움 융크[35]는 다음과 같이 기술했다.

"줄리오는 어떤 상황에서도 이 분야에서 1위라는 명예를 놓치지 않기로 결

---

33 이지도어 아이작 라비(Isidor Isaac Rabi, 1898~1988)는 미국 물리학자이다. 1944년 핵자기 공명의 발견에 대한 공로로 노벨 물리학상을 수상하였다. 1930년, 라비는 원자핵에서 양성자들을 묶어주는 힘의 특성에 대해 연구하였다. 이 연구는 결국, 분자-빔 자기 공명 검출 방법을 만들어냈고, 이 업적으로 1944년 노벨 물리학상을 수상하였다. 1940년, 그는 컬럼비아대학을 떠나, 매사추세츠공과대학교 방사선 연구실에서 관리자(Associate Director)로 레이다 개발과 원자폭탄에 관한 일을 했다. 전쟁이 끝난 후, 그는 레이저와 원자시계에 관한 연구를 계속하였다. 그는 브룩헤이븐 국립연구소와 유럽 입자물리연구소(CERN)의 설립자 중의 한 명이다. 그는 해리 트루먼 미국 대통령의 두 번째 과학 기술 정책 위원이었다.

34 장 프레데리크 졸리오-퀴리(Jean Frédéric Joliot-Curie, 1900~1958)의 오기로 추정된다. 한편 본문에서 그의 아내가 이미 사망했다고 한 것은 브로디 부부의 착오같다. 졸리오-퀴리의 아내인 이렌 졸리오-퀴리는 이 당시에는 살아 있었고, 1956년에 오랜 세월에 걸친 방사능 연구로 인한 백혈병으로 사망했다.

35 로베르트 바움 융크(Robert Baum-Jungk, 1913~1994)는 오스트리아의 작가, 저널리스트, 역사가, 평화 운동가로 핵무기 관련 이슈에 대해 주로 글을 썼다.

심했다. 문제의 기관은 일반적으로 자연 과학과 관련된 다른 어떤 저널보다 더 빨리 제출된 연구논문을 출판했다. 이 중요한 '커뮤니케이션'이 다음 호의 발간에 맞춰 런던에 반드시 도착해야 한다는 것을 확인하기 위해 줄리오의 공동연구원 중 한 명이었던 코와르스키Kowarski는 3월 8일 르블루제Le Bourget 공항으로 갔다. 그리고 런던행 우편 행낭 안에 연구 논문을 담는 것을 개인적으로 감독했다."

파리 그룹의 논문 출판은 실라르드의 자기 검열 제안에 대한 미국 동료들 사이에 반대하는 감정을 증폭시켰다. 라비는 실라르드에게 전화를 걸어 그가 이 문제에 대해 양보하지 않으면 컬럼비아대학교의 환대를 포기해야 할 것이라고 말했다. 실라르드는 동의할 수밖에 없었다.

그러나 논쟁의 과정에서 프린스턴대학교[36]의 유진 위그너[37]는 광범위한 결과를 가져올 운명적 제안을 했다. 그는 우라늄에 대한 연구 현황 정보를 미국 정부에 제공하고 히틀러가 우라늄에 대한 연구를 통제할 경우 그러한 개발로 무엇을 할 수 있을지 경고할 것을 제안했다. 그가 이 제안을 했을 때는 제2차 세계대전이 발발하기 5개월도 채 남지 않았을 때였다.

36 프린스턴대학교는 1746년에 설립된 미국 아이비리그 대학이다. 뉴욕시와 필라델피아의 중간에 있는 뉴저지주의 전원 도시 프린스턴 지역에 위치한다. 미국에서 여덟 번째 고등 교육 기관으로 설립되었으며, 미국 독립 전 식민지 시대에 설립된 아홉 개 대학교 중 하나이다. 전통적으로 학부 교육과 학문 연구에 중심을 두고 있어서 다른 아이비리그 대학교들과는 달리 메디컬 스쿨, 로스쿨이나 경영대학원이 존재하지 않는다. 하지만 일반대학원은 자연 과학, 경제학, 정치학, 철학 등 다양한 분야에서 최상위권 수준을 유지하고 있으며, 많은 석박사를 배출하고 있다. 프린스턴대학교는 인문학, 사회과학, 자연과학, 공학 등 전 분야에 걸쳐 훌륭한 교육을 제공하고 있으며, 그중에서도 수학, 철학, 물리학 등이 특히 유명하다. 프린스턴대학교는 지금까지 총 37명의 노벨상 수상자를 배출하였으며, 세계에서 가장 많은 필즈상 수상자 일곱 명이 수상 시기에 프린스턴대학교에서 교수로 활동 중이었다.

37 유진 위그너(Eugene Wigner, 1902~1995)는 수리물리학에 기여한 헝가리 출신의 미국 이론 물리학자이다. 그는 1937년에 미국 시민권을 얻었고, "특히 기본 대칭 원리의 발견과 적용을 통해 원자핵과 기본 입자 이론에 기여한 공로"로 1963년 노벨 물리학상을 받았다.

미국 정부의 고위 인사들에게 최근 발견의 군사적 의미를 알리려는 첫 번째 시도는 완전히 실패했다. 엔리코 페르미는 소개장을 가지고, 해군성의 후퍼 제독[38]을 만나, 그의 중요한 메시지를 전달하려고 노력했다. 그는 특별한 인상을 거의 주지 못했다. 다음 달《뉴욕 타임즈》에 기고한 닐스 보어의 우라늄-235[39] 폭탄의 가능성에 대해 인용한 것도 아무런 관심을 불러일으키지 못했다. 한편으로는 당시의 매우 제한된 지식 상태와 과학자가 아닌 사람들이 받아들이도록 요청했던 점을 고려할 때 이것은 딱히 놀라운 일도 아니다.

미국 정부에 정보를 제공해야 한다는 데 동의한 실라르드와 페르미, 유진 위그너, 에드워드 텔러와 알렉산더 바이스코프[40]가 포함된 소수의 주요 과학자 중에는 미국 태생의 미국인이 없었고 위그너만이 미국 시민권을 보유하고 있었다. 이 점이 그들을 더 어렵게 했다. 한편 그들은 독일에서 진행 중인 우라늄 관련 연구가 이미 독일 정부와 공식적으로 연계되어 있다는 기밀 보고서를 받고 있었다. 이는 사실이었다. 그들은 독일에서의 연구가 폭탄에 대한 언급은 거의 없고, 자동차의 연료로서 원자력의 이용 가능성에 주로 국한되었다는 것을 알지 못했다.

---

**38** 스탠포드 칼드웰 후퍼(Stanford Caldwell Hooper, 1884~1955)는 미 해군의 소장이자 '해군 무선 통신의 아버지'라고 불리는 무선 통신의 선구자이다. 후퍼는 선구적인 무선 실험을 수행하고 함대와의 통신을 위한 지상 중계국을 설립했으며 통신을 다루는 많은 이사회 및 위원회의 기술 고문 및 책임자를 역임했다.

**39** 우라늄-235는 자연계에 존재하는 우라늄의 방사성 동위 원소이다. 반감기는 7억 380만 년이며, 양성자 92개 중성자 143개로 구성되어 있다. 자연계에 존재하는 우라늄의 동위 원소 중 유일하게 열 중성자 핵분열이 될 수 있는 핵분열성 동위체이다.

**40** 빅터 바이스코프(Victor Weisskopf, 1908~2002)의 오기로 추정된다. 빅터 프레데릭 바이스코프는 오스트리아 태생의 미국 이론물리학자이다. 양자 이론의 개발, 특히 양자 전기역학 분야에서 큰 공헌을 했다. 맨해튼 계획의 이론 부문 그룹 리더로 참가하였지만, 전후 핵확산 반대 운동에 공헌하였다.

한편 한Hahn의 긴밀한 협력자인 지크프리트 플뤼게[41] 박사는 나투르위센 샤프-텐자연과학[42] 1939년 7월호에 우라늄 연쇄 반응에 대한 자세한 설명을 기고했다. 그 후 얼마 지나지 않아 동일한 주제에 대한 플뤼게와의 인터뷰가 일반인을 대상으로 한 도이치 알게마이네 차이퉁독일일반신문[43]에 게재되었다. 이러한 출판물은 미국으로 망명한 과학자들에게 불안감을 심어주었다. 얼마 후 독일은 그 무렵 합병한 체코슬로바키아에서 우라늄 수출을 금지했다.

실라르드 그룹은 알베르트 아인슈타인에게 연락하여 자신들의 일에 협력하도록 요청하자고 했다. 그의 위대한 이름이 미국 정부에 대한 자신들의 말에 무게를 실어줄 뿐만 아니라 그가 과학자라기보다는 예술가라는 고도로 재능 있는 사람들의 그룹에 속했기 때문이다. 그들 중 벨기에의 엘리자베스 모후母后[44]는 아인슈타인에게 특히 우호적이었고 벨기에 정부는 체코슬로바키아 광산 말고 당시 알려진 유일한 우라늄 광산이 있던 콩고를 식민지로 가지고 있었다.

실라르드와 위그너는 1939년 7월에 아인슈타인을 방문했으며 그와 대화를

---

41 지크프리트 플뤼게(Siegfried Flügge, 1912~1997)는 핵물리학과 핵무기의 이론적 기초를 정립하는 데 기여한 독일의 이론물리학자이다. 그는 나치 독일의 원자력 에너지 프로젝트에 참여했다. 1939년에 발표된 닐스 보어와 J. A. 휠러의 핵분열 이론을 확장했다.

42 나투르위센 샤프-텐(Natuwissens chaf- ten, 자연과학)은 독일의 과학잡지이다. 생물학적 중요성의 질문에 관한 자연과학의 모든 분야를 다루는, 1913년부터 출판되는 월간 과학 저널이다. 독일어가 여전히 자연과학의 지배적인 언어였던 시기에 영어 저널 네이처(Nature)와 동등한 독일어로 의도되었다. 현재는《사이언스 오브 네이처(The Science of Nature)》라는 영어 제목으로 영어로 출판된다.

43 도이치 알게마이네 차이퉁(Deutsche Allgemeine Zeitung, 독일일반신문)은 1861~1945년 독일에서 발간되었던 신문이다.

44 엘리자베스 모후(Queen Elisabeth Gabriele Valérie Marie of Bavaria, 1876~1965)는 1909년 12월 23일부터 1934년 2월 17일까지 벨기에의 여왕이었으며, 바이에른 공작부인이었다. 그녀는 벨기에의 레오폴드 3세 국왕과 이탈리아의 마리 호세 여왕의 어머니였다.

나눈 후 미국 국무부용 사본과 함께 벨기에 정부에 보낼 편지 초안을 작성하는 데 동의했다. 실라르드는 이런 방법으로는 문제를 실제로 해결할 수 없다는 것을 깨달았다. 그래서 루스벨트 대통령의 신임을 누렸던 매우 지식이 풍부하고 학문적인 금융가인 알렉산더 삭스[45]에게 도움을 청했다. 실라르드와 텔러는 삭스의 손을 거쳐 대통령에게 전달될 편지 초안을 작성하고 서명하도록 아인슈타인을 설득했다. 평화주의자인 아인슈타인이 나중에 자신의 행동을 후회하게 된 것은 주목할 만하다. 특히 전쟁이 끝난 후 독일이 폭탄을 생산하기 위해 실질적으로 아무 일도 하지 않았다는 사실이 알려졌을 때 더욱 그랬다.

대의에 참여하는 순간까지 핵물리학에 대해 전혀 몰랐던 삭스가 자신의 임무에 열렬한 관심을 갖게 된 데는 중요한 일화가 하나 있다. 삭스는 10주 후인 1939년 10월 11일까지 대통령과 이야기할 기회가 없었다. 대통령을 만났을 때 그가 읽고 루스벨트에게 건넨 편지와 상황에 대한 보다 포괄적인 설명이 도움이 되겠지만, 결국 대통령을 지치게 할 뿐이었다. 그날 밤 삭스는 밤새 잠을 자지 않고 방을 서성거리고, 워싱턴의 호텔에 인접한 공원을 산책하면서 대통령의 상상력을 가장 잘 사로잡을 수 있도록 자신의 사례를 어떻게 제시할 것인지 고민했다.

그가 다음날 아침 대통령에게 제시한 사례는 로버트 풀턴이 나폴레옹을 위해 증기선 함대를 건조하겠다고 제안한 방법에 대한, 다소 출처가 의심스러

---

45 알렉산더 삭스(Alexander Sachs, 1893~1973)는 리투아니아 태생의 미국의 경제학자이자 은행가이다. 1939년 10월 그는 프랭클린 D. 루스벨트 대통령에게 아인슈타인-실라르드 서한을 전달하면서 나치 독일이 그렇게 할 가능성을 감안할 때 핵무기를 건설할 수 있는 관점에서 핵분열 연구를 추진해야 한다고 제안했다. 이로 인해 미국의 맨해튼 프로젝트가 개시되었다. 1936년에는 국가정책위원회에서 근무했다. 전쟁 중에 그는 석유산업전쟁위원회의 경제 고문과 전략 서비스 국장의 특별 고문이었다.

운 이야기를 전하는 것이었다. 그때 그가 전한 이야기는 만일 나폴레옹이 그 제안을 받아들였다면 영국을 정복할 수 있었고, 그 이후의 역사 전체가 바뀌었을 거라는 것이었다. 풀턴이 나폴레옹의 완전한 협력을 얻더라도 황제에게 증기 선단을 제공할 수 있었을 것이라는 점 이외의 영국 본토를 정복할 가능성은 전혀 보장되지 않았다. 그래서 역사적 사실에 대한 과학적 추론이 너무 정확하거나 통찰력이 있지 않아도 된다는 것에 대한 좋은 예이다.

어쨌든 대통령은 그 이야기에 깊은 감명을 받았으며, 삭스와 함께 나폴레옹 시대의 오래된 프랑스 브랜디를 마시며, 그의 수행원 '파 윌슨[46] 장군을 불러 삭스의 문서를 가리키며 역사적인 말을 했다.

"파, 이건 조치가 필요해요!"

그러나 대통령의 지시만으로 핵무기 개발을 위한 정부의 집중적인 노력을 시작할 수 있다고 가정해서는 안 된다. 대통령의 지시들은 추가적인 진전의 필수 조건이었지만 극복해야 할 엄청난 관료주의적 무기력과 불신이 있었고, 게다가 1940년 7월 1일 이전에는 이 프로젝트에 사용할 수 있는 정부 자금이 없었다. 진실이든 거짓이든 무기력에 대한 가장 효과적인 답은 "동맹이든 적이든 다른 나라들이 비슷한 프로젝트를 진행하고 있으며 심지어 진전을 보이고

---

46 윌슨(Wilson) 장군이 아니라 왓슨(Watson)의 오기로 보인다. 파 왓슨(Edwin Martin 'Pa' Watson, 1883~1945)은 미 육군 장군이며 프랭클린 루스벨트 대통령의 친구이자 선임 보좌관으로, 군사 고문 겸 비서로 재직했으며, 이 일화의 당시는 대통령 비서실장이었다. 왓슨 장군은 루스벨트가 대통령이 되기 전부터 개인적 친분이 있었으며, 루스벨트의 아들 제임스와 왓슨은 루스벨트가 소아마비를 앓고 난 후 일어서서 걸을 수 있게 도와준 사람이었다. 왓슨은 본문에 언급된 제2차 세계대전의 결정적인 순간에 참석했다. 결국 맨해튼 프로젝트의 창설로 이어질 아인슈타인-실라르드 서한에 대한 회의와 전후 세계를 인도할 가치에 대한 토대를 제공하는 윈스턴 처칠 영국 총리와 루스벨트 대통령 간의 대서양 헌장 합의 등에도 참여했다. 그는 아이젠하워 장군과 맥아더, 니미츠 제독과 지속적으로 접촉했다. 그는 루스벨트, 처칠, 스탈린 사이의 최초의 협상이 열린 테헤란 회담에 참석했다. 1945년 2월에 열린 얄타회담 후 귀국 항해 중 뇌출혈로 사망했다.

있다"라는 말이었다. 치명적인 정보는 1940년 5월의 대공세 때 독일군이 파리로 진격하는 동안 줄리오-퀴리가 영국으로 보낸 연구 자료와 영국의 연구 진전과 관련된 것이었다. 영국의 연구 결과는 나중에 이 연구와 관련된 영국 과학자들과 함께 전적으로 미국의 처분에 맡겨졌다.[47] 독일의 연구가 진전되고 있다는 불길한 보고도 계속되었다. 미국의 핵폭탄 개발 관련 인사들 사이에서 독일이 핵무기 개발 경쟁에서 이미 위험한 출발을 했으며, 미국이 따라잡기 위해 할 수 있는 일은 핵개발이 전부라는 확신이 점차 커졌다. 이러한 확신은 이후 전개되는 모든 노력의 수준을 결정짓는 핵심 요소였다.

## 연쇄 반응이라는 문제

1940년 7월 1일까지 다음과 같은 사실이 일반적으로 알려졌다.

----

**47** 영국은 1938년 독일의 물리학자 오토 한과 리제 마이트너가 핵분열 현상 발견에 성공하자 독일이 핵폭탄 개발에 앞서 있는 것으로 판단하고, 핵폭탄 개발을 국가의 존망이 달린 중대한 문제로 인식하고 독일보다 먼저 핵폭탄을 개발하려고 노력했다. 1940년 4월 보수당 정부는 내각 산하에 '모드(Maud)위원회'를 설치해서 핵무기 개발 가능성을 검토하도록 지시했고 연구 결과는 현실적으로 핵무기 개발이 가능하며 독일과의 전쟁에서 실제로 사용할 수 있다는 것이었다. 1941년 8월 모드위원회의 보고서가 워싱턴에 전해진 후 미국은 영국에게 핵무기 공동 개발과 생산을 제의하였지만 거부하였다. 하지만 1942년 10월 미국의 핵무기 개발 연구 사업이 90%의 공정을 보이면서 영국보다 앞서게 되자 미국이 오히려 정보 제공을 제한하였다. 그 후 처칠은 영미 간의 불신과 의혹을 해소하기 위하여 핵무기 공동 생산을 제의하여, 1943년 8월 19일 퀘벡에서 처칠과 루스벨트는 비밀 핵협력협정을 맺었다. 이때 영국은 핵무기 제조 계획인 트윈 튜브 앨러이 프로젝트( twin tube alloy project) 전체와 과학자 약 40명을 미국에 보냈고 여기서 맨해튼 프로젝트가 출발하였다. 1944년에는 하이드 파크 비밀 협정을 통해 미국이 영국에게 핵무기 관련 기술 지원을 하기로 하였다. 하지만 전쟁 후 1946년 미국은 맥마흔 법안을 통과시켜 핵 물질 및 핵 기술의 국외 이전을 원천적으로 금지하면서 영국을 배신했다. 1946년 영국은 독자적인 핵무기 개발을 시작, 결국 1952년 호주 몬테벨로섬에서 원자폭탄 실험에 성공하고, 1957년에는 수소폭탄의 실험에 성공하면서 세 번째 핵무기 보유국이 되었다.

(1) 우라늄, 토륨[48], 프로트악티늄[49]의 세 가지 원자는 중성자 피폭에 의해 거의 동일한 조각으로 쪼개질 수 있다. 이때 생성되는 물질들은 셀레늄[50]에서 란타늄lanthanum, 원자 번호 57에 이르는 주기율표 중간에 있는 원소들의 동위 원소였다.

〰〰〰〰〰〰〰〰〰〰

[48] 토륨(thorinum)은 화학 원소로 기호는 Th, 원자 번호는 90이다. 악티늄족이다. 토륨은 1828년 스웨덴의 화학자 옌스 야코브 베르셀리우스에 의해 발견되었으며 전쟁의 신 토르 (Thor)의 이름에서 유래했다. 은백색 금속으로 공기와 접촉 시 이산화 토륨을 생성하면서 검은색으로 변색된다. 토륨은 비교적 높은 녹는 점을 가진다. 토륨은 전기양성적인 금속 으로 +4의 주요 산화수를 가진다. 꽤 반응성이 높으며 잘게 나뉜 조각 상태이면 공기 중에 서 발화할 수도 있다. 지금까지 알려진 모든 토륨 동위 원소는 방사성이다. 지구에서 토륨 (Th), 비스무트(Bi), 우라늄(U) 이 세 방사성 원소만이 지구가 생성되기 전에 생겨난 방사 성 원소 중에서 지금까지 많은 양이 남아 있는 원소이다. 토륨은 지각에서 우라늄(U)보다 세 배 이상 많으며 모나자이트(monazite) 모래에서 희토류 금속을 분리하는 과정에서 분리 되기도 한다. 그 외에 다른 동위 원소들은 무거운 동위 원소가 붕괴할 때 거치는 붕괴 계열 의 중간 물질로 짧은 시간 존재하며 극소량이 존재한다. 토륨은 비소모성 가스 텅스텐 아 크 용접 전극봉 합금의 원료로 사용되고 있는데, 차츰 다른 물질로 대체되고 있다. 토륨은 방사능에 대한 위험 때문에 이용이 점점 줄고 있다. 캐나다와 독일, 인도, 네덜란드, 영국, 미국에서는 토륨을 우라늄의 대체로 써서 원자로를 가동하는 실험을 하고 있다. 토륨은 우라늄에 비해 안전하고 핵연료 원료 물질(non-fertile material)이 아닌 동위 원소가 생성 되지 않으며 존재 비율이 높고 유용하기 때문에 대체제로 각광받는다.

[49] 프로트악티늄(protactinium)은 화학 원소로 기호는 Pa, 원자 번호는 91이다. 1871년, 드미 트리 멘델레예프는 주기율표에서 빠져 있는 토륨과 우라늄 사이에 원소의 존재를 예측, '예 카탄탈럼(eka-tantalum)'이라 불렀다. 1900년, 윌리엄 크룩스는 우라늄에서 강한 방사선을 지닌 프로트악티늄을 분리해냈다. 하지만 크룩스는 새로운 화학 원소라는 것을 밝히지 못 하고 단지 우라늄-X라고 명명했다. 1917~1918년, 독일의 오토 한과 리제 마이트너, 영국 의 프레더릭 소디와 존 크랜스턴은 독자적으로 3만 2,000의 긴 반감기를 갖는 새로운 동위 원소 프로트악티늄-231를 발견, 프로토악티늄(protoactinium)이라는 이름을 붙였다. 이는 우라늄-235가 악티늄으로 붕괴하는 붕괴 사슬의 일부이기 때문이다.

[50] 셀레늄(selenium, 원자 번호 34)은 화학 원소로 기호는 Se이고 원자 번호는 34이다. 독성과 친화성(의약성)이 있는 비금속 원소로, 화학적 성질은 황과 텔루륨과 가깝다. 여러 가지 형 태로 존재하나, 회색의 금속성 상태가 가장 안정적이다. 자연 상태에서는 순수하게 발견되 는 일은 드물다. 주로 구리 광석을 제련하는 과정에서 부산물로 생성되며, 황철석 등의 황 화물 광석에서도 산출된다. 반도체의 성질을 지니고 어두울 때보다 밝을 때의 전기 저항이 작아 광저항을 만드는 데, 유리 제조, 염색, 광전지 등에도 사용된다. 생물체 내에서 양이 많으면 독성을 나타내기도 하지만 미량이면 모든 동물 세포와 많은 수의 식물 세포에 필수 적인 역할을 한다.

(2) 이 동위 원소들은 대부분 '방사성 원소'이며 베타 입자종종 감마선를 다양하고 안정된 형태로 연속 방출하며 붕괴된다.

(3) 핵분열로 생긴 조각은 매우 큰 운동 에너지를 가졌으며, 이는 일부 질량이 변환되면서 생성된 에너지이다. 우라늄의 핵분열 당 방출된 총 에너지는 약 2억eV전자볼트였다.

(4) 토륨이나 프로트악티늄의 핵분열은 매우 빠른 고속 중성자에 의해서만 발생할 수 있는 반면, 우라늄의 핵분열은 고속 중성자[51] 또는 저속 중성자[52]에 의해 발생할 수 있다. 구체적으로, 저속또는 '열' 중성자는 U-235에서는 핵분열을 일으킬 수 있지만 U-238에서는 핵분열을 일으키지 않으며, U-235에서는 저속 중성자가 고속 중성자보다 핵분열을 일으킬 확률이 더 높다.

(5) 특정 중성자 속도에서 U-238에는 불안정한 U-239를 생성하지만 핵분열은 생성하지 않는 큰 '포획 단면'[53]이 있었고 U-239는 연속적인 베타 방사에 의해 새로운 원소인 넵투늄 239와 플루토늄 239로 변할 것이라는 점, 후자는 U-235와 같이 핵분열성인 것으로 올바르게 추측되었다.

이러한 정보는 많았지만 또한 매우 적기도 했다. 폭탄으로 만드는 것이 과

---

51 고속 중성자는 핵분열 시 생성되는 중성자로서 에너지가 높아 속도가 광속과 비슷한 초속 30만㎞에 이른다. 핵반응에서 방출되는 중성자는 모두 고속 중성자에 해당한다. 주로 우라늄 238 등과 핵분열 반응을 일으킨다. 고속 중성자가 다른 원자핵과 충돌을 되풀이하면 점점 에너지를 잃고 속도가 느려지는데 이를 열중성자라고 한다. 평균 속도는 초속 2.2㎞ 정도로 현재 상용화된 원전은 모두 열중성자를 이용한다. 원자로 내에서는 고속 중성자가 감속재와 충돌하여 저속 중성자로 되는 중간 과정의 중성자로서 중간 영역의 에너지를 갖고 있으며 주로 우라늄-238에 흡수되어 우라늄-238을 플루토늄-239로 변환시키는 반응을 한다.

52 저속 중성자(열중성자)는 고속 중성자가 완전히 감속되어 생긴 중성자로서 가장 낮은 에너지(0.1~500KeV)를 갖고 있으며 속도가 매우 느리고 주로 우라늄-235와 핵분열 반응을 한다.

53 포획 단면(capture cross-section)은 원자핵이 다른 입자를 포획할 확률을 나타내는 값이다. 면적의 차원을 가지며, 단위는 반(b)으로 나타낸다.

학적으로 실현 가능한 것으로 확립되기 전에 배워야 할 것에는 많은 괴리가 있었다. 기존 이론 자체가 검증되지 않은 가정으로 가득 차 필요한 계산을 하기가 극도로 어려웠다. 연구 대상 물질은 종종 현미경으로 볼 수 있는 상태 이하의 양으로만 존재했다.

여전히 대답해야 할 근본적인 질문 중 하나는 연쇄 반응이 가능한지 여부였다. 이것은 핵분열 당 얼마나 많은 중성자가 생성되느냐 뿐만 아니라 나중에 어떻게 되는지도 포함했다. 일반적으로 방출된 중성자에는 네 가지 현상 중 하나가 발생할 수 있다.

(1) 반응 질량에서 이탈

(2) 우라늄에 의한 비 핵분열 포획

(3) 불순물에 의한 포집

(4) 핵분열 포획

연쇄 반응은 처음 세 가지 경우에 의한 중성자의 손실량이 네 번째 경우에 의해 생성된 중성자의 잉여량보다 적은 경우에만 발생할 수 있다. 따라서 핵분열당 한 개에서 세 개의 중성자가 방출되었다는 사실이 반드시 성공을 약속하는 것은 아니다.

또한 우라늄의 단 하나의 동위 원소인 U-235는 저속 중성자에 의해 충격을 받든 고속 중성자에 의해 충격을 받으면 핵분열을 일으키는 경향이 있으며 U-235는 자연에서 U-238과의 혼합물로만 발견되며 U-238은 전체의 99.3%에 달한다U-234의 비율은 무시할 수 있음. U-238은 매우 빠른 고속 중성자에 의해서만 분열될 수 있었지만, 이들 중에도 핵반응을 일으키지 않고 중성자를 효과적으로 흡수할 수 있는 비탄성 충돌의 가능성이 상당히 있었다. 따라서

U-238은 폭탄 제조에 적합한 재료가 아니었다.

반응 질량에서 중성자가 탈출하는 문제는 충분한 질량 또는 '임계' 질량[54]을 가져야 한다는 요구 사항을 부과했다. 임계 질량은 핵분열에 의한 자유 중성자의 생성이 탈출 및 비핵분열 포획에 의한 손실과 동일한 양으로 정의할 수 있다. 그것은 탈출과 비분열 포획의 영향을 받는다. 또 형상-폭탄에서 가장 좋은 형태인 완벽한 구球-, 압축 정도 -심각한 압축은 핵을 더 가깝게 만들어 자유 중성자가 핵과 충돌할 가능성을 높임- 및 불순물의 존재와 같은 요인의 영향을 받는다. 또한 질량 주위에 일부 중성자를 다시 반사하는 '조작'이 있을 수 있다. 따라서 '임계 질량'은 상수가 아닌 변수이지만, 이를 설명하기 위해 임의의 표준이 채택될 수 있다예: 물이 100℃에서 끓는 '표준 기압'.

폭탄에서 연쇄 반응을 촉발시킬 수 있다는 점을 감안할 때 실제로 핵분열을 일으키기 위해 이용 가능한 핵분열성 물질의 상당 부분을 연쇄 핵분열이 가능할 만큼 충분히 오랫동안 유지할 수 있는지에 대한 질문도 있었다. 최초

54 임계 질량(critical mass)은 우라늄이나 플루토늄과 같은 핵분열성 물질이 핵 연쇄 반응을 지속하는 데 필요한 최소 질량을 의미한다. 즉, 임계 질량에 해당하는 핵분열성 물질이 모여야 연쇄 반응이 지속된다. 핵분열을 이용한 핵무기는 핵물질이 임계 질량을 초과하여 폭발하도록 설계되어 있다. 핵분열성 물질의 핵에 중성자가 충돌하면 핵분열이 일어나는데, 이 핵분열은 다시 중성자를 방출한다. 이 중성자가 다시 근처의 핵에 충돌하고 이로 인해 또 다른 핵분열이 일어나는 과정의 반복이 핵 연쇄 반응이다. 이처럼 중성자 역할이 필수적인데, 문제는 중성자가 그냥 흡수되는 경우도 있고, 핵에 안 맞고 그냥 지나쳐서 물질 밖으로 나가버리는 경우도 있다는 것이다. 이것은 핵 반응의 측면에서는 중성자가 낭비되는 셈이다. 그래서 충분한 양의 핵분열성 물질이 있어야 핵 연쇄 반응이 지속되는 것이고 이때의 양이 임계 질량이다. 핵분열성 물질이 임계 질량보다 적게 있으면 핵분열이 사그라들어 결국 중지된다. 임계 질량보다 많이 있으면 핵분열이 더 거세어지는데, 결국 폭발해서 날아가버리든가(핵폭탄), 핵 물질이 소모되어 반응 속도가 줄고 평형 상태가 되든가 한다. 딱 임계 질량만큼 있으면 임계 상태가 되며, 이 임계 상태에서는 핵분열이 더 활발해지지도 않고 느려지지도 않는 평형 상태가 된다. 물론 핵 물질이 소모될 수밖에 없으니 결국은 반응이 멎는다. 순수한 플루토늄 239의 경우, 임계 질량은 5.6kg이다. 나가사키에 투하된 원자폭탄 패트 맨(Fat Man)의 플루토늄 함유량은 6.1kg이었다.

로 핵분열된 원자에 의해 생성된 엄청난 에너지는 핵 물질 덩어리가 흩어지도록 하여 연쇄 핵분열 과정을 방해하기 시작할 것이다. 이것은 폭탄 효율이라는 결정적인 문제를 포함했다. 우라늄 또는 플루토늄의 특성인 무거운 원자 관성은 도움이 될 것이라고 믿을 수 있다. 그러나 1940년에는 효율성에 대한 이 문제는 크게 알려지지 않은 부분이었다.

연쇄 반응은 크게 두 가지 다른 형태로 나타난다. 첫 번째는 핵분열 폭탄에서 발생한다. 임계 질량을 초과하려면 충분한 질량의 U-235 또는 Pu-239 또는 두 원소가 조합된 물질의 조합이 매우 빨리 뭉쳐지는 것이 필요하다. 사전 폭발을 피하기 위해서이다. 이러한 형태의 반응은 고속 중성자에 의존하며, 우리가 보았듯이 U-235는 저속 중성자보다 고속 중성자를 방출하며 분열할 가능성이 적지만, 고속핵분열이라는 요구 사항을 충족시키기에 충분한 고속 중성자를 가질 수 있다. 이것은 '통제되지 않은' 핵반응이다. 이 핵반응은 전체 과정이 마이크로초라는 매우 짧은 시간 만에 끝난다는 의미에서 통제되지 않으며, 매우 난폭한 과정으로 핵분열을 스스로 종료한다.

연쇄 반응의 다른 형태는 소위 '원자로'에서 발생하는 통제되는 반응이다. 이것은 폭발력이 아니라 열의 형태로 에너지의 지속적 공급, 플루토늄의 생산 또는 열을 발생시키는 동시에 플루토늄을 생산하는 것 모두를 목적으로 한다. 여기서 문제는 핵반응이 지속적으로 유지되고 제어될 수 있는 수준까지 중성자의 흐름을 만들어내는 것이다.

폭탄과 원자로 모두에서 반응의 시작은 부분적으로 우주 방사선에서 파생된 표류 중성자에 따라 허용될 수 있다. 그러나 U-235가 상대적으로 안정적이지만긴 반감기를 가짐 특정한 속도로 자연적인 핵분열을 겪는다. 이 현상이 제대로 제작된 원자로의 기능을 시작하기에 충분하지만 폭탄의 효율성 요구 조건으로 인해 반응 시작 시 중성자를 매우 풍부하게 주입하는 것이 바람직하다. 1930~1932년에 특정 원소예를 들어 폴로늄 및 베릴륨를 서로 접촉시키면 중성자를 생성할 수 있다는 것을 발견했음을 기억한다면 폭탄의 '기폭제'에 대한 다양한 가능성을 생각할 수 있다. 폭탄의 경우 U-235 또는 플루토늄의 자발적인 분열은 조기 폭발의 가능성을 만들기 때문에 사실 골칫거리이다. 중성자는 필요에 따라 다른 방법으로 공급할 수 있다.

원자로가 폭탄과 근본적으로 다른 방식으로 작동한다는 것은 '감속재'[55]를 도입한다는 사실로 증명된다. 위에서 우리는 U-235의 핵에 충돌하는 중성자가 초기의 빠른 속도에서 소위 '열' 속도로 느려지면 핵분열이 일어날 가능성이 훨씬 더 높다는 것을 알아냈다. 물론 그러한 상황에서 U-238 핵은 핵분열을 절대 일으키지 않을 것이지만, 고속 중성자로부터도 핵분열이 발생할 확률은 다소 낮기 때문에, U-238이 자연에 140배 더 풍부함에도 불구하고 U-235의 핵분열 가능성을 높임으로써 어떠한 경우든지 두 동위 원소의 자연적 혼합에서 하나는 더 나은 중성자 이득을 얻는다. 그렇기 때문에 우라늄 동위원소의 사전 분리는 원자로에서는 필요하지 않지만 폭탄에는 필수적이다.

당연히 U-235 대 U-238의 비율이 자연에 존재하는 것보다 훨씬 큰 '농축'

---

55 우라늄이 핵분열하면서 방출되는 핵분열 중성자는 평균 2MeV의 높은 속도를 지닌다. 즉, 에너지가 높은 중성자가 방출된다. 이와 같은 고속 중성자는 U235에 잘 흡수되지 않기 때문에 핵분열 연쇄 반응이 일어나기 어렵다. 중성자가 U235와 같은 핵분열용 이물질에 흡수되었을 때 핵분열이 일어날 확률은 중성자 에너지가 낮을수록 더 높은 경향을 보인다. 따라서 핵분열이 연쇄적으로 일어나기 위해서는 핵분열이 일어날 확률이 높은 에너지 상태인 열중성자(thermal neutron, 운동에너지가 0.025eV 이하)로 감속되어야 하는데 이때 중성자 에너지 즉 속도를 감속시키는 물질을 감속재라 하며, 감속재는 원자로의 주요 구조물 중 하나이다. 감속의 원리는 중성자와 감속재와 충돌할 때 중성자가 가진 에너지를 감속재로 전달하면서 에너지를 잃는 것이다. 감속재로는, 원자 질량 수가 작을수록 탄성 충돌로 중성자를 감속시키기 쉽고, 열중성자 흡수 확률이 낮은 경수(輕水=H2O)·중수(重水=D2O)·탄소(흑연) 등이 사용된다.

원자로를 가질 수도 있다. 또 이들은 나중에 잠수함에서 사용하는 것과 같은 작은 크기의 원자로에서 상당한 출력을 얻기 위해 생산되었다. 그러나 초기 작업에서의 목적은 화학적으로 순수하지만 동위 원소로 분리되지 않은 우라늄 금속 또는 이산화우라늄[56]으로 연쇄 반응로를 제작하는 것이었다. 플루토늄을 만들려면 U-238이 있어야 한다. U-238에서 플루토늄으로 변환되는 핵 연쇄 반응을 시작하기 위해 감속된 중성자는 최소한 매우 빠른 중성자만큼 역할을 잘 한다.

초기 단계에서 원자로를 제작하려면 작은 단위의 우라늄 금속 또는 우라늄 산화물이 감속재에 의해 서로 분리되어 있는 단위로 필요하다. U-235의 핵분열에 의해 방출되는 중성자는 그 중성자가 만들어지게 된 작은 덩어리에서 튀어나와 다른 우라늄 원자 덩어리와 부딪치기 전에 감속재를 관통할 가능성이 매우 높다. 임계 질량의 개념은 여전히 적용되지만 원자로 내의 전체 우라늄 양에만 적용되고, 그 안에 있는 우라늄의 개별 조각에는 적용되지 않는다. 또한 폭탄으로 사용될 때의 임계 질량과 비교하면, 원자로의 임계 질량에는 완전히 다른 단위가 적용된다. 감속재는, 비교적 가벼운 원자로 만들어져야 했는데, 그 이유는 감속재와 충돌하는 중성자 속도의 상당 부분이 중성자를 흡수하는 데 쓰이지 않고 감속재에 전달되어야 했기 때문이다. 감속재는 액체 또는 고체여야 했다. 이렇게 하면 헬륨이 작동하지 않는다. 듀테륨중수소[57]은 감속재로서 분명한 이점이 있었는데, 이는 초기에 중수중수의 수소원자가 중수

---

56 이산화 우라늄(Uranium dioxide)은 우라늄의 산화물로, 우라늄(IV), 우레니아라고도 부르며 천연 우라니나이트에서 얻을 수 있는, 검은 색의 결정 분말 형태로 방사능 물질이다. 연료봉으로 만들어 원자력 발전소에 핵연료로 쓰인다. 이산화 우라늄은 이산화 플루토늄과 합쳐 혼합 산화물 연료로 만든다.

57 중수소(重水素)는 수소의 동위 원소 중 하나로 2H 또는 D(Deuterium, 듀테륨)로 표기한다. 삼중수소와 구별하기 위해 이중수소(二重水素)라고 부르기도 한다. 1931년, 미국의 화학자

소유형임를 생산하기 위한 노력을 설명하는 것이다. 하지만 중수를 생산하는 데 필요한 비용 대 시간이라는 이유, 우연히 베릴륨[58]을 배출하는 것을 발견했기 때문에 대체제가 필요하게 되었다. 이는 흑연이라는 형태의 순수한 탄소로 판명되었다.

원하는 것은 동력원이 아니라 폭탄인데 왜 원자로를 생산하는 것이 필요하다고 생각했을까? 그 답은 최소 세 가지다. 첫째, 우라늄의 동위 원소 분리 공정이 원하는 결과를 얻을 수 있다는 사실이 알려지기 전까지는 원자로에서 제조된 플루토늄을 사용하고 동위 원소를 분리하기보다는 화학적 처리를 할 가능성은 확실히 버릴 수 없었다. 둘째, 원자로의 제작과 운용으로부터 폭탄의 설계와 제작에 적용할 수 있는 많은 것을 배울 수 있었다. 셋째, 프로젝트에 필요한 지원을 받는 관점에서 볼 때 연쇄 반응이 가능한 한 빨리 실제로 일어나도록 하는 것이 바람직했다. 나중에 밝혀진 바와 같이, 최초의 자체적으로 지속된 연쇄 반응은 최초의 폭탄이 폭발하기 2년 반도 훨씬 전인 1942년 12월 2일 시카고대학교의 미식축구 경기장 아래 건설된 원자로에서 달성

---

헤롤드 유리가 발견했으며, 양성자 한 개와 중성자 한 개로 구성되어 있는 원자핵을 가지고 있는 원자이다. 일반적인 경우, 지구상의 수소 원자와 중수소 원자의 존재 비율을 보면, 수소가 99.985%, 중수소가 0.015% 존재한다. 넓은 의미에서는 2H와 3H를 중수소라 정의하고 있지만, 존재 비율이 극히 소량인 방사성 동위 원소인 삼중수소를 뺀 이중수소만 중수소라고 부르는 경우가 대부분이다. 원자로 중수소는 중수를 사용하는 원자로에서 이용된다. 중수를 이용하면 일반적인 수소에서 일어나는 높은 확률의 중성자 흡수없이 중성자의 속도를 줄일 수 있다. 연구용 원자로에서 액체 상태의 D2는 중성자를 매우 낮은 에너지와 파장의 상태로 만들어 산란 실험에 적절한 상태로 만들어준다. 또한, 수소핵자기공명분광기(NMR)에서 흔히 이용된다.

58 1932년에 제임스 채드윅이 폴로늄에서 방출되는 알파 입자를 베릴륨 판에 충돌시킨 후에 방출되는 투과력이 강한 방사선을 파라핀에 쬐는 실험을 통해 중성자를 발견하였다. 이후로는 알파 붕괴를 통해 붕괴하는 원소들과 베릴륨을 혼합하여 중성자원으로 사용하였으며, 1942년 엔리코 페르미가 최초로 제어된 핵분열 연쇄 반응을 일으킬 때도 알파 붕괴하는 라듐과 베릴륨을 섞은 중성자원이 사용되었다.

되었다.

## 맨해튼 계획

1940년 7월 1일 이후 1년 반 동안 핵 연구에서는 연쇄 반응이나 상당한 양의 핵분열성 물질의 생성과 같은 가시적 성과는 없었지만 상당한 지식의 축적과 함께 기대치에 대한 전적으로 다른 영감을 얻었다. 1941년 11월 6일자 '우라늄 계획'에 대한 국립 위원회의 세 번째 보고서에서는 U-235 핵분열 폭탄이 "시도되지는 않았지만 이론과 실험에 기초했을 때 확실히 가능하다"라고 기술했다. 보고서에서는 U-235의 임계 질량은 2kg 미만이기는 힘들고 100kg을 넘지는 않는다고 기술하고 있었으며, 보유한 잠재적 핵분열 에너지의 1~5%가 방출될 수 있다고 예측했다. 또한 동시에 연구 중인 여러 가지 방법 중 "원심 분리법과 다공성 장벽을 통한 가스 확산이라는 최소 두 가지가 확실히 적절해 보이며 실제 실험 단계에 접근하고 있기 때문에" 필요한 양의 U-235 동위 원소의 분리가 가능함을 분명히 예측했다.[59]

~~~~~~~~~~~~~~~~~~~~~~~~~

**59** 모든 우라늄 농축 방법은 기본적으로 U-235와 U-238의 무게 차이를 이용한다. 우라늄 뒤에 붙은 숫자는 무게를 의미한다. U-238이 U-235보다 기계적으로 측정하기는 거의 불가능하지만 아주 조금 무겁다. 원심분리법이 현재 가장 많이 쓰이고 있다. 우라늄을 원심분리기에 넣어서 분당 5만~7만 회의 빠른 속도로 돌리면 무게가 조금 무거운 U-238이 밖으로 나가고 가벼운 U-235는 안쪽으로 모인다. 이를 되풀이해 U-235의 비율을 높인다. 가스 확산법은 초기에 사용한 우라늄 농축 방법이다. 우라늄을 화학적으로 안정적인 형태의 기체 화합물(6불화우라늄 : UF6)로 만들어 미세한 다공성 벽을 통해서 내뿜으면 조금이라도 가벼운 우라늄이 먼저 퍼져 나가기 때문에 U-235를 분리해낼 수 있다. 이 과정을 계속 되풀이하면 된다. 그러나 이 방법은 지나치게 비효율적이기 때문에 새로 우라늄 농축 설비를 만들 경우 기체 확산법을 선택하는 경우는 없다. 단지 이미 설비를 만들어 놓은 미국 등은 설비를 개선해 지금도 사용하는 경우가 있다. 최근 등장한 레이저 농축법은 기체 상태의 우라늄에 강력한 레이저를 쏘아 우라늄을 이온 상태로 만든 뒤 이 이온 상태의 우라늄을 자석으로 둘러싸인 공간을 통과시키는 것이다. 강한 자기장 속에선 우라늄 동위 원소의 무

이 시점까지 이 프로젝트를 담당한 부서는 국방연구위원회NDRC의 우라늄 과 아래에 있었지만, 이 위원회는 버니바 부시Vannevar Bush 박사가 이끄는 과학 연구개발국OSRD의 일부가 되었다. 부시 박사는 1941년 11월 28일 우라늄 프로그램이 아직 OSRD 내에 있을 때 NDRC 외부로 옮기자고 제안했다. 12월 6일 이와 관련된 OSRD 섹션S-1 회의에서 제임스 코넌트 박사[60]는 부시 박사를 대신하여 '전면적인' 노력을 일으키기 위해 그룹의 추가 개편을 제안했다. 다음 날 일본의 진주만 공격으로 미국은 전쟁에 참전했다.

5개월 후 코넌트는 부시에 대한 1942년 5월 14일의 각서에서 성공 가능성이 비슷한 다섯 가지의 분리 또는 생산 방법이 있다고 적었다. 그것은 U-238에서 U-235를 분리하는 원심 분리, 기체 확산 및 전자기법[61]의 세 가지 방법과 흑연 감속 원자로[62]와 중수로[63]에서 플루토늄을 생산하는 두 가지 방법이

게에 따라 이온 상태의 우라늄이 휘는 정도가 다르기 때문에 U-235와 U-238을 분리할 수 있다.

60 제임스 브라이언트 코넌트(James Bryant Conant, 1893~1978)는 미국의 화학자이며 하버드 대학교의 변혁적인 총장이자 최초의 서독 주재 미국 대사였다. 코넌트는 1916년 하버드에서 화학 박사 학위를 받았다. 제1차 세계대전 중 그는 미 육군에서 복무하면서 독가스 개발에 종사했다. 그는 1919년 하버드에서 화학 조교수가 되었고 천연물, 특히 엽록소의 물리적 구조를 연구했으며 화학 평형과 화학 공정의 반응 속도 사이의 복잡한 관계를 탐구한 최초의 사람 중 한 명이다. 그는 1940년 국방연구위원회(NDRC)에 배속되어 1941년에 의장이 되었다. 그는 합성 고무 개발과 최초의 원자폭탄을 개발한 맨해튼 프로젝트를 포함한 중요한 전시 연구 프로젝트를 감독했고, 해리 트루먼 대통령에게 일본에 원자폭탄을 사용하도록 조언한 임시 위원회의 일원이었다. 전쟁이 끝난 후 그는 급성장하는 국방 연구를 조정하기 위해 설립된 합동연구개발위원회(JRDC)와 원자력위원회(AEC)의 영향력 있는 일반 자문 위원회(GAC)에서 근무했다. 후자의 자격으로 그는 대통령에게 수소폭탄 개발 프로그램을 시작하지 말라고 조언했다.

61 기체의 우라늄 화합물에 전자를 방사(放射)하여, 전하를 띤 이온을 만들고 전장(電場) 작용으로 그것을 다르게 해두어, 자장(磁場)에 따른 굴곡법이 질량에 따라 다른 것을 이용해서 분리한다.

62 흑연 감속형 원자로 역사는 미국의 물리학자 엔리코 페르미가 천연 우라늄을 연료로 사용하여 최초로 핵분열 연쇄 반응을 확인한 CP-1 원자로에서 출발한다. 흑연은 중성자 에너지 감속 능력이 중수보다는 떨어지지만 비교적 크고 값이 싸며 대량으로 구하기가 쉬워 태

었다. 모든 것은 파일럿 플랜트 건설을 위한 준비와 생산 시설의 예비 설계에 대해서 고려되었다. 이러한 방법 중 일부는 다른 방법보다 더 나은 것으로 판명날 수밖에 없었다. 하지만 코넌트는 유사한 프로그램에서 독일이 미국보다 앞서있을 수 있다고 믿을 만한 근거가 있었고, 그들을 따라잡을 기회가 이용되지 않은 채로 내버려두어서는 안되므로 -5억 달러의 예산 집행 약속을 수반하는- 모든 방법을 같이 개발할 것을 권고했다.

코넌트의 관찰과 권고는 1942년 6월 17일 대통령에게 제출된 보고서의 기초가 되었고, 그 결과 다음 날 그 유명한 맨해튼 프로젝트가 육군 공병단에서 작성되었다. 보안상의 이유로 'DSM 프로젝트<sup>대체 재료 개발 계획</sup>'로 명명되었다. 3개월 후인 1942년 9월 17일, 전쟁성 장관은 새로 진급한 육군 공병대의 레슬리 그로브스 준장<sup>64</sup>을 이 계획의 담당자로 임명했다. 계획이 종료될 때까지

평양전쟁 중에 미국서 플루토늄 생산을 위해 흑연 감속형 원자로가 건설되었다. 제2차 세계대전이 끝난 후 영국과 프랑스에서 핵무기 연료 생산 목적으로 대형 흑연 감속형 원자로를 건설하였다. 이를 발전용으로 개조하여 상업 발전에 활용하였으며 원자력 발전 태동기에 큰 역할을 하면서 영국과 프랑스를 중심으로 다수의 발전소가 건설·운영되었다.

63 중수로, 가압 중수로는 중수를 냉각재와 감속재로 사용하는 열중성자 원자로이다. 캐나다는 미국처럼 대규모로 자원을 투입하여 우라늄 농축 기술을 개발하는 대신 풍부하게 매장된 천연 우라늄을 연료로 사용할 수 있는 중수($D_2O$) 감속 원자로를 제2차 세계대전 말기부터 개발하기 시작하였다. 중수의 중성자 에너지 감속 능력은 경수($H_2O$)에 비해 떨어지지만 중성자 흡수가 작아서 천연 우라늄을 연료로 사용할 수 있다. 천연 우라늄을 연료로 쓰면 농축 우라늄 경우에 비해 U-235 함량이 작아 임계 연쇄 반응을 유지할 수 있는 시간이 짧다. 그래서 연료를 자주 교체해 주어야 하므로 경수로에 비해 연소도(burnup, MWD/MTU)가 매우 낮다. 중수로에는 가압 중수 냉각형과 비등 경수 냉각형이 개발되었으나 비등 경수 냉각형은 주목을 받지 못하고 가압 중수 냉각형이 현재의 발전로 위치를 차지하고 있다. 영국도 농축 우라늄을 쓰는 비등 경수 냉각형을 개발하였으나 경제성이 나빠 중지하였다. 중수형 발전소는 세계 원전의 약 5%에 이른다.

64 레슬리 리처드 그로브스 주니어(Leslie Richard Groves Jr., 1896~1970) 장군은 펜타곤 건설을 감독하고 제2차 세계대전 중 원자폭탄을 개발한 일급 비밀 연구 프로젝트 맨해튼 프로젝트를 지휘한 미 육군 공병대 장교였다. 1942년 9월, 그로브스는 맨해튼 프로젝트를 맡았다. 그는 원자폭탄 개발의 대부분의 측면에 관여했다. 그는 테네시주 오크 리지(Oak Ridge)에서 로스 앨러모스, 뉴멕시코, 핸포드, 워싱턴 등의 연구 및 생산을 위한 부지 선정

지휘해야 할 그로브스 장군은 과학적인 학위나 자격 때문이 아니라 육군의 다른 어떤 장교보다 펜타곤미국방성을 포함한 건물 건축을 감독한 경험이 많았다는 점을 인정받았다. 그로브스는 자신의 판단에 대한 엄청난 자신감과 군 지휘관 중에서도 예외적으로 '보안'에 대한 열정을 포함한 매우 특별하고 뛰어난 자질을 가진 장교였다. 사업 과정에서 그의 흔적은 인상적이고 지울 수 없는 것이었다.

이때부터 과학자들은 매우 실질적인 의미에서 계획에 종속되거나 단순한 '과학 인력'이 되어 특히 보안을 비롯한 대부분의 업무에서 군대식 통제에 따라야 했다. 그들이 준수해야 할 통제와 보안의 정도는 군사 기술 발전의 역사에 있어서 전례가 없었던 수준이며, 뛰어난 이론물리학자 그룹에게는 완전히 새롭고 달갑지 않은 생활 방식이었다. 물론 그들도 보안의 필요성을 알고 있었다.

실라르드와 그의 동료들은 실제로 훨씬 더 일찍 자발적으로 보안 관련 출판물을 제안했다. 그러나 이 프로젝트를 통제하고 있는 군인들은 과학자들이 생각했던 그 어떤 것보다 훨씬 더 높은 보안 수준으로 관리했다. 그들은 각 개별 연구 분야 주위에 보안의 장벽을 세워 맨해튼 프로젝트에 최종적으로 고용된 15만 명 중 열두 명도 안 되는 사람만이 무슨 일이 일어나고 있는지 전반적으로 볼 수 있게 했다. 또 그 열두 명보다 더 적은 사람만이 이 계획의 목표가 원자폭탄의 개발이라는 것을 알고 있었다.

---

에 참여했다. 그로브스는 다양한 동위 원소 분리 방법에 대한 중요한 결정을 내리고, 원자재를 획득하며, 독일 원자력 계획에 대한 군사 정보 수집을 지시하고, 일본의 도시를 표적으로 선택하는 데 기여했다. 그로브스는 맨해튼 프로젝트의 보안에 노력했지만, 내부 첩자는 가장 중요한 비밀 중 일부를 소련에 넘겼다.

전쟁이 끝난 후 그로브스는 1947년 핵무기 생산에 대한 책임이 미국 원자력위원회에 넘겨질 때까지 맨해튼 프로젝트를 담당했다. 그런 다음 그는 핵무기의 군사적 측면을 통제하기 위해 만들어진 특수 무기 계획을 이끌었다. 퇴역 후에는 계속해서 스페리 랜드(Sperry Rand)사의 부사장이 되었다.

다음은 보안 규정에 대해서 그로브스 장군과 처음으로 어려움에 빠진 사람 중 한 사람이 실라르드 자신이었다는 점을 지적하는 공개적이고 다소 냉담한 논평이다. 전쟁 후 그로브스는 그에 대해 다음과 같이 말했다.

"물론 실라르드가 전쟁 초기 몇 년 동안 그러한 결의를 나타내지 않았다면 우리는 원자폭탄을 결코 가지고 있지 못했을 것입니다. 그러나 우리가 시작하자마자, 내가 통제하는 한 그는 너무나 엄격한 보안 규정 때문에 운신의 폭이 좁아서 좁은 판자 위를 걷는 것이 보안 규정을 지키는 것보다 더 자유로웠을 수도 있습니다."

나머지 인류와 완전히 격리된 새로운 연구 개발 센터가 어떻게 만들어졌으며 이러한 새로운 커뮤니티의 목적을 비밀로 유지하기 위해 어떤 조치를 취했는지는 잘 알려져 있다. 그중 가장 유명한 것은 로스 앨러모스[65]로, 전쟁 이전에는 거의 사람이 살지 않았던 뉴멕시코주의 외딴 곳에 건설되었다. 로버트 오펜하이머J. Robert Oppenheimer의 지도하에 이 외딴 곳은 얼마 지나지 않아 이전에 한 번도 모인 적이 없었던 뛰어난 물리학자들과 다른 과학자들로 이루어진 대규모 집단의 거주지가 되었다. 물론 이것은 프로젝트와 관련된 물리학 및 화학의 모든 위대한 과학자가 로스 앨러모스에 있었다는 것을 의미하지는 않는다. 페르미와 제임스 프랑크J. Franck[66]와 같은 저명한 과학자들은 시카고대학의 '야금연구소'[67]에서 공헌했으며 많은 사람이 다른 곳에서 일했다.

---

65 로스 앨러모스(Los Alamos)는 미국 서부 뉴멕시코주 중북부에 있는 인구 1만 2,000명 정도의 작은 도시. 로스 앨러모스군의 군청 소재지이다. 주도 샌타페 북쪽 약 35mile(56km) 떨어진 산간 지방으로 해발 2,231m이다.

66 자연에 존재하는 우라늄은 99.29%의 대부분을 동위 원소인 U-238이 차지하고 있으며, 핵분열성 동위 원소인 U-235는 단지 0.71%만을 차지하고 있다.

67 야금연구소(Metallurgical Laboratory)는 시카고대학교에 핵반응 기술 연구를 위해 설립되었던 연구소이다. 핵반응 기술에 대한 연구 역시 두 가지로 나뉘었다. 컬럼비아대학교의 해럴

핵물리학의 기초적 연구의 위대한 결과는 로스 앨러모스에서 수행된 것이지만, 핵물리학 실험실에서 수행된 많은 기초 연구는 다른 곳에서 생산된 핵분열 물질을 탑재할 폭탄을 설계하고 제작하는 것이었다. 우리가 보았듯이 이러한 물질들은 두 가지 방식으로 만들 수 있었고, 결국 만들어졌다. 첫 번째 물질은 풍부하게 존재하는 자매 동위 원소 U-238에서 분리한 U-235이었다. 두 번째는 플루토늄-239[Pu-239][68]로 연쇄 반응로에서 생산되었으며, 화학적 수단으로 분리할 수 있었다.

비록 전자가 후자의 두 배의 질량을 갖고 있고 둘 사이의 화학적 차이로 기술될 수 있는 운동의 차이를 이용할 수 있음에도 불구하고 동위 원소의 분리는 일반 수소에서 중수소를 분리하는 것과 관련된 경우 충분히 어려운 것으로 간주되었다. 따라서 그 목적을 위한 우수한 특성에도 불구하고 전쟁 중 중수소를 감속재로 사용하는 것은 실질적으로 보류되었으며 실험적으로 운영되는 실험용 원자로에서만 사용되었다.

---

드 클레이턴 유리는 중수를 이용한 연구를 하였고, 아서 캄프턴은 컬럼비아대학교와 프린스턴대학교 등의 연구자들과 협력하여 시카고대학교에 야금연구소를 만들었다. 1942년 초 야금연구소는 흑연을 중성자 감속재로 사용하여 원자로의 핵 연쇄 반응을 제어하는 실험에 성공하였다.

68 플루토늄은 원자 번호가 94로 우라늄보다 2가 높다. 자연적으로는 플루토늄은 우라늄 광석에 아주 적은 양이 존재할 뿐이다. 군사용 혹은 연구용으로 필요한 플루토늄은 정제된 U-238을 증식로와 같은 강한 중성자원에 노출함으로써 얻을 수 있다. U-238이 중성자를 흡수하면 U-239이 만들어지며, 이후 두 번의 베타 붕괴를 거쳐 플루토늄-239(Pu-239)가 된다. Pu-239는 플루토늄의 동위 원소로, 원자력 발전소에서 사용하고 남은 원료에서 U-235와 함께 다량 발견되는 동위체다. 반감기는 2만 4,110년으로 알파 붕괴를 통해 U-235로 붕괴된다. 94개의 양성자와 145개의 중성자로 이루어져 있다. Pu-239는 U-235에 비해 보다 높은 핵분열 확률을 지니며, 매 핵분열 시 보다 많은 수의 중성자를 생성한다. 이러한 이유로 플루토늄은 우라늄에 비해 임계 질량이 보다 낮다. 순수한 Pu-239는 자발 핵분열로 인한 중성자 방출 비율이 상당히 낮으며(1kg당 매 초 10 핵분열), 이 역시 폭발 전의 초임계 결합을 더 쉽게 한다.

그러나 우라늄의 두 동위 원소를 분리하는 것은 훨씬 더 어렵다. 그것은 비례적으로 훨씬 더 작은 질량 차이에 의존하기 때문이다. 차이점은 단순히 우라늄 금속의 두 동위 원소 사이에 있는 것이 아니라 이러한 동위 원소를 포함하는 화합물 분자 사이에 있다. 모든 분리 공정에 사용된 6불화우라늄UF6[69]의 차이는 235~238이 아니라 349~352이다.

질량의 차이에 의해 제공되는 이점은 미미하지만 실제로 네 가지 다른 방법으로 성공적으로 활용되었다. 첫 번째이자 아마도 가장 중요한 것은 문자 그대로 수천 번의 반복되는 단계를 포함하는 매우 긴 계단식 장벽을 통해 6불화우라늄 가스를 통과시키는 가스 확산 과정이다. 각각의 과정에서는 더 가벼운 분자가 더 무거운 분자보다 오히려 더 쉽게 통과하도록 하는 경향이 있다. 불소[70]는 극도의 반응성으로 인해 심각한 부식 문제가 있지만 단 하나

~~~~~~~~~~~~~~~~~~~~~~~~~~~~~~~~~~~~~~~~~~

69 6불화우라늄(Uranium hexafluoride)은 화학식이 UF6인 무기 화합물이다. 부식성이 강하다. 광산에서 채굴한 우라늄 원광을 잘게 부수어 화학 처리를 해서 우라늄만 남긴다. 천연 우라늄(=산화우라늄=옐로케이크=우라늄정광)을 만든다. 천연 우라늄 속에는 U-238이 99.29%, U-235가 0.71% 포함돼 있다. 우라늄 정광에 불소(F)를 첨가해 화학 결합을 유도하면, 산화 우라늄의 산소가 불소로 바뀌어서, 우라늄 농축에 적합한 6불화우라늄(UF6)이 만들어진다. 6불화우라늄을 80~90℃로 가열하면 기체가 된다. 6불화우라늄 가스를 가스 원심분리기에 주입해서 돌리면 초음속으로 세탁기의 탈수기처럼 빠르게 돌면서, 가벼운 U-235 가스가 위로 몰린다. 이런 방식으로 U-235을 농축한다.

70 불소 또는 플루오린(Fluorine)은 할로젠에 속하는 화학 원소로 기호는 F, 원자 번호는 9이다. 플루오린 분자는 상온에서 옅은 황록색 기체로, 다른 할로젠 원소와 마찬가지로 맹독물이다. 1886년 프랑스 과학자인 앙리 무아상이 맨 처음 해리에 성공하였고, 1906년 이 공로로 노벨 화학상을 받았다. 가장 강력한 산화제로서 순수한 플루오린은 모든 원소와 반응한다. 플루오린은 특히 치아에 얇은 막을 입혀주어 충치를 예방하고 치아의 재석회화를 촉진하여 충치를 예방하는 효과가 커 치약에 널리 사용된다. 플루오린 수지를 프라이팬이나 냄비 등에 코팅하면 열을 잘 견디고 물이나 기름을 튕겨내는 특징이 있어 많이 사용된다. 몇몇 국가에서는 염소보다 강력한 소독제로 상수도에 첨가하고 있으나, 염소에 비해 수중 잔류 시간이 짧은 단점이 있다. 적정량의 불소가 함유된 수돗물은 충치 예방에 효과가 있다. 살균 소독뿐만 아니라 바퀴벌레 등 곤충의 퇴치에도 효과가 있다. 플루오린화 수소는 물에 잘 녹으며, 유리(규산 성분)를 녹이는 성질이 있어 유리에 무늬를 새기는 데 사용한다. 육플루오린화 우라늄은 원자력 발전이나 핵폭탄 제조를 위한 U-235의 농축에 사용한

의 동위 원소에만 존재한다는 이유 때문에 선택되었다.

프로젝트에서 중요한 또 다른 방법은 전자기 분리였다. 이것은 근본적으로 빔을 편향굴절시키는 매우 강력한 전자기장에 빔 또는 이온화된 우라늄 입자를 투사시키면 무거운 이온보다 가벼운 이온이 더 많이 편향되는 원리를 이용한 것이다. 세 번째 방법인 열 확산은 이후에 전자기 분리 공정에 투입되는 우라늄 혼합물을 농축하여 후자의 생산성을 크게 향상하는 목적으로 사용되었다. 넷째, '원심분리법'[71]이 있었다. 초기에는 매우 유망하다고 여겨졌지만 전쟁 중에는 시험 계획 모델까지만 수행되었으며 생산에는 적용되지 않았다.

동위 원소 분리에 의한 U-235의 생산은 실험에서 확인된 지식이 매우 적은 상태에서 테네시주 클린턴에 있는 클린턴 엔지니어링 공장에 놀랍도록 단기간에 건설되었고, 오크 리지[72]시 안으로 점차적으로 확장되어 갔다. 덧붙여

---

다. 프레온 가스, 육플루오린화 황, 수소 플루오린화 탄소 등은 인체에 무해하고, 불에 타지도 않는 이상적인 화합 물질로서 에어컨 등의 냉매, 반도체를 만들 때 들어가는 세정제 등으로 많이 썼다. 그러나 오존층 파괴와 온실가스 효과 때문에 날이 갈수록 이 물질들을 규제하는 수위가 올라간다.

71 원문에는 centerfuge process라고 되어 있다. 이것은 centrifuge process의 오타로 보인다. 원심분리(Centrifugation) 또는 원심분리법은 매개체의 크기, 모양, 밀도, 점성, 로터 속도에 따른 원심력을 응용하여 용액의 입자를 분리해내는 기법이다.

72 오크 리지(Oak Ridge)는 테네시주의 소도시이다. 로스 앨러모스와 같이 1942년 맨해튼 프로젝트로 인해 도시가 만들어졌으며, 도시에는 오크 리지 국립연구소가 위치하고 있다. 오크 리지 국립연구소(Oak Ridge National Laboratory, ORNL)는 미국 에너지부가 후원하고 UT-Battelle이 연방기금연구개발센터로 관리 및 운영하는 미국 다중 프로그램 과학 기술 국가 연구소이다. ORNL은 DOE와 계약 및 연간 예산에 의해 에너지 계열 시스템에서 가장 큰 과학 및 에너지 국립 연구소이다. ORNL은 녹스빌 근처 테네시주 오크 리지에 있다. ORNL의 과학 프로그램은 재료, 중성자 과학, 에너지, 고성능 컴퓨팅, 시스템 생물학 및 국가 안보에 중점을 두고있다. ORNL은 에너지, 첨단 소재, 제조, 보안 및 물리 분야의 문제를 해결하기 위해 테네시주, 대학교 및 산업계와 파트너 관계를 맺고 있다. 이 연구소는 파쇄 중성자 소스(Spallation Neutron Source)와 고플럭스 동위 원소 원자로(High Flux Isotope Reactor)를 포함하는 첨단 중성자 과학 및 원자력 연구 시설이다. ORNL은 나노페이즈(Nanophase)재료과학센터, 바이오에너지(BioEnergy)과학센터, 경량 원자로의 고급 시뮬레이션을 위한 컨소시엄을 주최한다. 오크 리지 국립연구소는 1943년에 설립되었다. 당시 맨

481

서 '튜브 앨로이스특수강관'[73]이라는 단어는 이 공장에 공급되는, 순수하지만 분리되지 않은 우라늄에 적용되는 보안 목적을 위한 이름이었다. 여기서 생산된 제품U-235은 곧 오크 리지Oak Ridge의 머리글자 두 개를 이용한 '오알로이Oralloy'라는 명칭으로 불리었다. 흑연을 감속재로 사용하는 원자로에서의 플루토늄 생산은, 캘리포니아대학교 버클리에 설치된 사이클로트론[74]에서 마이크로그램 정도에 불과한 플루토늄을 추출하는 실험을 거친 후, 그 목적을 위해 설계된 워싱턴주 핸포드[75]에 있는 거대한 공장에서도 수행되었다. 오크 리지와 핸포드 양쪽의 생산 시설은 모두 인구 밀집 지역에서 멀리 떨어져 있지만 거대한 수력 발전소와 가까운 지역에 있기 때문에 선택되었다. 핸포드의 공장은 반응로의 냉각을 위해서 콜롬비아강의 차갑고 풍부한 물을 이용할 수 있다는 이점도 있었다.

이러한 놀라운 업적에 대한 이야기는 전쟁 직후에 발표된, 헨리 스미스 교수[76]가 작성한 훌륭한 공식 보고서에서 자세히 설명되어 있으며, 프린스턴대

해튼 프로젝트의 본부가 있던 곳이다. 연간 예산은 16억 5,000만 달러이다. 2012년 현재 ORNL에 근무하는 직원은 4,400명이며, 그 중 1,600명이 직접 연구를 진행하고 있다.

73 튜브 앨로이스(Tube Alloys)는 특수 강관(特殊鋼管)을 가리키며 제2차 세계대전에서부터 1950년대 초까지 영국 육군에 의해 진행된 핵무기 개발 계획의 이름이기도 하다. 제2차 세계대전 동안에는 미국의 맨해튼 계획과 공조하였으며, 전후 독자적으로 핵무기 개발을 계속하여 1952년에 허리케인 작전을 통해 핵실험에 성공하였다.

74 사이클로트론(cyclotron)은 고주파의 전극과 자기장을 사용하여 입자를 나선 모양으로 가속하는 입자 가속기의 일종이다. 최초의 사이클로트론은 어니스트 로런스가 캘리포니아대학교 버클리 분교에서 1932년에 만들었다. 사이클로트론은 물리학 연구뿐만 아니라 방사선 치료 등에도 쓰인다.

75 핸포드 사이트(Hanford Site)는 미국 워싱턴주 벤턴 카운티의 해체된 핵 시설이다. 맨해튼 계획에서 플루토늄의 정제가 이루어진 곳이다. 이후 냉전 기간에도 정제 작업은 계속되었다. 현재는 운영되지 않지만 제염 작업이 계속되고 있다. 2015년 11월 10일, 오크 리지 국립연구소, 로스앨러모스 국립연구소와 함께 맨해튼 계획 국립역사공원의 일부로 지정되었다.

76 헨리 드울프 '해리' 스미스(Henry D. Smyth, 1898~1986)는 미국의 물리학자이자 외교관이

학교 출판부에서 "군사 목적을 위한 원자력 : 1940~1945년간 미합중국 정부의 지원 하에 개발된 원자폭탄에 대한 공식 보고서(Atomic Energy for Military purposes : The Official Report on the Development of the Atomic bomb under the Auspices of the United States Governments 1940-45.)"로 다시 발행되었다. 우리 부부는 이 보고서에 발표를 한 것에 대해 감사드린다.

스미스 보고서는 핵분열 물질을 생산하는 방법에 대해서는 많은 것을 공개했지만 첫 번째 폭탄의 설계와 구성에 대해서는 거의 언급하지 않았다. 미국 정부는 1960년 12월에야 히로시마에 투하한 '리틀 보이'[77]와 나가사키에 떨어뜨린 '패트 맨'[78]의 사진을 공개했지만 둘 사이의 차이점을 명확히 밝히지 않

자 관료였다. 그는 1924년부터 1966년까지 프린스턴대학교 물리학과 교수로 재직했고, 맨해튼 프로젝트에 참여하면서 원자력 조기 개발에 중요한 역할을 했다. 미국원자력위원회(AEC)의 회원이자 국제원자력기구(IAEA) 주재 미국 대사였다. 제2차 세계대전 동안 그는 국방연구위원회의 우라늄위원회의회원과 맨해튼 프로젝트에 자문을 했다. 그는 맨해튼 프로젝트의 첫 번째 공간사를 썼는데, 이 사료는 스미스 보고서로 알려졌다. 1961년부터 1970년까지 IAEA 대사로서 그는 핵확산금지조약의 실현에 중요한 역할을 했다.

77 '리틀 보이(The Little Boy)'는 테네시주 오크 리지에 있는, U-235를 천연 우라늄으로부터 분리해내는 거대한 시설에서 분리된 U-235로 만들어진 건배럴 방식의 원자폭탄이다. 1945년 8월 6일, 일본 히로시마에 투하되었다. 폴 티베츠 대령이 조종하는 에놀라 게이라는 애칭을 가진 B-29 폭격기가 티니언섬의 북쪽 비행장에서 이륙, 2,531m 떨어진 히로시마에 도착, 약 9,450m의 고도에서 투하되었고, 일본 표준시 오전 여덟 시 15분에 해발 550m 상공에서 폭발하였다. Mk-1 리틀 보이의 길이는 약 3.3m이고 지름이 71cm, 무게가 4.7t이며, 폭발력은 TNT로 약 1만 5,000t(15kt)이다. 보통은 15kt급 핵폭탄을 히로시마급이라고 말하며, 핵폭탄 위력의 표준 도량형으로 국제적으로 사용되고 있다. 당시 히로시마시의 인구는 약 34만 명이었으나, 폭심지에서 12km 범위에서는 사람들의 50%가 8월 6일 중에 사망했고, 1945년 12월 말까지 시민 14만 명이 사망했다고 추정된다.

78 '패트 맨(The Fat Boy)'은 1945년 7월 16일 뉴멕시코주 앨라모고도에서 실시된 테스트에 사용한 원자폭탄인 트리니티(Trinity)와 1945년 8월 9일 나가사키에 투하한 원자폭탄으로 플루토늄을 이용한 인플로전 방식의 원자폭탄이다. 플루토늄-239로 만들어졌으며, 그 합성요소는 워싱턴주 핸포드의 핵융합로들에서 만들어졌다. 미군의 분류번호는 Mk.3이고, 대전 후에도 제조가 지속되었다.
폭탄의 위력은 8월 6일 히로시마시에 투하된 리틀 보이보다 약간 강했으나, 나가사키시는 기복이 심한 지형으로, 기복이 없었던 히로시마에 비해 위력이 감소해 파괴의 정도는 히

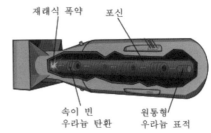

재래식 폭약　　포신

속이 빈　　　　원통형
우라늄 탄환　　우라늄 표적

**그림9-1** '리틀 보이|The Little Boy'

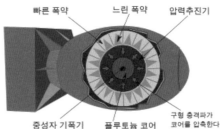

빠른 폭약　　느린 폭약　　압력추진기

중성자 기폭기　　플루토늄 코어　　구형 충격파가
코어를 압축한다

**그림9-2** '패트 맨The Fat Man'

았다. 당시 1945년 투하된 폭탄 중 나가사키에 떨어진 폭탄이 더 효율적이고
강력하다는 것을 공식적으로 인정했다. 그 후 대중 잡지에서 '포신형'과 '내폭
형impulse' 폭탄에 대해 언급하며, 히로시마에 투하된 것은 전자에 속하고 나
가사키에 투하한 것은 후자에 속한다고 암시했다. 하지만 초기형 원자폭탄의
기술이 진부해지고 쓸모없어진 이후에도, 관련 기술에 대한 공식적인 발표는
없었다. 이 기이한 현상은 비밀이 관련 현상보다는 군사 장비에 균형되지 않
게 연관되어 있는 경향을 반영한다.

　물론 생산량도 일급 비밀이었지만 이제는 생산량이 대단히 많았다는 것이

로시마시에 비해 작았다. 그럼에도 불구하고 사망자 약 7만 3,900명, 부상자 약 7만 4,900
명, 피해 면적 670만 2,300㎡, 전소 전괴 계 약 1만 2,900동이라는 피해를 입었다. 전쟁 종
결 후에도 제조가 지속되어 1940년대 미군의 핵전력을 담당했다.

분명하게, 일반적으로 인식되고 있다. 그러나 나가사키에 폭탄이 투하되었을 때는 폭탄이 더 이상 없었기 때문에 역사상 가장 성공적인 군사적 사기 중 하나가 되었다.[79]

첫 번째 원폭을 만드는 데 참여했던 많은 사람이 소련이 그것을 복제하는데 오랜 시간이 걸릴 것이라고 확신한 것은 놀라운 일이다. 확실히 그로브스 장군이 이 의견에 동의했고, 로스 앨러모스에서 연구를 이끌었던 J. R. 오펜하이머조차도 오랜 기간이 걸릴 것이라고 예측했다. 그 당시 러시아인들은 기술적으로 매우 뒤떨어진 것으로 알려져 있었지만, 연합군 과학자들은 경쟁 국가인 소련이 성공적으로 원자폭탄을 생산할 수 있다는 것과 소련이 이미 그것을 해냈다는 것을 잘 알지 못했다.

스미스 보고서에서 분명히 알 수 있듯이 연합국 과학자들의 보조 프로젝트도 보통 예상보다 더 나은 결과를 얻었다. 시카고대학의 첫 번째 흑연 원자로는 예상 목표보다 상당히 빨리 임계 상태[80]에 도달하였다. 중수 감속재[81]를 사용하는 첫 번째 파일의 경우 예상되는 중수 요구량의 3/5만 부었을 때 연쇄 반응[82]이 시작되었다. 최소한 여러 방법 중 하나는 기술적으로 성공한

---

79 최근에는 다른 설이 있다. 히로시마와 나가사키 원폭 투하 후 미국은 그해 8월 셋째 주에 한 기, 9월과 10월에 각각 세 기를 추가로 투하하려는 계획을 세웠다. 맨해튼 프로젝트 총 책임자 레슬리 그로브스 장군이 8월 10일 미군 참모총장 조지 마셜에게 "다음 투하는 8월 17일 혹은 18일 뒤에 날씨 조건이 만족되는 대로 이루어져야 한다"라는 제안을 했다. 마셜은 이 제안에 지지한다는 내용을 담았지만 동시에 "대통령의 허락이 있을 때까진 그 시기에 투하를 하지 못할 것"이라는 답변을 보냈다. 또한 몰락 작전 계획 수립이 시작되기 전 이미 미국 육군성에서는 일본이 항복하지 않는다는 가정 하에 어떤 식으로 본토 공습을 시행할지 의논하였다. 그러나 일본이 항복을 선언하자 곧 추가 원폭 투하 여부 의논은 종식됐다. 일본에 투하할 원자폭탄은 총 열다섯 발이 준비되어 있었으며 히로시마와 나가사키에 투하해서 두 발만 사용하였다.

80 핵분열 연쇄 반응이 일정 비율로 유지되는 상태

81 원자로 속 중성자의 속도를 줄이는 조절기

82 핵 연쇄 반응(nuclear chain reaction)은 하나의 핵반응이 평균적으로 하나 이상의 핵반응

U-235에서 동위 원소 분리와 플루토늄 제조를 위해 계획된 방법을 위한 파일럿 플랜트[83] 단계로 이동했다. 그렇다면 러시아인들이 폭탄을 생산하는 데 수년이 걸릴 것으로 예상한 이유는 무엇일까? 확실히 유용한 교훈을 지적하는 것은 흔한 오산이었다. 그것은 상대방의 재능에 대한 과소평가가 우리가 우리 자신이 성취한 것에 너무 기뻐하거나 너무 놀랐기 때문에 쉽게 발생할 수 있다는 것이다.

## 제2차 세계대전 이후의 핵무기 발달

제2차 세계대전이 끝난 후 17년 동안 핵무기의 중요한 발전은 다음과 같은 제목으로 나열될 수 있다. (1) 1948년 10월 소련의 핵무기 폭발 실험 성공으로 인해 미국의 독점적 소유 향유의 종식 (2) 미국이 1952년 11월에 수소폭탄 또는 열핵폭탄의 실험을 통해 성공적으로 개발한 후 1년 이내에 비슷한 성과를 거둔 것으로 보임 (3) 지속적인 연구와 생산의 결과로 미국과 아마도 소련에서 '핵 과잉'의 도래와 '무기 유형'의 대폭 확장 (4) 영국과 프랑스가 '핵 클럽'에 가입함에 따라 어떤 나라가 다음으로 핵 클럽에 가입할 것인가에 대한 문

---

을 유발하는 과정으로, 일단 하나의 핵반응이 시작하면 이후 핵반응이 기하급수적으로 증가하는 현상이다. 임계 질량 이상의 충분한 양의 핵분열 연료가 제어되지 않은 채로 핵 연쇄 반응을 일으키면, 막대한 에너지 방출을 일으키며, 이것이 바로 핵무기의 기본 원리이다. 핵 연쇄 반응은 적절하게 제어될 수 있으며, 핵 반응로에서와 같이 에너지원으로 사용될 수도 있다.

83 신제품, 신제법, 기존 공정의 개량 등에 관한 실험실에서의 연구를 공업화하기 위한 준비 단계로서의 중규모 장치. 연구실 규모의 실험에 의해 확인된 제품을 공업화에 앞서 장치의 재질이나 원료의 검토, 불순물·부산물 등에 대한 데이터 수집, 안전성의 확인, 조업 조건의 변화가 생산고나 제반 경비에 미칠 영향의 파악, 적절한 설계의 실천 방안 등을 검토하는 과정이다.

제를 제기 (5) 핵탄두와 그 사정거리를 확장할 수 있는 미사일의 결합.

이미 언급한 바 있는 핵무기의 미국 독점 시대의 종말은 더 이상 피할 수 없었다. 기술적으로 더 흥미롭고 군사적으로도 매우 중요한 것은 열핵폭탄[84]의 개발이었다. 열핵폭탄을 생산하는 데 있어 문제는 충분한 압력과 수백만℃로 측정되는 충분한 열이 존재하는 상황을 만들고 수소 원자를 더 무거운 원자, 아마도 헬륨으로 융합될 수 있는 충분한 시간 동안 유지하는 것이었다. 우리는 태양과 다른 항성들의 내부에서 필요한 열과 압력이 공급되고 있으면서도 '제어된' 과정이 진행되고 있음을 이미 언급했다. 핵분열 폭탄이 출현하기 전까지는 지구상에서 이와 유사한 충격력과 압력을 가진 것이 알려지지 않았지만, 핵분열 폭탄의 열과 압력을 수소 원자 덩어리로 집중시킬 수 있는 방법을 발견했다고 가정할 때 핵분열 폭발이 허용하는 시간 간격은 수소를 '기폭'시키기에는 너무 짧았다.

초기 연구는 점화에 필요한 시간을 줄이는 수단으로 삼중수소[85]를 사용하는 데 중점을 둔 것 같다. 삼중수소는 수소의 동위 원소로서 질량이 3(양성자 한 개, 중성자 두 개)이지만 중수소(질량 2)와 달리 자연계에는 존재하지 않는다. 그것은 플루토늄의 제조에 필적하는 어렵고 값비싼 반응 공정으로 제조되어

---

84 수소폭탄 또는 핵융합 폭탄을 열핵폭탄이라고도 한다. 수소폭탄은 1차 폭약을 기폭제로 이용하여 초고열 초고압을 생성함으로써 2차 폭약이 핵융합 반응을 통해 동작하는 것을 기본 원리로 삼는다. 기폭 단계가 여러 단계로 구성되어 있고, 각각의 폭발이 그 전 단계의 폭발에 의존하기 때문에 '다단계 열핵폭탄(Multi-Stage Thermonuclear Bomb)'이라고도 한다.

85 삼중수소(tritium)는 수소의 동위 원소로 $^3$H로 표기하며 흔히 T(Tritium)로도 표기한다. 수소의 가장 풍부한 동위 원소인 경수소 원자핵은 중성자를 가지고 있지 않는 반면, 삼중수소의 원자핵은 양성자 한 개와 중성자 두 개로 구성되어 있다. 삼중수소의 원자 질량은 3.0160492이다. 표준 기온 및 압력에서 기체 형태이며, $T_2$나 $^3H_2$로 표기한다. 삼중수소는 산소와 결합하여 삼중수($T_2O$ 혹은 THO)를 형성하며, 이는 중수소 산화물인 중수와 유사하다. 중수소는 중성자 한 개와 양성자 한 개로 이루어져 있다.

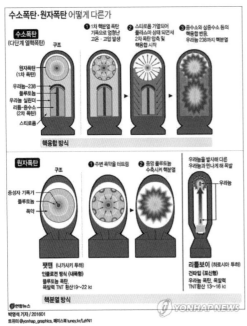

수소폭탄·원자폭탄 어떻게 다른가

**수소폭탄**
(다단계 열핵폭탄)
구조

원자폭탄
(1차 폭탄)
우라늄-238
플루토늄
우라늄 실린더
리튬-중수소
(2차 폭탄)
스티로폼

핵융합 방식

① 1차 핵분열 폭탄
가동으로 엄청난
고온·고압 발생

② 스티로폼 기열되어
플라스마 상태 되면서
2차 폭탄 압축 및
핵융합 시작

③ 중수소와 삼중수소 등의
핵융합 반응.
우라늄 238까지 핵분열

**원자폭탄**
구조

중성자 기폭기
플루토늄
폭약

① 주변 폭약을 터트림

② 중앙 플루토늄
수축시켜 핵분열

우라늄을 발사해 다른
우라늄과 만나게 해 폭발
우라늄

팻맨 (나가사키 투하)
인플로전 방식 (내폭형)
플루토늄 폭탄.
폭발력 TNT 환산 19~22 kt

핵분열 방식

리틀보이 (히로시마 투하)
건타입 (포신형)
우라늄 폭탄. 폭발력
TNT 환산 13~16 kt

박영석 기자 / 201601
트위터 @yonhap_graphics, 페이스북 /yney.kr/LefN1

YONHAPNEWS

**그림9-3** 수소폭탄과 원자폭탄의 차이점

야만 했다. 따라서 삼중수소를 성공적으로 활용하는 방법을 발견할 수 있다고 가정하더라도, U-235 및/또는 플루토늄으로 만든 초대형 핵분열 폭탄의 사용에 비해 그 사용에서 파생되는 이점에 대해 여전히 상당한 의문이 있을 수 있다. 확실히 수소 핵융합에는 흥미로운 이론적 이점이 있다. 질량의 상당히 많은 부분이 에너지로 변환되기 때문이다. - 우라늄 핵분열에서는 각

핵분열 원자 질량의 1/10이 에너지로 변환된다. - 그러나 이론적 이점이 실제로 그런 비율의 효율로 변환될 수 없다면 군사적으로 흥미로울 수 없다.

수소폭탄의 '비밀'은 공식적으로 공개된 적이 없지만, 1954년 오펜하이머의 공산주의자 여부에 관한 청문회[86] 발표를 통해 기본 구상이 대부분 에드워드

---

86 제2차 세계대전 중 미국의 원자폭탄 개발을 지휘했던 로버트 오펜하이머에 대한 보안 청문회(Oppenheimer Security Hearing)는 1954년 4월 12일 시작됐다. 오펜하이머는 전쟁을 끝내는 평화적 수단으로 쓰일 줄 알았던 원자폭탄이 수많은 사람의 생명을 앗아간 악마의 무기로 쓰이자 심한 양심의 가책에 시달렸다. 오펜하이머는 이후 적극적인 반핵주의자가 되어 수소폭탄 개발 정책에 반기를 들다 1950년대 미국의 극단적 반공주의 열풍인 매카시 선풍에 휘말리게 되었다. 미국원자력위원회는 오래전부터 공산주의자와 접촉했다는 이유로 오펜하이머에 대해 개인 심사가 끝날 때까지 정부 내 모든 지위를 정지한다고 발표했으며 이를 확인하기 위한 청문회가 이날부터 시작됐다. 젊은 시절 한때 공산주의자들과 어울린 전력이 있었고, 또 핵 확산을 줄곧 반대해온 오펜하이머는 이 마녀사냥의 표적이 됐다.

텔러의 생각에서 발전한 것임을 우리는 알고 있다. 수소폭탄의 장점은 기술적으로 가능할 뿐만 아니라 상대적으로 저렴하기 때문에 대량 생산이 가능하다는 것이다. 그것이 삼중수소를 저렴하게 생산하거나 완전히 불필요하게 만들었다고 생각할 수 있다. 소련의 열핵폭탄은 텔러 박사와는 완전히 다른 해결책을 이용해서 만든 것일 수도 있지만, 동등하거나 적어도 충분히 좋은 해결책일 수 있다.

열핵폭탄은 1952~1953년에 처음 등장한 이후 전체 중량이 크게 감소하여 이제는 더 작은 중거리 탄도 미사일IRBM[87]에도 탑재할 수 있다. 핵무기의 기본 핵분열 물질이 매우 안정적이거나 '반감기'가 길다는 뜻, 그 물질이 약간의 방사능에 의해 수년에 걸쳐 '오염'된 후 화학적으로 쉽게 깨끗해질 수 있기 때문에 초기의 소수의 핵무기만 보유하고 있었다. 하지만 비축량의 점진적인 증가는 핵무기를 여유있게 보유하고 이 보유분으로 적절한 시기에 군사 작전 계획에 광범위한 영향을 줄 수 있게 하였다. 그런데 특정한 주목할 만한 사건이나 발전으로 인해 이 과정이 크게 앞당겨졌다.

그중 하나는 이미 확보한 핵분열성 물질의 효율성을 크게 높이는 폭탄 구조형상 및 기술에 대한 지속적인 연구였다. 열핵무기로의 도약은 어떤 의미에

---

4주에 걸친 청문회 끝에 오펜하이머에게는 공산주의자, 국가 기밀 정보 누설 혐의, 수소폭탄 개발을 지연시킨 혐의는 찾을 수 없으나 잠재적 기밀 누설원이라는 판결이 내려졌다. 미국과학자연맹은 오펜하이머에 대한 혹독한 심문에 반발했고 이들의 항의로 더 이상의 치욕은 면했지만, 그는 계속 정부 기관의 주목과 감시 대상이 됐다. 그러던 그는 1963년 물리학 분야 최고 영예인 엔리코 페르미 상을 받으며 명예 회복을 한다. 하지만 명예 회복이 오펜하이머에게 정신적인 자유까지 주지는 못했다. 그는 이후에도 "나는 세계의 파괴자, 죽음의 신이 되었다"라고 자책하다가 1967년 후두암으로 사망했다.

**87** 중거리 탄도 유도탄은 사거리 3,000~5,500km인 탄도 미사일을 말한다. 사거리 1,000~2,500km인 준중거리 탄도 유도탄(MRBM)보다 사정거리가 길고, 사거리 5,500km 이상인 ICBM보다 사거리가 짧다.

서는 가장 화려하고 가장 널리 알려진 것일 뿐이다. 또 다른 영향은 6·25전쟁으로 인해 미국이 생산 속도를 크게 확장할 수 있었다는 것이었다. 그때까지 원자력위원회에는 상당히 보수적인 경제 철학이 지배적이었다. 생산율은 합동참모본부가 제시한 군사적 요구 사항에 대한 응답으로 상정되었지만, 그렇다고 이러한 요구 사항에 대한 임의 추정이 아무 근거도 없이 만들어진 것은 아니었다. 보수주의는 무엇보다도 원자재에 대해 너무 높은 입찰가를 제시하지 않으려는 데 반영되었다. 6·25전쟁이 만들어낸 공포가 이 모든 것을 바꾸어 놓았다. 한편 우라늄 광석에 대한 많은 탐사 덕분에 막대한 새로운 광석을 사용할 수 있게 되었다.

'핵의 풍요'는 폭탄 설계를 더욱 정교화함과 함께 매우 다양한 유형의 폭탄을 개발하는 데 도움이 되었다. 핵 물질이 부족했을 때는 핵무기는 거의 전략 폭격에만 적합하다고 여겨졌다. 폭격기 폭탄창의 크기와 폭격기원래 B-29의 폭탄 운반 능력뿐만 아니라 폭탄의 효율성에 대한 고려는 몇 년 동안 나가사키에 투하되었던 원자폭탄과 크기와 무게가 매우 유사했던 초기 비축 폭탄의 크기와 무게를 결정하는 데 영향을 미쳤다. 그러나 나중에 핵폭탄을 경폭격기, 전폭기, 심지어 대형 야포에서도 사용할 수 있게 하라는 요구로 인하여 폭탄의 크기와 형상이 상당히 다양해졌으며 대부분 원래의 표준 폭탄보다 무게가 더 가벼웠다.

그 후 열핵폭탄의 발달로 위력이 크게 증가하여 폭탄 종류가 세 방향으로 다양하고 극적으로 발전되었다. (1) 가장 큰 운반 수단, 즉 중폭격기에 탑재할 수 있는 크기 내의 폭탄의 최대 위력보다 훨씬 더 큰 위력 (2) 설정된 무게의 폭탄에 대해 더 큰 위력, 다양한 용도임에도 불구하고 매우 강력한 비교적 경량 폭탄의 설계 및 채택을 장려하는 경향 (3) 대공 미사일, 대잠 폭뢰와 기타 다양한 유형의 특정한 전술적 용도를 위한 초소형 폭탄의 채택. 사실상 이전에 폭탄이나 포탄에 요구되었던 병기의 작전 요구 성능이 하나도 채택되지 않을 경우 이것은 핵무기가 고려된 요구 사항일 가능성이 높다.

영국과 프랑스의 핵 클럽 가입은 과거 '네 번째 국가 문제'라고 불렸던 문제를 강조했으며 현재는 '다섯 번째' 또는 보다 일반적으로 'n번째 국가 문제'라고 불린다. 핵무기를 보유한 4개국을 제외한 많은 국가가 자국만의 능력으로 충분히 핵무기를 개발할 수 있는 과학적 능력과 기술 장비를 보유하고 있으며, 또 다른 국가들은 강력한 동맹국과의 일종의 임대 계약을 통해 핵무기를 획득할 수 있음이 분명하다. 이런 현실은 무책임한 정부나 중국 공산당과 같은 극도로 적대적인 정부의 손에 폭탄이 들어갈 악몽 같은 전망을 높인다.[88] 핵무기 사용 권한을 가진 국가의 수가 늘어나는 것만으로도 그중 일부 국가는 핵무기를 함부로 사용하지 않을 것이라는 신뢰성이 낮아질 것이라는 통계적 가능성이 높아진다.

소련이 적어도 부분적으로는 우리와 같이 공유하는 것처럼 보이는 이 두려움은 이미 군축 제안과 폭탄 실험 유예에 상당한 영향을 미쳤다. 덧붙여 말하자면, 우연히도 스웨덴처럼 핵폭탄 개발 능력을 가진 몇몇 국가는 이 치명적인 경쟁에 참여하는 것을 의도적으로 자제했다는 점에 유의해야 한다. 이들 국가에서 의회는 일반적으로 친핵 정당과 반핵 정당으로 나뉘어 있다. 타국

---

88 마오쩌둥은 1955년 원자폭탄 개발을 지시했다. 1959년 소련 핵전문가들이 철수했고, 이후는 독자적으로 핵폭탄을 개발해서, 1964년 7월 16일 원자폭탄 폭발 실험에 성공했다. 1967년 6월 17일에는 수소폭탄 폭발 실험에 성공, 1970년 4월 24일에는 인공위성 발사에도 성공하면서 ICBM 운용 능력을 확보했다. 이후 인도가 1974년, 이스라엘이 1966년, 남아프리카공화국이 1970년대 후반, 파키스탄이 1998년, 북한이 2006년에 핵폭발 실험에 성공했다. 대한민국과 타이완은 1970년대 후반 핵무기를 개발하다가 여러 가지 이유로 포기했다.

의 개발은 핵폭탄 보유 반대에서 핵폭탄 보유를 지지하는 것으로 국가적 결정을 바꾸는 원인이 될 수 있다. 그 반대의 경우도 생각할 수 있지만 가능성은 훨씬 적다.

마지막으로 우리는 핵탄두와 모든 크기의 미사일을 조합하는 것의 영향을 고려해야 한다. 이것은 핵무기 자체에 의해 유발된 혁명과 거의 유사하면서도 구별되는 군사 혁명을 의미했다.

## 핵 혁명의 전략적 결과

1945년 8월 히로시마와 나가사키에 두 발의 핵폭탄을 투하한 후에 일본이 항복한 결과로 핵폭탄은 자주 전쟁 종결자나 심지어 승리의 주역 무기로 인정받았다. 당시 일본 정부 내부에서 일어났던 일들에 대해 우리가 알고 있는 사실을 비교해 보면, 폭탄 투하와 항복 사이의 시간적 밀접한 관계는 우연 이상이기는 하지만 딱히 인과관계가 있다고 해서는 안된다. 핵폭탄을 투하하지 않았어도 일본이 항복할 수밖에 없는 절망적 처지에 있었다는 사실을 일본의 지도자들은 알고 있었다.

어쨌든 우리는 역사적 기록을 정확하고 올바르게 하기 위한 목적만으로 기록한다. 그것은 원자폭탄의 전략적 영향에 대한 누군가의 추정과는 아무 상관이 없다. 처음에 합리적인 사람들은 원자폭탄이 사용될 미래의 전쟁에서 전략적 영향이 막대할 것이라고 인정했다. 아마도 일본에 대한 원자폭탄의 사용 사례에서 가장 중요한 점은 가능한 가장 확실하고 냉정한 방법으로 핵무기의 놀라운 파괴력을 전 세계에 보여주었다는 것이다.

핵폭탄은 무엇보다 합리적이고 객관적인 사람들 사이에서 미래 전쟁에서 전략 폭격의 위력에 대해 의문의 여지가 없다는 것을 분명히 했다. 전략 폭격의 가치는 제1차 세계대전 말기 이후로 공군과 육해군 간의 논쟁거리였다. 이탈리아의 줄리오 두헤 장군[89]은 1920년대에 이 주제에 대한 그의 저서로 논란을 고조시켰다. 누군가는 제2차 세계대전이 이 논란을 완전히 끝냈을 것이라고 생각했지만 전쟁은 문제를 더 모호하게 만들었을 뿐이다.

이 문제는 제1차 세계대전 이후 계속 논란이 되었지만, 핵폭탄은 비교적 짧은 논쟁 끝에 문제를 효과적으로 해결했다. 다른 종류의 군사력도 투입되어야 하는지, 어느 정도의 규모로 투입되어야 하는지에 대한 논쟁은 끊임없이 변화하는 근거로 인해 계속되고 있다. 그러나 전략 핵 폭격이 사용되는 모든 전쟁에서 전략 핵 폭격의 우위는 더 이상 의심의 여지가 없다.

전자를 뒷받침하는 또 다른 결론은 전략 폭격의 유효 거리가 엄청나게 확장되었다는 것이다. 제2차 세계대전 중, 한 임무에서 폭격기 한 대당 탑재하는 폭탄의 무게는 비행기의 양력 제한 때문에 승무원과 그들이 휴대하는 장비의 무게와 같은 특정 상수가 고려된 후 폭탄탑재물의 무게와 연료 무게 사이에서 변화하는 항속 거리에 의해 결정되었다. 표적까지의 거리가 멀다면 폭격기는 목표물에 도달할 수 있을지는 모르지만 탑재할 수 있는 폭탄이 부족해져서 출격하는 의미가 없었다. 비행기를 더 크게 만들면 상당한 거리까지 탑재할 수 있는 폭탄의 무게를 증가시킬 수 있다. 이것은 제2차 세계대전에서 보았듯이 효과적인 폭격 반경을 600mile[965km]에서 1,200mile[1,931km]로 늘릴 수 있음을 의미한다.

---

89 줄리오 두헤(Giulio Douhet, 1869~1930)은 이탈리아의 장군이자 항공력 이론가였다. 그는 항공 전역에서 전략적 폭격이 핵심이라고 주장했다. 그는 1920년대의 항공 전략을 옹호했던 발터 베버(Walther Wever), 빌리 미첼(Billy Mitchell), 휴 트랜차드(Hugh Trenchard)와 같은 시대 인물이다.

**그림9-4** 콘베어Convair B-36 피스메이커

B-36은 원래 재래식 고폭탄을 탑재하고 1,200mile 이상 훨씬 더 먼 거리까지 날아갈 수 있었지만 제작 및 운용 비용이 너무 비쌌다. B-36이 작전하도록 설계된 최대 행동 반경에서 고폭탄을 사용하는 효과적인 폭격기가 될 수 있었는지는 의심의 여지가 있다. 반면에 그 폭격기에 단 한 발의 핵무기만 탑재하고 있으면 도달할 수 있는 범위에 상관없이 매우 효과적인 도구가 되었다. 제2차 세계대전이 끝난 후부터 폭격기를 사용할 수 있게 되면서 모든 강대국, 특히 미국과 소련이 서로의 효과적인 폭격 범위 내에 있음을 의미했다.

핵무기의 등장은 또한 새로운 유형의 운반 수단을 개발하는 데 큰 비중을 두게 했다. 핵폭탄의 효율성이 높아서 각각의 운반 수단에 더 많은 예산을 투자하여 더 높은 성능을 얻을 수 있기 때문이다. 현대의 제트 폭격기는 어쨌든 개발되었을 것이지만 장거리 탄도 미사일로 대체되기를 기다리지 않고도 시장에서 가치를 인정받았을 수 있다. 탄도 미사일 자체로는 단순히 고폭탄두를 운반하기 위해서 개발하고 무기 체계를 획득하기에는 너무 많은 예산이 필요했기 때문이다. 독일인들이 V-2가 분명히 가치가 있다고 생각했다는 것이 변화라 할 수 있다.

다음과 같이 합리적 질문을 만들 수 있다. 방어에 의해 손실되는 대수, 지정 목표에 할당되는 고폭탄의 양을 포함한 전체 비용은 얼마인가? 군사적 결과는 동일한 비용, 즉 자재 및 인력 같은 동일한 기초 자원을 다른 군사적 자산에 사용했을 때의 효과라는 관점에서 비용이 정당한가?

핵무기는 또한 전략 폭격에 대한 방어를 훨씬 더 어렵게 만들고 방어자를 낙담하게 만들었다. V-1에 대한 런던의 방어는 효과적인 것으로 간주되었지만 80일 동안 2,300발이 도시를 타격했다. 기록에 의하면 1944년 8월 28일 런던을 향해 날아왔던 101발의 V-1 폭탄 중 97발이 격추되었고, 단 네 발만이 방어망을 통과했다. 그러나 그 네 발이 원자폭탄 탄두를 탑재하고 있었다면 그리 좋은 방어 기록이라고 볼 수 없었을 것이다.

당연히 공격 측은 이러한 손실률을 감당할 수 없다. 우리가 여기서 해야 할 질문은 다음과 같다. 적의 전략 폭격의 효과를 x값에서 y값으로 줄이려면 방어 측은 얼마나 돈을 지출해야 하는가? 둘 사이의 차이를 눈에 띄게 만들 수 있다고 하더라도 방어 측이 원자력 시대 이전보다 그러한 계산에서 훨씬 더 불리하다는 것은 의심의 여지가 없다. 또한 매우 큰 예산을 지출하고도 방어 측이 할 수 있는 최선은 제2차 세계대전 시의 기준으로 볼 때는 가련할 정도로 빈약할 수도 있다.

핵무기의 출현은, 앞으로의 대규모 전쟁은 기존의 군대와 총력전을 수행하면서 싸워야 한다는 것을 의미한다. 그런 전쟁에서 두 차례의 세계 대전의 특징이었던 전시 생산의 확대와 물자의 동원은 불가능할 것이다. 하지만 6·25 전쟁에서 싸웠던 것처럼 전쟁이 계속된다면 우리는 과거처럼 전쟁에 대한 지식을 여전히 얻게 될 것이다.[90]

원자력 시대는 국가 정책의 도구로서 전쟁의 기본적 효용성에 대해서 처음으로 광범위한 질문을 제기했다. 클라우제비츠는 특정한 정치적 목적을 위해 싸우지 않는 한 전쟁은 의미가 없으며, 이 목적이 전투의 전체 성격을 결정

90 전면적인 핵전쟁이 아니라 제한전일 경우를 이야기하는 것으로 판단된다.

495

하도록 해야 한다고 일관되게 주장했다. 이는 제1차 세계대전에서처럼 때때로 비극적으로 보이지 않는 이상적인 접근법이었지만, 그래도 맹목적이고 불필요하게 갈등을 추구하는 가장 무모한 국가는 폐허의 재 속에서도 일어설 수 있었다. 핵무기의 경우 단시간 내에 국가를 재건할 가능성이 모호해졌다. 상당한 양의 핵무기와 이 핵무기를 운반하는 수단폭격기나 미사일을 보유하고 있는 적들과의 사이에는 더 이상 전쟁에서 긍정적인 목표가 있을 수 없으며, 적에 압도되거나 압도되는 것을 피하는 것과 같은 부정적인 목표만 있을 뿐이다.

원자폭탄을 뒤이어 탄생한 수소폭탄은 어떤 변화를 가져 왔는가? 그 대답은 아마도 근본적인 결과가 거의 없거나 전혀 없을 것이라는 것이다. 원자폭탄에 의한 혁명은 너무 극적이어서 폭탄의 힘을 수천 배나 증가시키는 것만으로는 의미를 비교할 수 없기 때문이다. 그러나 열핵무기는 이전에 충분히 받아들여지지 않았던 몇 가지 결론을 이끌어냈다. 이제 혁명은 명백하고 도전할 수 없게 되었다.

열핵무기는 최초의 혁명을 강화할 뿐만 아니라 변화를 가져왔다. 이에 대해 논의할 때 우리는 열핵무기 개발에 뒤따른 장거리 또는 대륙간 탄도탄 및 중거리 탄도탄ICBM 및 IRBM의 의미를 동시에 다룰 수도 있다. 이러한 미사일들은 이제는 불과 몇 년 전만 해도 예상할 수 없었던 정확도를 갖고 있지만 이 정확도에도 불구하고 여전히 고가의 1회용 무기이다. 따라서 그들은 1952년 이전의 핵분열 폭탄으로 가질 수 있었던 것보다 열핵폭탄을 탑재하는 것이 더 합리적이다.

세계 대전 후 로켓은 엄청난 탄두 탑재를 감당할 수 있는 탑재 하중 용량을 갖고, '탈출' 속도[91], 즉 말 그대로 제한 없는 사정거리를 달성했다. 다양한

---

91 탈출 속도는 물체의 운동 에너지가 행성 등의 중력 위치 에너지를 넘는 속도를 의미한다.

유도 메커니즘을 가진 로켓들의 정확도의 한계는 메커니즘의 내부 요인보다 표적의 정확한 위치에 대한 정보 부족을 포함한 로켓의 외부 요인에서 더 많이 발견되는 경향이 있다. 그 정도의 정확도까지 도달했다. 추진체 연료는 냉각을 필요로 하는 액체 산소를 사용하던 시기를 거쳐 폴라리스[92]에서와 같이 고체 연료를 사용하는 것으로 발전했다. 탄도 미사일의 발전 한계는 무엇이 가능한가보다 무엇을 성취하는 것이 바람직한 것인가에 의해 더 많이 좌우되는 것 같다.

열핵폭탄과 탄도 미사일의 조합은 전략적 폭격에 대한 방어 문제를 더욱 극심하게 왜곡시켜 놓았다. 누군가는 이전에는 겉보기에만 그랬던 것을 정말 절망적으로 만들었다고 말하고 싶겠지만, 누군가는 우리가 방어하고자 하는 것이 무엇인지에 따라 항상 다른 것보다는 나으며, 본질적으로 추구할 가치가 있을 수도 있기 때문에 이런 말을 하지 말아야 한다.

다음 결론은 최종적이지도 않고, 논란의 여지가 없는 것은 아니지만 열핵 탄두가 장착된 장거리 미사일이 다음의 세 가지 결과를 초래한다고 가정할 수 있다. (1) 장거리 핵미사일은 레이더 방공망 및 기타 탐지 장치의 효율성과

---

즉, 인공위성이나 로켓이 지구 등 천체의 인력을 벗어나 탈출하기 위한 최소 한도의 속도이다. 지표면에서의 탈출 속도는 대략 11.2km/s(34mach) 정도이다. 하지만 고도 9,000km에서는 대략 7.1km/s 이하이다.

92 UGM-27 폴라리스(Polaris)은 1960년에 제2격(second strike)을 위해 미국이 최초로 개발한 잠수함 발사용 탄도 미사일(SLBM)이다. 미국·영국·이탈리아 해군(수상함에서 사용)이 사용했다. 제1격(first strike)을 위한 핵미사일의 CEP 오차보다 더 커서 명중률이 훨씬 낮다. 세 가지의 개량형이 있다. 실전 배치 버전인 폴라리스 A-1은 사거리 1,900km, 한 개의 Mk-1 재진입 장치에 한 개의 W47-Y1 600kt 수소폭탄을 탑재했다. 길이 8.7m, 직경 1.4m, 무게 1만 3,100kg, 관성항법으로 CEP 1,800m, 2단 고체 연료 미사일이다. 경하 배수량 5,400t급 핵잠수함 USS 조지 워싱턴(SSBN-598)에 최초로 열여섯 발의 폴라리스 A-1이 실전 배치되었다. 1960년에서 1966년까지 40척의 폴라리스 핵잠수함이 배치되었다. 이후 사거리는 4,630km까지 늘어나고, 핵탄두는 한 개에서 세 개의 W-58 200kt MRV(A-3)로 늘어났다. SLBM은 포세이돈을 거쳐 트라이던트로 발전한다.

**그림9-5** 폴라리스 시리즈 SLBM. 왼쪽으로부터 UGM-27A A-1, UGM-27B A-2, UGM-27C A-3

공격해오는 운반체를 격추하는 '적극 방어'의 효율성을 크게 감소시킨다. (2) 이러한 이유로 그들은 은폐, 분산, 장갑, 기동성 등과 같은 것에 의존하는 '소극 방어'의 중요성을 강화했다. (3) 특히 그러한 방어는 도시에 거의 적용되지 않고 도시 내의 인구에 제한적으로만 적용될 수 있기 때문에 보복 세력을 방어하는 데 주의를 집중하는 것이 중요하다는 것을 부각했다.

열핵무기와 미사일에 대한 방어에서는, 방어가 현실적으로 가능하고 방어할 가치가 있는 것에 집중하고 다른 것은 놓아두는 것이 필수적이다. 보복 전력은 어떤 대가를 치르더라도 방어되어야 한다. 그렇지 않으면 적의 공세적인 포격이나 작전 계획을 중단시키지 못하거나, 방어를 전혀 하지 못할 수밖에 없다. 다행히도 이런 보복 전력은 새로운 수단으로 방어할 수 있지만, 저렴하지도 않고, 획득하기 쉽지도 않다. 이러한 조치는 경고에 대한 의존도를 최소화해야 하며, 공격 중인 적군을 격추하거나 파괴하는 데에도 동일하게 의존도를 최소화해야 한다. 우리는 항상 작동하는 소극 방어에 의존해야 한다.

이와 관련하여 가장 중요한 새로운 무기 중 하나는 폴라리스 미사일을 발사하는 원자력 잠수함[93]이다. 처음으로 원자력을 사용하도록 설계 및 제작된

---

93 조지 워싱턴급 잠수함은 세계 최초의 SLBM을 탑재한 SSBN(전략 원잠) 함급이다. 수중 배수량 6,000t이며, 1958년부터 1961년까지 4년 동안 다섯 척을 건조했다. 냉전이 막 시작

최초의 잠수함은 1954년 1월 11일에 진수된 노틸러스[94]였다. 이 잠수함은 시간의 제한 없이 잠수할 수 있는 최초의 잠수함이었다. 이전에는 탐지하기가 매우 곤란하면서 막대한 잠재적 힘을 가진 기계는 전혀 없

**그림9-6** USS 조지 워싱턴George Washington (SSBN-598)

었다. 이 훌륭한 무기 시스템의 큰 장점 하나는 상대적으로 무적이어서 위기 상황에서 "공격이 성공하고 있는 동안 공격"해야 한다는 압박을 많이 덜어준다는 것이다.

~~~~~~~~~~~~~~~~~~~~~~~~~~

된 1950년대 중반, 미국 육군은 주피터 준중거리 탄도 미사일을 개발하였고 미국 공군은 핵전쟁 시대의 주역으로 떠오르면서, 미국 해군 역시 핵전쟁 상황에서 전략적인 군사 행동을 취할 수 있는 무기 체계가 필요했다. 1956년 노브스카 대잠수함전 회의에서, 액체 연료 대신 고체 연료를 사용하는 UGM-27 폴라리스 탄도 미사일이 떠오르며, 해군은 모든 역량을 폴라리스에 투자하기 시작했다. 결과적으로 1959년, 폴라리스의 해상 발사를 테스트할 세계 최초의 전략 원잠 SSBN-598 조지 워싱턴이 취역하여, 이듬해 7월 20일 폴라리스 미사일 발사 테스트를 실행하게 된다. 추진 기관으로 웨스팅하우스가 개발한 S5W 경수로 한 기를 장착했다. U-235를 93% 농축한 HEU를 연료로 사용, 열출력 78MWt이며, 1만 5,000마력의 증기 터빈 두 기와 연결해 수상에서 20kn(37 km/h), 수중 25kn 이상(46km/h)을 무기한으로 낼 수 있다. 배수량은 기준 5400t, 수중 6,709t, 전장 116m, 선폭 10m, 무장은 533mm 어뢰관 여섯 문에 중어뢰 열두 발과 수직 발사관에 폴라리스 A1/A3 미사일 열여섯 발을 탑재한다.

**94** USS 노틸러스(Nautilus, SSN-571)는 1955년 진수한 세계 최초의 원자력 잠수함이다. USS 노틸러스는 1958년 8월 3일 세계 최초로 북극점 아래를 항해한 잠수함이기도 하다. 이 배의 이름은 쥘 베른이 지은 1870년 소설 해저 2만 리의 네모 선장이 가진 가상의 잠수함인 노틸러스호에서 가져왔다. 노틸러스호는 원자로 덕분에 기존 디젤-잠수함보다 더 오래 해저를 누빌 수 있었다. 그래서 취역 1년만에 기존의 기록들을 깨버렸으며, 기존 잠수함들이 갈 수 없던 장소까지 가게 되었다. 항해 중 여러 가지 디자인과 건조의 한계점이 드러났으며, 이 한계점은 더 나은 잠수함을 만드는 정보로 사용되었다. 노틸러스호는 함체의 노후화로 인해 1980년 퇴역했으며, 1982년 국가 역사 랜드마크에 지정되었다.

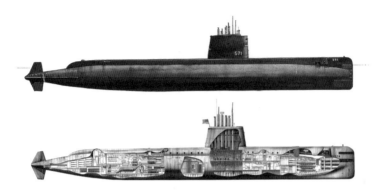

**그림9-7** SSN-571 USS 노틸러스

 

오늘날 강대국이 가질 수 있는 가장 중요한 전력은, 반드시 가져야 하는 필수 전력 중 하나로, 전쟁을 억제하는 데 성공하거나 적이 반격을 하기 전에 적을 격멸하는 데 성공하는 경우를 제외하고는, 전적으로 공격적인 타격력이다. 후자는 적대 관계의 한 쪽이 보복 전력을 확보하지 않은 경우에만 달성할 수 있다. 일방 또는 쌍방이 필수적이며 값비싼 예방 조치를 취하지 않으면 군사적으로 상황이 매우 불안정해지며 그러한 상황이 발생하면 한쪽은 일부 사람들처럼 '전쟁을 종결짓는' 열핵 무기에 대해 거의 말할 수가 없다. 반대로, 몇 가지 중요한 측면에서 열핵무기는 전쟁 가능성을 높이는 경향 또한 있다.

1954년 3월 수소폭탄 실험[95]에서 처음으로 완전히 밝혀진 방사능 낙진의

---

95 캐슬 브라보(Castle Bravo)는 1954년 3월 1일 캐슬작전(Operation Castle)의 일부로 비키니 환초에서 이뤄진 미국 최초의 수소폭탄 실험이다. 캐슬 브라보는 역대 미국이 폭발시킨 핵무기 중 가장 강력한 위력을 가진 핵무기로, TNT 환산상으로 15Mt의 핵 출력을 기록하였다(히로시마와 나가사키의 원자폭탄 투하에 사용된 폭탄의 1,000배에 달하는 위력). 당초 예상한 4~8Mt의 핵 출력을 훨씬 상회하는 것으로, 미국 역사상 최악의 방사능 오염을 초래하였다. 실험 장소에서 200km 떨어진 롱게리크 환초로 소개된 원주민들은 방사능 낙진 피해를 입었다. 주민들은 눈처럼 날리는 것에 몸이 닿자 방사능 화상을 입었고, 목과 팔다리뿐만 아니라 타는 듯한 통증과 함께 눈이 멀기도 하였다. 또한 일본 어선이 인근 해상에서 조업을 하다 선원들이 낙진을 맞고 각종 질환에 시달렸다. 이러한 민간인 희생자의 발생으로

엄청난 영향은 시민 보호 측면에서 새로운 문제를 야기했다. 낙진의 영향에 대한 사실이 공개될 때까지 대도시 거주자들은 전쟁 중에 죽을 가능성이 있지만 소도시와 농촌 지역 거주자들은 상대적으로 안전하다고 널리 믿었다. 이제 낙진핵탄두의 방

**그림9-8** 1954년 3월 1일 비키니 환초 캐슬 브라보 수소폭탄 폭발 장면

사성 잔해이 엄청나게 넓은 지역에 영향을 미치고 다수의 폭탄 낙진이 중첩되어 방사선 강도를 증가시킬 수 있다는 사실이 알려져 있다. 이 문제에 대해 심각하게 생각하는 학생들은 낙진에 대비한 전국적인 대피소 건설을 열렬히 옹호하고 있다. 그들은 만일 대도시 거주민들이 대피소에 들어가 생존할 수 없더라도, 나머지 지역의 시민들은 생존할 수 있고, 생존할 수 있게 되어야 한다고 주장한다.

최근 열핵무기와 미사일의 발전은 제한전의 필요성에 새로운 동기 부여를 하였다. 일부 지역에서 경쟁을 피할 수 없는 경우 모든 것을 말살하지 않으며, 따라서 터무니없는 군사 행동을 하지 않도록 제한하는 것이 가능할 수 있다.

---

비키니 핵 실험은 세계적인 비난을 받았다. 미국 원자력위원회에서 오랫동안 일한 글렌 T. 시보그는 베이커 실험에 대해 '세계 최초의 핵 재앙'이라고 하였다. 캐슬 브라보는 캐슬 시리즈의 첫 폭탄으로, SHRIMP를 바탕으로 만들어진 폭탄이다. 캐슬작전은 1946년부터 1958년까지 비키니 환초에서 이루어진 미국의 핵무기 실험이다. 모두 23개의 핵무기가 사용되었으며 공중과 수중, 해수면에서 폭발 실험이 있었다. 순차적으로 에이블(Able), 베이커(Baker), 찰리(Charlie)로 명명되어 진행되었는데, 베이커 단계까지 진행된 뒤 찰리 단계는 취소되었다.

전략 폭격과 핵무기 모두를 사용하지 않는 전쟁을 치를 수 있다는 개념이 발전했다. 현대 전쟁에서 총력전이라는 오래된 공리公理는 이제 심각하고도 기나긴 재검토를 받고 있다.

이 문제는 여기에서 자세히 논의하기에는 너무 복잡하지만 양측의 보복 전력이 적의 공격으로부터 적절히 방어되는지 여부에 달려 있다는 점을 상기해야 한다. 만일 그들이 적절하게 방어될 수 있다면 제한전을 수행할 수 있으며, 실제로 다른 종류의 전쟁에 의존하는 것은 무의미하다. 만일 적절하게 방어될 수 없다면, 그 반대가 현실이 될 것이다. 그 다음에는 기간이나 규모에 관계없이 제한전을 억제할 수 없게 된다. 그 이유는 끔찍할 정도로 매우 강력하고 너무 끔찍하게 치명적이고 거대한 타격 전력을 억제하기에는 너무 위험하기 때문이다. 국가의 주요 보복 공격 전력을 적절하게 보호하는 것이 얼마나 중요한지는 이 글을 쓰는 시점에서 다른 보안 문제에 뒤지지 않는다.

# 제10장
## 작전과 체계 분석, 전략적 선택의 과학

우리는 이전 제9장에서 제2차 세계대전 이후 군사 기술 중 일부의 발전을 살펴봤다. 이 발전된 군사 기술들은 사실상 몇 가지 완전한 '혁명'을 포용했다. 소수의 핵무기만 존재하던 것이 다량의 핵무기가 존재하는 상황으로, 핵분열 폭탄에서 열핵폭탄으로, 항공기와 총포에서 모든 종류의 공격 및 방어용 미사일로의 변화는 상당한 (군사력의) 재조정 문제를 제기하며 개선이 아닌 총체적인 변화만을 말하고 있다. 예를 들어, 아이젠하워 대통령은 1960년에 5,000mile<sup>8,045km</sup>이 떨어진 거리에서 발사된 7~8기의 아틀라스 미사일이[1] 모

---

1 SM-65 아틀라스는 1958년 개발된 미국 최초의 ICBM이다. 1957년 세묘르카 미사일이 소련의 바이코누르 우주 기지에서 발사되자 대응 무기의 성격을 띠고 만들어졌다. 등유·액체 산소를 사용하는 아틀라스-E, 아틀라스-F는 1965년 퇴역하고, 사산화질소·하이드라진을 사용하는 LGM-25C 타이탄 II로 교체되었다. 퇴역한 아틀라스 핵미사일은 아틀라스 센타우르 우주 발사체로 개조되어, 1990년대까지 미 공군의 군사 위성을 발사하는 데 사용되었다.
아틀라스-D, 아틀라스-E는 수평으로 눕혀서 보관하다가, 명령을 받으면 발사 장치를 수직으로 세워서 연료를 주입한 후 발사까지 15분이 걸렸다. 아틀라스-F는 신속 발사 버전으로 지하 사일로에 수직으로 세운 채로 엘리베이터 상단에 탑재되어 보관된다. 발사 경보 명령이 내려지면, 상온의 등유를 미사일에 주입한 채로 장기간 유지한다. 발사 명령이 내려지면 극저온의 액체 산소를 주입한 후에, 엘리베이터가 올라오자마자 발사된다. 이러한 발사 방식을 채택해, 아틀라스-F는 대통령의 발사 명령 직후 10분만에 발사할 수 있다.
1965년 사산화질소·하이드라진을 사용하는 LGM-25C 타이탄 II로 교체되었는데, 지하 사일로에서 엘리베이터로 지상으로 올리는 방식을 개선해, 발사 경보 명령이 내려지면 지하

두 대서양의 지름 2mile$^{3.2km}$ 범위 내에 낙하했다고 발표했을 때, 그는 2년 전만 해도 믿을 수 없을 정도로 오차가 적어진 장사정 미사일의 명중률이 얼마나 정확했는지를 홍보했다. 그것이 사실이건 아니건 아군 보복 전력의 방어라는 막중한 문제에 영향을 미친 미사일의 발전에 대하여 설명한 것이었다.

부수적으로, 유도와 추진의 동시 완성을 수반하는 이 발전에서 우리는 과학과 기술이 다양한 분야를 따라 발전해 왔다는 사실의 중요성을 본다. 개별 무기 시스템은 매우 복잡해져서 많은 개별 지식 분야를 요구하며, 이들 중 단지 소수의 분야이건 또는 전체적이건 최신 기술이 적절하게 발전했는지 여부가 훨씬 중요하다. 최근 몇 년 동안 분야 전반에 걸친 자극과 상호 지원이 엄청났고, 이는 일반적으로 과학이 가속적으로 발전한 것의 상당 부분을 설명한다.

과학이 조용하지만 효과적으로 발전한 분야 중 하나를 마지막 장에 소개한다. 그것은 군사적 목적으로 설계된 하드웨어뿐만 아니라 군사 전략 및 전술 자체의 전체 분야에 과학적 방법을 적용하기 때문에 적절한 정점이다. 병법과 그것을 실행하는 직업에 내재된 일부 전통의 관점에서 볼 때, 그것은 가장 새롭고 아마도 가장 희망적인 발전일 것이다.

이 책의 시작 부분에서 우리는 군사적 문제가 군사 직업의 능력을 넘어서 복잡하게 발전했다는 예언적 관찰에서 리델 하트$^{B. H. Liddell Hart}$ 대위의 말을 인용했다. 그가 이런 말을 한 것은 1935년 원자폭탄 이전, 심지어 제2차 세계대

---

사일로에서 연료주입을 하고 장기간 대기했다가, 발사 명령이 내려지면 바로 발사했다. 엘리베이터로 지상으로 올리는 시간이 없어져, 대통령의 발사 명령 직후, 불과 58초 만에 발사가 가능해졌다.

미국은 액체 연료인 하이드라진을 사용하는 LGM-25C 타이탄 II을 핵무장의 핵심 수단으로 사용하다, 고체 연료를 사용하는 미니트맨과 피스키퍼 미사일로 교체했다. 이 미사일의 외벽에 녹이 슬지 않게 하기 위한 물질을 개발하면서 나온 것이 방청 윤활유 WD-40이다.

전 이전이었다. 의심할 여지없이 1940년에 명성이 무너진 당시의 고위 장교 대다수에 대해서는 리델 하트가 옳았다. 그러나 이 직업의 최고 대표자들에 대해서까지 그렇다는 것은 아니다. 오늘날 우리는 군사적 문제가 분명하게, 한 개인이나 집단의 능력을 넘어섰을 뿐만 아니라 어느 한 직업의 능력을 넘어서는 것이라고 주저하지 않고 말할 수 있다.

과거에 우리는 과학자와 군인 사이에 일종의 협력을 통해, 과학자가 군인에게 그들의 통찰력과 경험에 따라 수용하거나 거부할 수 있는 새로운 무기 체계를 제공할 수 있게 했다. 많은 경우 무지나 어리석음 때문에 시스템이 제대로 작동하지 않았다. 그러나 합리적이고 지적인 사람들이 있을 때는 충분히 잘 작동했다. 과거에 특정 무기 체계의 선택에 단순한 직관이 아닌 체계적인 분석을 적용했다면 더 좋은 결과를 얻었을 것이라고 주장할 수 있다. 그러나 문제가 비교적 간단했기 때문에 이익이 미미했을 가능성도 크다.

오늘날 상황은 상당히 다르다. 군인은 아직 존재하지 않지만 자신의 선택과 지원에 따라 느슨하게 예측된 기간 내에 개발될 수 있는 무기 체계 중에서 선택해야 한다. 그가 어떤 예측된 성능 특성을 선택할 때마다 그는 다른 예측 특성을 가진 것을 포기해야 할 가능성이 매우 크다. 각 항목에는 모두 패키지로 구입해야 하는 필연적으로 관련된 다른 항목의 고유한 계열이 있으며, 이것이 우리가 무기 체계에 대해 이야기하는 이유이다.

가장 덜 복잡한 예를 들자면, 군인은 두 가지 완전히 다른 종류의 폭격기 중에서 하나를 선택해야 하는 상황에 직면할 수 있다. 그러한 선택이 단순해 보인다면 잘못 생각한 것이다. 우선 엄청난 액수와 모든 전략적 위치를 포함할 가능성이 높다. 그러나 특정한 기종의 폭격기를 특정한 미사일로 대체할 것인지 여부를 아는 문제가 얼마나 더 어려운지 고려해보라. 성능 특성은 거의 비교할 수 없으며, 대체할 때의 장점이 어느 정도가 될지는 모르며, 전환 비율이 어느 정도 일방적일 수 있는 것이 아니다. 단순히 어떠한 미사일도 어떠한 전략적 목적에서든 모든 비행기보다 우월하고, 미사일로 교체하는 것이 빠를수록 좋다고 가정한다면 많은 돈을 낭비하면서도 결국 매우 열악한 무기 체계를 보유하게 될 수도 있다.

군 장교가 처음으로 핵무기에 관여하게 되었을 때 그는 자신이 새로운 종류의 과학적 지식을 습득해야 한다는 것을 깨달았다. 처음에는 그리 번거로운 일이 아니었지만 핵 기술이 빠르게 발전하면서 선택의 문제가 심각하고 어려워졌다. 미사일에 대한 새로운 가망성은 그러한 어려움을 가중시켰다. 군인들은 연구하는 과학자가 아니더라도 최소한 적절한 과학에 대해 교육을 받아야 했고 시스템 사이에서 선택하는 중요한 문제에 대한 조언자 역할을 할 수 있는 사람들의 도움이 필요했다. 그들은 적절하게 훈련되고 재능이 있을 뿐만 아니라, 헌신적이어야 했고 객관적이고 냉정하다고 말할 수 있어야 했다. 그러한 사람들은 실제로 정상적인 군 복무 중 또는 간헐적인 조언을 하는 방법으로 군인들에게 제공되었다. 그러나 여러 가지 이유로 이것은 충분히 도움이 되지 않았다.

그러나 그 사이에 캘리포니아 산타 모니카에 있는 RAND 연구소가[2] 그 원형이 될 수 있는 움직임이 발전하기 시작했다. 미 육군 항공대의 전시 사령관

---

2 랜드연구소(RAND Corporation)는 미국의 대표적인 싱크탱크 중의 하나이다. 미국의 방산재벌 맥도넬 더글러스의 전신 더글러스 항공이 1948년에 설립했다. 군사 문제에 대한 연구에서 세계적으로 권위가 있다. 2008년 예산이 2억 3,000만 달러에 이르며, 1,600명의 직원을 두고 있다. 2008년 12월 26일, 카네기 국제평화재단이 출판하는 포린 폴리시가 발표한 전 세계 최고의 싱크탱크 순위에서 4위를 차지했다(1위 브루킹스연구소, 2위 미국외교협회(CFR), 3위 카네기 국제평화재단, 5위 헤리티지재단). 미국 이외의 싱크탱크로는, 영국의 채텀하우스, 국제전략문제연구소(IISS), 스웨덴의 스톡홀름국제평화연구소(SIPRI), 중국의 중국사회과학원이 최고로 선정되었다.

이었던 H. H. 아놀드 장군은[3] 전쟁 중 공군에 복무하기 위해 입대한 모든 과학자가 평화가 확립되는 순간 군 복무를 위해 완전히 희생되어서는 안 된다고 결론지었다.[4] 그러나 그는 기존의 공무원 조직은 자신의 요구를 충족시킬 수 없다는 것을 알고 있었다. 공군 및 정부와 행정적으로 독립적이지만 공군의 지원을 받고 공군의 필요와 관련된 문제를 해결하기 위해 일하는 조직을 설립하기로 결정했다. RAND 프로젝트연구 및 개발을 위한는 더글러스Douglas 항공기 회사에서 비영리재단으로 시작했다. 몇 년 안에 새로운 조직은 더글러스 항공사에서 분리되어 독립적인 비영리 연구 기관이 되었다.[5]

~~~~~~~~~~~~~~~~~~~~~~~

3 원문에는 'wartime Chief of Staff of the U.S.A.A.F.A.F'라고 되어 있다. 미 공군은 1947년 육군 항공대에서 공군으로 독립했다. 따라서 제2차 세계대전 당시에는 미 공군은 육군 항공대였고, 아놀드 장군은 미 육군 항공대 사령관이라고 번역하는 것이 타당하다. 브로디 부부가 전후 독립한 공군의 최고 지휘관과 혼동한 것 같다. 아놀드 장군은 공군 참모총장을 역임한 적이 없다. 헨리 할리 아놀드(Henry Harley 'Hap' Arnold, 1886~1950)는 미 육군 원수이자 미 공군 원수로, '미국 공군의 아버지'로 불린다. 육군 보병 장교 출신이었으나 육군 항공대로 전군했고, 라이트 형제가 항공기를 발명한 이후 최초로 파일럿이 된 군인 중 한 명이었다. 그는 거의 백지 상태였던 공군의 작전 교리들을 만들었으며, 특히 기술력을 중시하여 적국에 비해 압도적인 성능의 항공기를 보유하려고 했다. 1927년에는 칼 스패츠와 함께 팬 아메리칸 항공(Pan Am)을 창업하였다. 독일 소유의 항공사(SCADTA)가 미국과 남미간 우편 배달 계약을 확보하여 합법적으로 파나마 운하와 미국 본토를 정탐하려는 의도를 저지하기 위한 것이었다. 미국 정부도 SCADTA의 의도를 우려하여 팬암에게 계약을 쉽게 성사해주었고, 외국 노선 확보도 적극적으로 지원해주면서 이후 팬암은 세계적인 규모의 항공사로 성장했다. 다만 아놀드와 스패츠는 장교로서의 역할에 집중하기 위해 경영에 참여하지는 않았다.
제2차 세계대전에서 육군 항공 사령관으로서 윌리엄 리히 합동참모의장, 조지 C. 마셜 육군 참모총장, 어니스트 킹 해군참모총장과 함께 제2차 세계대전기 합동참모회의를 이끌었다. 이후 종신 계급인 육군 원수로 임명되었다. 이후 공군이 독립되자 최초의 공군 원수로 영전했으며, 공군의 아버지로서 역사에 이름을 남기고 건강 문제로 1946년에 퇴역했다. 1948년에는 커티스 르메이와 함께 비영리 싱크탱크인 랜드연구소(RAND Corporation)의 설립을 주도했고, 1950년에 향년 63세로 사망했을 때 그의 장례는 국장으로 치러졌다.
4 그의 생각은 제2차 세계대전 기간 소집된 민간인 과학자들이 발전시켜온 기술의 진보를 평시에도 지속시키는 것이었다.
5 미 공군의 전신인 육군 항공대의 공중전 전략·전술 프로그램을 평가하고 개발하는 민간 연구소로 출발했다. 이후 핵전략과 수소폭탄, 다단계 로켓, 대륙 간 탄도 미사일, 군사 부문 혁

다른 서비스도 그 뒤를 따랐지만, 방식은 뚜렷하게 달라서, 육군의 ORO[6]는 존스홉킨스대학교[7]가 관리하고 해군의 작전평가그룹Operations Evaluation Group은 메사추세츠주립공과대학교에서[8] 관리했다. 이 글을 쓰는 시점에서 그러한 조직들은 확장되었다. 주목할 만한 두 곳은 단일 서비스를 제공하는 독립적인

---

신에 이르기까지 미군의 전쟁 수행 방식을 좌지우지했다. 랜드연구소의 역할은 국가 안보를 뛰어넘는다. 1950년대 말 핵 공격이 벌어져도 통신을 계속하기 위한 방법을 찾아내려고 애쓰던 랜드연구소의 한 공학자가 만든 패킷 교환 시스템이 인터넷의 토대가 됐다는 것은 잘 알려진 얘기다.

체계 분석은 소련에 대한 선제 공격 계획에서 탄생했고, 합리적 선택 이론과 게임 이론은 예측 불가능한 소련 지도부의 움직임을 모의 실험하기 위해서 태어났다. 랜드연구소에 모인 미 최고의 두뇌들은 합리성과 과학성을 신앙처럼 신봉했다. 연구소 창립 후 60여 년 동안 랜드연구소는 30명 이상의 노벨상 수상자를 배출했다. 이들 노벨상 수상자들은 랜드연구소 소속이거나 아니면 연구소의 프로젝트에 참가한 사람들이다. 수상자 리스트를 보면, 랜드연구소의 창설자인 헨리 아놀드 장군, 경제학자 케네스 애로우, 중성자탄을 발명한 새뮤얼 코헨, '역사의 종말'의 저자 프랜시스 후쿠야마, 시나리오 예측법의 창시자 허만 칸, 노벨평화상을 수상한 헨리 키신저, 군사전략가 앤드류 마셜, 경제학자 폴 새뮤얼슨 등 미국 지성을 대표하는 두뇌들이 대거 포함되어 있다. 랜드연구소에서 처음 기법이 만들어지고 본격적으로 시작된 미래 예측은 1960년대, 1970년대를 거치면서 전 세계로 확대되기 시작했다.

6 작전 연구실(ORO, Operations Research Office)은 1948년 미 육군이 설립한 민간 군사 연구 센터이다. 존스홉킨스대학에 의해 운영된 학제 간 과학 운영 연구 기관 중 하나이다. 연구소는 원래 워싱턴 D.C 포트 맥나이어에 있었으나 1952년에 메릴랜드주 체비 체이스로 이전했다. 1961년 미 육군은 존스홉킨스대학교와의 계약을 종료하고 ORO는 해산되었다. 얼마 지나지 않아 연구분석공사(RAC)가 설립되어 ORO의 프로젝트와 대부분의 직원을 승계했으며, RAC는 1972년 6월까지 육군에 의해 지원되었다.

7 존스홉킨스대학교는 미국 메릴랜드주 볼티모어시의 중심부에 자리잡고 있는 미국의 연구 중심 종합 사립대학교이다. 메릴랜드주 외에도 워싱턴 D.C., 이탈리아, 중국 및 싱가포르에 캠퍼스를 두고 있다. 1876년 사업가인 존스 홉킨스에 의해 존스 홉킨스 병원과 함께 설립되었다. '현대 의학의 아버지'로 불리는 윌리엄 오슬러는 존스 홉킨스 의과 대학 및 병원 설립에 주요한 역할을 하였다. 미국 최초의 연구원 시스템을 구축하여 강의라는 일방적인 교육 형식을 보다 진일보시킨 세미나 제도를 최초로 도입하였다. 또한 박사 학위를 최초로 부여하기 시작했는데 2014년까지 졸업생과 교수 포함 37명의 노벨상 수상자들을 배출했다. 시카고대학교 등의 일부 연구 중심 대학들은 존스 홉킨스의 연구 중심적 시스템을 모델로 참고하기도 하였다.

8 메사추세츠주립공과대학교(Massachusetts Institute of Technology, MIT)는 미국 매사추세츠주의 케임브리지에 있는 연구 중심 공대를 모체로 한 사립대학교이다. 지질학자인 윌리엄 바튼 로저스가 과학의 진흥과 개발을 목적으로 1861년에 설립하였으며 1865년에 개교하였다.

스탠퍼드연구소[9]와 합참의장과 국방부 장관을 위해 일하는 국방분석연구소[10]이다. 이들 연구소 모두는 과학적 분석에서 상당한 범위의 기술을 가진 사람들을 연구원으로 데리고 있고, 이러한 사람들이 기밀 자료에 접근할 수 있다. 그들의 연구 결과가 주로, 가끔은 배타적으로 국가 안보에 책임이 있는 정부기관에 의해 소비되도록 의도되어 있다.

이러한 연구소들이 출발부터 기여할 수 있었던 연구 분야가 '운영 분석혹은 작전 분석'이라는 것이었다. 실제로 운영 분석은 구식 참모 업무에 뿌리를 두고 있으며 제1차 세계대전 전까지는 "내 추측이 당신보다 낫다"라는 시스템과 딱히 구별되는 것이 아니었지만, 그 이후에는 엄격하게 운영적인 문제에 적용되기 시작했다. 운영 분석의 아버지는 1916년에 획기적인 논문인《무기에서의 항공기Aircraft in Warfare》를 쓴 영국의 수학자 랜체스터일 것이다.

운영 분석은 대잠수함 작전에 처음 적용된 것으로 보인다. 일반적인 문제는 다음과 같이 설명할 수 있다. 구축함은 U-보트에서 발사된 어뢰가 남긴 후류의 시작 지점까지 달려가서 적 U-보트의 위치를 정확히 파악했다. 그러나 구축함이 그곳에 도착했을 때 U-보트는 다른 곳으로 이동했다. 대잠전 담당관은 U-보트의 정확한 속도와 방향을 알지 못하지만 최고 속도와 경과된 시간

---

9 SRI 인터내셔널(SRI International, SRI)은 캘리포니아주 멘로파크에 본사를 둔 미국의 비영리 과학 연구소 및 기관이다. 스탠퍼드대학교 신탁이 지역의 경제 발전을 지원하기 위한 혁신 센터로서 1946년 SRI를 설립했다. 설립될 당시의 최초 명칭이 스탠퍼드리서치인스티튜트(Stanford Research Institute)였다. SRI의 직원 수는 약 2,100명이다. SRI가 집중하는 분야는 생물의학, 화학, 재료, 컴퓨팅, 지구 및 우주 시스템, 경제개발, 교육 및 학습, 에너지, 환경기술, 보안 및 국가 방위, 센서 등이다. SRI는 전 세계에 4,000개가 넘는 특허를 받았거나 특허 출원에 있다.

10 국방분석연구소(IDA, Institute of Defense Analysis)는 미국 정부가 국가 안보를 다루는 데 도움을 주기 위해 시스템 및 분석센터(SAC), 과학기술정책연구소(STPI) 및 통신 및 컴퓨팅 센터(C & C)의 3개 연방 자금 지원 연구 개발 센터(FFRDC)를 관리하는 미국 비영리 법인이다. 버지니아주 알렉산드리아에 본부를 두고 있다.

간격을 알고 있을 것이다. 이때 이런 질문을 할 수 있다. 접촉에 대해 다시 설정하고 효과적인 폭뢰 공격을 할 수 있는 기회를 최대화하려면 어떻게 기동해야 하는가?

이 문제의 해결책은 나중에 '게임 이론'으로 알려지게 된 것을 적용하는 것이었다. 이 이론은 우연의 평가가 아니라 양측의 의도적이고 반응적인 행동을 포함한다는 점에서 확률 이론과 다르다. 이런 문제에서 일반적으로 최선의 방법 한 개가 있다는 것과 가끔 그 방법이 다른 방법보다 훨씬 더 낫다는 것이 발견되었다. 가장 좋은 방법은 알고 나면 뻔해 보일 수 있지만, 경험이 많은 함장이라도 직감에 따라 제안할 수 있는 방법은 아니라는 사실도 알게 되었다. 예를 들어, 이 특정 잠수함 문제에서 가장 좋은 전술은 구축함장이 어뢰 항적의 시작 지점 주위에 원을 만드는 것인데 이 원의 반지름은 U-보트가 수중 최고 속력으로 직진할 때를 가정한 것이다. 이 특별한 전술은 구축함장에 의해 채택되지 않은 것이었다.

제2차 세계대전 이후 군 복무 중 적절한 훈련을 받은 민간인 및 군인뿐만 아니라 랜드연구소와 같은 조직들은 특히 무기 체계 간의 선택과 관련된 수많은 문제에 대해 연구하기 시작했다. 이 작업은 '시스템 분석'이라고 불리게 되었다. 관련자들은 그들이 조사하고 있는 모든 무기 체계의 최신 기술을 완전히 이해하고 다양한 계약자의 전망과 약속을 독립적으로 평가할 수 있도록 과학적으로 훈련을 받아야 했다. 또 하나의 프로젝트에 참여한 팀은 새로운 무기 시스템의 개발 및 생산뿐만 아니라 다양한 상황에서의 사용 및 효과를 포괄하는 다양한 기술을 수용해야 했다. 이러한 상황에는 정치적, 전략적 가정이 포함될 수 있다. 시간이 지남에 따라 많은 경험과 새로운 통찰력을 얻었고 독특한 병법과 과학이 발전하기 시작했다.

시스템 분석의 발견 중 하나는 달러비용의 관련성이었다. 일반인들은 전시에 비용이 계산되지 않거나 계산되지 않아야 한다고 가정하는 경향이 있고, 이는 특정 제한된 상황에서 사실일 수 있다. 그러나 우리가 비용을 가치 그 자체가 아니라 회계의 단위 -즉 자원을 측정하고 관리하는 수단-라고 생각한다면 전시에도 비용 문제가 상당히 중요하다는 것을 알 수 있다. 모든 평시 준비를 위한 대비 노력에서 달러는 무엇보다도 중요하다. 무엇보다도 먼저 우리가 사용할 수 있는 총 자원의 한계를 알려주기 때문이다. 그 한도 내에서 우리는 한 가지를 희생하여 다른 것을 구입한다. 우리가 구입하는 것의 지출 비용은 경제학자가 '기회비용'이라고 부르는 것과 유사한, 다른 것을 거부하는 관점에서 측정할 수 있다. 특정 무기 선택과 관련하여 돈에 너무 관심이 많았다는 비난을 종종 듣는다. 그러나 무기 체계 사이에서 선택을 할 때 비용에 대한 깊고 지속적인 관심이 없는 사람은 가장 심각한 종류의 무능력자라는 이야기이다.

기술 환경에 의해 정해진 한계 내에서 우리는 충분한 시간과 비용만 주어져도 원하는 것을 가질 수 있다. 충분한 비용이 주어지면 우리는 크래쉬 프로그램[11]을 통해 제 시간 안에 개발하면서도 예산을 아낄 수 있다. 원자폭탄의 개발이 대표적인 사례이다. 폭탄을 개발하고 생산하는 데 필요한 시간이 얼마나 될지를 심층적으로 연구하는 데만 많은 추가 비용이 소요되었는데, 그렇게 투자한 비용은 매우 효율적이었다. 적절한 비용을 지출함으로써 우리는 특정 분야에서 '최첨단'의 발전을 가속화한다. 돈으로 우리는 국가를 방어하기 위해 재능있는 사람들의 능력을 살 수 있고, 더 높은 급여를 제공함으로써

11 크래쉬 프로그램(crash program)은 기술, 활동 등을 배우기 위한 짧고 집중적인 프로그램이다.

**그림10-1** B-52 스트레이토포트리스Stratofortress와 B-58 허슬러Hustler

다른 나라들의 추격으로부터 멀리 떨어져 승리할 수 있다. 시간과 목적이 주어진다면 우리는 재능 있는 젊은이들이 필요한 훈련을 받도록 격려하고 지원함으로써 재능있는 사람들의 집단을 돈으로 확장할 수 있다. 후자의 과정은 소련이 미국보다 훨씬 더 적극적으로 추구하는 것 같았다.

무기 시스템을 비교하려면 공통된 기준이 필요하다. 우리는 동일하거나 유사한 기능을 수행하도록 고안된 시스템만 비교할 수 있으며 상대적 효율성을 평가하는 유일한 기준은 고정된 목표를 달성하기 위한 각각의 금전적 비용이다. 이것은 불합리한 생각처럼 보일 수 있다. 돈이 유일한 공통분모라는 지적이 나오기 전까지는 확실히 혁명적인 아이디어였다.

한 예로서, 우리는 두 종류의 전략 폭격기 중에서 선택하는 비교적 간단한 예로 돌아간다. A 폭격기의 설계자는 항속 거리를 최대로 하려고 한다. 따라서 그들은 폭격기의 크기를 상당히 크게 만들고, 최고 속도를 소리의 속도인 mach 1보다 약간 낮은 최고 속도를 채택했다.[12] 반대로 B 폭격기의 설계자는 적의 영토 안에서 빠르게 침투하는 것이 중요하다고 생각하고 전체 비행의 일부 구간 동안 mach 2보다 빠르게 비행할 수 있는 작고 항속 거리가 짧

---

12 B-52 스트레이토포트리스(Stratofortress)가 이런 유형의 폭격기이다.

은 폭격기를 제안한다.[13] 우리는 후자의 경우 폭격기의 크기가 작으면 작을수록 더 큰 비행기의 약 2/3에 불과한 비용으로 만들 수 있다고 추정한다.

두 종류의 폭격기를 모두 구매하기로 결정하더라도 여전히 더 많은 수의 폭격기 구매를 결정해야 한다. 따라서 우리는 적 영역에서 대표적인 목표물들을 선택하고 -200개라고 하자- 이 목표물을 파괴하는 것을 임무로 지정한다. 이제 어떤 폭격기가 더 저렴하게 임무를 달성할 수 있는지 물어본다. 일반적으로 더 많은 대수의 폭격기를 구매함으로써 신뢰를 더 많이 얻을 수 있기 때문에 어떤 폭격기가 더 안정적으로 임무를 수행할 수 있는지 아직 묻지 않았다.

A 폭격기의 항속 거리가 6,000mile$^{9,654km}$이고 B 폭격기의 항속 거리가 4,000mile$^{6,436km}$인 경우 A 폭격기는 폭격 후 복귀 여정에서만 공중 급유를 받아야 하며, B 폭격기는 폭격을 하러 갈 때와 돌아올 때 각각 한 번씩 공중 급유를 받아야 한다. 공중 급유 요구 회수는 '목표물에 도달하는 시간'에 영향을 미치며 B 폭격기의 이점을 줄이거나 없앨 수 있다. 확실한 것은 B 폭격기가 A 폭격기보다 더 많은 수의 '호환 가능한 공중급유기'를 필요로 한다는 것이다. 이전에는 더 저렴한 폭격기처럼 보였던 것이 이제 더 비싼 폭격기로 보일 수 있다. 그러나 단순히 조달 비용을 비교하는 것은 무의미하다. 아마도 5년 정도의 적절하게 긴 평시 기간 각 기종의 운영 비용을 비교해야 한다.

우리는 두 기종의 폭격기가 각각 전투를 어떻게 수행할 수 있는지 고려해야 한다. 추측의 영역을 줄이는 데 사용할 수 있는 많은 경험과 정보가 있다. 우리는 특히 적의 영공 안에서의 각 기종의 생존 기대치에 관심이 있으며, 그 질문에 대한 우리의 관심은 우리가 필요로 할 폭격기의 대수에 대해 알려주

13 B-58 허슬러(Hustler)가 이런 유형의 폭격기이다.

는 내용에 국한되어 있다. 우리가 알아내야 할 것은 B 폭격기의 더 빠른 속도가 생존에 얼마나 가치 있는가이다. 만일 적군이 대부분 요격기에 의존한다면 폭격기의 빠른 속도가 큰 도움이 될 수 있다. 그러나 적군이 지대공 미사일에 크게 의존한다면 빠른 속도는 상대적으로 도움이 되지 않을 수 있다. 따라서 우리는 적군의 사전 설정뿐만 아니라 예상되는 방어도 고려해야 한다. 우리가 원하는 만큼 많이 알지는 못하겠지만 그래도 많은 것을 알게 될 것이다. 우리는 우리의 특정 폭격기 선정이 적의 방어에 대한 결정에 영향을 미칠 수 있다는 사실을 잊어서는 안 되지만 그 질문은 잠시 미루도록 하자.

A 폭격기는 표적까지 도달하기 위해 저고도 침투 방식에 의존한다. 이 접근 방식은 더 긴 항속 거리로 가능하며, 실제로 더 빠른 경쟁 폭격기보다 더 나은 생존 기대치를 가질 수 있다. 침투 능력은 침투하는 폭격기의 수를 늘리거나 디코이decoy, 미끼를 사용하여 적의 레이더를 혼란시키고 방어망을 포화시킴으로써 향상된다. 우리는 B 폭격기가 A 폭격기에 비해 다시 생존 기대치를 감소시킴으로써 우리가 사고 싶어 하는 값싼 미끼를 능가할 것임을 알게 될 것이다.

느린 폭격기가 일반적으로 빠른 폭격기보다 낫다고 제안하고 싶지는 않지만, 성능 특성에서 명백한 이점처럼 보일 수 있는 것이 착각일 수 있음을 분명히 하고 싶다. 엄격한 시스템 분석이 없는 경우때로는 있음에도 불구하고 공군의 편견이 항상 더 뛰어난 성능 특성을 위한 것이기 때문에 이 점을 강조할 가치가 있다. 그러한 편견은 비난할 것이 아니다. 변화에 대한 편견보다는 낮지만 너무 엄격해서는 안된다. 훌륭하고 작전 가능한 요격기가 때때로 성능 한계 부근에서 약간 더 좋은 최신형 요격기로 교체하기 위해 수억 달러의 비용을 사용하고 단계적으로 도태되었을 수 있다. 그것이 국가 예산만 낭비하는 것이 아니다. 그것은 항상 원하는 액수보다 부족한 예산 내에서 운영되는 관련 업무에 대한 군사적 가치가 손실되는 것이다. 새로운 기종으로의 변경으로 인한 변화가 성능 차이에서 파생된 장점의 한계를 없애버렸을 수도 있다.

우리는 시스템 분석에서 일반적이지만 단순한 문제의 개요를 충분히 설명했다. 핵심 아이디어는 다음과 같다. 어떤 무기도 함께 사용해야 하는 다른 무기 및 체계와 독립적으로 고려될 수 없다. 모두 일정 기간 운용될 것으로 예상되므로 일상적인 유지 관리가 필요하다. 이러한 모든 항목과 고려 사항에는 비용이 포함된다. 그러므로 일부 공통 기능에 대해 고려되는 다른 체계의 상대적 비용은 둘 사이 선택 문제의 기본이다. 예를 들어 장거리 폭격기와 장거리 미사일을 비교하기 시작할 때와 같이 공통 기능이 더 애매해짐에 따라 문제는 자연스럽게 더 어려워진다.

궁극적으로 우리는 소위 '계획 요소' 중 일부를 해결하기 위해 정보에 입각한 직관에 의존하지만 직관의 개입은 가능한 한 뒤로 미루는 것이 좋다. 직관을 본질적으로 불신하기 때문이 아니라 분석을 위한 토대의 부족으로 직관이 작동해야 할 영역이 이미 충분히 넓기 때문이다. 좋은 감각 또는 편견이라는 형태의 직관은 우리가 분석적이라고 생각하는 영역에서도 작동하며 좋은 직관은 값을 매길 수 없다. 그러나 그 신뢰성은 우리가 감당해야 하는 부담에 반비례한다.

운영 및 시스템 분석 기술에 능숙해진 사람들은 작업 범위를 넓히고 싶어 할 수밖에 없었다. 원래 관련 군 또는 군에서 전달한 가정 내에서 문제를 고려하는 데 만족한 경우 시간이 지나면서 이러한 가정에 의문을 제기하고 때로는 수정해야 했다. 그들은 매우 정밀한 성격의 전술적 문제를 엄격하게 들여다보기 때문에 광범위한 중요성을 지닌 전략적 문제에 점점 더 관심을 가질 수밖에 없었다.

군은 자연스럽게 여러 가지가 뒤섞인 감정으로 이러한 발전을 바라보았고, 도움을 받은 것은 기쁘다. 하지만 도달한 일부 결론과 밀교처럼 비밀스러운 지식의 고유한 소유자로서의 군의 지위가 점점 더 도전받고 있다는 사실을 깨닫고 경악했다. 장교 개개인들의 성격에 따라 반응은 전부 다르다. 부수적으로 우리는 지금까지 거의 전적으로 미국적인 현상에 대해 이야기하고 있음을 강조해야 한다. 다른 국가, 특히 영국은 군사 문제에 대한 개별적인 민간인 출신의 논평가가 있었고, 가끔 그들 중에는 매우 훌륭한 사람들도 있었다. - 리델 하트 대위는 그의 군대에서의 계급에도 불구하고 뛰어난 예이다.- 그러나 전술적 및 전략적 문제에 대한 연구를 평생 동안 하는 과학적으로 훈련된 민간인들로 구성된 대규모이고 공식적인 후원 단체는 오직 미국만이 가지고 있다. 군대는, 군대를 위해 실시된 연구를 거부하거나 받아들일 자유와 함께 궁극적인 통제권을 유지해야 한다.

독자가 과학의 새로운 성과에 대해 너무 낙관적인 결정을 하지 않도록 우리는 어떤 암울한 사실을 상기시켜야 한다. 첫째, 최고의 시스템 분석조차도 너무 많은 불확실성을 처리하기 때문에 오류가 많다. 둘째, 그러한 분석이 모두 잘 수행되지는 않는다. 그 한 가지 이유는 재능이 제한된 상품이기 때문이다. 셋째, 군대라는 '고객'은 좋은 분석조차도 자금 부족이나 편견과 같은 이유로 종종 거부한다. 넷째, 과학적 분석은 중요한 문제에 적용할 수 있지만 일반적으로 가장 중요한 문제는 아니다. 국가와 인류의 운명에 가장 깊숙이 영향을 미칠 가능성이 있는 전략과 확실히 정치의 심오한 문제는 일반적으로 가치 판단으로 가득 차 있기 때문에 과학적 분석에 적합하지 않은 문제이다. 그러므로 그들은 모든 종류의 탐구적인 생각을 완전하게 회피하려는 경향이 있다. 또한 우리가 다루어야 했던 문제의 복잡성과 어려움이 이 문제를 분석하는 기술의 발전을 훨씬 앞지른 것도 사실이다.

**그림10-2** 제2차 세계대전 때의 독일 V-2 로켓

반면에 핵무기와 미사일을 만들어낸 것과 같은 종류의 반추적이고 객관적인 사고와 연구가 우리 자신의 관심사를 훨씬 더 많이 만들고 있다. 또 우리가 그것들을 가지고 무엇을 하는지에 대해 고려하려 한다는 만족할 만한 근거가 있다. 그런 걱정을 전혀 하지 않는 것이 두 번째로 좋은 일이지만, 이 불완전한 세상에서는 그런 이유로 경멸해서는 안된다.

# 제11장
# 최근의 무기 체계 변화(1962~1972)

이 책의 초판이 발행된 이후 10년 이상 동안 중요한 두 가지 방식의 핵무기, 즉 처음에는 핵분열 무기, 나중에는 핵융합 무기를 생산한 것과 비교할 만한 무기 분야의 과학 혁명은 없었다. 이는 예상되었던 것이었다. 폭탄용이건 발전용이건 원자력의 활용은 오랫동안 밝혀지기를 갈망했던 비밀이었다. 그것이 별이 거의 무한한 에너지를 산출하는 방법이라는 것을 이해하고 나면, 궁극적으로 지구에서 그러한 형태의 에너지를 생산하고 활용할 수 있는 방법이 발견될 것이라고 가정하는 것이 터무니없는 것은 아니었다. 현재로서는 과학을 탐구하는 사람들에게 이 매혹적으로 깜박이는 표지등[1]과 비교할 수 있는 '비밀'은 없다.

당연히 핵무기는 발전했다. 특히 탄두의 무게를 계속 줄이고 형식을 계속 특화하는 방향으로 핵무기는 계속 발전되었다. 전자는 다탄두 미사일에서 중요한 의미를 가지고, 미사일 요격 미사일에서는 둘 다 중요하다. 그러나 그전의 20년 간의 원자력 발전과 비교할 때 최근 10년 간의 발전은 그렇게 주목할

---

1 밤하늘에서 스스로 빛나는 항성은 핵 융합에 의하여 빛을 발산한다. 이것을 표지등으로 비유한 중의적 표현으로 생각된다.

만하지 못하다. 이 분야에서 가장 흥미로운 발전은 정치적 문제이다. 1964년 중국Communist China이 '핵무기 클럽'에 가입한 것이다.[2] 또한 1963년에는 미국, 소련, 영국이 서명한 대기 중 핵실험금지협정[3]프랑스와중국은 서명하지 않음, 1968년의 핵무기비확산조약[4] 등이 있었다. 마찬가지로 흥미롭고 중요한 것은 1972년에

2 양탄일성(兩弾一星, 두 개의 폭탄과 하나의 인공위성). 중국의 핵 개발(원자폭탄·수소폭탄)과 장거리 미사일(동방홍 위성과 ICBM) 개발을 중국에서 일컫는 말이다. 1950년대 중반 중·소 결렬 이후 중국은 독자적으로 핵과 유도탄을 개발하여 안보를 담보하려고 했다. 중국의 핵 개발은 1955년 첸쉐썬 박사와 함께 매카시즘 분위기의 미국에서 두려움을 느끼던 100여 명의 과학자가 귀국하면서 시작되었다. 첸쉐썬 박사는 천재 과학자로 수학과 항공 공학 박사였다. 그는 MIT 교수를 거쳐 칼텍 교수로 재직하던 중 미국의 미사일 개발에 참여하였는데, 1950년 매카시즘 시기에 중국 스파이라는 혐의를 받고 5년간 감금되어 있다가 6·25전쟁에서 잡힌 미군 포로들과 교환되어 중국에 돌아왔다. 첸쉐썬 박사는 귀환한 과학자들의 도움을 받아 자신의 전공인 유도탄(미사일) 개발 계획뿐만 아니라 핵무기 제조도 감독했다. 핵무기는 1962년부터 개발을 추진했고, 2년만인 1964년 10월 16일 타클라마칸 사막에 있는 롭누르 지역에서 최초의 핵실험인 596 프로젝트(원자폭탄)를 성공했다. 그리고 3년 뒤 1967년 6월 17일에는 미국, 소련, 영국에 이어 TNT 3.3Mt 위력의 수소폭탄 개발에도 성공했다.

3 부분적 핵실험 금지 조약(Partial Nuclear Test Ban Treaty, PTBT)은 대기권 내, 우주 공간 및 수중에서 핵무기 실험을 금지하는 조약(Treaty of Banning Nuclear Weapons Tests in the Atmosphere in Outer Space and Under Water)이다. 지하를 제외한 모든 핵폭발을 금지함으로써 핵무기 경쟁을 억제하고, 핵폭발에 의한 방사능 강하물의 환경 오염을 방지하는 것을 목적으로 미국, 소비에트 연방, 영국 3개국이 1963년 8월 5일 모스크바에서 조인하였다.
이 조약의 기원은 지상의 핵무기 실험에 의해 발생되는 대기의 방사성 낙진이 위험을 일으킨다는 사실에 대해 전 세계적인 관심이 집중되면서 비롯되었다. 그러나 이를 통제할 수 있는 기관, 현지 조사 체제, 국제 감독 기구 등을 갖추지 못했다. 또 이 조약은 핵무기 보유량을 감축하지 못했으며, 핵무기 생산을 중지하거나 전시 핵무기 사용을 제한하지도 못했다. 이 조약에는 몇 개월 만에 프랑스와 중국을 제외한 100개가 넘는 정부가 조인했다. 조약을 기초한 미국, 소련, 영국은 조약 개정에 대한 거부권을 가지고 있다. 조약의 개정은 미국, 소련, 영국을 포함한 조인국 다수의 찬성을 얻어야 한다.

4 핵무기비확산조약(核武器非擴散關條約, Treaty on the Non-Proliferation of Nuclear Weapons), 약칭 핵확산방지조약(核擴散防止條約, Non-Proliferation Treaty - NPT)은 핵무기를 보유하지 않은 나라가 핵무기를 갖는 것과 핵무기 보유국이 비보유국에 핵무기를 제공하는 것을 금지하는 조약으로, 핵확산금지조약이라고도 한다. 1966년 후반부터 미·소의 타협이 진전되어 1967년 초에는 미·소 간에 기본적인 합의가 이루어졌다. 미·소 초안의 심의를 맡았던 제네바군축위원회에서는 비핵보유국이 특히 비판적이었다. 그들은 문제점으로 핵의 평화적 이용도 금지된다는 것, 핵보유국의 핵 군축 의무가 명기되어 있지 않다는 것, 비핵보유국의 핵 활동에 대한 사찰이 내정 간섭 수준이라는 것, 비핵보유국은 아무런 안전 보장도 받을 수

체결된 미국과 소련 간의 전략무기제한협정[5]이었다.

　과학적 원리에 기반한 공학적 개선 분야에서 무기의 거의 모든 기술적 발전이 일어났던 지난 10년은 그전의 10년보다 더 놀라운 기간이었다. 가장 주목할 만한 발전은 미사일 정확도의 향상, 레이더의 설계 및 적용, 컴퓨터의 발전과 관련 있다. 세 가지 영역의 발전 사항은 설계자와 다른 수많은 유자격자가 기술적으로 성공했다고 주장하는 최초의 탄도 미사일 요격 체계(ABM), 즉 '센티넬'[6] 또는 세이프가드[7]라는 이름으로 알려진 시스템에서 결합되었다. 최근

　없다는 것, 기한이 너무 길다는 것 등을 지적하였다. 1969년 6월 12일 유엔총회는 찬성 95, 반대 4, 기권 13으로 이 조약의 지지 결의를 채택하였다. 핵무기 보유국인 서명국 전부와 나머지 40개 국의 비준을 필요로 하는 이 조약의 발효는 미·소의 비준서 기탁이 끝난 1970년 3월 5일 이루어졌다. 2010년 6월 현재 가맹국은 미국·러시아·중국·영국·프랑스 등 핵보유국을 비롯한 189개 국이다. 조약은 5년마다 핵확산금지조약의 평가 회의를 통해 재검토된다. 본래 핵확산금지조약은 25년 기한이었으나 1995년 5월 11일, 뉴욕에서의 평가 회의에서 서명국이 합의하여 조약의 무조건 무기한 연장을 결정했다.

5　전략무기제한협상(Strategic Arms Limitation Talks, SALT)은 1969년부터 1979년까지 열렸던 미국과 소련의 회담이다. 핵무기의 생산과 배치를 제한하기 위해 1967년 린든 B. 존슨 미국 대통령이 회담을 제의하였다. SALT I 협정을 위한 회담은 1969년부터 1972년까지 유럽에서 열렸고 SALT I 협정은 1972년 5월 26일 소련 모스크바에서 조인되었다. 주요 내용은 미·소 양국의 ABM기지는 두 곳에서 한 곳으로 축소하고 수량도 100기로 제한하며 미국은 ICBM 1054기, SLBM 710기에 소련은 ICBM 1618기, SLBM 950기 보유로 제한한다는 내용이었다. SALT II 협정을 위한 회담은 1972년 11월부터 1979년까지 제네바에서 열렸고 SALT II 협정은 1979년 6월 18일 빈에서 조인되었다. 양측이 보유할 수 있는 ICBM, 전략 폭격기의 총수를 2,250기로 제한한다는 것과 MIRV화할 수 있는 운반 수단은 1,320기를 초과할 수 없다는 것, ICBM, SLBM은 1,200기를 넘지 못한다는 것, 이 중에서 MIRV화할 수 있는 ICBM은 820기를 초과하지 못한다는 것으로 되어 있다. 이 조약의 유효 기간은 1985년 12월 31일까지이나 아직 발효하지 않은 채 있다.
　이 협상의 한계는 양측의 핵무기 숫자만 제한했지 양측의 핵무기를 줄이진 못했으며 소련은 협정을 교묘하게 피하기 위해 서유럽을 겨냥한 RSD-10 파이오니어같은 중거리 탄도 미사일 대량 양산으로 선회해 서유럽인들이 미국에 대한 반발을 일으킬 정도의 위기감 즉 '유로 미사일 위기'로 불리게 된다. 1991년 7월 31일 미·소 양국 간 전략무기삭감회의가 열리기도 했으며 이때부터 미국과 러시아는 본격적으로 핵무기를 줄이기 시작했다.
6　센티넬(Sentinel)은 1960년대 말에 제안된 미 육군의 탄도 미사일 요격 미사일 체계이다. 센티넬은 중국으로부터 예측되는 소량의 대륙간 탄도탄 미사일 공격이나 소련 또는 다른 나라에서 우발적으로 발사된 소량의 대륙간 탄도탄을 방어하기 위한 목적으로 북미 대륙에

에는 1972년 베트남에서 최초로 사용된 소위 스마트 폭탄 또는 재래식 유도 폭탄이 있다.

베트남전쟁은 이전까지의 전쟁과는 달리 무기 기술 발전의 속도를 가속화 시키는 것이 아니라 늦추는 결과를 우연히 낳았다. 대부분의 경우 무기의 발

~~~~~~~~~~~~~~~~~~

방어망을 제공하도록 제안되었다. 이 시스템은 각각 MSR(Misile Site Radar)을 중심으로 하는 열일곱 개의 기지(미 본토 열다섯 개, 알래스카와 하와이에 각 한 개)와 그 지하의 컴퓨터화 된 명령 센터를 가질 예정이었다. 이 시스템은 미국·캐나다 국경 지역과 알래스카에 다섯 개의 장거리 목표 탐지 레이더(Perimeter Acquisition Radars : PAR)에 의해 지원된다. 주요 무기는 대기권 밖의 원거리에서 요격하는 스파르탄 미사일과, 스파르탄 요격을 뚫고 접근하는 탄도탄들을 미군의 대륙간 탄도탄 기지들과 PAR 기지 근처의 대기권 내에서 요격하는 근거리용 스프린트 미사일로 구성되어 있었다. 이 시스템은 초기에 총 480발의 스파르탄과 192발의 스프린트 미사일을 보유할 예정이었다. 센티넬은 초기 대탄도탄 요격망으로 제안되던 Nike-X 개념의 급격한 비용 상승에 대한 해결책이었다. 센티넬 사업은 1967년 9월 18일에 시작되었고, 보스턴 외곽의 첫 번째 센티넬 기지 건설은 1968년에 시작되었다. 그러나 닉슨이 대통령에 취임했을 무렵, 여론은 도시 교외 지역에 위치한 ABM에 강하게 반대했다. 닉슨은 시스템에 대한 전면적인 변경을 제안하는 검토를 명령하고 센티넬 프로그램은 18개월만인 1969년 3월에 취소되었다. 대신 미 공군의 대륙간 탄도탄 기지를 방어하기 훨씬 더 저렴한 시스템인 세이프가드 프로그램으로 변경되었다.

7 세이프가드(Safeguard) 프로그램은 주로 소량의 중국 ICBM, 제한된 소련 또는 기타 다양한 제한된 발사 시나리오로부터 미 공군의 미니트맨(Minuteman) ICBM 기지를 방어하여 미군의 핵 억제 전력을 보존하기 위한 미 육군의 대탄도 미사일 요격 미사일(ABM) 시스템이었다. 소련의 전면적인 핵 공격은 방어할 수 없었다.
이전 개념인 센티넬 계획에 의해 1968년에 건설이 시작되었지만 교외 지역에 위치한 기지에 대한 시위라는 사태를 맞이하자, 1969년 3월, 닉슨 대통령은 센티넬이 도시가 아닌 미사일 기지를 보호하기 위해 재배치될 것이며 그 기지는 민간 지역에서 멀리 떨어져 있을 것이라고 발표했다. 하지만 곧 존슨 대통령부터 시작된 미국과 소련 간의 협상이 지속되어 1972년 양국 간에 타결된 ABM 협정으로 미국과 소련은 각각 두 개의 ABM 기지만 건설하기로 합의했다. 세이프가드는 노스 다코타와 몬타나에 있는 지역으로 축소되어 건설 중이던 기지를 포함 다른 모든 계획된 기지를 취소했다. 나머지 두 기지의 건설은 1974년까지 계속되었으며, 추가 협정으로 양국이 단일 ABM 기지만 건설하기로 재합의했다. 몬태나 지역은 주 레이더가 부분적으로 완성된 채 폐기되었고, 노스 다코타의 기지인 스탠리 미켈슨(Stanley R. Mickelsen) 세이프가드컴플렉스는 1975년 4월 1일에 가동되어 1975년 10월 1일에 완전 작전 가능 상태가 되었다. 하지만 의회의 결의에 따라 몇 달 뒤인 1976년 2월 10일 폐쇄되었다. 세이프가드 시스템의 개별 기지는 Perimeter Acquisition Radar(PAR), Missile Site Radar(MSR), Remote Sprint Launchers(RSL)로 구성되어 있었다.

전은 베트남에서의 요구 우선순위 목록에서 높지 않은 것 같았다. 유도 폭탄과 1972년에 사용된 새로운 유형의 기뢰는 예외적이었고 베트남에 대한 미국의 참전과 그로 인한 예산과 관심의 흡수는 정상적인 무기 개발 경로에서 두 가지 모두의 공급 감소를 의미하기 이전의 산물이었다.

그러나 장비와 특정한 다른 것들에 대한 설명을 진행하기 전에 지난 10년 동안 무기 개발에 지대한 영향을 미친 전략적 사고의 주목할 만한 발전을 살펴보는 것이 좋겠다. 우리는 전쟁에서 '재래식' 무기의 새로운 강조를 초래한 전략적인 사고의 수정에 대해 말하고자 한다.

## 재래식 전쟁 사상의 새로운 학교

제9장의 끝 부분에서 "최근 열핵무기와 미사일의 발전은 제한전의 필요성에 새로운 동기 부여를 했다"라고 지적했다. 같은 단락에서 "현대 전쟁은 전면전이라는 오래된 공리"에 대한 장기간의 재검토에 대해 이야기했다. 그 문장이 쓰였을 때조차 적어도 1952년 이후로 핵무기 사용을 피하기 위해 전쟁을 제한할 필요성에 대해 진행되어온 상당한 수준의 생각을 언급하기 어려웠다. 그러나 이 책은 전략 사상이 아닌 무기에 관한 책이기 때문에 복잡하게 생각할 필요가 없다는 것이 저자들의 지배적인 견해였다. 그 당시에도 그것은 잘못된 견해였을 수도 있고 지금은 더욱 그러할 것이다.

물론 우리는 핵무기뿐만 아니라 재래식 무기에서도 기술 발전이 계속되고 있음을 언급 할 수 있고 독자들은 왜 그런지 물어볼 수 있다. 핵무기는 확실히 다른 어떤 종류의 무기보다 훨씬 더 효율적인 파괴 무기이며, 이전 시대에는 모든 경쟁 무기를 대체할 수 있을 정도이다. 그러나 일부 관찰자들이 핵무기가 처음 등장했을 때 언급했듯이, 핵무기는 너무 효율적이어서 아무 때나 사용할 수 있는 무기가 못된다. 어쨌든 1960년 이후로 진행된 관련 이론의 양과 성격은 최소한 몇 가지 간략한 설명을 요구한다.

핵 시대가 시작되기 전에도 일부, 특히 바질 리델 하트 경은 총력전 또는 무제한전에 지나치게 집착을 하지 말라고 경고했다. 그러나 그와 다른 사람들의 이러한 주장은 별로 주목받지 못했다. 그러다가 핵무기의 도래는 성향과 훈련을 통해 전술이나 무기와는 달리 전략을 생각하고 토론할 수 있는 능력을 갖춘 사람들의 관심을 끌었다.

1952년 열핵무기[8]가 등장하면서 모든 것이 바뀌었다. 그해 11월 열핵 장치의 실험이 성공하기도 전에 열핵폭탄의 실용화가 임박했다는 사실은 몇몇 사람 사이에서 전쟁을 제한해야 할 필요성에 대한 생각을 자극하기 시작했다. 또 당시 한국에서 진행 중이던 무력 충돌[9]은 그러한 구속이 필요한 예가 되었다. 존 포스터 덜레스[10] 국무장관이 1954년 1월에 유명한 '대량 보복'[11] 연설을

---

8 열핵무기(Thermonuclear Bomb 또는 Hydrogen Bomb, H-Bomb)는 핵무기의 일종으로, 1차로 원자탄을 기폭제로 이용하여 초고열 초고압을 생성함으로써 2차 핵물질이 핵 융합 반응을 통해 동작하는 것을 기초적 원리로 삼는다. 기폭 단계가 여러 단계로 구성되어 있고, 각각의 폭발이 그 전 단계의 폭발에 의존하기 때문에 '다단계 열핵폭탄(Multi-Stage Thermonuclear Bomb)'이라고도 한다. 2차 핵 융합 반응의 재료가 수소여서 일반적으로 수소폭탄이라고 부른다.

9 6·25전쟁을 지칭한다.

10 존 포스터 덜레스(John Foster Dulles, 1888~1959)는 1953년부터 1959년까지 드와이트 D. 아이젠하워 대통령 아래 제52대 국무장관을 지낸 미국의 공화당 정치인이었다. 그의 조부 존 W. 포스터와 삼촌 로버트 랜싱도 국무장관을 지냈고, 그의 동생 앨런 덜레스는 미국 중앙정보국의 국장이었다. 아이젠하워의 가장 가까운 고문으로서 덜레스는 냉전의 초기 세월에 소중한 인물이었으며 봉쇄 정책보다 공산주의에 대항하는 더욱 공격적인 미국의 입장을 주창하였다. 그의 정책 공헌 중의 하나는 전쟁 직전에 이르나 실제 무력 충돌에 못 미치는 극단 정책으로 알려진 것이었다. 아이젠하워와 더불어 그는 공산주의의 롤 백 정책을 주창하였다. 그는 인도차이나에서 베트남에 대항하는 전쟁에서 프랑스를 지지하였고, 1954년 제네바 회담에서 유명하게 저우언라이와 악수를 거부하였다.

했을 때 미국은 핵무기의 규모에 관계 없이 모든 침략에 대응할 것이라고 경고하였다. 덜레스의 성명에 대해 일부 사람들이 강력한 비판을 제기하게 할 수 있도록 이 문제의 다른 측면에서의 충분한 연구가 있었다. 후자는 미국이 대규모 핵 전력과 대규모 재래식 전력을 모두 유지할 여력이 없다는 드와이트 D. 아이젠하워 대통령의 확신의 표현일 뿐이라는 점을 지적할 수 있다. 그러한 확신을 가진 사람이라면 분명히 전력을 개발하는 것을 선택하여야 할 것이다. 핵무기의 세계에서 초강대국은 핵무기를 모든 운반 수단과 함께 적절히 공급하는 것을 선택하여야 했다.

아이젠하워가 보기에 핵전력에 대한 강조는 주로 경제적 척도였으며, 도발이 있을 때마다 핵무기 사용을 위협할 만큼 완고한 대통령이라면 실제 핵무기에 의존하지 않고도 그러한 침략을 억제할 수 있다는 개념으로 핵전력을 강조하는 것이었다. 따라서 상당한 규모의 재래식 전력은 불필요했다. 이 견해에 대한 비판자들은 이것이 비현실적인 생각이며, 미국이 소규모 문제에서 핵

---

11 1954년 1월 12일 미국의 국무장관 존 덜레스에 의해 처음으로 제기된 미국의 초기 핵 전략으로 최종 억제에 기초를 둔 전략으로 침략을 억제하기 위해서 국지전 또는 제한적인 도발일지라도 그 종주국에 대해 강력한 대량의 전략 핵무기로 핵 보복을 가하겠다는 전략이다. 즉 최소의 도발에 대해서도 최대의 응징 보복을 단행하겠다는 전략이다. 이 전략은 침략을 억제하기 위해 내가 선택한 장소와 시간에 내가 선택한 수단으로 강력히 보복하겠다는 의지와 능력을 보여주는 전략이다.
이 전략의 기저에는 적대국으로 하여금 미국은 이 전략을 실제로 실천할 것이라고 믿게 해서 광범위한 대량 보복을 실제로 실행하지 않고 침략을 억제할 것이라는 희망이 있다. 또 복잡한 해결이 필요한 모든 도발 행위에 대해 한 가지 방책으로 해결할 수 있다고 생각하였다. 그러나 현실 세계의 복합적이고 어려운 문제를 한 개의 방책으로 모두 해결할 수 있는지는 의문이었다. 이런 신뢰성에 의문을 가진 과학자들이 침략의 모든 경우를 조사한 결과, 핵 대량 보복은 습격, 침투, 유격전, 미국의 중요하지 않은 지역에서의 소규모 전쟁 같은 제한적 또는 간접 침략의 경우엔 신뢰성이 없다는 결론을 내렸다. 대량 보복 전략은 핵 전쟁을 유발하게 될 것이고, 미국은 부차적으로 중요한 문제에 대해서 관여할 수 없게 될 것이며, 대량 보복은 미국에 대한 직접 공격 같은 대규모 공격에 한해서만 신뢰성이 있는 것으로 생각되었다.

무기에 의지할 준비가 되어 있는지 잠재적인 침략자들이 의심할 것이기 때문에 1950년 한국에서 일어난 것과 같은 공격이 반드시 억제되지는 않을 것이라고 주장했다. 그리고 그들이 옳을 것이라는 주장은 계속되었다. 왜냐하면 그러한 상황에서 미국이 핵무기를 사용해서는 안 되기 때문이다.

그러나 아이젠하워가 재직하는 동안 아이젠하워의 견해는 군대에, 특히 공군으로부터 박수를 받았다. 미 공군은 재래식 폭탄을 운반하기 위한 폭탄 운반 장치를 폭격기에서 제거하여 재래식 능력을 본질적으로 제거했다. 1958년 제2차 타이완 해협 위기[12] 동안 미 합동 참모 본부는 대통령에게 핵무기 사용을 허가하지 않는 한 미국은 타이완 방어를 위해 효과적으로 개입할 능력이 없다고 알렸다. 아이젠하워는 그 상황에서 개입하는 것에 명백히 반대하지는 않았지만 당분간은 천천히 가는 것을 선호한다고 말했다. 결과적으로 적당한 재래식 개입으로 충분하다는 것이 입증되었다.

그러나 1961년 1월 존 F. 케네디는 완전히 다른 철학을 가지고 대통령에 취임했다. 상원 국방위원회 위원 출신으로 국방을 주제로 한 책들과 기사들을 읽었던 그는 대량 보복 교리에 반대하는 현대 사상에 익숙해졌다. 그가 읽은

---

12 원문에는 '1958년의 마추-진먼 위기(Matsu-Quemoy crisis of 1958)'라고 적혀 있다. 제2차 타이완 해협 위기 또는 진먼도(金門島) 포격전으로 알려져 있다. 마추 열도(馬祖列島)는 타이완 해협 북쪽 중국 대륙 푸젠성 연안에 위치한 타이완 통치하의 군도이다. 'Quemoy'는 진먼도의 포르투갈식 명칭이며 마추 열도 중 최전방에 위치해 있다. 대륙의 샤먼시와는 불과 10km, 타이완 섬과는 200km 정도 떨어져 있다. 1949년 국공내전 막바지 당시 밀리고 밀리던 중국 국민당 측의 최후의 방어선이 되면서 세계의 주목을 받게 되었다. 면적은 울릉도의 두 배이고, 인구는 13만 9,484명이다.
제2차 타이완 해협 위기는 1958년 8월 23일부터 10월 5일까지 진먼섬에 주둔하고 있던 중화민국 국군에 대해 중국 인민해방군이 47만 발의 포격을 가한 전투이다. 이때에는 인민해방군 공군과 중화민국 공군 간 공중전까지 벌어졌는데, 중화민국 공군의 F-86 전투기들이 사이드와인더를 달고 제공권을 장악하였다. 중공의 포격은 1978년까지 간헐적으로 이루어지다가, 1979년 1월 1일 미·중 국교 정상화 이후 포격전이 멈췄다.

책 중에는 맥스웰 테일러 장군[13]의 《불확실한 트럼펫Uncertain Trumpet》(1959)이 있는데[14], 이 책은 재래식 전력을 확대하는 데 찬성하는 생각을 상당 부분 흡수하고 재조명했다. 케네디 대통령이 취임한 지 얼마 지나지 않은 1961년 4월의 비극적인 피그만 사건[15] 직후, 케네디 대통령은 퇴역한 테일러 장군을 그의 개인 군사 고문으로 삼았다. 그러나 훨씬 더 중요한 임명은 로버트 S. 맥나마라[16]를 국방부 장관으로 임명한 것으로, 케네디 대통령은 그의 참모진 중 한

---

13  맥스웰 테일러(Maxwell Davenport Taylor, 1901~1987)는 미 육군사관학교를 졸업하였으며 1944년 6월 노르망디상륙작전 때 제101공수사단을 지휘하였다. 종전 후에는 미 육군사관학교장을 지냈으며 6·25전쟁에도 참전했다. 2년간 주한 미8군 사령관을 지냈고 이어 육군 참모총장으로 4년 동안 재직했다. 3년 후에는 합동참모의장을 역임했다. 쿠바 미사일 위기가 발발하자 그는 대책회의 일원이었으며 쿠바의 소련군 미사일 기지를 공습하는 데 찬성하는 매파에 속했었다. 1964년에는 남베트남 주재 미국 대사로 1년간에 재직했다.

14  관습적으로 요구되는 확신 없이 행동하거나 수행, 지휘하는 것(Acting or performing, conducting oneself, without the sureness that is conventionally called for.). 테일러는 육군 참모총장으로서 아이젠하워 행정부의 'New Look'의 국방 정책에 대해 솔직하게 비판했으며, 아이젠하워 행정부는 핵무기에 대하여 위험하고 과도하게 집중하고 재래식 군대를 소홀히 했다고 여겼다. 테일러는 또한 합동참모총장의 부적절함을 비판했다. 행정부가 자신의 주장에 대해 말하지 못해 좌절한 테일러는 1959년 7월 참모총장에서 물러났다. 그는 1960년 1월 매우 비판적인 책인 《불확실한 트럼펫》을 출판해서 절정에 이르는 'New Look'에 반대하는 캠페인과 함께 공개적으로 케네디를 지지하는 선거 운동을 벌였다. 그러나 테일러는 부주의하게 기밀 사항을 언론에 말한 이유로 아이젠하워 대통령의 명령에 따라 닐 H. 맥켈로이 국방부 장관에 의해 전역되었다. 테일러는 동료에게 아이젠하워 대통령과 국가안보회의가 군대를 지휘할 능력이 없다고 말했다. 그는, 아이젠하워 대통령의 무능이 결합되어 소련이 미국의 뒷마당에 들어갈 수 있다고 주장했다(이 주장은 쿠바 미사일 위기로 현실화되었다.). 또 다른 사건은 미 공군이 대륙간 탄도 미사일 관할권을 육군에서 성공적으로 빼앗은 사건으로, 테일러는 공군이 한때 육군의 일부였다고 밝히며 노골적으로 토마스 D. 화이트 공군 참모총장을 비난했다. 테일러는 또한 육군만이 합동참모본부 의장을 맡을 수 있다고 믿었다.

15  피그만 침공은 1961년 4월 피델 카스트로의 쿠바 정부를 전복하기 위해 미국이 훈련한 1,400명의 쿠바 망명자가 미군의 도움을 받아 쿠바 남부의 피그만으로 상륙하다가 실패한 사건이다. 미국 정부는 1960년부터 이 침공을 계획하고 자금을 제공했다.

16  로버트 S. 맥나마라(Robert Strange McNamara, 1916~2009)는 미국의 기업가이자 제8대 국방부 장관이다. 베트남전쟁과 관련하여 미국 정부에서 큰 역할을 하였으며 1968년부터 1981년까지 세계은행의 총재를 역임하였다. 로버트 맥나마라는 1939년 하버드대학교 경영

사람이 말했듯이 "핵 요정 지니를 병에 다시 넣기"를 원했다.[17] 그는 새 국방부 장관에게서 정확히 같은 소원을 가진 대리인을 찾았다.

맥나마라 장관은 즉시 그의 개혁을 지원하기 위해 대부분 젊은 민간인을 국방부 공무원으로 임명했다. 여기에는 대부분 시스템 분석에 능숙했지만 핵 전쟁을 피할 수 있는 가장 좋은 방법은 대규모 재래식 전력을 증강하는 것이 라는 새로운 아이디어를 참신하게 발전시킨 랜드연구소의 파견 연구원이 포 함되어 있었다. 맥나마라는 이러한 아이디어를 신속하게 자신의 것으로 만들 었으며, 미국이 재래식 군대를 구축해야 할 필요성-특히 미 육군에 있어서- 에 대해 매우 호의적인 케네디 대통령에게 깊은 인상을 남겼다. 뿐만 아니라 나토NATO 동맹국도 그들의 재래식 군대를 증강하도록 유도했다.

대학원에서 MBA를 취득하였다. 1943년에 미국 육군 항공대에 입대하였으며 대위로 통계 적 관리 부서에서 근무하며, 1945년 일본 본토에 대한 B-29 폭격의 효과 분석을 수행했다. 1946년 중령으로 미합중국 공로훈장(Legion of Merit)을 받고 전역했다. 1946년 당시 경영 난에 있던 포드자동차회사에 입사하여 경영 사업 계획 수립에 종사하며 제2차 세계대전 의 전쟁 특수와 헨리 포드 사후 침체되어 있던 포드사를 끌어올렸다. 초고속 승진을 거듭 한 끝에 1960년 최초로 포드가(家) 출신이 아닌 대표가 되었다. 1960년 대통령 선거에서 승리한 존 F. 케네디 대통령은 맥나마라를 국방부 장관에 임명했다. 이는 맥나마라가 포드 의 사장이 된 지 겨우 5주가 지난 후였다. 맥나마라는 국방에 대한 많은 지식을 가지고 있 지는 않았지만 빠른 적응력으로 자신의 역할을 파악, 적극적인 활동을 시작하였으며 국방 정보국(DIA)과 국방조달청(DSA)를 설립했다. 트루먼과 아이젠하워, 존 F. 케네디 정권에 이 어 시작된 베트남전쟁은 로버트 맥나마라의 모든 시간과 에너지 소비에도 불구하고 거듭 되는 실책과 방향 전환에 의해 미국에 큰 상처를 주는 결과가 되어 맥나마라의 명성에 큰 그림자를 드리우는 결과가 되었다. 그 결과 베트남 현지 군 사령관이 요구한 병력 증원에 대하여 소극적으로 되어갔으며 1967년 11월에는 북베트남에의 공습 정지, 베트남전쟁에서 미군의 단계적 축소를 제안했지만 존슨 대통령에게 거절당했다. 이후 1968년 세계은행 그 룹 총재에 취임하였다.

17 1965~1970년 미국 NBC에서 방영된 유명 소설가 시드니 셸던 각본의 시트콤 '내 사랑 지니 (I Dream of Jeannie)'의 여주인공을 빗댄 것으로 보인다. 미 공군과 NASA의 전폭적인 협조로 제작되었고, 한국에서는 1976년 MBC에서 방송했다. 미 공군 소속의 NASA 우주비행사 토 니(Larry Hagman)가 불시착한 남쪽의 섬에서 주운 병 안에 들어있는 아라비아풍의 아름다 운 요정 지니(Barbara Eden)와 미국에 돌아와서 벌어지는 해프닝을 그린 드라마이다. 1992 년에는 월트 디즈니 픽처스의 애니메이션 영화 '알라딘'에서 남자 캐릭터로 재등장했다.

곧 맥나마라 장관은 단순히 '국지전'에 맞서 싸우고 유럽, 특히 베를린 주변의 국지적 위협에 대처할 수 있는 실질적인 재래식 병력을 확보하는 데 관심이 있는 것이 아니라 나토 지휘 하에 바르샤바 연합군과 함께 활동하는 소련 야전군 전체에 의한 본격적이고 의도적인 재래식 공격에 대처하는 계획에 관심이 있다는 것이 밝혀졌다. 이 계획은 중부 전선에 있는, 기존 합의에 의해 규정된 32개 나토 사단을 상당히 구체적으로 강화하고, 90일 간의 전투에 충분한 탄약과 기타 보급품을 공급하는 것을 구상했다. 일반적인 생각은 이러한 종류의 군사력만이 그렇지 않으면 상실될 억지 요소를 채울 수 있다는 것이었다. 이런 정책을 옹호하는 사람들은 핵무기는 핵 공격만 억제할 수 있고, 다양한 재래식 전쟁은 억제하지 못한다고 주장했다. 그들은 또한 억제에 실패하더라도 적절한 군사력이 있다면, 결과적으로 전쟁을 비핵전 상태로 유지할 수 있는 좋은 기회가 있다고 주장했다.

그러나 반대편에는 할 말이 많았다. 이전에 우리가 재래식 군대를 증강해야 한다는 정책에 지지했던 일부 사람들에게조차 새로운 정책은 터무니없는 극단으로 가는 것처럼 보였다. 대규모 재래식 전력을 증강하는 것은 막대한 예산이 들고, 대규모 핵전력을 건설하는 것만큼 비용이 많이 들며 징집에 크게 의존해야 한다. 우리 자신의 자원과 인력에 대한 추가 요구 사항을 세심하고 주의 깊게 면밀히 조사하는 것은 항상 우리의 의무이다. 그러나 우리는 또한 유럽에 대한 소련의 위협이 분명히 줄어들고 있는 것처럼 보이는 시기에 동맹국들에게 그들이 동의하지 않는 정책에 대해 상당한 추가 희생을 요구하고 있음을 인식해야 했다.

러시아인들이 서유럽의 핵무기가 자신들에게 사용되지 않을 것이라는 희망과 기대를 가지고 서유럽을 고의적으로 공격할 수 있다고 가정하는 것도 기괴한 것처럼 보였다. 우리가 핵무기를 사용하지 않을 수 있다 하더라도 러시아 측에 그러한 기대를 갖게 할 이유는 없었다. 게다가 그들이 죽음에 대한 결투에 전념하면서 무기 선택은 전적으로 우리에게 맡길 것이라고 가정하는 것과 같았다. 우리는 새로운 학파의 가정과는 달리, 유럽에 배치한 7,000개 이상의 전술 핵무기를 포함하여 우리가 보유하고 있는 핵무기로 핵 공격뿐만 아니라 나토의 군사력에 대한 소련 측의 어떠한 고의적인 공격도 억제해왔다는 믿을만한 경험을 가지고 있다. 분명히 우리의 유럽 동맹국들도 그렇게 생각했다. 그들은 새로운 미국의 정책에 대해 약간의 립 서비스를 제공하는 것에 만족하면서 추가적인 군사력과 보급품을 확보해서 그 정책을 실행하는 것을 단호하게 거부했기 때문이다. 이러한 거부는 궁극적으로 유럽에서의 대규모 재래식 전력의 증강 계획을 폐기시켰다. 그러나 미국의 재래식 전력 증강은 빠르게 진행되었다. 아마도 베트남에 대한 미군의 참전과 많은 관련이 있었을 것이다. 린든 B. 존슨 대통령이 전투 병력을 파병할 것인지 고려했을 때, 불과 4년 전만 해도 그런 병력이 없었기 때문에 실제로 그런 군사력이 가용되었는지 여부는 중요하지 않다.

## 재래식 전쟁(비핵전)을 위한 신무기

우리가 다루고 있는 기간 때문에 설명하고 싶은 많은 무기가 보안 규정을 적용받고 있다. 사실 재래식 전쟁을 위해 설계된 많은 새로운 무기에 대해 특이하게 높은 수준의 기밀 등급이 부여되어 있다. 어쨌든 이러한 무기들이 베트남에서 일부 사용되면서 불가피하게 노출되었다.

제2차 세계대전 중에 몇몇 종류의 유도 '활공 폭탄'이 실험되었지만, 1972

년 베트남 상공의 미군 전술기에서 최초로 성공적인 유도 폭탄이 투하되었다.[18] 사실 새로운 부품은 보통 2,000lbs[907kg] 또는 3,000lbs[1,361kg] 폭탄의 머리 부분과 꼬리 부분에 조립되는 방식의 유도 시스템이었다. 폭탄은 여전히 자체 추진 장치가 없이 중력에 의해 낙하하는 일반적인 자유 낙하 무기였지만 작은 날개와 플랩이 부착되어 자유 낙하 궤적을 약간 수정할 수 있었다.

---

18 최초의 성공적인 유도 폭탄은 제2차 세계대전 때 독일이 개발한 프리츠(Fritz)-X유도 폭탄이다. 조이스틱으로 조종하면 발신기가 전파를 쏘고 안테나 역할을 하는 금속제 동체가 전파를 수신해서 폭탄을 유도하는 방식이다. 현대 유도 미사일 같이 제트 엔진을 탑재해서 날아가는 형태는 아니고 JDAM 같이 자유 낙하 시 조종으로 목표 지점까지 활강, 착탄시키는 방식에 가깝다. 다만 자유 낙하에만 의존한 것은 아니고 추진 기관은 있었다. 조준하기 상당히 어려운 수평 폭격임에도 움직이는 군함을 거의 급강하 폭격기에 준하는 명중력으로 갑판에 수직 착탄한다. 첫 실전은 1943년 7월 21일이고, 같은 해 9월 3일 이탈리아의 추축군 탈퇴와 항복 선언 뒤 당시 영국령이던 몰타로 향하는 이탈리아 해군이 연합군에 합류하는 걸 막기 위해 여섯 대의 Do 217이 프리츠-X를 각기 한 발씩 탑재하고 출격했다. 함대의 기함이던 리토리오급 전함 로마함에 세 발을 투하, 두 발을 명중시켜 격침했다. 이후 전함 한 척 격침, 두 척 대파, 경순양함 두 척 대파로 제2차 세계대전 전 기간 독일 해군 수상 함대가 올린 전체 전과보다 약간 많다.

본문에서 언급한 유도 폭탄은 광학 카메라를 장착하고 그 카메라가 표적을 보고 있는 상태에서 투하 후 조종사가 카메라를 표적에 물고 있으면 폭탄이 유도되는 광학 활공 폭탄(Walleye)과 레이저 반사파를 쫓아가는 레이저 유도 폭탄(월아이처럼 투하 후 지속적으로 화면을 보고 유도해줄 필요가 없다)이었다. 물론 지금은 GPS를 이용한 추적이 가능한 JDAM이 등장해 세대 교체가 일어나는 중이나, JDAM같은 INS+GPS 유도 폭탄들은 대부분 이동 표적에 대한 타격 능력이 없기 때문에 기갑 차량 같이 이동 가능한 목표물이나 GPS 신호를 재밍하는 목표물일 경우 아직도 유효하다.

본문에 언급된 공습은 북베트남 수도 하노이에서 남쪽으로 120km 떨어진 남마강을 건너는 길이 160m, 폭 17m의 타인호아(Thanh Hóa) 철교 공습이다. 미 공군은 1965년부터 4년 동안 베트남의 타인호아 철교를 폭파하기 위하여 연 600대의 폭격기를 출격시키고도 성공하지 못했다. 그러나 1972년 5월 13일 하루 만에 F-4 열두 대가 스마트폭탄 20발(레이저로 유도되는 900kg 탄두의 페이브웨이와 탄두 중량 900kg의 월아이 II)을 투하해 철교를 파괴에 성공했다(잔뜩 낀 구름 때문에 사용할 수 없었던 페이브웨이 대신 월아이 II가 발사됐다. 다섯 발의 월아이 II에 직격된 타인호아 다리는 무너지지는 않았지만 처음으로 일부가 뒤틀렸다.). 고무된 미군은 5월 13일, 2차 공습을 가했다. 14기의 팬텀 편대는 1,400kg과 900kg짜리 페이브웨이를 명중시켰다. 결국 타인호아 다리는 꺾여서 부러졌다. 사실 이전에도 유도 무기는 전쟁에 투입되었다. 탄두 중량 110kg인 AGM-12 불펍(Bullpup)과 탄두 중량 450kg 텔레비전 유도 공대지 미사일 AGM-62 월아이를 명중시켰지만 위력 부족으로 파괴에 실패했다.

따라서 이 유도 활공 폭탄들은, 복잡성과 비용을 크게 증가되게 만든 어떤 형태든지 로켓 추진력이 필요했던 완전 유도 폭탄과 구별되었다.

유도 시스템은 1960년대에 개발되었으며 베트남에서 실제로 사용되기 전부터 이미 실용화된

**그림11-1** AGM-62 월아이를 장착한 A-7E

것으로 판단된다. 두 가지의 신형 유도 장치가 채택되었다. 하나는 표적의 영상모양을 지속 추적lock할 수 있는 텔레비전 방식의 전자 광학 감지 장치를 폭탄의 머리 부분에 장착하는 것이다. 다른 하나는 조사된 레이저 광선의 반사파에 반응하는 탐지 장치를 이용하는 것이다.

월아이 I 및 월아이 II 폭탄[19]에 장착된 전기 광학 장비는 다음과 같이 작동한다. 폭탄의 앞머리에는 약간 움직일 수 있는 작은 텔레비전 카메라가 있다. 폭탄을 투하한 비행기의 조종석에는 조종사 또는 레이더 조작사팬텀과 같은 복좌 전투기의 경우가 작은 텔레비전 화면을 통해 표적을 고정한다. 비행기의 소형 컴퓨

---

19 AGM-62 월아이(Walleye)는 마틴 마리에타가 생산하고 1960년대 베트남전쟁부터 1990년대 걸프전까지 미군이 사용한 텔레비전 유도 활공 무동력 폭탄이다. 월아이는 AGM-65 매버릭으로 대체되었다. 월아이는 최소한의 부수적 피해로 목표물을 공격하도록 설계된 정밀 유도 탄약 제품군 중 첫 번째였다. 월아이는 조종사가 목표물을 향해 강하하는 도중 폭탄 기수에 있는 텔레비전 카메라가 조종석의 모니터로 이미지를 전송하면, 조종사가 화면에서 목표물의 선명한 이미지를 획득 후 조준점을 지정하고 폭탄을 투하하고, 폭탄은 일단 투하되면 활공 낙하하면서 네 개의 큰 지느러미를 사용하여 스스로 기동하면서 표적으로 날아간다. 비행기가 끝까지 표적에 조준을 유지하지 않고 즉시 벗어날 수 있기 때문에 진정한 발사 후 망각 방식의 유도 폭탄이었다. 이후 버전에서는 조종사가 무기를 출시한 후에도 계속 비행 중에 조준점을 변경할 수 있는 확장 범위 데이터 링크를 사용했다. 개량형에 따라 825~2,000lbs의 탄두를 탑재했다.

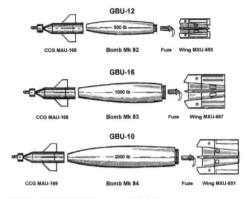

**그림11-2** 페이브웨이|Paveway-I 시리즈

터를 통해 폭탄의 카메라를 켜고 같은 영상에 초점을 맞추고 폭탄이 목표물까지 도달 가능한 적정 범위 내에 있으면 자동으로 투하된다. 폭탄은 중력에 의해 낙하하지만, 유도 장치는 메모리에 입력된 표적의 형상이 이미지를 가지고 플랩을 움직여 표적에서 벗어나지 않도록 유도한다. 폭탄을 투하한 비행기는 지상의 대공포화 회피 기동을 자유롭게 실시한다.

주요 유형의 다른 유도 폭탄은 폭탄을 투하하는 비행기 또는 다른 비행기에서 조사되는 레이저 빔을 따라 유도하는 것이다.[20] 레이저 빔이 목표물에 닿으면 그 일부가 위쪽으로 반사되어 거꾸로 된 원뿔 모양의 반사 영역을 형성한다. 레이저 유도 폭탄은 반사파에 조준되어 뒤집힌 원뿔형의 꼭짓점으로 유도된다. 레이저 빔 유도 시스템은 전자 광학 유도 방식보다 비싸지만 광학 유도

20 페이브웨이는 레이시온이 만든 레이저 유도 폭탄의 상표이다. 페이브웨이 시리즈는 1964년 텍사스 인스트루먼트에서 개발이 시작되었다. 다양한 크기의 재래식 폭탄의 후미에 활공용 접히는 날개를 장착하고, 코 앞에 레이저 수신기와 폭탄의 낙하 경로를 수정하는 핀을 장착해서 간단하게 정밀 유도 폭탄으로 만드는 키트이다. 항공기 또는 지상의 레이저 표적 조준기로 표적을 조준하고 그 표적에 부딪혀 반사되는 레이저 반사파를 쫓아서 표적까지 낙하해서 정밀 타격한다. 1972년 베트남전쟁부터 사용되기 시작해서 현재도 사용되고 있다. GBU-10 페이브웨이 II : Mk-84 2,000lbs(907kg) 폭탄, GBU-12 페이브웨이 II : Mk-82 500lbs(227kg) 폭탄, GBU-16 페이브웨이 II : Mk-83 1,000lbs(454kg) 폭탄, GBU-22 페이브웨이 III - Mk 82 500lbs(227 kg) 폭탄, GBU-24 페이브웨이 III : Mk-84 2,000lbs(907kg) 폭탄, GBU-27 페이브웨이 III : BLU-109 2,000lbs(907kg) 폭탄, GBU-28 페이브웨이 III : 벙커버스터, 페이브웨이 IV : 500lbs(227kg) 폭탄 등이 있다.

방식과 달리 육안으로 목표를 확인할 필요 없이 레이더만으로 표적을 식별해야 하는 나쁜 기상에서도 임무를 수행할 수 있다. 레이저 빔을 조사하는 항공기는 폭탄이 낙하하는 중에 계속 표적을 조준해야 하지만 대공포의 유효 고도 이상의 매우 높은 고도에서 선회할 수 있다.

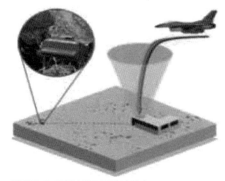

**그림11-3** 레이저 유도 폭탄의 원리

　레이저와 TV 유도 시스템은 모두 호밍 폭탄 시스템Homing Bomb Systems의 약자인 HOBOS라고 불린다. 베트남에서는 다양한 형태의 HOBOS로 미군이 이전에 공습에서 성공하지 못했던 표적을 효과적으로 공격할 수 있었다. 예를 들어, 중요 교량은 항상 대공포와 대공 미사일로 강력하게 방어되어 폭격 임무를 수행하는 항공기들은 높은 고도에서 비행해야 했고 표적이 매우 작게 보였다. 또한 중요한 교량은 대형 폭탄에 의해 공격받는 경우를 제외하고는 심각하게 파괴되지 않도록 건설되어 있었다. 그래서 통상적인 방법으로는 제대로 폭격할 수 없었다.

　그러나 HOBOS를 사용하면 대공 무기의 유효 사격 고도 이상의 고도에서 투하한 단 한 발의 대형 폭탄으로 임무를 달성할 수 있었다. 타인호아 다리를 예로 들 수 있다. 타인호아 다리는 1965년부터 미군 조종사들에게 어려운 표적이었다. 이 교량은 튼튼하게 건설되었고 강력하게 방어되고 있었다. 그 교량은 깊은 협곡에 건설되어 있었고 남베트남으로의 무기와 병력을 수송하는 주요 길목이었다. 그러나 1972년 공습이 재개되면서 이 교량은 동일한 목적으로 사용되는 여러 교량과 함께 신속하게 HOBOS의 희생양이 되었다.

유도 폭탄을 사용할 때의 또 다른 장점은 일부 발전소와 같이 인구 밀집 지역에 위치해서 다수의 민간인 사상자를 발생시킬 수가 있어서 일반적인 방식의 폭격이 어려운 표적을 파괴하기 위해 목표물을 선별할 수 있다는 것이다. 따라서 유도 폭탄은 원하는 목표물은 타격하면서 불필요한 목표물은 피해를 입히지 않는 데 더욱 효과적이다. 분명히 임무를 달성하기 위해 재래식 폭탄을 추가하는 데 드는 비용은 유도 폭탄을 사용해서 얻는 더 큰 효과로 보상되는 것보다 훨씬 더 많이 든다.

자체 추진 및 비행 중 유도가 된다는 점에서 진정한 유도 미사일은 1972년에 공개된 미 육군의 토우(TOW, tube-launched, optically tracked, wire - guided, 튜브 발사, 광학 추적, 유선 유도) 미사일이다.[21] 훨씬 더 일찍 프랑스가 토우 미사일보다 성능이 떨어지는 미사일을 개발했지만 말이다. 무게는 54lbs[24.5kg]이지만 토우 미사일은 지프에서 발사하거나, 삼각대 또는 헬리콥터에서 발사가 가능하고 13~14초만에 최대 3,000m 떨어진 목표물을 타격할 수 있다. 미사일이 비행 중에는 비행 경로 수정 정보를 전달하는 두 개의 가는 유선이 미사일 뒤에서 풀린다. 미사일의 광원은 발사기의 감지기에 의해 추적된다. 비행기

---

21 BGM-71 토우(TOW)는 미국의 대전차 미사일이다. 1963년에서 1968년 사이에, 휴즈 항공에서 XBGM-71A라는 제식 번호로 개발되었다. 지상 발사형과 헬리콥터 발사형 두 가지로 개발되었다. 1968년에 대규모 생산 계약을 하여 1970년부터 미국 육군에 실전 배치되어 M-40 106mm 무반동총, MGM-32 ENTAC 미사일, 헬기 탑재 대전차 무기인 AGM-22B를 대체하였다. 1972년에 UH-1에 장착되는 형식으로, 남베트남에 실전 배치되기도 하였다. 개량형이 1978년 등장했고, 토우2가 1983년, 토우 2A/B가 1987년에 개발되었으며 현재에도 계속 개량되고 있다. 토우 미사일은 2세대 반자동 대전차 유도탄으로, 발사 후 망각(Fire and Forget) 방식이 아니므로 SACLOS(Semi-Automatic Command Line of Sight) 유도 방식을 사용한다. 즉 미사일이 직접 플랫폼과 유선으로 연결되어 목표물에 명중할 때까지 사수가 조준을 해줘야 한다는 의미이다. 이 방식은 미사일이 목표에 명중할 때까지 사수의 움직임을 제한한다. 사거리 65~3,750m, 히트(HEAT) 탄두, 탠덤 탄두, 상부 공격 탄두 등을 탑재하고, 탄두 중량은 3.9~5.9kg이다.

를 조종하면서 동시에
미사일을 유도해야만 했
던 프랑스의 초기형 미
사일과 달리 사수는 조
준경 안의 십자선을 계
속 목표물 위에 올려놓
기만 하면 된다. 감지 장
치는 경로 정보를 컴퓨

**그림11-4** BGM-71 토우

터에 입력하여 미사일의 경로와 사수의 시선 사이의 각도를 측정한다. 둘 사이의 변위는 컴퓨터에 의해 유도 명령으로 변환되며, 이는 미사일의 조종 면을 조작하기 위하여 유선을 통해 전송된다. 이런 유도 방법은 매우 정확하고 쉽게 발사되는 무기를 만든다.

　원래 탱크 및 기타 장갑 차량에서 운용되는 지대지 보병 무기로 설계된 토우가 가장 극적인 용도로 사용된 것은 베트남전쟁에서 헬리콥터에서 발사되었을 때였다. 1972년의 육군 보고서에 따르면, 5월과 6월에 토우 장착 헬리콥터 두 대가 작전을 실시하여, 장갑 차량, 야전포, 트럭 등 총 39대를 파괴했다. 헬리콥터에서 토우 미사일을 운용할 때의 약점은 미사일을 발사한 매우 취약한 헬리콥터가 적에게 노출된 상태로 미사일이 표적까지 비행하는 25초 정도 공중에서 정지 상태를 유지해야 한다는 사실이다. 북베트남은 소련제 SA-7 로켓을 획득한 것으로 판단되었는데, SA-7은 보병이 손으로 들고 어깨에 견착하고 발사하는 열추적 미사일로 특히 정지 비행 중인 헬리콥터에게 매우 위험한 무기였다.

　지상 발사기 또는 헬리콥터 어떤 것에서 사용되든 토우 미사일은 궁극적으

**그림11-5** UH-1B에서 발사되고 있는 BGM-71 토우

로 탱크의 활약을 끝낼 수 있는 가장 최근의, 가장 효과적인 무기이다.[22] 제2차 세계대전 중 대전차 무기는 일반적으로 사용하기 어렵고 부정확했다. 예를 들어, 바주카포는 무유도 로켓[23]을 발사하기 위해 세 명이 한 팀으로 이루어진

병사들이 표적에서 100yd[91m] 이내까지 접근해야 했다. 그 미사일은 간단하게 장갑에 구멍을 내고 안으로 들어가서 장갑의 파편이 내부에서 튕겨 들어가는 성향 작약의 효과를 이용했다. 토우 미사일은 또한 장갑을 관통하기 위한 포탄의 운동에너지는 부족하지만, 표적에 훨씬 더 큰 충격을 가하고, 훨씬 더 정확하고, 훨씬 더 먼 사정거리까지 운용할 수 있다. 전차가 점점 고가의 무기가 되어가면서, 전차를 최대 2mile[3.2km]의 사정거리 내에서 정확하게 명중시켜서 파괴할 수 있는 비교적 저렴한 무기의 개발은 전차의 미래에 불투명하게 만들고 있다. 이전에는 그러한 거리에서 전차를 파괴할 수 있는 유일한 무기는 고속 야포또는 전차포로 철갑탄을 발사하는 것이었지만, 움직이는 탱크는 이런 포로 맞추기에는 어려운 표적이었다. 유도 미사일의 경우에는 전차를 맞

---

22  2023년 현재 사용되고 있는 최신형 대전차미사일들은 사수가 발사 후에는 표적을 계속 조준하고 있지 않아도 되는 영상적외선을 이용 발사후망각(Fire and Forget) 방식의 FGM-148 재블린(Javelin)이나 현궁같은 미사일들이다. 이 미사일들은 또한 탱크의 정면이 아닌 장갑이 얇은 전차의 상부를 공격하는 Top Attack 방식을 사용한다.

23  본문에 'unguided missile'이라고 표현되어 있으나 무유도 로켓이 맞는 표현이라고 판단된다.

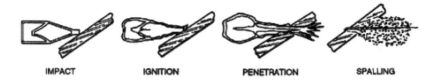

IMPACT  IGNITION  PENETRATION  SPALLING

**그림11-6** 성형 작약의 장갑 관통 효과먼로 효과

추는 것이 훨씬 쉽다.

베트남에서 사용된 많은 다른 무기와 장비는 여전히 기밀로 보호되고 있다. 이 중에는 1972년 5월에 하이퐁[24]과 다른 북베트남 항구에 투하된 다양한 종류의 기뢰가 있다. 그 기뢰들은 항공기에서 투하되었고 여러 개의 기뢰 지대가 매우 짧은 시간에 만들어졌다는 것이 중요하다. 해안에 가까운 상대적으로 수심이 얕은 바다에 부설하도록 설계된 경량 기뢰를 부설하기 위해서 기뢰 부설함보다는 항공기를 사용하는 것이 제안되었다. 이 기뢰들은 바닥에 고정되지 않은 기뢰였을 것이며, 수압, 음향 및 자기 감응 장치 등의 조합으로 작동되는 장치에 의해 활성화되면 선박의 선체 쪽으로 올라가도록 설계되었을 것이다. 이 기뢰들은 사실상 소해가 불가능했다. 사전 설정된 시한장치에 의해 활성화되고 동일한 방식으로 비활성화되도록 설계되었으며, 필요할 경우 다시 활성화 될 수 있다. 이러한 기뢰를 사용하면 폭격기 행동 반경 안의 어떠한 장소에라도 매우 짧은 시간에 효과적인 기뢰 지대를 부설할 수 있다.

병력이나 차량의 통과를 탐지하기 위해 호치민 루트[25]와 그 밖의 다른 곳에

---

24 하이퐁(Hải Phòng)은 베트남 북부의 하노이 인근 항구 도시이며, 공업 도시이다. 하이퐁은 베트남에서 세 번째로 큰 도시이다. 이곳은 베트남 사회 경제, 안보, 북부 지역의 전략적 요충지이며, 바다로 나가기 위한 베트남의 주요 관문이다. 북부 주요 경제 지역과 중·월 경제 협력 벨트를 잇는 주요 교통 허브이다. 또한 북부 바닷길을 잇는 교통 허브이다. 깊은 바다가 있는 이점 때문에 하이퐁은 선박 운송이 매우 발달했고 동시에 북부 주요 경제 지역의 성장 동력이 되었다.
25 호치민 트레일(Ho Chi Minh trail)은 라오스 및 캄보디아를 통과하는 북베트남과 남베트남

투하한 탐지 장비에 대해서도 많은 기사가 언론에 나왔다. 주변 온도가 더 낮아지는 밤에는 인체는 열을 방출하고 자동차는 더 많은 양의 열을 방출하기 때문에 그런 탐지 장비가 신비로운 물건은 아니다. 우리가 복사열에 대해 말하는 것은 적외선을 이야기하는 것이다. 미사일 유도 및 기타 용도를 위해 오랫동안 사용되어 온 적외선 탐지기를 개발하는 데 엄청난 연구가 수행되었다. 예를 들어, 사이드와인더Sidewinder 공대공 미사일에서 - 그리고 표적을 추적하는 탐지 장비센서에 대해서 주목할 만한 것은 설계된 민감도, 신호를 보내기 위한 무선 송신기 및 쉽게 탐지되지 않도록 전체적으로 작은 크기로 만들어진 탐지기이다.

## 최신 해상 무기 체계

위에서 언급한 기뢰 부설의 새로운 원칙을 구현하는 신형 기뢰 외에도 해군력의 다른 중요한 변화가 있었다. 이는 두 가지 주요 범주로 분류될 수 있다. (1) 유도 미사일에 의한 총포류의 광범위한 지위 변화 (2) 수상함과 잠수함 모두의 추진 기관으로 원자력의 사용 증가. 후자에서는 군함의 전략적 유용성에 기본적인 변화를 가져왔다.

---

을 이어주는 병참 도로와 오솔길의 복합망이다. 이 루트는 베트남전쟁 기간 베트콩과 베트남 인민군에게 병력과 군수품을 제공했다. 루트 건설은 1959년 7월 북베트남이 라오스를 침공한 이래 시작되었다. 미국은 당시 북베트남의 대통령이었던 호치민의 이름을 따서 루트의 이름을 지었다. 이 도로는 대부분 라오스에 있었으며, 베트남군은 이 도로를 베트남 중부에 있는 산맥의 이름을 따서 안남 산맥 전략 보급로(Đường Trường Sơn)라고 불렀다. 미국 국가안보국의 공식 전쟁사 기록에 따르면, 호치민 루트는 "20세기의 군사 공학이 이룩한 위대한 성과 중 하나"였다. 호치민 루트는 베트남 남부에서 싸우는 병력에게 효율적으로 보급을 제공할 수 있었고, 비길 데 없는 군사적 업적이 동반되어 역사상 가장 격렬한 단 하나의 공중 차단 전역이 있었던 곳이다.

제2차 세계대전 이후 전함의 최종 퇴역-6·25전쟁에서 해안 포격에 사용되었고 베트남전쟁에서 같은 목적으로 사용되었지만 훨씬 짧은 기간 동안 사용되었던 한두 척을 제외하고-은 한 가지 독특한 유형의 전투함이 사라지는 것을 의미하지는 않았다. 하지만 오히려 새로운 유형의 전투함과 달리 모든 유형의 함포를 주 무장으로 하는 전투함들을 다운그레이드시켰다.

전함은 크고 강력했기 때문에 함포를 운용하는 전투함 중에서 가장 비쌌다. 전함의 특징은 확실히 사소한 해안 포격과 같은 다른 기능 외에 주 역할에 따라 결정되었다. 전함의 기본적이고 선제적인 기능은 적 함대와 같은 방식으로 싸우는 것이었다. 적이 가져올 수 있는 가장 강력한 전투함과 교전하는 것이었다. 즉 적군의 전함과 교전할 가능성이 높았다. 전함은 대형 함포가 적의 전함을 격침하는 데 더 이상 필요하지 않거나 효율적이지 않았기 때문에 도태되었다. 이는 머지않아 적의 전함도 도태될 것임을 의미한다.

항공기에서 투하하는 폭탄과 항공기 또는 잠수함에서 발사하는 어뢰도 전함의 대형 주포 이상의 위력을 보여주었다. 1944년 10월 레이테만 전투 중 수리가오 해협에서 옛 미국 전함이 격침한 일본 전함 한 척을 제외하고, 모든 일본 해군의 전함은 해당 전투 중에 미 해군 전함 주포의 사정거리를 훨씬 넘어서는 거리에서 함재기에 의해 투하된 폭탄이나 어뢰에 격침되거나 무력화되었다.[26]

---

26 원문에는 'Suraigo'로 되어 있다. 수리가오(Surigao)의 오기이다. 1944년 10월 15일 새벽 필리핀 수리가오 해협 전투에서 격침된 일본의 니시무라 함대 소속 전함은 후소와 야마시로 두 척이다. 해협을 통과 직후 미 제7함대 소속 구축함들의 어뢰 공격에 의해 후소와 동행하던 세 척의 구축함이 격침되고, 야마시로는 계속 전진 중 웨스트버지니아, 메릴랜드, 미시시피, 테네시, 캘리포니아, 펜실베이니아, 총 여섯 척의 전함에게 집중 포화를 받고 격침되었다. 결국 니시무라 함대의 전함 두 척과 중순양함 한 척, 네 척의 구축함 중 한 척의 구축함만 무사히 귀환했다. 레이테만 해전 전체로 보면 참가한 일본 연합 함대의 전함 아홉 척 중 무사시는 공습으로 격침, 무스는 구축함의 뇌격에 의해 격침되고, 야마시로만 포격

약 24년 후 알렉산드리아 근처의 해안 포대가 단 한 발의 대함 유도 미사일로 이스라엘 구축함 아일라트를 침몰시켰을 때,[27] 우리는 제2차 세계대전 중에 등장한 무기가 함포를 얼마나 완벽하게 능가했는지를 보았다. 그 구축함은 장갑은 없지만 고도로 격실화되어 있었다. 어떠한 포탄도 구축함의 측면을 관통할 수 있지만 단 한 발의 폭발로 구축함을 파괴하려면 꽤 큰 포탄이 필요하다. 함포에 대한 명확한 전술적 이점은, 사정거리뿐만 아니라 아일라트함을 파괴한 것과 같은 종류의 유도 미사일은 특히 구축함이 풍부하게 방출하는 적외선을 탐지하는 감지 장치와 같은 유도 장치에 의한 종말 유도인 경우 확실히 명중시킬 수 있다는 것이었다. 그러나 그것은 또한 가장 큰 함포만이 가질 수 있는 위력으로 표적을 타격할 수 있을 것이다. 이 모든 것은 당연히 미사일의 크기와 특성에 따라 다르지만, 현대 전투함의 갑판에서 함포를 대체하게 된 이유의 대부분은 위의 설명과 쉽게 맞아떨어진다.

소련 순양함은 최대 사정거리 400mile[644km]의 셰더크 함대함 미사일(SSM)[28]을 탑재하고 구축함은 최대 사정 거리가 약 100mile[161km]인 스텔라

---

전에 의해 격침되었다.

27 1967년 10월 21일, 이집트 북부 지중해 연안의 포트사이드항 13.5해리 부근에서 무력 시위 중이던 이스라엘 해군 소속 아일라트호(Elath호, 구 영국 해군 구축함)를 이집트 해군의 해안포대가 아닌 코마급 고속정이 네 발의 SS-N-2 스틱스 대함 미사일로 격침한 사건이다 (47명 전사, 91명 부상). 이스라엘 해군도 함대함 미사일의 존재를 알고 있었으나, 어떻게 대처해야 하는지 사전 정보가 전무한 상태에서 기습 공격에 당했다. 이 사건을 스틱스 쇼크라고도 부른다. 격침된 아일라트 구축함은 만재 배수량 2,530t, 공격한 코마급 고속정은 만재 배수량 80t이었다.

28 SS-N-3C 셰더크(Shaddock). 소련의 명칭은 'P-5 퍄트요르카(П-5 Пятёрка)'는 첼로메이(Chelomey)설계국에서 설계, 1959년에 배치한 냉전 시대 터보 제트 순항 미사일이다. 기본형은 미국 해안을 위협하기 위한 관성 유도 잠수함 발사 순항 미사일이었다. 미사일은 1,000kg 고폭탄 또는 200 또는 350kt 핵탄두로 무장할 수 있다. 속도는 mach 0.9, 사거리는 500km, CEP는 약 3,000m였다. 후기형은 최대 1,000km의 사정거리를 가졌다. 함대함 미사일 형과 지대함 미사일도 있다.

<sup>Strella</sup> SSM을 탑재한다. 미 해군의 순양함, 호위함, 구축함, 호위 구축함에 탑재된 유도 미사일은 타터<sup>Tartar</sup>, 테리어<sup>Terrier</sup>와 탈로스<sup>Talos</sup> 함대공 미사일(SAM), ASROC[29] 및 SUBROC[30] 대잠 미사일(ASWM)이다.

원자력 추진은 미 해군에서 순양함 한 척[31], 호위함 두 척[32], 항공모함 한 척

---

29 RUR-5 대잠 로켓(RUR-5 Anti-Submarine ROCket; RUR-5 ASROC)은 미국 해군이 개발한 대잠수함 미사일 시스템이다. 주로 순양함과 구축함 200척 이상에 장착되었다. 수상함, 초계기 또는 대잠전 헬기가 적 잠수함을 소나로 탐지한다. 거리를 측정하고, 함수를 목표물로 향한 다음 목표물을 향해 애스록을 발사한다. 애스록의 탄두에는 어뢰나 폭뢰(depth charge)가 탑재되어 있다. 미사일 로켓 모터가 작동을 멈추면, 어뢰는 낙하산을 펴면서 서서히 아래의 물속으로 떨어진다. 어뢰의 모터가 작동을 시작, 자체 소나로 목표물을 탐지하여 찾아가 폭발한다. 어뢰 대신 폭뢰를 넣을 수도 있으며, 사전에 입력된 수심에 가서 자동으로 폭발한다. ASROC 미사일은 또한 10kt급 W44 핵탄두 또는 재래식 폭약을 장착할 수 있다. 그러나 W44 핵탄두 폭뢰는 1989년까지 퇴역하였다.

30 UUM-44 SUBROC(SUBmarine ROCket)은 미 해군이 1964~1989년 대잠 무기로 배치한 잠수함 발사 로켓의 일종이다. 그것은 핵 폭뢰로 250Kt의 열핵탄두를 탑재했다. SUBROC은 533mm 잠수함 어뢰 발사관에서 발사될 수 있다. 발사 후 고체 연료 로켓 모터가 발사되고 수면위로 올라간 다음 발사 각도가 변경되고 미리 결정된 탄도 궤적을 따라 목적지로 날아간다. 탄도에서 미리 결정된 시간에, 재진입체(탄두 포함)는 고체 연료 모터로부터 분리되고, 250Kt의 W-55 핵 폭뢰가 수중으로 가라앉아 직접적인 충돌이 없이 목표물 근처에서 폭발하여 파괴시킨다. SUBROC의 전술적 용도는 시간적 여유가 없어서 항공 자산을 부를 수 없거나 발사 잠수함의 위치를 드러내지 않고는 다른 무기로 공격할 수 없거나 목표물이 너무 멀어서 잠수함에서 발사된 어뢰로 신속하게 공격할 수 없는 긴급한 잠수함 표적에 대한 장거리 긴급 공격용이었다. 탑재된 W-55 탄두는 255개가 제작되었다. 냉전이 끝난 1990년에 모두 폐기되었다.

31 USS Long Beach (CLGN-160/CGN-160/CGN-9). 1961년 취역, 1995년 퇴역, 배수량 배수량 길이 219,84m, 폭 21.79m, 추진기관 C1W 원자로 2기, General Electric 증기 turbines 2기(80,000마력, 60MW), 2 propellers, 최고 속도 30knots(56 km/h), 항속거리 : 무한대, 승무원 1160명, 세계 최초로 위상배열 레이더인 AN/SPS-48 3D air search radar 외 다수의 레이더를 탑재했다. 무장은 2연장 Terrier 함대공 missile 발사기 2기(후에 Standard SM-1(ER) 함대공 미사일 용 Mk-10 발사기로 교체), 2연장 Talos 함대공 미사일 발사기 1기(후에 제거), 8연장 ASROC 대잠미사일 발사기 1기, 5in(127mm) 함포 2문, Mk-15 Vulcan-Phalanx 20mm CIWS 2기, 3연장 12.75 inch 대잠어뢰 발사기(Mk 44 or Mk 46 대잠어뢰) 2기, 4연장 Harpoon 대함 missile 발사기 2기, 4연장 Tomahawk 함대지 순항미사일 발사기 2기(Talos 미사일 발사기와 교체)

32 베인브릿지급 순양함 1척, 트럭스턴급 순양함 1척이다. 이 두척의 전투함은 호위함으로 계획되었지만 순양함으로 재분류되었다.

(신형 엔터프라이즈 15,540 tons)에 적용되었다.[33] 또 다른 항공모함 한 척이 원자력 추진으로 건조되고 있으며, 이후 건조되는 항공모함은 모두 원자력을 추진 기관으로 적용할 것이다.[34] 그러나 원자력 추진이 가장 큰 영향을 미치는 무기 체계는 대형 잠수함으로, 수중 선박의 모든특성을 바꾸어버리기때문이다. 미 해군은 폴라리스 또는 포세이돈[35] IRBM을 탑재한 41척의 핵 추진 SSBN[36]을 보유하고 있다. 또한 53척의 공격 잠수함도 보유하고 있다.[37]

---

미국의 핵순양함은 롱비치급 순양함 1척, 베인브릿지급 순양함 1척, 트럭스턴급 순양함 1척, 캘리포니아급 순양함 2척, 버지니아급 순양함 4척이 있었다. 오늘날에는 핵항모만 사용하고, 순양함에는 원자로 탑재를 하지 않는다.

롱비치급 순양함 1척(1956년 발주, 1959년 진수, 만재배수량 15,540톤, 1995년 퇴역), 베인브릿지급 순양함 1척(1961년 진수, 배수량 9,100톤, 1996년 퇴역), 트럭스턴급 순양함 1척(1964년 진수, 만재배수량 8,659톤, 1995년 퇴역), 캘리포니아급 순양함 2척(1번함 1971년 진수, 배수량 10,800톤, 1988년 퇴역), 버지니아급 순양함 4척(1번함 1974년 진수, 만재배수량 11,666톤, 1993-1998년 퇴역)

**33** 엔터프라이즈급 항공모함은 원래 여섯 척이 계획되었으나 1번함인 CVN-65 엔터프라이즈만 건조된, 미국 해군의 항공모함이다. 세계 최초의 원자력 항공모함으로. 제2차 세계대전 중의 재래식 동력 항공모함이었던 CV-6 엔터프라이즈의 함명을 계승했다. 1960년 9월 24일 진수, 1962년 취역, 2012년 12월 1일 취역한 지 50년만에 퇴역하였다. 원래 디젤 엔진을 사용하는 키티호크급 항공모함의 3번함으로서 계획되었지만, 원자력 추진으로 변경되었다. 항공모함으로서의 기능은 키티호크급과 같다. 만재 배수량 93,970t, 길이 342.3m, 비행 갑판 폭 76.8m, 원자로 8기어와 증기터빈 4기로 최고 속력 33kn, 약 3,200명의 함상 요원과 약 2,500명의 항공 요원이 탑승하고, 85대의 항공기를 탑재하였다.

**34** 두 번째 원자력 항공모함은 1969년 건조가 시작되어 1972년 진수, 1975년 취역한 니미츠급 1번함 CVN-68 니미츠함으로 총 열 척의 니미츠급 항모가 건조되었다. 2022년 현재 미해군은 니미츠급 원자력 항공모함 열 척과 한 척의 포드급 원자력 항공모함을 보유하고 있다. 포드급은 니미츠급과 순차적으로 교대하면서 아홉 척을 더 건조할 예정이다.

**35** UGM-73 포세이돈(Poseidon)은 미국의 두 번째 SLBM이다. 1970년 8월 3일 핵잠수함 USS 제임스 매디슨(James Madison, SSBN-627)에서 시험 발사에 성공하고, 1972년부터 UGM-27C 폴라리스 A-3의 후속작으로 1971년부터 라파예트급 잠수함, 제임스 매디슨급 잠수함, 벤저민 프랭클린급 잠수함의 31척에 실전 배치되었다. 1979년 UGM-96A 트라이던트 I, 1990년 UGM-133A 트라이던트 II로 대체되었다. 처음에는 폴라리스 B-3라고 불렸으나, 나중에 UGM-73A 포세이돈 C-3라고 이름을 바꾸었다. UGM-27C 폴라리스 A-3가 무게 16.2t, 2단 고체 로켓, 무게 117kg, 폭발력 200kt인 W-58 핵탄두 세 발을 탑재했는데, 포세이돈 C3는 무게 29.2t, 2단 고체로켓으로, 무게 166kg, 폭발력 40kt인 W-68 핵탄두 열네

재래식 잠수함은 몇 가지 실험용 잠수함을 제외하고는 매우 느린 함정이며, 확실히 전투함 중에는 가장 느린 선박이었다. 수상 항해의 경우 탑재 배터리를 충전하기 위해 디젤 엔진을 사용하며, 상당한 거리를 항해해야 하지만 수상 항해 속도가 그리 빠를 필요가 없기 때문에 -빠른 속도는 다른 성능 특성에서 비용이 많이 들지 않으면 유용하겠지만-, 적당한 출력의 엔진을 사용하여 공간과 연료를 절약하는 데 만족해야 했다. 잠수했을 때는 축전지로만 항해할 수 있으며 -제2차 세계대전 중에 제작된 슈노켈을 사용하여 잠항 중에도 디젤 엔진을 구동시키는 일부 실험함은 제외-[38], 가장 중요한 고려 사항은 이들 배터리에 저장된 매우 제한된 전기 에너지를 항상 보존하는 것이었다. 따라서 잠항 지속 능력은 최대 18~24시간으로 제한되었으며, 잠수 중에는 3~4kn의 속도로 항해해야 했는데 이는 간신히 조타 능력을 제공할 수 있었다. 제2차 세계대전형 잠수함의 잠항 최고 속도는 약 12~16kn였지만 지속시간은 매우 짧았다.

어떤 사람은 잠수함이 항해하는 물의 밀도 때문에 의심의 여지 없이 잠수함은 반드시 저속으로만 항해해야 한다는 생각을 갖게 되었다. 사실은 그 반대이다. 구축함과 동일한 배수량과 추진력을 가진 잠수함이라면, 잠수함은 수상함보다 더 빠르게 항해한다. 그 이유는 특히 고속에서 구축함은 함수에

발을 탑재했다. 무게가 두 배 가까이 늘어났으며, 더 많은 핵탄두를, 더 정확한 CEP 오차를 갖게끔 개선되었다. W-68 핵탄두 열 발 탑재 시 사거리 5,900km, W-68 핵탄두 열네 발 탑재시 사거리 4,600km이다. 고체 연료 보일러에서 고압의 스팀을 분출하여 잠수함에서 포세이돈 미사일을 발사하면, 잠수함의 10m 위에서 자동으로 메인 로켓 모터가 점화된다.

36 2023년 현재 미 해군은 열네 척의 트라이던트급 SSBN과 네 척의 트라이던트 개량형 순항 미사일 원자력 잠수함(SSGN)을 보유하고 있다.

37 2023년 현재 미 해군은 51척의 원자력 공격 잠수함(버지니아급 열세 척, 시울프급 세 척, 로스엔젤레스급 34척)을 보유하고 있다.

38 독일 해군은 1943년(?)에 슈노켈을 실용화해서 작전 배치했다.

서의 조파 저항[39]이 만들어져서 추진력의 많은 부분을 소모하기 때문이다. 잠수함은 구축함과 같은 조파 저항 때문에 추진력을 낭비하지 않으며, 잠수함 자체의 형상으로 인한 저항은 그러한 이점을 상쇄하지 못한다.

원자력 에너지는 잠수함에 이상적인 동력원을 제공한다. 증기 엔진이나 디젤 엔진이 많은 양의 산소를 필요로 하는 반면 원자력 엔진은 산소를 필요로 하지 않는다. 또한 재래식 잠수함이 이중 추진 기관배터리와 내연 기관을 필요로 하는 반면, 원자력 잠수함은 수상 항해와 수중 항해 모두에 사용된다. 핵연료 공급 장치의 환상적으로 긴 수명으로 수면과 수중 모두에서 고속으로 항해할 수 있다. 사실 수상 항해는 별로 필요하지 않다. 배터리를 충전할 필요가 없으며 승무원에게 필요한 산소는 화학적으로 또는 저장 탱크에서 쉽게 공급된다. 따라서 원자력 잠수함은 문자 그대로 수개월 동안 잠수 상태를 유지할 수 있다. 한 가지 큰 단점은 원자력을 효율적으로 사용하려면 잠수함이 반드시 크고 고가의 선박이어야 한다는 것이다.

~~~~~~~~~~~~~~~~~~~~~~~~~~~~

39 선박이 수면 위를 향주할 때 파도에 의해 발생하는 저항을 조파 저항이라 부른다. 선수와 선미 부근에서는 압력이 높아져서 수면이 높아지고, 선체 중앙 부근에서는 수압이 낮아져서 수면이 낮아지므로 파가 생겨난다. 조파 저항은 이동 속도의 6제곱에 비례한다. 선박의 속력을 배로 증가시키면 조파 저항은 64배로 증가한다는 것이다. 따라서 잠수함이 수면에서 이동할 경우 이러한 조파 저항의 발생으로 수중에서 운항할 때보다 큰 저항을 받을 수밖에 없다.
선체 저항에는 마찰 저항, 조파 저항, 조와 저항, 공기 저항 등이 있다. 물은 점성이 있어서 선체 표면이 물과 접하게 되면 물의 부착력이 선체에 작용하여 선체의 진행을 방해하는 힘이 생기는데 이를 마찰 저항이라고 한다. 저속선에서는 선체가 받는 저항 중에서 이 마찰 저항이 가장 큰 비중을 차지하며, 선속, 선체의 침하 면적 및 선저 오손이 크면 마찰 저항이 증가한다. 조와 저항은 선박이 항주 시 선체 주위의 물 분자는 부착력으로 인하여 속도가 느리고, 선체에서 먼 곳의 물 분자는 속도가 빠르다. 이러한 물 분자의 속도 차에 의하여 선미 부근에서는 와류가 생겨나는데, 이러한 와류로 인하여 선체는 전방으로부터 후방으로 힘을 받게 된다. 이러한 저항을 조와 저항이라고 한다. 공기 저항은 선박이 항진 중에 수면 상부의 선체 및 갑판 상부의 구조물이 공기의 흐름과 부딪쳐서 생긴 저항이며, 일반적으로 다른 저항에 비해서 적다.

언젠가는 수중의 잠수함 탐지에 큰 돌파구가 있을 수 있다. 눈이나 광학 기기 또는 레이더가 수상 선박이나 호송 선단을 탐지할 수 있는 것과 같은 방식으로 잠수함이 수중에 있을 때도 탐지할 수 있다면 잠수함의 전성기는 의심할 여지없이 빠르게 지나갈 것이다. 그러나 그날이 조만간 올 것 같지는 않다. 바닷물은 전해질이기 때문에 수중 레이더는 희망이 없어 보인다. 음파 거리 탐지기 또는 소나는 본질적으로 탐지 거리와 신뢰성 면에서 제한적인 것으로 보이며, 게다가 이 장비를 사용하는 함정은 상대적으로 낮은 속도로 항해해야 한다.

수중 청음기hydrophone는 감도가 놀라울 정도로 향상되었지만 바다는 시끄러운 곳이다. 한편 공격용 잠수함은 유도 어뢰를 꾸준히 유도하는 이점이 있다. 물론 어뢰를 적시에 발견하면 이에 대항할 수 있다. 또한 단지 안테나를 수면 위로 올림으로서 호송 선단이 오랫동안 들키지 않고 숨어 있을 수 없는 정찰 위성으로부터 정보를 받는 수상 전투함 및 해안 기지와 무선 통신을 할 수 있다.

잠수함 발사 탄도 미사일(SLBM)을 발사하기 위해 고안된 폴라리스 잠수함은 시제함조차도 원자력 기관 외에도 열여섯 발의 미사일을 수직으로 세워서 탑재하여 빠른 발사가 가능하도록 설계되었다. 그래서 상상을 초월하는 엄청난 추진력을 보여주었다. 이러한 탄도탄 탑재 구성은 지금까지 건조된 모든 SSBN 41척의 표준이 되었다.[40] 이 중 여덟 척은 다탄두 탑재 포세이돈 미사일을 발사하도록 개조되었으며, 나머지 잠수함들은 폴라리스 A-2 또는 A-3 미사일을 탑재하고 있다. 41척의 잠수함은 656발의 미사일과 그 수의 몇 배에

---

40 SLBM을 열여섯 발 탑재하는 이유는 당시 탄도탄 탑재 잠수함을 설계하면서 관계자들이 몇 발이 좋을지 투표로 정했기 때문이라는 주장이 있다.

달하는 탄두를 탑재하고 있다. 육상 기지에서 발사하는 ICBM 전력에 대한 보조 전력으로 간주되었던 것은 ICBM이 주요 억지력이 되기에는 덜 안전해 보였기 때문일 것이다.[41] 현재로서는 미사일의 정밀도가 떨어져 보이지만, 천문항법[42]을 이용 경로를 수정하는 기술의 가능성을 포함하여, 미사일 유도 기술의 새로운 발전으로, SLBM을 어떤 미사일보다 정확하게 만들 것을 약속하고 있다.

## 새로운 전략 무기의 발전 : MIRV와 ABM 시스템

열핵폭탄이 '절대 무기'라고 불린 것은 괜히 나온 말이 아니다. 그러한 폭탄으로 무엇을 하고자 하든지, 이미 만들어진 폭탄보다 훨씬 더 강력하게 만드는 것은 거의 의미가 없기 때문이다. 1961년 러시아가 약 50Mt의 위력을 가진

41 잠수함 탑재 탄도탄은 냉전 시기 미국의 핵 억제 전략 중 적에게 타격을 받고 보복을 가하는 제2의 주력이었다. 제2격(second strike)은 냉전 시절 미국과 소련의 핵무기 정책이며 핵 억지력의 핵심 구성 요소 중 하나로, 제1격(First strike)은 선제 타격 핵 전략인데 비해 제2격은 보복 핵 공격 개념이다. 제1격(선제 타격), 즉 적의 핵공격 경보 즉시 발사의 핵심 수단이 지하 사일로에서 발사되는 지상 배치 ICBM인 반면, 제2격의 핵심 수단은 SSBN(전략 원잠)에서 발사되는 SLBM이다. 잠수함은 은닉성이 뛰어나 선제 타격하기 힘들다. 따라서, 보복 핵 공격인 제2격의 필수적인 수단으로 인정되어 왔다.

42 원문에는 'steller orientation'으로 나와 있지만 '스텔라 오리엔테이션(stellar orientation, 천문 항법)의 오타로 보인다. 1960년대 중반부터 전자 기술의 발전으로 인해 천문 항법을 자동적으로 구사할 수 있게 되었다. 이러한 기계식 천문 항법 장비는 주간에도 주요 천체 열한 개의 위치를 파악해 오차 범위 90m 이내로 자신의 위치를 파악할 수 있었다. 이 장비들은 선박은 물론 일부 군용기에도 탑재되었다. ICBM(대륙간 탄도 미사일)도 지구 대기권 밖을 비행할 때 기계식 천문 항법을 이용해 자신의 위치를 파악하게 되었다. 천문 항법을 사용하는 이유는 GPS와는 달리 적의 해킹 가능성이 사실상 없기 때문이다. ICBM은 유사시 핵탄두로 적의 심장부를 타격하는 매우 중요한 임무를 맡은 무기이므로 실패의 여지가 없는 항법 수단이 필요했던 것이다. 이러한 기계식 천문 항법은 심지어 달 탐사나 화성 탐사 등 우주 탐사에도 쓰이고 있다.

폭탄을 폭발시켰을 때, 미국은 이를 따를 생각조차 하지 않았다. 미국인들이 원한다면 그 성과를 따라할 수 있다는 것에는 의문의 여지가 없다.[43] 그러한 위력을 가진 장치가 폭탄처럼 운반할 수 있는 형태로 제작이 가능하다고 하더라도 어떤 목표에 대하여 1~10Mt의 위력을 가진 한 발 이상의 훨씬 더 작은 폭탄에 의해 동등하거나 더 잘 임무를 수행할 수 있다는 것에는 의심의 여지가 없다. 10Mt의 위력을 가진 폭탄은 이전의 기준으로 볼 때 끔찍할 정도로 강력한 무기였다.

　소련의 50Mt 위력의 폭탄은 우연히 '깨끗하게' 폭발했다.[44] 즉, 1954년 3월 미국의 '브라보Bravo' 폭발 실험의 특징이었던 강한 방사능 낙진이 없었다. 당

43 1954년에 미국이 만든 캐슬 브라보도 15Mt의 위력이다. 위력은 25Mt이지만 무게는 4.8t으로 27t인 차르봄바에 비해 매우 가벼운 미국의 B-41 핵폭탄의 예를 봐도 1960~1970년대에 더욱 소형화가 가능했다. 1970년대 이후에는 20t 이상의 탑재량을 지니고 로켓을 다수 개발하고 기술적으로는 차르봄바의 기록은 단숨에 갈아치울 수 있음에도 괴물같은 폭탄을 탑재 가능한 ICBM을 만들 필요성을 느끼지 못했다. 따라서 핵 경쟁이 심했던 1950년대 이후로는 구태여 만들지 않고 과거에 만든 전술급 핵무기를 개량하고 유지하는 상황이다. 2022년 현재 미국의 경우 운용 중인 가장 강한 위력을 가진 핵무기는 1Mt을 조금 넘는 위력이다.

44 차르 봄바(Царь-бомба, Tsar-bomb)는 현재까지 개발한 것 중 가장 큰 소련의 수소폭탄이자, 50Mt의 파괴력을 가진, 현재까지 성능 시험을 마친 것 중 가장 강력한 무기이기도 하다. 1961년 10월 30일 소비에트 연방 노바야제믈랴 제도에서 실험이 실시되었다. 실제 사용을 위한 무기라기보다는 냉전 중에 미국에 대한 시위의 목적으로 개발되고 실험된 폭탄이다. 1961년 7월 10일 니키타 흐루쇼프 소련공산당 서기장의 지시에 의해 개발이 시작되었다. 기존의 부품을 활용하였기에 설계와 제작에는 겨우 14주만이 소요되었다. 폭탄의 무게는 27t, 길이는 8m, 지름은 2m였다. 처음 차르 봄바를 설계할 때 100Mt으로 계획했지만 낙진의 위험이 커서 50Mt으로 줄였다. 개조된 투폴레프 Tu-95 폭격기를 이용, 고도 1만 500m에서 투하되었다. 폭탄은 기압 센서를 이용, 지면으로부터 4,000m 높이에서 폭발하였다. 폭발의 화구는 지상에까지 닿았고, 위로는 성층권까지 닿았다. 비행기는 이미 밖의 안전한 곳으로 이동한 후였지만. 폭발은 달에서도 보였고, 폭발 후의 버섯 구름은 높이 90km, 폭 50~70km까지 자라났다. 100km 바깥에서도 3도 화상을 입을 정도의 열이 발생했고, 후폭풍은 핀란드의 유리창을 깰 정도였다. 폭탄에 의한 지진파는 지구를 세 바퀴나 돌았다. 차르 봄바는 히로시마와 나가사키에 투하된 원자폭탄의 위력보다 3,333배 이상 강하다.

시 폭발 실험 지역에서 조업 중이던 일본 어선에 일부 사상자가 발생했다. 깨 끗하다는 것의 중요성은 러시아인들이 기꺼이 '지저분한 폭탄dirty bomb'을 만 들겠다고 한다면, 동일한 폭탄으로 두 배의 폭발력, 즉 약 100Mt의 위력을 가 진 폭탄을 쉽게 만들 수 있다는 것이다. 이것은 낙진이 수소 핵융합이 아닌 핵분열로 인해 발생한 파편에서 만들어지고, 핵분열 파편은 폭탄 주위에 일 반 우라늄, 즉 화학적으로 깨끗하지만 동위 원소로 분리되지 않은 우라늄을 '변조'하여 생성되기 때문이다. 열핵 융합에서 존재하는 U-235에 더 잘 반응 하는 것은 말할 것도 없고, 존재하는 U-238 원자의 상당 부분이 핵분열로 유 도되는 자유 중성자가 너무 많이 방출된다. 이 경우 우라늄 원자 간의 연쇄 반응이 아니라 단순히 핵융합 반응으로 인한 수율의 증가를 추구한다. 핵융 합 반응은 그렇지 않으면 낭비될 중성자와 반응하기 위한 우라늄 원자를 가 짐으로써 이루어진다. 일반적으로 더러운 열핵폭탄에서 생성되는 에너지의 상당 부분은 핵융합에서 나오는 것처럼 핵분열에서도 나오는 것이다.

어쨌든 강력한 열핵폭탄을 폭격기나 장거리 미사일과 같은 운반 수단으로 쉽게 투사 할 수 있도록 설계할 수 있다는 점을 감안할 때 개발은 필연적으 로 탄두 결합 및 투사 방법과 관련된 개선으로 강조점이 이동한다. 정해진 위 력에 대한 탄두의 무게 감소는 (1) 더 작은 미사일이나 항공기를 사용하여 그 것을 운반할 수 있는 능력 또는 (2) 한 발의 미사일에 다수의 핵탄두를 장착 하거나 한 대의 대형 폭격기에 여러 발을 탑재할 수 있는 능력을 의미한다.

투발 수단, 특히 장거리 탄도 미사일의 정확도를 개선함으로써 의미 있는 개선도 이루어졌다. 아마추어는 일반적으로 열핵폭탄같은 강력한 무기를 사 용하면 정밀한 정확도가 거의 필요하지 않다고 가정한다. 이런 가정은 열핵폭 탄의 표적이 거대한 도시인 경우에는 약간의 폭발 과압정상 대기압 이상의 순간적인 압력에 의해 건물들이 쉽게 파괴되기 때문에 확실히 맞다. 그러나 표적이 300PSI$^{lbs/in^2}$ 이상의 과압을 견딜 수 있는, 강화된 지하 사일로에 있는 적의 미사일이어야 한다면 정확도가 매우 중요해진다. 후자의 경우 CEP가 만일 1mile$^{1.6km}$ 또는 1/4mile$^{0.4km}$이라면 상당한 차이를 만들 것이다. -CEP는 '원형 공산 오차'를 의미하며, 중심을 겨냥한 모든 종류의 폭탄이나 미사일의 절반이 떨어지는 원의 반지름이다.-

먼저 미사일 한 발에 탑재되는 다탄두 문제에 대해 논의할 것이다. 그 주제는 ABM보다 더 쉽게 해결할 수 있기 때문이다. 다탄두 시스템은 기본적으로 두 가지이다. (1) 개별 탄두에 대한 별도의 표적이 없는 시스템 (2) MIRV(Multiple, Independently-targetable, Reentry Vehicles : 다수의 개별 표적을 지정 가능한 재진입 탄두)로 알려진 시스템이다.[45]

MRV 시스템은, 미국에서는 도태되었지만 소련에 의해 발전된 것으로 보인다.[46] 각 탄두별로 표적이 따로 배정되어 있지 않아도 다수의 탄두 또는 재진

---

45 다탄두 각개 목표 설정 재돌입 비행체(Multiple Independently-targetable Reentry Vehicle; MIRV)는 하나의 탄도 미사일에 여러 개의 탄두(일반적으로 핵탄두)를 포함하고 각각 다른 목표 지점에 대한 공격을 하는 탄도 미사일을 말한다. 핵미사일의 배치 수를 늘리지 않고 공격력을 늘릴 획기적 수단으로 불린다. 탄두는 PBV(Post Boost Vehicle)라는 소형 로켓에 포함되어, RV(Re-entry Vehicle)에 탑재된다. 그러나 탄도 미사일은 로켓 추진이 종료되면, 그 다음부터는 포물선을 그리듯 중력 비행을 하며, PBV는 소형 로켓이라서 연료가 적다. 따라서 탄도 미사일의 포물선 궤도의 연장선에서 크게 빗나가는 여러 목표 지점을 동시에 공격할 수는 없다. 분사 제어의 정확도 문제 때문에, MIRV화된 탄두의 정확도(CEP)는 커진다. PBV는 버스(Bus)라고도 불린다. MIRV를 도입하기 위해서는 소형 핵탄두 기술이 필요하며, 현재 MIRV를 배치하고 있는 나라는 미국, 러시아, 프랑스, 영국, 중국뿐이다.

46 탄도 미사일용 다중 재돌입체(multiple re-entry vehicle, MRV) 시스템은 단일 조준점 위에 여러 개의 탄두를 배치한 다음 각각 분리되어 낙하 클러스터 폭탄과 같은 효과를 만든다. 이 탄두는 개별적으로 표적을 지정할 수 없다. 단일 탄두에 비해 MRV의 장점은 더 큰 적용 범위로 인해 효율성이 증가한다는 것이다. 이는 패턴 중앙 내에서 발생하는 전체 손상을 증가시켜 MRV 클러스터의 단일 탄두에서 가능한 손상보다 훨씬 더 크게 만든다. 이것은 효율적인 지역 공격 무기를 만들고 한 번에 배치되는 탄두의 수로 인해 탄도 미사일에 의한

입체-탄도 비행을 완료하고 지구 대기권으로의 재진입 시 열을 견딜 수 있는 재진입체-를 한 발의 로켓 부스터로 단일 표적을 향해 발사한다면 이점은 적어도 두 배 이상이다. 우선 공격자는 상대가 가진 방어용 ABM 시스템이나 유사 시스템에 대해 단일 요격 표적이 아닌 다수의 표적을 제공한다. 방어 측의 레이더를 혼동하여 레이더 화면에 나타나는 물체 중 어느 물체를 요격해야 하는지 판단하기 어렵도록, 탄두에 수반되는 물체인 디코이decoy에 대한 연구에 많은 예산이 투입되었다. 만일 디코이 대신 실제 탄두 또는 디코이와 함께 실제 탄두가 여러 개 있는 경우 방어 측의 문제는 확실히 증가한다. 둘째, 폭발 압력 분산에 관한 세제곱근의 법칙, 즉 주어진 폭발 압력의 반경은 폭탄의 위력 증가의 세제곱근에 따라서 확장된다. 만일 다수 탄두의 총 파괴력이 단일 탄두에서 얻을 수 있는 것보다 훨씬 적더라도 한 발은 목표물에 더 가까워질 가능성이 높으므로, 따라서 한 개의 탄두가 아닌 여러 개의 탄두가 확산되는 패턴을 가짐으로써 훨씬 더 많은 효과를 얻을 수 있다.

그러나 목표 각각에 대한 표적화가 충분히 정확하다면, 다탄두 시스템의 탄두 각각을 개별적으로 조준할 수 있다는 이점을 쉽게 상상할 수 있다. 부스터에서 분리된 미사일은 재진입으로 유발되는 일그러지는 탄도를 따라 지구 표면의 특정 지점에 낙하하는 비행을 한다. 미사일이 잘 조준된 경우 이 지점은 최초의 목표 또는 그 근처에 있을 것이다. 그러나 추가적인 추진력이 약간만 있어도 하나 또는 그 이상의 사전 결정된 탄도의 변화를 가질 수 있다. 만일 각각의 변화 전에 탄두를 탑재한 재진입체(RV)가 주 시스템에서 분리되면 해당 재진입체(RV)는 이전에 마지막으로 변화된 경로의 변화에 의해 결정된

<hr />

요격을 더욱 어렵게 만든다. 미국은 1964년 USS 다니엘 웹스터(Daniel Webster)의 폴라리스(Polaris) A-3 SLBM에 처음으로 MRV 탄두를 배치했다.

탄도 또는 경로를 따라 계속 비행한다. 비행 초기에 이러한 경로 변경을 실시함으로써 상대적으로 적절한 추진력으로 최대 분산을 시킬 수 있다. 이것이 MIRV의 개념으로 개념 자체는 단순하지만 실용화하는 것은 훨씬 어렵다.

**그림11-7** LGM-118A 피스메이커Peacekeeper MIRV

국방부에 의해서 보도가 제재를 받았을 언론 보도에 따르면, 육상 배치 미니트맨Minuteman III는 각각 독립적으로 표적을 조준할 수 있는 세 개의 탄두를 탑재하도록 설계되었으며, 오리지널 폴라리스 미사일의 후계 미사일인 잠수함 발사 포세이돈 미사일은 열 개에서 최대 열네 개까지의 탄두를 탑재하도록 설계되었다. 더 작고 사정거리가 짧은 미사일에 더 많은 수의 RV가 있어야 한다는 것이 의문이지만, 한 가지 가능한 설명은 포세이돈의 RV는 기본적으로 다른 종류의 표적을 배정받으므로 미니트맨 II의 RV보다 훨씬 적은 폭발력을 요구받는다는 것이다. 예를 들어, 미니트맨은 주로 사일로에 있는 적의 미사일 같은 군사적 표적 대응을 위한 것일 수 있고, 포세이돈은 주로 다양한 크기의 도시 또는 도시의 일부일 수 있는 가치 표적 대응용일 수 있다. 후자는 단지 12~14Kt의 위력을 가진 폭탄만으로 히로시마에 가한 피해가 입증될 것이므로 전자에 비해 쉬운 표적soft target이다.

우리가 보유한 정찰 위성이 건설 중인 어떠한 사일로라도 정확하게 포착하고 위치를 파악할 수 있을 것이기 때문에 경쟁국의 지상 배치 육상 미사일 개수를 세는 것은 쉽다. 해당 국가에서 운용할 수 있는 잠수함 발사 미사일의 수를 파악하는 것도 비교적 쉽지만, 이 모든 미사일이 탑재한 핵탄두의 개수를 감시하는 것은 본질적으로 불가능하다. 1972년의 전략무기제한협정SALT에서 MIRV 및 기타 형태의 다탄두 시스템이 고려 대상에서 생략된 것도 부분적으로 그 이유이다. MIRV는 탄도 미사일 방어 문제에도 큰 영향을 미친다. ABM 시스템에 대한 공격이 다탄두가 있는 미사일로 이루어질 경우 모든 ABM 시스템은 포화 상태를 겪을 가능성이 더 높다. 반면에 살아남은 미사일이 MIRV형이라면 많은 보복용 미사일의 손실을 지원할 수 있으며, 여전히 강력한 2차 타격 능력을 유지할 수 있다. 두 가지 측면에서 MIRV의 존재는 ABM 방어망의 가치를 떨어뜨리는 것처럼 보였다.

우리는 이제 1972년까지 미국에서 개발된 가장 복잡하고 독창적인 기술적 성과인 ABM대탄도 미사일 요격 시스템으로 눈을 돌린다. 대륙간 탄도 미사일ICBM이 과학적으로 가능하고 따라서 기술적으로 가능하다는 것이 알려졌을 때 -제2차 세계대전이 끝날 때까지 가능한 한 사용 가능했음을 증명하는 계산-, 일부 모험적인 사람들은 미사일을 요격하는 미사일의 사용을 고려하기 시작했다. 총포를 사용하든 자체 추진 미사일을 사용하든 항공기에 대한 효과적인 능동 방어를 고안하는 것이 얼마나 어려운지 아는 사람들에게는 음속의 몇 배의 속도로 비행하는 ICBM을 격추한다는 발상이 불가능해 보일 수 있다. 어렵다는 것은 확실했고 지금도 그렇다.

그러나 두 가지 측면에서 항공기 격추보다 미사일을 격추하는 문제가 더 쉽다는 점도 주목해야 한다. 첫째, ICBM은 필연적으로 수백 mile 정도의 매우 높은 최대 도달 고도의 탄도를 가져야 한다. 표적까지의 거리에 따라 탄도의 정점 고도를 변경할 수 있지만, 해당 표적까지의 거리에 대해 가능한 가장 낮은또는 최소 에너지 탄도조차도 대기권에서만 비행할 수 있는 항공기의 고도보다 훨씬 더 높다. 이는 ICBM이 목표로부터 수백mile 떨어져 있는 상태에서도 레이더에 의해 포착될 수 있음을 의미한다. 둘째, 미사일의 비행이 다소 변경될 수 있지만 MIRV는 미사일의 비행 초기에 코스 방향의 변화에 따라 궤도가 달라진다. 그럼에도 불구하고 미사일의 궤도는 지금까지 나타난 어떤 비행기보다도 훨씬 더 미리 결정되므로 예측 가능한 비행 경로를 갖는다는 것을 입증했다. 따라서 레이더가 포착하자마자 추적을 시작하는 탄도 미사일은 아직 목표물에서 수백 mile 떨어진 곳에 있을 때 이미 요격용 미사일을 발사하는 데 유용한 데이터를 제공한다. 재진입 후 어느 정도 기동을 할 수 있는 재진입체를 고안하는 이야기가 있었지만 아직까지는 완성되지 않았으며, 완성 여부는 부분적으로 ABM의 진행 상황에 달려 있다.[47]

그러나 너무 쉽게 보면 안 된다. 우선 수백mile 떨어진 곳에 있는 아주 작은 물체를 포착할 수 있는 레이더를 개발해야 하며, 탄두를 탑재한 RV와 부스터의 전체 또는 파편, 탄두와 함께 분산되는 다양한 디코이를 어느 정도 식별할 수 있는 레이더를 개발해야 한다. 또한 과부하가 없이 일시에 많은 양의 쇄도하는 항적을 처리할 수 있는 레이더가 필요하다.

마지막으로, 직면할 것으로 예상되는 첫 번째 무기에 의해 쉽게 무력화되지 않는 레이더가 필요하다. 우리는 이러한 문제에 대한 해답을 가지고 있다. '위상 배열' 레이더가 그 해답임이 입증되었으며, 그 주요 특징은 기계적으로 주사하는 것이 아니라 전자적으로 주사한다는 것이다.[48] 이것은 안테나가 고

---

47 현재는 재진입체가 어느 정도 기동할 수 있게 되었다.

48 위상 배열(phased array)은 전파 송수신 모듈(안테나)을 복수로 붙여서 배열해 놓고 개별 안테나마다 위상을 다르게 제어한 뒤 간섭을 이용하여 지향성을 갖게 한 안테나이다. 통신용에서는 위상 배열을 이용한 안테나를 사용하기도 하며, 위상 배열을 이용한 레이더를 위상 배열 레이더라고 한다. 레이더는 특정 주파수의 전파를 특정 방향으로 짧은 시간 동안 발사한 후 그 신호가 돌아오는 시간을 재어 대상과의 거리를 알아내는 것이다. 방향과 거

정되어 있을 수 있음을 의미한다. 따라서 안테나는 감도 및 식별 요구 조건을 충족할 수 있을 만큼 충분히 크게 만들 수 있으며 안테나는 엄청난 폭발 압력을 견딜 수 있도록 콘크리트에 내장될 수 있다.

당연히도 날아오는 미사일을 정확하게 추적하고 수집한 데이터로 요격 미사일을 발사하고 유도하는 등 다양한 작업을 고속으로 수행할 수 있는 컴퓨터가 필요하다. 컴퓨터는 또한 식별에 도움을 줄 수 있어야 하며, 많은 양의 항적을 처리할 수 있어야 한다.

또한 적절한 요격 미사일이나 미사일군을 필요로 하며, 이 문제에 대해서는 상당한 이야기가 있다. 확실한 것은 날아오는 재진입체가 목표물로부터 300~400mile$^{483~644km}$ 떨어진 곳에 있는 동안 요격할 수 있는 미사일을 원한다는 것이지만 이 요구 사항은 다음과 같은 질문을 포함하여 다양한 문제를 제기한다. 도래하는 재진입체를 요격 미사일이 파괴한다는 것은 무엇을 의미하는가? 우리는 폭발 압력이 존재할 수 없는 대기권 상부에서의 요격에 대해 이야기하고 있다. 어떤 경우에도 대기권 재진입을 견딜 수 있을 만큼 견고하게 제작되는 재진입체를 궤도에서 현저하게 벗어나게 하거나 손상을 입히

리를 정확히 알면 해당 물체의 정확한 위치를 알 수 있다. 그러나 전파를 별다른 장치 없이 그냥 발사하면 사방으로 퍼져 나가기 때문에 특정 방향으로 발사할 수 있게 초기 레이더들은 오목거울형 반사판을 설치하여 특정 방향으로 전파를 모은 다음 360도를 모두 감시하기 위해 레이더 자체를 회전시키며 전파를 발사하는 방법을 사용하였다. 지금도 일반적인 레이더는 이런 전통적인 방식을 사용한다. 1905년 노벨상을 수상한 물리학자인 카를 F. 브라운이 특정 방향으로 집중된 전파를 발사하는 또 다른 방법을 고안하였는데, 여러 대의 발신기를 가까운 거리에 놓고 서로 다른 위상을 갖는 전파를 송신하여 전파의 방향을 집중시키는 것이다. 특정 파장의 두 발신기를 가까이 두고 같은 파장의 전파를 발사하게 하면 특정 방향에서는 더 센 전파로 합쳐지고 다른 방향에서는 약화되는 간섭 효과가 일어나는데, 더 많은 발신기를 놓고 위상차를 정확히 조절하면 원하는 방향으로 전파가 발사되도록 할 수 있다. 이를 이용하면 기계적으로 안테나의 방향을 조절하는 구형 레이더보다 더 빨리 더 많은 공간을 더 빠른 주파수와 위상의 변화를 주면서 탐색 및 조준을 할 수 있다.

기 위해서는 폭발 압력이 매우 높아야 한다. 매우 가깝게 요격이 이루어지지 않는 한 열복사도 마찬가지로 효과가 없다.[49]

사실 이 문제는 1950년대 후반에 누군가[50]가 그의 파일에서 일부 테스트 데이터를 연구하다가 모든 핵폭발에서 방출되는 에너지의 매우 큰 부분을 차지하는 X-선이 빛의 속도로 이동하면서 대기권 위에서 놀라울 정도로 넓은 살상 반경을 가질 것임을 발견할 때까지 수년 동안 걸림돌로 판명되었다. 따라서 전체 ABM 문제에 대한 관심이 줄어들었다. '빠른' 또는 '뜨거운' X-선은 재진입체의 표면에 내파를 일으킬 정도이다. 치명적인 손상을 입힌 것이 X-선 이라는 사실이 이전에도 알려져 있었지만, 새로운 발견은 살상 반경이 이전에 예측했던 것보다 훨씬 더 광범위하다는 것이었다. 그러나 우리는 지금 요격에 대해 상당히 넓은 범위를 고려하고 있다.

~~~~~~~~~~~~~~~~~~~~~~~~

49 현재는 탄두 폭발로 요격하는 것이 아니라, 높은 에너지를 가진 요격 미사일의 탄두가 탄도 미사일의 핵탄두와 직접 부딪혀서 운동 에너지로 파괴하는 디렉트 킬(direct kill)을 하고 있다.

50 당시 랜드연구소의 물리학 부서 소속인 앨버트 루이스 래터(Albert Louis Latter, 1921~1997) 박사로 알려져 있다. 그는 미국의 핵물리학자이자 핵무기에 대한 전문가였다. 1951년 물리학 박사 학위를 받은 직후 그는 랜드연구소에 입사하여 이후 20년 동안 핵무기에 대해 연구했다. 1950년대에 앨버트 래터와 에드워드 텔러는 미 공군 과학자문위원회에서 함께 일했으며, 텔러는 1952년 초 그의 오랜 친구 테오도르 폰 카르만의 초청으로 회원으로서 첫 회의에 참석했다. 텔러와 래터는 크라이티어리언 북스(Criterion Books)에서 1958년 출판한 논란의 여지가 있는 책《Our Nuclear Future : Facts, Dangers, and Opportunity》의 공동 저자였다. 1959년 제네바에서 열린 핵실험금지협상에 미국 대표로 참석한 래터는 지진 탐지를 연구하여 1963년 제한시험금지조약을 미국이 승인하는 데 도움이 되었다. 그는 고출력 핵 장치가 에너지의 상당 부분을 고온 X선으로 방출할 것이라고 이론화한 최초의 미국 과학자였으며, 이는 공격 및 방어 전략 미사일의 취약성을 입증한 발견이다. 1960년에 래터는 랜드연구소의 물리학 부서장이 되었으며, 그곳에서 그가 다룬 핵무기의 측면은 설계와 효율성에서 핵무기에 대한 방어 조치에 이르기까지 다양했다. 그는 또한 특정 첨단 미사일 탄두를 개발하고 지하 핵 실험을 탐지하는 방법을 고안하는 데 중요한 역할을 했다. 그는 1964년 "파괴적인 영향의 결정과 핵폭발의 분리, 핵무기 설계에 기여한 공로"로 원자력위원회로부터 어니스트 O. 로렌스 상을 받았다.

이 외기권 격파 시스템의 두 가지 약점을 살펴보자. 대기권 재진입을 위해 설계된 진입체는 상당히 견고해야 하지만 과도한 양의 X-선에 피폭되는 경우라면 대응 가능한 추가적인 내구도를 가지도록 재설계가 가능하다. 그러한 재설계는 요격 미사일의 유효 파괴 반경을 상당히 줄일 것이라고 생각할 수 있다. 둘째, X-선이 재진입체를 무해하게 만들 만큼 충분히 손상을 입힌다고 해도 그 사실이 관측 레이더에 인식되지 않을 수 있다. 레이더는 격추를 추정할 수 있을 만큼 근접한 요격을 인지할 수 있지만 여전히 가정일 뿐이며 잘못된 판단일 수 있다. 동일한 재진입체에 대해서 또 다른 요격 미사일을 발사해야 하는가?

우리는 지금까지 대기권외 요격 시스템에 대해서만 논의했고, 이런 시스템은 1959년 뉴멕시코주의 화이트샌즈 미사일 시험장에서 처음 시험된 미 육군의 나이키-제우스[51]에서 이미 사용 가능했다. 육군은 의회와 아이젠하워

---

51 나이키-제우스(Nike-Zeus)는 1950년대 후반~1960년대 초반에 미 육군이 개발한 탄도 미사일 요격(ABM) 시스템으로 낙하하는 소련의 대륙간 탄도 미사일 탄두가 목표물을 명중하기 전에 25Kt의 W-31핵탄두를 장착하여 상층 대기에서 탄두를 요격 파괴하도록 설계되었다. 처음에는 초기 나이키 허큘러스(Nike Hercules) 지대공 미사일을 기반으로 만들어졌다. 개발 중에 개념은 훨씬 더 넓은 지역을 보호하고 더 높은 고도에서 탄두를 요격하도록 변경되었다. 이를 위해서 미사일을 완전히 새로운 디자인인 제우스 B로 크게 확대되고, 400Kt 위력의 W-50 핵탄두를 장착했다. 여러 성공적인 테스트에서 대륙간 탄도탄 탄두와 인공위성을 요격할 수 있음을 입증했다. 하지만 전략적 위협의 본질은 제우스가 개발되는 기간 극적으로 변해서, 개발 전 전국적인 방어망을 구축하는 것에서 전략 항공 사령부의 폭격기 기지를 보호하기 위한 수단으로 한정 재배치되어 보복 공격 부대가 살아남을 수 있도록 의도되었다. 하지만 소련의 탄도탄이 많아짐에 따라 미국은 그에 상응하는 제우스 미사일을 충분히 만드는 문제에 직면했다. 공군은 대신 자체 ICBM을 더 많이 제작하여 미사일 격차를 좁혀야 한다고 주장했다. 논쟁에 덧붙여, 제우스가 어떤 종류의 정교한 공격에도 거의 능력이 없을 것임을 시사하는 많은 기술적 문제가 나타났다. 제우스를 계속 진행할지 여부는 결국 시스템에 대한 논쟁에 매료된 존 F. 케네디 대통령에게 넘어갔고, 1963년 미국 국방 장관 로버트 맥나마라는 케네디에게 제우스를 취소하도록 설득했다. 맥나마라는 ARPA가 고려하고 있는 새로운 ABM 개념에 대한 연구에 자금을 지원했으며, 크게 개선된 레이더 및 컴퓨터 시스템과 함께 초고속 미사일인 스프린트(Sprint)를 사용하여 제우스

행정부에 나이키-제우스의 배치 승인을 요청했다. 이 시스템은, 당시 강력한 ICBM 전력을 개발 중인 것으로 간주되었던 소련이 발사한 모든 장거리 미사일의 약 25%를 격추하는 데 성공할 것으로 추정되었다. 25%라는 추정치는 너무 심각하게 받아들여서는 안된다. 육군이 배치를 진행하기를 원했음에도 불구하고, 상대적으로 겸손한 육군 측의 주장을 강조할 때만 흥미롭다. 임기가 끝나갈 무

**그림11-8** 나이키-제우스 미사일

렵 아이젠하워 대통령은 이 결정을 차기 행정부에 맡기기로 결정했다.

　새로 취임한 존 F. 케네디 대통령과 로버트 S. 맥나마라 국방 장관은 곧 소련과의 '미사일 격차'를 걱정할 필요 없으며 ABM보다 우선순위가 더 높은 다른 국방력 건설의 필요가 있다고 결정했다. 어떤 경우에도 나이키-제우스는 작전 배치하기에 충분한 시스템이 아니었다. 육군은 연구 개발을 계속하도록 지시를 받았으며 1962년 말에 맥나마라는 개발 프로그램을 제우스 개념에서 다음 해 1월 나이키-X[52]로 알려진 것으로 변경하기로 결정했다. 나이키-X 시

의 다양한 문제를 해결한 나이키-X 개념을 선택했다. 유도 방식은 지령 유도이며, 요격 가능 거리 430km, 요격 고도 280km, 최대 속도 mach 4 이상이었다.

52 나이키(Nike)-X는 냉전 기간 소련의 대륙간 탄도 미사일 공격으로부터 미국의 주요 도시를 보호하기 위해 1960년대 미 육군이 설계한 탄도 미사일 요격(ABM) 시스템이었다. 이름의 X는 실험적 기반을 나타내며 시스템이 생산에 들어갈 때 더 적절한 이름으로 대체되어야 했지만, 실현되지 못했다. 1967년에 나이키-X 프로그램은 취소되고 센티넬(Sentinel)로 알려진 훨씬 가벼운 방어 시스템으로 대체되었다. 나이키-X 시스템은 초기 나이키-제우스 시스템의 한계를 극복하고자 개발되었다. 제우스의 레이더는 단일 목표물만 추적할 수 있었고, ICBM이 네 발만 발사해도 제우스 기지를 명중할 확률은 90%로 계산되었다. 공격자는 또한 레이더 반사경이나 고고도 핵폭발을 사용하여 탄두가 공격하기에 너무 가까워질 때까지 탄두를 차폐할 수 있으므로 단일 탄두 공격이 성공할 가능성이 높았다. 나이키-제

스템은 장거리 요격용 제우스 미사일 외에도 근접 또는 대기 내 요격용 스프린트 미사일[53]을 통합한다는 점에서 제우스와 다르다. 한편 1962년 7월 콰잘레인섬에서 발사된 제우스 미사일은 캘리포니아주 반덴버그Vandenburg 공군기지에서 발사된 아틀라스Atlas 미사일의 탄두를 성공적으로 요격했다.

스프린트 미사일을 추가하는 목적은 두 가지였다. 첫째, 경고와 대응 시간이 최소화되는 소련의 잠수함 발사 미사일에 대해서도 방어할 수 있는 것이 바람직하다고 여겨졌기 때문이다. 그러나 훨씬 더 중요한 것은 두 번째 아이디어로, 디코이decoy의 발달과 함께 식별 성능을 더 강조해야 한다는 생각이었다. 내습하는 물체가 여전히 멀리 떨어져 있고 대기권보다 훨씬 위에 있는 동안 매우 강력한 레이더를 사용하여 대략적인 식별을 할 수 있지만, 더 정교한

---

우스는 소련이 수십 발의 미사일을 보유하고 있던 1950년대 후반에 유용했을 것이지만, 수백 발의 미사일을 보유할 것이라고 믿었던 1960년대 초반에는 거의 쓸모가 없었을 것이다. 나이키-X로 이어진 핵심 개념은 고도 60km 이하에서 빠르게 밀도가 높아지는 대기가 반사경과 폭발을 방해한다는 것이다. 나이키-X는 적의 탄두가 이 고도 아래로 내려갈 때까지 기다렸다가 스프린트로 알려진 매우 빠른 미사일을 사용하여 공격하려고 했다. 전체 교전은 몇 초 밖에 지속되지 않으며 고도 7,600m까지 낮게 진행될 수 있었다. 필요한 속도와 정확성을 제공하고 다중 탄두 공격에 대처하기 위해 나이키-X는 한 번에 수백 개의 물체를 추적하고 많은 스프린트의 일제 사격을 제어할 수 있는 새로운 레이더 시스템과 건물 채우기 컴퓨터를 사용했다. 시스템을 압도하려면 수십 개의 탄두가 동시에 탄착해야 했다. 하지만 완전한 배치에는 막대한 예산이 필요했고, 맥나마라 국방 장관은 그 비용이 정당화될 수 없다고 믿었고 그것이 추가적인 핵무기 경쟁으로 이어질 것이라고 우려했다. 그는 연구진에게 제한된 수의 요격 미사일로도 여전히 군사적으로 유용할 수 있는 배치를 고려하도록 지시했다. 이에 따라 매우 제한된 공격에 대한 소규모 방어망을 구축할 것을 제안했다. 이것은 1967년 10월에 센티넬로 되었고, 나이키-X 개발이 종료되었다.

53 스프린트(Sprint)는 미국의 요격용 미사일로, 사거리 40km에 최대 요격 고도 30km라는 비교적 짧은 범위를 커버할 수 있다. 참고로 장거리 요격은 스파르탄 미사일이 담당했다. 중성자탄 개조를 거친 W-66 핵탄두의 강한 방사선으로 핵무기를 요격하는 데 중점을 두고 있다. 근거리 요격 체계인 대신에 엄청난 속도가 특징이며, 최대 속도는 mach 10 이다. 초기 가속도는 100G에 이르며, 5초 만에 mach 10의 최대 속도에 도달한다. 1단 추진 로켓은 불과 1.2초 만에 소진되며, 65만lbs의 추력을 낸다. 이런 엄청난 가속도 덕분에 1.5~30km 상공에 이르는 요격 고도에 도달하는 데 최대 15초가 걸린다.

디코이를 사용하면 해당 물체가 대기권으로 재진입할 때까지 기다려야 할 수도 있다. 약 80mile129km 고도의 상공에서 시작되는 재진입 시 각 물체는 질량과 구성에 따라 감속률 등에 대해 독특한 행동을 보일 것으로 예상할 수 있

**그림11-9** 스프린트 미사일

다. 그리고 적절하게 프로그래밍된 컴퓨터는 디코이와 탄두가 있는 RV를 구별하여 후자에 대해서만 미사일 발사를 지시할 수 있다.

그러나 이때쯤이면 탄두가 표적에 위험할 정도로 가까워질 것이므로 매우 신속하게 발사되고 빠르게 가속하는 고속 반응 미사일을 발사해야 한다. 그래서 스프린트 미사일이라는 용어를 사용한 것이다. 예상대로 초기 추력을 최대화하기 위해 상대적으로 아래쪽이 넓은 원뿔 모양의 외관을 가지고 있으며 1단 부스터가 빨리 분리되는 2단 미사일이다. X-선의 살상 반경을 급격히 제한하는 대기권 내에서 요격이 이루어져야 하므로 핵탄두 파괴는 핵폭발의 또 다른 특징, 이 경우에는 고속 중성자의 방출에 의존해야 한다. 고속 중성자들은 낙하하는 핵탄두의 전자 장치를 무력화시키고 핵 분열 물질을 표적에 명중하기 전에 사전 폭발시켜 질량을 융합시키기에 충분한 열을 유발할 것으로 예상된다. 빠른 가속의 필요성, 근접 요격의 가능성, 폭발이 아군 영토 근처에서 일어날 것이라는 사실을 포함한 다양한 이유로 스프린트 미사일의 핵탄두는 장거리용 제우스 요격 미사일의 핵탄두보다 더 작을 수밖에 없다. 관측 레이더에서 요격이 성공적으로 이루어졌는지 여부는 알 수 없지만 어떤

경우에도 추가 조치를 취하기에는 너무 늦을 것이다.

1965년 후반에 실험 발사용 스프린트 미사일이 지하 사일로에서 성공적으로 발사되었으며, 동시에 장사정 제우스 미사일의 탑재 하중과 사거리를 개선하기 위해 미사일의 2단을 더 크게 개량하기로 결정했다. 이것은 스파르탄 미사일로 알려지게 되었다. 스파르탄 미사일의 개발과 함께 미사일 자체이건 전체 시스템이건 제우스에 대한 모든 언급은 사라졌다. 한편, 제우스 시스템의 기계식 탐색 레이더도 위상 배열 방식으로 바뀌었다. 컴퓨터 개발도 빠르게 진행되었는데, 이것은 달 탐사용 아폴로 프로그램을 위한 연구 개발의 도움을 받았다는 것은 의심의 여지가 없다. 1967년이 되자 이미 존슨 행정부에서 '센티넬' 시스템으로 명명한 현대식 나이키-X 시스템을 보유하고 있었고, 닉슨 대통령이 기본 임무를 도시 방어에서 주로 미군의 핵 보복 부대의 방어용으로 변경했을 때 세이프가드로 이름을 변경했다.

현대의 세이프가드 시스템은 우리가 본 것처럼 두 종류의 미사일, 스파르탄과 스프린트로 구성되어 있다. 스파르탄 미사일은 거대한 길이 54ft, 16.5m 3단 미사일로 강력한 열핵탄두를 싣고 날아갈 수 있고 1분 만에 최대 사거리 400mile 644km에 도달할 수 있다. 그 가격은 핵탄두와 미사일을 보관하는 사일로 하우징을 제외하고 각각 200만~400만 달러 사이로 알려졌다. 또한 2단 미사일인 스프린트는 스파르탄보다 훨씬 작은 길이 27ft 8.2m에 더 가벼운 핵탄두를 탑재하고 있지만, 초기 고도 상승 중 100G의 가속도를 낼 수 있도록 설계되었다. 또한 사일로 내에서 발사되는 동안 사일로 바깥으로 미사일을 내보내는 화염성 가스로 둘러싸여 있기 때문에 6,000°F의 온도를 견뎌야 한다. 사일로 하우징도 저렴하지 않을 것이라고 가정해야 한다. 이 미사일과 관련하여 두 가지의 기본 유형 레이더인 PAR 또는 경계 획득 레이더[54]와 MSR 또는 미사일 사이트 레이더[55] 둘 다 거대한 콘크리트 구조물에 설치되었다. 이 글을 쓰는 시점에서 미국의 ABM 시스템이 설치된 건물 중 하나는 노스 다코타주의 그랜드 포크스 공군기지 근처[56]에 있는, 바닥 면적 200ft²18.58㎡, 높이 120ft36.6m인 PAR이다. PAR은 정면에 120°의 경사를 가지고 북쪽을 바라보는 한 개의 거대한 레이더 눈이 설치되어 있다. 36mile58km 떨어진 MSR은 바닥 면적 231ft²21.46㎡, 높이 125ft38.1m, 그중 50ft15.2m는 지하에 매설된 콘크리트 구조물에 설치되어 있다. MSR에는 네 개의 레이더 안테나 링이 있어서 모든 방향을 수색할 수 있다. 근처에는 30발의 스파르탄 미사일이 배치된 '농장farm'이 있으며, 68발의 스프린트 미사일이 배치된 소규모 농장들이 분산 배치되어 있다. 또한 매우 크고 강력한 큰 다기능 배열 레이더MAR, Multi-function Array Radar도 있다. 또 TACMAR이라고 불리는 동일한 축소형이 있지만 배치는 예정되어 있지 않은 것 같다. 배치가 예정된 PAR 및 MSR이 MAR의 일부 기능을 인수했을 가능성이 있다.

---

54 경계 획득 레이더(The Perimeter Acquisition Radar Attack Characterization System, PARCS)는 단위상 다기능(multi-function), UHF-Band, 위상 배열 레이더로 북미를 향해 발사된 해상 발사 및 대륙 간 탄도 미사일에 대한 감시를 유지하고, 일반적으로 미사일 경고(MW) 데이터로 정의되는 발사 및 예상 낙하 지점 정보를 수집하는 시스템이다. PARCS의 보조 임무는 우주 감시 네트워크(SSN)의 부수적 센서로서 우주 발사 및 궤도 물체에 관한 데이터를 제공하는 것이다. 대륙간 및 해상 발사 미사일 위협을 탐지하고 추적하고 정보를 북미방공사령부(NORAD), 미국 전략사령부(USSTRATCOM) 및 지역 전투 사령관에게 전달할 수 있다. PAR에서 탐지된 잠재적인 목표물은 미사일 사이트 레이더(MSR)와 북미방공사령부에 보내진다. 미사일 경고 임무의 일환으로 PARCS는 통합 전술 경고 및 공격 평가(ITW/AA) 시스템에 공격 특성화 데이터를 제공한다.

55 미사일 사이트 레이더(Missile Site Radar, MSR)는 세이프가드 시스템의 제어용 위상 배열 레이더였다. 컴퓨터로 도래하는 ICBM 탄두를 추적하고 다시 공격하는 데 필요한 정보를 제공했다.

56 정확한 명칭은 캐벌리어 공군기지(Cavalier Air Force Station)이다.

**그림11-10** PAR

**그림11-11** MSR

    PAR의 역할은 1,000mile<sup>1,609㎞</sup> 떨어진 곳에서 날아오는 미사일을 탐지 및 추적을 하고, 그 정보를 MSR에 전달하는 것이다. MSR은 재진입체가 더 접근하면 추적을 인수하여 스파르탄 또는 스프린트 미사일을 적절하게 발사시키고 미사일이 재진입체를 요격하도록 유도한다. 컴퓨터가 있는 각각의 레이더는 식별 또한 담당한다. 특히 MSR은 대기권에 재진입하는 패턴으로 적이 발사한 물체를 구별하는 섬세한 작업을 수행한다.

    맥나마라 장관은 ABM 시스템의 가치에 대해 항상 회의적이었고, 그의 임기 중에 실용화된 매우 완벽한 센티넬 시스템에 대해서도 회의적이었다. 그는 만일 ABM이 방수 우산의 특성과 근접한 특성으로 고안될 수 있다면 미국은 돈을 얼마를 쓰든지 스스로 우산을 제공해야 할 의무가 있다고 생각했다. 그러나 거의 완벽에 가까운 격추 비율을 기대할 수 없는 한, 그는 시스템이 상한선이 얼마가 될지 예측할 수 없는 막대한 예산을 투입할 가치가 없다고 확신했다. 그는 주요 도시가 그러한 수단으로 방어될 수 있다고 생각하지 않았다. 왜냐하면 적들은 각각의 경우 방어망을 뚫고 공격하는 한 발 또는 두 발의 미사일만을 필요로 하기 때문이며, 그는 아군의 보복용 미사일이 적 미사일의 정확도 증가에 의해 위협을 받을 수 있는 한 그 위협에 대처할 수 있는 더 좋은 방법이 있을 것이라고 생각했다.

그러나 1967년 존슨 대통령은 다가오는 대통령 선거에만 관심이 쏠려서 국방부 장관에게 센티넬의 적당한 배치를 승인하도록 압력을 가한 것으로 보인다. 이에 따라 맥나마라 장관은 1967년 9월 샌프란시스코에서 ABM의 모든 약점을 요약한 연설의 마지막에, 그럼에도 불구하고 미국은 "중국만을 대상으로" 미국의 주요 도시들 주변에 "얇은" ABM 방어망을 배치할 것이라고 이야기했다. 이것은 중국이 향후 10년 내에 미국에 대해서 가할 수 있을 것으로 추정되는 매우 미미한 위협에 대한 적절한 방어로 설명되었지만 소련에 대해서는 적절하지 않았다.

맥나마라는 다른 사람들이 그를 대신할 준비가 되었음에도 불구하고, 그의 선언의 이상한 논리를 변호할 의향이 없었다. -그는 몇 달 안에 국방부 장관에서 물러날 예정이었다.- 그러나 이 논리는 1969년 초에 새로 취임한 리처드 닉슨 대통령이 맥나마라가 발표한 것과는 완전히 다른 임무를 가진 새로운 ABM 시스템을 강력하게 지원하면서 무의미해졌다. 미국의 중심 지휘 본부였던 워싱턴을 제외하고 기타 도시들을 방어한다는 개념은 폐기되었다. 대신 세이프가드로 이름이 변경된 시스템은 미군의 지상 배치 보복용 대륙간 탄도 미사일을 방어하기 위해 배치되었다.

이러한 목적의 변화는 다음과 같은 세 가지 기본 이유 때문에 현명한 것이었다. (1) 핵 억제는 적의 기습 공격으로부터 미군의 보복용 미사일의 안전에 달려 있으며, 그 안전이 보장될 수 있다면 미국 도시들의 안전도 사실상 보장된다. (2) '강화', 즉 무거운 강철 문으로 덮인 지하 콘크리트 사일로에 지상 배치 미사일을 넣음으로써 제공되던 이전의 강력한 보호는 미사일 유도의 정확도가 증가함에 따라 붕괴될 위협을 받았다. (3) 콘크리트 사일로에 있는 미사일과 같은 '하드 포인트' 표적은 도시와 같은 크고 불규칙하게 넓은, 쉬운 표적soft target보다 ABM 시스템에 의해 훨씬 더 효과적으로 방어된다.

오직 후자의 포인트만 설명이 필요하다. 그 이유는 기본적으로 두 가지이다. (1) 많은 다른 것은 간단히 무시하고 개별 하드 포인트 표적으로 접근하는 것처럼 보이는 적의 재진입체만 요격하면 된다. (2) 효과적인 방어를 제공하기 위해 격추 비율이 방어자에게 거의 유리할 필요는 없다. 예를 들어, 방어자가 공격해오는 RV재진입체, 탄두 세 발 중 두 발을 격추할 수 있다면 대도시 방어에 관한 한 거의 또는 전혀 의미가 없을 수 있지만 반격 전력의 방어에는 상당히 의미가 있을 수 있다. 적은 실제로 얼마나 많은 미사일이 방어망을 통과할 것인지 실제로 공격하기 전에는 알지 못하고, 모든 미사일이 격추당하는 것은 아니지만 방어망을 통과하는 미사일이 1/3에 불과할 것이라고 생각한다면 그러한 공격을 정당화할 만큼 우월한 자신감을 갖기 어려울 것이다.

ABM이 정말 의미가 있다면 그것은 대부분 육상 배치 미사일 방어용으로 의미가 있을 것이다. 그러나 그러한 의미가 ABM이 우리 ICBM에 대해 증가하는 위협에 대처하는 다른 다양한 대안보다 확실히 우월하다고 주장하는 것은 아니다. 폴라리스·포세이돈과 같은 유형의 잠수함 발사 미사일이라는 하나의 대안이 이미 존재하고, 또 다른 대안들은 조기 이륙 및 공중 대기 능력을 갖춘 폭격기이다. 맥나마라는 ABM을 확보하면, 적은 ABM으로부터 공격 목표를 달성하기 위하여 공격 미사일 양을 증가시킬 것이며 그로 인한 비용 우위군비 증가가 있다고 생각했다.

어쨌든 모든 ABM과 관련된 질문은 이 나라에서 무기 문제에 대한 전례가 거의 없을 정도로 강력하고 감정적인 논쟁을 불러 일으켰다. 1960~1961년에 낙진 대피소 문제에 대해 어느 정도 격렬한 감정적 논쟁도 있었지만 이것에 비하면 아무것도 아니었다. 소련의 공세적 계획을 의심하고 두려워했던 매파들은 우리가 효과적인 ABM 시스템을 갖추고 있으며 이를 실전 배치해야 한다고 생각했다. 소련에 대한 두려움이 끊임없이 과장되어 있다고 느꼈던 비둘기파들은 세이프가드 시스템이 엄청난 예산을 투입할 만큼 충분히 신뢰할 수 없다고 생각했다. 아이다호주의 프랭크 처치Frank Church 상원의원은 새로운 시스템을 "잠재적으로 역사상 가장 비싼 파리채"라고 불렀다.

미국은 베트남에서의 쓰라린 경험이 국방부의 계획에 대한 전반적인 회의론과 비용 초과로 인한 과도함과 많은 관련이 있다는 것은 의심의 여지가 없었다. 그리고 새롭게 불거지는 모든 종류의 국내 문제가 "우리의 국가 우선순위를 바로 잡는 것"에 대한 이야기를 불러일으키고 있었다. 1969년 상원에서 이 사업의 승인에 대한 투표는 과반수를 단 한 표 넘겨서 통과되었으며, 그 이유는 이후 몇 년 동안 효과가 더 좋아졌다면, 행정부를 지지하는 투표가 진행 중인 SALTStrategic Arms Limitation Talks, 전략무기제한회담 협상에서 큰 지렛대 역할을 할 것이라는 생각 때문이었다.

우리는 이 적은 지면에서 사례의 장점을 평가하는 불가능한 작업을 시도하지 않을 것이다. 높은 지식 수준을 가지고 있고 구체적인 정보를 가진 사람들은 논쟁의 양쪽에서 발견할 수 있다. 과학자, 기술자 및 다른 사람들은 시스템의 신뢰성 또는 기본 업무 수행 능력에 대해 서로 의견이 달랐다. 양측의 명백한 편견의 양은 종종 보기에 경이로울 정도였다. 그러나 1972년 5월, 닉슨 대통령의 방문으로 모스크바에서 조약이 체결되면서 이 논쟁은 갑자기 불분명해졌다. 이 조약은 양측의 ABM 배치를 심각하게 제한했다. 그것은 갈로시Galosh 시스템을 보유한 소련군이 본질적으로 모스크바 방어를 위해 이미 작전 배치한 곳으로 제한했다.[57] 미국은 총 200발의 요격 미사일로 구성된 두 개의 ABM 기지만 보유하는 것으로 제한되었으며, 그중 한 곳은 이미 언급된 그랜드포크스 공군기지이다. 특정된 다른 기지는 워싱턴 방어를 위한 것이었다. 이 글을 쓰는 시점에도 두 번째 기지의 작전 배치는 가능성이 없다.

## 무기 체계 획득 비용의 문제

무기가 더 복잡해지고 정교해질수록 더 비싸지는 것은 당연한 일이다. 그러나 지난 10년 또는 20년 동안 우리가 목격해온 비용의 급격한 상승은 단순한 산술적이 아니라 기하급수적인 증가였기 때문에 그 자체적으로 특별한 문제를 제기한다. 문제 중 하나는 합리적으로 정당화될 수 있는 것 이상인지 여부를 각각의 경우에 결정하는 것이다.

우리가 즉시 폐기해야 하는 개념 중 하나는 거대한 전략 핵전력만이 비싸고, '전통적인' 무기는 그렇지 않다는 생각이다. 예를 들어, 미 해군의 항공모함 탑재 전투기로 설계된 재래식 전투기인 F-14 전투기 획득 계약은 한 대

---

57 A-350 그라우(GRAU) 5V61(나토 명 ABM-1 갈로시)은 1972년부터 운용된 소련의 핵무장 탄도탄 요격 미사일이다. A-350은 A-35 대탄도 미사일 방어 시스템의 구성 요소였다. 주요 임무는 모스크바를 겨냥한 미국의 미니트맨과 타이탄 대륙간 탄도 미사일을 요격하는 것이었다. A-350은 1960년대에 기계적으로 조종되는 반능동 레이더 유도방식을 채택하고, 미국의 나이키- 제우스와 유사한 고위력 핵탄두를 탑재하고 있었다. 1974년부터 운용된 A-350R(나토 명 ABM-1B)은 첨단 A-35M 미사일 시스템과 함께 도입되었다. A-350 미사일은 사거리가 300km가 넘는 3단 고체 연료 미사일이었다. 3단계는 재시동 가능한 액체 연료로 개량되어 발사 및 재포착 능력이 향상되었다. 레이더 시스템은 듀나이(Dunay)-3 단일 방향 탐색 레이더와 듀나이-3U 전방향 360도 탐색 레이더로 구성되었다. 보다 개량된 레이더 시스템인 Don-2N시스템은 6,000km 장거리 조기 경보레이더 Don-2N 및 Dnestr(나토 명 Pill Box 및 Hen House)과 2,800km 단거리 표적 획득 레이더 듀나이-3M 및 듀나이-3U(나토 명 Do gHouse 및 Cat House)로 구성되었다. A-35 시스템의 건설은 1962년에 지휘소, 레이더 설치 및 8-16개의 미사일 발사기를 위한 발사 단지를 포함한 16개의 주요 사이트로 시작되었다. 이 시스템은 총 64개의 발사대가 있는 여덟 개 사이트에서 최종 결정되었으며 네 개의 주요 레이더 센터가 완성되었다.

당 1,200만 달러 이상의 가격이 제시되었으며, 이런 가격은 기존에 운용되던 F-4 팬텀 전투기 가격의 약 네 배였다. 그러나 그루만Grumman사는 F-14의 초도 계약분 86대를 제작하는 도중에 가격 재협상이 이루어지지 않으면 300대 이상의 본 계약을 이행할 수 없다고 발표했다. 원래 주문 계약의 차기 생산량의 고정 가격은 한 대당 1,680만 달러였다. 한편, 원자력 항공모함 함정 자체의 비용은 이미 10억 달러를 넘어섰다.[58] 게다가 항공모함 탑재 항공 전력은 비용이 매우 많이 들었다. 본질적으로뿐만 아니라 그들에게 부여된 임무를 수행하는 다른 방법과 비교하여 비용이 더 많이 들었다.

F-14는 참으로 뛰어난 비행 특성을 지닌 멋진 항공기이다. F-14는 무유도탄이 아닌 '스마트 폭탄'을 운용할 수 있으므로 증가된 비용을 거의 정당화하는 효과가 높아진다. 팬텀 전투기들도 유도 폭탄을 운용할 수 있기 때문에 우리는 '거의'라고 말한다. 기술이 발전함에 따라 기동 장비에 대한 새로운 성능 특성을 설계할 기회가 이러한 특성의 유용성을 평가하는 능력을 능가하는 경향이 있다. 이러한 새로운 기능이 도움이 된다는 것을 항상 입증할 수 있다. 하지만 그것이 추가 비용만큼의 가치가 있음을 항상 입증 할 수 있는 것은 아니다. 결국, 센티넬이든 세이프가드이든 탄도탄 요격 미사일(ABM)에 대한 논쟁은 거의 전적으로 다음 질문에 관한 것이었다. 그 무기 체계들이 그만큼의 비용을 지출할 만큼 가치가 있는가?

그것은 경제적 문제일 뿐만 아니라 군사적 문제이기도 하다. 국제 정치 환

---

58 최초의 원자력 항공모함인 엔터프라이즈의 건조비는 4억 5,000만 달러 가량. 2018년 가치로는 40억 달러쯤 된다. 이게 비슷한 크기의 재래식 항공모함 건조비의 두 배는 가볍게 넘어가서 미국 자신도 놀라 CVN-68 니미츠급을 본격적으로 건조할 때까진 추가적인 원자력 항모의 건조를 보류했다고도 한다. 덕분에 중간에 낀 CV-66 아메리카, CV-67 존 F. 케네디는 중유를 사용하는 통상 동력함이다(미군 항모 분류기호 CV 뒤의 접미사 'N'은 Nuclear의 약자).

경이 명백하게 악화되지 않는다면 국방에 투입되는 GNP[59]국민총생산 비율이 꾸준히 증가할 것으로 기대하기 어렵다. GNP가 꾸준히 성장을 한다는 것은 새로운 무기 체계의 가격이 증가하는 양만큼 빠르게 증가하지는 않지만 안정적인 비율이 증가하고 있음을 의미한다. 더욱이 우리는 국가가 GNP 중 높은 비율의 예산을 국방비로 안정적으로 지출할 것인지 또는 지출해야만 하는지 확신할 수 없다. 따라서 장비 가격의 상승은 일반적으로 결국 보유량의 감소를 의미한다. 불과 몇 년 전보다 세 배에서 네 배의 예산이 더 필요하다면 해군은 열다섯 척의 항공모함을 보유할 수 있을까? 그리고 제2차 세계대전의 유명한 항공모함 엔터프라이즈호를 건조하는 비용 1,900만 달러의 200배의 비용이 든다면, 만일 그 열다섯 척의 항공모함에서 운용하는 각 항공기들의 획득 비용도 항공모함 획득 비용보다 더 급격하게 증가한다면? 유사한 사례로, 지상전에서 탱크가 쓸모없게 된다면, 그것은 탱크를 파괴할 수 있는 저렴한 토우 미사일의 출현 때문이 아니라 탱크의 획득 가격이 꾸준히 상승하는 동안 토우가 등장했기 때문일 것이다. 최상위 전투함인 전함은 고속 항해를 포함해서 순양함이 할 수 있는 모든 임무를 할 수 있었지만 순양함보다 먼저 도태되었다. 간단히 말해서 척당 가격이 더 좋은 고려 요소였다. 순양함도 조만간 더 이상 사용되지 않을 수 있지만 전함보다는 조금 더 오래 사용될 것이다.

　무기 체계에서 지배적인 것으로 보이는 단일 경향이 있다면, 모든 종류의

---

59 국민총생산(國民總生産, Gross National Product, GNP)은 일국의 농업·공업·서비스업 등 생산물(서비스를 포함)을 그때의 시장 가격으로 합계한 것이다. 결국 한 나라가 일정 기간에 생산하고 분배하고 지출한 재화 및 서비스의 총액이 국민총생산이다. GNP는 세계 어디에서 생산되었든 상관없이 우리나라 국민이 생산한 것은 무조건 합쳐서 계산한 물질적 부이다. 국민총생산은 일국의 경제 규모를 재는 척도라 할 수 있다. 하지만 최근에는 GNP보다 GDP를 사용한다. GDP는 땅덩어리에 관심을 둔 개념이다. 즉, 국적과 상관없이 대한민국에서 생산되는 재화 및 서비스의 총액이다.

미사일이 보다 정확하고 파괴적이 되는 것이다. 따라서 어떠한 군용 기동 장비라도 더 크게 만들고 방어력을 더 향상시키려면 비용이 더 비싸질 수밖에 없고, 그런 경향이 특정한 순간을 넘어가면 잘못된 방향으로 나아가게 된다. 법률에서와 같이 이런 일반적인 규칙은 특정한 사례를 판단하지 않는다. 각각의 질문은 각각의 고유한 장점에 따라 결정되어야 한다. 그러나 우리는 모든 종류의 무기에서 단가가 증가하는 것이 군사적 문제를 증가시킨다는 사실을 문자 그대로 잊으면 안된다.

맥나마라 국방 장관은 종종 시스템 분석에 있어서 비용을 가장 중요한 변수로 여겨서 이 문제에 너무 민감하다는 비난을 받았다. 닉슨 행정부의 그의 후임 장관인 멜빈 R. 레어드[60]는 비용에 대해 너무 관심이 적었음이 입증되었다.

기술 발전이 가능할 것 같은 새로운 종류의 장비에 대해 멀찌감치 떨어져 추측하는 것은 즐겁다. 그러나 경제적 효과를 높이려면 항상 원칙이라는 요소가 필요했다. 이것은 무엇보다도 비용의 중요성을 인식하는 것을 의미한다. 당연히 주어진 군사적 대비 태세와 제안되는 군사적 조치 또한 물론이다.

---

60 멜빈 로버트 레어드 주니어(Melvin Robert Laird Jr., 1922~2016)는 미국의 정치가, 작가, 정치가이다. 그는 1953년부터 1969년까지 위스콘신에서 미국 하원의원을 지낸 후 1969년부터 1973년까지 리처드 닉슨 대통령 하에서 국방 장관을 역임했다. 레어드는 베트남전쟁에서 미군을 철수시키는 행정부의 정책을 형성하는 데 중요한 역할을 했다. 그는 전투에 대한 더 많은 책임을 남베트남군에 이전하는 과정을 가리키는 '베트남화'라는 표현을 만들었다.

# 역자 후기

《석궁부터 수소폭탄까지》는 국방대학교에서 군사 전략을 수학하던 시기에 지도 교수님의 추천으로 접했던 책이다. 무기 발달에 대한 일목요연한 역사를 보여주는 역작이라 처음 본 순간부터 그 매력에 빠져들었다. 이후, 현업 복귀와 전역, 민간 항공에서의 커리어 수행에 집중하느라 한동안 잊고 살다가 번역을 시작했다. 이 책은 무기 발달사에 대한 대단히 훌륭한 책이지만 1970년대 초반 냉전의 절정기까지만 다루고 있다. 이미 50여 년이나 지난 책이라고 할 수 있다.

브로디 부부가 이 책을 집필하고 나서 세계는 급변했다. 이 책에서도 다룬 바 있는 베트남 전쟁은 미군의 철수와 1975년 4월 30일 남베트남의 패망으로 끝났고, 1980년대에는 냉전이 절정기를 맞으면서 이 책에서도 잠깐 언급되는 SDI(전략방위구상, 1983년)가 등장하게 된다. 영원히 끝날 것 같지 않던 서방과 소련 간의 냉전은, 사회주의 국가의 한 축이었던 중국이 덩샤오핑의 집권 이후 1978년 12월부터 국내 체제의 개혁 및 대외 개방 정책을 추구하기 시작하고, 1991년 12월 26일 소련이 붕괴하면서 끝나는 것처럼 보였다.

하지만 살상을 좋아하는 인류는 전쟁을 멈춘 적이 없다. 미국 주도의 단일 축으로 상징되던 신평화 시기는 2001년 9월 11일 미국 뉴욕의 세계무역센터에 대한 사우디아라비아 출신 오사마 빈 라덴이 이끄는 알 카에다의 동시 다발 여객기 공중 납치 후 자살 공격에 의한 테러로 완전히 바뀌었다.

제1·2차 세계대전과 같은 대규모 전쟁은 다시 일어나지 않았지만 여전히 세계 어딘가에서는 전쟁이 벌어지고 있다. 소련–아프가니스탄 전쟁(1979~1989), 포클랜드 전쟁(1982), 그레나다 침공(1983), 파나마 침공(1989), 걸프 전쟁(1990~1991), 유고슬라비아 내전(1991~2001), 제1차 체첸 전쟁(1994~1996), 제2차 체첸 전쟁(1999~2009), 에티오피아-에리트레아 전쟁(1998~2000), 9.11 테러(2001), 아프가니스탄 전쟁(2001~2021), 이라크 전쟁(2003~2011), 남오세티야 전쟁(조지아 침공, 2008), 리비아 내전(2011~현재), 시리아 내전(2011~현재), 이라크 내전(2013~2017), 돈바스 내전(2014~2022. 2. 24.), 1차 아르메니아-아제르바이잔 전쟁(2020), 2차 아르메니아-아제르바이잔 전쟁(2022), 수단 내전, 차드 내전, 르완다 내전 등이 있었다. 그리고 현재는 2022년 2월 24일 러시아의 전격적인 침공으로 시작된 우크라이나 전쟁이 치열하게 전개되고 있다.

또한 미국, 영국, 프랑스, 소련, 중국 등 5개국만이 보유하고 있었던 핵무기는 이스라엘, 남아프리카공화국(1989년 폐기), 인도, 파키스탄, 북한 등이 추가로 보유하며 오히려 확산되었다. 푸틴의 러시아는 다시금 소련 시절의 영화를 되찾으려 하고 있으며, 시진핑이 통치하는 중국은 타이완을 통일하고 세계 최강의 패권자가 되려 하고 있다.

기술의 급격한 발전에 따라 전쟁마다 새로운 양상이 보이고 있다. 과거, 전쟁이 군사 전략과 개념과 전장의 필요성에 의해 기술의 발전이 따라오던 시기를 지나, 핵전쟁에 대비하기 위해 미국에서 개발된 인터넷과 컴퓨터가 개인 생활에 파고들면서 정보화, 하이브리드화, 네트워크화, 물리적·비물리적 수단과 방법의 융복합, 초연결 네트워크의 발전으로 전 지구적 인지전의 출발, 드론과 무인기로 상징되는 무인 전투, 저강도 분쟁과 MOOTW, PMO(군사 기업)

등 급격하게 변화하면서, 과학 기술의 발전이 군사 전략과 전쟁 수행 개념을 선도하는 시대가 되었다.

따라서 이 책만으로 현대 전쟁과 무기 체계를 이해하는 것에는 매우 제한될 수밖에 없다. 따라서 꾸준하며 다양한 지식의 획득을 위한 연구와 이해가 필요하다. 역자 본인도 이러한 추세를 파악할 수 있는 추가적인 책들을 찾아내 독자 여러분에게 소개하도록 노력하겠다.

김승규

# 참고 문헌

Baxter, James Phinney, *The Introduction of the Ironclad Warship.* Cambridge : Harvard University Press, 1933.

_____. *Scientists Against Time.* Boston : Little, Brown and Co., 1946.

Blackmore, H. *Guns and Rifles of the World*, London : Botsford, 1965,

Brodie, Bernard, *Sea Power in the Machine Age.* Princeton : Princeton University Press, 2d ed., 1944. Reissued by Greenwood Press, 1969.

_____. *A Guide to Naval Strategy.* Princeton : Princeton University Press, 4th ed., 1958. Reissued by Praeger, 1965.

_____. *Strategy in the Missile Age.* Princeton : Princeton University Press, 2d ed., 1965.

_____. *Escalation and the Nuclear Option.* Princeton : Princeton University Press, 1966.

_____. *War and Politics.* New York : Macmillan, 1973.

Chayes, Abram, and Wiesner, Jerome B., eds, ABM: *An Evaluation of the Decision to Deploy an Antiballistic Missile System.* New-York : Harper and Row, 1969.

Chinn, G. M. *Encyclopedia of American Iandarms.* Huntington, W. Va. : Standard Printing and Publishing Co., 1942.

Churchill, Winston S. *A history of the English-Speaking Peoples.* 4 vols. New York : Dodd, Mcad and Co., 1956-58.

Clagett, Marshall. *Greek Science in Antiquity.* New York : Abelard, 1955.

Clark, George, *Early Modern Europe from about 1450 to about 1720.* London: Oxford University Press, 1957.

_____. *War and Society in the Seventeenth Century*, Cambridge: Cambridge University Press, 1958.

Coffey, Joseph I. *Strategic Power and National Security.* Pittsburgh : University of Pittsburgh Press, 1971.

Conant, James B. *On Understanding Science.* New Haven: Yale University Press, 1947

Crowther, J. G. *The Social Relations of Science.* New York : Macmillan, 1941.

Forbes, R. J. *Man the Maker, a History of Technology and Engineering.* London : Constable, 1958.

Fuller, John Frederick Charles. Armament and History. New York : Charles Scribner's Sons, 1945.

_____. Military History of the Western World. 3 vols. New York : Funk and Wagnalls, 1955.

Gibbs-Smith, Charles H. The Invention of the Aeroplane, 1799-1909. New York: Taplinger, 1965.

Gimpel, Herbert J. The United States Nuclear Navy. New York : F. Watts, 1965.

Hall, Alfred Rupert, Ballistics in the 17th Century, a study in the relations of science and war with reference principally to England. Cambridge : Cambridge University Press, 1952.

_____. The Scientific Revolution, 1500-1800, the formation of the modern scientific attitude. London : Longmans Green, 1954.

Hezlet, Vice Admiral Sir Arthur, The Subrmarine and Sea Power. London : P. Davies, 1967.

Hoffschmidt, E, J. H., and Tantum, W, H. German Tank and Antitank in World War I1. Greenwich, Conn. : W. E., Inc., 1968.

Holst, Johan J., and Schneider, William, Jr., eds. Why ABM? Policy Issues in the Missile Defense Controversy. New York : Pergamon Press, 1969.

Howard, Michael. The Franco-Prussian War, 1870-71. New York : Macmillan, 1961.

Jackson, Herbert J. European Hand Firearms, 16th to 18 Centuries. 2d ed., London : Holland Press, 1959

Jameson, Rear Admiral William. The Most Formnidable Thing : The Story of the Submarine from Its Earliest Days to the End of World War 1. London : R. Hart-Davis, 1969.

Johnson, Melvin M., and Haven, Charles T. Automatic Arms, Their History, Development and Use. New York : William Morrow, 1941.

Jungk, Robert. Brighter than a Thousand Suns. London : Pelican, 1958

Liddell Hart, B. H. Thoughts on War. London : Faber and Faber, 1944.

_____. The Revolution in Warfare. New Haven : Yale University Press, 1947.

_____. Strategy, the Indirect Approach. New York : Praeger, 1954.

Koller, Larry. The Fireside Book of Guns. New York : Simon and Schuster, 1959,

Kranberg, Melvin, and Purscll, Caroll W., Jr., eds. Technology in Western Civilization. 2 vols. New York : Oxford University Press, 1967.

Leithäuscr, Joachim G. Inventors' Progress. New York : World Publishing Co., 1959.

Mattingly, Garrett. The Armada. Boston : Houghton Mifflin, 1959.

Montgomery of Alamein. A History of Warfare. New York : World Publishing Co., 1968.

Montross, Lynn. War Through the Ages. New York: Harper and Bros, 1944.

Mumford, Lewis, Technics and Civilization. New York : Harcourt, Brace, 1934,

Needham, Joseph, and Pagel, Walter, eds. Background to Modern Science. New York : Macmillan, 1940.

Nef, John U. War and Human Progress. Cambridge : Harvard University Press, 1950.

Newman, James R. The Tools of War. Garden City, N.Y. : Doubleday, Doran, 1942.

Oliver, John W. History of American Technology. New York : Ronald Press, 1956.

Oman, Charles. A History of the Art of War. the Middle Ages from the Fourth to the Fourteenth Century. London, 1898.

Penrose, Boies, Travel and Discovery in the Renaissance, 1420-1620. Cambridge: Harvard University Press, 1952.

A Pictorial History of Science and Engineering, By the editors of Year. New York, 1957,

Roberts, Michael, Gustavus Adolphus, a History of Sweden, 1611 - 1632. London: Longmans Green, 1953

Rolt, L. T. C. The Acronauts : A History of Ballooning, 1783-1903. London: Longmans Green, 1966

Ropp, Theodore, War in the Modern World. Durham, N.C. : Duke University Press, 1959,

Sarton, Gcorge, Six Wings, Men of Science in the Renaissance. Bloomington: Indiana University Press, 1957.

Singer, Charles; Holmyard, E. J.; Hall, A. R.; and Williams, Trevor I. A History of Technology. London : Oxford University Press, 1956.

Smyth, Henry D. Atomic Energy for Military Purposes. Princeton : Princeton University Press, 1945.

Swinton, Ernest D. Eyewitness to the Genesis of Tanks. New York : Doubleday, 1933.

Thomas, Thomas H. "Armies and the Railway Revolution", in J. D. Clarkson and T. C.

Cochran, eds., War as a Social Institution, New York : Columbia University Press, 1941.

Tunis, Edwin. Weapons, a Pictorial History. Cleveland World Publishing Co., 1954.

Waitt, Brigadier-General Alden H. "Gas Warfare, the Chemical Weapon." Infantry Journal (Washington, D.C.), 1943.

Wedgwood, C. V. The Thirty Years War. New Haven : Yale University Press, 1949,

Wilson, Mitchell, American Science and Invention, A Pictorial History, New York : Simon and Schuster, 1954,

White, Lynn. Medieval Technology and Social Change. New York and London: Oxford University Press, 1963.

Wood, Derek, and Dempster, Derek. The Narrow Margin : The Battle of Britain and the Rise of Air Power, 1930-40. New York : McGraw-Hill, 1961.